金融学译丛
FINANCE

国际金融学

International Monetary and Financial Economics

约瑟夫·P·丹尼尔斯（Joseph P. Daniels）
戴维·D·范胡斯（David D. Van Hoose） ／著

路蒙佳 ／译

中国人民大学出版社
·北 京·

出版说明

作为世界经济的重要组成部分，金融在经济发展中扮演着越来越重要的角色。为了加速中国金融市场与国际金融市场的顺利接轨，帮助中国金融界相关人士更好、更快地了解西方金融学的最新动态，寻求建立并完善中国金融体系的新思路，促进具有中国特色的现代金融体系的建立，中国人民大学出版社精心策划了这套“金融学译丛”，该套译丛旨在把西方，尤其是美国等金融体系相对完善的国家最权威、最具代表性的金融学著作，被实践证明最有效的金融理论和实用操作方法介绍给中国的广大读者。

该套丛书主要包括以下三个方面：

（1）理论方法。重在介绍金融学的基础知识和基本理论，帮助读者更好地认识和了解金融业，奠定从事深层次学习、研究等的基础。

（2）实务案例。突出金融理论在实践中的应用，重在通过实务案例以及案例讲解等，帮助广大读者将金融学理论的学习与金融学方法的应用结合起来，更加全面地掌握现代金融知识，学会在实际决策中应用具体理论，培养宏观分析和进行实务操作的能力。

（3）学术前沿。重在反映金融学科的最新发展方向，便于广大金融领域的研究人员在系统掌握金融学基础理论的同时，了解金融学科的学术前沿问题和发展现状，帮助中国金融学界更好地认清世界金融的发展趋势和发展前景。

我们衷心地希望这套译丛的推出能够如我们所愿，为中国的金融体系建设和改革贡献一份力量。

中国人民大学出版社

译者前言

20 世纪中期以来，开放与融合日益成为世界经济的主导潮流。交通与通信技术的发展大大缩减了企业跨国经营的成本，对广阔市场的需求逐渐打破了各国之间的贸易壁垒，为追求互利共赢，越来越多的国家以开放的姿态融入全球经济一体化进程。尤其是在过去三十多年中，各种地区性经济合作组织和自由贸易区应运而生，从制度层面规范生产要素的跨国流动，协调各国经济发展，促进资源优化配置，取得了不少有益经验。然而，20 世纪末的东南亚金融危机、本世纪初的美国次贷危机以及紧随其后的欧债危机给人们敲响了警钟。各国之间经济依存度的提高使得风险的传播也更加广泛和迅速，通过国际贸易和金融市场，局部经济失衡可能产生严重而难以预测的负外溢效应，而衍生金融工具的杠杆效应会进一步放大它的破坏力。研究如何更安全有效地参与全球经济一体化，已经成为当今宏观开放经济学中的重要课题。

作为发展中大国，中国的对外开放一直举世瞩目。2013 年，中国进出口贸易总额首次突破 4 万亿美元，跃居全球第一大贸易国。同时，庞大的外汇储备规模和日趋活跃的金融市场交易也使中国成为国际经济中一支不可忽视的力量。了解国际经济体系和金融市场的运行机制，对于我们制定合理的经济政策、把握市场机遇、规避国际风险是非常有必要的。然而在中国学生的课堂上，国际金融和宏观经济学往往是独立的两门课，前者侧重于讨论汇率的决定和国际金融市场，后者通常是介绍由凯恩斯主义发展而来的宏观经济理论，包括国民收入的决定、产品市场与货币市场均衡、财政政策与货币政策等，而开放经济中的宏观经济学往往只占其中一部分。本书的独到之处就是将二者结合，既提供了扎实的经济学理论框架基础，又紧密联系国际金融领域的重要概念与现实发展，有助于读者从更全面的角度深入分析各种复杂因素共同作用下的国际经济问题。

本书分为五个部分，基本按照由概念及理论、由理论及应用的脉络展开分析。首先从国际收支平衡表入手，介绍国际金融中的基本概念和汇率制度的发展。第二部分以国际金融市场为核心，重点介绍利率与风险、外汇市场衍生工具以及国际金融市场参与者和制度框架。第三部分以模型分析为基本方法考察了汇率和国际收支平衡的决定过程。第四部分讨论了开放经济框架下的经济政策制定。第五部分提供了解决全球化背景下国内外政策问题的思路。值得注意的是，本书花了相当大篇幅详尽分析开放经济下各种因素对经济政策实施效果的影响，譬如开放经济体在浮动汇率制和固定汇率制下货币政策与财政政策的有效性、政策制定者在不同经济目标之间的权衡如何决定汇率制度选择和政策工具，以及经济政策的外溢效应与国际经济政策协调，等等。这对我们全面认识开放经济环境的复杂性，在多变的国际经济形势下选择最适合的经济政策是有益的参考。

书中各章均穿插了丰富而具有代表性的案例，形成了本书的另一特色。这些案例分为三类，“管理笔记本”列出了跨国企业经常遇到的国际金融实务问题，“政策笔记本”帮助国家政策制定者思考经济政策的利弊得失，“网络笔记本”专门探讨互联网金融这一新兴形式如何影响国际金融市场。这些案例紧贴国际金融发展前沿，其中不少对中国读者来说都应很熟悉，包括“中国的虚拟货币”——Q币如何形成自己的汇率市场，东亚货币联盟的建立为何面临重重阻力，等等。认真研读讨论这些案例，将有助于我们举一反三，深化对相关理论的理解。此外，各章还附有网络数据资源、习题和相关文献，可供有兴趣、有余力的读者参考。

能够将这本优秀的教材翻译出来并推荐给大家，是身为译者的荣幸。在此感谢家人和朋友对我一如既往的支持，也感谢人大出版社各位编辑的认真工作。囿于本人能力水平，译稿中的错漏在所难免，真诚希望各位读者不吝赐教。

路蒙佳

前　言

《国际金融学》的指导原则是，为希望全面了解整个国际货币与金融课程应涵盖的问题的教师和学生撰写一本容易掌握的教科书。有一些重点只放在国际金融上的教材，也有一些关于开放经济宏观经济学的优秀教材。我们的目的是撰写一本涵盖这两个领域的书，为希望讲到所有相关问题的教师提供方便。此外，我们还希望撰写一本比市面上其他教科书更广泛、更容易掌握的教科书——一本使学生熟悉他们必须理解的所有概念，并能够适当分析全球货币金融事件的教科书。

特点与方法

本书的首要目标是激励学生学习。为此，我们在教科书中融入了根据全球各国近年发生的事件撰写的50多个案例，后文将对其进行详细讨论。其中包括：

管理笔记本

商人不能忽视国际发展，这将持续为他们提供机会和挑战。为了让学生了解管理者面临的各种国际金融问题，我们加入了管理笔记本专栏。它涉及的问题如下：

- 贸易赤字：商业活动的错误指标。
- 看得见却摸不着的巨额套利收益。
- 与福林汇率息息相关的匈牙利住房贷款。
- 从鱼到金融——再回到鱼？
- 美加双边贸易中J曲线效应的行业水平实证。

- 中国工资与美国消费者物价的模糊联系。

政策笔记本

国际货币金融政策问题占据了新闻版面。因此，涉及各种近期政策的专栏也应运而生。这些问题包括：

- 发达国家的综合经常账户赤字转化为新兴国家的综合经常账户盈余。
- 新兴市场国家权衡冲销的收益与成本。
- 增加风险资本监管会让银行更顺周期吗？
- 更开放的经济是否更容易陷入“突然停滞”？
- 北美国家最终会使用“亚美罗”（Amero）作为交易媒介吗？
- 东亚货币联盟的优点与缺点。

网络笔记本

现在，互联网在国际金融市场和全球经济中发挥着核心作用。在下列问题中，学生可以了解更多关于全球电子商贸作用的知识。

- 网络上“小人物”的货币交易价差。
- 虚拟货币汇率成为现实。
- 通过网络传播数据。
- 在网上将美元兑换为非洲代金券。
- 网络换汇免去排队之苦。
- 预期资本流动性升高和支出增加推动伊拉克第纳尔升值。

内容结构

《国际金融学》分为十五章，包括一学期完整课程的基本内容。

第一部分的前三章完整介绍了国际货币金融领域的内容。第一章精心引导学生了解国际收支账户，第二章按部就班地介绍了所有与即期汇率市场相关的基础概念。第三章概述了汇率制度的历史和当前现实中的其他汇率安排。

在此基础上，第二部分介绍了国际金融的重要问题。第四章首先充分讨论了远期外汇市场、国际金融套利和利率平价条件。第五章介绍了利息收益率和风险的决定因素，并说明了重要的外汇市场衍生工具及其在对冲外汇风险时的作用。第六章为学生打下了私人银行与中央银行国际经营的坚实基础，第七章评价了世界各国面临的金融一体化问题。

第三部分的重点是决定汇率和国际收支平衡的不同方法。第八章表述了对弹性法、马歇尔-穆勒条件和J曲线的理解，并列出了吸收法的基础要素。第九章详尽介绍了小型开放经济和两国经济的货币法，以及投资组合法的完整应用。

第四部分的重点是开放经济中的经济政策制定。第十章一丝不苟地构建了分析收入与支出、实际货币市场和国际收支同时达到均衡的共同决定因素的整体框架。第十一章运用该框架帮助学生完整理解固定汇率制下的经济政策制定。第十二章运用该框架帮助学生完整理解浮动汇率制下的经济政策制定，并说明了固定汇率制还是浮动汇率制更优的条件。第十三章说明了开放经济中的价格水平和通货膨胀率的决定因素，并评价了中央银行可信度的基本作用。

第五部分作为结尾，让学生得以全面理解开放经济面临的传统与现代政策问题。第十四章考虑了政策分派问题和汇率超调，评估了国际开放程度对通货膨胀率的影响和通货膨胀率与实际产出的关系，并讨论了新开放经济宏观经济学领域的发展。第十五章是本书的精华，它整合了各种概念，以评价国际政策协调的优点和缺点、共同货币的优点和缺点(尤其关注了欧洲货币联盟最近面临的危机)、媒介货币和汇率目标区。

因此，使用本书的教师可以自如地教授当今该领域内的每个重要问题。

教学方法

在写作《国际金融学》时，我们考虑到学生的学习是一个主动过程。除了序言前面介绍的特色笔记本以外，我们还提出并运用了一些特色教学方法，希望可以借此提高学生主动学习的体验。

每章的基本问题与答案

每章开篇都提出了 5～7 个问题，供学生在阅读本章时思考。在该章中适当的地方，将会再次提到这些基本问题，并提供正确答案，从而将每章分为学生更容易掌握的单元，有利于培养他们对整体的有机理解。学生在阅读章节时，可以立即看到课本内容与基础问题之间的关系。

本章总结

每章最后都有总结。本章总结的格式是按编号逐点讨论章节开始的每个基本问题。引导学生思考每章的关键问题深化了他们的理解，因而进一步强化了学习过程的循环性。

重点词汇

词汇可能成为经济学学生的障碍——尤其是对于学习国际经济学课程的学生而言。它们第一次出现在课本中时将用粗体显示。在本书最后的术语表中定义了这些重点词汇。

问题与习题

问题是为了让学生回答定性题目，习题则能让学生将概念应用于数据，每章末尾都有这样的问题和习题。它们的目的是为学生提供更多认真思考关键概念，并确保自己掌握章节内容的机会。教师资源手册中提供了参考答案。

网络与在线应用

每章都有“网络资源”栏目，它给出了与书中内容相关的网站。在这些网站上，学生可以看到章节内容与实际生活中的概念的关系。此外，每章最后都有在线应用。每个在线应用都指导学生访问某个网站，并提出问题，以帮助学生应用该网站的内容强化对章节概念的理解。每个在线应用最后都有后续问题，可以留到小组讨论或课堂讨论中解答。

部分参考书目与扩展阅读

每章的这一部分都为教师提供了可供参考并留给学生作为扩展阅读材料的参考文献。这些参考文献内容新鲜，与该章内容直接相关，通常所有学生均可掌握。

补充资料

在本版中，我们为教师提供了下列补充资料，供其在课程中使用。所有资源都可通过教师资源中心下载。注册网址为 www. pearsonhighered. com/irc。

题库由马凯特大学的希瑟·科尔斯（Heather Kohls）撰写，康涅狄格大学的弗朗西斯·阿金（Francis Ahking）复核准确性，每章包括 25 道多选题和 5 道简答题。

教师手册由雷鸟管理学院的约翰·马西斯（John Mathis）撰写，天普大学的约瑟夫·弗里德曼（Joseph Friedman）复核准确性，包括章节大纲、教学要点和每章章末问题的参考答案。

幻灯片由东北伊利诺伊大学的斯科特·黑格提（Scott Hegerty）制作，罗格斯大学的邱一鸣（I-Ming Chiu）复核准确性，包括涵盖了每章重要问题的教学笔记以及各章图表。

目　录

第一部分　国际收支与国际汇兑

第二部分 国际金融工具、国际金融市场与国际金融机构

第三部分 汇率与国际收支的决定

第四部分　开放经济宏观经济学与政策分析

第五部分　全球经济中的国内政策与国际政策

第一部分

国际收支与国际汇兑

第一章 跟上国际变化趋势：贸易流动、资本流动与国际收支

基本问题

1. 全球商品与服务市场有多重要？
2. 国际货币与金融市场有多重要？
3. 什么是一国的国际收支平衡表？它衡量的是什么？
4. 一国成为净债务国或净债权国意味着什么？
5. 一国的经常账户差额与资本流动的关系是什么？

2006—2012 年，石油的美元价格涨幅超过了 100%。而这段期间的平均石油进口量只有少许下降。结果，在这段期间内，美国进口石油的美元价值翻了一番多。然而，尽管美国花在进口石油上的美元增加了，但美国的整体年度贸易赤字——有形商品进口总额超过有形商品出口总额的部分——的水平几乎没有变化。实际上，2006—2012 年，美国的年度贸易赤字还多次出现减少。因此，2006—2012 年，美国的有形商品年出口总额始终远远高于有形商品年进口总额，足以补偿美国石油进口额的显著增加。净结果是美国的年度贸易赤字下降。

然而，在 21 世纪初的十几年中，美国年度贸易赤字与美国平均国民收入水平之比大于美国前 60 年的水平。此外，多数经济预测师还预测，从现在至 2020 年，贸易赤字更可能增加而不是减少。

经济学家如何衡量国际交易？如何用这些指标衡量全球化进程？国际货币金融市场在这个过程中起什么作用？管理和促进国际货币与金融市场一体化的制度是什么？这些市场如何相互联系？相互联系的紧密程度如何？为了理解为什么人们如此关注对市场一体化的衡量，我们必须回答这些问题。

在本章中，你将开始学习国际货币与金融经济学。首先，你将考察并了解国际货币与金融的重要性。你将研究国际货币与金融的某些最重要的要素：国际贸易、国际资本流动和国际债务。

为何理解国际货币与金融很重要

在过去 20 年中，无数重大事件造就了国际货币与金融市场。巴西、阿根廷和韩国等大型发展中国家和新兴经济体的货币价值一直在波动；欧洲采用了共同货币；美国的外国直接投资增长到前所未有的水平。此外，中东欧国家的金融与货币体系不断发展壮大；东南亚国家和俄罗斯经历了显著但高度不稳定的增长，其中还夹杂着剧烈的金融与经济衰退；世界上最贫穷的经济体在债务危机和经济停滞中陷入困境。同时，中国成为全球经济与政治的主要参与者。起源于美国的一场金融危机传遍全球，说明了各国经济日渐增长的关联性。

企业和个人将业务和投资活动扩展到国际，让这些事件对我们每个人都更加重要。因此，对国际经济学感兴趣的学生与日俱增。尤其是，国际货币与金融经济学成为了人们日渐感兴趣的对象，因为它关注的是世界货币与金融体系的运行。反过来，这种知识将有助于理解我们所处年代的重大全球经济事件。

在你开始研究国际货币与金融经济学之前，你必须理解如何衡量一国的经济活动。本章研究了经济学家和统计学家建立的用来追踪一国国际交易的重要指标。

国际经济一体化：全球贸易与金融市场的重要性

在过去 35 年中，最耐人寻味的经济发展可能就是各国经济日益紧密的关联性。这种发展影响了政策制定、公司治理和全球许多居民的日常生活。由于其重要性，经济学家、政治学家、管理与市场营销策略师以及其他专业人士都在进行学科内和跨学科研究，以了解国际一体化过程中产生的新机会与新竞争提出的挑战及前景。

全球化与一体化是谈到各国经济日益增长的关联性时最常用到的词。全球化所指的范围最广泛。它包括日益增长的市场一体化、全球治理与全球社会的扩张，以及人与信息的流动性增强。相对而言，国际经济一体化的关注范围较窄，它是指现有国际商贸联系的增强以及新国际商贸联系的产生。本章和接下来几章的重点是国际货币金融市场上的经济一体化。

现在，许多人都可以更方便地获得外国商品与服务、进行全球旅行和国际交流。然而，如果他们知道现在的国际经济一体化水平并不是新现象，可能会大吃一惊。在第一次世界大战爆发之前，世界上主要经济体的商品、服务和金融资产的贸易开放水平已接近于当前水平。遗憾的是，无障碍的全球贸易随着第一次世界大战的爆发而崩溃了。尽管经济学家们几乎普遍承认自由贸易的好处，但实现全球商品、服务和金融资产交易自由化的努力直到 20 世纪 70 年代才开始加速。

衡量国际经济一体化的程度是一项重要任务。它帮助政策制定者和企业管理者了解当前的市场趋势，使他们能够利用机会、预测可能的结果，并最小化全球竞争的不利影响。然而，衡量国际经济一体化是一项艰巨的任务。原因主要在于以下两个因素：(1) 服务（或无形资产）贸易的增加；(2) 电子商务与通信的进步使跟踪跨国交易变得异常复杂。

经济的实体部门与金融部门

为了衡量不同类型的经济活动，经济学家通常会将商品及服务的生产和销售与金融资产交易相区别。经济的**实体部门**（real sector）指商品与服务的生产和销售，不管这些活动发生在国内还是国际。经济的**金融部门**（financial sector）是指金融资产的交易，不管这些交易发生在国内还是国际。最广义的经济一体化指标关注的是商品与服务的交易额——这是实体部门一体化指标——以及不同类型的金融资产交易额——这是金融部门一体化指标。尽管我们分别衡量这两个部门，但它们是相互联系的，谨记这一点非常重要。

国际经济一体化是指各国经济的实体部门与金融部门联系的范围和强度。实体部门联系出现在商品与服务的国际交易中，而金融部门联系出现在金融资产的国际交易中。

全球商品与服务贸易

由于贸易壁垒的降低、交易成本的减少和电信业的发展，国际贸易在过去数十年中稳步增长。如图 1—1 所示，在过去 30 年中，除了三年以外，全球商品与服务贸易额均呈现正增长率。过去 30 年的全球贸易总额平均增长率令人印象深刻，约为每年 6%。

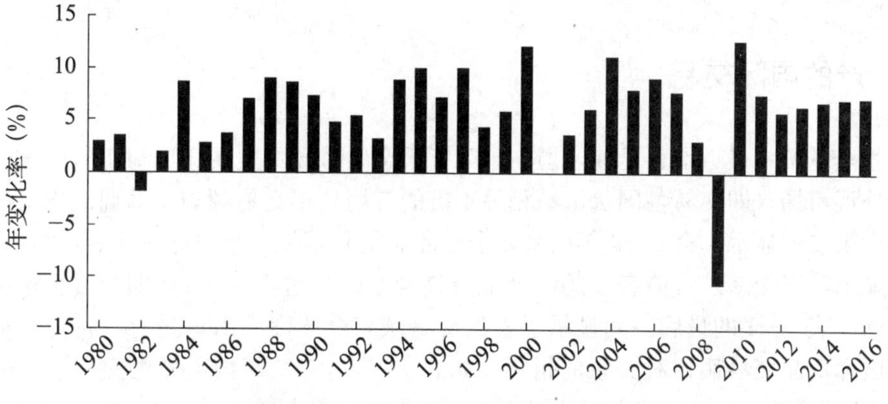

图 1—1　商品与服务的全球贸易增长

说明：自 1980 年以来，商品与服务的全球贸易年增长率约为 6%。这种增长的累计影响是，全球贸易额翻了 5 倍多。

资料来源：国际货币基金组织：《世界经济展望》数据库。

图 1—2 显示了国际贸易对 10 个国家的重要性。该图画出了每个国家的进出口总额占总产出的百分比。因此，它反映了国际贸易作为各国实体部门整体交易一部分的重要性。

图 1—2 显示，在该图的国家中，商品与服务的全球贸易增长显著。通常，与泰国和马来西亚等较小的国家相比，美国和日本等大国往往较少依赖全球商品与服务市场，而更多地依赖于国内市场。

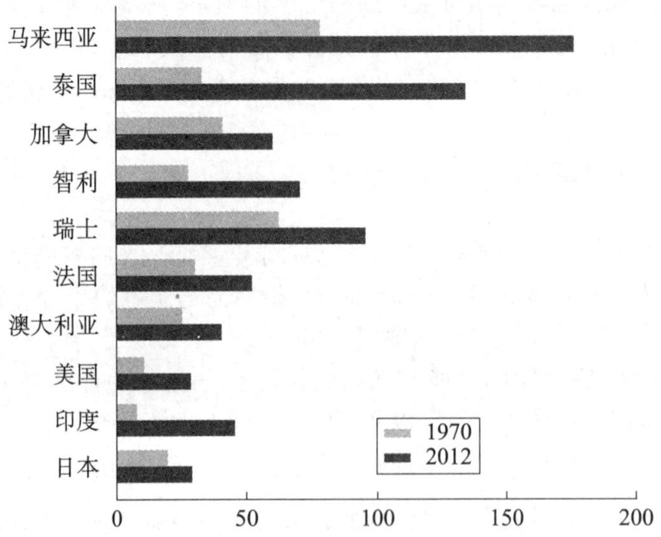

图 1—2　部分国家的商品与服务贸易

说明：商品与服务的全球市场对多数国家都变得更加重要。该图画出了 1970—2012 年各国进出口总额占该国经济产出额的百分比。因此，该百分比反映出各国的贸易占该国实体部门整体活动的比例。

资料来源：世界银行：《世界发展指标》，以及作者的估计。

基本问题 1　全球商品与服务市场有多重要?

在过去的 35 年中，全球商品与服务贸易每年增长近 6%。这一增长的累计影响是，全球贸易额翻了 5 倍多。正如整体实体部门活动占比所衡量的，全球商品与服务贸易对于发达国家和发展中国家越来越重要。

金融资产的国际交易

尽管全球贸易最近增长迅速，但与国际货币金融市场的发展相比却相形见绌。表 1—1 对比了外汇市场（即交易各国货币与相关工具的市场）年交易额与全球商品出口的估计数值。表中第二列显示，自 1979 年以来，全球商品贸易总额增幅超过 900%。然而，第一列的数据显示，以交易总价值表示的年外汇交易额增幅超过 5 000%，即超过全球出口额变化的 5 倍。表 1—1 的最后一列显示了外汇交易额与全球商品出口之比，它是衡量外汇交易额与国际商品交易额相对关系的指标。如表所示，在 30 年内，外汇交易额从全球出口额的约 12 倍增长为全球出口额的近 70 倍，然后又小幅回落。

表 1—1　外汇交易额与全球出口

	外汇交易额（万亿美元/年）	全球商品出口（万亿美元/年）	比率
1979	17.5	1.5	12∶1
1986	75.0	2.0	38∶1
1989	190.0	3.1	61∶1
1992	252.0	4.7	54∶1
1995	297.5	5.0	60∶1
1998	372.5	5.4	69∶1

续前表

	外汇交易额（万亿美元/年）	全球商品出口（万亿美元/年）	比率
2001	300.0	6.6	45∶1
2004	475.0	9.1	52∶1
2007	797.8	13.9	57∶1
2010	968.0	15.1	62∶1

说明：自1979年以来，全球出口增速惊人。而外汇交易额从全球商品出口额的12倍增长为60多倍。

资料来源：Held，David，Anthony McGrew，David Goldblatt，and Jonathan Perraton，*Global Transformations*，p. 209. 国际清算银行：《三年期中央银行调查》各期；国际货币基金组织：《国际金融统计》。

发达经济体之间的资本流动在过去25年中也显著增加。图1—3用图表显示出美国、英国和德国的债券与股票——发行企业的所有权股份——跨国交易的重要性。图1—3显示，各国的该项数据均显著增加。所有发达经济体的债券与股票跨国交易在过去22年中均增长了1 700%以上。美国的增幅接近4 000%，英国的增幅超过1 900%，德国的增幅超过4 000%。

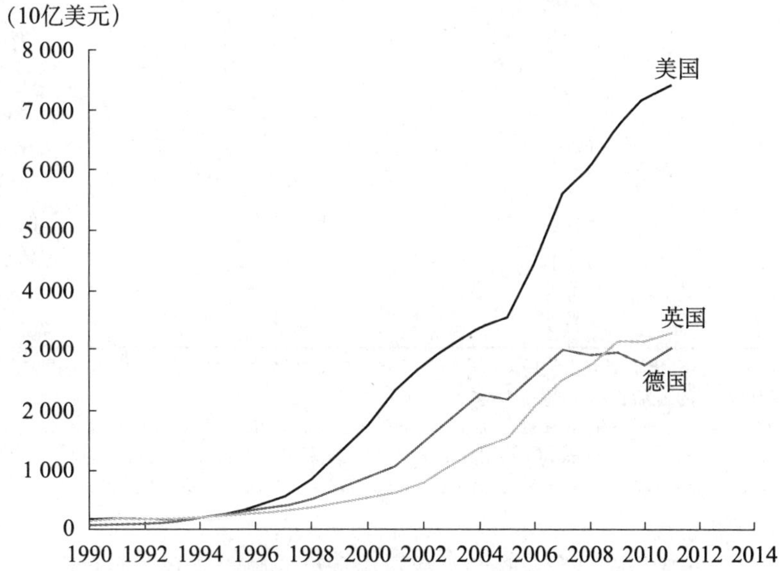

图1—3　美国、德国和英国的跨国债券与股票交易

说明：在过去20年中，发达经济体日益依赖外国资本流动。德国、美国和英国的债券与股票国际交易额分别增长了4 000%、3 800%和1 900%以上。

资料来源：国际清算银行：《国际清算银行统计》。

流向新兴经济体的私人资本显著增加也是当今国际货币金融市场最显著的特征。自1990年以来，流向新兴经济体的净资本年平均额为1 900亿美元。尽管流向新兴经济体的私人资本在东亚和俄罗斯金融危机后有所下降，但全球净直接投资继续以惊人的速度增加。

迄今为止提供的数据显示出商品、服务和金融资产的全球贸易已变得多么重要。然而，这些数据还表明，各国对全球市场的依赖程度各不相同。

全球化程度最高的国家

为根据各国的全球化程度对其排序，瑞士经济学会KOF（KOF Swiss Economic Institute）结合了多个指标，例如国际通话次数，国际游客人数，商品、服务和资本贸易额，人均互联网服务商个数，以及人均麦当劳餐馆和宜家商店个数。

网络资源

请访问瑞士经济学会 KOF 的网站，了解更多关于 KOF 全球化指数的内容：http://www.kof.ethz.ch/en/。

表 1—2 显示了 KOF 调查中排在前 20 位的国家。如表所示，法国是美国、加拿大、法国、英国、德国、日本和意大利这些工业化大国中唯一排在全球化程度前十位的国家。除法国以外，榜上有名的都是金融市场限制相对较少的小型发达国家。

表 1—2　　全球化程度最高的 20 个国家

排序	国家	排序	国家
1	比利时	11	芬兰
2	奥地利	12	捷克
3	荷兰	13	加拿大
4	瑞典	14	卢森堡
5	瑞士	15	斯洛伐克
6	丹麦	16	德国
7	法国	17	西班牙
8	匈牙利	18	新加坡
9	葡萄牙	19	挪威
10	爱尔兰	20	塞浦路斯

说明：瑞士经济学会 KOF 的研究人员用多个全球一体化指标对 208 个国家进行了排序，这里显示了排在前 20 位的国家。全球化程度最高的国家多为小型发达国家。

资料来源：KOF Swiss Economic Institute，*2011 Index of Globalization*；Dreher，Axel，"Does Globalization Affect Growth? Evidence from a New Index of Globalization，" *Applied Economics* 38（10），（2006）：1091－1110；Updated in Dreher，Axel，Noel Gaston，and Pim Martens，*Measuring Globalisation—Gauging Its Consequences*，New York：Springer，2008.

经济学家还希望确定全球化是否与公民自由程度、政治权利、腐败水平和收入模式相关。看起来，以下因素之间明显存在直接关系：公民自由程度越高，政治权利越高，腐败水平越低，全球化程度也越低，但在收入模式不平等和全球化之间不存在明显关系。

全球化程度最高的企业

跨国公司（MNE）是在一国设立组织机构本部，但在多个国家开展活动的公司，它们是提高经济相互依存度的发动机。雷丁大学（University of Reading）的艾伦·鲁格曼（Alan Rugman）称，最大的 500 家跨国公司约占全球商品与服务贸易额的一半、全球外国直接投资的 90%以上。

表 1—3 列出了外国资产价值——在本国以外的国家持有的资产价值——最高的 10 家跨国公司。

但这些是全球化程度最高的公司吗？换言之，这些公司的活动真的遍及全球吗？为了回答这个问题，联合国贸易和发展委员会建立了一个跨国经营度指数。该指数衡量了一家公司使用资产、销售和员工信息的“国际化”程度。具体而言，该指数为公司的外国资产占总资产之比、外国销售额占总销售额之比和驻外员工占总员工之比的平均值。表1—4列出了跨国经营度指数最高的10家公司。

表1—3　国外资产最多的前十位跨国公司

排序	公司	本国	行业
1	通用电气（General Electric）	美国	电气与电子设备
2	英荷壳牌集团（Royal Dutch/Shell Group）	英国/荷兰	石油
3	沃达丰集团（Vodafone Group PLC）	英国	电信
4	英国石油公司（British Petroleum Company PLC）	英国	石油
5	丰田汽车公司（Toyota Motor Corporation）	日本	汽车
6	埃克森美孚（ExxonMobil）	美国	石油
7	道达尔（Total）	法国	石油
8	意昂集团（E. On）	德国	电气、天然气与水
9	法国电力（Eléctricité de France）	法国	电气、天然气与水
10	安塞乐米塔尔（ArcelorMittal）	卢森堡	金属与金属制品

资料来源：联合国贸易和发展会议：《世界投资报告》。

表1—4　跨国经营度最高的前十位跨国公司

排序	公司	本国	行业
1	斯特拉塔（Xstrata PLC）	英国	采矿与采石
2	ABB有限公司（ABB Ltd.）	瑞士	工程服务
3	诺基亚（Nokia）	芬兰	电气与电子设备
4	保乐力加（Pernod Ricard SA）	法国	食品、饮料与烟草
5	WPP集团（WPP Group PLC）	英国	商业服务
6	沃达丰集团	英国	电信
7	林德集团（Linde AG）	德国	化学
8	百威英博（Anheuser-Busch InBev SA）	荷兰	食品、饮料与烟草
9	英美资源集团（Anglo American）	英国	采矿与采石
10	安塞乐米塔尔	卢森堡	金属与金属制品

资料来源：联合国贸易和发展会议：《世界投资报告》。

表1—4的排序与表1—3截然不同。鲁格曼教授认为，跨国经营度指数最大的公司来自本国市场较小的国家，例如瑞士和加拿大，因为它们必须依靠外国市场销售从全球化经营中获益。

正如你现在看到的，全球商品、服务和金融资产市场的全球化及一体化的日益提高是一个重要问题。现在，我们将注意力转向更详细的一国商品、服务和金融资产交易指标。在会计体系中，这些指标被用于国际收支平衡表。

基本问题2　国际货币与金融市场有多重要?

国际货币与金融市场对于发达国家和新兴经济体都变得日益重要。外汇交易额已经增至全球商品交易额的50倍以上。在过去20年中，发达国家的债券与股票国际交易增幅超过1 700%，尽管20世纪90年代末至2010年发生了几次金融危机，但流向新兴经济体的私人资本仍继续增加。

国际收支平衡表

国际收支平衡表是记录特定时期内本国居民、企业和政府与外国居民交易的商品、服务和金融资产的市场总价值的完整表格。与国内生产总值类似，一国的国际收支平衡表是核算收入与支出的表格。然而，与国内生产总值不同，国际收支平衡表包括金融资产的流动。表1—5为美国的国际收支平衡总表，我们将在本章后面几节引用该表。美国经济分析局每个季度都会发布该表。

表1—5　　美国的国际收支平衡总表

经常账户（百万美元）			资本与金融账户（百万美元）		
1	商品与服务出口和收益收款	2 500 817	13	美国持有的国外资产净额［增加/金融流出（一）］	−991 447
2	商品	1 288 699	14	美国官方储备资产净额	−1 834
3	服务	548 878	15	官方储备资产以外的美国政府资产	7 540
4	收益	663 240	16	美国的私人国外资产净额	−997 153
5	商品与服务进口和收益付款	−2 835 620	17	外国持有的美国资产净额［增加/金融流入（＋）］	1 245 736
6	商品（以国际收支为基础）	−1 934 555	18	外国在美官方资产净额	349 754
7	服务	−403 048	19	其他在美外国资产净额	895 982
8	收益付款	−498 017	20	资本账户交易净额	−152
9	单方经常转移净额	−136 095	21	统计误差（以上所有项目之和的相反数）	216 761
10	商品贸易差额（第2行和第6行）	−645 856	22	私人资本与金融账户差额（第16行、第19行和第20行）	−101 323
11	商品、服务和收益差额（第1行和第5行）	−334 803	23	资本与金融账户差额（第13行、第17行和第20行）	254 137
12	经常账户差额（第1行、第5行和第9行）	−470 898	24	综合国际收支差额（第12行、第21行和第23行之和）	0

资料来源：美国经济分析局：国际经济账户数据，2010年。

网络资源

请从美国经济分析局的网站获得美国国际贸易的当期数据：http://www.bea.gov。

采用复式记账法的国际收支平衡表

复式记账法将双方交易的会计信息记录在两个独立且相互抵消的会计分录中：贷方分录和借方分录。结果是，所有借方分录的总额绝对值等于所有贷方分录的总额绝对值。国际收支平衡表就像一个典型的复式记账系统，每笔交易都在国际收支平衡表账户上留下两笔分录。借方分录记录了导致本国居民向国外付款的交易。借方分录在国际收支平衡表账户上为负值。贷方分录记录了导致本国居民收到国外付款的交易。贷方分录在国际收支平衡表账户上为正值。

在国际收支平衡表账户中，导致贷方分录的国际交易通常也会产生与之抵消的借方分录，导致借方分录的国际交易通常也会产生与之抵消的贷方分录。因此，在国际收支平衡表账户中，所有贷方分录的总额绝对值等于所有借方分录的总额绝对值。

下面以一个例子说明国际收支平衡表的复式分录性质。假设一家美国生产商向一家加拿大企业出口一台计算机，以换取 2 000 美元。表 1—6 显示了这笔交易对美国国际收支平衡表的影响。计算机出口为 2 000 美元的贷方分录，因为它导致加拿大企业向美国企业支付 2 000 美元。由于国际收支平衡表的复式分录性质，有 2 000 美元的借方分录与之抵消。注意，借方金额的绝对值 2 000 美元等于贷方金额 2 000 美元。

表 1—6　　在国际收支账户中记录一家美国企业的出口

交易	抵消分录	贷方	借方
计算机出口	美国出口 2 000 美元的计算机	2 000 美元	
	美国收到 2 000 美元的货款		−2 000 美元

国际收支账户

国家之间交易的商品、服务和金融资产五花八门。经济学家按类型对这些交易分类。每种交易都分为不同类别，各种类别组合在一起就形成了国际收支账户。因此，国际收支平衡表包括各种不同账户。多数国家都有许多账户。不过，我们可以通过重点分析三个账户——经常账户、私人资本账户和官方结算差额——来理解国际收支平衡表。

经常账户　**经常账户**（current account）衡量的是商品、服务和收入的跨国流动。它还包括本国政府和居民对外国居民和政府的转移或赠予，以及外国对本国的转移。经常账户中的四个基本类别为商品、服务、收益和单方转移。表 1—5 的第 1 行至第 8 行显示了美国的商品与服务的出口与进口以及收益。第 9 行属于单方转移类别。接下来，我们将逐一分析经常账户的这些类别。

商品　商品类别衡量了有形商品的进口与出口。这一类别包括食品、工业材料、资本品（例如机器）、汽车和消费品的贸易。任何此类商品的出口都将贷记在商品类别，因为这将导致外国付款。任何此类商品的进口都将借记在商品类别，因为这将导致向外国付款。

多数经济学家都认为商品类别是衡量最准确的国际收支类别，因为这一类别衡量的是有形商品贸易，在许多国家，有形商品贸易必须在海关部门登记。

服务 服务类别衡量的是服务、旅游和旅行以及军事交易的进口和出口。由于提供咨询、保险、银行或会计服务而向国外收取的款项、特许费或费用贷记在服务类别中。类似地，进口这些服务而向国外支付的款项、特许费或费用借记在服务类别中，服务类别还包括军事装备、服务和援助的进口和出口。

为了理解如何在国际收支账户中核算旅游和旅行服务，以一位在假期到国外旅行的国内大学生为例。这位学生在火车票和酒店住宿等项目上的开销为进口，即服务类别的借方，因为这些服务是这位学生进口的。

服务进出口的衡量比商品进出口难得多。因为无形商品不在海关登记，所以估计各国之间提供的服务金额很困难。因此，经济学家称服务为无形商品。

收益 收益类别列出了向持有本国金融资产的外国居民和政府支付的利息和股利。它还包括持有国外金融资产的本国居民和政府收到的利息和股利。

为了说明如何在国际收支账户中核算投资收入，假设一位英国居民收到了一只德国国库券的利息。利息支付为出口，即英国国际收支平衡表收益类别的贷方。利息支付为贷方，是因为英国居民收到了国外支付的款项。因此，持有国外金融资产的本国居民得到的收益为贷方，即出口，而向持有本国金融资产的外国居民支付的收益为借方，即进口。

请注意，经济学家并不把购买的金融资产归入收益类别。只有金融资产获得的收益属于经常账户，因为资产获得的收益可以用于当前消费。

单方转移 单方转移类别衡量的是个人或政府之间的国际转移或赠予。因此，这一类别记录了除了商誉没有预期回报的相互抵消的出口或进口分录。为了说明如何在单方转移类别中核算赠予，假设美国政府向一个刚刚遭遇了洪灾的国家赠送了价值 500 000 美元的大米作为人道援助。大米出口出现在商品类别的贷方。然而，美国政府不期望用这笔出口换取金钱收入。在单方转移类别中将出现借方分录：美国实际上从该国进口了 500 000 美元的商誉。（要想了解不同国家的综合经常账户盈余或综合经常账户赤字能提供什么有用的信息，请参见“政策笔记本：发达国家的综合经常账户赤字转化为新兴国家的综合经常账户盈余”。）

政策笔记本

发达国家的综合经常账户赤字转化为新兴国家的综合经常账户盈余

近年来，美国和其他高度发达国家出现了每年超过 1 500 亿美元的综合经常账户赤字，如图 1—4 所示。直到 1997 年，发达国家仍存在综合经常账户盈余，但随后它们就陷入了赤字状态，并在近年逐步扩大。图 1—4 还显示了所谓的新兴国家——中国和印度等之前较不发达但经济增长呈现上升趋势的国家——的综合经常账户差额。新兴国家综合经常账户盈余接近于发达国家综合经常账户赤字的相反数，这并非偶然。为发达国家经常账户赤字融资的资金主要来自新兴国家，因此从世界上其他国家流入发达国家的商品、服务、收益和转移净额必然对应着世界上其他国家——主要是新兴国家——流出的商品、服务、收益和转移净额。因此，自 1997 年以来，新兴国家的经常账户盈余稳步增加。

自 1997 年以来，发达国家出现了较高的综合经常账户赤字，它近似于新兴国家综合经常账户盈余的相反数。

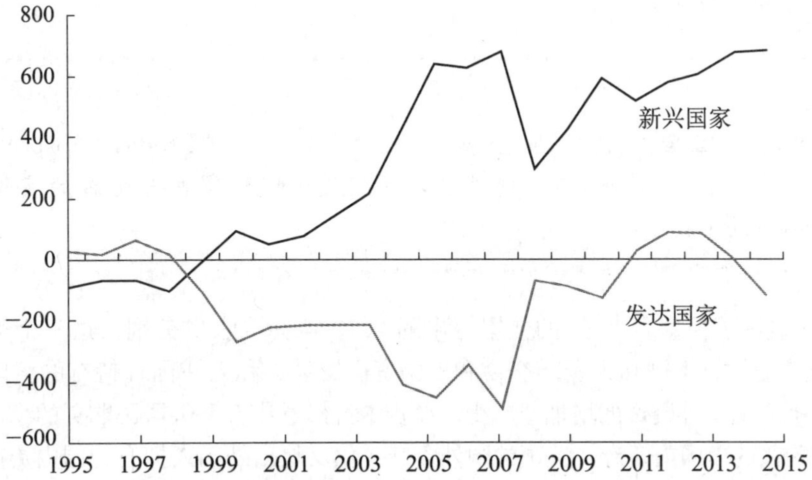

图 1—4　发达国家和新兴国家的综合经常账户差额

资料来源：国际货币基金组织：《世界经济展望》数据库。

❖ 批判性分析

如果将世界上最不发达国家——发达国家和新兴国家以外的国家——的经常账户差额与新兴国家的综合经常账户盈余相加，结果是否恰好等于世界上发达国家的经常账户赤字的相反数？请说明。

资本账户　**资本账户**（capital account）列出了私人居民、外国居民和本国政府与外国政府之间的跨国金融资产交易。**私人资本账户**（private capital account）（有时被称为金融账户）衡量了私人（非政府）和公司交易导致的流出国外的国内资产以及流入国内的外国资产。私人资本账户包括私人本国金融资产与外国金融资产的交易。它不包括本国政府的金融资产。这些金融资产包括实物资产和债券、国库券、股票、存款和货币等金融资产。

私人资本账户列出了两类资产流动：投资流动和国外交易产生的银行与经纪商的现金存款变化。投资流动包括以下内容：

- 本国居民购买外国证券和外国居民购买本国证券。
- 本国居民向外国居民的贷款和本国居民向外国居民的借款。
- 本国企业对外国分支机构的投资和外国企业对本国分支机构的投资。

为了更好地理解从国外流入的资本的潜在影响，经济学家将证券投资与国外直接投资加以区分。**证券投资**（portfolio investment）是指个人或企业购买的股票、债券或其他金融资产和存款。**外国直接投资**（foreign direct investment）是指购买资产以从金融上控制某个外国实体。

确定购买外国资产是为了获得收益还是确立金融控制可能很难。为帮助区分证券投资和外国直接投资，经济学家将购买低于10%的外国企业流通股的行为视为证券投资，而将购买等于或高于10%的外国企业流通股的行为视为外国直接投资。

例如，资本账户中的借方分录记录了本国私人居民购买的外国金融资产，因为这种交易将导致向外国付款。类似地，贷方分录记录了外国私人居民购买的本国金融资产，因为这种交易将导致外国付款。

网络资源

请访问法国国际信息展望研究中心（Centre d'Etudes Prospectives et d'informations Internationales）的网址，查阅关于国际贸易与金融的实证研究：http://www.cepii.fr。

表 1—7 显示了根据表 1—5 的数据得出的 2010 年资本账户类别。这三个类别分别是本国政府资产交易、本国私人资产交易和外国资产交易。私人在国外持有的美国资产变化反映出私人拥有的国外资产的增加或减少。净资本流出意味着本国居民购买的净国外资产超过外国居民购买的净国内资产。美国的国外资产变化反映出外国人拥有的国内资产的增加或减少。净资本流入意味着外国居民购买的净国内资产超过本国居民购买的净国外资产。

表 1—7　　国际收支平衡总表中属于资本和金融账户的类别

类别	2010
美国的私人国外资产	－997 153
其他美国政府资产	7 540
其他外国在美资产	895 982
其他资本账户交易	－152
官方结算差额	347 920

注：表中数字单位为百万美元。

官方结算差额　第三个，也是最后一个账户——**官方结算差额**（official settlements balance）——衡量的是官方政府机构的金融资产交易和存款。通常，进行此类官方交易的是中央银行和财政部。

外国中央银行和政府机构在其他中央银行拥有存款账户是很常见的。例如，如果美国财政部或美联储要在英格兰银行存款，那么这笔存款将在美国的国际收支平衡表中显示为资本流出，即借方差额。另一方面，如果英格兰银行要在美联储存款，那么这笔存款将在美国的国际收支平衡表上显示为资本流入，即贷方差额。在表 1—5 中，第 14 行显示了包括黄金和外币的美国官方资产。美国官方资产还包括在国际货币基金组织的特别提款权等资产。这些资产将在第二章进行说明。表 1—5 的第 18 行显示了外国在美官方资产。官方结算差额为第 14 行和第 18 行之和。

国际收支赤字与国际收支盈余

如果我们将所有出现在经常账户、私人资本账户和官方结算差额中的借方和贷方相加，总和应为零。然而，实际中很少出现这种情况。在会计核算过程中会遗漏许多交易，或者有意隐瞒这些交易。例如，向政府机构隐瞒的非法交易，以及为了避税而向海关等政府机构隐瞒的某些合法交易。此外，在编制贷方分录与借方分录时，政府统计人员也可能出错。

如果经常账户、私人资本账户和官方结算差额的贷方与借方之和不为零，那么国际收支平衡表中将出现与之抵消的分录。经济学家称这种抵消分录为统计误差。这种统计误差可能非常大。表1—5的第21行显示，美国2010年的统计误差为2 167亿美元！

国际收支总差额为经常账户、资本账户、官方结算差额和统计误差的贷方与借方之和。由于每笔借方分录和贷方分录都相互抵消，且统计误差抵消了任何误差，因此国际收支总差额必然等于零。

经济学家和媒体经常提到国际收支赤字或国际收支盈余，这有些令人困惑。正如刚才所说明的，忽略统计误差，国际收支总差额必然为零。因此，经济学家和媒体所指的是国际收支总差额以外的某样东西。

国际收支赤字是指官方结算差额为正的情况。忽略统计误差，如果经常账户和私人资本账户的贷方与借方总和为负，那么向外国人支付的私人款项将超过向外国人收取的私人款项。在这种情况下，官方结算差额必然为正。这被称为国际收支赤字。经常账户和私人资本账户的借方与贷方之和为正，意味着向外国人收取的私人款项超过向外国人支付的私人款项。在这种情况下，官方结算差额为负，即存在国际收支盈余。国际收支平衡是指经常账户与私人资本账户的借方与贷方之和为零，因此官方结算差额为零。因此，我们可以得出结论：

> 忽略统计误差，当经常账户与私人资本账户的借方与贷方之和为零，因而官方结算差额为零时，将出现国际收支平衡。国际收支赤字对应正官方结算差额，国际收支盈余对应负官方结算差额。

其他赤字与盈余指标

经济学家也使用其他赤字和盈余指标，它们是国际收支平衡表的一部分。商品贸易差额为商品类别中借方分录与贷方分录之和。如果本类中的借方分录之和超过贷方分录之和，那么商品贸易差额为负，商品贸易存在赤字。如果本类中的借方分录之和小于贷方分录之和，那么商品贸易差额为正，商品贸易存在盈余。表1—5的第2行列出了商品类别的贷方，第6行列出了商品类别的借方。这两个账户之和为商品贸易差额，该差额出现在表1—5的第10行上。因为借方（商品进口）超过贷方（商品出口），因此总和为负，它表示商品贸易赤字。（尽管经常账户商品类别的差额只是一国有形商品进出口净流量的加总，但一些观察家视其为重要的商业指标。为了解为何这种观点可能产生误导，请参见“管理笔记本：贸易赤字：商业活动的错误指标”。）

管理笔记本

贸易赤字：商业活动的错误指标

媒体通常将经常账户商品类别的负差额称为贸易赤字。新闻报道经常将美国贸易赤字绝对规模的增加解读为美国企业的好消息。然而，如图1—5所示，这种解读可能是错误的。在美国贸易赤字上升的年份，美国的国民收入——商业产出的一个重要指标——以每年高于3.5%的平均速度增加。在美国贸易赤字缩小的年份，美国国民收入以每年低于2%的平均速度增加。因此，贸易赤字增加不一定表示国家商业环境恶化。

❖ 批判性分析

为何经常账户商品类别的负差额对经济来说不一定是“好”还是“坏”？

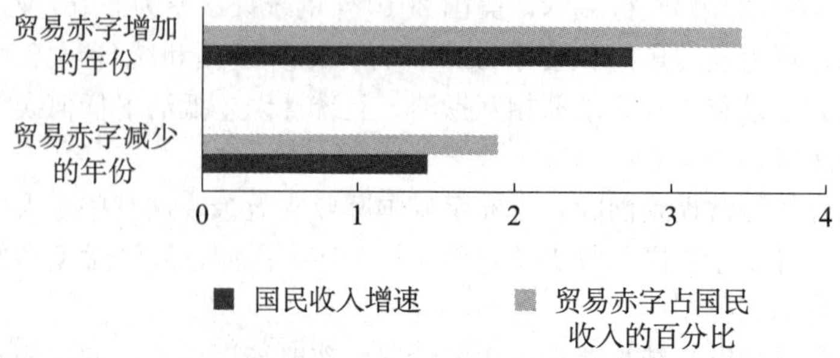

图 1—5　贸易赤字的增加和减少与经济增长

说明：与人们对美国贸易赤字增长标志着美国商业环境恶化的一般理解相反，美国国民收入增速在贸易赤字增加的年份显著高于贸易赤字下降的年份。

资料来源：美国商务部；作者的估计。

商品、服务和收益差额为出现在商品、服务与收益类别的借方分录与贷方分录之和。如果借方分录之和（进口）超过贷方分录之和（出口），那么将出现商品、服务和收益赤字。如果借方分录之和（进口）小于贷方分录之和（出口），那么将出现商品、服务和收益盈余。表 1—5 的第 11 行为商品、服务和收益差额。该金额为负，表明美国在 2010 年出现了商品、服务和收益的负差额，即赤字。

正如前面所说明的，经常账户包括商品、服务、收益与单方转移类别。因此，经常账户差额为这些类别的所有借方分录与贷方分录之和。经常账户差额为最常见的国际收支指标。如果借方分录之和超过贷方分录之和，那么将出现经常账户赤字。如果借方分录之和小于贷方分录之和，那么将出现经常账户盈余。表 1—5 的第 12 行提供了经常账户差额。该差额也是负数，表明美国在 2010 年出现了经常账户的负差额，即赤字。

私人资本账户差额反映了私人购买的金融资产净流量。正如前面所说明的，本国居民购买外国金融资产表示资本流出，显示为借方。外国居民购买本国金融资产表示资本流入，显示为贷方。私人资本账户差额反映了净资本流入或净资本流出。如果借方分录超过贷方分录，那么将出现净资本流出。如果借方分录小于贷方分录，那么将出现净资本流入。该差额出现在表 1—5 的第 22 行上。负差额表示，2010 年，美国的私人资本账户出现了赤字，或者私人资本的净流出。

国际交易案例以及它们对国际收支平衡的影响

现在，我们已经概述了各类国际收支账户，接下来将举例说明典型的国际交易如何影响贷方分录和借方分录，以及它们如何影响各种赤字和盈余指标。我们将考察五个例子，表 1—8 总结了这些例子。

每个例子都表示一种影响美国国际收支平衡的交易。这些例子不涉及任何制表错误或官方政府机构的金融资产交易。因此，没有统计误差，每个例子的官方结算差额都等于零。因此，经常账户和资本账户的借方分录和贷方分录之和等于零。

表 1—8 国际收支平衡表的例子

	例 1	例 2	例 3	例 4	例 5
商品	－$20 000				$200 000
服务		－$1 000			
收益				－$500	
单方转移					－$200 000
在国外的本国资产			－$10 000		
在本国的国外资产	$20 000	$1 000	$10 000	$500	
商品差额			$180 000		
商品、服务和收益差额			$178 500		
经常账户差额			－$21 500		
资本账户差额			$21 500		

例 1：汽车进口

一家美国汽车交易商进口了一辆瑞典汽车，并支付给瑞典汽车生产商 20 000 美元。汽车生产商将这 20 000 美元存入它的美国银行账户。

进口汽车的价值是商品类别中的借方，因为该交易导致了货币流出。在美国的外国资产类别中，这笔支付为贷方，即资本流入，因为现在瑞典汽车生产商拥有了一笔美国金融资产——存款。在一家美国银行存入资金的事实无关紧要。只要进行了付款且外国企业收到了货款，从美国国际收支平衡表的会计核算角度看，它就是贷方。

例 2：到国外旅游的大学生

一位大学生在假期时到国外旅行，花了 1 000 美元用于食宿。

旅游者消费的服务价值——食物、住宿和交通——是服务类别的借方，因为这些服务的消费将导致向国外付款。学生在国外花的钱是外国在美资产类别的贷方，即资本流入。

例 3：外国居民购买本国国库券

一位外国居民从一家美国经纪公司购买了 10 000 美元的美国国库券。

购买国库券所支付的款项为外国在美资产类别的贷方，即资本流入，因为现在外国居民拥有一笔美国的金融资产。经纪公司收到的款项为美国国外资产类别的借方，即资本流出，因为经纪公司购买了外国存款。

例 4：美国支付外国持有资产的利息

美国财政部向持有之前购买的美国国库券的外国居民支付 500 美元的利息。

向外国居民支付的 500 美元是收益类别的借方。这笔支付也是美国国外资产类别的贷方，即资本流入，因为外国居民收到了 500 美元，这也是美国的金融资产。

例 5：美国的慈善组织向国外提供人道援助

一家美国慈善组织出于人道目的向一个最近遭受洪灾的国家捐赠了 200 000 美元的小麦。

因为这是有形商品的出口，小麦的价值是商品类别的贷方。小麦是捐赠品，预期回报只有商誉，因此抵消分录为单方转移类别的借方。在理论上，存在着从外国进口的 200 000 美元商誉。

案例总览

如果这些交易代表美国当期发生的所有国际交易，我们就能计算出商品贸易差额：表 1—8 的商品、服务和收益差额，经常账户差额，以及资本账户差额。加总商品类别的各行，我们可以看到借方与贷方之和为 180 000 美元，即商品贸易盈余为 180 000 美元。加总商品、服务和收益一行的借方与贷方，得到 178 500 美元的盈余。加总单方转移一行的商品、服务和收益的借方与贷方，得到经常账户差额，即 21 500 美元的赤字。加总美国国外资产和外国在美资产的借方与贷方，得出资本账户差额。该差额为正的 21 500 美元，表示有盈余。

基本问题 3　什么是一国的国际收支平衡表？它衡量的是什么？

国际收支平衡表是用来列出一国国际交易的会计体系。国际收支平衡表衡量了商品、服务和收益的交易，单方转移，金融资产的私人交易，以及官方储备。

资本账户与资产的国际流动

资本账户衡量了金融资产的流动，经常账户衡量了商品、服务、收益和单方转移的流动。因此，考察资本账户交易的起点是将其视为经常账户交易的必要资金来源。

请考虑以下例子。如果一国出现经常账户赤字，那么该国消费的商品和服务多于它生产的商品和服务，它必须从国外借入资金来购买商品和服务。这意味着，在净结果上，资本必然流入该国，因而产生了资本账户盈余。从这个角度看，经常账户赤字是不理想的，因为赤字国家必须从国外借款，为当期消费融资。然而，这是一个非常狭隘的角度。

在考察资本账户盈余时，一种视野更宽广的方式是认识到资本流入该国可能是由于外国居民视该国为有吸引力和前途的投资对象。换言之，外国居民可能认为该国的经济增长健康平稳，因而他们的投资将获得足够高的回报。反过来，外国投资增加了该国的资本存量。资本存量增加可以提高该国居民未来的生活水平。从这个角度看，意味着经常账户赤字的资本账户盈余对一国是有好处的。

例：一位大学生

下面以大学生的例子进行讨论。上大学时，学生花的钱通常比他们挣的多。他们要支付房租、购买食物、书籍和娱乐活动，还要交学费。他们的收入通常来自兼职工作。通常，他们会向父母、银行、大学或美国政府借钱。

假设一位学生向美国政府借入了一笔有担保的学生贷款。这笔贷款必须在毕业后最长10年内连本带息偿还。这位学生的借款动机是什么？这好比他进行了一笔购入人力资本的投资，这里的人力资本是指个人拥有的知识和能力。如果人力资本增加产生的未来收益高于贷款成本，那么这笔投资就是明智的。如果这位学生将全部借款用于当前消费，却没能念完大学，并放弃了教育本应提供的更高收入，那么贷款成本实际上就降低了这位学生未来的生活水平。

显然，重要的不是这位学生借了多少钱，而是他如何使用借款。关键问题是：这位学生是将这笔钱投资于教育以提高未来收入，还是将这笔钱花在了当前消费上？

资本账户盈余

资本账户盈余也应以相同方式来考察：如果从国外借入的资金增加了该国的资本存量，所增加的未来产出超过了借款成本，那么该国居民就能在未来消费更多商品与服务。然而，如果借入资金被用于当期消费，那么偿还借款的负担就会降低该国的未来繁荣程度。

资本流动是一国居民在特定时期内的贷款与借款。从净结果上看，资本流动将会增加或减少本国居民持有的外国资产和外国居民持有的该国金融资产存量。经济学家称持有的外国金融资产存量超过外国人持有的该国金融资产存量的国家为**净债权国**（net creditor）。相反，**净债务国**（net debtor）是指持有的外国金融资产存量少于外国人持有的该国金融资产存量的国家。正如我们所指出的，对于一国而言，成为净债务国或净债权国并不一定是“好”还是“坏”。

作为净债务国的美国

下面以美国为例说明这个问题。在历史上，美国经历过作为净债权国的时期，也经历过作为净债务国的时期。殖民地时代的美国起初是净债务国，从法国和荷兰借款，以支付独立战争的开销。19世纪末，美国的净债务额非常之高。这也是美国的高投资时期。美国的增长潜力吸引了大量外国资本流入，这使它成为净债务国。这种投资为建设铁路和积累其他实物资本提供了资金，并使美国在19世纪后半叶的制造业产出年增长率接近10%。

如图1—6所示，自20世纪80年代以来，美国出现了大规模资本流入与经常账户赤字。这些资本流入导致美国成为净债务国。大众媒体将美国描述为世界上最大的债务国，并称外国人正在“买光”美国企业和财产。这种情况对美国并不一定是好还是坏。重要的是流入美国的资本是为当前消费融资还是为生产性投资融资。

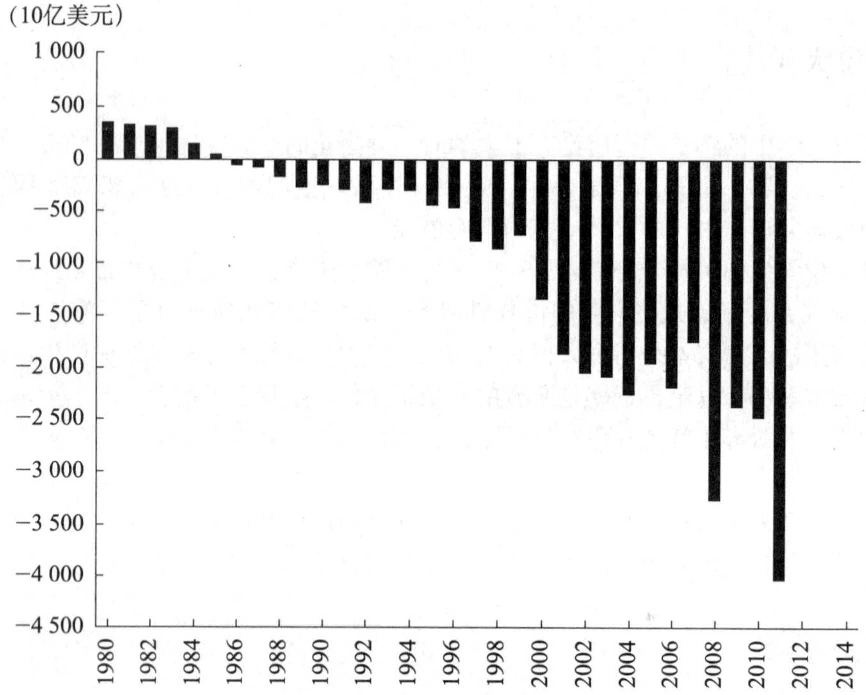

图 1—6　美国的净国际投资头寸

说明：美国在历史上的不同时期曾成为净债务国。20 世纪 80 年代，美国开始出现大规模资本流入，并成为净债务国。

资料来源：美国经济分析局。

基本问题 4　一国成为净债务国或净债权国意味着什么？

净债务国是本国居民持有的外国金融资产存量少于外国居民持有的该国金融资产存量的国家。净债权国是指本国居民持有的外国金融资产存量大于外国居民持有的该国金融资产存量的国家。成为净债务国或净债权国并不一定是“好”还是“坏”。资本流入可能增加一国的资本存量，也可能增加一国居民在未来购买商品和服务的能力。

经常账户差额与资本流动的关系

理解一国的经常账户与资本流动之间的关系十分重要。这种关系是从会计恒等式而非哪种理论推导出来的。基本的国际收支恒等式表明，当一国是外国资本的净接受国时，就将产生经常账户赤字。政策制定者经常讨论经常账户赤字可能导致的工作机会损失、如何减少赤字，以及外国净资本流入的好处。然而，争论的核心是外国资本投资的好处是否足以抵消贸易不平衡的后果，以及为何国内储蓄少于国内投资。

为了说明这一点，我们首先来看一国的国内储蓄和国内投资。国内储蓄包括私人储蓄和公共储蓄或政府储蓄，它是国内总收入和国内总支出之差。对于开放经济而言，国内储蓄可能为正，也可能为负。

国内投资包括资本品与存货支出，以及家庭和企业对住房和商用建筑的投资。一方面，如果一国的国内投资超过国内储蓄，那么该国的总支出就超过总产出，且该国进口的商品与服务多于出口的商品与服务。另一方面，如果国内储蓄超过国内投资，那么该国的总支出就少于总产出，且该国为商品与服务的净出口国。因此，经常账户差额等于国内储蓄与国内投资之差：

国内储蓄－国内投资＝经常账户差额

国内储蓄与国内投资之差也与一国的资本流入有关。一国可以通过国内储蓄或从国外流入的资本为国内投资融资。如果一国的国内投资超过国内储蓄，那么它就是外国资本的净进口国，是从国外借款的净借款国。然而，如果国内储蓄超过国内投资，那么该国就是净资本出口国，或者向国外贷款的净贷款国。因此，包括官方储备和其他政府资产的净资本流动等于国内储蓄与国内投资之差：

国内储蓄－国内投资＝净资本流动

由于经常账户差额和净资本流动都必然恒等于国内储蓄与国内投资之差，因此它们必然彼此恒等：

经常账户差额＝净资本流动

这个最终公式表明，如果一国出现净资本流入，那么它必然出现经常账户赤字；如果一国出现净资本流出，那么它必然出现经常账户盈余。

根据经常账户差额和净资本流动的这种关系，纽约美联储的马修·希金斯（Mathew Higgins）和托马斯·克里特加德（Thomas Klitgaard）认为，美国的高额经常账户赤字并不一定意味着美国的工作机会由于外国进口而流失。相反，美国的高额经常账户赤字来自大规模资本流入，它弥补了美国储蓄与投资支出的资金缺口，包括创造工作机会的私人投资支出。这些资本流入部分说明了美国为何在 20 世纪 90 年代至 21 世纪前 10 年中期出现了高额经常账户赤字和低失业率。在这段时期，美国的资本存量增长率很高。增加的资本存量大部分是高科技部门的资本存量，其增速超过了美国劳动力的增速。因此，美国劳动生产率提高，整体经济活动的增加创造出新的工作机会。

同时考虑经常账户和资本账户表明，我们并不一定要将经常账户赤字视为对经济体“有害”。出现经常账户赤字的国家也会出现资本流入，它可以为创造工作机会的投资活动融资。

基本问题 5　一国的经常账户差额与资本流动的关系是什么？

基本的国际收支恒等式表明，一国的经常账户差额必然等于净资本流动。出现净资本流入的国家——包括官方储备和其他政府资产的变化——必然会出现经常账户赤字。出现净资本流出的国家必然会出现经常账户盈余。

本章总结

1. 商品与服务的全球市场：在过去 30 年中，贸易壁垒的下降、运输成本的降低和电子通信与贸易的发展促使全球商品与服务贸易额激增。自 20 世纪 80 年代以来，商品与服务的全球贸易平均每年增长近 6%。因此发达国家和新兴国家的国际商品与服务贸易占实体部门活动的比例都有所提高。

2. 国际货币金融市场：在过去 30 年中，国际货币和金融市场的增长令全球商品与服务市场的增长黯然失色。外汇市场交易额增至全球贸易额的 60 倍。过去 20 年中，发达国家的债券和股票国际交易增幅均超过了 1 700%。

3. 什么是国际收支平衡表：国际收支平衡表是用来记录一国的国际交易的账户体系。该表衡量了商品与服务贸易、收益、单方转移、金融资产的私人交易和官方储备。经常账户包括商品、服务、收益和单方转移。

4. 净债务国和净债权国：净债务国是对外国的总索偿权小于外国对该国的总索偿权的国家。净债权国是持有的外国金融资产存量大于外国持有的该国金融资产存量的国家。成为净债务国不一定是"好"还是"坏"。增加一国资本存量的外国投资可以促进该国的繁荣。

5. 一国的经常账户差额与资本流动之间的关系：一国的经常账户差额和资本流动均等于国内储蓄总额和国内投资总额之差。因此，资本流动——包括官方储备与其他政府资产的变化——必然等于经常账户差额。因此，资本进口国将出现经常账户赤字，而资本出口国将出现经常账户盈余。

问题与习题

1. 请写出下列交易的经常账户和每个国际收支账户——商品、服务、收益、单方转移——的借方分录和贷方分录。

a. 一位当地大学生在假期去国外旅游，花了 1 000 美元购买食宿。

b. 一家当地汽车交易商进口了价值 20 000 美元的汽车。

c. 本国政府向一个遭受旱灾的国家提供了 100 万美元的人道援助。

d. 你收到了你持有的一只外国政府债券的 100 美元利息。

2. 根据你对第 1 题的答案，本国的下列账户金额是多少？

a. 商品与服务差额；

b. 经常账户差额；

c. 资本账户差额。

3. 请使用给定年份的下列数据（10 亿美元），计算商品贸易差额，商品、服务与收益差额，以及经常账户差额。并请说明这些差额是赤字还是盈余。

商品出口	719	商品进口	1 145
服务出口	279	服务进口	210
单方转移净额	−49	收益收款	284
收益付款	269	统计误差	11

4. 请使用第 3 题的数据，计算资本账户差额。资本账户差额是盈余还是赤字？

5. 什么是国际收支平衡？请考虑你第 3 题和第 4 题的答案，该国出现了国际收支赤字还是国际收支盈余？

6. 根据表 1—5 的数据，2010 年美国的国际收支是盈余还是赤字？

7. 请写出一国作为净债务国的好处和坏处以及一国作为净债权国的好处和坏处。

8. 请说明为何一国可能既希望获得证券投资，又希望获得外国直接投资。

9. 请写出经常账户和净资本流入的关系式，包括与投资支出和国内储蓄有关的官方储备和其他政府资产的变化。

10. 假设一国将收入的 10%用于投资，且私人部门的储蓄率为 5%。此外，假设该国政府的赤字为 1%。请用你从第 9 题得出的公式和这些数据说明这些条件对于该国的资本账户和经常账户意味着什么。如何纠正这种不平衡？

11. 世界电影公司（World Films Inc.）拥有 12.33 亿美元总资产、5.33 亿美元外国资产、6.15 亿美元总销售收入、2.27 亿美元外国销售收入，总共有 1 256 名员工，其中包括 322 名外国员工。世界音乐出版公司（Music Publishers Worldwide）拥有 24.56 亿美元总资产、4.55 亿美元外国资产、8.09 亿美元总销售收入、2.46 亿美元外国销售收入，总共有 2 467 名员工，其中包括 900 名外国员工。请用这些数值计算每家公司的跨国经营度指数。哪家企业更"全球化"？

12. 请考察你在第 11 题中计算的跨国经营度指数的各个部分（销售收入百分比、员工百分比和外国资产百分比），并比较两家公司的数值。这两家公司的全球战略在对外出口或国外经营上有何差异？

13. 请考虑表 1—4 中的数据，并解释为何小型发达国家的跨国公司往往比大型发达国家的跨国公司更"全球化"。

14. 请参考表 1—3 和表 1—4 中关于全球资产和跨国经营度指数的数据。哪组数据与表 1—2 中全球化程度最高的国家的数据最一致？你认为哪种指标是“全球化”企业的最佳指标？

在线应用

本章介绍了外汇工具市场的惊人增长。下列应用研究了近年的外汇市场调查数据。

网址：http://www.bis.org

标题：外汇市场活动调查

浏览：首先访问国际清算银行的首页（http://www.bis.org）。在该页面上方的菜单中，选择“统计”，然后选择“外汇”。最后选择最近一期《外汇与衍生工具市场活动三年期中央银行调查》（Triennial Central Bank Survey of Foreign Exchange and Derivatives Market Activity）。

应用：请阅读媒体报道，并回答下列问题。

1. 最近一次调查中传统外汇（fx）市场的平均日交易额是多少？这表示上一次调查以来外汇市场平均日交易额增加了还是减少了？增加或减少了多少？

2. 根据最近一次调查，即期外汇市场的平均日交易额是多少？它占整体市场的比例是多少？

3. 交易最多的货币对是什么？

4. 欧元、日元和美元的市场份额是多少？

部分参考书目与扩展阅读

[1] Bhagwati, Jagdish. *In Defense of Globalization*. New York: Oxford University Press, 2004.

[2] Bordo, Michael D., Barry Eichengreen, and Douglas A. Irwin. “Is Globalization Really Different Than Globalization a Hundred Years Ago?” National Bureau of Economic Research, Working Paper No. 7195 (June 1999).

[3] Cavallo, Michele. “Oil Prices and the U. S. Trade Deficit.” Federal Reserve Bank of San Francisco, Economic Letter, No. 2006-24 (September 22, 2006).

[4] Frankel, Jeffrey. “Globalization of the Economy.” NBER Working Paper Series, No. 7858 (August 2000).

[5] Garner, C. Alan. “Should the Decline in the Personal Saving Rate Be a Cause for Concern?” Federal Reserve Bank of Kansas City, *Economic Review* (Second Quarter 2006): 5-28.

[6] Held, David, Anthony McGrew, David Goldblatt, and Jonathan Perraton. *Global Transformations*. Stanford: Stanford University Press, 1999.

[7] Hellerstein, Rebecca, and Cédric Tille. “The Changing Nature of the U. S. Balance of Payments.” Federal Reserve Bank of New York, *Current Issues in Economics and Finance* 14 (4) (June 2008).

[8] Higgins, Matthew, and Thomas Klitgaard. “Financial Globalization and the U. S. Current Account Deficit.” Federal Reserve Bank of New York, *Current Issues in Economics and Finance* 13 (11) (December 2007).

[9] Higgins, Matthew, and Thomas Klitgaard. “Viewing the Current Account Deficit as a Capital Inflow.” Federal Reserve Bank of New York, *Current Issues in Economics and Finance* (December 1998).

[10] Keidel, Albert. “China's Economic Rise-Fact and Fiction.” Policy Brief, 61, Carnegie Endowment for International Peace (July 2008).

[11] Micklethwait, John, and Adrian Wooldridge. “Globalization Can Be Popular Again.” *Wall Street Journal* (April 17, 2000): A34.

[12] Obstfeld, Maurice. “The Global Capital Market: Benefactor or Menace?” *Journal of Economic Perspectives* 12 (4) (1998): 9-30.

[13] Pakko, Michael R. “Capital Deepening.” Federal Reserve Bank of St. Louis, *National Economic Trends* (May 2000): 1.

[14] Rodrick, Dani. "How Far Will International Economic Integration Go?" *Journal of Economic Perspectives* 14 (1) (Winter 2000): 177-186.

[15] Rugman, Alan, M. "From Globalization to Regionalism: The Foreign Direct Investment Dimension of International Finance." In Karl Kraiser, John J. Kirton, and Joseph P. Daniels, eds., *Shaping a New International Financial System: Challenges of Governance in a Globalizing World*. Aldershot, UK: Ashgate Publishing, 2000.

[16] Rugman, Alan M. "Regional Multinationals and Regional Trade Policy: The End of Multilateralism." In Michele Fratianni, Paolo Savona, and John J. Kirton, eds., *Corporate, Public and Global Governance: The G8 Contribution*. Burlington VT: Ashgate Publishing, 2007: 77-86.

[17] Steger, Manfred B. ed. *Rethinking Globalism*. New York: Rowman and Littlefield Publishers Inc., 2004.

[18] United Nations Conference on Trade and Development. *World Investment Report*, 2000. New York: United Nations, 2000.

[19] Valderrama, Diego. "The U.S. Productivity Acceleration and the Current Account Deficit." Federal Reserve Bank of San Francisco, Economic Letter, No. 2007-08 (March 30, 2007).

第二章　外汇市场

基本问题

1. 什么是外汇市场？
2. 货币升值或贬值意味着什么？
3. 如何衡量货币的一般价值？
4. 什么是外汇套利？
5. 货币价值的决定因素是什么？
6. 什么是购买力平价？它是否可以作为汇率变化指标？

时间是 2009 年。加利福尼亚州棕榈泉市科切拉谷音乐与艺术节（Coachella Valley Music & Arts Festival）的协调人在安排乐队表演顺序时遇到了大麻烦。现在，他数月前安排好的一个英国乐队退出了该艺术节，因为它不喜欢现行的美元兑英镑汇率。他惋惜地说，在过去几年中，“当你付给一个乐队 100 000 美元时，这笔钱曾经相当于 75 000 英镑，而现在这只相当于 45 000 英镑”。他在初步计划表上划去了这个乐队的名字，这张表上被划去的还有其他三家欧洲乐队，它们也是因为外汇市场上美元贬值而退出的。这位音乐节协调人称，只有一支欧洲乐队没有取消表演。如果这支乐队也退出，那么这就是许多年来该艺术节第一次没能邀请到欧洲乐队表演。这位协调人想知道，美元汇率能否在接下来几个月中回升，这样明年的音乐节对欧洲乐队的吸引力可能会提高。

现在快进到 2012 年。在过去六个月中，欧元相对于美元的价值跌幅超过 3%。现在，科切拉谷音乐与艺术节总监有一个新问题：太多优秀的欧洲乐队对在艺术节上表演感兴趣，以至他意识到，他必须拒绝其中一些乐队。他担心如果他这么做会伤一些乐队的感情。他想，至少今年，一些最优秀的乐队会很高兴地用我们付的美元兑换到更多欧元。

在本章中，你将开始学习外汇市场。你将了解外汇和各类汇率。你将探究币值的决定因素以及如何通过套利获利。你还将学到最流行的汇率决定理论之一。

汇率与外汇市场

经济学家谈论外国交易和资本流动时，经常将商品、服务和资产比作水流，说它们从一个国家流向另一个国家。将这个类比略作扩展，我们可以说外汇市场就是连通世界各国的水管。外汇市场是家庭、企业和政府通过私人银行、外汇交易商和经纪商以及中央银行买卖外汇的体系。外汇体系提供了交易定价和款项交割的制度，促进商品、服务和资产从一个国家流向另一个国家。汇率——外汇的市场价格——是该体系的关键因素。

现在举例说明外汇的作用，假设你决定购买一套新音响。来到当地电器商店后，你选择了一台日本公司生产的接收器和扬声器，它们的价格为 300 美元。你购买这套音响的决定部分取决于价格。方便的是，价格是用你的本币标价的，你的钱包、手提包和银行账户里就有这种货币。因此，你向电器商店付款购买这套日本音响是一笔简单明了的交易。收到你支付的 300 美元后，电器商店可以从日本公司购买新的音响。

然而，拥有日本电子公司的日本居民必须用日元向该公司的工人和供应商付款。他们不希望在日本收到美元。因此，他们在其银行存入收到的款项，并将收入兑换为日元。现在，他们可以用日元银行账户付款。一美元价值多少日元？换言之，美元相对于日元的价值是多少？这就是汇率告诉我们的事情。汇率表示用一种货币相对于另一种货币的价格，根据汇率可以将这笔交易的价值用交易各方的本币表示。

外汇市场的作用

在上一个例子中，外汇市场的作用是什么？外汇市场的概念可能会让你想起穿着衬衫的疯狂交易商和在拥挤的交易大厅中忙着换钱的游客，他们的行为决定了我们在《华尔街日报》和《金融时报》等日报上看到的货币报价。然而，在我们的例子中，外汇市场没有那么显眼。日本公司利用的是银行服务而不是外汇市场。此外，所涉及的货币——美元和日元——从未跨越国界。只有音响跨越了国界。

实际上，从一国流向另一国的实际货币并非外汇市场的重要因素。这种货币流动通常只有在旅游或非法交易等活动中才会产生。人们通常在外汇市场上交易的金融资产为用外币表示的金融工具，例如债券、股票，尤其是银行存款。

外汇工具和外汇市场是多种多样的。我们例子中的市场是外汇即期市场。**即期市场**（spot market）是即期购买和交割资产的市场，交易通常发生在两三天内。媒体会公布主要银行之间 100 万美元以上外币存款交易的即期汇率。

即期汇率是即期市场上的外汇市场价格。表 2—1 显示了可以在《华尔街日报》或《金融时报》等主要商业新闻媒体的网站上找到的即期汇率。表 2—1 中的即期汇率为伦敦市场上进行的外汇交易的即期汇率，它表示收市时的货币卖出汇率。请注意表 2—1 上方的文字，该汇率“适用于 100 万美元及以上金额的银行间交易”。这意味着，这里报出的即期汇率属于大额交易的汇率。金额较小的即期交易（即“零售”交易）——例如个人和中小型企业的即期外汇交易——的买入汇率与卖出汇率没有那么优惠。表2—1显示了两种即期汇率，美元/外币和外币/美元。在下一节，我们将说明这两种即期汇率。我们将经常在本章的例子中引用表2—1。（要了解个人如何参与传统上由大公司主导的外汇市场交易，请参见“网络笔记本：网络上‘小人物’的货币交易价差。”）

表2—1　　外汇即期市场交易

下表中的数值来自伦敦收市汇率数据，适用于100万美元及以上金额的银行间交易。

	货币	美元/外币①	前一天的收市汇率	外币/美元	前一天的收市汇率	J. P. 摩根指数②
阿根廷	比索	0.227 5	0.227 7	4.396 3	4.391 5	
澳大利亚	澳元	1.038 2	1.039 8	0.963 2	0.961 7	112.8
加拿大	加元	1.011 3	1.012 6	0.988 8	0.987 6	141.9
中国	人民币元	0.158 6	0.158 7	6.304 0	6.300 6	
捷克	克朗	0.052 8	0.053 1	18.922 9	18.847 5	
印度	印度卢比	0.019 3	0.019 3	51.860 0	51.860 0	
日本	日元	0.012 3	0.012 4	81.310 0	80.770 0	113.5
马来西亚	林吉特	0.270 8	0.269 0	3.692 5	3.717 5	
墨西哥	墨西哥比索	0.076 2	0.075 7	13.123 0	13.215 3	66.5
新西兰	新西兰元	0.818 7	0.821 6	1.221 4	1.217 2	138.2
菲律宾	比索	0.023 4	0.023 5	42.655 0	42.605 0	
俄罗斯	卢布	0.033 9	0.033 9	29.485 0	29.494 3	
瑞士	法郎	1.091 6	1.093 5	0.916 1	0.914 5	141.6
英国	英镑	1.384 2	1.375 8	0.722 4	0.726 8	74.6
欧元区	欧元	1.275 2	1.263 6	0.784 2	0.791 4	133.3
特别提款权	特别提款权	1.501 9	1.497 3	0.665 8	0.667 9	
美国	美元					95.1

① 收市中间价。

② J. P. 摩根名义有效汇率指数基于包括16种货币的一篮子货币（2000年＝100）。

资料来源：《金融时报》，www.ft.com。

网络笔记本

网络上“小人物”的货币交易价差

多数人想到外汇市场上的外汇交易时，脑海中都会浮现出银行、大公司和政府下达买卖外币指令的情景。现在，FX Solutions和Interbank FX等在线交易公司向个人提供一系列网络货币交易账户。最大的在线公司之一，Gain Capital声称拥有140个国家的个人客户，每天交易总额超过30亿美元的外币。

为了帮助个人了解如何交易货币，多数在线交易公司都为人们提供免费账户用于从事模拟交易，让他们在用真正的美元（和其他货币）进行有风险的交易之前进行练习。FX Solutions等几家公司都提供在线培训课程。在Interbank FX，个人甚至可以开立“迷你账户”，用来进行低至50美分的实际交易。人们在开始在线货币交易之前进行大量练习是很有必要的。与每交易2美元股票就要求交易者缴存1美元保证金的在线股票经纪商相反，在线货币公司通常允许交易者每交易400美元只缴存1美元保证金。因此，个人很容易在短时间内损失成千上万美元。当然，迅速赚取成千上万美元也是可能的，正是这吸引了许多人从事在线货币交易。

批判性分析

原则上，交易者如何根据美元相对于日元价值下跌的预期买入日元而获利？

网络资源

请访问 Oanda.com 的网站：http://www.oanda.com，开立一个外汇交易练习账户，并了解更多关于外汇即期市场的信息。

基本问题 1　什么是外汇市场？

外汇“市场”是人们用一国货币交换另一国货币的系统。在这个市场上，很大一部分交易是大型商业银行之间进行的 100 万美元以上外币存款交易。货币从一国流向另一国的实际运动在外汇市场上相对并不重要。

作为相对价格的汇率

正如我们在之前的章节中所指出的，汇率的作用是衡量一国货币相对于另一国货币的价值。因此，汇率是用一种货币表示的另一种货币的价格，它是一种相对价格。由于汇率表示了两种货币的关系，因此经济学家通常称汇率为双边汇率，因为双边意味着“双方”。在表 2—1 中，有两列表示当天的即期汇率。第一列是美元/外币，即购买一单位外币需要多少美元。例如，在表 2—1 中，美元相对于欧元（€）的汇率为 1.275 2＄/€，它意味着兑换 1.0 欧元需要付出 1.275 2 美元。

汇率还可以表示购买一美元需要多少外币单位，即外币/美元。它是美元/外币汇率的倒数。因此，欧元对美元的汇率为 1/(1.275 2＄/€)，即 0.784 2 €/＄。这意味着兑换 1.0 美元必须付出 0.784 2 欧元。由于表示汇率的方式有两种，因此确定汇率是美元/外币汇率还是外币/美元汇率很重要。

货币升值与贬值　观察表 2—1 的美元/外币汇率一栏中的英镑，我们可以看到前一天收市以来，其汇率从 1.375 8＄/£变为 1.384 2＄/£。这意味着美元对英镑贬值，因为购买一英镑所需的美元数量增加了。换言之，英镑的美元价格升高了。同时，英镑相对于美元升值。英镑/美元汇率从 0.726 8£/＄变为 0.722 4£/＄，这表示购买一美元所需的英镑数量减少了，即美元的英镑价格下跌。

我们可以通过计算汇率变化百分比来确定升值率或贬值率。方法是用新汇率减去旧汇率，然后再用差值除以旧汇率并乘以 100%，计算出汇率变化百分比。根据表 2—1 的美元/英镑汇率，其变化百分比为：

$$[(1.384\,2-1.375\,8)/1.375\,8]\times 100\%\cong 0.61\%$$

换言之，英镑相对于美元升值了 0.61%。

基本问题 2　货币升值或贬值意味着什么？

当汇率发生变化时，一种货币要么相对于另一种货币升值，要么相对于另一种货币贬值。当一种货币升值时，它相对于另一种货币的价值上升。当一种货币贬值时，它相对于另一种货币的价值下降。汇率变化百分比衡量了货币升值或贬值的幅度。

交叉汇率 表 2—1 显示，在这一天，美元/欧元汇率和欧元/美元汇率分别等于 1.275 2＄/€和 0.784 2 €/＄。然而，假设我们感兴趣的是英镑与欧元的汇率，而不是美元与欧元的汇率。为了确定该汇率，我们可以计算**交叉汇率**（cross rate），它是我们根据两种双边汇率计算出的第三种汇率。

在表 2—1 中，美元/英镑汇率为 1.384 2＄/£，美元/欧元汇率为 1.275 2＄/€。根据这两个双边汇率，可以很简单地计算出英镑/欧元汇率或欧元/英镑汇率。

为了计算英镑/欧元交叉汇率，我们用欧元的美元汇率除以英镑的美元汇率。因此，我们可以按下式计算出英镑/欧元交叉汇率：

$$\frac{1.275\,2\,\$/€}{1.384\,2\,\$/£}$$

除以一个分数等于乘以该分数的倒数。因此，我们可以将该问题表示为

$$\frac{1.275\,2}{1.384\,2}\times\frac{\$}{€}\times\frac{£}{\$}$$

注意，在该式中，美元被消掉，因为它出现在一个分数的分子中和另一个分数的分母中。这将得到英镑/欧元汇率，即 0.921 3£/€。

如果我们希望计算欧元/英镑汇率，可以取英镑/欧元汇率的倒数，即

$$\frac{1}{0.921\,3\ £/€}=1.085\,5\ €/£$$

使用美元/英镑汇率和美元/欧元汇率，我们计算出了英镑和欧元的交叉汇率。

各大报纸外汇专栏的交叉汇率表中提供了许多交易量很高的货币的交叉汇率。表 2—2 是交叉汇率表的一个例子。该表在第一行和左栏列出了货币种类。表 2—2 中的汇率是行与列所对应国家的货币之间的汇率。当同一个国家既出现在行中，又出现在列中时，该数据要么为空，要么为 1。第一列提供了相应行中列出的每种货币的美元/外币汇率。因此，第二行提供了外币/美元汇率。

表 2—2　　根据表 2—1 中的汇率计算的交叉汇率表

	美国	加拿大	欧元区	英国
美国	—	0.988 8	0.784 2	0.722 4
加拿大	1.011 3	—	0.793 1	0.730 6
欧元区	1.275 2	1.261 0	—	0.921 3
英国	1.384 2	1.368 7	1.085 5	—

买卖价差与交易价差

如果你住在大都市，那么你的银行很可能有一个外汇服务商。试着打电话给你的银行询问某种货币的报价。与你对话的人很可能报出两种汇率，或者问你是买入还是卖出。银行愿意向你购买货币的汇率是买入价。银行愿意向你卖出货币的汇率为卖出价。

买卖价差 举例说明，假设你要去英国伦敦学习一学期的经济学。在你出行之前，你希望用美元兑换一些英镑。从表 2—1 中我们看到，美元/英镑汇率为 1.384 2＄/£。假设你给当地银行打电话询问英镑报价，答复是“840 和 844”。由于银行希望无所不省，包括

用语，因此银行报出的只是即期汇率的最后三位小数。这意味着 1.384 0 \$/£和 1.384 4 \$/£。较低的是买价，即银行愿意卖给你以兑换一英镑的美元数量。较高的价格是卖价，它是你必须卖给银行以兑换一英镑的美元数量。表 2—1 这类表格中的即期汇率为买价和卖价的中间价。买卖价格之差为**买卖价差**（bid-ask spread）。

买卖价差率 通常，银行不会对外汇交易收取费用。**买卖价差率**（bid-ask margin）或交易价差率将买卖价差表示为一个百分比，它表示成本和与外汇交易相关的风险。我们用买卖价差除以卖价然后乘以 100%，计算出买卖价差率：

$$买卖价差率=\frac{卖价-买价}{卖价}\times 100\%$$

在这个例子中，买卖价差率为

$$\frac{1.3844-1.3840}{1.3844}\times 100\%=0.0289\%$$

买卖价差率很小，仅为 0.028 9%。交易量高、汇率波动低的货币的买卖价差率通常较低，表示与外汇相关的成本和风险较低。

网络资源

请从《金融时报》的网站 http://www.ft.com 上获取即期汇率和买卖价差。

实际汇率

迄今为止，我们已经讨论过**名义汇率**（nominal exchange rate）。它是指不反映两国价格水平变化的汇率。名义汇率说明了本币兑换成外币后的购买力。然而，如果我们对本币能购买的外国商品和服务的数量感兴趣呢？换言之，如果我们真的关心本币对外国商品和服务的购买力，那么会如何呢？**实际汇率**（real exchange rate）根据各国价格水平的变化调整了名义汇率，因此衡量了本国商品和服务换成外国商品和服务后的购买力。因此，如果我们想知道一单位本国商品和服务能购买多少外国商品和服务，就需要知道实际汇率。

以墨西哥 2009 年初到 2012 年初的情况为例。这段时期是一个很好的例子，因为该时期内墨西哥比索的价值变化相对较大。

2009 年 3 月，墨西哥比索（Mp)/美元的即期汇率为 15.29Mp/\$，2012 年 3 月，墨西哥比索/美元的即期汇率为 13.12Mp/\$。因此，美元相对于墨西哥比索贬值了 14.2%：

$$(13.12-15.29)/15.29\times 100\%=14.2\%$$

我们也可以说，墨西哥比索相对于美元升值，因为 2009 年 3 月购买 1 美元需要 15.29 比索，而 2012 年 3 月购买 1 美元只需要 13.12 比索。

价格变化的影响

现在考虑价格变化对“典型”美国消费者对墨西哥商品和服务购买力的影响。为了确定该影响，我们需要使用物价指数。让我们使用消费者物价指数（CPI），因为该指数计算了某个假想典型消费者消费的一篮子商品和服务的价格变化。

2009 年 3 月，美国的消费者物价指数等于 108.9；2012 年 3 月，美国的消费者物价指数等于 117.5。2009 年 3 月，墨西哥的消费者物价指数等于 118.5；2012 年 3 月，墨西哥的消费者物价指数等于 139.2。经济学家通常用一段时期内的消费者物价指数变化百分比作为该时期内的消费物价通货膨胀指标。因此，2009 年 3 月至 2012 年 3 月，美国的通货膨胀率为 7.9%。这意味着随着这段时期内美国价格水平的上升，每一美元的国内购买力减少。这段时期内墨西哥的通货膨胀率为 17.5%。因此，在同一段时期内，每一墨西哥比索的国内购买力减少得更多。人们可以看到，美元相对于墨西哥比索贬值，同时，每一墨西哥比索可以购买的墨西哥商品和服务减少了。

对于美国消费者而言，这意味着墨西哥的通货膨胀加剧了美元相对于墨西哥比索贬值带来的币值损失。为了解为何会如此，我们用名义墨西哥比索/美元汇率除以墨西哥价格与美国价格之比，得出实际汇率。这种方法用墨西哥相对于美国的价格变化调整了墨西哥比索相对于美元的名义汇率。

令 S_t 表示时期 t 的名义墨西哥比索/美元汇率，Mp/＄。并令 P_t^{US} 表示时期 t 的美国消费者物价指数，令 P_t^{M} 表示时期 t 的墨西哥消费者物价指数。使用这种符号，时期 t 的实际墨西哥比索/美元汇率 s_t 为

$$s_t = S_t/(P_t^{M}/P_t^{US})$$

公式的分母中再次出现了比率。因此，我们可以乘以分母中的比率的倒数，改写该公式。这样，该公式变为

$$s_t = S_t \times (P_t^{US}/P_t^{M})$$

从该式中我们看到，墨西哥比索/美元的实际汇率为墨西哥比索/美元的名义汇率乘以美国价格与墨西哥价格之比。使用该式，2009 年 3 月的墨西哥比索/美元实际汇率，s_{2009} 为

$$s_{2009} = 15.29 \times (108.9/118.5) = 14.05$$

同样，2012 年墨西哥比索/美元的实际汇率 s_{2012} 为

$$s_{2012} = 13.12 \times (117.5/139.2) = 11.08$$

因此，在 2009 年 3 月至 2012 年 3 月这段时期内，实际汇率下降了。这意味着美元相对于墨西哥比索实际贬值。然而，实际贬值幅度大于名义贬值幅度。实际汇率变化率为 21%，而名义汇率变化率为 14%。由于墨西哥消费者物价指数比美国消费者物价指数的增幅高 9 个百分点，因此通货膨胀差异使美元的实际贬值幅度大于名义贬值幅度。

衡量货币的整体强弱：有效汇率

正如本章前面所说明的，我们迄今为止讨论的是双边汇率，它衡量了一种货币相对于另一种货币的价值。在某个日期，一种货币可能相对于某些货币走强（升值），而相对于另一些货币走弱（贬值）。在某个日期，美元价值可能相对于英镑、日元和加元下跌，但相对于欧元、瑞士法郎和墨西哥比索上升。因此，某些双边汇率会下降，而另一些双边汇率会上升。但是，整体而言，美元是“走强”还是“走弱”？为了回答这个问题，经济学家使用了**有效汇率**（effective exchange rate），它是一种货币相对于两种或两种以上其他货币的加权平均价值。

构建有效汇率

为了构建有效汇率，经济学家必须作出一些选择。首先，需要选择衡量有效汇率的一篮子货币。衡量一种货币相对于世界上其他每种货币的价值是不现实的。因此，经济学家只考虑他们认为最重要的货币。哪些货币属于"重要"货币取决于实际应用。如果一位商人希望知道美元价值变化对美国进出口的影响，那么他将希望加入美国最大贸易伙伴国的双边汇率。如果一位投资组合经理希望知道美元价值变化对某个国际资产组合收益率的影响，那么他将希望加入占该投资组合份额最高的货币的双边汇率。人们最终选择的货币就是经济学家称之为货币篮的货币。

接下来，必须选择一个基年作为时间参考点。基年的值等于 100。然后，经济学家衡量与该基年相比的变化。例如，如果 2010 年为基年，那么 2010 年的有效汇率价值就为 100。如果 2012 年的有效汇率为 125，那么我们就知道，有效汇率增加了 25%。

最后，由于有效汇率是加权平均双边汇率，因此经济学家必须选择权重。权重是更强调货币篮中更重要的货币，而较少强调货币篮中不重要的货币的一种方法。通常，经济学家根据双边汇率或多边汇率确定权重。双边权重反映了某国与美国的贸易额和美国与指数中其他所有国家的总贸易额之比。多边权重反映了某国与指数中所有国家的贸易额和指数中所有国家的总贸易额之比。如果我们考虑一种货币（例如美元）的价值，那么通常适用双边权重方法。如果我们希望比较美元与其他国家的货币在同一时期的表现，那么应该使用多边权重方法。

有效汇率的两国案例

为了说明这些观点，让我们将 2008 年作为基年，计算美国在 2008—2010 年的简单有效汇率。为了说明方便，我们只使用美国的两个主要贸易伙伴国，加拿大和墨西哥。

计算双边权重 由于我们只考虑一国的实际有效汇率，因此我们将使用双边权重。令 X 表示出口，M 表示进口。此外，令 W^b 表示双边权重。我们根据美国对加拿大的出口 X_{Cn} 与美国从加拿大的进口 M_{Cn} 之和计算加元的权重。X_{Cn} 与 M_{Cn} 之和是美国与加拿大的总贸易额。类似地，X_{Mx} 与 M_{Mx} 之和是美国与加拿大的总贸易额。

为了计算加元的权重，我们用美国与加拿大的总贸易额 $X_{Cn}+M_{Cn}$ 除以美国与加拿大和墨西哥的总贸易额，$(X_{Cn}+M_{Cn})+(X_{Mx}+M_{Mx})$。我们可以将加元权重公式写为

$$W^b_{Cn}=(X_{Cn}+M_{Cn})/[(X_{Cn}+M_{Cn})+(X_{Mx}+M_{Mx})]$$

该权重表示美国和加拿大的贸易额与美国和墨西哥以及加拿大的总贸易额之比。

在基年，2010 年，美国向加拿大的出口为 2 488 亿美元，美国从加拿大的进口为 2 765 亿美元。美国向墨西哥的出口为 1 633 亿美元，美国从墨西哥的进口为 2 297 亿美元。W^b_{Cn} 的计算方式如下

$$W^b_{Cn}=(\$248.8+\$276.5)/[(\$248.8+\$276.5)+(\$163.3+\$229.7)]=0.57$$

该权重表明，美国与加拿大和墨西哥的总贸易额中，57%为与加拿大的贸易额。类似地，墨西哥比索的权重 W^b_{Mx} 等于

$$W^b_{Mx}=(\$163.3+\$229.7)/[(\$248.8+\$276.5)+(\$163.3+\$229.7)]=0.43$$

该权重表示，美国与加拿大和墨西哥的总贸易额中，43%为与墨西哥的贸易额。注意，权重 W^b_{Cn} 和 W^b_{Mx} 相加等于1。不管货币篮中有多少种货币，权重之和总为1。

计算相对汇率　计算有效汇率的下一步是计算每种双边汇率与基年汇率之比。对于这里的例子，2010年的加元/美元汇率为1.001C$/$，2012年的加元/美元汇率为0.989 C$/$。此外，2010年的墨西哥比索/美元汇率为12.195Mp/$，2012年的墨西哥比索/美元汇率为13.123Mp/$。由于2010年是本例中的基年，因此我们用加元汇率除以2010年的加元汇率，得出2010年的相对汇率为1，2012年的相对汇率为0.988。

这一步的原理如下：用当期汇率除以基年汇率得出货币当期价值与货币基年价值之比。因此，该值在2010年等于1，意味着2010年的价值是2010年价值的100%。2012年的值为0.988，意味着2012年的汇率价值为2010年汇率的98.8%。对墨西哥比索进行相同的计算，得出2010年的值为1，2012年的值为1.076，意味着2010年的墨西哥比索价值是2010年的墨西哥比索价值的100%，2012年的墨西哥比索价值是2010年的墨西哥比索价值的107.6%。然后，我们用这些相对汇率乘以相应的权重。最后，我们加总给定年份的加权相对汇率，再乘以100，得出该年的有效汇率：

$$EER_{2010} = (0.57 \times 1 + 0.43 \times 1) \times 100 = 100$$

该有效汇率衡量了美元与加元和墨西哥比索的加权平均汇率与基年的美元与加元和墨西哥比索的加权平均汇率之比。在我们的例子中，2010年为基年，因此2010年的有效汇率为100。2012年的有效汇率为

$$EER_{2012} = (0.57 \times 0.988 + 0.43 \times 1.076) \times 100 = 102.58$$

该值表示，2012年，美元与加元和墨西哥比索的加权平均汇率为2010年美元与加元和墨西哥比索的加权平均汇率的102.58%。

有效汇率说明了什么　现在，我们计算出了有效汇率，它说明了什么？注意，在本例中，2010—2012年，美元相对于加元贬值，相对于墨西哥比索升值。那么相对于这两种货币组成的货币篮，美元是升值还是贬值？升值或贬值了多少？在我们的例子中，2010年的有效汇率为100（基年），2012年的有效汇率为102.58。由于有效汇率上升，因此平均而言，在这段时期内美元相对于两种货币组成的货币篮升值了。使用变化百分比公式，升值幅度为［(102.46－100)/100］×100%＝2.58%。

从主要的汇率数据来源可以获得一些有效汇率。如表2—1所示，表中提供了许多货币的名义有效汇率。国际货币基金组织在其月报《国际金融统计》上发布多边加权名义有效汇率与多边加权实际有效汇率。美联储在《美联储公报》上发布美元的名义多边加权有效汇率。《金融时报》刊载了J.P.摩根名义指数，《华尔街日报》最近刚刚创建了自己的有效汇率指数。图2—1显示了自1980年以来美元、欧元和日元的多边加权名义有效汇率。

图2—1显示，1980—1985年，美元平均价值显著上升，1985—1988年，美元平均价值显著下降。1988年以后，美元平均价值总体上呈现稳步下降，直到1995年，美元开始升值，这一趋势保持到2002年。从整体上说，美元价值在2002年后下跌。欧元出现后，其价值一直下跌，直到2005年。自2003年以来，欧元的加权平均价值有所上涨。日元的图形显示，日元价值在1980—2000年呈现总体上升趋势。日元最初的加权平均价值为61，2000年，日元的加权平均价值为154，这段时期内升值152%。2000—2008年，日元的加权平均价值下跌，但2009年日元的加权平均价值又开始上升。

实际有效汇率　本章前面说明过，实际汇率表示国际购买力的变化。因此，有必要提出实际有效汇率的概念，即基于实际汇率而不是名义汇率的有效汇率。实际有效汇率的计

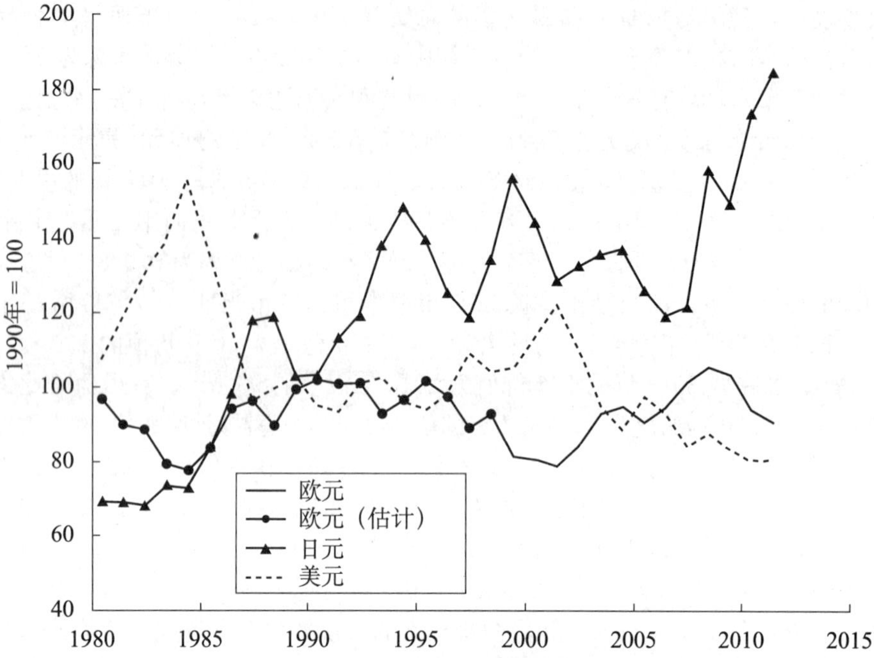

图 2—1 英格兰银行提供的自 1980 年以来的有效汇率

说明：1985—1995 年，美元的平均价值下跌，日元的平均价值上升。总体来看，美元的平均价值从 21 世纪初开始下跌，而日元的平均价值一开始下跌，但从 2009 年以后开始上升。欧元出现后，其平均价值最初下跌，但 2002 年以来欧元价值呈现上升趋势。

算方式和名义有效汇率基本相同。然而，与计算名义有效汇率不同，我们在计算实际有效汇率时使用的是实际汇率。因此，为了计算实际汇率，除了已经给出的信息以外，我们还需要汇率指数中所有国家的消费者物价指数以及美国的消费者物价指数。然后，我们必须将每个名义汇率换算为实际汇率。最后，如前所述，我们将完成对剩余的计算。章末问题的第 6 题为你提供了计算实际有效汇率的机会。

网络资源

请访问英格兰银行的网站 http://www.bankofengland.co.uk，获取一些货币的有效汇率。

基本问题 3 如何衡量货币的一般价值？

有效汇率记录了一种货币相对于其他一些货币的价值变化。由于有效汇率是一组双边汇率的加权平均值，因此有效汇率作为货币价值变化的一般指标十分有用。实际有效汇率是基于实际双边汇率的，而名义有效汇率是基于名义双边汇率的。

复合货币

有时，复合货币是很有用的，它可以作为交易计价货币，并用来计算某种货币相对于复合货币的价值。**复合货币**（composite currency），或称人工货币单位，是由几种货币加权平均的标准货币篮构成的货币单位。最常见的复合货币是特别提款权（SDR），它由国际货币基金组织建立和维护。经济学家通常将该货币的价值表示为它与美元和（或）英镑之比。你可以在《华尔街日报》、《金融时报》或其他主要金融媒体的货币表中找到当日的特别提款权价值。现在，你已经知道了如何构建有效汇率，因此理解复合货币将变得很简单。

特别提款权

特别提款权（special drawing right，SDR）是由国际货币基金组织（IMF）最初于1968年提出，并最终于1970年推出的一种复合货币。国际货币基金组织和出资工业国创造了特别提款权。国际货币基金组织和出资国认为，未来将没有足够黄金储备提供国际交易所需的流动性。它们希望特别提款权成为一种储备货币，即中央银行用来结算交易的货币。

预期的流动性危机并未出现，因此特别提款权没有成为主要储备货币。然而，特别提款权的确实现了一些有限的功能。它是一些国家为短期流动性不足融资的一种方式，在一些国家，它被作为本币钉住的货币篮。（我们将在第三章中讨论固定汇率制和钉住汇率制以及货币篮在这种环境下的应用。）

国际货币基金组织对特别提款权的定义方式类似于有效汇率，都是以一篮子经过挑选的货币为基础。组成货币篮的国家是最近5年中出口商品与服务最多的四个国际货币基金组织成员或货币联盟。现在，特别提款权以美元、欧元、英镑和日元为基础。在构建特别提款权时，我们使用了反映这四个国家或货币联盟相对出口额的多边权重以及所有国际货币基金组织成员持有的这四种货币的相对余额。

计算特别提款权

1999年1月1日，欧元在货币篮中取代了法国法郎和德国马克。然而，这两种货币的权重得以保留，现在被用于欧元。为了得出每天的特别提款权价值，我们首先来看最新的货币篮。该货币篮由0.660美元、12.100日元、0.111英镑和0.423欧元（代替了法国法郎和德国马克）组成。然后，我们用每日的即期汇率将这些货币转换为等值美元。最后，我们加总等值美元，得出特别提款权。

我们可以利用表2—1的信息来计算特别提款权。表2—3提供了特别提款权中各种货币的金额和四种货币当前的美元/外币汇率。用第二列中的货币金额乘以第三列中的美元/外币汇率，得到特别提款权中与每种货币相当的美元金额，如第四列所示。然后，我们加总第四列中每种外币的美元等值金额，得出美元/特别提款权的汇率，1.501 9＄/SDR，这就是表2—1中的值。

除了美元，我们还可以计算任何货币与特别提款权的汇率，方法是用美元/特别提款权的汇率和美元/目标货币的汇率计算交叉汇率。例如，在表2—1中，美元/俄罗斯卢布的汇率为0.033 9＄/Rr，美元/特别提款权的汇率为1.501 9＄/SDR。用第二个汇率，＄/SDR，除以第一个汇率，＄/Rr，可得出俄罗斯卢布与特别提款权的交叉汇率，44.303 8Rr/SDR。

表 2—3 特别提款权的计算

货币金额	用特别提款权表示的货币金额	美元/外币汇率	等值美元
欧元	0.423	1.275 2	0.539 4
日元	12.100	0.012 3	0.148 8
英镑	0.111	1.384 2	0.153 6
美元	0.660	1.000 0	0.660 0
SDR1＝$1.501 9			1.501 9
$1＝SDR0.665 8			0.665 8

外汇套利

许多人把外汇交易商买卖货币看作一种快节奏、能产生巨额利润的行为。实际上，一些交易商的确能在外汇市场上赚取巨额利润。然而，我们必须明白，是被称为套利的活动产生了这些利润。套利最简单的含义是“低买—高卖”，它是投资者根据价格差异追求即时利润的行为。投资者还可以通过货币投机或货币对冲在一段时间内用货币获利。我们会在第四章和第五章讨论后面这种活动。

空间套利（spatial arbitrage）是指跨空间进行的套利交易，例如跨越两个不同地理位置的市场进行的套利交易。空间套利机会存在的前提条件是，一个市场的汇率必须不同于另一个市场的汇率。

假设你碰巧拥有 100 万美元贷款额度。（前面曾经提到，外汇即期市场是 100 万美元及以上金额交易的市场。）你注意到，纽约的丹麦克朗（Dkr)/美元汇率为 5.842 6Dkr/$，伦敦的丹麦克朗/美元汇率为 5.813 4Dkr/$。假设两个市场均为开放市场，且对货币买卖无限制。忽略经纪费，汇率差异表示存在着套利机会。在纽约，100 万美元可以购买 5 842 600 丹麦克朗，而在伦敦，100 万美元可以购买 5 813 400 丹麦克朗。因此，你可以在纽约用 100 万美元买入 5 842 600 丹麦克朗，然后在伦敦卖出 5 842 600 丹麦克朗，得到 1 005 023 美元。因此，如果你在纽约用美元买入丹麦克朗，然后在伦敦卖出丹麦克朗并兑换为美元，那么你将获利 5 023 美元。注意，这一套利活动将在不同空间发生（在两个不同市场上），因此被称为空间套利。

如果存在套利机会，那么外汇交易者参与交易将减少或消除套利机会。以刚才的空间套利为例。如果外汇交易者在纽约买入丹麦克朗并在伦敦卖出丹麦克朗，那么纽约的丹麦克朗/美元汇率将下跌，伦敦的丹麦克朗/美元汇率将上升，从而消除了汇率差异。因此，该机会“因为套利而消失”。

三角套利（triangular arbitrage）（或三方套利）更复杂，它涉及三种及以上货币和（或）市场。存在三角套利机会的前提是，不同市场的货币汇率必须不同。在上例中，一个市场上的外币/美元汇率必须不同于另一个市场的外币/美元汇率。要使三角套利机会存在，三种汇率中必然有一种在不同市场上不等。

假设纽约的丹麦克朗/美元汇率为 5.842 6Dkr/$，且英镑/美元汇率为 0.722 4£/$，而伦敦的丹麦克朗/英镑汇率为 7.845 2Dkr/£。纽约市场上的这两种汇率表示丹麦克朗和英镑的交叉汇率为 8.087 8Dkr/£（5.842 6Dkr/$÷0.722 4£/$=8.087 8Dkr/$）。注意，纽约市场上的隐含交叉汇率不同于伦敦市场上的隐含交叉汇率。因此，存在套利机会。（我们再次忽略了交易成本。）

由于伦敦的丹麦克朗/英镑汇率低于纽约的丹麦克朗/英镑汇率，因此身为老练的交易者，我们希望在伦敦用丹麦克朗购买英镑。使用 100 万美元的贷款额度，我们可以在纽约购买 5 842 600 丹麦克朗（$1 000 000×5.842 6Dkr/$=Dkr5 842 600）。

然后，我们在伦敦用 5 842 600 丹麦克朗购买 744 736 英镑（Dkr5 842 600÷7.845 2Dkr/£=£744 736），再在纽约用 744 736 英镑购买 1 030 919 美元（£744 736÷0.722 4£/$=$1 030 919）。这笔套利获得了 30 919 美元的净利润。注意，我们在这个例子中交易了三种货币，美元、英镑、丹麦克朗，因此该套利为三角套利。

基本问题 4　什么是外汇套利?

外汇套利是以一种价格买入某种货币，然后立即以不同价格卖出这种货币的行为。空间套利是指跨越不同市场的套利活动。三角套利是指涉及两种以上货币的外汇交易套利活动。

货币供求

迄今为止，我们的讨论集中在介绍与计算上。现在，让我们来考虑外汇市场的一种分析模型。我们将在接下来几章中运用这个简单的供求模型。在这一框架下，我们假设没有对外汇交易设置障碍或进行控制。此外，我们还假设政府不会为了操纵货币价值而买卖货币。在这些假设下，市场的供求力量决定了货币价值。

货币需求

货币的基本功能是促进交易。因此，对货币的需求是派生需求。也就是说，我们从对用货币购买的商品、服务和资产的需求中派生出对货币的需求。以两个国家，德国和美国为例。对欧元的需求来自美国居民对德国的商品与服务和欧元标价资产的需求。如果美国消费者对德国商品的需求增加，那么对购买德国商品所需的欧元的需求也会间接增加。美国消费者为欧元支付的价格为现行的美元/欧元汇率。

图解需求关系：需求曲线　图 2—2 说明了这种需求关系。美元相对于欧元贬值就是美元/欧元汇率的上升，因为购买一欧元需要更多美元。向下倾斜的需求曲线表明美元相对于欧元贬值，德国商品对于美国消费者变得相对更贵。因此，美国消费者希望购买的德国商品减少，由于交易量下降，他们需要的欧元也减少了。因此，货币价格和需求数量之间存在负向关系。我们可以得出结论，汇率变化导致沿着欧元需求曲线向上运动，即从需求曲线上的点 A 移动到点 B。这是欧元需求数量的变化。（“管理笔记本：美元币值变化导致大学调整留学项目招生人数”可以帮助你思考美元币值变化如何影响学术机构“提供留学机会的动机”。）

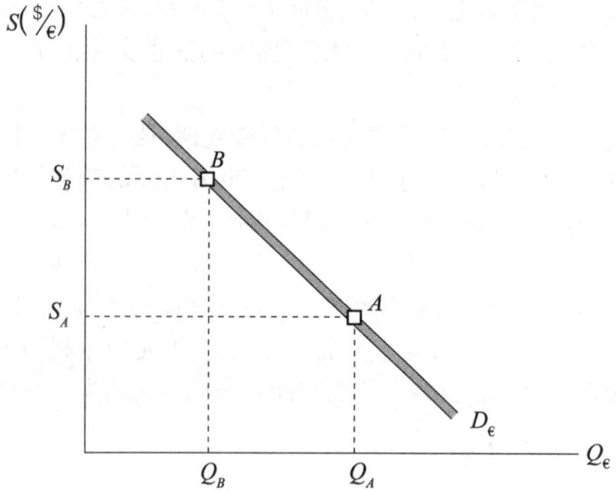

图 2—2　对欧元的需求

说明：需求曲线说明了需求数量与汇率的关系。汇率从 S_A 增加到 S_B 表明美元相对于欧元贬值。这将使德国商品与服务对美国消费者变得相对更贵。因此，美国消费者将减少他们需求的欧元数量，并减少购买德国商品与服务。

管理笔记本

美元币值变化导致大学调整留学项目招生人数

21 世纪初，美国各地的高校扩展了留学项目名单，通过这些计划，这些学校向学生提供了在其他国家学习计学分课程——通常只需缴纳普通学费——的机会。校方将多数留学项目的目的地定为欧洲国家，这些国家长期以来是美国学生青睐的留学地。

然后，从 2006 年初开始，美元币值开始下跌。仅仅两年内，美元相对于欧元、英镑和其他欧洲货币的价值就损失了超过 20%。相应地，学校在欧洲开展留学项目的美元成本也增加了。当美元在 2006—2010 年继续贬值时，许多高校开始缩减欧洲留学项目接收的学生人数。

2010 年以后，美元相对于欧元的价值开始上升。在欧洲开展留学项目的成本开始下降。美国高校在欧洲国家开展留学项目的成本开始回落到早前的水平，这些高校又开始将招生人数提高至之前的水平。

批判性分析

当更多美国学生由于美元继续贬值而选择阿根廷留学项目的同时，选择欧洲货币联盟国家留学项目的人也减少了，这对比索和欧元的需求数量有何影响？

需求变化　假设在给定汇率下，美国消费者对德国商品与服务或欧元计价资产的需求随着汇率增加而减少。然而，正如刚才所介绍的，给定汇率下的欧元需求数量减少了。图 2—3 说明了需求曲线平移导致的需求变化。需求曲线的右移说明对欧元的需求增加，需求曲线的左移说明对欧元的需求减少。

由于对货币的需求是派生需求，因此导致货币需求变化的各种因素就是所有导致对该国商品、服务和资产的国外需求变化的因素。我们将在第八章和第九章中更详细地讨论这些因素。

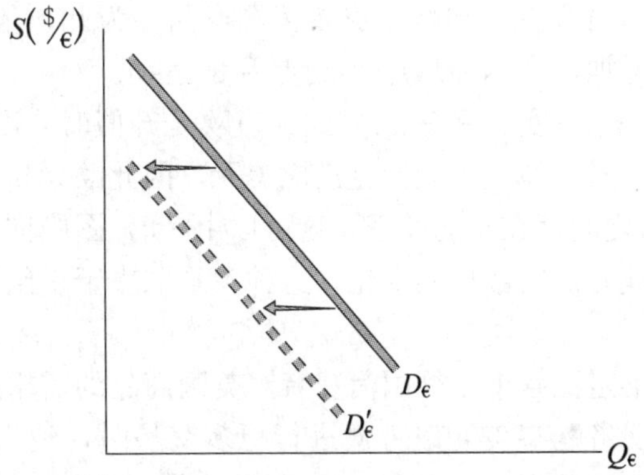

图 2—3　欧元需求下降

说明：美国消费者对德国商品与服务和欧元计价资产的需求下降导致欧元需求下降。需求下降在图形中表示为需求曲线从 $D_€$ 左移至 $D'_€$。

货币供给

为了理解货币供给，以一位德国消费者的美元需求为例，它派生自这位德国消费者对美国商品、服务和资产的需求。当这位德国消费者为了购买更多美国商品而买入美元时，他将欧元兑换成美元。因此，外汇市场上的欧元供给增加。因此，这位德国人的美元需求也代表了欧元供给。

图解供给关系：供给曲线　图 2—4 描绘了德国人的美元需求和欧元供给之间的关系。(a) 图和 (b) 图的主要区别是坐标轴的标签。(b) 图的纵轴是欧元/美元汇率的倒数，即美元/欧元汇率。在 (b) 图的横轴上，欧元数量取代了美元数量。

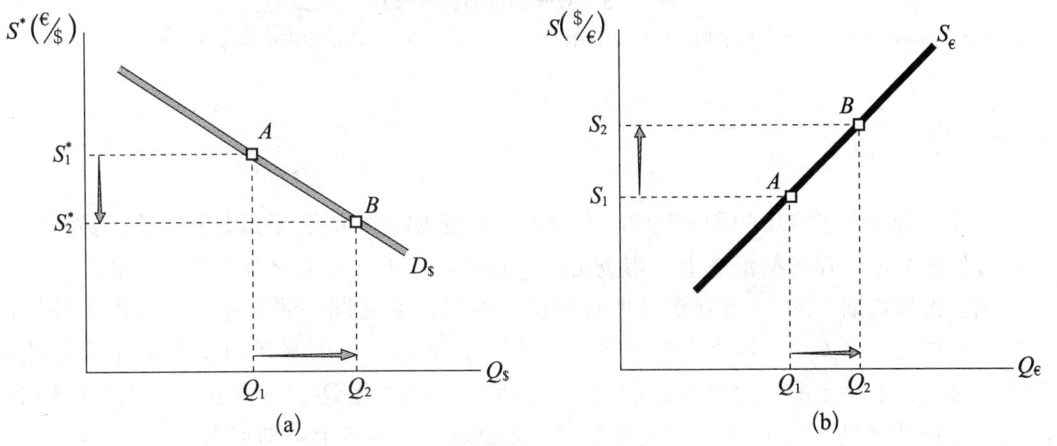

图 2—4　欧元供给

说明：(a) 图表示美元需求。该图中的汇率为欧元/美元汇率。欧元/美元汇率的降低导致美元需求数量增加。由于用欧元购买的美元增加了，因此外汇市场上的欧元供给数量增加了。(b) 图说明了汇率和欧元供给数量的关系。(b) 图中的汇率为美元等值汇率。该汇率的上升等于欧元/美元汇率的下降，欧元供给数量增加。供给曲线 $S_€$ 表示汇率与供给数量之间的正向关系。

观察 (a) 图，当欧元升值（€/＄汇率下降）时，美国商品对于德国消费者而言变得相对便宜了。因此，德国消费者希望购买更多美国商品。为此，他们必须购买更多美元。换言之，美元需求数量增加，表示为从点 A 到点 B 的运动。

（b）图显示了这种关系的另一种表示方式。当欧元升值时，欧元/美元汇率上升。当德国消费者购买更多美元时，他们用欧元兑换成美元，因此欧元供给数量增加。因此，欧元/美元汇率与欧元供给之间存在正向关系，这可以由（b）图中向上倾斜的曲线表示。沿着供给曲线的移动表示欧元供给数量的变化。这种关系取决于供给弹性，我们将在第八章介绍供给弹性。

供给变化 如果在给定汇率下，德国消费者对美国商品的需求增加，那么对美元的需求也会增加。当德国消费者购买美元以方便进行更多交易时，他们会将欧元兑换成美元，增加给定汇率下外汇市场的欧元供给数量。这是欧元供给的变化，在图 2—5 中表现为供给曲线的右移。如图所示，我们将供给曲线的右移形容为供给增加。导致货币供给变化的各种因素就是导致一国对外国商品、服务和资产的需求变化的因素，我们将在第八章和第九章中详细研究这些因素。

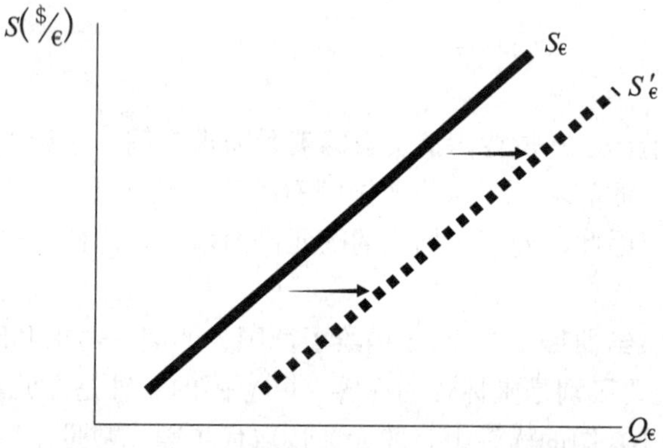

图 2—5 欧元供给曲线的移动

说明：德国消费者的美元需求增加导致欧元供给增加。欧元供给的增加表示为供给曲线的右移。

均衡汇率

供求力量决定了货币的均衡汇率，即市场出清汇率。均衡汇率是令货币需求数量等于供给数量的汇率。在均衡汇率上，市场出清，意味着需求数量恰好等于供给数量。

图解市场均衡 图 2—6 将需求曲线和供给曲线合并在同一张图中，并画出了外汇市场的均衡点 E，在该点上均衡汇率为 S_e，均衡数量为 Q_e。在汇率 S_b 上，市场上存在超额欧元供给。该汇率上的货币供给数量 Q_2 高于货币需求数量 Q_1。由于存在超额货币供给，因此 S_b 为不均衡汇率。因此，欧元将贬值至无超额供给的点上，即点 E。

类似但情况相反的是，在 S_c 上，存在超额欧元需求，因为该汇率上的欧元需求数量 Q_2 高于欧元供给数量 Q_1。因此，欧元将升值，直至没有超额需求，满足这一条件的也是点 E。该调整过程将继续到市场出清，即供给数量等于需求数量的均衡点。市场在这一点上出清，直至某种力量导致其中一条曲线或全部两条曲线发生移动。

例子：需求变化 图 2—7 显示了点 E 上的市场均衡，均衡汇率用 S_e 表示，均衡数量用 Q_e 表示。现在，考虑如果美国消费者对德国商品的需求增加，将发生什么情况。正如

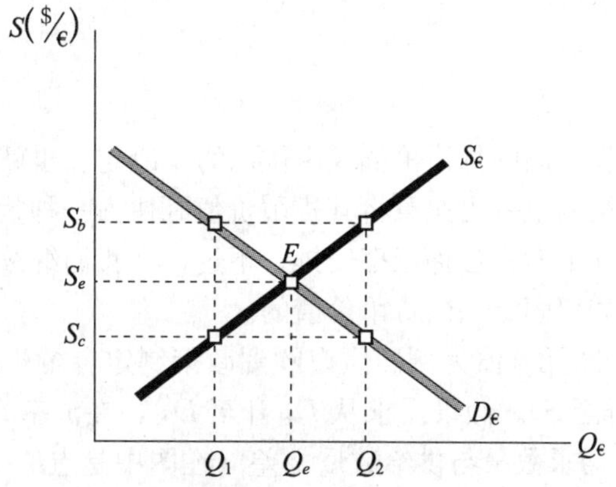

图 2—6 市场均衡

说明：在汇率 S_b 上，欧元供给数量大于欧元需求数量，因此汇率有下降压力。在汇率 S_c 上，欧元需求数量大于欧元供给数量，因此汇率有上升压力。在汇率 S_e 上，欧元市场处于均衡：需求数量等于供给数量。

前面所说明的，美国消费者的欧元需求相应增加。这导致图 2—7 中的需求曲线右移。在初始均衡汇率 S_e 上，存在着超额欧元需求，因为在该汇率上的需求数量为 Q'_d，而供给数量仍为 Q_e。这对欧元的美元价格 \$/€施加了上升压力。欧元相对于美元升值令美国商品相对于德国消费者变得更便宜。因此，德国消费者购买更多美国商品，将欧元兑换为美元。这增加了欧元供给数量，导致沿着供给曲线从点 E 向上移动至点 E'。

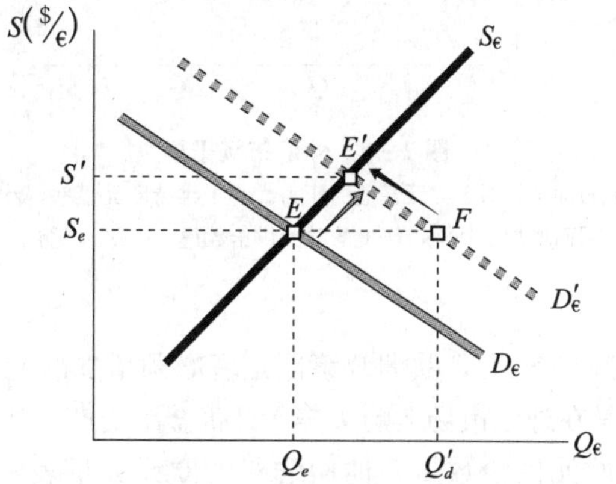

图 2—7 欧元需求变化

说明：最初，欧元市场在点 E 上取得均衡。美国消费者对德国商品的需求增加导致欧元需求增加。欧元需求增加表示为需求曲线右移。在初始均衡汇率 S_e 上，新的需求数量超过供给数量，差额为 Q'_d 和 Q_e 的距离。欧元升值至 S'，此时市场出清。

美元相对于欧元贬值也让德国商品对于美国消费者变得相对更贵。美国消费者由于这种汇率变动而减少购买德国商品。结果，欧元需求数量下降，表示为沿着需求曲线从点 F 升至点 E'。（请注意表现为需求曲线平移的欧元需求变化和表现为沿需求曲线移动的欧元需求变化的差异。）这个市场调整过程将继续，直至需求数量等于供给数量，市场出清。新均衡出现在 E' 和即期汇率 S' 上，表示欧元相对于美元升值。

外汇市场干预

迄今为止，我们假设一国的货币价值仅由供求力量决定。也就是说，汇率被认为是有弹性的。某些国家的政策制定者更愿意将其货币价值盯住另一种货币。因此，他们选择了固定汇率制。第三章将详细考察各种汇率安排。不过，在我们继续之前，使用供求框架有助于理解政策制定者是如何固定一国货币价值的。

以图 2—8 中描绘的欧元升值为例。假设欧洲政策制定者希望欧元价值相对于美元稳定保持在 S_e 上而不是升至 S'。假设需求从 $D_€$ 升至 $D'_€$，在汇率 S_e 上，欧元需求数量 Q'_d 超过欧元供给数量 Q_e。需求数量与供给数量之差（在图中是点 F 与点 E 之间的距离）导致欧元相对于美元升值。

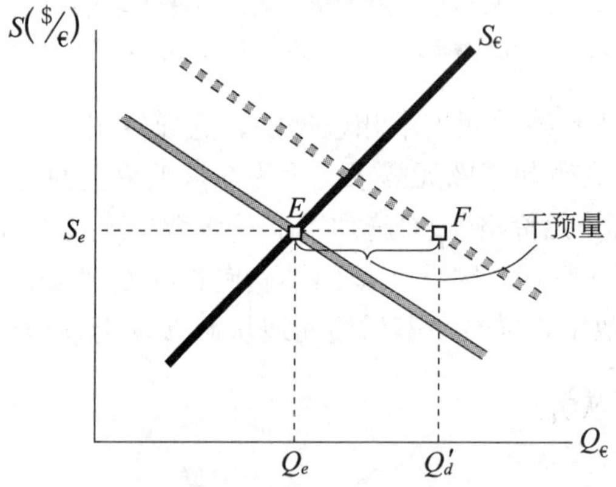

图 2—8　外汇市场干预

说明：欧元需求增加对欧元施加了相对于美元升值的压力。为了维持欧元汇率，欧洲政策制定者买入美元计价金融工具。他们用欧元支付价款，因而增加了外汇市场上的欧元供给数量。用欧元表示的干预量表示为点 F 与点 E 之间的距离。

为了将欧元汇率维持在 S_e 上，欧洲政策制定者必须增加欧元供给数量，使之与需求数量匹配。他们的做法是在外汇市场上购买美元计价金融资产。他们用欧元支付价款，因而增加了外汇市场上的欧元供给数量。他们购买的欧元数量表示为点 F 和点 E 之间的距离。

基本问题 5　货币价值的决定因素是什么？

货币供求之间的相互作用决定了货币的市场价值。如果汇率可以自由变动，那么货币价值将通过市场出清过程调整至市场均衡。均衡市场汇率为消除了市场上任何超额货币需求或超额货币供给的汇率。

购买力平价

我们经常听到某种货币被“低估”或“高估”。这是什么意思？如果当前市场决定的汇率与正式或非正式经济模型隐含的汇率不一致，那么这种货币就被视为被高估或被低估。因此，经济学家预测市场上可能出现某种调整。**被高估的货币**（overvalued currency）是当前市场价值高于理论或模型预测价值的货币。这种货币可能会经历市场调整而贬值。**被低估的货币**（undervalued currency）是当前市场价值低于理论或模型预测价值的货币。这种货币可能会经历市场调整而升值。

用来确定货币被高估还是被低估的第一个，也是最古老的汇率理论是购买力平价理论。16 世纪的西班牙学者首先正式提出了这个简单直接的理论。由于它很简明，经济学家对购买力平价及其在各种政策和实际问题上的应用给予了巨大关注。

绝对购买力平价

购买力平价（purchasing power parity，PPP）理论认为，不考虑运输成本、税收差异和贸易限制时，两国交易的同质商品和服务的价格兑换为共同货币后应该相同。因此，购买力平价通常被称为一价法则。

为了说明这一点，假设一件风衣的价格在纽约为 420 美元。然而，同样一件风衣在伦敦的市场价格为 300 英镑。

这是因为购买力平价表明，英镑的美元等值汇率应为 1.4＄/￡。使用这个汇率，我们可以将伦敦的风衣英镑价格兑换为美元价格 420 美元（￡300×1.4＄/￡＝＄420)。换言之，根据购买力平价，根据汇率进行调整后，风衣在伦敦和纽约的价格相同。

套利与购买力平价　在这个例子中，如果市场汇率不是 1.4＄/￡，那么就存在套利机会。假设汇率等于 1.5＄/￡。那么，伦敦的风衣美元价格就为 1.5＄/￡×￡300＝＄450。精明的套利者可以在纽约花 420 美元买一件风衣，然后将它带到伦敦，卖出 300 英镑，用 300 英镑在外汇市场上换得 450 美元，这样忽略交易成本和运输成本，就能获得 30 美元利润。

刚才介绍的套利活动会导致风衣从纽约流向伦敦。在外汇市场上用英镑兑换美元将导致美元需求相对于英镑增加。三个市场（纽约风衣市场、伦敦风衣市场和外汇市场）将出现调整。纽约的风衣需求增加将导致纽约的风衣价格上升。伦敦的风衣供给增加将导致伦敦的风衣价格下降。

如果交易的商品与服务很多，美元相对于英镑的需求就会上升。美元需求相对于英镑上升将导致美元相对于英镑升值。套利活动导致的所有这些调整将使所交易的商品与服务的（同一种货币）价格趋同，因而消除套利机会。

此时，我们看到两个国家的价格差异可以导致货币需求的变化。在我们的例子中，纽约风衣价格降低将导致美元需求相对于英镑最终上升。因此，我们预期美元需求曲线将向外平移。结论是，价格差异可以被视为货币需求的一个因素，因为一国相对较低的价格导致对该国货币的需求增加。

绝对购买力平价　关于价格与汇率关系的上述理论称为绝对购买力平价，因为它是关于绝对价格水平的。我们可以将绝对购买力平价表示为下列公式。令 S 表示美元/英镑汇率，＄/￡。令 P 表示美国的价格水平，令 P^* 表示英国的价格水平。这样，我们就可以将绝对购买力平价表示为

$$P=S\times P^*$$

换言之，本国价格水平应等于外国价格水平乘以即期汇率。注意，即期汇率将外国价格水平换算为本国货币。因此，我们可以说，用本国货币表示的本国价格水平应等于用本国货币表示的外国价格水平。这就是一价法则。

绝对购买力平价理论适用于两个国家在国际上交易的所有同质商品和服务。因此，P 表示这一范围内的商品的价格水平，而不是上例中单个商品的价格水平。这表示套利活动将确保两国的这些商品与服务用同一种货币表示的价格水平相同。

绝对购买力平价的实际问题与缺点 如果所有商品与服务都能在美英之间充分自由地跨国贸易，那么绝对购买力平价将对所有商品成立。在这个例子中，我们可以将 P 解释为美国商品和服务的整体价格水平，将 P^* 解释为英国商品与服务的整体价格水平。注意，在这个例子中，我们可以重新整理绝对购买力平价关系公式，解出即期汇率：

$$S = P/P^*$$

也就是说，当绝对购买力平价对所有商品与服务均成立时，即期汇率将等于美国的价格水平除以英国的价格水平。

因此，绝对购买力平价是一种汇率理论：如果绝对购买力平价成立，那么双边即期汇率应等于两国的价格水平之比。因此，外汇市场上的供求曲线应移至得出该双边汇率的位置。至此之前，人们都可以说，根据绝对购买力平价，一国的货币相对于另一国的货币被高估或低估。

即使商品与服务可以自由贸易，且运输成本很低，我们仍然预期将绝对购买力平价应用于两国的所有商品与服务时会出现问题。

原因之一是，两国居民消费的商品与服务可能不同。两国的价格水平是基于不同商品的价格，这意味着绝对购买力平价条件背后的套利原理可能不适用。套利不能真正将两组商品的价格联系到一起，因此我们从绝对购买力平价关系中推导出的汇率可能是错误的。

关于绝对购买力平价不可能在真实世界中存在的另一个原因，请回忆我们计算实际汇率的方法。正如你在前面所学到的，我们用即期汇率乘以两国的价格水平之比得出实际汇率。也就是说，我们用汇率 S 乘以价格水平之比 P^*/P，可以将实际汇率写为 $S\times(P^*/P)$。

如果绝对购买力平价成立，那么 $S=P/P^*$，因此实际汇率等于

$$S\times(P^*/P) = (P/P^*)\times(P^*/P) = 1$$

当实际汇率等于 1 时，某国（例如美国）的一单位商品与服务总能以一对一的比例兑换另一国（例如英国）的商品与服务。因此，绝对购买力平价表明，实际汇率总等于 1。然而，如果不同国家的居民消费商品与服务的比例不同，那么情况很可能不是这样。

由于这些原因，绝对购买力平价通常不成立。对购买力平价的短期偏离是很明显的。因此，经济学家不将这种形式的购买力平价作为短期指标。作为长期理论，它的表现稍微好一些，对购买力平价的偏离会缓慢消除。（请参见“管理笔记本：看得见却摸不着的巨额套利收益”，考虑阻碍完全获得商品与服务交易跨国套利收益的实际因素。）

管理笔记本

看得见却摸不着的巨额套利收益

2007 年 9 月 21 日，加元——由于加元硬币背面的水鸟图案而被昵称为“鲁尼”——自 1976 年以来首次升至与美元平价并超过该平价。很快，成千上万的加拿大人潮水般地涌过美国边界购买便宜货的话题就成了新闻头条。实际上，当接下来几个月中加元与美元

的交易价格开始高于平价时，越来越多的加拿大人开始到美国购物。

然而，许多加拿大人发现，通过跨国购物套利在理论上比实践中容易。加拿大政府和各省政府对购物者可以运过国界而无需缴纳税款和其他费用的美国商品与服务数量有严格限制。此外，加拿大政府要求居民对某些美国生产的耐用品进行昂贵的改装（例如在美国生产的汽车上安装新头灯和保险杠），以达到加拿大的安全准则。因此，大部分加拿大人认识到，跨国套利的收益比预期要低得多。

批判性分析

对跨国交易的限制和付费改装外国产品的要求如何影响一价法则的成立？

相对购买力平价

上一节讨论的购买力平价是绝对购买力平价，因为它是关于绝对价格水平的。相对购买力平价是较弱的购买力平价，因为它强调的是价格变化而非绝对价格水平。作为一种汇率理论，相对购买力平价将汇率变化与跨国价格变化之差联系起来。

网络资源

请访问《经济学家》的网站 http://economist.com，查询每周的全球经济报道。

我们可以用之前的绝对购买力平价公式推导出相对购买力平价。在变量前面加上字符“%Δ”表示变量的变化率。例如，$\%\Delta P$ 表示给定时期内的价格水平变化率。通过计算绝对购买力平价公式中每个变量的变化，我们可以将相对购买力平价表示为

$$\%\Delta S=\%\Delta P-\%\Delta P^*$$

作为汇率变化指标，相对购买力平价表明，汇率变化等于两国价格变化之差。正如我们在第一章中所讨论的，经济学家用物价指数的变化率作为通货膨胀指标。令 π 表示通货膨胀率。为了与之前的例子保持一致，令 π^* 表示用消费者物价指数变化率衡量的英国通货膨胀率，令 π 表示用消费者物价指数变化率衡量的美国通货膨胀率，令 $\%\Delta S$ 表示美元相对于英镑的升值率或贬值率，用美元/英镑汇率的变化率衡量。于是，我们可以将相对购买力平价改写为

$$\%\Delta S=\pi-\pi^*$$

换言之，货币的升值或贬值是由两国通货膨胀率之差决定的。

为了说明如何用这种相对购买力平价作为汇率决定指标，请考虑下列例子。2009 年，美国的消费者物价指数为 110.2；2012 年，美国的消费者物价指数为 115.2。2009 年，英国的消费者物价指数为 110.8；2012 年，英国的消费者物价指数为 121.7。2009 年，美元/英镑汇率为 1.403 2 \$/£；2012 年，美元/英镑汇率为 1.603 1 \$/£。使用这些数字，我们可以计算出通货膨胀率与货币升值率或贬值率。

使用变化率公式，计算出美国 2009—2012 年的通货膨胀率为 4.54% [(115.2－110.2)/110.2×100%＝4.54%]。英国在这段时期内的通货膨胀率为 9.84% [(121.7－

110.8)/110.8×100%=9.84%]。英镑升值率为14.25%[(1.6031−1.4032)/1.4032×100%=14.25%]。将通货膨胀率代入相对购买力公式，得到隐含的英镑贬值率（如果为负）或升值率（如果为正）。

$$\%\Delta S=4.54\%-9.84\%=-5.30\%$$

因此，相对购买力平价表明，美元/英镑汇率的变化率应该为−5.30%，即英镑应该相对于美元贬值5.30%。然而，事实显示在这段时期内，英镑相对于美元升值超过14%。由于英镑实际上相对于美元升值，而相对购买力平价表明英镑应该相对于美元贬值，因此相对购买力平价表明，2012年，英镑相对于美元被高估了。假设2009年英镑相对于美元既没有高估也没有低估，市场决定的美元/英镑汇率就应该下降，而不是上升，即英国的通货膨胀率应该低于美国的通货膨胀率。

相对购买力平价在实证检验中表现如何？实证显示，相对购买力平价的表现优于绝对购买力平价。然而，它作为主要国家汇率变化短期指标的表现仍然很糟糕，而作为长期指标的表现也只是稍好而已。相对购买力平价在通货膨胀率非常高的时期中表现很好，因为在这些时期中，价格变化是币值的主要影响因素。

总而言之，绝对购买力平价和相对购买力平价是汇率变动的常用指标，但可能欠缺考虑。它们的主要缺点之一是，它们提供的理论仅仅基于商品与服务的国际交易而没有考虑金融流动和货币存量。

基本问题6　什么是购买力平价？它是否可以作为汇率变化指标？

购买力平价是表示所交易商品与服务的价格与汇率的关系的理论。购买力平价有两种。绝对购买力平价表示价格水平与汇率水平的关系。相对购买力平价表示价格变化与汇率变化的关系。尽管两种购买力平价都是汇率及其变化的常用指标，但是通常都不是十分有用，尤其是在短期中。

本章总结

1. 外汇市场：外汇市场是私人银行、外汇交易者和中央银行组成的体系，个人、企业和政府通过该体系交易外汇（即其他国家的货币）。汇率是一种货币在外汇市场上交易另一种货币的价格。

2. 货币升值或贬值：当本币相对于某种外币升值时，它相对于该外币的价值上升。这意味着人们可以用较少单位的本币兑换一单位外币。当本币相对于某种外币贬值时，它相对于该外币的价值下降。这意味着人们必须用更多单位的本币兑换一单位外币。当汇率上升时，本币可能升值或贬值，这取决于我们如何表示汇率。

3. 经济学家如何衡量货币的整体价值：在典型的交易日中，一种货币可能相对于某些货币升值，而相对于另一些货币贬值。有效汇率是衡量一种货币相对于一篮子货币的加权平均价值的指数。因此，有效汇率是有用的货币价值一般变化指标。

4. 外汇市场套利：外汇套利是从外汇汇率差异中获利的行为。空间套利是指在两个不同市场或独立市场中进行的套利交易。三角套利是指涉及两种货币和（或）市场的套利。

5. 货币价值的决定：外汇市场上供求力量的相互作用决定了货币价值。如果市场决定的汇率与正式或非正式模型预测的汇率不一致，那么货币便被高估或低估。一些国家的政策制定者通过外汇市场干预固定该国货币的汇率，即在外汇市场上买入或卖出外币计价的金融工具。

6. 购买力平价及其汇率预测作用：购买力平价是关于所交易商品与服务的价格与汇率的关系的理论。购买力平价分为两种。绝对购买力平价是两国价格水平与汇率水平的关系。相对购买力平价是两国通货膨胀率与汇率变化率的关系。尽管两种购买力平价都是常用的汇率变化指标，但是两者作为短期汇率变化指标通常都不是很有用。

问题与习题

1. 假设周四的美元/欧元汇率为 1.216 8，周五的美元/欧元汇率为 1.216 8。欧元相对于美元是升值还是贬值？升值/贬值的幅度是多大？（用变化率表示。）

2. 请填写下面的交叉汇率表。最右列的数据表示美元/最左列货币汇率。

	A$	£	€	Sfr	$
澳大利亚					1.038 0
英国					1.384 0
欧元区					1.275 0
瑞士					1.091 6
美国					—

3. 假设在纽约，欧元和英镑以下列汇率交易：1.275 $/€，$/£=1.412。在伦敦，英镑的欧元等值汇率为 1.198 €/£。是否存在套利机会？为什么？请计算交易额为 1 000 000 美元时的利润。

4. 假设我们观察到欧元区、加拿大和美国的下列信息。表中给出的汇率为外币/美元的汇率。

	S（2011）	S（2012）	CPI（2011）	CPI（2012）	美国 2011 年的出口额	美国 2011 年的进口额
欧元区	0.672	0.719	118.0	120.4	$ 261 380	$ 335 555
加拿大	1.00	0.981	117.2	118.8	$ 274 510	$ 367 927
美国			122.6	122.3		

请使用该信息，用 2011 年作为基年，计算美元在 2011 年和 2012 年的有效汇率。你计算出的汇率表明美元是升值还是贬值？升值率或贬值率是多少？

5. 请使用第 4 题的数据，计算美元的实际有效汇率。你计算出的汇率表示美元是升值还是贬值？升值率或贬值率是多少？

6. 2011 年，土耳其里拉（Tl）和欧元的即期汇率为 2.016Tl/€。2012 年，土耳其里拉和欧元的即期汇率为 2.348Tl/€。根据该信息，欧元相对于土耳其里拉是升值还是贬值？用变化率表示的升值率/贬值率是多少？

7. 根据你对第 6 题的答案，汇率变化对欧洲消费者对土耳其商品与服务的购买力相对于他们对欧洲商品与服务的购买力有何影响？

8. 2011 年，土耳其的消费者物价指数为 398.2，欧元区的消费者物价指数为 114.4。2012 年，土耳其的消费者物价指数为 456.5，欧元区的消费者物价指数为 120.4。根据该信息，土耳其的通货膨胀率和欧元区的通货膨胀率分别是多少？

9. 根据你对第 8 题的答案，不同的通货膨胀率对欧洲消费者对土耳其商品与服务的购买力相对于他们对欧洲商品与服务的购买力有何影响？

10. 请使用第 6 题和第 8 题的信息，计算土耳其里拉和欧元 2011 年和 2012 年的实际汇率。欧元相对于土耳其里拉实际上升值还是贬值？升值率/贬值率是多少？

11. 请使用第 6 题和第 8 题的信息，根据绝对购买力平价，2012 年欧元相对于土耳其里拉被高估还是被低估了？被高估或被低估的百分比是多少？

12. 请使用第 6 题和第 8 题的信息，根据相对购买力平价，2012 年的预期欧元汇率是多少？根据你的答案，2012 年欧元相对于土耳其里拉是升值还是贬值？升值率/贬值率是多少？

在线应用

本章讨论了购买力平价的内容。下列应用将带你到《经济学家》杂志的网站上，看看它们自己的订购价格是否遵循购买力平价。

网址：http://economist.com

标题：《经济学家》杂志的订购价

浏览：首先打开《经济学家》的主页（http://economist.com）。滚动到页面最下方，并点击“订阅”。

应用：在“国家”中选择法国，并记录13周的订购价格。接下来，选择瑞士，并记录订购价格。

1. 写出购买力平价公式，整理该式，解出即期汇率。

2. 代入你从《经济学家》网站获得的订购价格数据，并解出隐含的即期汇率。

3. 返回主页。在页面顶部，将鼠标指针移到“经济学家”上，并向下滚动，点击“市场和数据”。在“经济和金融指标”中，选择“贸易、汇率、预算余额和利率”。获得瑞士法郎和欧元的汇率。（如果给出的汇率为相对于美元的汇率，那么请计算瑞士法郎和欧元的交叉汇率。）比较该汇率与第2问中根据购买力平价解出的隐含汇率。购买力平价是否成立？如果不成立，那么根据购买力平价，欧元是被高估了还是被低估了？

部分参考书目与扩展阅读

[1] Bird, Graham, and Dane Rowlands. “The Political Economy of the SDR: The Rise and Fall of an International Reserve Asset.” In Graham Bird and Dane Rowlands, eds., *The International Monetary Fund and the World Economy*, Volume 2. Cheltenham U. K: Edgar Elgar, 2007: 481 - 505.

[2] Bissoondeeal, Rakesh. “Post-Bretton Woods Evidence on PPP under Different Exchange Rate Regimes.” *Applied Financial Economics* 18 (16 - 18) (September-October 2008): 1481 - 1488.

[3] Catão, Luis. “Why Real Exchange Rates?” International Monetary Fund, *Finance and Development* 44 (3) (September 2007): 46 - 47.

[4] Cumby, Robert. “Forecasting Exchange Rates and Relative Prices with the Hamburger Standard: Is What You Want What You Get with McParity?” NBER Working Paper, 5675 (July 1996).

[5] Ding, Liang. “Bid-Ask Spread and Order Size in the Foreign Exchange Market: An Empirical Investigation.” *International Journal of Finance and Economics* 14 (1) (January 2009): 98 - 105.

[6] Ekpenyong, David B. “Can the Special Drawing Right (S. D. R.) Become an Acceptable Reserve Currency of the International Monetary Fund (I. M. F.) in the Midst of Strong Resistance by Developed Countries Captained by the U. S. A. ? A Critical Appraisal.” *Journal of Financial Management and Analysis* 20 (1) (January-June 2007): 1 - 15.

[7] Frankel, Jeffrey, and Andrew Rose. “A Panel Project on Purchasing Power Parity: Mean Reversion within and between Countries.” *Journal of International Economics* 40 (May 2, 1996): 209 - 224.

[8] Frydman, Roman, Michael Goldberg, Soren Johansen, and Katarina Juselius. “A Resolution of the Purchasing Power Parity Puzzle: Imperfect Knowledge and Long Swings.” University of Copenhagen, Department of Economics, Discussion Papers: 08 - 31 (2008).

[9] Kraus, James. “Forex Trading Sites May Erode Bank Revenue.” *American Banker* (May 4, 2000).

[10] Lothian, James, and Mark Taylor. “Real Exchange Rate Behavior: The Recent Float from the Perspective of the Past Two Centuries.” *Journal of Political Economy* 104 (June 3, 1996): 488 - 509.

[11] MacDonald, Ronald, and Mark Taylor. “Exchange Rate Economics: A Survey.” *IMF Staff*

Papers 39 (March 1996)：1 - 47.

[12] O'Connell，Paul. "The Overvaluation of Purchasing Power Parity." *Journal of International Economics* 44 (February 1，1998)：1 - 19.

[13] Parsley，David，and Shang-Jin Wei. "A Prism into the PPP Puzzles：The Micro-foundations of Big Mac Real Exchange Rates." *Economic Journal* 117 (523) (October 2007)：1336 - 1356.

[14] Rogoff，Kenneth，Kenneth A. Froot，and Michael Kim. "The Law of One Price over 700 Years." IMF Working Paper，WP/01/174 (November 2001).

[15] Taylor，Alan，and Mark Taylor. "The Purchasing Power Parity Debate." University of California at Davis，Department of Economics，Working Papers (2004).

[16] Taylor，Mark，"The Economics of Exchange Rates." *Journal of Economic Literature* 33 (March 1995)：13 - 47.

[17] Walmsley，Julian. *The Foreign Exchange and Money Market Guide*. New York：John Wiley and Sons，Inc. 2000.

第三章 汇率制度：历史与现状

基本问题

1. 什么是汇率制度？
2. 金本位制如何构成汇率制度？
3. 什么是“钉住”汇率的布雷顿森林体系？
4. 现行的后布雷顿森林“弹性”汇率体系是什么？
5. 什么是美元化？什么是货币局制度？
6. 现行的钉住汇率制有哪些类型？
7. 哪种汇率制更好，固定汇率制还是弹性汇率制？

2005年，旧金山联邦储备银行举行了一次名为“复兴布雷顿森林体系：亚洲发展的新范式?”的学术研讨会。这次学术研讨会的主题是，截至2005年左右，国际汇率体系的运行方式与第二次世界大战末至20世纪70年代初实行的布雷顿森林固定汇率体系基本类似。出席研讨会的学者认为，尽管不能保证金平价或美元平价固定，但许多亚洲国家和中东国家限制本国货币相对于美元汇率波动的方式都类似于布雷顿森林体系。一些与会者甚至建议，只要美元相对于世界货币的汇率保持稳定，这种新的“布雷顿森林型”汇率制度就会永久继续下去。

然而，世事瞬息万变。2005—2012年，美元相对于世界上其他货币的汇率波动剧烈，最终净贬值幅度超过15%。在这段时期内，许多亚洲国家和中东国家都实施了旨在降低美元对本币贬值幅度的政策。然而，10年后，美元的世界价值总损失约为1/3，这些国家中，多数都开始认真考虑完全脱离之前以美元为中心的策略。

一国的货币管理是个非常重要的问题。结合一国的宏观经济政策实施方式，汇率管理可能产生促进贸易与投资的稳定经济环境，也可能产生令本国产业处于竞争劣势的不稳定环境。历史告诉我们，即使建立汇率制度的初衷良好，也很少有汇率制度能永远避免投机压力和政治压力。

汇率制度

在你开始理解支配一国货币价值的制度框架之前，你必须首先了解一国的货币秩序。**货币秩序**（monetary order）是建立个人执行和结算交易的框架的一系列法律法规。

一国必须决定本国货币是商品货币、商品支持的货币还是法定货币。商品货币是人们用来作为支付手段的有形商品或交易媒介，例如金币或银币。商品支持的货币是价值与某种特定商品或商品组合（例如白银或黄金）相关的货币单位，各国政府机构接受这种货币并以商品作为交换。法定货币是我们现在使用的货币，它是一种没有任何商品支持的货币。其价值仅由它作为交易媒介而被人们附加在它之上的价值决定。

一国的货币秩序还说明了组成该国汇率制度的规定，以及该国对汇率制度的正式参与程度。**汇率制度**（exchange-rate system）是管理一国货币相对于其他货币的价值的一系列规定。（请参见“网络笔记本：虚拟货币汇率成为现实”，了解一家香港电子游戏公司发行的在虚拟世界中使用的电子交易媒介如何成为一种在真实世界中被广泛接受的货币。）

网络笔记本

虚拟货币汇率成为现实

在中国，3 亿多人经常用香港腾讯持股有限公司发行的电子“Q 币”进行交易，这家公司出售在线电子游戏。一开始，Q 币的售价为人民币 1 元（约合 13 美分），它是一种公司营销手段。腾讯公司向顾客发行虚拟货币，用于购买手机铃声、电子贺卡和网络电子游戏中使用的魔法剑等虚拟装备。然而，近年来，Q 币越来越被人们接受用于购买现实世界中的商品，例如杀毒软件、电影 DVD 和化妆品。此外，越来越多的赌徒也用 Q 币下注。现在，许多企业还提供用虚拟 Q 币兑换人民币的服务。一些网站甚至报出了 Q 币与外币的汇率。因此，虚拟货币的外汇市场正在蓬勃发展。

❖ 批判性分析

人们在交易中只接受政府发行的货币有什么特别的原因吗？

为了更好地理解货币秩序与汇率安排或汇率制度之间的关系，我们将研究三种重要汇率制度的历史：金本位制、布雷顿森林体系和后布雷顿森林浮动汇率制。

基本问题 1　什么是汇率制度？

汇率制度是一国建立的管理本国货币相对于外币的价值的一系列规定。汇率制度从一国的货币秩序演化而来，后者是规定交易的货币框架的一系列法律法规。

金本位制

19 世纪 70 年代初，世界上主要国家的货币采用的是商品支持的货币秩序。黄金是基础货币，这段时期持续到 1914 年，被称为金本位制时期。在该框架下，一国固定了用本国货币表示的黄金官方价格，即铸币平价，并确定了该汇率下的可兑换性。**可兑换性**（convertibility）是用某种货币自由兑换一种商品或者以给定汇率兑换另一种货币的能力。例如，1837—1933 年（除了南北战争中暂停兑换的时期），美国一金衡制盎司的铸币平价为 20.646 美元，黄金可以按该汇率兑换。为了维持铸币平价，即黄金与货币之间的汇率，一国的货币存量必须以其黄金储备水平为限。

金本位汇率制度

1865 年美国南北战争结束后，美国重新规定了货币可兑换性，此后不久，其他工业国也实行了商品支持的货币秩序。这些决定尽管是单方作出的，但也确立了各国的汇率制度，并且形成了这些国家之间的非正式汇率制度。之所以说金本位制确立了一种汇率制度，是因为它意味着人们可以在国内和国际上以铸币平价交易美元。因此，黄金和美元之间的汇率决定了美元的国际价值。

这也确立了采用金本位制的国家之间的汇率制度。由于每个国家都规定本国货币相对于黄金的价值，因此这间接确定了本币与采用金本位制的其他所有国家的货币之间的汇率。

举例来说，在金本位制下，英国的金平价汇率如图 3—1 所示，为每金衡制盎司 4.252 英镑。使用美元和英镑的金平价汇率，我们可以算出这两种货币之间的汇率。美国的铸币平价汇率为 20.646 美元，英镑的为 4.252 英镑。因此，如图 3—1 所示，美元/英镑汇率（\$/£）为 20.646 美元/4.252 英镑，即 4.856 美元/英镑。

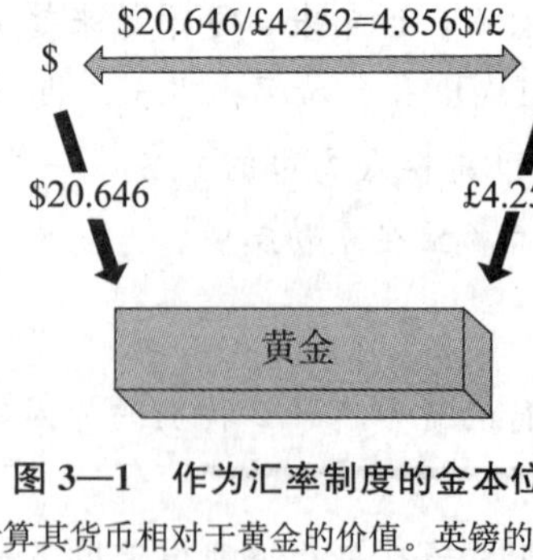

图 3—1　作为汇率制度的金本位制

说明：采用金本位制的国家需要计算其货币相对于黄金的价值。英镑的黄金平价汇率为每金衡制盎司 4.252 英镑，美元的金平价汇率为每金衡制盎司 20.646 美元。金平价汇率决定了两种货币之间的汇率。

如果汇率偏离该金额，那么不考虑黄金的运输成本，将存在套利机会。例如，假设在刚才给出的铸币平价汇率下，美元和英镑的汇率为 5 美元/英镑。投资者将能用 20.646 美元兑换一盎司黄金。然后，他可以将黄金出口到英国，兑换 4.252 英镑。这 4.252 英镑可以在外汇市场上兑换 4.252 英镑×5 美元/英镑，即 21.26 美元，获得 0.614 美元利润。如果我们考虑黄金的运输成本，那么两种货币之间的汇率应该维持在以铸币平价之比为中心的范围内。这些黄金的运输成本和交易成本决定了该范围的宽度，因为它们影响了出口或进口黄金的利润。

在金本位制下，所有采用金本位制的国家的货币都彼此关联，其汇率是根据刚才介绍的方式决定的。正如铸币平价确定了美元和英镑之间的汇率一样，它还确定了美元、法国法郎和德国马克之间的汇率。

例如，在金本位制下，法国法郎的铸币平价为 107.008 法国法郎，德国马克的铸币平价为 86.672 德国马克。因此，美元和法国法郎之间的汇率为 5.183 法国法郎/美元（107.008 法国法郎/20.646 美元）。美元和德国马克之间的汇率为 4.198 德国马克/美元（86.672 德国马克/20.646 美元）。与黄金的关系也决定了各种货币之间的交叉汇率。采用商品支持的货币秩序的国家用这种方式确立了汇率制度的基础。

基本问题 2　金本位制如何构成汇率制度?

金本位制构成了采用金本位国家的汇率制度，因为它确定了本币与黄金的国内汇率与国际汇率。金本位制也将所有采用金本位制国家的汇率制度联系了起来。黄金与一国货币的汇率间接确定了所有货币之间的汇率。

金本位制的表现

由于金本位制是各国在不同时间所作决策的结果，因此该制度没有一个起始日期。然而，经济学家通常认为金本位制时代出现于 19 世纪 70 年代以后。尽管金本位制在第一次世界大战期间暂时中断，并最终于 20 世纪 30 年代初崩溃，但有些人仍然呼吁回归金本位制。有些自由市场派研究机构（例如 Cato Institute（http://www.cato.org））的经济学家和罗恩·保罗（Ron Paul）等美国政治家认为，美国的政策制定者应该将稳定国家黄金储备的美元价值作为关键性的第一步，并朝着恢复美国的“稳健货币”迈进。金本位制的实行情况如何？为什么有些经济学家和政治家期待它的回归？

金本位制的优点和缺点　如前所述，商品支持的货币秩序的一个重要因素是一国的货币数量（即货币存量）直接取决于该国货币当局拥有的商品储备数量。一定数量的商品储备可以支持数倍的货币。举例来说，1879—1913 年，美国的货币存量是货币黄金存量的 8.5 倍。因此，一国货币存量的变化仅取决于货币黄金的开采与生产的变化。

从金本位制的一方面讲，如果黄金供给固定，就会促进一国的货币存量、实际产出、价格和汇率的长期稳定。商品支持的货币秩序的另一个重要方面是，它不需要中央银行。货币当局可以维持货币存量与黄金储备的比例。例如，加拿大和美国在 19 世纪后半叶至 20 世纪初都没有中央银行。

商品支持的货币秩序也有一些缺点。例如，金本位制的资源成本非常高，例如采矿成本和运输成本。一国维持和交易黄金等有形商品的成本也很高。

金本位制时代的经济环境　现在，你已经理解了金本位制的这些重要方面，让我们来考察 1870—1913 年这段时期的特定环境，以及金本位制对世界经济环境的贡献。首先，这段时期是一段非常和平的时期，实行金本位制的国家没有爆发大型战争。其次，国家之间的资本流动基本上是自由的。最后，伦敦是世界的货币与资本市场中心。

最后两个特征使金本位制得以有效平稳地运行。此外，处于世界金融市场中心的英格兰银行维持了金平价并树立了金本位制的信誉。伦敦市场上的影响力集中度非常明显，以至经济学家凯恩斯称，英格兰银行几乎可以称为“国际管弦乐队的指挥”。因此，我们可以得出结论，金本位制早期有某些独有特点，其中至少两个现在已经不再成立。

在这段时期，多数国家的确实现了实体经济产出、价格和汇率的长期稳定。回归金本位制的支持者赞赏这种长期稳定性。然而，由于黄金供求的短期变化是随机的，因此货币存量和商品与服务的短期价格变化也是随机的。货币存量的短期波动是导致金融与银行业周期性不稳定的原因之一。此外，金本位制下的短期价格波动也大于后来的汇率制度。

金本位制的崩溃

1914 年，第一次世界大战开始之后，许多欧洲国家暂停将货币兑换为黄金。实际上，金本位制不复存在，货币之间的汇率开始浮动。因此，许多国家限制了居民可以进行的国际支付类型和金额，以期将币值维持在战前水平。

20 世纪初以来，世界上主要国家认识到需要一个国际组织来促进各国之间的支付。第一次世界大战后，**国际清算银行**（Bank for International Settlements，BIS）成立，以方便处理德国赔款。位于瑞士巴塞尔的这家组织协助各国中央银行管理它们的外部储备、进行经济研究，并且是国际货币政策合作的论坛。

第一次世界大战随着 1919 年《凡尔赛条约》的签订而正式结束。世界上主要国家普遍希望回归战前平价的金本位制。1925 年，英国回归了战前平价的金本位制，但法国等其他国家回归后的币值要低得多。因此，许多人认为战前平价汇率将导致英镑被高估。为了维持平价，英国不得不承受高利率和高失业率。维持英镑币值的政治成本变得过于巨大，以至英国在 1931 年暂停将英镑兑换为黄金，从而抛弃了金本位制。美国于 1933 年步其后尘。1936 年，多数工业国都抛弃了金本位制。

让金本位制消亡的是对平价的回归，这种回归导致货币被高估（例如英镑的情况）或者被低估（例如法国法郎的情况）。此外，面临全球性衰退的国家决定追求提高就业水平和实际增长率等目标，而不是维持货币汇率。

金本位制的崩溃以及美国的《斯穆特-霍利法案》(Smoot-Hawley Act) 等贸易保护主义政策的通过严重阻碍了国际贸易流动。结果，1933 年的国际贸易额不足 1929 年的 1/3。这种情况加上当时的其他经济因素造成了大衰退。首先从 1926 年英国的产业衰退开始，并造成了 1929 年美国的股市崩盘。大衰退一直持续到第二次世界大战爆发。

布雷顿森林体系

第二次世界大战期间，英国和美国的领导者认识到在战争结束时拥有稳健货币秩序的重要性。欧洲和日本的经济亟须重建，因此需要从美国等工业基础未受破坏的国家进口。各国领导者迫切要求就促进国际贸易与支付的汇率体系进行谈判。

网络资源

请访问国际货币基金组织的网站：http://www.imf.org 和世界银行集团的网站：http://www.worldbank.org，了解更多关于现存布雷顿森林组织机构的知识。

尽管有 44 个国家参加了这次形成战后汇率体系的会议，但该体系的主要设计者是美国财政部的哈里·怀特（Harry White）和英国的著名经济学家约翰·梅纳德·凯恩斯（John Maynard Keynes）。1944 年，谈判在美国新罕布什尔州布雷顿森林的一个小度假村结束，并签署协议，决定成立一个新汇率体系。尽管这次会议的官方名称为国际货币与金融会议，但更为人熟知的名字是布雷顿森林会议，因此，在这里达成的协议被称为《布雷顿森林协议》。

《布雷顿森林协议》

《布雷顿森林协议》的一个重要成果是成立了**国际货币基金组织**（International Monetary Fund）。国际货币基金组织的主要职能是向出现外汇储备短缺的成员贷款。各国或地区可以通过缴纳会费或份额的方式成为国际货币基金组织的成员。一国或地区的大小与经济资源决定了它的初始份额，其中25%由黄金支付，75%由该国或地区货币支付。另外两个在战后成立的重要组织是国际复兴开发银行（IBRD，即世界银行）和关贸总协定（GATT）。世界银行旨在为战后重建融资，关贸总协定旨在减少贸易壁垒和解决贸易纠纷。

该协议产生的汇率制度是一种钉住但可调整的汇率制度。在**钉住汇率制**（pegged-exchange-rate system）下，一国将本币价值钉住商品以外的某种东西，例如另一国的货币。和在金本位制下一样，各国钉住本币汇率。与金本位制不同的是，美元是这种汇率制度的锚货币。因此，布雷顿森林体系是一种**美元本位汇率制**（dollar-standard exchange-rate system），这是一种各国将本币钉住美元，并可以按钉住汇率将本币自由兑换为美元的制度。

根据布雷顿森林协议，各国可以选择用黄金表示本币的面值，或者建立本币与美元的平价。除美国以外的所有国家都选择了美元，令美元成为这种体系下的共同货币单位。各国都在外汇市场上买卖美元，使本币汇率维持在平价的上下 1%范围内，这个范围通常被称为平价区间。

对比之下，美国将美元与黄金的比价固定为每金衡制盎司 35 美元的铸币平价。美国同意在交易结算中向其他官方货币机构买卖黄金。由于各国货币都钉住美元，且美国维持美元与黄金的比价，因此这将每种非美元货币间接地与黄金联系起来。

图 3—2 说明了这种制度与黄金、美元、英镑和德国马克的关系。该图显示美元的每金衡制盎司铸币平价为 35 美元。英镑以 2.60 美元/英镑的汇率钉住美元，德国马克以 4.20 德国马克/美元的汇率钉住美元。该制度建立了英镑和黄金、英镑和德国马克以及德国马克和黄金之间的联系。

尽管各国都钉住了本币，但根据布雷顿森林协议，经过国际货币基金组织的批准，各国可以改变平价。一国提高铸币平价时，其货币**贬值**（devalue），意味着人们必须提供更

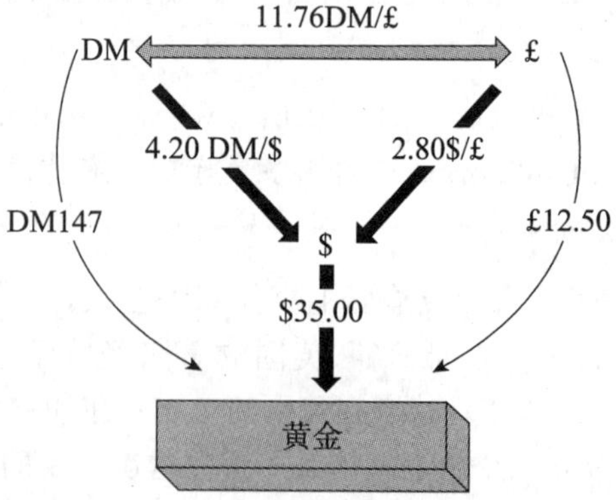

图 3—2　布雷顿森林汇率体系

说明：在实践中，布雷顿森林体系通过美元将美元以外的所有货币与黄金和其他货币联系起来。美国将美元以每金衡制盎司 35 美元的平价汇率钉住黄金。其他国家，例如英国和联邦德国，将其货币钉住美元。这间接建立了英镑和德国马克，以及英镑和德国马克与黄金之间的汇率。

多单位的货币来购买一单位商品或外币。当一国降低铸币平价时，其货币**升值**（revalue），意味着人们可以提供较少单位的货币来购买一单位商品或外币。因此，布雷顿森林体系是一种可调整钉住汇率制，而不是固定汇率制。

在布雷顿森林体系下，各国使用美元结算国际交易。这使美元成为该体系下的主要**储备货币**（reserve currency），即被接受作为国际债务结算手段的货币。通常，在该体系下只有美国用黄金结算国际债务。

20 世纪 40 年代末至 50 年代，一个问题出现了，有些国家没有足够的美元储备。马歇尔计划和欧洲支付联盟缓和了这一美元短缺问题。官方名称为欧洲复兴计划的马歇尔计划的目的是通过提供金融资本重振欧洲经济。资本流入带来了各国可以用来进行经常账户交易的美元。

欧洲支付联盟是一种帮助欧洲国家结算彼此之间的赤字和盈余的安排。在这种安排下，成员可以跟踪彼此每月的净赤字或净盈余。月末，各国只需用美元结算彼此的净差额。

基本问题 3　什么是"钉住"汇率的布雷顿森林体系？

布雷顿森林体系是可以在适当时候改变汇率平价的可调整钉住汇率制。各国确定并维持（或钉住）本币相对于黄金或美元的平价。所有国家都选择美元，令这种汇率制度成为金本位制。经过国际货币基金组织的批准，各国可以改变本币平价，使本币升值或贬值。

布雷顿森林体系的表现

由于美国规定了美元与黄金的平价，而其他所有参与国规定了本币与美元的平价，因此该体系有两套规则：一套是为美国制定的，另一套是为其他所有国家制定的。据此，美国必须采取独立和反通货膨胀的货币政策，并随时准备将美元以平价兑换成黄金。其他所有国家必须买入或卖出美元储备，以将其本币与美元的汇率维持在平价的上下 1%范围内。

1945—1968 年的大部分时期，世界经济产出增长，世界贸易迅速增加。各国没有出现实行金本位制时的那种流动性危机。因此，短期价格也更加稳定了。然而，布雷顿森林体系并非没有缺点。

由于美国是唯一承诺将本币兑换为黄金的国家，因此这个体系有疏漏。即使美国采用反通货膨胀的货币政策，美元挤兑，即交易者和外国官方机构一拥而上将美元兑换为黄金的可能性依然存在。由于美国的黄金存量有限，因此美元相对于黄金的价值不会上升，但总有可能下跌。这种情况使得美元成为外汇投机者，以及反对将美元作为世界汇率制度本位币的政治家们的靶子。

黄金总库　1960 年，美国和许多欧洲国家开始共同干预黄金市场。这种干预的目的是维持黄金的美元价格，并确保汇率制度的稳定性。这种合作安排被称为黄金总库。

从 1964 年开始，美国政府对越南的军事投入和名为伟大社会的社保计划投入高涨，使得联邦开支增加。伴随着通货膨胀率上升，美国出现了巨大的经济扩张。美国的国际收支赤字——尤其是对德国和日本的国际收支赤字——规模巨大，结果，国外的美元数量巨幅上升。全球市场上曾经的美元短缺现在变成了美元泛滥。

世界市场上美元数量的增加导致许多交易商认为美元将相对于黄金贬值。也就是说，它们预期美元平价将增加，这意味着它们必须提供更多美元来换取一金衡制盎司黄金。如果美元平价增加，那么持有美元储备的任何个人或政府都将遭受资本损失。

1967 年，英镑贬值，这导致持有英镑的个人和货币机构遭受了 14.3%的资本损失，押宝美国将使美元贬值的投机活动增加。由于投机者认为美元贬值在即，伦敦商品市场上的黄金需求增加。为了满足增加的需求并维持美元平价，美国不得不增加市场上的黄金供给。美国的黄金销量一度如此巨大，以至于用飞机从诺克斯堡紧急运往伦敦的黄金压塌了英格兰银行的称重室地板。

1968 年，参与国最终抛弃了黄金总库。在黄金总库终结之后，法国和德国的中央银行经受了维持货币平价的巨大压力。最终，危机迫使法国将法郎相对于美元贬值 11%以上。1969 年 9 月 28 日德国大选后，德国中央银行——德意志联邦银行——在开市后一个半小时内购买了 2.45 亿美元储备，以维持货币平价。最终，德国马克升值 9%以上。尽管这两国的货币平价改变了，但其他欧洲国家的货币平价没有变化，因此该体系仍然面临着压力。

1971 年初，图 3—3 所示的美国商品与服务差额从小额盈余变为惊人的巨额赤字，进一步强化了对美元高估的投机。1971 年 5 月，随着美国贸易赤字继续扩张，维持欧洲货币尤其是德国马克与美元之间的平价的压力达到顶点。1971 年 5 月 4 日，为了阻止德国马克相对于美元升值，德意志联邦银行在外汇市场上买入了 10 亿美元。在第二天开盘后的第一个小时内，德意志联邦银行买入了超过 10 亿美元。然后，德意志联邦银行宣布，该国放弃以维持货币平价为目的的官方汇率操作。奥地利、比利时、荷兰和瑞士紧随其后也发布了类似声明。

尼克松总统关闭黄金兑换窗口　1971 年 8 月 8 日，报纸报道，法国将向美国提供约 1.91 亿美元储备兑换黄金，以使法国政府能偿还国际货币基金组织的贷款。这笔金额远远不是美国担心的主要问题。从这个角度，经济学家彼得·凯南（Peter Kenen）说："没有一个国家大到可以用要求用美元兑换黄金来威胁美国，但每个国家都大到足以让人担心其行为会削弱货币制度。"然而，对美元的投机进一步增加，媒体每天都报道黄金流出的消息。最终，1971 年 8 月 15 日，在一次电视讲话中，美国总统理查德·尼克松宣布美国暂停将美元兑换为黄金或其他储备资产。

放弃将美元兑换为黄金付给外国中央银行后，美元不再是布雷顿森林体系的锚货币。

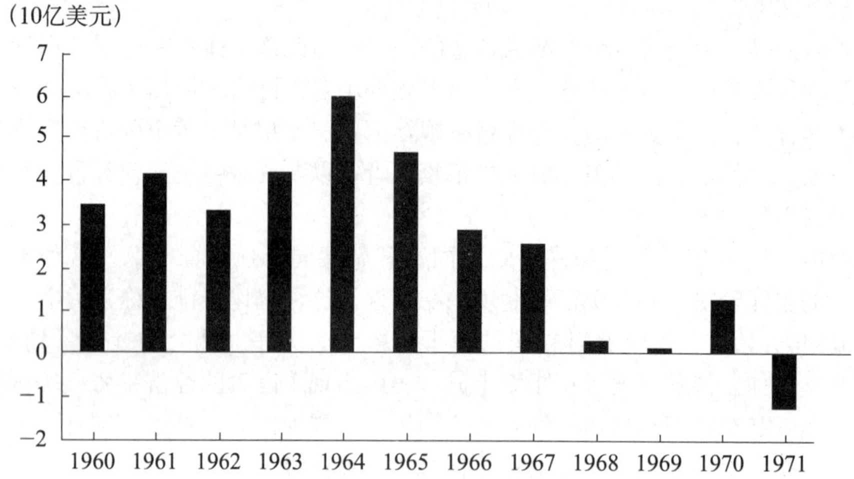

图 3—3 美国的商品、服务与收益差额：1960—1971 年

说明：美国的商品与服务差额从 1970 年的小额盈余变为 1971 年的惊人巨额赤字。出现在 1971 年初的赤字强化了对美元相对于其他主要货币高估的投机。

资料来源：美国经济分析局。

美国与欧洲宏观经济政策的不相容和美国不愿令美元贬值或欧洲国家不愿令其货币升值的情况导致了布雷顿森林体系的终结。国际汇率体系再次陷入无序。因此，各国之间的国际贸易也陷入了混乱状态。

《史密森协议》与蛇形浮动

为了重建汇率体系的秩序，国际货币基金组织储备份额最大的 10 个国家于 1971 年 12 月 16 日和 17 日在华盛顿史密森学会召开会议。这 10 个国家——比利时、加拿大、法国、意大利、日本、荷兰、瑞典、英国、美国和联邦德国（现在的德国）——一起组成了**十国集团**(Group of Ten，G10)，就《史密森协议》展开协商。这次会议建立了新的汇率体系，它在许多方面类似于布雷顿森林体系。该协议确定了新的平价，它主要表示欧洲国家的货币相对于美元升值，但距平价上下浮动的范围增宽至 2.25%。尽管美元相对于黄金贬值，但不再兑换为黄金。这次会议后，尼克松总统向媒体将该协议形容为“世界历史上最重要的货币协议”。

《史密森协议》签订后不久的 1972 年 3 月 7 日，欧洲经济共同体（EEC）的六个成员（比利时、法国、意大利、卢森堡、荷兰和联邦德国）宣布了一项建立更大的货币联盟的计划。这些成员意图将彼此的货币汇率维持在 2.25%的波动范围内。该协议安排被称为蛇形浮动。参与国将通过买卖彼此国家的货币维持本币汇率。欧洲经济共同体的全体货币就是这条“蛇”。不管这条“蛇”在《史密森协议》汇率的允许范围——隧道——内如何移动，欧洲经济共同体都将按需买卖美元。

1972 年中期，汇率市场再次陷入混乱。英国首先采取行动，在仅仅加入《史密森协议》两个月后，于当年 6 月放弃了蛇形浮动。1973 年初，《史密森协议》接近失败。尽管美国作出了巨大的外交努力，且美国财政部令美元对黄金贬值 10%，但参与蛇形浮动的欧洲国家宣布它们不再维持本币对外国货币（例如美元）的平价。这样，“世界历史上最重要的货币协议”在开始实施后短短 15 个月就寿终正寝了。

弹性汇率制

尽管各国努力恢复某种形式的可调整钉住汇率制，但实际出现的是弹性汇率制。浮动汇率制或**弹性汇率制**（flexible-exchange-rate system），如第二章所述，是由供求力量决定私人市场上的货币汇率的汇率制度。美国的著名经济学家，例如米尔顿·弗里德曼（Milton Friedman），从20世纪50年代初就开始主张采用浮动汇率制。

经济峰会与新秩序

尽管全世界都实行浮动汇率制，但它并不是一种官方制度，因为国际货币基金组织的章程禁止采用浮动汇率。1975年，法国总统瓦勒里·季斯卡·德斯坦（Valery Giscard d'Estaing）决定举行一次主要工业国领导人的非正式会议，与会国为法国、联邦德国、意大利、日本、英国和美国。

美国和法国代表团继续就汇率制度展开讨论。在峰会前夕，两国同意实行弹性汇率制，只要它们感到有必要进行干预以确保汇率稳定，就会对外汇市场进行合作干预。季斯卡总统宣布峰会取得突破，并立即获得了其他与会领导人的支持。

有了主要工业国对美法协商所达成制度的支持，国际货币基金组织的成员迅速完善了制度细节，并修订了国际货币基金组织的章程。1976年，国际货币基金组织成员在牙买加完成了谈判，谈判结果被称为**《牙买加协议》**（Jamaica Accords）。

第一次经济峰会召开6个月后，美国总统杰拉尔德·福特（Gerald Ford）决定举办自己的经济峰会。福特总统不顾季斯卡总统的反对，也邀请了加拿大参会。福特总统通过该行动将峰会制度化，定为每年夏天召开，并称为经济峰会。1997年，峰会东道主美国总统威廉·克林顿（William Clinton）邀请俄罗斯总统鲍里斯·叶利钦（Boris Yeltsin）全程参加峰会，尽管他不参加经济会议。在1998年的伯明翰峰会上，英国首相托尼·布莱尔（Tony Blair）邀请叶利钦总统参加所有峰会，将与会国正式扩展为八个。

浮动汇率制的表现

当前汇率制度的灵活性让主要国家得以抵御某些混乱的经济状况。1973年以来，经济学家认识到浮动汇率制时期开始时，主要国家采取了不同的宏观经济政策，经受了大型内部与外部经济冲击，并出现了前所未有的财政赤字与经常账户赤字。采取浮动汇率制的国家允许本币汇率由市场力量决定，从而将货币政策的重点放在国内目标上。然而，多数国家都经历了货币汇率剧烈涨跌的时期。

网络资源

请访问多伦多大学八国集团研究小组的网站 http://www.g8.utoronto.ca，了解更多关于年度经济峰会的信息。

主要工业国和汇率体系面临的最大挑战可以说发生在 1973—1974 年和 1979 年。中东战争爆发和 1973 年 10 月实施的石油禁运导致美元相对于许多欧洲货币和日元显著升值。1979 年，石油输出国组织（OPEC）采取了一系列行动，最终使世界市场上的原油价格翻了三倍。深受通货膨胀之苦的石油进口国遭受了石油价格上涨的重创。20 世纪 70 年代末至 80 年代初，加拿大、法国、意大利、英国和美国出现了两位数或接近两位数的通货膨胀率。

同年，美国总统吉米·卡特（Jimmy Carter）任命保罗·沃尔克（Paul Volcker）为美联储主席。保罗·沃尔克宣布，美联储将追求降低通货膨胀率的单一目标。美联储的政策行为导致了美国 1981—1982 年的经济衰退。对于我们的讨论更重要的是，它导致了非常高的利率，并形成了美元相对于其他主要货币的升值压力。（后面的章节将研究货币政策对利率、产出和汇率的影响。）结果，美元开始升值并持续到 1985 年初。

图 3—4 说明了美联储提供的美元相对于几种主要货币的名义有效汇率。该图的一个主要特征是美元在 1981—1985 年升值。另一个特征是美元在 1985—1987 年剧烈贬值。我们已经解释了为何美元在 1981—1985 年升值，但为什么美元在 1985 年升至顶点后转向贬值，直至 1987 年？

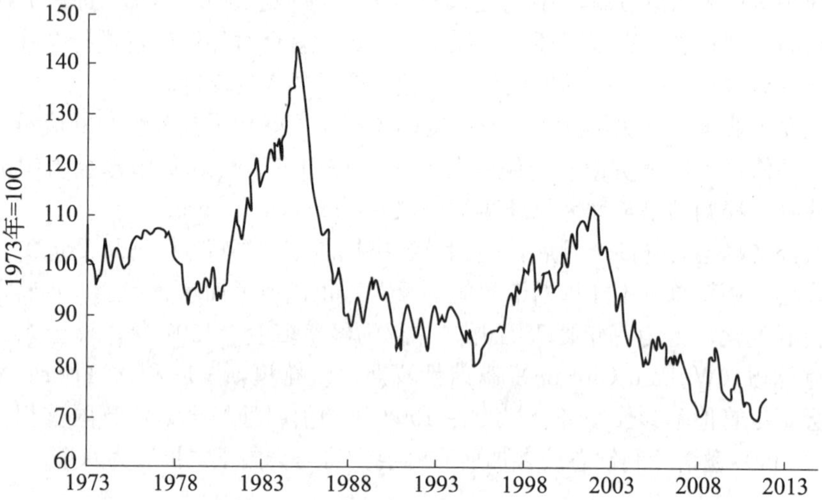

图 3—4　1973 年以来的美国名义有效汇率（名义主要货币指数）

说明：1981—1985 年，美元相对于几种主要货币的平均价值显著上升。两年内，升值趋势被逆转。最近，美元交易价趋向低于 1973 年的水平。

资料来源：美联储委员会，http://www.federalreserve.gov。

《广场协议》与《卢浮宫协议》

十国集团的部分中央银行行长和财政部长择时开会讨论经济状况与经济政策。这个小集团包括法国、联邦德国、日本、英国和美国，它们被称为**五国集团**（Group of Five，G5）。这些会议的内容、结论和政策结果一直是秘密。1985 年 9 月，五国集团在纽约广场酒店开会，主要议题是美元的地位。与会者前所未有地在会后向媒体发布了一份声明。在这份被称为**《广场协议》**（Plaza Agreement）的声明中，五国集团宣布，它认为美元处于与基础经济状况不一致的水平。五国集团称，它将进行集体干预，压低美元的价值。

向媒体发布的这份声明目的是让交易者确信五国集团是认真的。五国集团的声明和定期意外干预似乎证明了这一点。如图 3—4 所示，美元在接下来的两年内逆转了前四年的升值趋势。

在接下来的两年中，五国集团增加了加拿大和意大利（与当时的年度经济峰会成员一致)。扩展后的集团就是**七国集团**（Group of Seven，G7)。1987 年 2 月，七国集团在法国卢浮宫召开会议。美元再次成为讨论焦点。在这次被称为**《卢浮宫协议》**（Louvre Accord）的会议后，七国集团的财政部长和中央银行宣布美元现在达到了和基础经济状况一致的水平。因此，七国集团只在必要时干预外汇市场，以确保稳定。

这次会议规定了 1987 年以来七国集团和十国集团的汇率管理方法。这些国家通常进行共同干预而不做事先声明，且只有在货币汇率达到关键临界值时才进行干预。关键临界值是多少？总是试图预测财政部长与中央银行行长行为的交易者们并不知道。

根据《卢浮宫协议》，各国将为维护本币利益随时进行干预。因此，这种制度并不是真正的弹性汇率制度，而是一种**有管理的浮动（或肮脏浮动）**［managed float（or dirty float)］制，这是一种官方机构定期干预的弹性汇率制度。

事实证明，20 世纪 90 年代的国际货币金融市场并不比前 20 年平淡。1994 年 12 月，墨西哥比索贬值引发了金融危机，它导致比索价值崩溃，并摧毁了南美洲的经济。1997 年，泰国爆发的金融危机影响了东亚的多个经济体，包括印度尼西亚、马来西亚和韩国。1998 年，俄罗斯和巴西发生金融危机。2000 年，阿根廷发生金融危机。这些国家中，部分国家经济迅速恢复，还有些国家，例如印度尼西亚，仍然在遭受经济危机带来的破坏性后果。

欧元

1992 年 2 月 7 日，11 个欧洲国家——奥地利、比利时、芬兰、法国、德国、意大利、爱尔兰、卢森堡、荷兰、葡萄牙和西班牙——的领导人在荷兰马斯特里赫特签订了《马斯特里赫特条约》。该条约确定了用单一货币——欧元——替代各国货币的具体日期。2001 年 1 月，希腊加入该条约。

欧洲中央银行于 1998 年成立，1999 年 1 月，欧元问世。欧元在外汇市场上的第一个交易日就达到了 1 欧元兑 1.19 美元的高价。图 3—5 给出了欧元相对于美元的月平均价值。如图所示，欧元币值持续稳定下降，直到 2002 年。2000 年 9 月，几家中央银行干预外汇市场，以期提高欧元相对于美元的价值。如图 3—5 所示，它们的努力只起到了暂时性效果。

2002 年，欧元纸币和硬币问世，中央银行开始从流通中收回本国纸币和硬币。最终，2002 年，在没有任何中央银行干预的情况下，欧元相对于美元升值超过 20%。

2005 年左右，欧元相对于美元稳步升值。这种升值持续到 2008 年中期，当时金融危机扩散至许多国家。接下来几个月，投资者减少他们在新兴经济体和发展中国家持有的货币，并转持美元而不是欧元。美元—欧元汇率稳定了几个月，直至 2009 年，尽管金融危机向希腊等南欧国家的溢出效应导致欧元相对于美元贬值。

20 世纪 90 年代末的金融危机、欧元的诞生和 21 世纪前 10 年的金融危机是影响并继

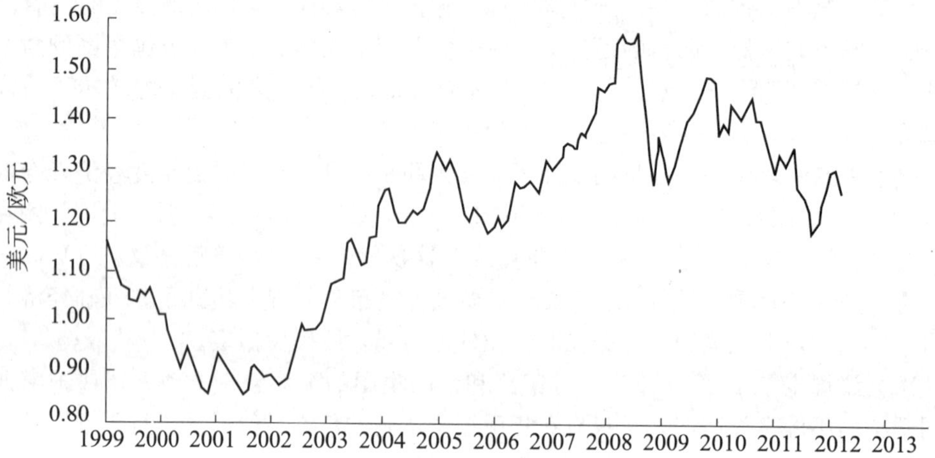

图 3—5　1999 年至今的欧元币值

说明：在欧元推出后近两年的时间里，欧元相对于美元贬值。2000 年底，几家中央银行进行干预以支持欧元价值的举措没有取得效果。最终，私人市场上的欧元汇率趋于稳定，并在 2002 年初开始相对于美元升值。这一趋势持续到 2008 年的金融危机，在此期间欧元贬值。此后欧元再次走强，直至 2010 年，当时债务危机重创了几个欧元区成员。

续影响着金融货币市场和政策制定的重要事件。我们在本书后面还将多次重提这些事件。

基本问题 4　现行的后布雷顿森林"弹性"汇率体系是什么?

经济学家通常将后布雷顿森林汇率制度称为一种浮动汇率制。然而，各国采用的汇率安排各式各样，既有钉住汇率制，也有完全弹性汇率制。此外，主要工业国会定期干预外汇市场以稳定本币汇率，这让这种制度成为一种有管理的浮动汇率制，而非真正的弹性汇率制。

现行汇率安排的其他形式

自从布雷顿森林体系瓦解以来，各国采用了各式各样的汇率安排。图 3—6 显示了国际货币基金组织成员采用的汇率安排。该图显示了用其他国家或组织的货币作为法定货币的国家、采用传统钉住汇率制和非传统钉住汇率制的国家、采用有限弹性汇率制的国家和采用浮动汇率制的国家所占的比例。该图显示，近 45%的成员声称其实行有管理的浮动汇率制或独立浮动汇率制。

如图 3—6 所示，各国采用的汇率安排多种多样。然而，该图没有提供关于这些汇率安排的操作详情。正如 1997 年东南亚货币危机的惨痛教训所显示的，一国货币安排的执行至关重要。因此，我们现在将考虑三种类型的汇率安排：爬行钉住汇率制、货币篮钉住汇率制和货币局制度（即独立货币机构制）。

美元化

有些国家采取了更激烈的汇率管理方法，它们允许用另一国的货币作为法定货币。如图 3—6 所示，国际货币基金组织 21.5%的成员使用另一国的货币。还有些国家也在考虑

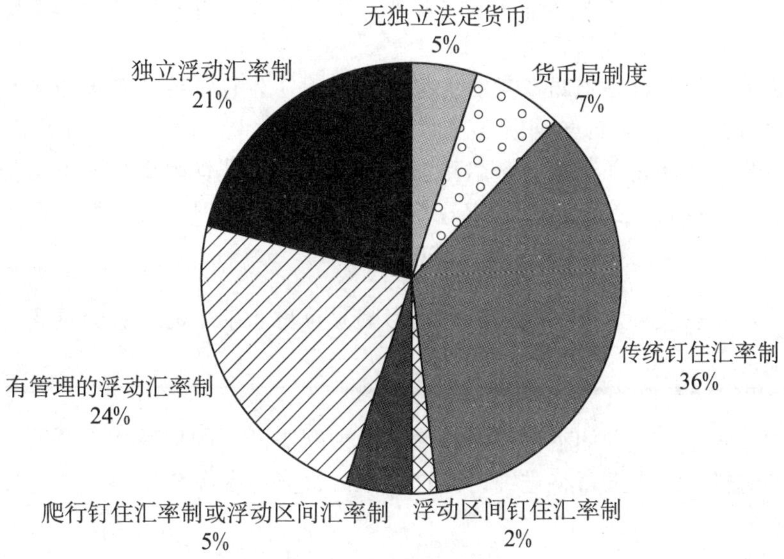

图 3—6　当前的外汇安排

说明：现在，超过 44%的国际货币基金组织成员都称其实行独立浮动汇率制或有管理的浮动汇率制。对于以某种形式钉住本币汇率的国家，美元是它们最常用的锚货币。货币篮是次常用的锚货币。

资料来源：国际货币基金组织：《汇率安排和外汇管制年度报告》。

放弃本币。这种做法被称为美元化，但它实际上是指使用任何其他国家的货币——而不仅仅是美元——作为法定货币。

最近，厄瓜多尔和萨尔瓦多对本国经济进行了美元化。还有些拉丁美洲国家已经部分美元化，北美、中美和南美的多个国家（例如尼加拉瓜和危地马拉）也在 20 世纪 90 年代末以后完成了美元化。

21 世纪初，美元化可以说是汇率管理领域的主要问题。有些经济学家认为，所有发展中国家都应该美元化。这些美元化的支持者认为，与拥有强势货币的大国接壤的小国的政策制定者应该将本国经济美元化，以实现经济稳定。这种意见认为，如果政策制定者放弃本国货币，并采用另一国的货币，就不会再对货币进行错误管理。反过来，这些国家的利率和通货膨胀率也将与它们采用的货币所在国的利率和通货膨胀率相同。

另一些经济学家反驳称，美元化的收益不足以补偿成本。美元化的成本包括丧失独立自主的货币政策和中央银行从生产货币中获得的利润。此外，一旦政策制定者选择美元化，就没有回头路可走。因此，美元化通常被视为最后诉诸的政策行为。

研究了一小群美元化国家的经济记录后，美国国家经济研究局的塞巴斯蒂安·爱德华兹（Sebastian Edwards）得出结论，美元化国家的通货膨胀率低于类似的非美元化国家。然而，通货膨胀率较低的成本似乎是经济增速减缓。（关于近年来萨尔瓦多由于美元化而产生的通货膨胀问题，见“政策笔记本：美国的通货膨胀拖累萨尔瓦多的经济”。）

政策笔记本

美国的通货膨胀拖累萨尔瓦多的经济

2010 年之前，美元化帮助萨尔瓦多打下了强劲经济增长的基础。抛弃本国货币，与其最大的贸易伙伴国——美国——使用同一种货币后，萨尔瓦多政府让该国公民和国际投资者确信，该国不会发生意外货币贬值。此外，采用美元作为该国货币还消除了所有对美贸易的货币兑换成本。

然而，通过美元化，萨尔瓦多实际上将货币政策“外包”给了美国中央银行——美联储。21 世纪前 10 年，美国的年通货膨胀率翻了一倍多，达到 5%以上，萨尔瓦多的通货膨胀率也是如此。食品和原油这些萨尔瓦多几乎完全依赖进口的商品的美元价格每年以两位数的速度上升。在萨尔瓦多感受到的通货膨胀影响比在美国强烈得多。

批判性分析

为什么萨尔瓦多政府不能采取任何直接影响货币增长率，进而影响该国通货膨胀率的措施?

地区性货币联盟——例如本章前面讨论过的由欧盟开创的那种货币联盟——是美元化以外的另一种选择。第十五章将详细讨论这种地区性多边政策合作。

独立货币当局

本章前面，我们说明了金本位制不要求有中央银行。一国的官方黄金储备变化支配了该国货币存量的变化。金本位制只要求官方货币当局根据需求增加或减少流通中的货币。有些国家现在没有中央银行，而有独立的货币当局或货币局。

货币局或独立货币当局（currency board or independent currency authority）是将货币存量增长与货币局持有的外汇挂钩的独立货币机构。它的做法是发行本币并以固定汇率兑换外汇。

货币局是大英帝国的发明，它最初于 1849 年在毛里求斯建立。20 世纪 40 年代，货币局制度达到顶峰，并在 20 世纪 60 年代基本消失。货币局是为英国殖民地提供稳定可兑换货币的一种方法。殖民地凭借货币局在伦敦持有的英镑资产，以固定汇率发行自己的货币工具。因此，殖民地的货币可以按固定汇率兑换为英镑，并和英镑一样稳定。殖民地节省了大量资源，因为它们不需要持有并处理英镑硬币和纸币。

在当前的实践中，货币局将本国货币钉住另一国货币，并在适当时候买卖外币储备，以维持平价。当货币当局买卖外汇储备时，它改变了流通中的本币数量。该国的货币存量变化由这种唯一力量支配。

货币局的责任非常有限。货币局不持有本国政府发行的货币，没有银行准备金要求，也不像通常的中央银行那样作为本国银行的最后贷款人。

由于这些责任有限，货币局不能实施独立自主的货币政策，因而不受政治影响。出于这一原因，最近几年人们对货币局制度的兴趣有所上升。一些经济学家认为货币局制度是某些国家建立可信的价格稳定方法的最佳途径。

现在，有一些国家和地区实施独立货币当局或货币局制度。其中一些是最近才建立的。爱沙尼亚、立陶宛、中国香港和保加利亚都实施货币局制度。一些货币局制度很成功，而另一些则失败了。

基本问题 5　什么是美元化？什么是货币局制度？

美元化是采用另一国货币作为唯一的法定货币。最近，厄瓜多尔和萨尔瓦多的政策制定者对本国实施了美元化。另一些国家（例如尼加拉瓜和阿根廷）的政策制定者仍在考量美元化的收益和成本。货币局（即独立货币当局）代替了中央银行。货币局的责任比普通中央银行有限得多。货币局钉住本币价值，并买卖外汇以维持钉住汇率。外汇储备的变化是决定本币存量的唯一因素。因此，货币局制度能更好地将货币政策与国内政治压力隔绝。

传统钉住汇率制和浮动区间钉住汇率制

当前，国际货币基金组织将钉住汇率制视为政策制定者将本币价值以固定汇率钉住某种外币的制度。这种固定汇率被称为平价。**汇率平价浮动区间**（exchange-rate parity bands）是指允许实际汇率偏离平价上下的最大幅度。当平价浮动区间允许最大偏离平价汇率上下1%时，这种汇率安排被视为传统钉住汇率安排。当平价浮动区间允许的偏离幅度大于1%时，这种汇率安排被视为水平区间钉住汇率。

丹麦是一个水平区间钉住汇率制的例子。在被称为ERMII的框架下，丹麦将丹麦克朗以7.460 38（DKr/€）的平价汇率钉住欧元。如图3—7所示，丹麦克朗的即期汇率可以在平价上下2.25%的区间内（分别为7.628 24和7.292 52）波动。1987年1月以来，丹麦一直维持这种汇率安排。

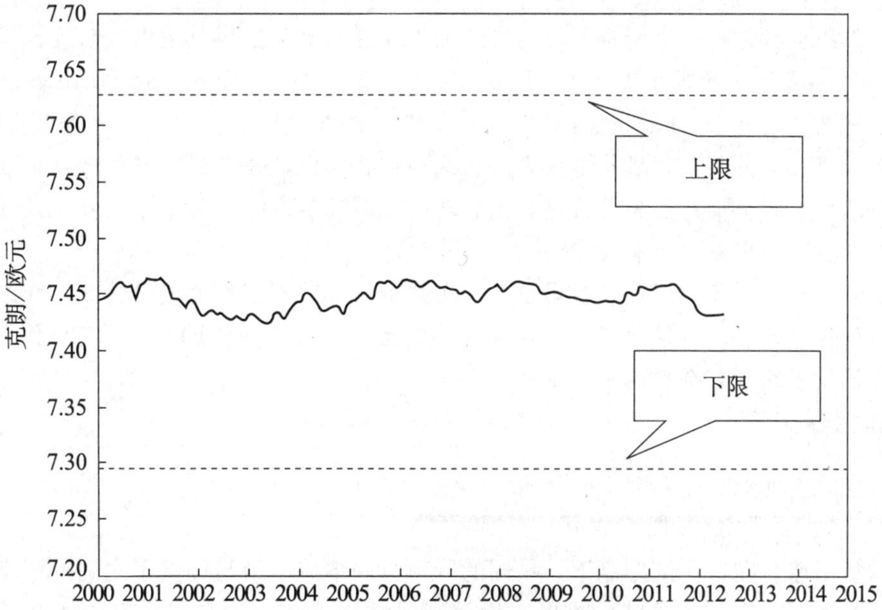

图3—7 丹麦的浮动区间钉住汇率制

说明：丹麦自1999年以来一直维持浮动区间钉住汇率制，以管理本国货币相对于欧洲货币单位的价值。丹麦克朗可以在汇率平价加减2.25%的范围内波动。

资料来源：国际货币基金组织：《国际金融统计》，http://www.imf.org。

货币篮

前一节介绍了浮动区间钉住汇率制，它的灵活性比货币局制或传统钉住汇率制更大。

因此，政策制定者可以选择将本国货币钉住一些外币［即**货币篮钉住汇率制**（currency-basket peg）］的加权平均值。钉住货币篮的另一个动机是，货币篮加权平均汇率的波动性小于单一货币汇率的波动性。

为了更好地理解什么是货币篮，想象你手里有六枚不同的硬币，每枚都来自不同的国家。接下来，想象你将所有硬币都放在一个篮子里。假设篮子中所有硬币的总值等于一单位虚拟货币。篮子中的硬币价值就是你试图在货币篮制度下维持的虚拟货币价值。

选择货币篮 通常，采用货币篮钉住汇率制的国家的货币篮中只有少量货币。原因是该国钉住的货币数量增加时，管理货币篮钉住汇率就变得更加困难。多数使用货币篮安排的国家钉住的货币都不超过六种。

对货币篮货币的选择类似于第二章中讨论的构建有效汇率时的选择。货币篮通常包括一国的国际贸易、资本流动或国际债务结算中最重要的货币。货币篮为每种货币赋予一个权重，这与有效汇率的构建类似。权重之和也等于一个单位。权重的选择反映出该国国际贸易中每种货币的相对重要性。（请参见“管理笔记本：权重随时间变化的新货币篮”，思考为何私人借款者可能选择用货币篮为债务标价。）

管理笔记本

权重随时间变化的新货币篮

如果你的目标是最小化所持货币在给定平均收益率水平上的收益率波动性，那么被称为 Ebu 的一种货币篮可能很适合你。Ebu，即欧洲借贷单位（European Borrowing Unit），由英国公司巴克莱资本（Barclay's Capital）创建。它是一个基于 10 种主要货币的货币篮，主要使用者为公司借款人和机构借款人。在这些借款人中，许多都希望用低收益率的日元或瑞士法郎以外的货币对债务计价，日元和瑞士法郎近年来被广泛用于国际借款计价，但在外汇市场上的价格波动也有所增加。

Ebu 的权重每月经由统计技术调整，旨在最小化货币篮汇率的波动性。这种方式有助于提高公司借款人或机构借款人的债务金额稳定性。因此，使用 Ebu 货币篮对债务计价的借款人降低了全球债务金额的不确定性。

批判性分析

为何贷款人也能感受到用 Ebu 对债务计价的优点？

管理货币篮 在钉住汇率制下，一国的货币当局维持本币与锚货币之间的汇率。而货币篮制度产生了一个耐人寻味的难题。货币当局必须关注本币与货币篮中各种货币的汇率，以及货币篮中各种货币之间的交叉汇率。如果这些汇率发生变化，货币当局必须采取行动，要么将本国货币贬值，要么将本国货币升值，以维持货币篮的价值。权重决定了货币的升值或贬值幅度。

爬行钉住汇率制

即使在布雷顿森林体系崩溃之后，有些国家也决定将本币汇率钉住其他国家的货币。一国选择这样做有许多原因。选择钉住汇率制最常见的理由是降低汇率波动性和不确定性可能会提高经济效率。因此，与另一个国家有大量贸易，但货币较不稳定的国家可能选择钉住前者的货币。钉住另一国的货币并减少汇率波动性可以促进两国之间的贸易和资本流动。

然而，两国的经济状况可能迥然不同。在后面的章节中，尤其是第十章至第十三章，你将了解到当两国的经济状况不同时，它们的汇率变化路径也很可能不同。这让维持钉住汇率制即使不是不可能，也非常困难。在这种情况下，将本币价值钉住其他国家货币的国家可能允许平价持续变化。这种汇率安排为**爬行钉住汇率制**（crawling peg）。

尼加拉瓜的爬行钉住汇率制 尼加拉瓜 21 世纪初的汇率安排是爬行钉住汇率制的一个绝佳例子。为了促进汇率稳定和出口，尼加拉瓜将本币科多巴（córdoba）的价值钉住美元。美国和尼加拉瓜的宏观经济条件迥然不同，美国的通货膨胀率大大低于尼加拉瓜。由于通货膨胀率差异巨大，尼加拉瓜官方意识到，根据购买力平价理论，科多巴对美元贬值是一般趋势。因此，尼加拉瓜采用了爬行钉住汇率制。图 3—8 显示，科多巴在整个期间内相对于美元贬值。如你所见，科多巴的贬值速度相当稳定。

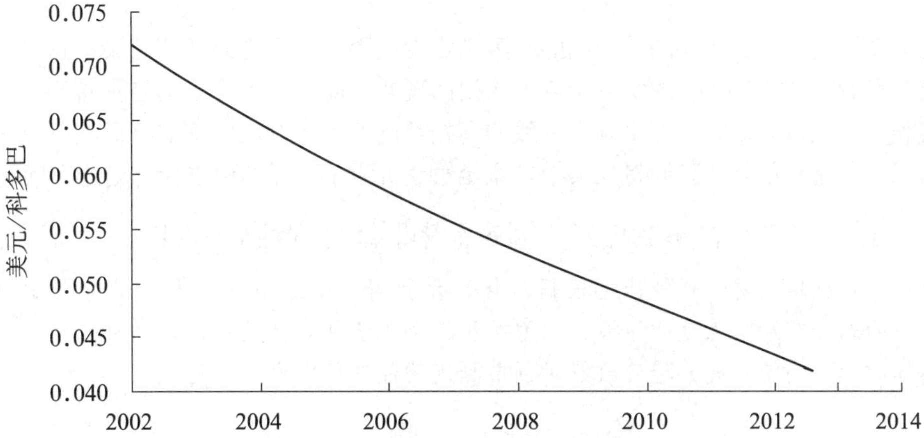

图 3—8 尼加拉瓜的爬行钉住汇率制

说明：尼加拉瓜的爬行钉住汇率制允许科多巴对美元的汇率每月以稳定的速度爬行或贬值。

资料来源：国际货币基金组织：《国际金融统计》，http://www.imf.org。

有些国家，例如哥伦比亚和智利，将爬行钉住汇率制与浮动区间汇率制的灵活性相结合。这类汇率安排是浮动区间爬行汇率制。和浮动区间汇率制类似，爬行浮动区间有平价上限和下限。然而，中心平价是定期调整的。因此，平价上限和下限也将定期变化，且通常允许稳定贬值。

基本问题 6 现行的钉住汇率制有哪些类型?

钉住汇率制是政策制定者将本币价值以固定平价汇率钉住某种外币的汇率制度。传统的钉住汇率制允许汇率最大偏离平价上下 1%，而浮动区间钉住汇率制允许汇率偏离幅度大于 1%。货币篮钉住汇率制和爬行钉住汇率制是其他类型的钉住汇率制。在货币篮钉住汇率制下，官方将本币钉住少数几种货币的加权平均价值。在爬行钉住汇率制下，平价和汇率浮动区间可以定期变动。浮动区间钉住汇率制、货币篮钉住汇率制和爬行钉住汇率制的灵活性大于传统钉住汇率制。

固定汇率制还是浮动汇率制?

现在，我们已经研究了一些汇率制度。一个显而易见的问题是，哪种汇率制度最好?遗憾的是，这个问题没有清晰确定的答案，关于固定汇率制和浮动汇率制的优点的争论是最古老的经济学问题之一。这恰恰是现在有如此多不同类型汇率制度的原因。

一方面，固定汇率制可以促进稳健的经济政策，帮助减少通货膨胀，并产生稳定的经济环境。这反过来可以促进一国的实体经济增长。

然而，在固定汇率制下，实际汇率可能上升，并减少一国的出口竞争力。

另一方面，浮动汇率制可以帮助一国应对外部冲击，例如异常的外国资本流入或者进口资源价格的突然增加。浮动汇率制引入了新的不确定性因素和波动性，这是对浮动汇率制的普遍批评。然而，在工业国中，没有明显证据显示，名义汇率的波动会抑制对外贸易或投资。

比汇率制度类型更重要的是一国的政策制定者能否执行稳健的经济政策。这可能是在对固定汇率制与浮动汇率制的争论中最被忽视的现实。此外，这种争论经常将当前不完美的制度和政府执行的政策与汇率制度一致的乌托邦制度进行对比。正如我们在本章中说明的，情况并非总是如此。我们将在第十二章至第十五章中更详细地重新讨论这个问题。

基本问题 7　哪种汇率制更好，固定汇率制还是弹性汇率制?

钉住本币价值更好，还是让它根据市场浮动更好，是经济学中历史最悠久的争论之一。这个问题没有清晰确定的答案，因为每种汇率制度都有自己的优点和缺点。与汇率制度的选择相比，制定稳健的经济政策对创造稳定的经济环境更加重要。

本章总结

1. 汇率制度：汇率制度是一国确定本币的国际汇兑价值并将本币价值与其他国家的货币价值联系起来的法规集合。

2. 金本位汇率制：由金本位构成的汇率制度。一国根据货币价值钉住黄金的规定确定本币相对于黄金的国际价值。金本位也构成了采用金本位的国家之间的汇率体系。确定了各种货币相对于黄金的价值后，货币之间的汇率也就确定了。

3. “钉住”汇率的布雷顿森林体系：在布雷顿森林体系下，各国钉住本国货币相对于美元的价值，美元的价值与黄金挂钩。在国际货币基金组织的许可下，各国钉住本国货币的平价可以变动，使货币贬值或升值。因此，布雷顿森林体系是一种可调整钉住汇率制。

4. 后布雷顿森林体系“浮动”汇率体系：在当今世界经济中，存在着从弹性汇率制到固定汇率制或钉住汇率制的多种汇率安排。主要工业国不时干预外汇市场。因此，整体汇率体系主要是一种有管理的浮动汇率体系。

5. 美元化与货币局或独立货币当局：美元化是采用另一国的货币作为唯一法定货币。最近，厄瓜多尔和萨尔瓦多等国采用美元作为它们唯一的法定货币，从而实现了美元化。美元化的一个主要理由是，它将使通货膨胀率和利率降低到所采用货币发行国的水平。尽管关于美元化国家经济表现的比较实证有限，但这些实证表明，与类似的非美元化国家相比，美元化国家拥有较低的通货膨胀率和经济增长率。货币局代替了中央银行，但货币局的责任有限得多。货币局将一国的货币钉住另一国的货币。它负责根据货币局持有的外汇储备调节该国的流通货币存量，以维持本币的钉住价值。

6. 钉住汇率制：一些国家的政策制定者希望通过钉住汇率制稳定本币汇率，在这种制度下，本币与某种外币的汇率被固定为某个平价汇率。传统钉住汇率制允许最多偏离平价上下 1%，而浮动区间钉住汇率制允许偏离平价上下 1%以上。还有些政策制定者偏好固定汇率制的稳定性，但发现维持严格平价十分困难。因此，有些国家采用了货币篮钉住汇率制或爬行钉住汇率制。在货币篮钉住汇率制下，一国将本币价值钉住一篮子选定货币的价值。在爬行钉住汇率制下，一国钉住本币价值，但定期调整平价。

7. 固定汇率制与浮动汇率制：关于钉住一国货币价值更好还是允许货币价值由外汇市场决定更好，并没有清晰确定的答案。每种汇率制度都有它的优点和缺点。对于创造健康稳定的经济环境，稳健的经济政策实际上比汇率制度的选择更重要。

问题与习题

1. 请根据每段文字的描述，写下你认为最适合的汇率制度名称。

a. 货币价值钉住另一种货币的规定价值，且只能偏离该价值上下 0.5%。

b. 货币价值钉住另一种货币的规定价值，且只能偏离该价值上下 1%。然而，该价值在每个交易期间都会增加。

c. 这种货币的价值只由供求力量决定。

d. 货币价值钉住选定货币组合的加权平均价值。

e. 货币当局将本币价值一对一地钉住欧元。货币当局只有在欧元储备上升时，才会发行本币。

f. 本币被欧元取代，欧元是唯一法定货币，但本国不是欧洲货币联盟的成员。

g. 货币当局基本允许货币价值由市场力量决定，但会不时干预，让货币价值回到“正确”方向。

2. 请描述国际货币基金组织的两个主要职能。

3. 假设美元价值以每盎司 50 美元的汇率钉住黄金，并假设英镑以每英镑 1.50 美元的汇率钉住美元，加元以每美元 1.38 加元的汇率钉住美元。请计算加元和英镑相对于黄金的价值。

4. 请使用第 3 题中的信息，计算加元和英镑之间的汇率。

5. 假设阿根廷决定将该国货币——比索——的价值钉住由 0.50 美元和 0.50 欧元组成的货币篮。进一步假设美元和欧元之间的汇率为 1.10 美元/欧元。如果货币篮由 1 比索组成，那么比索和美元，以及比索和欧元之间的适当汇率是多少？

6. 根据第 5 题的信息，货币篮中美元的权重是多少？欧元的权重是多少？

7. 请说明《史密森协议》和布雷顿森林体系下的汇率制度的主要差异。根据这种差异，你认为《史密森协议》为何如此短命？

8. 货币局的主要责任是什么？让货币局不同于典型中央银行的三个主要限制是什么？

9. 请解释为何《卢浮宫协议》代表了一类汇率体系。

10. 你认为决定爬行钉住汇率制的爬行汇率时，应该考虑哪些因素？

11. 根据你的观点，美元化和货币局制的主要区别是什么？

在线应用

与国际货币基金组织和世界银行一样，国际清算银行（BIS）是一家重要的国际金融机构。然而，国际清算银行可能是三家机构中最不为人知和不为人了解的。

网址：http://www.bis.org

标题：国际清算银行

浏览：首先，从上面提供的网址进入国际清算银行的主页。点击“关于国际清算银行”链接。接下来，在“相关信息”窗口中点击“国际清算银行简况”。

应用：请阅读标题为“国际清算银行简况”的文件及其所有部分，之后回答下列问题。

1. 国际清算银行是何时成立的？国际清算银行作为一家国际金融组织的特点是什么？

2. 国际清算银行提供的主要服务是什么？

3. 大约多少家中央银行和金融机构在国际清算银行有存款？国际清算银行大约有多少员工？这些员工来自多少个国家？

4. 国际清算银行持有的外汇储备占全球外汇储备的比例大约是多少？

部分参考书目与扩展阅读

[1] Altig, David E. "Dollarization: What's in It for US?" *Federal Reserve Bank of Cleveland, Economic Commentary* (October 15, 2002).

[2] Berg, Andrew, and Eduardo Borensztein. "Full Dollarization: The Pros and Cons." International Monetary Fund, *Economic Issues* 24 (December 20, 2000).

[3] Bryant, Ralph C. *Turbulent Waters: Cross-Border Finance and International Governance*. Washington, DC: Brookings Institution Press, 2003.

[4] Calvo, Guillermo A., and Carment M. Reinhart. "Fear of Floating." NBER Working Paper Number W7993 (November 2000).

[5] Corden, W. Max. *Too Sensational: On the Choice of Exchange Rate Regimes*. Cambridge, MA: MIT Press, 2002.

[6] Craig, Ben, and Christopher Waller. "Dual-Currency Economies as Multiple-Payments Systems." *Federal Reserve Bank of Cleveland Economic Review* 36 (1) (Quarter 1, 2000): 2-13.

[7] Daniels, Joseph, Peter Toumanoff, and Marc von der Ruhr. "Optimal Basket-Peg Arrangements for Developing Nations." *Journal of Economic Integration* (March 2001).

[8] Edwards, Sebastian. "Dollarization and Economic Performance: An Empirical Investigation." NBER Working Paper Number W8274 (May 2001).

[9] Edwards, Sebastian, and Igal Magendzo. "A Currency of One's Own? An Empirical Investigation on Dollarization and Independent Currency Unions." National Bureau of Economic Research, Working Paper 9515 (February 2003).

[10] Eichengreen, Barry. *Exorbitant Privilege*. Oxford: Oxford University Press, 2011.

[11] Eichengreen, Barry. *Global Imbalances and the Lessons of Bretton Woods*. Cambridge, MA: MIT Press, 2007.

[12] Garnham, Peter. "Currency Swings Span the Ebu." *Financial Times* (September 23, 2007).

[13] Ghosh, Atish, R., Anne-Marie Gulde, and Holger C. Wolf. *Exchange Rate Regimes*. Cambridge, MA: MIT Press, 2002.

[14] Ho, Corrinne. "A Survey of the Institutional and Operational Aspects of Modern-Day Currency Boards." Bank for International Settlements, Working Paper No. 100 (March 2002).

[15] Salvatore, Dominick, James W. Dean, and Thomas Willett, eds. *The Dollarization Debate*. New York: Oxford University Press, 2003.

[16] Tavlas, George S., and Michael K. Ulan. *Exchange Rate Regimes and Capital Flows*. Thousand Oaks, CA: Sage Publications, 2002.

[17] von Furstenberg, George M. "Can Small Countries Keep Their Own Money and Floating Exchange Rates?" In K. Kaiser, J. Kirton, and J. Daniels, eds., *Shaping a New International Financial System: Challenges of Governance in a Globalizing World*. Aldershot: Ashgate Publishing, 2000: 187-202.

[18] Yeyati, Eduardo Levy, and Federico Sturzenegger. *Dollarization: Debates and Policy Alternatives*. Cambridge, MA: MIT Press, 2003.

第二部分

国际金融工具、国际金融市场与国际金融机构

第四章　远期货币市场与国际金融套利

基本问题

1. 什么是外汇风险？
2. 什么是远期货币市场？远期汇率是如何决定的？
3. 什么是抛补利率平价？
4. 什么是无抛补利率平价？
5. 什么是外汇市场有效性？
6. 什么是国际金融市场？

对于华尔街和世界上其他地方的许多金融企业来说，利率波动导致的资产价值波动使2010年左右的商业环境举步维艰。不过，利率和资产价格波动性的提高伴随着汇率波动性的提高。汇率不稳定性提高使客户对降低不同外汇风险（汇率变化导致未来收入或负债变化的风险）敞口的金融企业服务需求也随之增加。结果，这些机构提供降低外汇风险服务得到的服务费收入达到历史高点，增加的服务费收入大大抵消了资产价格下降导致的损失。因此，汇率和利率波动性升高对许多金融企业利润的影响是复杂的。

汇率和利率之间的关系是什么？汇率不稳定为何会导致利率波动性提高？政治和财政不确定性如何影响利率？外汇市场是有效的吗？在本章中，我们研究了这些问题，尤其是利率与汇率之间的关系。

外汇风险

在第二章中，我们研究了汇率在国际市场中的作用。在第三章中，你了解到许多货币的汇率都是浮动的且由外汇市场决定。因此，汇率是不断变化的。这些汇率变化将家庭、企业和其他国际交易参与者暴露在潜在风险下。

下面举例说明国际交易中的汇率变化风险。假设你为一家美国国际房地产开发商工作，你的公司对英国的一处商业房地产感兴趣。房地产代理人考虑在三个月中将这处房地产“实质性出售”，把它卖给出价最高的一方。你的公司完成交易并获得对房地产的所有权需要大约三个多月。

根据对这处房地产收入潜力的估计，你的经理让你出价 1 000 万英镑。此外，假设现在汇率为 1.500 美元/英镑（$/£）。从你的公司的角度看，你的出价为 1 500 万美元，这是美元价格（1 000 万英镑×1.500 美元/英镑=1 500 万美元）。你的经理告诉你，他们对附近房地产的估价为 1 500 万美元。

如果这处房地产的卖方接受你的出价，你将在从现在起六个月后支付给房地产所有者 1 000 万英镑完成交易。对方接受出价后，你的公司将承担这段期间内的外币计价债务，因此产生了外汇风险敞口。**外汇风险**（foreign exchange risk）是外币计价负债或外币计价资产的价值由于汇率变化而变化的可能。

假设在接下来的六个月中，美元对英镑贬值 5%，跌至 1.575 美元/英镑。在我们的例子中，商业房地产的英镑价格仍为 1 000 万英镑。然而，它的美元价格将由于即期汇率的变化而变化。这处房地产的美元价格将变为 1 575 万美元（1 000 万英镑×1.575 美元/英镑=1 575 万美元）。由于汇率变化，这处房地产的美元价格将升高 5%，即 750 000 美元。由于你的公司同意将来进行外币计价交易，因此将由于外汇风险敞口多承担 5%的成本。

外汇风险的类型

个人或企业可能面临着三类外汇风险。第一类外汇风险，如上例所示，是交易风险。**交易风险**（transaction exposure）是用本币表示的交易成本或收入发生变化的风险。当一家公司同意在未来某个时间完成外币计价交易时，交易敞口就产生了。

第二类外汇风险是**折算风险**（translation exposure），将外币计价资产和外币计价负债的价值折算为用一种货币表示的价值时，就会出现这种风险。考察跨国公司的资产负债表有助于理解折算风险。比如，一家瑞士跨国公司的资产和负债可能用不同货币计价。年底，这家瑞士公司的会计编制该公司的资产负债表，并用一种共同货币——瑞士法郎——计算所有资产和负债的价值。当瑞士法郎的汇率变化时，外币计价资产和外币计价负债的价值也会变化。资产负债表上反映的公司净值也会变化。

最后一类外汇风险是**经济风险**（economic exposure），它是汇率变化对公司未来收入流现值的影响。经济风险影响公司在特定市场上的长期竞争能力。有些经济学家认为，至少一部分外国直接投资来自试图规避经济风险的企业。通过在国外建立厂房或办公场所，公司可以规避所有厂房和办公场所都位于国内时的某些外汇风险。

对冲外汇风险

考察外汇风险时，应该明白汇率变化对于个人或企业可能是好事，也可能是坏事。不过，汇率变化产生了不确定性，使人们很难制定成功的计划。个人或企业可以通过降低或消除外汇风险减少或减轻这种不确定性。**对冲**（hedging）是抵消风险的行为。如果对冲活动消除了敞口的所有风险，那么这种敞口就是**已抛补敞口**（covered exposure）。

很多金融工具都可以抵消外汇风险。在本章中，我们研究了抛补交易和无抛补交易。第五章研究了多种对冲工具，这些工具可能完全消除了外汇风险，也可能没有完全消除外汇风险。（跨国公司并不总是只依赖金融工具对冲外汇风险；请参见“管理笔记本：日本汽车生产商提高美国产量以对冲美元贬值的影响”。）

管理笔记本

日本汽车生产商提高美国产量以对冲美元贬值的影响

2010 年之后的几年中，美元对日元持续贬值，日本汽车生产商丰田和本田的利润下降。美元价值的大幅下降导致日本向美国出口的汽车的美元价格大幅上升，由此导致的出口销量下降使出口收入暴跌。

为了抵消利润下降并对冲未来利润下跌的影响，日本汽车生产商开始增加在美汽车产量。在美国生产更多汽车导致生产成本和在美销售收入都用美元计价。因此，汽车生产地点的变化为希望避免某些外汇风险的日本汽车生产商提供了天然对冲。

当然，日本汽车生产商仍然面临着美元贬值的事实，这意味着在美国获得的美元利润折算为日元后减少了。为了解决这种外汇风险，汽车生产商必须求助于金融工具。

批判性分析

如何用外汇风险解释世界上多数大型生产商在多个国家建有生产厂房的原因？

基本问题 1　什么是外汇风险？

外汇风险是不确定的未来汇率可能对外币计价债务、收入、资产或负债价值产生的影响。外汇风险有几种类型：交易风险、折算风险和经济风险。原则上，个人或企业可以抵消、对冲部分或全部外汇风险。个人或企业完全消除风险后，敞口即被抛补。

远期外汇市场

第二章分析了外汇即期市场，它是即期交割某种外币的市场。再次假设你在一家美国房地产公司工作，该公司出价购买一处英国房地产。你的公司基本不可能在得知出价被接受的同时购买英镑。如果立即购买英镑，公司的 1 500 万美元营运资本将被外币占用六个月。因此，你的公司希望在未来交割英镑。

远期外汇市场（forward exchange market）是通过合同确保在未来以规定汇率交割某种货币的市场。多数远期外汇交易是金额不低于 100 万美元且发生在大型商业银行之间的交易。

用远期合同抛补交易

由于远期合同确保了未来日期的汇率，因此可以消除外汇风险，或抛补敞口。在我们的例子中，对方接受你的公司对商业房地产的出价后，公司将持有英镑空头，因为它承担了外币（英镑）计价的未来债务。如前所述，公司现在有外汇风险敞口。你可以向上司建议，让公司购买六个月英镑远期合同以抛补交易。

假设房地产代理人接受你的公司的出价时，六个月英镑远期汇率为 1.520 美元/英镑。1 000 万英镑的六个月远期合同保证你的公司可以在从现在起六个月后以 1.520 美元/英镑的价格购买 1 000 万英镑。该远期合同确保这栋商业房地产的最终价格为 15 200 000 美元（1 000 万英镑×1.520 美元/英镑＝15 200 000 美元）。房地产价格没有不确定性，因此合同是抛补的。

企业还可能面临将来收到外币价款导致的交易风险。在这种情况下，企业持有多头，因为它将在未来收到外币价款。此时，企业可以购买远期合同，这样就可以按确定汇率卖出外币。远期卖出合同将消除所有外汇风险，从而对收入进行抛补。

在这两个例子中，企业都通过购买相反方向的远期合同消除了外汇风险。持有外币空头的企业可以购买确定外币金额的远期合同，从而持有远期市场上的多头。持有外币多头的企业可以在外汇市场上卖出外币，从而持有远期市场上的空头。通过在远期市场上持有金额相等且相互抵消的头寸，企业可以消除交易中蕴含的不确定性。

远期汇率的确定

由于多数货币的远期汇率都不同于即期汇率，因此不同期限合同的远期汇率通常也不同。决定远期汇率的因素是什么？

如果没有货币限制或政府干预，市场供求力量将决定远期汇率。图 4—1 说明了英镑远期外汇市场上向下倾斜的需求曲线和向上倾斜的供给曲线。假设大量企业和个人在六个月后的英镑需求增加，原因可能是他们持有英镑空头，如上例所示。

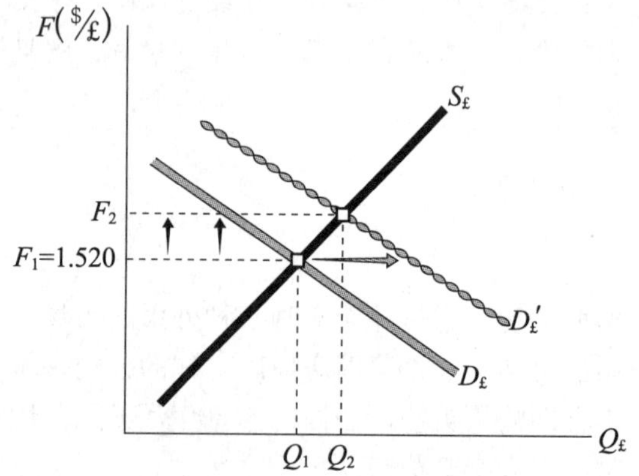

图 4—1　英镑远期市场

说明：最初，英镑的远期市场在 1.520 美元/英镑（即 F_1）的远期汇率上达到均衡。随着英镑远期需求的增加，需求曲线从 $D_£$ 右移至 $D'_£$。在给定供给下，需求增加导致远期汇率升至 F_2，即英镑远期的美元价格增加。

作为未来即期汇率预测指标的远期汇率

远期汇率反映了未来交割的某种货币的供求。因此，远期汇率可能提供了关于未来即期汇率的信息。

再次假设英镑的六个月远期汇率为 1.520 美元/英镑，即期汇率为 1.500 美元/英镑。由于美元/英镑远期汇率大于美元/英镑即期汇率，因此称英镑以**远期溢价**（forward premium）交易。相反，如果某种货币的远期汇率小于即期汇率，就称这种货币是以**远期折价**（forward discount）交易。经济学家通常会计算标准远期溢价或标准远期折价并换算为年百分比的标准形式，以此表示远期溢价或远期折价。

换算公式为：

$$\text{标准远期溢价(标准远期折价)} = (F_N - S)/S \times 12/N \times 100\%$$

式中，F_N 是远期汇率，S 是即期汇率，N 是远期合同的月数。这个公式有三个部分。第一部分是远期溢价，即远期汇率和即期汇率之差与即期汇率之比，表示为 $(F_N - S)/S$。第二部分将远期溢价折算成年度数据，方法是用远期溢价除以合同月数，得出月远期溢价，然后再乘以 12，表示年远期溢价。最后一部分用年远期溢价乘以 100%，将其表示为百分比。在我们的例子中，标准远期溢价为

$$(F_N - S)/S \times 12/N \times 100\% = (1.520 - 1.500)/1.500 \times 12/6 \times 100\% = 2.667\%$$

现在，假设外币交易者认为英镑将在接下来六个月中对美元升值 5%。交易者对英镑未来升值的预期不同于英镑的远期溢价。因此，交易者可能希望通过远期货币交易获利。

假设交易者以 1.520 美元/英镑的远期汇率购买了 100 万英镑远期。接下来，假设该交易者的预期是正确的，英镑升值 5%，从 1.500 美元/英镑升至 1.575 美元/英镑。假设没有交易成本和机会成本，交易者将支付 1 520 000 美元，购买 100 万英镑远期（1 000 000 英镑×1.520 0 美元/英镑=1 520 000 美元）。交易者购买远期的 100 万英镑将在即期市场上以 1.575 美元/英镑的汇率兑换到 1 575 000 美元（1 000 000 英镑×1.575 美元/英镑=1 575 000 美元），净利润为 55 000 美元。

如果其他交易者的预期相同，那么远期市场上的英镑总需求将增加。如图 4—1 所示，远期市场上的英镑需求增加对远期市场上的英镑形成升值压力，因而增加了远期溢价，并消除了远期溢价和预期升值之差。因此，下列均衡条件成立：

$$(F_N - S)/S = (S_N^e - S)/S$$

式中，S_N^e 是从现在起 N 个月后的预期即期利率。换言之，该条件说明，远期溢价必然等于货币的预期升值金额，且远期折价必然等于货币的预期贬值金额。

根据该均衡条件，我们预期远期汇率和已实现的未来即期汇率之间存在密切关系。这就是我们也认为远期汇率对即期汇率未来变化有某种程度的预测能力的原因。许多实证研究表明，远期溢价或远期折价和实际未来即期汇率之间存在某种联动。然而，联动不是一对一的。远期汇率有时高估了未来即期汇率，有时低估了未来即期汇率。因此，我们必然得出结论，远期溢价预测未来即期汇率的能力有限。

在第二章中，你学习了相对购买力平价，这是一种将通货膨胀率之差与汇率变化联系起来的条件。远期汇率溢价和预期即期汇率变化受利率差的影响。在下面的章节中，你将研究经济模型和供求力量如何决定利率。你还将学到将利率与远期汇率溢价和预期即期汇率联系起来的条件。

基本问题 2　什么是远期货币市场？远期汇率是如何决定的？

远期货币市场是合同规定在未来以规定汇率交割某种外币的市场。如果没有外汇控制

或政府干预，那么供求力量将决定远期货币市场上的远期汇率。有些人认为远期汇率是预期未来即期汇率的预测指标。然而，在实际中，远期汇率预测未来即期汇率的能力有限。

国际金融套利

第二章介绍了绝对购买力平价和相对购买力平价的理论。如前所述，它们是商品与服务的国际套利理论。个人可以通过将资金转移至其他国家的付息资产在金融市场中获取利润。

例如，假设某种美国金融工具的利率为3.5%，而一种所有特征（例如风险和期限）都与之相同的英国金融工具的利率为1.5%。存款人会希望将资金从英国转移到美国吗？答案取决于美国金融工具到期时实现的实际收益率是否高于英国金融工具。反过来，实际收益率取决于资产期限内英镑相对于美元的汇率净变化。

国际资金流动与利率的确定

如果类似工具在一国的汇率调整后预期收益率大于在另一国的汇率调整后预期收益率，且没有资本流动限制，存款人就会将资金从一国转移到另一国。这种资金流动可能会影响两国的利率以及两国货币的汇率。在竞争市场上，可以用来贷款的资金（即可贷资金）供求决定了利率。

供给　存款人供给可贷资金。个人愿意储蓄的资金量和资金收益率（即利率）之间存在正向关系。当利率升高时，以无息形式积累的财富的机会成本也将增加。这导致个人持有更多有息资产，从而增加储蓄。

以不同利率储蓄的各种资金总额构成了可贷资金的市场供给曲线。由于可贷资金供给量和利率之间存在正向关系，因此可贷资金的市场供给曲线是向上倾斜的曲线，如图4—2所示。

几个因素（包括国外因素）可能导致可贷资金市场供给曲线位置的变化。例如，如果另一国的实际收益率升至高于本国的实际收益率，那么家庭就将把它们的储蓄（即可贷资金）从本国转移到外国。本国的可贷资金市场供给将下降，因此供给曲线将向左平移。

需求　借款人（例如希望为投资项目融资的企业）需要可贷资金。与需求定理一致，当贷款利率增加时，可贷资金需求量将减少。可贷资金的市场需求曲线是可贷资金需求的利率和数量的不同组合。

由于需求量和利率之间存在负向关系，因此市场需求曲线是向下倾斜的，如图4—2所示。引起可贷资金市场需求变化的因素导致需求曲线平移。

市场利率的确定　图4—2中的点A是一个市场均衡点，在该点上，可贷资金需求量等于可贷资金供给量。市场利率将进行调整以满足该条件。例如，如果在图4—2中利率等于R_2，那么可贷资金需求量Q_2^D将超过可贷资金供给量Q_2^S。超出的可贷资金需求量将对利率形成上升压力，导致利率升到点A的R_1。

图4—3说明了市场上可贷资金供给曲线的平移如何影响市场利率。最初，可贷资金市场在点A上处于均衡。和之前的例子一样，假设外国工具的预期收益率升至高于本国类

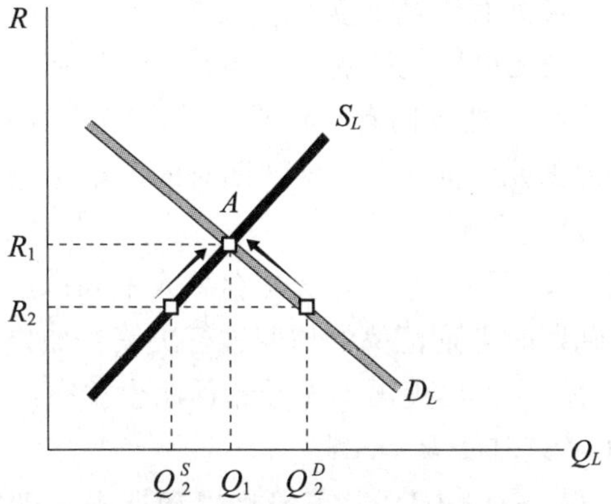

图 4—2　可贷资金市场

说明：在竞争市场环境中，可贷资金的供求决定了利率。市场决定的均衡利率是可贷资金需求量等于可贷资金供给量的位置，由点 A 表示，此时利率为 R_1。如果利率等于 R_2，需求量将超过供给量，$Q_2^D>Q_2^S$。超额需求将导致利率上升。在点 A 和利率 R_1 上，将不再存在超额需求。

似工具的预期收益率。存款人将把资金从本国转移到外国，这样，本国的可贷资金供给将从 S_A 降到 S_B。在利率 R_2 上，现在存在超额可贷资金需求，导致利率升至 R_1。

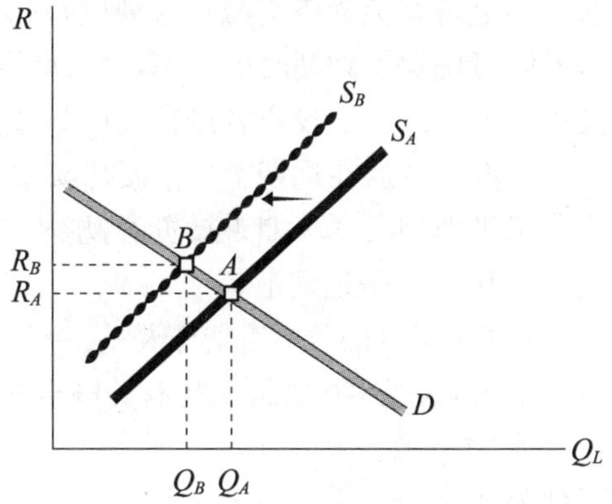

图 4—3　可贷资金供给曲线的平移

说明：最初，可贷资金市场在利率为 R_A 的点 A 上取得均衡。供给曲线从 S_A 移至 S_B，说明可贷资金供给下降。在利率 R_A 上，需求量超过供给量。利率将升高，直到不再有超额需求，此时利率为 R_B。

利率平价

如果两种类似工具的预期收益率不同，存款人将把资金从一种工具转移到另一种工具上。在均衡时，这些工具的利率将相同。也就是说，将出现利率平价，这时不同国家的利率相等，确保不会发生这种资金流动。

为了理解利率平价，下面将举例说明。假设一位美国居民愿意用美元存款购买美国国库券或英国国库券。两种工具具有相同的风险特征。每种工具都是用本币计价的一年期工具。用 R 表示美国利率，用 R^* 表示英国利率，用 S 表示美元/英镑即期汇率，\$/£。

首先考虑投资者用美元存款购买美国国库券时的结果。一年后，她每存入 1 美元将获得 $1+R$ 美元。

接下来，假设投资者用美元存款购买英国国库券。首先，她必须以美元/英镑的即期汇率 S 用美元兑换英镑，1 美元可以兑换到 $1/S$ 英镑。然后，美国居民可以用 $1/S$ 英镑购买一年期英国国库券。一年后，她将拥有 $(1/S)(1+R^*)$ 英镑。作为一名美国居民，存款人希望将英镑收入兑换为美元。如果 S_{+1} 是到期时的即期汇率，那么英国国库券的实际收益率将为 $(1/S)(1+R^*)S_{+1}$ 美元。

然而，在投资者决定购买何种工具时，美国存款人不知道工具到期时即期汇率将是多少。投资者必须根据她对到期时即期汇率的预期进行决策。如果我们将该预期即期汇率表示为 S^e_{+1}，那么可以用下列公式得出英国国库券的预期收益率：

$$\text{预期收益率} = (1/S)(1+R^*)S^e_{+1}$$

换言之，存款人预期 $(1/S)(1+R^*)$ 英镑将以预期未来即期汇率 S^e_{+1} 兑换为 $(1/S)(1+R^*)S^e_{+1}$ 美元。

汇兑不确定性和抛补利率平价

如果本例中的美国存款人购买英国国库券，那么她将持有英镑多头，并面临着外汇风险。她承担了外汇风险，因为到期时的实际即期汇率可能不同于她的预期。

投资者可以通过在远期市场上持有英镑空头抛补这种风险，即卖掉英镑远期并兑换为美元。通过购买远期合同，投资者确保了到期时的汇率，因而消除了所有外汇不确定性。

为了购买英国金融工具抛补外汇风险，投资者进行了两笔独立的外汇交易。她在即期市场上购买英镑以购入英国国库券，然后在远期市场上卖出英镑。英国国库券到期时的金额将取决于远期汇率，而不是未来即期汇率。如果投资者抛补了外汇风险，那么一年后她将拥有 $(1/S)(1+R^*)F$ 美元，其中 F 是远期汇率。

因此，如果持有一美元美国金融工具的收益率等于持有一美元英国金融工具的收益率，那么用远期合同抛补外汇风险的美国居民将愿意同时持有美国金融工具和英国金融工具：

$$1+R=(F/S)(1+R^*)$$

现在，我们可以利用下列公式：

$$F/S=(S/S)+(F-S)/S=1+(F-S)/S$$

将条件改写为

$$1+R=[1+(F-S)/S](1+R^*)$$

现在，我们可以交叉相乘右侧，得到

$$1+R=1+(F-S)/S+R^*+R^*(F-S)/S$$

由于 R^* 和 $(F-S)/S$ 通常都是小分数，因此它们的乘积近似等于零。取该近似值，并从等式两侧减去 1 和 R^*，得到

$$R-R^* \cong \frac{F-S}{S}$$

该式被称为抛补利率平价条件。**抛补利率平价**（covered interest parity）条件是指本国金融资产利率与外国金融资产利率之差近似等于远期溢价或远期折价。

抛补利息套利　如果抛补利率平价条件没有得到满足，那么就存在抛补利息套利机会。下面沿用之前的例子，证明投资者如何进行抛补利息套利。假设美元/英镑即期汇率为 1.500 美元/英镑，且一年期远期汇率为 1.520 美元/英镑。

如果本例中的美国存款人在即期市场上买入英镑，并在远期市场上卖出英镑，她就能获利。按照 1.500 美元/英镑的即期汇率，每一美元都将兑换到大约 0.667 英镑（1/1.500=0.667）。12 个月后，远期汇率合同确保她的每一英镑都能兑换到 1.520 美元。即期外汇交易和远期外汇交易的收益约为 1.33％［(1.520 美元－1.500 美元)/1.500 美元×100％=1.33％］。

回到我们一开始的问题上，存款人将选择哪种工具？假设美元计价工具的收益率 3.5％超过英镑计价工具的收益率 1.5％，她持有的英镑计价工具将损失 2.0％的收益率。然而，美国存款人要抛补购买的英镑资产，即期交易和远期交易的收益率必须为 1.33％。但是，在没有交易成本的假设下，英镑外汇交易的收益率低于美元资产的收益率。因此，存款人将购买美国国库券。

抛补利率平价坐标图　抛补利率平价坐标图是表示利率差与远期溢价或远期折价的各种组合的图形。

图 4—4 是抛补利率平价坐标图，横轴表示利率差，纵轴表示远期溢价或远期折价。当抛补利率平价条件满足时，利率差和远期溢价基本相等。利率差和远期溢价或远期折价的组合位于穿过原点的 45 度线上或在该线附近。45 度线附近的狭窄区间表明抛补利率平价条件是近似条件，且不同金融工具的经纪费和销售费导致实际收益率低于利率。因此，利率差和远期溢价或远期折价不一定完全相等。图 4—4 中的点 A 是满足抛补利率平价条件的组合之一。

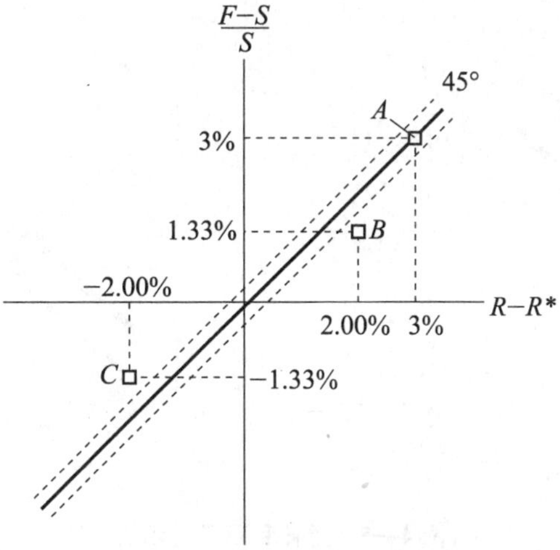

图 4—4　抛补利率平价坐标图

说明：抛补利率平价坐标图显示了所有满足抛补利率平价条件的利率差和远期溢价或远期折价组合。这些组合位于穿过原点的 45 度线上或在 45 度线附近。狭窄的区间反映出交易成本和机会成本。

抛补利率平价和存款流动　如果抛补利率平价条件不满足，那么存款人将把资金从一个国家转移到其他国家，以追求最高收益率。

在前面的例子中，英镑的远期溢价（1.33％）低于利率差（2.0％）。在图 4—4 中，该条件由位于 45 度线下方的点 B 表示。在本例中，只要利率差与远期溢价或远期折价的组合位于 45 度线下方，本国金融工具和外国金融工具的利率差就超过远期溢价，投资者应该购买本国金融工具。因此，存款将从国外流入国内。

图 4—4 中的点 C 表明，利率差（－2.0％）与远期折价（－1.33％）的组合位于 45 度线上方。在这种情况下，投资者应该购买外国金融工具，因此存款将从国内流向国外。

对均衡的调整 在前例中，我们确定存款将从英国流向美国。因此，即期汇率、远期汇率、美国利率和英国利率存在调整压力。

为了说明两国的利率如何调整，我们以可贷资金市场为例。为了说明两国的汇率如何调整，我们以外汇即期市场和远期市场为例。图 4—5 显示了初始均衡下的这两种市场框架，由点 A 表示。(a) 图表示英镑的即期市场，(b) 图表示英镑的远期市场，(c) 图表示英国的可贷资金（L）市场，(d) 图表示美国的可贷资金市场。

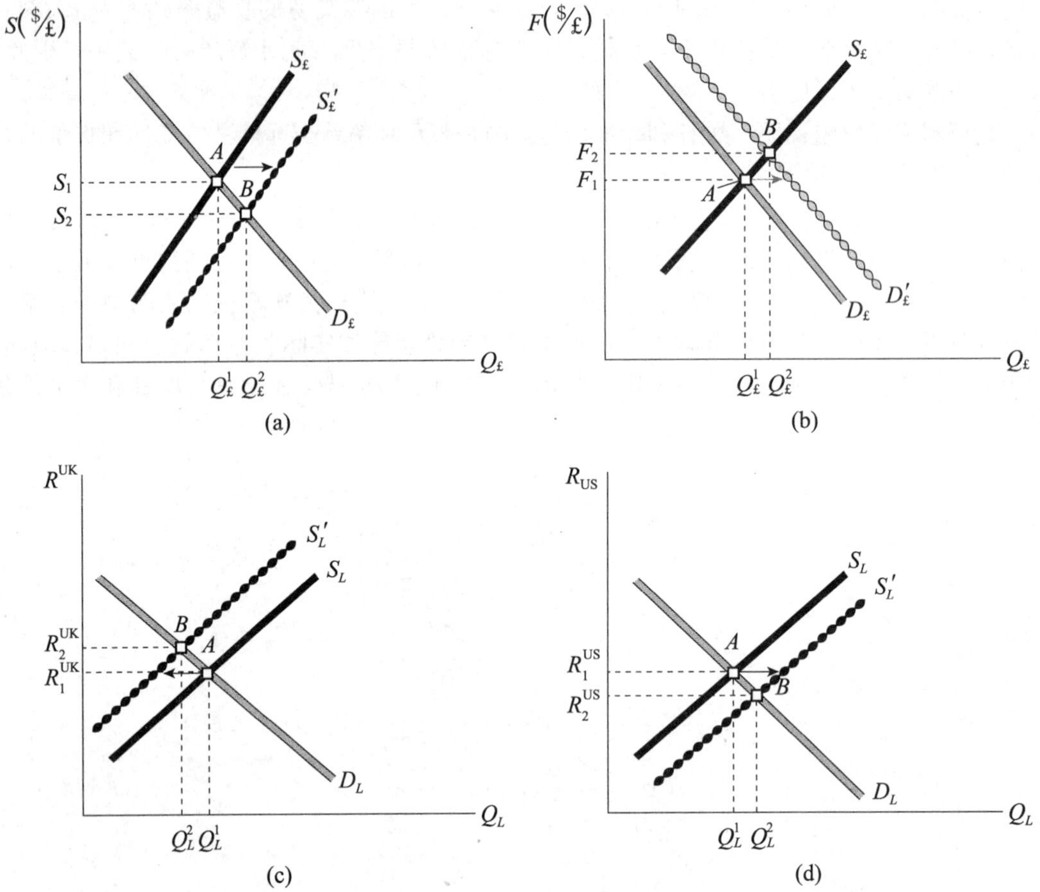

图 4—5 抛补利率平价示例

说明：(a) 图为英镑即期市场。(b) 图为英镑远期市场。(c) 图为英国的可贷资金（L）市场，(d) 图为美国的可贷资金市场。当投资者将资金从英镑计价金融工具转移到美元计价金融工具上时，美元的需求增加，这相当于即期市场上的英镑供给增加。同时，远期市场上的英镑需求增加。资金从英国流出减少了英国的可贷资金供给。资金流入美国增加了美国的可贷资金供给。

为了将存款转移至美国，投资者必须用英镑兑换美元，因此美元的需求将会增加。如第二章所示，美元需求的增加对应着英镑供给的增加，在 (a) 图中表示为供给曲线从 $S_{£}$ 移至 $S'_{£}$。如 (a) 图所示，即期市场上英镑供给的增加将导致即期汇率下降，即英镑相对于美元贬值，表示为从 S_1 移至 S_2。

购买美国国库券工具的英国投资者可能希望在到期时收到英镑本金和利息。如果这些投资者想抛补外汇风险敞口，他们将购买英镑远期。这表示为远期市场上的英镑需求增加，在 (b) 图中显示为从 $D_{£}$ 移至 $D'_{£}$。远期市场上的英镑需求增加将导致远期市场上的英镑对美元升值，显示为远期汇率从 F_1 移至 F_2。

存款从英国流出导致可贷资金供给减少，在（c）图中表示为供给曲线从 S_L 移至 S'_L。英国可贷资金供给的减少导致英国利率从 R_1^{UK} 升至 R_2^{UK}。存款流入美国导致（d）图中可贷资金供给从 S_L 升至 S'_L，这导致美国利率从 R_1^{US} 降至 R_2^{US}。

有大量证据证明，在允许进行国际债券交易和即期外汇市场与远期外汇市场资金跨国流动的发达国家，抛补利率平价通常是成立的。

基本问题 3　什么是抛补利率平价？

抛补利率平价是将两国类似金融资产的利率差与即期汇率和远期汇率联系起来的条件。均衡时，两种资产的利率差等于远期溢价或远期折价。如果抛补利率平价不成立，就可能发生金融套利，投资者将把存款从一国转移到另一国。

无抛补利率平价

在上一节中，我们考虑了利用远期外汇合同对冲所有外汇风险的投资者进行的金融套利。现在，我们将考虑投资者不使用远期外汇合同的情况。

人们不选择远期外汇合同对冲风险有许多原因。例如，交易金额可能达不到远期合同的面值要求（远期合同的面值通常至少为 100 万美元）。在这种情况下，投资者可能选择根本不对冲交易，或者选择使用某些其他对冲工具。第五章研究了其他对冲工具。这里，我们将考察无抛补交易，此时投资者根本不对冲外汇风险。

无抛补利率套利

早前，我们考虑过在美国国库券和英国国库券之间进行选择的美国存款人。在作出投资决策时，英国金融工具的预期收益率为 $(1/S)/(1+R^*)S^e_{+1}$，其中 S^e_{+1} 为投资者对下一期实际即期汇率的预期。如果美国存款人不购买远期外汇合同或不以任何其他形式对冲外汇风险，交易就是无抛补的，并部分取决于存款人对未来即期汇率的预期。根据我们对抛补利率平价的讨论中的某些基本步骤，我们可以推导出无抛补利率平价的均衡条件。

无抛补利率平价（uncovered interest parity）是将两国类似金融工具的利率差与两国即期汇率的预期变化联系起来的条件。表示无抛补利率平价的条件为

$$R-R^*=\frac{S^e_{+1}-S}{S}$$

换言之，在均衡状态下，两种类似金融工具的利率差应该近似等于外币的预期升值幅度或贬值幅度。（近 50%的匈牙利住房抵押贷款借款人都进行无抛补国际金融交易；见“管理笔记本：与福林汇率息息相关的匈牙利住房贷款”。）

管理笔记本

与福林汇率息息相关的匈牙利住房贷款

约一半的匈牙利住房贷款都是以匈牙利福林以外的货币计值的。例如，某位借款人的

抵押贷款可能以瑞士法郎计值，但她用匈牙利福林偿还抵押贷款。尽管瑞士法郎抵押贷款的利率在贷款期内保持不变，但用福林支付的利息价值是随瑞士法郎—福林汇率的变化而变化的。每次福林对瑞士法郎贬值，借款人都必须支付更多福林。

当问到为何他们选择借入瑞士法郎而不是福林来为购买房屋融资时，借款人给出的答案通常相同：匈牙利福林贷款利率是瑞士法郎贷款利率的两倍多。实际上，匈牙利利率比瑞士法郎利率高出这么多的关键因素之一是，世界金融市场的多数参与者都预期匈牙利货币将对瑞士法郎大幅贬值。因此，贷款人要求匈牙利金融资产——例如抵押贷款——有较高的利息收益率，以鼓励他们在持有瑞士资产以外持有匈牙利资产。因此，无抛补利率平价条件表明，匈牙利抵押贷款的借款人可能预期在贷款期限内，他们对低利率瑞士法郎贷款支付的福林与他们对高利率福林贷款支付的福林相同。

❖ 批判性分析

你认为有些已经借入瑞士法郎贷款的匈牙利抵押贷款借款人为何会集体与采用固定汇率制的匈牙利政府对赌？

让我们使用抛补利率平价的例子，但现在假设这位美国存款人决定不抛补外汇风险，而是根据自己对未来即期汇率的预期作出存款决策。进一步假设这位美国存款人预期未来即期汇率将为 1.520 美元/英镑。

和抛补利息套利的例子一样，美国国库券和英国国库券的利率差为 2.0%。如果这位美国存款人预期英国国库券到期时即期汇率将为 1.520 美元/英镑，那么她预期美元将对英镑贬值 1.33% [(1.520－1.500)/1.500×100%＝1.33%]。如果当年这位投资者的钱已投资于英国国库券，那么她用每英镑兑换到的美元将增加 1.33%。

我们可以用另一种方式表述这个问题。美国金融工具的已知美元收益率为 3.5%。英国金融工具的预期收益率为该工具支付的英镑利率 1.5%加上英镑的升值幅度 1.33%，英国国库券的总计美元预期收益率为 2.83%。投资者将购买美国国库券，以利用这个金融套利机会。

如果许多人都进行相同的交易，那么对即期可贷资金市场的影响将与抛补利率平价的例子相同。由于交易是无抛补的，因此对远期市场没有影响。然而，对下一期的即期汇率的影响将与抛补利率平价例子中对远期市场的影响相同。

风险与无抛补利率平价

由于在本例中，购买的外国金融工具是未对冲的，因此美国存款人有外汇风险敞口。投资者对未来即期汇率的预期很可能是错误的。如果是这样，那么外国金融工具的实际收益率将不同于预期收益率。

如果一国的币值波动幅度很大，那么预期未来币值就变得更困难。如果是这样，投资者对自己准确预测即期汇率的能力就会不那么自信，这让购买外国金融工具的风险变得更高。为了鼓励存款人购买高风险金融工具，借款人可能不得不提高他们发行的债务工具的收益率。在无抛补利率平价条件中加入风险溢价就是这方面的体现。**风险溢价**（risk premium）是高风险金融工具为补偿投资者承担的额外风险而提供的额外收益率。风险溢价 ρ

补充了无抛补利率平价条件：

$$R-R^{*}=\frac{S_{+1}^{e}-S}{S}+\rho$$

因此，如果本国金融工具是高风险工具，那么正利率差将等于本币预期贬值率加上弥补投资者承担购买本国金融工具的额外风险所增加的收益率。

外汇风险以外的风险

风险溢价可能反映出外汇风险以外的风险。金融工具的特征可能影响其风险程度。我们将在第五章中讨论这些工具特有的风险。

除了外汇风险和工具特有的风险外，还可能存在**国家风险**（country risk），即国家本身的政治环境与财政环境导致的风险。有巨额外债的政府最终可能对该债务违约。因此，持有这种国家的债券风险很高。存款人将面临损失资金收益，甚至是本金的风险。政府领导人的变化可能导致对外国投资增税或者限制外国资金外流。因此，风险溢价可能既反映外汇风险，也反映国家风险。

无抛补利率平价的检验

无抛补利率平价说明，在风险和期限等所有特征上类似的两国金融工具的利率差应等于两国货币即期汇率的预期变化。

检验无抛补利率平价的一个问题是，确定如何衡量投资者对未来即期汇率的预期。经济学家通常使用对货币交易商预期的调查数据或金融工具到期时的实际即期汇率。

经济学家肯尼思·弗鲁特（Kenneth Froot）和杰弗里·弗兰克尔（Jeffrey Frankel）是最先在无抛补利率平价检验中运用广泛的外汇市场交易者调查数据的两名研究人员。使用调查数据是很重要的，因为它将交易者对汇率变化的预测误差与风险溢价分离开来。他们的结果与其他研究人员的结果类似：他们发现，无抛补利率平价并不像抛补利率平价那样容易成立。弗鲁特和弗兰克尔得出结论，对无抛补利率平价的偏离是货币交易者的长期预测错误与风险溢价造成的。（一种常用的国际投资策略证明，无抛补利率平价条件并不一定总成立；见“管理笔记本：国际投资的套利交易策略”。）

管理笔记本

国际投资的套利交易策略

多年来，许多国际投资者都使用一种一般交易策略：套利交易。在多数普通套利交易中，投资者以低利率借入一国货币——被称为“融资货币”。然后，投资者将资金兑换为利率较高的另一国货币——被称为“目标货币”——并以较高的利率贷出资金。

有些投资者进行另一种套利交易，这种交易的重点是远期溢价。具体而言，投资者以远期折价购买货币，然后以远期溢价卖出货币。然而，实际上，这种国际套利交易的结果与第一种套利交易相同。正如抛补利率平价条件所示，高利率国家的货币通常是以远期折价交易，而低利率国家的货币通常是以远期溢价交易。因此，购买远期折价的货币并卖出远期溢价的货币实际上等于借入低利率国家的货币，贷出高利率国家的货币。

无论如何，只要无抛补利率平价条件成立，一般国际套利交易就不应获利。从事套利交易的人——以及其他金融市场参与者——的共同行为将缩窄利差，并导致初始利率较低的国家的货币贬值，最终得到无抛补利率平价。然而，有证据表明，成功执行套利交易策略的投资者可以获得接近于投资分散化股票组合的人获得的平均收益率。然而，这里有一个要注意的地方。当利率最终缩窄，汇率最终朝与无抛补利率平价一致的方向调整时，这种变化有时会突然发生。因此，使用套利交易策略的人自身会面临遭受巨大损失的突发风险。

批判性分析

关于套利交易盈利能力的证据说明，在任何给定时点无抛补利率平价成立的可能性是多大？

基本问题 4　什么是无抛补利率平价？

无抛补利率平价是将两种类似金融工具的名义利率差与即期汇率的预期变化联系起来的条件。如果存在巨大的外汇风险或国家风险，利率差也可能反映风险溢价，它补偿了投资者承担的额外风险。对无抛补利率平价的检验证明，它不如抛补利率平价那样容易成立。

外汇市场有效性

在本章中，我们发现，抛补利率平价是将利率差与远期汇率和即期汇率联系起来的条件。我们还学到，无抛补利率平价是将利率差与即期汇率和预期未来即期汇率联系起来的条件。这两个条件之间的关系是什么？

这两个条件是通过利率差联系起来的。假设这两个条件都满足。然后，我们就可以通过利率差将这两个条件联系起来：

$$\frac{F-S}{S}=R-R^{*}=\frac{S_{+1}^{e}-S}{S}$$

也就是说，远期溢价等于即期汇率的预期变化。我们可以将等式两侧加上 S/S，简化关系式，得到：

$$F=S_{+1}^{e}$$

换言之，无抛补利率平价条件和抛补利率平价条件表明，远期汇率应等于预期在交割远期合同时通行的即期汇率。

市场有效性

如果最后一个等式不满足，远期汇率将不同于预期未来即期汇率，金融市场交易者会意识到存在套利机会。有效市场是市场价格根据新的相关信息迅速调整的市场。因此，市场预期和价格将迅速调整，消除通过套利获利的可能。因此，当远期汇率是未来即期汇率的良好预测指标——通常称为无偏预测指标——时，存在**外汇市场有效性**（foreign exchange market efficiency)。这意味着，远期汇率大体上等于未来即期汇率。因此，当外汇市场有效时，远期汇率应调整至远期溢价等于预期货币贬值率的汇率上。

外汇市场有效性的证据

如前所述，有大量证据证明，在发达国家的货币市场上，抛补利率平价通常成立。因此，无抛补利率平价的证据以及外汇市场有效性的证据变得更加复杂。为了检验外汇市场有效性，经济学家必须解决交易者预期误差对风险溢价的相对贡献。多数研究表明，风险溢价很重要，但关于外汇市场是否真正有效的观点存在分歧。

基本问题 5　什么是外汇市场有效性?

市场有效性意味着市场汇率根据新的相关信息迅速调整，因此不存在非偶然获利机会。因此，外汇市场有效性意味着，当不存在风险溢价时，远期汇率一般应等于预期未来即期汇率。

国际金融市场

在本章中，我们考察了将各国汇率与金融工具收益率联系起来的各种条件。第一章讨论了过去几十年中国际金融市场的显著增长。这种增长是随着企业将业务扩展至外国市场，随着投资者和基金经理将眼光投向外国市场上的新机会而出现的。新市场逐渐发展起来，以迎接这些新机会。

通常，资本市场和货币市场有区别。**国际资本市场**（international capital markets）是期限不少于一年的跨国金融工具交易市场。国际资本市场交易者还交易没有明确期限的工具。相反，**国际货币市场**（international money markets）是期限少于一年的跨国金融工具交易市场。

国际资本市场

图1—3显示了美国、英国和德国跨国债券与股票交易的显著增长。我们将在第五章中详细讨论的**债券**（bonds）是长期本票。**股票**（equities），和债券一样，是融资工具。然而，股票是可能向持有者支付股利也可能不向持有者支付股利的所有权股份。股票价值随着存款人心目中的企业价值起落而涨跌。

国际货币市场

国际货币市场是期限少于一年的金融工具的跨国交易市场。尽管交易者在国际货币市场上交易大量不同类型的工具，但外汇工具的交易最为活跃。第二章曾经提到，外汇市场由外币即期交易和外币远期交易构成，外汇市场中多数是大银行之间进行的金额不少于100万美元的外币存款交易。

如前所述，国际资本市场自20世纪70年代初以来经历了显著增长。然而，国际货币市场的增长更加惊人。经济学家根据大银行和外汇交易公司的调查定期估计外汇市场交易额。大体上，外汇市场的日交易额接近于纽约证券交易所两个月的交易额。

国际货币市场由即期外汇合同和远期外汇合同以外的金融工具组成。这些工具包括短期国际银行票据、政府发行的货币、公司票据和国际商业票据。

欧洲债券、欧洲票据和欧洲商业票据

欧洲债券、欧洲票据和欧洲商业票据是在国际资本市场和国际货币市场上交易的金融工具。然而，欧洲市场是非传统市场，因为传统金融活动是在国内发生的，以本币计价。

相反，欧洲市场允许公司在其他国家筹资或用另一种货币对债务计价。例如，一家英国公司可能在美国发行德国马克债务工具。注意，该工具是欧洲工具，它是以工具发行国以外的国家的货币计价的金融工具。因此，非传统市场让企业有机会向之前无法接触到的个人或企业借款。

欧洲债券（Eurobonds）是用工具发行国以外的国家的货币发行的长期债务工具。例如，加拿大企业可以在伦敦发行10年期加元债务工具。这是一种欧洲债券，因为它是以发行国——英国——以外的国家货币（加元）计价的。

欧洲商业票据（Eurocommercial paper）是用工具发行国以外的国家的货币发行的无担保短期债务工具。**欧洲票据**（Euronotes）是用工具发行国以外的国家的货币发行的中短期债务工具。这些工具的期限通常为几个月至一年，期限长于欧洲货币，短于欧洲债券。

欧洲货币

当企业将业务扩展到国外市场，投资者和基金经理将眼光投向外国市场上的新机会时，国际借款和贷款活动将继续增加。新市场逐渐发展起来，以满足日益增长的贷款与借款需求。20世纪50年代中期兴起的欧洲货币市场发展尤为迅速，促进了这些活动。

欧洲货币市场的起源　**欧洲货币**（Eurocurrency）是用银行存款所在国以外的国家的货币计价的银行存款。例如，欧洲美元存款使用美元计价，但它存在美国境外的银行中。**欧洲货币市场**（Eurocurrency market）是借贷欧洲货币存款的市场。关于欧洲货币市场的起源，至少有两种截然不同的观点。

关于欧洲货币起源的第一种观点将其归功于苏联金融学家。从第二次世界大战结束到苏联解体，苏联的许多国际交易都是以物物交易的方式进行的，但它用美元进行货币交易，因为美元是主要的储备货币。这要求苏联在美国银行保留美元存款，以进行这些交易。

当美国和苏联的紧张关系在冷战时加剧时，苏联开始担心美国官员冻结这些资金。苏联金融官员希望将他们的资金转移到美国和美国银行体系以外。因此，苏联金融官员将这些资金转存到巴黎和伦敦的银行。这些存款就是欧洲美元存款，即存在欧洲的美元存款。

关于欧洲货币市场起源的第二种、也是更可能的理论源自20世纪50年代中期。1956年，埃及政府从一家英法合资企业收回了苏伊士运河的控制权。英国和法国不顾美国的反对，重新夺回了苏伊士运河的控制权。作为报复，美国政府很快就开始在外汇市场上抛售英镑。

为了限制外汇市场上的英镑供给，从而支持英镑汇率，英国政府限制了英国银行的对外贷款活动。这些贷款活动是英国银行业务中利润很高且规模庞大的部分。英国银行很快宣布，它们将接受美元存款。作为利诱，它们为这些存款提供很吸引人的利率。当美元存款流入英国银行时，这些银行再将其存入美国银行。这使英国银行得以继续国际贷款活动，而这种贷款借助的是美元而非英镑。媒体最终称英国银行持有的美元存款为欧洲美元。

主要金融报纸（例如《金融时报》）都会刊载欧洲货币借款利率与贷款利率。表 4—1 显示了六种货币最近的欧洲货币利率及其期限（从一年到隔夜）。该表的所有利率均为年利率。每列显示了两种利率。第一种是主要银行愿意贷出欧洲货币存款的利率。第二种是银行借入欧洲货币存款愿意支付的利率。

与远期市场的关系　欧洲货币存款的期限类似于远期外汇市场。欧洲货币市场和远期市场是高度一体化的，因为它们的某些作用类似。这些市场允许银行、企业或个人进行本币金融套利。因此，欧洲货币利率差与远期溢价或远期折价往往相等，这意味着欧洲货币市场上的抛补利率套利通常无利可图。

使用之前例子中的公式，考虑使用欧洲货币市场进行金融套利。假设你决定在欧洲货币市场上借入美元，然后计划兑换为瑞士法郎（SFr），在欧洲货币市场上贷款。

使用表 4—1，假设借入 100 万美元，期限为三个月。此外，在同一天，瑞士法郎的即期汇率为 0.913 0 瑞士法郎/美元，三个月远期汇率为 0.911 2 瑞士法郎/美元。表 4—1 的借款利率为 0.73%。首先，计算我们必须对这 100 万美元偿还多少本金和利息。利率是年利率，因此我们用简单的换算公式将其换算为三个月利率，即用年利率除以 12，再乘以 3（或直接除以 4）。100 万美元三个月贷款的本金和利息为

$$\$1\,000\,000 \times [1+(0.007\,3/4)] = \$1\,001\,825$$

我们可以用借入的 100 万美元兑换 9 130 000 瑞士法郎（1 000 000 美元×0.913 0 瑞士法郎/美元＝913 000 瑞士法郎）。接下来，我们用 913 000 瑞士法郎购买收益率为 0.03%的欧洲货币存款。三个月后，瑞士法郎欧洲货币存款的本金和利息为

$$\text{SFr}913\,000[1+(0.000\,3/4)]=\text{SFr}913\,068$$

表 4—1　　**欧洲货币利率**

	隔夜	三个月	六个月	一年
欧元	0.40～0.30	1.17～0.97	1.59～1.39	1.95～1.75
英镑	0.68～0.48	1.19～0.99	1.57～1.37	2.08～1.88
瑞士法郎	0.24～0.01	0.25～0.03	0.32～0.02	0.54～0.24
加元	1.15～0.80	1.40～1.10	2.07～1.92	1.90～1.60
美元	0.32～0.02	0.73～0.53	1.03～0.83	1.45～1.25
日元	0.17～0.07	0.35～0.10	0.55～0.30	0.75～0.50

资料来源：《金融时报》，http://www.ft.com。

我们必须在三个月后偿还欧洲美元贷款，因此我们将以 0.911 2 瑞士法郎/美元的汇率卖出瑞士法郎远期。913 068 瑞士法郎将在远期交易中兑换到 1 002 050 美元（913 068 瑞士法郎/0.911 2 瑞士法郎/美元）。我们偿还完欧洲美元贷款后，将有 1 002 050 美元—

1 001 825 美元=225 美元。225 美元很可能甚至无法支付我们的交易成本！

基本问题 6　什么是国际金融市场？

国际金融市场是跨国金融工具交易市场。国际资本市场是期限不少于一年的跨国金融工具交易市场，而国际货币市场是期限少于一年的金融工具交易市场。欧洲市场让公司得以在其他国家筹资或者借入其他币种的债务。

本章总结

1. 外汇风险：外汇风险是未来的国外收入或国外支出的价值由于汇率变化而变化的可能。外汇风险有三种：交易风险、折算风险和经济风险。某些金融工具可以部分或全部抵消外汇风险。当外汇风险被完全抵消时，敞口被抛补。如果外汇风险完全没有被抵消，敞口就是无抛补的。

2. 远期货币市场与远期汇率的决定：远期货币市场是在未来以有担保汇率交割某种货币的标准化市场。当市场上有政府干预或汇率限制时，供求力量将决定远期汇率。

3. 抛补利率平价：抛补利率平价是将利率差与远期溢价或远期折价联系起来的条件。均衡时，利率差等于远期溢价或远期折价。如果均衡不成立，那么抛补利率平价条件假定存款将从一国流向另一国，以寻求更高的汇率调整后收益率。抛补利率平价坐标图说明了抛补利率平价条件。

4. 无抛补利率平价：无抛补利率平价是将两种类似金融工具的名义利率差与即期汇率的预期变化联系到一起的条件。在无抛补利率平价下，交易是无抛补的，并且面临着外汇风险。

5. 外汇市场有效性：如果市场汇率根据新的相关消息迅速调整，消除了非偶然获利机会，外汇市场就是有效的。当不存在风险溢价时，远期汇率大体上等于预期未来即期汇率。

6. 国际金融市场：国际金融市场是金融工具的跨国交易市场。通常，国际资本市场和国际货币市场之间存在区别。国际资本市场是期限不少于一年的金融工具的跨国交易市场，而国际货币市场是期限少于一年的金融工具的跨国交易市场。

问题与习题

1. 假设国际货币市场上的现行美元和欧元汇率信息如下。

即期汇率	1.072 美元/欧元
一个月远期汇率	1.089 美元/欧元
利率（欧元）	每年 3.25%
利率（美元）	每年 1.75%

a. 请画出抛补利率平价坐标图，并在图中显示上述信息。

b. 假设交易成本约为 1%。请在平价坐标图中体现该信息。

c. 根据你画的图，你会将资金投入欧元工具、美元工具还是维持现有投资组合？

2. 忽略交易成本，请使用抛补利率平价解释你对第 1 题的答案。

3. 请画出表示欧元与美元即期汇率市场、欧元与美元远期汇率市场、德国可贷资金市场与美国可贷资金市场的图形。根据你对第 1 题的答案，请说明投资者重新安排投资组合对每个市场的潜在影响。

4. 假设欧元（€）和英镑（£）的外汇市场与欧洲货币市场上的现行情况如下。

一年期欧洲货币利率：	
欧元	3.125%
英镑	4.250%
汇率：	
即期	1.524 5 €/£
一年期远期汇率	1.457 5 €/£

请说明投资者在这种情况下如何从金融套利中获利。请计算投资者进行套利活动可以获得的

收益率。为了准确起见，请将你的计算答案保留四位小数。

5. 假设美元和英镑的即期汇率为 1.549 2 美元/欧元，3 个月期美国金融工具的利率为 1.24%，类似英国金融工具的利率为 3.66%。

a. 请重新写出无抛补利率平价公式，并说明如何用它预测未来即期汇率。

b. 请根据给出的信息，计算美元与英镑的预期即期汇率。

6. 假设美元与欧元的即期汇率为 1.08 美元/欧元。美元的一年期借款利率为 1.75%，欧元的一年期借款利率为 3.25%。远期溢价或远期折价是多少？一年期远期汇率应为多少？

7. 请使用第 6 题的信息。不过，假设期限为六个月而非一年。现在远期溢价或远期折价是多少？现在远期汇率是多少？

8. 某天，捷克克朗与美元的即期汇率为 30.35（CKR/USD），捷克的一年期金融工具代表利率为 7.5%，美国的一年期金融工具代表利率为 3.5%。

a. 请使用无抛补利率平价（UIP）计算你预期的一年后即期汇率。

b. 假设捷克克朗工具的风险溢价为 2%。现在的预期即期汇率是多少？

9. 近年来，土耳其的经常账户赤字超过了国内生产总值的 9%，这导致有些观察家质疑，该国能否为如此大的赤字融资。请画出土耳其的可贷资金市场图和土耳其里拉的即期市场图。假设人们普遍担心该国的大额经常账户赤字将导致人们将存款从土耳其转移出去。请用你的图说明这种存款转移对土耳其利率和里拉汇率的可能影响。

10. 一名日本学生正在计划到一所德国大学留学一年。她希望现在存入足够的日元，用来交一年的学费，35 000 欧元。假设这位学生有两个选择：(a) 在年利率为 1.18%的日本账户中存入日元，并以 96.846 日元/欧元的当前远期汇率买入一年欧元远期；或者 (b) 现在以当前汇率 94.583 日元/欧元买入欧元，然后在年利率为 3.26%的德国账户中存入这笔钱。请计算每种选择需要多少日元，并确定这位学生应该选择哪种做法。

11. 2010 年左右，许多国家遭受了经济衰退，这打击了全球信心水平。在这段时期内的大部分时间，许多存款人都将美国视为“避风港”。请画出美国的可贷资金市场图和美元的即期市场图，并用你的图说明资金流对美国利率和美元汇率的可能影响。

在线应用

本章介绍了外汇风险和国家风险的概念。量化国家风险是一个重要但主观的任务。估计国家风险的方法有许多种，也有许多投资机构提供此类估计。由于世界银行（IBRD）向许多国家贷款，因此国家风险是一个重要的考虑因素。

网址：http://www.worldbank.org

标题：世界银行

浏览：首先进入世界银行的主页。在主页上方，点击“关于”，然后在“资源”下方，点击“年报”。点击最近年报的链接。点击“财务报表”的链接，然后点击“管理层讨论与分析”的链接。在标题“财务风险管理”下找到“信用风险”的页码。

应用：访问“信用风险”页面并回答下列问题。

1. 请说明世界银行如何评估一国的信用风险，即国家风险。

2. 除了国家风险，世界银行的贷款还面临着“市场风险”。请列出并描述市场风险的基本类型。

3. 一般而言，世界银行如何管理汇率风险？

部分参考书目与扩展阅读

[1] Al-Loughani, Nabeel E., and Imad A. Moosa. “Covered Interest Parity and the Relative Effectiveness of Forward and Money Market Hedging.” *Applied Economics Letters* 7 (10) (October 2000): 673-675.

[2] Chakraborty, Avik, and George W. Evans. “Can Perpetual Learning Explain the Forward Premium Puzzle?” *Journal of Monetary Economics* 85 (April 2008): 477-490.

[3] Diamandis Panayiotis F., Dimitris A. Georgoutsos, and Georgios P. Kouretas. "Testing the Forward Rate Unbiasedness during the 1920s." *Journal of Financial Markets, Institutions, and Money*, 18 (October 2008): 358 - 373.

[4] Dominguez, Emilio, and Alfonso Novales. "Testing the Expectations Hypothesis in Eurodeposits." *International Money and Finance* 19 (5) (October 2000): 713 - 736.

[5] Flood, Robert P., and Andrew K. Rose. "Uncovered Interest Parity in Crisis: The Interest Rate Defence in the 1990s." Centre for Economic Policy Research, Discussion Paper No. 2943 (September 2001), http://www. cepr. org.

[6] Ichiue, Hibiki, and Kentaro Koyama. "Regime Switches in Exchange Rate Volatility and Uncovered Interest Parity." *Journal of International Money and Finance*, 30 (2011): 1436 - 1450.

[7] Lothian, James, and Mark Taylor. "Real Exchange Rate Behavior: The Recent Float from the Perspective of the Past Two Centuries." *Journal of Political Economy* 104 (June 3, 1996): 488 - 509.

[8] Madsen, Erik Strojer. "Inefficiency of Foreign Exchange Markets and Expectations." *Applied Economics* 28 (4) (April 1996): 397 - 403.

[9] Matacz., Andrew, and Jean-Philippe Bouchaud. "An Empirical Investigation of the Forward Interest Rate Term Structure." *International Journal of Theoretical and Applied Finance* 3 (4) (October 2000): 703 - 729.

[10] Walmsley, Julian. *The Foreign Exchange and Money Markets Guide: Second Edition*. New York: John Wiley and Sons, Inc., 2000.

[11] Wolff, Christian C. P. "Forward Foreign Exchange Rates and Expected Future Spot Rates." *Applied Financial Economics* 10 (4) (August 2000): 371 - 377.

第五章　利息收益率、利率风险和衍生证券

基本问题

1. 利息收益率、金融工具价格和利率风险的相互关系是什么？
2. 为什么不同期限与风险的金融工具的市场利息收益率不同？
3. 哪些因素可以解释国际利差经常与无抛补利率平价条件不一致的原因？
4. 什么是实际利率？为什么实际利差可以作为国际市场对套利开放程度的指标？
5. 什么是衍生证券？
6. 什么是最常交易的衍生证券？

对于世界上最大的银行之一——法国兴业银行——的一名低级交易员来说，一切都是从追求比本职工作更刺激的事开始的，这就是进行相对小额的衍生证券（也被称为“衍生工具”）交易。为了完成他进行巨额交易的梦想，这位交易员发现了一种侵入银行电脑，无须经过高级经理批准和知晓就可以进行交易的方法。几个月中，他每天都花一部分时间进行这些无授权交易。最终，这位交易员的一笔无授权交易没能瞒过某位上司的眼睛，之后，这位上司道出了他是如何跟踪这位交易员的全部交易的。

几天内，兴业银行就摸清了这位交易员无授权交易的惊人规模：他购买的衍生工具总值约为 730 亿美元——几乎是银行股票价值的 3 倍！银行高级官员立即让交易员们尽量卖出大部分证券，使 730 亿美元的风险敞口不为人所知，同时尽量减少银行的亏损。最终，这家银行卖掉了多数证券，然而，由于这位交易员的无授权行为，这家银行最终遭受了相当于近 72 亿美元的亏损——约为这家银行股票总市值的 25%。

什么是衍生工具？所有衍生工具交易必然是高风险的吗？还是说企业有时可以用它们规避特定风险，包括外汇风险和国际金融市场上遇到的其他类型的风险？在本章中，你将了解这些问题的答案。

利率

自然，任何选择持有金融工具的人都必须应对与这种金融工具相关的风险。首先，工具发行人总存在违约可能。但即使是违约风险极低的金融工具，例如美国、欧盟和日本政府发行的债券，也存在着这些工具的市场价值随利率变化而波动，从而产生损失的重大风险。为了解个人和企业如何最小化利率波动产生的风险或者从中盈利，有必要首先了解金融工具的利率与价格的关系。

利息收益率与金融工具价格

持有个人、公司或政府发行的贷款或证券等金融工具相当于提供信贷。通过购买金融工具而提供的信贷是贷款或证券的**本金**（principal）。发行人向买方支付的资金使用报酬是利息。利息占金融工具本金的百分比是利率。例如，一年期单利贷款的年利率等于利息除以贷款本金，表示为百分比。

利率与贴现现值 债券发行人经常以折价卖出债券，这意味着债券售价低于面值。因此，债券持有者自动获得**资本利得**（capital gain）。如果债券持有者持有债券到期，资本利得就是债券市场价值相对于购买时债券市场价值的增加额。

为了说明债券的利率和市场价值之间的关系，以一只期限为三年的债券为例。债券面值为 10 000 美元。年息票收益为 600 美元。因此，该债券的年名义收益率为 600 美元/10 000 美元=0.06，即 6%。债券持有者收到三笔款项：第一年年末收到 600 美元，第二年年末收到 600 美元，第三年年末收到 10 600 美元（本金加上第三年的利息）。因此，投资者愿意为该债券支付的价格必然等于购买债券时这些款项的价值。

在未来日期收到的款项的当前价值为这些款项的**贴现现值**（discounted present value）。假设当前市场利率已知，未来款项的贴现现值是它现在对于我们的价值。表 5—1 显示了在不同未来日期收到的 1 美元的贴现现值。如你所见，利率越高，美元的终值下降速度越快。这表明，随着利率的增加，债券持有者在未来收到的款项的贴现现值将下降。因此，当利率上升时，买方愿意支付的债券价格下降。因此，要计算债券价格，就需要知道如何计算未来款项的贴现现值。

表 5—1 **未来的 1 美元的现值**

	年复利利率				
年	3%	5%	8%	10%	20%
1	0.971	0.952	0.926	0.909	0.833
2	0.943	0.907	0.857	0.826	0.694
3	0.915	0.864	0.794	0.751	0.578
4	0.889	0.823	0.735	0.683	0.482
5	0.863	0.784	0.681	0.620	0.402
6	0.838	0.746	0.630	0.564	0.335
7	0.813	0.711	0.583	0.513	0.279

续前表

年复利利率					
年	3%	5%	8%	10%	20%
8	0.789	0.677	0.540	0.466	0.233
9	0.766	0.645	0.500	0.424	0.194
10	0.744	0.614	0.463	0.385	0.162
15	0.642	0.481	0.315	0.239	0.0649
20	0.554	0.377	0.215	0.148	0.0261
25	0.478	0.295	0.146	0.092 3	0.010 5
30	0.412	0.231	0.099 4	0.057 3	0.004 21
40	0.307	0.142	0.046 0	0.022 1	0.000 680
50	0.228	0.087	0.021 3	0.008 52	0.000 109

说明：该表显示了不同利率下，未来某年收到的1美元现在的价值。例如，当利率为8%时，25年后收到的1美元现在的价值不到15美分，50年后收到的1美元现在的价值约为2美分。

债券的贴现现值与市场价格　在我们的例子中，债券面值为10 000美元、分三次支付，年支付额为600美元，假设现行市场利率为$R=0.07$，即7%。同样从考察该债券第一年的收益——600美元——开始。此外，假设以7%的利率存入560.75美元一年，收益为560.75美元（初始存款）加上0.07乘以560.75美元（利息）。这等于560.75美元乘以系数1.07，结果为600美元。

因此，当市场利率为7%时，一年后得到的600美元现在的价值为560.75美元。也就是说，当利率为7%时，560.75美元是一年后的600美元的贴现现值。该金额等于未来的600美元除以（1+0.07），即600美元/(1.07)=560.75美元。因此我们可以得出结论，一年后得到的款项的贴现现值计算公式为

$$\text{贴现现值}=\frac{\text{一年后得到的款项}}{1+R}$$

在我们的例子中，这只三年期债券还在发行日后每年支付600美元，为期两年。注意，市场利率为7%，因此持有524.06美元两年将得到600美元。这是因为，如果你以该利率存入524.06美元一年，那么一年后的累计存款金额将等于524.06美元乘以1.07，即560.75美元。如果你再将560.75美元存一年，第二年年底就将得到560.75美元乘以1.07，即600美元。因此我们得出结论，两年后得到的600美元的贴现现值等于600美元/(1.07×1.07)=600美元/$(1.07)^2$=524.06美元。

网络资源

关于金融与投资术语表，请参见 http://www.finance-glossary.com。

根据该式，我们可以推算出在未来n年得到的款项的贴现现值的一般公式为

$$\text{贴现现值}=\frac{n\text{年后得到的款项}}{(1+R)^n}$$

在我们的两年期例子中，$n=2$，$R=0.07$，两年后得到的款项为600美元。

第三年结束时，三年期债券的持有者将得到10 000美元的本金和最后一笔600美元的利息。我们可以用刚才的公式计算这笔款项的贴现现值：

$$\text{三年后 10 600 美元的贴现价值}=\frac{10\ 600\ \text{美元}}{(1.07)^3}=8\ 652.76\ \text{美元}$$

因此，债券持有者在三年期债券到期时得到的 10 600 美元现在的价值为 8 652.76 美元。

没有交易成本和风险时，假设市场利率为 7%，该三年期债券的价格应为买方购买债券时心目中的债券价值。该价值是三年中每年得到的款项的贴现现值之和。根据我们之前的计算，该金额等于

$$\begin{aligned}\text{三年期债券的价格}&=\frac{600\ \text{美元}}{1.07}+\frac{600\ \text{美元}}{(1.07)^2}+\frac{10\ 600\ \text{美元}}{(1.07)^3}\\&=560.75\ \text{美元}+524.06\ \text{美元}+8\ 652.76\ \text{美元}\\&=9\ 737.57\ \text{美元}\end{aligned}$$

因此，9 737.57 美元是面值为 10 000 美元的三年期债券的市场价值，当市场利率为 7%时，息票收益为 600 美元。

网络资源

请通过美联储的网站查阅美国利率的历史变化：http://www. federalreserve. gov/releases/h15/data. htm/update/。

永续债券以及利息收益率与债券价格之间的关系

债券的类型多种多样，分析时尤为有用的一种债券是**永续债券**（perpetuity），即永远不到期的债券。例如，英国政府发行了被称为英国统一公债的永续债券。英国国会称这种永续债券为利率 2.5%的 1921 年统一公债，因为它最初是在 1921 年以 2.5%的名义利率发行的。英国统一公债没有固定的到期日，但国会可以按面值赎回它选择的任何金额的此类债券。

统一公债这类永续债券永远支付固定的息票收益。这里再次用 C 表示年息票收益。如果名义利率为 R，那么任何考虑购买永续债券的人必须决定为这种无限期债券支付多高的价格。永续债券购买者在第二年、第三年以及之后的每一年都获得 C 美元。

这表明，永续年金的贴现现值为未来每年得到的 C 美元的贴现现值之和。这是一笔无限期年金，它等于

$$C/(1+R)+C/(1+R)^2+C/(1+R)^3+C/(1+R)^4+\cdots$$

假设投资者不用担心风险或交易成本，这就是投资者愿意为这只债券支付的价格。这是因为，该金额是债券将获得的息票收益现在的价值。如果每人都按照这种方法计算，那么该永续债券的实际市场价格 P_B 将等于息票收益的贴现现值之和：

$$P_B=C/(1+R)+C/(1+R)^2+C/(1+R)^3+C/(1+R)^4+\cdots$$

在本章末的第 1 题中，你将有机会证明该式可以简化为如下形式：

$$P_B=C/R$$

该式说明，不到期的永续债券价格等于年息票金额除以市场利率。也就是说，如果永续债券每年支付 C=100 美元直到永远，且市场利率为 5%，那么债券价格等于

$$P_B=C/R=\$100/(0.05)=\$20\ 000.00$$

假设市场利率 R 升至 6%。然后，C/R 下降，债券价格下跌。在之前的例子中，如果市场利率升至 6%，那么年息票收益为 100 美元的永续债券价格将跌至

$$P_B = C/R = \$100/(0.06) = \$1\,666.67$$

我们可以从这一永续债券价格公式得出以下重要结论：

保持息票金额和其他所有因素不变，现有债券的价格将与名义利率反方向变化。

这意味着，如果市场名义利率下跌，债券价格将上升，债券持有者将获得名义资本利得。相反，如果市场名义利率上升，那么债券价格将下跌，债券持有者将遭受名义资本亏损。

市场利率与市场价格的这种逆向关系对所有类型的债券都成立。例如，如果你回顾之前的三年期债券例子中的市场价格计算过程，就会注意到，如果利率升高，计算出的三年期债券市场价格就会降低。如你所见，永续年金的价格公式显然说明，这种逆向关系存在于所有金融工具中。（美国和其他国家的许多贷款利率都基于 Libor，即伦敦银行同业拆借利率，最近它颇受关注；请参见“管理笔记本：重新计算 Libor”。）

管理笔记本

重新计算 Libor

多年来，伦敦银行同业拆借利率，即 Libor，都是按照 16 家大型国际银行向其他银行借款的平均利率计算的。英国银行协会（BBA）每天计算 Libor，并在伦敦时间上午 11 点公布。英国银行协会公布 10 种不同货币、15 种期限（即最终偿还贷款前的剩余期限）的 Libor。由于 Libor 旨在衡量银行的全球资金成本，因此越来越多的银行将公司贷款和抵押贷款的利率与 Libor 挂钩。因此，当 Libor 上升时，世界各地，例如俄罗斯圣彼得堡、巴西圣保罗、美国印第安纳州曼西的不同贷款的利率也会上升。这些都说明，Libor 构成了近 400 万亿美元贷款和其他金融工具的偿付基础。

2010 年左右的美国金融危机和欧洲债务危机中，Libor 升至远远高于美国银行同业贷款利率——联邦基金利率——的水平。在两个例子中都出现了这种情况，是因为奇缺美元流动性的欧洲银行对美元贷款的需求异常增加。然而，许多 Libor 专家都公开质疑 Libor 是否已升至应有的水平。当金融媒体将这些担心报道出来时，Libor 陡然上升。这导致许多专家怀疑国际银行为了避免出现现金恐慌，报出低于实际支付的银行同业利率的借款利率。由于质疑声越来越大，专家认为，某些银行——至少是暂时地——向英国银行协会报告的数据真实性提高了。

2012 年，在英国政府的调查中，Libor 参与银行承认，它们在金融危机中合谋将 Libor 利率人为保持在低位上。这种人为造成与 Libor 挂钩的利率偏低的行为对借款人有利，但对贷款人有害。因此，全球许多金融机构现在都在寻找代替 Libor 的国际市场利率，最终将其他金融合同的利率与后者挂钩。许多新贷款合同都将贷款利率与国际上交易的欧洲货币工具的实际平均利率挂钩。

批判性分析

你认为为什么许多金融机构都在考虑用实际平均利率而非其他银行报告的平均利率代替 Libor?

期限与利率风险

永续债券对于研究债券很有用，因为其市场价格公式非常简单。然而，多数债券都有固定的期限，即最初购买工具到最终得到本金和承诺利息之间的有限时期。期限是影响与金融工具相关的**利率风险**（interest rate risk）程度的关键因素。利率风险是利率波动造成金融工具市场价格波动的风险。利率风险可能来自期限长度和偿付频率。

为了解为何期限在确定金融工具的利率风险中起着重要作用，下面以两种简单工具为例。一种是在一年后支付 10 000 英镑的英国债券，另一种是在两年后支付 10 000 英镑的英国债券。在到期时一次性偿还的债券被称为**零息债券**（zero-coupon bonds）。

在表 5—2 中，我们计算了市场利率为 6%和 7%的这两种债券的价格。如表所示，利率从 6%升到 7%导致每种债券的价格下降。结果，债券持有者将遭受**资本亏损**（capital loss），这意味着作为其金融财富一部分的债券的市场价值也将下跌。

表 5—2 的计算表示，两年期债券的资本亏损百分比为 1.9%，是一年期债券的资本亏损 0.9%的两倍多。这是因为市场利率从 6%升至 7%影响两年期债券到期之前的每一年。相比之下，相同的利率增加对一年期债券价格的影响只有一年。

这说明，金融工具的期限是市场利率上升时决定所有者相应资本亏损的重要因素。期限越长，工具所有者遭受资本亏损的风险越高。因此，持有较长期限的债券增加了利率风险。

表 5—2　　不同期限的债券的资本亏损

	面值为 10 000 英镑的一年期零息债券	面值为 10 000 英镑的两年期零息债券
利率为 7%时的债券价格	£10 000/(1.07)=£9 345.79	£10 000/$(1.07)^2$=£8 734.39
利率为 6%时的债券价格	£10 000/(1.06)=£9 433.96	£10 000/$(1.06)^2$=£8 899.96
英镑价格变化	−£88.17	−£165.57
价格变化百分比	((−£88.17)/£9 433.96)×100%=−0.9%	((−£165.57)/£8 899.96)×100%=−1.9%

说明：本例说明，当市场利率出现预料之中的上升时，期限较长的债券价格下降比例较大。因此，期限较长的债券的利率风险较高。

基本问题 1　利息收益率、金融工具价格和利率风险的相互关系是什么？

利息收益率是持有金融工具得到的收益率。任何金融工具的当前价格都应反映交易商对金融工具当前价值的评估。因此，金融工具的价格直接取决于当前收益与未来收益的贴现值，而贴现值又逆向取决于利率。因此，利率上升会造成市场价格意外下跌，从而导致资本亏损，将债券持有者暴露于利率风险中。

利率期限结构

什么因素决定了实际市场利率？正如我们在第十章至第十五章中将讨论的，整体利率水平取决于多种经济因素。一旦决定了一般利率水平，不同金融工具之间的相互关系就主要取决于两个关键因素。一个是工具的期限，另一个是与金融工具相关的基础风险。

风险、流动性（转换为现金的容易程度）和税收特征相同，但是期限不同的金融工具的利息收益率之间的关系被称为**利率期限结构**（term structure of interest rates）。即使不同期限的债券在其他各方面都相同，债券收益率通常也不同。

收益率曲线　我们可以在**收益率曲线**（yield curve）（即期限不同的类似债券的收益率图形）上画出不同期限债券的利息收益率之差。图 5—1 显示了部分国家与欧元区国家的收益率曲线。

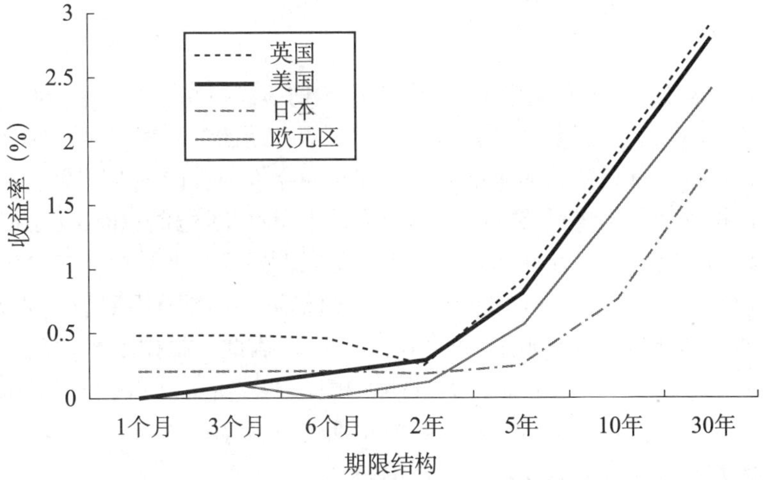

图 5—1　部分国家的收益率曲线

说明：通常，收益率曲线是向上倾斜的：利息收益率随着到期期限的长度增加而上升。

资料来源：作者根据《金融时报》（www. ft. com）2012 年 9 月 24 日的数据绘制。

如你所见，图 5—1 中的收益率曲线是向上倾斜的。多数时候，这是收益率曲线的典型形状，表明利息收益率通常随着金融工具期限的增加而上升。然而，在不同时期，一国可能出现向下倾斜的收益率曲线。如果出现这种情况，那么一国的收益率曲线就被称为是倒挂的收益率曲线，因为收益率随着期限的增加而下降。

为什么收益率曲线通常是向上倾斜的？经济学家提出了三种基本解释，以回答这个问题。它们是分割市场理论、预期理论和期限偏好理论。

分割市场理论　利率期限结构的**分割市场理论**（segmented markets theory）背后的关键思想是，期限不同的金融工具不是完全替代品。因此，它们主要在分割的金融市场上交易，尽管它们在期限以外的所有方面都几乎相同。在每个市场中，供求条件的相互作用决定了每种工具的收益率。因此，不同期限的金融资产的利息收益率反映出投资者愿意持有的金融资产基于期限的本质差异。

分割市场理论解释了为何不同期限金融工具的收益率不同，但它有两个基本问题。一个是该理论假设不同期限的金融工具不是完全替代品，尽管有大量证据证明特征类似的债券的利息收益率是联动的。因此，只有期限不同的债券必然在某种程度上可以替代。分割市场理论的第二个难题是，它不能解释为何向上倾斜的收益率曲线是“正常”结果，正如它通常呈现的那样。

预期理论　一个能解决上述两个问题的理论是利率期限结构的**预期理论**（expectations theory）。我们可以用一个两年期投资的例子来说明预期理论的基本特征。这位投资者面临两种可能。一种选择是持有两年后到期的两年期债券。假设该债券的年利息收益率表示为 I。这位投资者的另一种选择是在两年中，每年持有一只一年期债券。如果投资者作出这种选择，他将在第一年以利率 R_1 投资于一年期债券。在第一年年底，债券持有者将把本金加上第一年的利息投资于另一只在第二年年底到期的一年期债券。假设在两期的计划投资期之初，投资者必须选择投资策略。他预期第二年的一年期债券的利息收益率为 R_2^e。

自然，投资者只有在一年期债券和两年期债券的两年期预期收益率相同时，才愿意持有其中任意一种。用公式表示，该条件为

$$I = (R_1 + R_2^e)/2$$

因此，如果两年期债券的年利率 I 等于持有一年期债券的预期平均年利率 $(R_1+R_2^e)/2$，那么这两种存款策略对于投资者来说无差异。如果两年期债券利率升至一年期债券的预期平均利率之上，投资者将只持有两年期债券。如果两年期债券的利率跌至一年期债券预期平均利率之下，投资者每年将只持有一年期债券。由于这位投资者和其他金融市场参与者试图在两种选择之间套利，因此在市场驱动下，等式两边实际上是相等的。

为了了解预期理论对收益率曲线的意义，假设第一年的一年期债券收益率为 $R_1=0.05$，第二年的一年期债券预期收益率为 $R_2^e=0.07$。因此，根据预期理论，均衡时，两年期债券收益率 I 应该等于 0.05 和 0.07 的平均值，即 $(0.05+0.07)/2=0.06$。在该条件下，当前的一年期债券利率应为 7%，而两年期债券利率应为 6%。因此，一年期债券和两年期债券的收益率曲线应该是向上倾斜的。

现在，假设人们预期未来的一年期债券收益率将剧跌至 $R_2^e=0.03$。因此，两年期债券利率必然跌至

$$I = (R_1 + R_2^e)/2 = (0.05 + 0.03)/2 = 0.04$$

因此，现在两年期债券的年收益率为 4%。由于一年期债券收益率更高，为 5%，因此现在收益率曲线是向下倾斜的，或者说是倒挂的。

如你所见，与分割市场理论不同，利率期限结构的预期理论解释了为何收益率曲线是向上倾斜或向下倾斜的：向上倾斜的收益率曲线表示人们普遍预期短期利率将上升，而向下倾斜的收益率曲线表示人们普遍预期短期利率将下降。这个结论的一个显著问题是，收益率曲线通常是向上倾斜的。如果利息收益率在长期内的下降可能性与上升可能性相同，那么预期理论就不能解释为何收益率曲线一般是向上倾斜的。

期限偏好理论　为了解决预期理论的这个问题，利率期限结构的**期限偏好理论**（preferred habitat theory）结合了分割市场理论和预期理论的关键特征。根据期限偏好理论，期限不同但其他方面相同的金融工具是不完全替代品。期限偏好理论认为，如果作出这种修正，预期理论就是可接受的期限结构理论。

期限偏好理论的关键假设是，保持其他所有因素不变，人们通常偏好持有期限较短的金融工具。原因在于，短期工具通常是流动性较强的工具，因此与长期工具相比，人们更愿意持有短期工具。因此，人们拥有交易短期工具的自然“偏好”。如果其他所有因素都相同，长期债券必须提供**期限溢价**（term premium），以鼓励人们在持有短期工具以外也持有长期工具。

与短期债券和长期债券的收益率相关的是，期限偏好理论通过加入期限溢价修正了预期理论。例如，在一年期债券和两年期债券的例子中，两年期债券的利息收益率等于

$$I = TP + [(R_1 + R_2^e)/2]$$

其中，TP 为两年期债券的期限溢价。假设 $R_1=R_2^e=0.05$，于是，人们预期一年期债券的利率在两年中都将维持在 5%。此外，假设人们明确偏好持有一年期债券。这导致期限溢

价必须高至 $TP=0.01$（即 1%），才能使人们有动力在一年期债券以外持有两年期债券。因此，两年期债券的利率等于

$$I = TP + [(R_1 + R_2^e)/2]$$
$$= 0.01 + [(0.05 + 0.05)/2]$$
$$= 0.01 + 0.05 = 0.06$$

因此，两年期债券的利率等于 6%，尽管人们预期一年期债券的利率仍为 5%。得出的收益率曲线将一年期债券和两年期债券收益率联系起来，它是向上倾斜的。这表明在利率上升和下降概率相同的长期内，收益率曲线的斜率通常为正。期限偏好理论似乎符合这一事实：它表明，收益率曲线通常应该是向上倾斜的。它进一步预测：如果人们普遍预期短期利率将上升，那么收益率曲线应该变陡峭；如果人们普遍预期短期利率将剧烈下跌，那么收益率曲线应该变平缓，在极端情况下甚至会倒挂。

利率风险结构

期限差异是不同金融工具利率不同的一个原因。**利率风险结构**（risk structure of interest rates）则是另一个关键原因。它是指期限相同，但是违约风险、流动性和税收特征不同的金融工具收益率之间的关系。

违约风险 金融工具收益率不同的一个基本原因是，存款人必须考虑**违约风险**（default risk）。这是金融工具发行人可能无法履行偿还本金或支付利息的义务的可能。许多国家政府发行的债券——尤其是美国和其他发达国家政府发行的债券——违约风险相对较低。原因在于，只要政府有能力征税并创造新货币，就可以征税以支付其发行的债券的利息和本金。

相比之下，金融市场交易者通常认为一些较不发达国家的政府发行的债券风险很高。原因在于，这些国家的政治不稳定性让交易者持有这些债券时很谨慎。例如，过去七年中换了 15 届政府——可能还包括拒绝承认部分过去政府债务的一届军政府——的国家违约风险很高。因此，即使发展中国家发行的政府债券期限相同，交易者也会要求较高的汇率调整后收益率，以使他们愿意在投资组合中同时持有这两种债券。

发展中国家政府债券的利率由于债务违约风险较高而超过美国债券利率的部分为风险溢价。在这种情况下，主要风险来自政治不确定性，风险溢价来自人们感受到的国家风险差异。正如我们在第四章中所讨论的，除了政治不确定性外，国家风险也是造成不同国家发行的债券存在风险溢价的原因。例如，如果某个政治本来很稳定的产油国的石油储备枯竭，那么交易者很可能认为该国所发行债券的国家风险也随之提高。我们将在第七章中详细讨论涉及国家风险的问题。

私人风险也会造成利率风险溢价。以一只 20 年期意大利公司债券为例。即使发行债券的这家意大利公司当前信用评级非常好，也仍存在着其盈利能力在今后 20 年中任何日期下降的可能。与意大利政府不同，这家公司无法在经济情况转差时征税或发行货币以偿还债务。因此，人们认为意大利公司债券的违约风险高于 20 年期意大利政府债券。意大利公司债券的利率通常等于政府债券的利率加上风险溢价。

流动性 多数发展中国家的债券收益率通常超过发达国家相同期限的汇率调整后债券收益率的另一个原因是，发展中国家的债券通常是流动性较差的金融工具。之所以会这

样，是因为许多发展中国家的金融市场交易量很低。因此，英国、德国或日本等国国债的持有者与卢旺达、孟加拉国或越南国债的持有者相比，前者更容易在需要现金的时候将债券卖出去。因此，后者债券的收益率较高。

因此，违约风险不是导致相同期限的债券收益率存在差异的唯一原因。相同期限的债券收益率存在差异的另一个原因是流动性溢价。然而，经济学家很难区分风险溢价与流动性溢价。例如，俄罗斯国债的流动性不如相同期限的美国国债高。这种流动性差异的一个关键原因是，愿意承担持有俄罗斯债券所增加的国家风险的交易者较少。

因此，经济学家用风险溢价表示不同的违约风险和流动性水平导致的利率差异。当交易者或金融媒体谈到一只债券相对于另一只债券的风险溢价时，例如美国公司债券和相同期限的美国国债收益率通常存在的2%利差，他们一般指的是由于一只债券违约风险较高且流动性较低而产生的收益率之差。

税收差异 相同期限的债券利息收益率不同的另一个原因是，各国税法对某些债券的处理和其他债券不同。例如，在美国，债券持有者通常不必对持有的州政府和地方政府发行的市政债券的利息收益缴纳联邦税或州税。因此，美国市政债券的税前收益率和税后收益率相同。但美国国债的税后收益率通常比税前收益率低 0.5 到 1 个百分点。由于国债缴纳的税款较高，为了补偿投资者，国债的市场收益率通常高于市政债券的市场收益率。

基本问题 2 为什么不同期限与风险的金融工具的市场利息收益率不同?

期限不同的金融工具收益率不同有两个原因。一个是对未来短期利率相对于长期工具的当期利率上升还是下降的预期不同。另一个是短期金融工具通常比长期金融工具流动性更高、风险更低，因此需要期限溢价使投资者对持有长期工具或短期工具无差异。违约风险和流动性的差异也会导致在金融工具收益率中包括风险溢价。由于不同工具的风险溢价不同，因此即使它们的期限相同，市场收益率通常也不同。国家政府和州政府对某些工具的税率也不同，这导致了它们的市场利率差异。

利率差：超额收益率与无抛补利率平价的失灵

第四章讨论了为何利率和汇率之间可能存在国际关系。其中一种关系是无抛补利率平价条件。如果这种条件满足，美国债券的利率 R 将等于外国债券的利率 R^* 加上两只债券期限内的本币预期贬值率，$(S_{+1}^e-S)/S$。然而，正如第四章所指出的，几乎没有证据证明无抛补利率平价条件得到满足。

无抛补利率平价的失灵与超额收益率

如果无抛补利率平价不成立，会发生什么？例如，如果本币的预期贬值率大于本国债券与外国债券的市场利率之差，即 $(S_{+1}^e-S)/S$ 超过 R 与 R^* 之差，会发生什么情况？答案是，在这种情况下，投资者可能预期外国债券获得超额收益率。

超额收益率 如果预期货币贬值率超过本国债券与外国债券的利差，那么本国居民的预期收益率将高于只持有国内债券的收益率 R。她可以进行下列交易以达到这一结果。首先将美元兑换为外币，并持有外国债券，获得收益率 R^*。然后，当外国债券到期、本币贬值后，她的每单位外币就可以兑换到更多美元。通过这种方法，美国居民预期获得 $(S^e_{+1}-S)/S-(R-R^*)$ 的超额收益率。例如，如果美元相对于欧元的预期年贬值率为 2%，美元债券的年收益率为 6%，德国债券的年收益率为 5%，超额收益率将等于 2%－(6%－5%)＝1%。

超额收益率的实证 传统上，经济学家认为投资于金融市场最发达开放的国家的债券时，美国居民获得超额收益率的能力将会削弱。因此，我们预期较发达国家的超额收益率小于较不发达新兴市场国家的超额收益率。

以图 5—2 为例，该图显示了 1980 年以来的超额收益率估计。比较图中的曲线可以看到，发展中国家的债券并不一定总能获得高于某些发达国家债券的超额收益率。尽管有时持有其他国家的债券可以获得很高的超额收益率，但多数国家的超额收益率并不是很高。因此，尽管图 5—2 表明，在给定时点上无抛补利率平价条件很少满足，但从长期看，超额收益率有显著下降的趋势。这在发展中国家和高度发达国家同样成立。

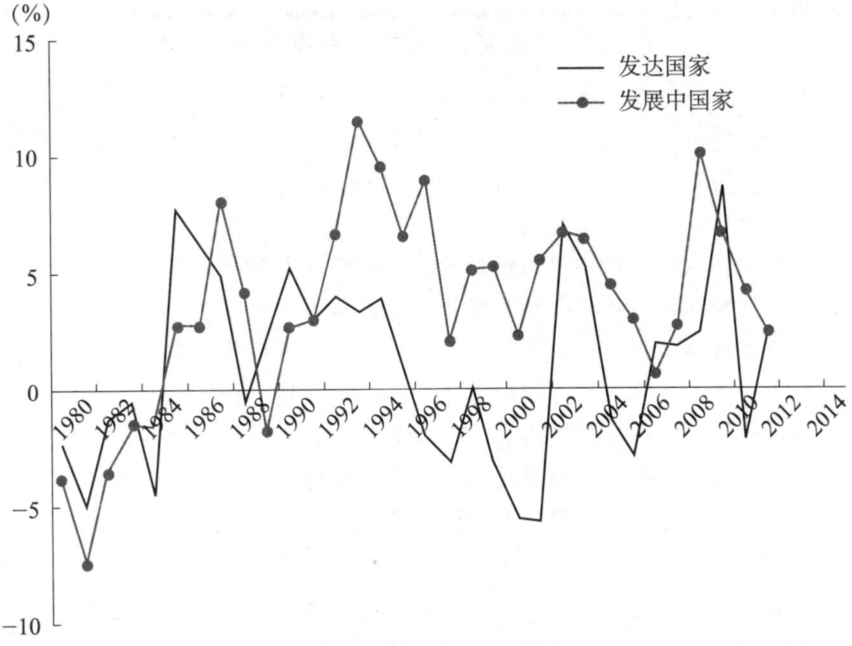

图 5—2 国际债券交易的超额收益率估计

说明：本图显示了 16 个发达国家和 16 个发展中国家的年均超额收益率。超额收益率为预期汇率变化率减去利差。

资料来源：国际货币基金组织：《国际金融统计》，http://www.imf.org。

用超额收益率差异解释国际利率差异

不同经济学家进行的研究表明，几个因素可以解释新兴经济体中更高、更持久的超额收益率。不出所料，一个因素是这些国家较不发达、较不开放的金融市场，它减弱了无抛补套利将利率和即期汇率推动至与无抛补利率平价条件一致的水平的能力。

对于实行固定汇率制的新兴经济体，另一个可以解释持续超额收益率的因素是这些国家通常有较高、波动较大的利率和通货膨胀率，波动较大的汇率，以及较不稳定的经济活动水平。这些因素可能造成**比索问题**（peso problem），之所以这样叫，是因为这种问题首次出现在墨西哥。比索问题是交易者认为，由于固定汇率与和基础经济因素一致的汇率不匹配，较不发达国家的货币至少存在小概率大幅贬值的可能性。（我们将在第七章中详细探讨这个问题。）结果，发展中国家货币的预期贬值率存在上偏，即使在货币汇率相对稳定的时候也是如此。后果之一是这个国家将持续出现超额收益率。

实际上，许多新兴市场国家相对较高的经济波动水平也会造成风险溢价，你在第四章中学到的风险溢价有助于解释无抛补利率平价的失灵。多数经济研究表明，国际金融市场上存在着风险溢价。然而，经济学家对于风险溢价的相对贡献、国际套利障碍或比索问题解释超额收益率为何在发展中国家更为普遍和持续的能力仍未达成共识。（如果无抛补利率平价成立，它只适用于相同期限的债券，因此自然会产生一个问题：不同期限的国际金融工具的超额收益率是否不同？请参见“管理笔记本：不同期限债券的超额收益率是否不同?”）

管理笔记本

不同期限债券的超额收益率是否不同?

无抛补利率平价是国际金融经济学中研究最广泛的概念之一。然而，时至今日，关于这一概念的唯一共识是，无抛补利率平价条件并非对任何给定期限债券的利率都成立。

哥伦比亚大学的基尔特·贝卡尔特（Geert Bekaert）、美联储的魏敏（音）、赖斯大学的邢宇航（音）都研究过不同期限债券的无抛补利率平价。他们指出，利率期限结构的预期理论预测，无抛补利率平价应该对任何风险特征相同、期限也相同的国际金融工具都成立。然而，期限结构的预期理论并不总能确切地解释不同期限债券的利率之间的差异。因此可以想象，期限结构的预期理论无法解释长期债券的超额收益率。

因此，贝卡尔特、魏敏和邢宇航研究了所有 3 个月期、12 个月期、36 个月期和 60 个月期美国、英国和德国债券的可能组合的超额收益率。他们希望确定长期债券的超额收益率是否会由于无抛补利率平价的失灵或对利率期限结构的预期理论的偏离而上升。他们发现，尽管所有长期债券都偏离了期限结构的预期理论的预测，但这些偏离很难解释为何无抛补利率平价对长期国际金融工具不成立。因此，这些研究者得出结论，长期债券的超额收益率来自无抛补利率平价的失灵，而不是来自利率期限结构的预期假说的失灵。

❖ 批判性分析

为什么我们预期无抛补利率平价对两种期限不同的国际金融工具不成立?

基本问题 3　哪些因素可以解释国际利差经常与无抛补利率平价条件不一致的原因?

多数证据表明，对无抛补利率平价的偏离在长期将减小。然而，国内存款人仍可能获得超额收益率——预期货币贬值率超过国内利率与国外利率之差的部分。新兴经济体的这种超额收益率往往更大、更持久。无抛补套利障碍、比索问题和风险溢价都是造成超额收益率和无抛补利率平价对这些国家和世界上其他国家不成立的因素。

实际利率与实际利率平价

无抛补利率平价条件将名义利差与即期汇率和预期即期汇率联系起来。如果我们只考虑短期和中期金融工具，那么这个条件对评估国际市场上的套利程度已经足够。然而，在长期，价格水平变化可能影响存款决策。例如，如果通货膨胀率相当低，那么一美元本金的购买力在三个月内的变化就非常小。然而，在相同的通货膨胀环境中，一美元本金的购买力在一年内的变化可能很大。因此，长期金融工具的持有者更看重实际收益率而非名义收益率。

实际利率：费雪方程式

经济学家欧文·费雪（Irving Fisher）将金融工具的**实际利率**（real interest rate）定义为名义利率减去金融工具期限内的预期通货膨胀率。在现在人们熟知的**费雪方程式**（Fisher equation）中，费雪将实际利率的这一定义表示为

$$r = R - \pi^e$$

式中，r 表示实际利率，R 表示名义利率，π^e 表示预期通货膨胀率。换言之，费雪方程式是将实际利率定义为名义利率减去预期通货膨胀率的条件。

通常，费雪方程式可以改写为

$$R = r + \pi^e$$

也就是说，名义利率等于实际利率与预期通货膨胀率之和。例如，假设一只新发行的1年期中期债券的名义利率为5%。此外，假设你预期明年的通货膨胀率为3%。那么，根据费雪方程式，实际利率为2%（=5%−3%）。

实际利率平价

费雪方程式提供了对实际利率的估计。结合无抛补利率平价与相对购买力平价，我们可以用费雪方程式建立一个条件，将两国的所有特征（例如期限和风险）相同的金融工具的实际利率联系起来。

结合相对购买力平价与无抛补利率平价

第二章分析了相对购买力平价，这是一种将两国价格水平的变化与即期汇率变化联系起来的理论。对于预期价格变化，我们可以将（事前）购买力平价表示为

$$\pi^e - \pi^{*e} = (S_{+1}^e - S)/S$$

式中，π^e 表示本国的预期通货膨胀率，π^{*e}表示外国的预期通货膨胀率，S_{+1}^e表示相应时期内的预期即期汇率，S 表示当前的即期汇率。（在该公式中，即期汇率 S 被定义为购买一单位外币所需的本币。）换言之，预期通货膨胀率之差等于本币相对于外币的贬值率或升值率。

注意，$(S_{+1}^e - S)/S$ 这一项也出现在表示相对购买力和无抛补利率平价的等式右侧。

因此，我们可以令这两个条件彼此相等：

$$\pi^e - \pi^{*e} = (S_{+1}^e - S)/S = R - R^*$$

即

$$\pi^e - \pi^{*e} = R - R^*$$

我们可以重新整理该式，得到：

$$R - \pi^e = R^* - \pi^{*e}$$

注意，根据费雪方程式，公式左侧等于国内实际利率 r，公式右侧等于外国实际利率 r^*。因此，我们也可以将该式表示为

$$r = r^*$$

最终的这个公式是**实际利率平价**（real interest parity）条件。它表明，在均衡时，两个国家所有特征（例如期限和风险）相同的金融工具的实际利率相同。除了定义实际利率以外，欧文・费雪还假定实际利率在长期是稳定的。因此，实际利率平价由相对购买力平价和无抛补利率平价表示。

对国际市场套利指标——实际利率平价的偏离 如果国际市场充分开放，可以通过套利消除实际利差，那么实际利率平价就成立。因此，如果发生无阻碍的国际套利，实际利差就不应长期存在。因此，实际利差的持续存在对国际市场上可无阻碍套利的假设提出了质疑。对实际利率平价的偏离较大自然表明进行跨国套利的能力较小。对实际利率的偏离较小表明国际市场对套利更开放。

宾夕法尼亚大学的经济学家理查德・马斯顿（Richard Marston）证明，工业国的实际利差普遍较小。马斯顿衡量了对实际利率平价的偏离如何分解为对实际购买力平价的偏离和对无抛补利率平价的偏离。他证明，由于对相对购买力平价的偏离和对无抛补利率平价的偏离普遍较小，因此对实际利率平价的偏离也较小并不令人意外。然而，这些偏离仍然让人们得出结论，实际利率平价不成立，即使对世界上最发达的国家也是如此。（尽管实际利率平价在短期内似乎并不成立，但有些证据表明，对实际利率平价的偏离将在不到两年内逆转；请参见“管理笔记本：实际利率趋同需要多久?”）

管理笔记本

实际利率趋同需要多久?

实际利率平价是从购买力平价条件和无抛补利率平价条件同时满足的假设推导出来的。根据购买力平价在短期内不成立的大量证据（第二章中曾经讨论过），现实证据一致拒绝实际利率平价在短期内成立的假设，这并不令人意外。

然而，假设有充足的调整时间，我们可能预期购买力平价条件和无抛补利率平价条件都更接近于成立，至少大体上是如此。为了研究这种可能性，花旗集团的经济学家索费恩・塞基奥阿（Sofiane Sekioua）研究了美国、英国、法国和日本 1923—2000 年的汇率、长期政府债券利率以及消费物价通货膨胀率数据。尽管塞基奥阿发现，在这段漫长时期内，实际利率平价很少成立，但由贸易条件冲击或其他导致实际利率波动的因素导致的对实际利率平价条件的偏离通常会在两年内逆转。因此，不管何时全球经济导致实际利率偏离，两年内实际利率差都会回归原先的值。这一结论证明了各国实际利率在长期向平价变化的趋势，即使在短期内利率平价很少成立。

❖ **批判性分析**

为什么实际利率平价条件更可能在长期内而非短期内成立？

基本问题 4　什么是实际利率？为什么实际利差可以作为国际市场对套利开放程度的指标？

实际利率是名义利率减去预期通货膨胀率。如果投资者预期购买力平价成立，且无抛补利率平价条件也满足，那么实际利率平价存在，意味着不同国家的实际利率相同。对实际利率平价的偏离自然来自对购买力平价和无抛补利率平价的偏离。因此，对实际利率平价的偏离大小是国际市场上套利自由程度的指标。

对冲、投机与衍生工具

市场利率的变化导致国际金融市场上的交易者面临着资产收益率波动产生的风险。他们还面临着汇率波动产生的外汇风险。下面将考察交易者如何应对这些风险。

对利率风险的可能反应

利率风险既为个人或企业提供了收益，又形成了挑战。如果个人或企业在市场利率下降后从金融工具市场价值的增加中获利，那么就将产生收益。另一方面，挑战在于平衡这种资本利得的可能与资本亏损（即市场利率下跌时产生的亏损）的可能，后者将减少金融工具的市场价值。

限制利率风险的某些策略　限制利率风险有多种方法。一种方法是持有久期较短的债券，避免持有零息债券，以及尽量确保持有的所有债券都能经常获得息票收益。另一种策略是主要持有短期金融工具。如前所述，在利率上升时，短期金融工具的资本亏损风险低于长期金融工具。

然而，第二种策略有三个问题。第一个问题是，如果收益率曲线向上倾斜，长期金融工具收益率较高的可能更大。这是因为，如果其他所有因素不变，久期将随着期限的增加而增加。期限越长，呈现一般形状的收益率曲线的利息收益率越高。因此，只持有短期金融工具是低收益率策略。

第二个问题是，不断卖出和买入——滚动投资——短期金融工具的成本可能很高。这种做法必然存在时间机会成本，而且交易者耗费的精力也会形成间接成本。此外，滚动投资短期工具可能产生巨大的**再投资风险**（reinvestment risk）。这是市场收益率随着短期金融工具的到期而下降的可能性，因此交易者持有长期金融工具可能会获得较高的净收益率。

第三个问题是，只持有短期金融工具还会牺牲金融交易者能从**投资组合分散化**（portfolio diversification）（即将风险分散于不同特征的金融工具之间）中获得的潜在收益。例如，当长期收益率上升时，短期收益率可能下降。因此，将资金投入仅由短期金融工具构成的投资组合获得的收益率可能低于持有多种金融工具时的收益率。如果交易者将资金投入包括长期金融工具的投资组合，这些金融工具的收益率上升将有助于抵消短期收益率下降对投资组合总收益率的影响。

对冲 将多数资金用于持有短期金融工具可能是一种成本很高的利率风险应对策略。另一种策略是使用其他金融工具降低投资组合风险，从而对冲利率风险。完全对冲是指完全消除此类风险的策略。

市场利率和汇率条件随时可能变化。因此，金融工具持有者对冲投资组合风险（包括利率风险和外汇风险）时必须满足两个关键要求。一个是适应不同环境的充足弹性。另一个是迅速进行必要交易的能力。为了找出结合弹性和速度的策略，人们开发出复杂的金融工具，即衍生证券或衍生工具。

衍生证券

远期合同，例如要求在特定日期以事先确定的价格交割某种金融工具的远期货币合同，代表一类**衍生证券**（derivative security）。通常，衍生证券是收益率与其他金融工具的收益率挂钩或者从其他金融工具的收益率推导而得的金融工具。远期货币合同符合这一定义，因为它付给交易商的报酬取决于即期汇率。

用远期合同对冲 正如你在第四章中所学到的，外汇市场参与者使用远期货币合同避免外汇风险（即由于即期汇率的意外波动而遭受损失的可能）。类似地，金融市场交易商用**利率远期合同**（interest rate forward contract）（确保在未来特定日期以规定利率出售某种金融工具的合同）对冲利率波动。

为了解如何用利率远期合同完全对冲合同双方的风险，下面举例说明。假设一家伦敦银行确定明年它将从向银行借款的有信誉顾客那里得到 1 000 万英镑的未来利息和本金。作为新管理策略的一部分，这家银行的经理决定减少银行明年的贷款额，并将该额度的一半——500 万英镑——用于购买英国政府发行的 5 年期无违约风险中期国债。银行经理希望确保在明年的同一时间，这家银行持有的英国中期国债仍能获得当前的市场利息收益率，假设为 7%。同时，一家德国银行的证券组合包括在 3 年后到期的 5 年期英国中期国债，价值为数百万英镑。德国银行经理认为，在接下来的三年中，市场利率将升至 7%以上，这表明中期国债价格将下降，导致银行持有的英国中期国债遭受资本亏损。

为了对冲面临的风险，伦敦银行和德国银行就利率远期合同进行协商。伦敦银行同意从现在起一年后购买价值 500 万英镑的 5 年期英镑中期国债，价格与这些中期国债当前的利息收益率（7%）一致。于是，伦敦银行确保一年后将获得现在的市场利率（7%）。德国银行也避免了投资组合中的大部分 5 年期英国中期国债明年遭受资本亏损的风险。这是因为，该合同确保德国银行持有的英国中期国债价格将使其在明年获得 7%的收益率。

衍生工具投机 正如本例以及第四章中关于远期货币合同的例子所显示的，交易者用衍生证券作为避免投资组合损失风险的对冲工具。然而，这不意味着交易者不会用衍生证券进行高风险投机以追求利润。

为了解为何衍生工具交易会增加整体风险，让我们对上例中伦敦银行和德国银行的条件略作改动。假设伦敦银行经理现在认为，明年这个时候该银行资金的利息成本（现在平均为 6%）可能降低。然而，他们的观点与其他金融市场参与者的普遍观点不一致，后者普遍预期明年伦敦银行的平均融资成本将大幅上升。然而，伦敦银行经理非常确定，事实将证明他们的预期是正确的，因此他们愿意与之前提到的德国银行签订利率远期合同。

前面曾经提到，该合同承诺，伦敦银行将按与当前市场收益率7%一致的价格购买英国中期国债。这意味着，如果明年银行平均利息融资成本将显著上升的普遍预期是正确的，明年伦敦银行的英国中期国债获得的净利息利润将大大低于伦敦银行经理现在的预期。例如，如果银行平均融资成本上升为7%或更多，那么伦敦银行的英国中期国债的净利润将为零甚至更少。因此，如果人们普遍预期银行融资成本升高，表明这种情况发生的可能性很高，伦敦银行将对投机合同进行协商，将其考虑进整体风险。

这个例子表明，尽管金融市场参与者可以用衍生证券对冲风险，但他们也可以用它进行投机活动。自从20世纪80年代财务经理发现在对冲策略中使用衍生证券的方法后，全球衍生工具交易就显著增加。然而，许多交易者同时也断定，他们可以通过用衍生证券投机获得高额短期利润。

投机收益与投机亏损 有些交易者发现，这种衍生证券投机可能是错误的。结果将是巨额投机亏损，表5—3列出了其中最著名的案例。其中尤为突出的是1994年加利福尼亚州橘县超过15亿美元的亏损、1995年英国巴林银行约14亿美元的亏损和1998年长期资本管理（LTCM）对冲基金超过20亿美元的亏损，以及2008年法国兴业银行超过70亿美元的亏损。这些亏损造成的广泛后果包括橘县裁员、巴林银行破产、美联储为对冲基金投资者提供救助，以及兴业银行向股东筹资的紧急行动。

表5—3的所有“亏损”资金都去了哪里？答案是，这些钱没有蒸发。相反，它们落入了在投机策略中作出正确选择的个人、企业、金融机构和政府手中。例如，在伦敦银行和德国银行的例子中，如果伦敦银行经理对平均银行融资成本下降的预期是错误的，伦敦银行的利率远期合同就会遭受亏损。“亏损”的钱流向了德国银行，后者可以按7%的收益率将英国中期国债从投资组合中卖出，因而在明年获得高于市场的价格。

表5—3　　1990年以来的重大衍生工具亏损

亏损估计	公司/市政府	主要衍生工具
5 000万美元	第一波士顿	期权
2.6亿美元	大众汽车	货币期货
1亿美元	嘉吉基金	抵押贷款衍生工具
1.57亿美元	宝洁公司	货币期货
1亿美元	佛罗里达州财政部门	抵押贷款衍生工具
2 000万美元	吉布森贺卡	互换
3 500万美元	戴尔电脑	互换和期权
2 000万美元	派拉蒙通信	互换
1 500万美元	葛兰素史克	抵押贷款衍生工具
15亿美元	加利福尼亚州橘县	抵押贷款衍生工具
5 000万美元	联邦信贷协会资本公司	抵押贷款衍生工具
1.95亿美元	威斯康星投资基金	互换
2 500万美元	佛罗里达州埃斯坎比亚县	抵押贷款衍生工具
14亿美元	英国巴林银行	股指期货
6 500万美元	太平洋公司	货币期权
8 300万美元	东京三菱银行	互换和期权
35亿美元	长期资本管理公司	互换
6.89亿美元	瑞士联合银行	股指期货

续前表

亏损估计	公司/市政府	主要衍生工具
7.2 亿美元	德意志银行	互换和期权
1.49 亿美元	国民西敏寺银行	互换和期权
6.91 亿美元	联合爱尔兰银行	货币期权
71.5 亿美元	法国兴业银行	股指期货

说明：许多公司和市政府都遭受过巨额衍生工具亏损。

因此，我们可以得出关于衍生证券交易亏损的下列结论：

衍生证券投机的每个“输家”都必然对应着交易另一方的“赢家”。

从社会的角度看，衍生证券投机损益在纯会计意义上必然会对消。然而，正如我们将要讨论的，这并不意味着政府不担心大额衍生证券亏损产生普遍负面影响的可能。

基本问题 5　什么是衍生证券？

衍生证券是收益率基于其他金融工具收益率的衍生证券。交易者可以用衍生证券对冲利率风险和外汇风险。他们还可以根据对利率和汇率未来变化的预期利用衍生工具获利。

常见衍生证券及其风险

衍生证券有几类。它们共同的特征是，收益率来自其他金融工具的收益率。此外，交易者还可以用其作为对冲工具。交易者还可以在投机策略中使用这些工具。

远期合同

在伦敦银行与德国银行的利率远期合同例子中，伦敦银行同意在下一年以与当前市场收益率一致的价格购买英国中期国债，伦敦银行持有**多头**（long position），意味着伦敦银行有义务在下一年以固定收益率购买英国中期国债。相反，卖出英国中期国债的德国银行持有**空头**（short position），意味着德国银行在下一年必须以规定价格卖出英国中期国债。然而，通过签订远期合同，德国银行经理可以更迅速地从投资组合中抛出英国中期国债，从而避免在市场收益率上升时产生资本亏损的可能。

远期合同市场的两个限制因素是合同的规定条款与违约风险。远期合同的参与者必须就具体合同条款达成一致。有时，双方很难达成一致。在我们的例子中，简单地假设伦敦银行和德国银行能够达成彼此满意的条款。在现实中，就远期合同条款达成一致可能是一个复杂过程。

违约风险有时也会阻碍远期合同的使用。在上面的银行例子中，如果伦敦银行的融资成本在一年后大幅上升，那么它对合同违约可能更有利。这使德国银行不太可能同意合同条款。这种潜在违约动机让利率远期合同的风险更高、流动性更低，因而限制了它的交易量。

期货

期货合同（futures contract）是一方在未来特定日期向另一方交割一定数量的商品或

金融工具的协议。然而，与远期合同不同的是，期货合同事先规定了标准化交易数量和交易条件。由于期货合同是标准化的，因此双方不必花时间制定合同条款。

期货持有者在期货合同到期时可能盈利，也可能亏损。这是因为期货合同要求每日进行现金流交割。从合同角度看，远期合同只有在到期日才会产生利润或亏损，它只要求在到期时交割。

期货交易是有组织的市场，它简化了将期货合同卖给另一方的过程。这使期货合同的流动性提高。因此，期货交易的增长比远期交易快得多。这并不意味着公共期货交易所以外的衍生证券交易"微不足道"；全球远期合同和其他衍生证券交易的估计价值超过 80 万亿美元，超过美国名义年国民收入 7 倍。

网络资源

请访问美国期货行业协会的网站：http://www2.fiafii.org。

利率期货　**利率期货**（interest rate futures）是要求在特定日期以规定价格和收益率交割标准数量的金融工具的利率期货合同。交易者在芝加哥商品交易所和世界上其他交易所交易这些合同。每个交易所都规定了这种交易的双方必须符合的要求。期货合同的金融工具通常是美国国债和其他政府债券。例如，交易者可能签订 5 年期美国中期国债期货合同，内容为购买或出售标准面值 100 000 美元的美国中期国债。

股指期货　**股指期货**（stock-index futures）是在特定日期交割以股价指数表示的股票组合的标准化协议。以在芝加哥商品交易所交易的标准普尔（S&P）500 指数期货为例，股票组合代表标准普尔指数中的 500 家公司的市场价值。类似地，日经 225 平均股指期货是基于在东京证券交易所交易的 225 只股票的投资组合。对在新加坡国际货币交易所（Simex）交易的日经 225 指数期货的一系列错误投资导致了 1995 年巴林银行的破产。

为了解如何计算期货合同的价值，以一份标准普尔 500 指数期货合同为例。计算这种合同的价值需要用期货合同的当前市场价格乘以 500 美元。例如，如果标准普尔 500 指数期货的价格为 400，那么该合同的价值就等于 200 000 美元。如果某人持有标准普尔 500 指数期货合同的空头，即同意交割 500 美元乘以该合同规定日期的期货价格的现金。相反，交易另一方持有多头，并同意现在支付 400 乘以 500 美元的价格购买该合同。因此，如果到期时该期货合同的市场价格等于 500，那么合同的价值将为 250 000 美元。持有空头的投资者将亏损 50 000 美元。相反，持有多头的买方将获利 50 000 美元。持有多头的买方必须支付 200 000 美元，而持有空头的卖方必须在到期时支付 250 000 美元。

货币期货　**货币期货**（currency futures）是规定在未来交割特定国家货币的期货合同。世界上最大的货币期货市场是芝加哥商品交易所（CME）的国际货币市场，交易者在该市场上进行多种货币的期货交易，包括澳大利亚、加拿大、德国、日本、墨西哥、瑞士和英国等国的货币。图 5—3 显示了芝加哥商品交易所如何交易货币期货和其他衍生证券合同。

和其他期货一样，货币期货合同每天进行现金流交割，而货币远期合同只在到期时进行一笔交割。因此，远期合同和期货合同的市场价格通常有差异。此外，与远期合同相比，期货合同的面值通常较小。在日常业务中进行大量外币转账的大型银行机构和公司是

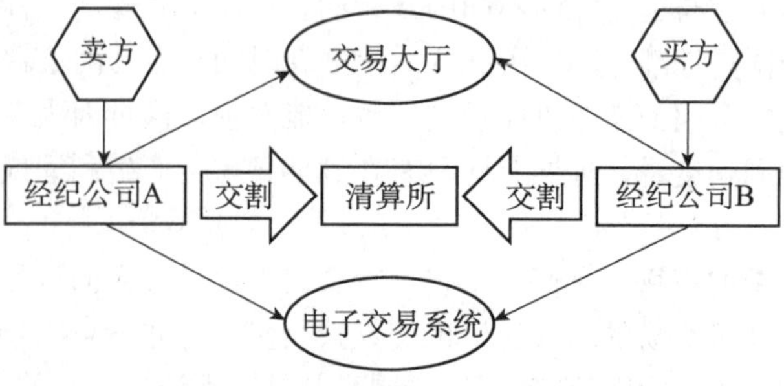

图 5—3　交易所如何执行衍生证券交易

说明：买卖双方与芝加哥商品交易所等交易所的会员经纪公司交易。交易员在交易大厅或通过电子交易系统处理这些订单，清算所撮合会员公司执行交易。

远期合同的主要使用者。希望进行对冲或投机的个人或小企业交易的通常是货币期货。

> **网络资源**
>
> 请访问下列网址，了解芝加哥商品交易所：http://www.cmegroup.com。

用货币期货对冲　投资者如何根据当前的货币期货报价采取行动？假设一家英国公司在美国有一家特许经营店。该公司的经理预期，这家店当年的利润将为 300 万美元，他们计划将这笔利润兑换为英镑。如果当年美元相对于英镑贬值，那么年底 300 万美元兑换为英镑后的价值将降低。也就是说，这家英国公司的折算风险将导致其损失一部分美国特许经营店产生的美元利润。为了对冲该风险，公司经理将持有在 12 月到期的英镑期货多头。当该公司的美元利润相对于英镑下降时，该公司的 12 月期货英镑价值将上升，因此，至少可以部分抵消美元相对于英镑贬值的影响。

为了减少折算风险，企业需要在期货经纪商那里建立保证金账户。企业在该账户中存入初始保证金（有时被称为保证金要求），通过这种方式向经纪商支付经纪商代表企业购买的期货总价值的一小部分。通常，初始保证金低于所购买期货总价值的 10%。年内，企业必须保持维持保证金（有时被称为最低保证金要求），这是必须在期货经纪商的账户中保留的最低余额。经纪商和企业还建立了盯市程序，每个交易日结束时在企业账户中结算期货合同的损益。

假设 2014 年 12 月英镑期货的协议价格为每英镑 1.548 6 美元。英镑期货的标准面值为 62 500 英镑。假设初始保证金为每份合同 2 000 美元，维持保证金为 1 500 美元。如果当前的即期汇率为每英镑 1.527 4 美元，那么企业购买的英镑期货数量等于

$$\frac{3\ 000\ 000\text{ 美元}/(1.527\ 4\text{ 美元/英镑})}{62\ 500\text{ 英镑}}$$

该数量约等于 32。因此，购买 32 份标准英镑期货合同是这家英国公司的最佳期货对冲选择。注意，该公司的初始保证金为 32×2 000 美元＝64 000 美元。因此，对于设在经纪商处的 300 万美元期货账户，该公司只需在保证金账户中存入 64 000 美元。

每日期货结算　为了说明典型期货合同的日结算过程，让我们扩展这个例子。假设第一个交易日收市时，期货价格为 1.529 4 美元/英镑，因此企业的 32 份英镑期货升值了。为简单起见，假设这家企业不支付经纪费。第一天，企业获得的美元利润等于（1.529 4

美元/英镑－1.527 4 美元/英镑)×62 500 英镑×32＝4 000 美元。企业的保证金账户从 64 000 美元（初始保证金）升至 64 000 美元＋4 000 美元＝68 000 美元。

如果第二个交易日收市时，期货价格跌至 1.526 4 美元/英镑，那么该公司的英镑期货遭受的美元亏损等于

(1.526 4 美元/英镑－1.529 4 美元/英镑)×62 500 英镑×32＝－6 000 美元

因此，该公司的保证金账户从 68 000 美元跌至 68 000 美元－6 000 美元＝62 000 美元。

现在，假设第三个交易日期货价格升至 1.533 2 美元/英镑。因此该公司获得的美元利润等于

(1.530 4 美元/英镑－1.526 4 美元/英镑)×62 500 英镑×32＝8 000 美元

因此，该公司的保证金账户从 62 000 美元升至 62 000 美元＋8 000 美元＝70 000 美元。

请注意，这家英国公司如何用这 32 份期货合同进行对冲。如果当年英镑相对于美元升值，这家公司的美国特许经营店获得的英镑利润将下降，因此年底这些特许经营店的美元利润兑换成英镑的价值将减少。然而，当英镑相对于美元升值时，这家英国公司的期货保证金头寸将增加，因而抵消了该公司的部分或全部折算风险。

期权

另一种衍生工具是**期权**（option），它是赋予持有者以规定价格买卖某种基础金融工具的权利的金融合同。这种权利不要求持有者买入或卖出，而是赋予买方买入或卖出的选择权。期权持有者可以执行买卖金融工具的权利的价格是期权的**执行价格**（exercise price），交易商也称其为履约价格。

看涨期权（call option）是允许持有者以执行价格购买某种金融工具的期权。**看跌期权**（put option）是允许买方以执行价格卖出某种金融工具的期权。交易者称赋予持有者在合同到期时或到期前任何时间买卖的权利的期权为**美式期权**（American option）。他们称仅允许持有者在合同到期日执行买卖权利的期权为**欧式期权**（European option）。

股票期权和期货期权　许多个人和企业用期权对冲利率或股价波动造成的风险。为此，他们交易**期货期权**（futures options）（即买卖股指期货或利率期货的期权）和**股票期权**（stock options）（即买卖公司股票的期权）。

20 世纪 80 年代以来，股指期货市场的交易量显著上升。与此同时，期货期权市场的交易量也显著上升。实际上，现在交易的股指期货——主要是衍生工具的衍生工具——数量已经多于基于实际股票的期权。

货币期权　**货币期权**（currency options）是赋予持有者在特定时间以规定汇率买卖固定金额特定货币的权利的合同。货币看跌期权赋予持有者卖出一定金额货币的权利，而货币看涨期权赋予持有者买入一定金额货币的权利。跨国公司可以通过场外合同直接向银行买入货币期权，但它们也可以在有组织的交易所买入货币期权。

使用货币看涨期权的有限亏损和潜在利润　让我们考虑一家将在 6 月份付款购买 200 万欧元产成品的美国进口商如何用货币看涨期权对冲外汇风险。如果当前即期汇率为 1.300 0 美元/欧元，那么 200 万欧元等于 2 600 000 美元。为了对冲现在到 6 月这段时期

内的意外汇率变化，这家进口商购买了 6 月份欧元看涨期权。在图 5—4 所示的执行汇率 1.315 0 美元上，进口商品的成本上限为 2 630 000 美元。该执行价格的 6 月份看涨期权的期权费为 0.023 8 美元/欧元，这是购买合同的实际成本。因此，一份标准金额为 62 500 欧元的合同的价格为 1 487.50 美元。200 万美元恰好需要 32 份标准金额为 62 500 欧元的合同，总价格（即总期权费）为 32×1 487.50 美元＝47 600 美元。

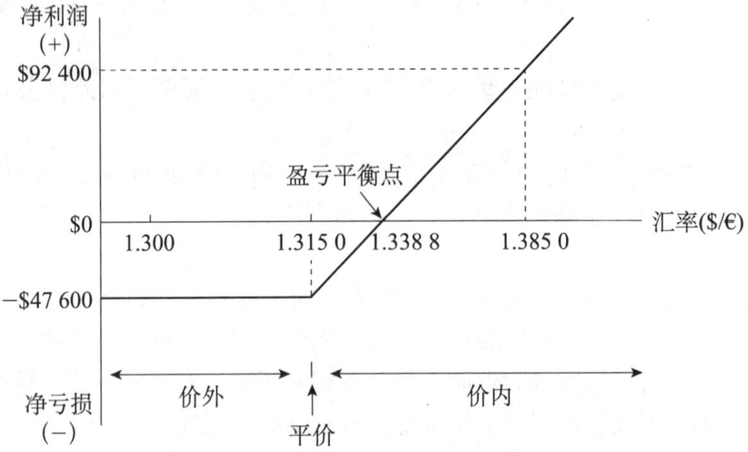

图 5—4　看涨期权的潜在利润与有限亏损

说明：当合同期权费为 0.023 8 美元/欧元时，每份 62 500 欧元的合同的期权费为 1 487.50 美元，因此期权持有者支付的总期权费为 32×1 487.50 美元＝47 600 美元。持有者的期权可能遭受的最大亏损以该金额为限。当汇率等于或高于 1.315 0 美元/欧元的执行汇率时，期权持有者可以执行期权，并得到至少相当于一部分期权费的补偿。当即期汇率为 1.338 8 美元/欧元时，持有者执行期权的利润刚好可以弥补总期权费。在更高的即期汇率上，期权持有者将获得净利润。例如，当即期汇率为 1.385 0 美元/欧元时，持有者将获得 92 400 美元的净利润。

一旦进口商花 47 600 美元购买了 32 份期权合同，如果美元跌破 1.315 0 美元/欧元，且忽略合同可能规定的执行费，进口商将选择执行期权。例如，如果美元汇率跌到 1.385 0 美元/欧元，进口商在即期市场上获得 200 万欧元将需要 2 770 000 美元。汇率变化增加的进口商成本为 2 770 000 美元－2 600 000 美元＝170 000 美元。执行期权并以 1.315 0 美元/欧元的执行价格购买 200 万欧元（即 2 630 000 美元的总支出）可以节省 140 000 美元。考虑进口商为期权支付的期权费，进口商节省的支出为 140 000 美元－47 600 美元＝92 400 美元。

注意，这家公司没有完全对冲即期汇率变为 1.385 0 美元/欧元时的亏损，因为企业使用期权合同时的支付总额为 2 630 000 美元＋47 600 美元＝2 677 600 美元，比汇率保持为 1.300 0 美元/欧元的初始水平时企业必须支付的金额——2 600 000 美元——多 77 600 美元。因此，这家公司仍然遭受了 77 600 美元的净亏损，这是汇率从 1.300 0 美元/欧元升至 1.385 0 美元/欧元的结果，好于它没有货币期权时遭受的 170 000 美元亏损。

然而，1.385 0 美元/欧元的即期汇率只是一种可能结果。图 5—5 说明了进口商的看涨期权在一系列可能即期汇率下的有限亏损和潜在利润。进口商可能遭受的最大亏损为 32 份期权合同的总期权费 47 600 美元。在执行汇率 1.315 0 美元/欧元的下方，进口商“在价外”，这意味着它不能执行期权。然而，如果即期汇率升至 1.315 0 美元/欧元，进口商就可以选择执行期权。在该执行汇率上，进口商是“平价”的。高于执行汇率时，进口商“在价内”，意味着它获得的总收入将开始抵消为期权支付的总期权费。

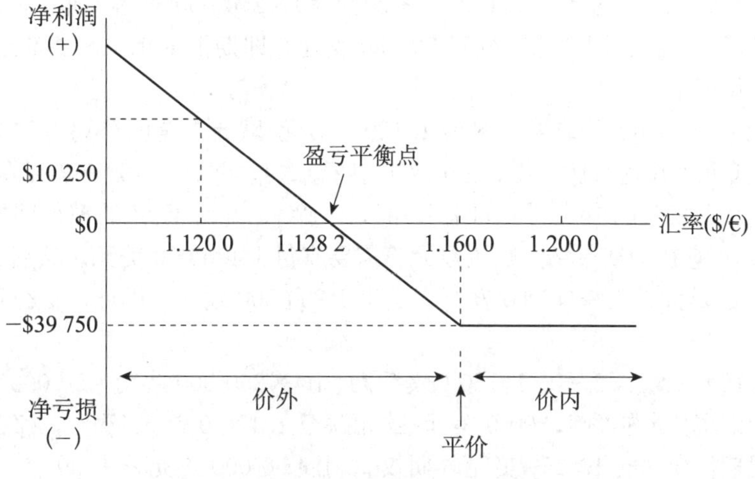

图 5—5　看跌期权的潜在利润与有限亏损

说明：假设每份 62 500 欧元的看跌期权合同的期权费为 1 987.5 美元，20 份看跌期权合同的总期权费为 20×1 987.50 美元＝39 750 美元，持有者的最大亏损以该金额为限。当汇率等于或高于 1.160 0 美元/欧元的执行汇率时，期权持有者可以执行期权，并得到至少相当于一部分期权费的补偿。当即期汇率为 1.128 2 美元/欧元时，持有者得到的利润刚好可以弥补总期权费。在更低的即期汇率上，持有者将获得净利润。

如果即期汇率升至 1.338 8 美元/欧元，执行期权的总利润将升至 47 600 美元，这恰好弥补了 47 600 美元的总期权费。因此，1.338 8 美元/欧元的即期汇率是进口商期权合同的盈亏平衡点。如果即期汇率升至 1.338 8 美元/欧元以上，那么进口商将从期权中获得净利润，也就是说，总利润大于为期权合同支付的总期权费。注意，如果图 5—5 中的即期汇率为 1.385 0 美元/欧元，那么进口商从期权合同中获得的净利润等于

(1.385 0 美元/欧元－1.338 8 美元/欧元)×2 000 000 欧元＝92 400 美元

这就是我们之前计算出的金额。

使用货币看跌期权的有限损失和潜在利润　假设之前讨论的美国公司也通过德国分销商出售出口商品，且 6 月份收到的货款为 1 250 000 欧元。如果当前的即期汇率为 1.200 0 美元/欧元，那么 1 250 000 欧元相当于 1 500 000 美元。为了对冲销售商品可能产生的美元收入损失，企业购买了 20 份欧元看跌期权。

如果欧元对美元的价值下跌，例如，跌至 1.120 0 美元/欧元，那么 1 250 000 欧元在 6 月只能兑换到 1 400 000 美元。该公司当月的美元收入将损失 100 000 美元。如果欧元价值跌至看跌期权的执行汇率或该汇率以下，使用看跌期权将允许企业按有保证价格卖出它得到的欧元货款。假设 6 月份欧元看跌期权的执行汇率为 1.160 0 美元/欧元，且期权费为 0.031 8 美元/欧元。一份 62 500 欧元的期权将产生 1 987.50 美元的期权费，因此 20 份欧元看跌期权的总期权费为 20×1 987.50 美元，即 39 750 美元。

图 5—5 说明了与进口商看跌期权有关的有限损失和潜在利润。在看跌期权的例子中，如果即期汇率高于 1.160 0 美元/欧元的执行汇率，期权就是“价外”的。如果即期汇率恰好与执行汇率相等，期权就是“平价”的。如果即期汇率跌至执行汇率以下，期权就是“价内”的。这意味着，当即期汇率跌穿执行汇率后继续下跌时，进口商将从期权合同中获得越来越高的总利润。当即期汇率为 1.128 2 美元/欧元时，该公司的总利润等于

(1.160 0 美元/欧元－1.128 2 美元/欧元)×250 000 欧元＝39 750 美元

这恰好抵消了期权合同的总期权费 39 750 美元。即期汇率 1.128 2 美元/欧元是看跌期权的盈亏平衡汇率。

假设外汇市场上的欧元结算汇率为 1.120 0 美元/欧元。美国公司得到的欧元货款将损失 100 000 美元。在这个例子中，公司可以执行期权，并以 1.160 0 美元/欧元的执行汇率卖出欧元，从期权合同中获利。如果公司以 1.120 0 美元/欧元的现行即期汇率购买了 1 250 000 欧元，它在即期市场上购买欧元将需要支付 1 400 000 美元。然后，该公司可以按 1.160 0 美元/欧元的汇率向期权发行人卖出 1 250 000 欧元。因此，该公司的期权总利润等于

(1.160 0 美元/欧元－1.120 0 美元/欧元)×250 000 欧元＝50 000 美元

如果即期汇率从最初的 1.200 0 美元/欧元跌至 1.120 0 美元/欧元，那么公司将不能完全对冲。但期权净利润 10 250 美元（期权总利润 50 000 美元减去 39 750 美元期权费）将 100 000 美元的损失减至 89 750 美元。

轧差 许多跨国企业既有外币支出，又有外币收入，这与之前的看涨期权和看跌期权例子中的进口商很类似。外币支出和外币收入可以对消大部分汇率波动风险敞口。为了了解其中的原理，下面以两个例子说明。

如果欧元汇率从 1.220 0 美元/欧元变为 1.200 0 美元/欧元，进口商的 200 万欧元支出将上升

(1.230 0 美元/欧元－1.200 0 美元/欧元)×2 000 000 欧元＝60 000 美元

与此同时，企业的欧元收入上升了

(1.230 0 美元/欧元－1.200 0 美元/欧元)×1 250 000 欧元＝37 500 美元

因此，即期汇率变化给企业造成的净损失为 22 500 美元。

由于企业的两个折算风险敞口往往会以这种方式彼此抵消，因此企业可以选择将这些敞口合并为一个净风险敞口。将收支货币风险敞口合并为一个净风险敞口的过程被称为**轧差**（netting）。本例中的公司合并收支将得到 2 000 000 欧元支出减去 1 250 000 欧元收入后的净敞口，即 750 000 欧元的净支出。因此，企业可以尝试仅通过看涨期权对冲欧元升值时的净风险敞口。公司使用看涨期权，是因为 750 000 欧元的净风险敞口要求在未来交割欧元。具体而言，公司通过购买 12 份欧元看跌期权合同（750 000 欧元/62 500 欧元）对冲了净风险，总期权费为

(0.023 8 美元/欧元)×(12×62 500 欧元)＝17 850 美元

轧差让企业不必同时用看涨期权和看跌期权对冲与支出和收入有关的敞口。如果企业不使用轧差，而是使用 32 份看涨期权和 20 份看跌期权（如看涨期权与看跌期权的例子分别所示），企业必须支付的总期权费将为 47 600 美元＋39 750 美元＝87 350 美元。轧差将企业的总期权费降至 17 850 美元，因而节省了 69 500 美元期权费。

互换

互换（swap）是交易双方交换支付流的金融合同。**利率互换**（interest rate swap）是国际金融市场上一种重要的互换类型。根据这种合同，一方承诺用预计得到的一系列利息换取应付给另一方的另一系列利息。

货币互换 另一种重要的互换合同是**货币互换**（currency swap），它是用不同货币表示的支付流的交易。图 5—6 举例说明了货币互换，其中假设国际商用机器（IBM）公司在日本销售电脑获得日元收入，而东芝公司在美国销售电脑获得美元收入。IBM 向股东和债券持有者支付美元股利和利息，东芝公司向股东和债券持有者支付日元股利和利息。因此，IBM 和东芝公司原则上可以用货币互换来交易日元收入和美元收入，以向各自的股东和债券持有者支付收益。

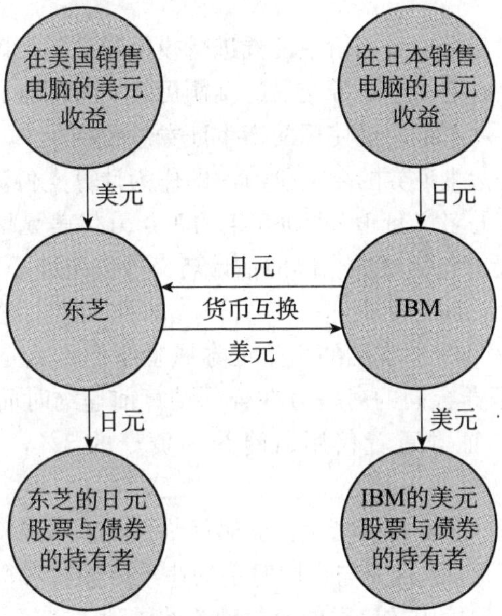

图 5—6 货币互换示例

说明：IBM 在日本销售电脑获得日元收入，东芝公司在美国销售电脑获得美元收入。这两家公司可以使用货币互换合同交易日元收入和美元收入，以向股票和债券持有者进行支付。

此外，企业经常用互换锁定债务支出或未来收入的本币价值。有时，互换对手比远期合同的对手更容易找到，因为互换直接撮合需要另一方持有的货币流的交易双方。

使用互换也让借款人得以安排更优的贷款条款。例如，假设一家美国公司希望获得欧元贷款来为欧洲货币联盟内的某个项目融资。这家公司在美国有经营机构，但在欧洲却相对默默无闻。因此，它可能必须对在欧洲发行的欧元债务支付风险溢价。为了避免支付风险溢价，该公司可以在美国发行美元债务。然后，它可以安排一家国际知名的美国银行以相对优惠的条件交易美元—欧元互换。这种通过发行本国债务并进行货币互换，从而获得欧元的间接方法让美国公司可以筹足欧元项目的资金，同时向美国债券持有者支付美元利息。

注意，如果欧元走弱，这家公司的互换安排将可以获利，但如果欧元走强，这家公司将可能遭受损失。因此，存在着某种外汇风险，它类似于企业用远期合同持有多头时面临的风险。

互换类型 由此产生了不同类型的利率互换与货币互换。最常见的互换是普通互换（有时被称为子弹互换），其中互换双方同意交易各方有权获得的支付流。然而，还有其他更复杂的互换合同。例如，交叉货币互换既包括货币交换，也包括固定利率与浮动利率交换。远期互换将实际互换交易延迟了几天到几年。互换期权（有时被称为 swaption）赋予所有者在互换市场价格达到执行价格或履约价格时进行互换的权利。

确定这些互换和其他互换衍生证券的实际收益率可能是相当复杂的。于是，一些自称为金融工程师的金融经济学家应运而生，他们试图找出计算这些衍生证券的恰当市场价格的方法。

衍生证券的风险与监管

金融工程师还希望确定交易者用衍生证券进行投机导致的风险。这是个概念上颇具挑战的任务，原因之一是，确定衍生证券交易的金额可能非常困难。

衡量衍生证券风险 一个被广泛使用的衍生证券总量指标——有些人用它作为衍生证券风险的粗略指标——是衍生证券的名义价值，即作为计算支付流基础的本金金额。美国银行持有的外汇衍生证券的名义价值从1986年的1.4万亿美元增至2013年的超过65万亿美元。2013年，全球所有衍生证券合同的估计名义价值超过了650万亿美元，远远高于1996年的43.2万亿美元。

重置成本信用风险是另一种常见的衍生证券风险指标。这是当前市场价格下，衍生证券合同的一方在衍生证券合同的另一方在合同结算前违约时面临的成本。1992—1994年，美国商业银行的衍生证券重置信用风险约为资产的5%，现在这个数字已经超过了10%。

衍生证券风险的类型 企业持有衍生证券时面临三类基本风险：一类是**衍生证券信用风险**（derivative credit risks）。这是与合同对手的违约可能或者衍生证券收益率依赖的基础工具市场价格变化导致的信用敞口意外变化相关的风险。

另一类风险是**衍生证券市场风险**（derivative market risks），这是支付系统意外故障或结算时价格异常变化导致潜在损失的风险。这种事件可能导致衍生证券交易者的流动性水平下降，并可能减缓其调整所持衍生证券的正常过程，因而使其暴露于亏损风险中。例如，假设一家跨国公司决定在预期不利价格变化之前执行某个货币期权，但它可能在执行过程中发现某个关键的电脑链接暂时“无法访问”了，导致它在价格变化时遭受亏损。类似地，衍生证券交易中某种基础资产的价格可能在结算前最后一刻意外变化，这同样会导致持有者遭受亏损。

最后，衍生证券交易者必然会面临**衍生证券操作风险**（derivative operating risks），这是由于愚蠢管理导致亏损的风险。表5—3总结的许多著名衍生证券亏损都是由于企业经理对衍生证券错误估值，并且直到结算时才发现他们的错误。例如，信孚银行（Bankers Trust）解决过多桩代表客户从事衍生证券交易的大型案件，这些机构都遇到过不当内部控制导致中层经理交易监管不力的问题。

随着个人、银行和公司越来越熟练地使用不同衍生证券进行对冲和投机，全球的衍生工具市场继续增长。和其他金融工具一样，衍生工具市场的相互关联越来越紧密。我们将在下一章中重点分析这种发展。

基本问题6 什么是最常交易的衍生证券？

最常被持有和交易的衍生证券是远期合同、期货合同、期权合同和互换合同。远期合同包括利率远期合同和货币远期合同。利率期货、股指期货和货币期货是最常见的期货合同类型，它们不同于远期合同，因为交易者是在每天产生利润和亏损而不是只有在到期时才产生利润和亏损的有组织市场上交易标准数量的此类合同。最常见的期权，也就是给予持有者买卖某种金融工具的权利的合同是股票期权、期货期权和货币期权。利率互换和货币互换是双方承诺交换不同货币的利率收入流或支付流的合同。

本章总结

1. 利息收益率、金融工具价格和利率风险：利息收益率是根据金融工具得出的收益率。金融工具的价格包含交易者对这种金融工具当前价值的评估。因此，任何金融工具的价格应该直接取决于它的当前收益与未来收益的贴现现值，它与利率负相关。市场利率的意外增加可能降低市场价格，从而导致资本亏损，让金融工具持有者暴露在利率风险下。

2. 为什么不同期限和风险的金融工具的市场收益率不同：造成短期收益率与长期收益率差异的一个因素是对未来短期利率相对于当前长期利率上升还是下降的预期。另一个因素是短期金融工具与长期金融工具相比，通常流动性较高、风险较低，因此交易者要求期限溢价，使持有长期金融工具和短期金融工具无差异。金融工具的违约风险和流动性程度各有不同，因此不同金融工具的风险溢价也有差异。交易者要求市场收益率反映风险溢价，因此即使金融工具的期限相同，它们通常也有差异。此外，政府经常对某些金融工具征税，这最终导致其市场收益率的差异。

3. 国际利率差通常与无抛补利率平价条件不同的原因：尽管对无抛补利率平价的偏离在长期会缩小，但有证据表明国际金融市场上的存款人可以获得超额收益率，即预期本币贬值率高出本国利率与外国利率之差的部分。新兴经济体居民发行的债券和其他金融工具的超额收益率通常较高，持续时间较长。造成这种超额收益率以及这些国家和其他国家无抛补利率平价失灵的原因是无抛补套利的障碍、比索问题和风险溢价。

4. 实际利率以及实际利差为何能显示国际市场对套利的开放程度：实际利率等于名义利率减去预期通货膨胀率。如果人们预期购买力平价条件将满足，且无抛补利率平价条件也成立，那么不同国家的实际利率将相同，且实际利率平价成立。对购买力平价和无抛补利率平价的偏离导致了对实际利率平价的偏离，因此对实际利率平价的偏离大小表明了在国际市场上可以产生套利的程度。

5. 衍生证券：衍生证券是收益率取决于其他金融工具收益率的金融工具。因此，交易者可以用这些证券对冲利率风险或外汇风险或对其进行投机。

6. 最常交易的衍生证券：最常被持有和交易的衍生证券包括远期合同、期货合同、期权合同和互换合同。交易者通常同时使用利率远期合同和货币远期合同。最常交易的期货合同包括利率期货、股指期货和货币期货。与远期合同相反，期货合同要求在高度有组织的市场上交易标准金额的金融工具，期货合同每天都会产生利润或损失。最常交易的期权合同，即给予持有者买卖某种金融工具的权利的合同是股票期权、期货期权和货币期权。互换是交换支付流的协议，因此利率互换需要交换利息支付流，而货币互换需要交换不同货币的支付。

问题与习题

1. 年息票收益为 C 的无到期日永续债券的价格公式为 C/R。注意，每年收到 C 美元直至永远的收入流的贴现现值等于下式：

$$P_B = C/(1+R) + C/(1+R)^2 + C/(1+R)^3 + C/(1+R^4) + \cdots$$

P_B 的金额为永续债券持有者愿意为持有该工具支付的价格。因此，P_B 应该等于 C/R。请证明该关系。[提示：请试着用以上公式乘以系数 $1/(1+R)$。然后从上式中减去得到的公式。然后解 P_B。]

2. 三只俄罗斯债券的数据如下，这三只债券分别为债券 A、债券 B 和债券 C：

债券	期限	当前年收益率
A	5年	20%
B	10年	17%
C	20年	15%

如果债券的风险都相同，那么最可能解释这些债券表示的收益率模式的因素是什么？

3. 假设交易者现在预期，明年美元相对于欧元将贬值 3.5%。现在，美国国债的市场利率为 5%，相同风险特征和相同期限的德国国债的市场利率为 3%。持有德国国债是否存在超额收益率？如果是，那么超额收益率是多少？

4. 假设本国债券的年利率为 5%，预期年通货膨胀率为 2%。此外，假设类似债券的外国年利率为 6%，预期年通货膨胀率为 4%。

a. 将无抛补套利的概念应用于名义利率，你预期当年的本币汇率将发生什么变化？

b. 将相对购买力平价的概念应用于通货膨胀率，你预期当年的本币汇率将发生什么变化？

5. 根据第 4 题中的信息，本国实际利率和外国实际利率是多少？实际利率平价成立吗？你预期这些国家之间将发生哪些资金流动和实际利率调整？

6. 货币期货合同与货币远期合同的不同之处有哪些？

7. 为什么货币期货期权是"衍生工具的衍生工具"？请简要说明。

8. 假设你的公司今年 6 月需要偿还 500 000 瑞士法郎（SFr）。如果瑞士法郎对美元升值，这笔未来还款的美元价值将增加，你的公司将遭受亏损。由于存在这一外汇风险敞口，因此你决定用期货合同作为对冲手段。瑞士法郎期货的初始保证金为 1 688 美元，芝加哥商品交易所的维持保证金为 1 250 美元。

a. 请说明你将如何使用瑞士法郎期货——合同的数量、多头还是空头——以及你如何用期货账户进行对冲。

b. 假设你用 6 月份瑞士法郎期货在当月第一天市场开盘时进行了这笔交易。请说明你的每日初始保证金变化（从第一天到第四天），并说明是否产生了现金流或者追加保证金要求。

		开盘	最高价	最低价	结算价	变化	利息
瑞士法郎（芝加哥商品交易所）—125 000 瑞士法郎；美元/瑞士法郎							
第 1 天	6 月	0.625 1	0.626 7	0.621 3	0.625 2	−0.004 6	807
第 2 天	6 月	0.621 6	0.621 6	0.611 0	0.612 7	−0.012 5	980
第 3 天	6 月	0.610 8	0.612 0	0.602 9	0.611 5	−0.001 2	1 237
第 4 天	6 月	0.608 5	0.611 2	0.605 8	0.608 6	−0.002 9	1 363

c. 你在第四天结束时如何平仓？

9. 下表显示了一份美式欧元看涨期权的信息。当前的欧元即期汇率为 0.965 7 美元，每份期权合同为 62 500 欧元。

		看涨期权		看跌期权	
		数量	上个交易日的价格	数量	上个交易日的价格
960	6 月	…	…	5	0.016 1
980	6 月	14	0.018 8	…	…
1 000	6 月	1	0.011 7	…	…
1 020	6 月	1	0.060 0	…	0.010 0

a. 980 看涨期权现在是在价内、平价还是价外？

b. 假设你公司的经济学家认为欧元对美元的汇率可能升至 1.02 美元，或者贬至 0.96 美元。因此，她购买了 8 份看涨期权合同，以部分对冲 750 000 美元的基础空头。请用图表说明 8 份看涨期权合同的潜在损益。

c. 请说明在 0.96 美元、1.02 美元和当前即期汇率上的损益金额。（所有计算结果保留两位小数。）

d. 请算出盈亏平衡汇率。

e. 请在你的图上加入一条线，说明即期汇率偏离当前水平时基础敞口的损益。请指出汇率等于 0.96 美元和 1.02 美元时的损益。

10. 请对比使用互换与远期合同抛补货币多头的优点和缺点，并说明在什么情况下使用一种衍生工具比另一种衍生工具更有利。

在线应用

网址：http://www.cmegroup.com

标题：芝加哥商品交易所（CME）

浏览：首先访问芝加哥商品交易所的主页（http://www.cmegroup.com）。点击“关于我们”，然后点击“公司概览”。在“相关链接”下，点击“公司能力”。

应用：请阅读文档，并回答下列问题。

1. 根据本文档，在芝加哥商品交易所上交易的外汇期货合同有多少？在芝加哥商品交易所上交易的外汇期权有多少？

2. 芝加哥商品交易所集团提供的三类主要外汇产品是什么？请简要描述每类产品。

3. 芝加哥商品交易所集团提供的两类主要“其他投资产品”是什么？请简要描述每类产品。

部分参考书目与扩展阅读

[1] Bekaert, Gaert, Min Wei, and Yuhang Xing. “Uncovered Interest Rate Parity and the Term Structure.” *Journal of International Money and Finance* 26 (2007): 1038 - 1069.

[2] Bartolini, Leonardo. “Foreign Exchange Swaps.” Federal Reserve Bank of Boston. *New England Economic Review* (Second Quarter 2002): 11 - 12.

[3] Chaboud, Alain, and Jonathan Wright. “Uncovered Interest Parity: It Works, But Not for Long.” *Journal of International Economics* 66 (2005): 349 - 362.

[4] Ferreira, Alex Luiz, and Miguel León-Ledesma. “Does the Real Interest Parity Hypothesis Hold? Evidence for Developing and Emerging Markets.” *Journal of International Money and Finance* 26 (2007): 364 - 382.

[5] Flood, Robert, and Andrew Rose. “Uncovered Interest Parity in Crisis: The Interest Rate Defense of the 1990s.” *IMF Staff Papers* 49 (2002): 252 - 266.

[6] Francis, Bill, Iftekhar Hasan, and Delroy Hunter. “Emerging Market Liberalization and the Impact on Uncovered Interest Parity.” *IMF Staff Papers* 49 (2002): 252 - 266.

[7] Goswami, Gautam, and Milind Shrikhande. “Economic Exposure and Currency Swaps.” *Journal of Applied Finance* 17 (Fall-Winter 2007): 62 - 71.

[8] Gunther, Jeffry, and Thomas Siems, “Debunking Derivatives Delirium.” Federal Reserve Bank of Dallas. *Southwest Economy* (March/April 2003): 1 - 9.

[9] Hoque, Ariful, Felix Chan, and Meher Manzur. “Efficiency of the Foreign Currency Options Market.” *Global Finance Journal* 19 (2008): 157 - 170.

[10] Kawaller, Ira. “Hedging Currency Exposures by Multinationals: Things to Consider.” *Journal of Applied Finance* 18 (Spring-Summer 2008): 92 - 98.

[11] King, Robert, and André Kurmann. “Expectations and the Term Structure of Interest Rates: Evidence and Implications.” Federal Reserve Bank of Richmond. *Economic Quarterly* (Fall 2002): 49 - 95.

[12] Nardi, Sailcat, and Daniel Waggoner. “Issues in Hedging Options Positions.” Federal Reserve Bank of Atlanta. *Economic Review* (First Quarter 2000): 24 - 39.

[13] Sekiuoa, Sofiane. “Real Interest Parity over the 20th Century: New Evidence Based on Confidence Intervals for the Largest Root and Half-Life.” *Journal of International Money and Finance* 27 (2008): 76 - 101.

[14] Wang, Tao, Jian Yang, and Marc Simpson. “U. S. Monetary Policy Surprises and Currency Futures Markets: A New Look.” *Financial Review* 43 (2008): 509 - 541.

第六章　国际银行、中央银行和超国家金融政策制定机构

基本问题

1. 为什么会出现国际金融中介？各国银行系统有何不同？

2. 世界上主要的银行支付系统有哪些？国际金融与银行系统的风险对金融不稳定性和金融危机有何影响？

3. 各国银行监管机构希望实现什么目标？它们如何进行监管？

4. 中央银行的主要资产和负债有哪些？

5. 中央银行的主要职能是什么？

6. 最重要的两个超国家金融政策制定机构是什么？它们在国际金融体系中的作用是什么？

2007 年 10 月 24 日，《华尔街日报》的头版标题之一是“全球中央银行在顺境中挣扎”。这篇文章关注的是外汇储备或美元等外币金融资产流向政府和中央银行——向政府和私有银行提供银行服务，通常担任一国银行系统监管者的政府资助金融机构——所产生的复杂情况。这篇文章专门提到了中国、哥伦比亚、印度、俄罗斯和泰国等新兴国家的中央银行。然而，即使在西欧各国、日本和美国等发达国家，2007 年，中央银行也在努力适应“顺境”。受这些国家中央银行监管的私人银行表现看起来非常好，以至官方很难有理由保留大规模、高工资的中央银行监管人员与审计师。

情况瞬息万变。2008 年夏，新兴经济体的中央银行开始苦苦挣扎以适应急剧恶化的国际金融环境。在西欧、日本和美国，“问题”银行或破产银行的大量增加迫使中央银行雇用更多银行监管部门的会计师和经济学家，这种情况持续到 2010 年以后。

中央银行在一国金融体系和经济中起什么作用？中央银行在国际金融体系和外汇市场

上行使的职能是什么？本章提供了回答这些问题的基础知识，当你学完接下来几章后，将能完整回答这些问题。

国际金融中介

私人银行和中央银行的职责是什么？它们在国际金融市场上的作用是什么？为了回答这个问题，首先让我们来看银行在将存款转移到投资项目的过程中所起的作用。

当存款人用部分财富购买公司发行的债券时，他们实际上对这家企业发放了直接贷款。通过这种方式，他们帮助这家公司选择的国内资本投资项目进行了间接融资。

资本投资项目的融资并不总是如此直接。存款人也可以在一国政府的特许银行中存入长期存款。这家银行用这些钱和其他存款持有者的钱购买同一家公司以前发行的债券。在这种情况下，存款人为国内资本投资间接融资。反过来，银行充当了国内资本投资的融资中介。

金融中介

图 6—1 说明了直接融资与间接融资的区别。在直接融资中，不涉及银行等金融中介。存款人直接向进行资本投资的个人或企业贷款。然而，在间接融资中，另一家机构将存款人的钱转移给希望进行资本投资的人。

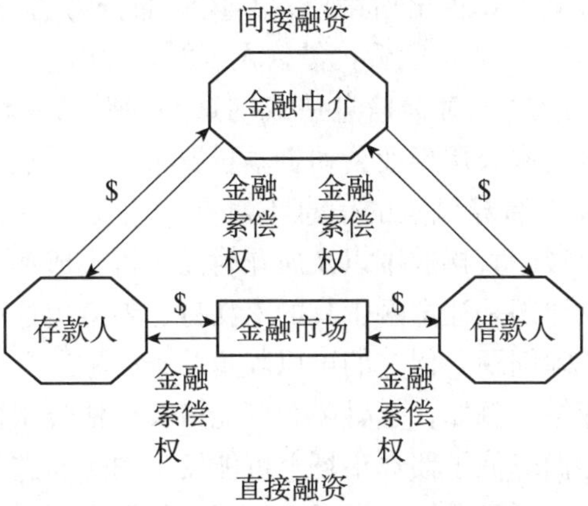

图 6—1　通过金融中介进行的间接融资

说明：存款人在金融市场上购买公司发行的金融工具，公司用得到的钱进行资本投资，这个过程是直接融资。金融中介发行自己的金融工具，并把从存款人那里获得的资金提供给企业进行资本投资，这个过程是间接融资。

间接融资的过程，即**金融中介**（financial intermediation），是将资金从存款转移到投资的最常见方式。金融中介是在这一过程中作为“经手人”的机构。这些中介的存在只是为了获取存款人的资金并将其分配给最终借款人。吸收存款并用这些钱发放贷款或持有其他类型金融工具的商业银行是金融中介的一个例子。

不对称信息　为什么存款人希望通过某些其他机构将资金转移给另一方而不是直接向另一方贷款呢？一个重要原因是**不对称信息**（asymmetric information），即金融交易的一方（例如借款人）通常拥有另一方（例如贷款人）无法获得的信息。

例如，假设一位墨西哥公民有机会购买一家距他家600英里的公用事业公司发行的高收益债券。这家公司计划用这笔钱建造一家实验发电厂，用于提高发电效率，同时显著降低大气污染。除非这位墨西哥存款人碰巧对发电十分在行，否则他很难评估这只债券的真正风险。这让他很难比较这只债券与其他金融工具的收益率。

相对而言，发行债券的公用事业公司肯定拥有更多关于发电厂前景的信息。既能提高燃料效率，也能显著降低污染的成功机会非常高。这家公用事业公司的经理提出该项目，也可能由于受到了政治压力，要求增加对发电厂所在地区的支出，以提高这一高选票地区的就业率。不管是哪种情况，发行债券的公用事业公司都拥有存款人不拥有的风险信息。

逆向选择　假设公用事业公司经理实际上一开始就知道，该项目的长期收入前景黯淡，但他们仍选择投资于发电厂建设，以期获得墨西哥政府未来的支持。在这种情况下，公用事业公司的经理知道，他们的债券对这家公用事业公司债券的购买者可能有逆向或不良后果。这就是不对称信息的例子，它被称为**逆向选择**（adverse selection）。它是指这样一种可能：希望获得资金投资于不划算项目的人是最可能希望借款或发行债务工具的人。逆向选择的一个结果是，存款人不愿意贷款给为高质量项目筹资的人：低质量债务工具的存在（例如公用事业公司例子中的债券）让贷款人变得疑虑重重。

道德风险　相反，假设发行债券的公用事业公司的经理诚心希望实现发电厂的具体目标，并通过经营发电厂获得尽可能高的收益。然而，在发电厂发售债券为项目融资后，管理层发生了变更。新经理希望削减成本，使用劣质材料和技术来建造发电厂，这最终既降低了效率，也不赚钱。结果是，存款人无法获得该公用事业公司债券的承诺利息收益率的概率升高了。借款人在金融工具售出后采取提高风险的行为的可能性是**道德风险**（moral hazard）。该术语是指从贷款人的角度看，借款人可能表现出“不道德”行为。

当然，墨西哥存款人解决不对称信息造成的这些问题的一种方法是来回奔波600英里，着手评估并继续监督这家公用事业公司资本投资项目的进展。通过获取尽可能多的直接信息，存款人减少了关于债券风险的信息不对称。然而，存款人这样做的成本可能很高，存款人要支付来回奔波的直接成本以及所花时间的机会成本。

金融中介存在的一个原因是让金融工具的潜在持有者避免这种成本。尽管金融中介无法消除逆向选择和道德风险问题，但它们可以收集关于金融工具基础风险的信息，并持续监督金融工具发行者的业绩。例如，金融中介可能擅长评估公用事业公司为大型投资发行的债券的发行说明书，因而降低了债券市场上可能发生的逆向选择问题的程度。这些金融中介还会追踪公共事业公司投资业绩的记录。投资项目管理不善的公用事业公司可能很难在未来发行新债券，这降低了产生道德风险问题的可能。

规模经济

金融中介存在的另一个重要原因是**规模经济**（economies of scale）。一些金融中介可以集中不同人的资金，从而增加了中央银行管理的存款规模。这种集中管理使平均资金管理成本可以低于存款人自己管理存款时的资金管理成本。

如果金融中介为许多人管理资金且平均成本低于每人各自管理资金的成本，就存在金融规模经济。养老金公司是专门管理个人退休金的机构，它可以为个人存款人节约此类成本。类似地，投资公司——代表股东，被称为共同基金的管理金融工具组合的机构——的存在理由主要也是规模经济。

跨国金融中介

在我们的例子中，墨西哥存款人打算购买一家墨西哥公共事业公司发行的债券。墨西哥居民还可能购买一家美国跨国公用事业公司发行的债券。墨西哥存款人希望持有一家美国公司发行的债券有许多原因。一种原因是为了获得较高的预期收益率。另一种原因是将至少一部分存款用于购买美国公用事业公司债券，以避免墨西哥的国家风险。更广泛地说，存款人的目标可能是通过**国际金融分散化**（international financial diversification）降低整体风险，即持有不同国家发行的债券，从而将投资组合风险分散于墨西哥发行的金融工具和外国发行的金融工具之中。

真正老练的墨西哥存款人不会只持有墨西哥和美国发行的金融工具。他会将一部分财富存在提供**全球指数基金**（world index fund）的投资公司，全球指数基金是一组精心设计、在全球发行的金融工具，其历史收益率往往沿不同方向变化。通过持有全球指数基金，存款人最终将获得不同国家证券的平均收益率，同时保持最低的整体风险。

国际金融中介　持有全球指数基金让墨西哥存款人成为国际金融中介过程的一部分。国际金融中介是指银行、养老金公司和投资公司等金融中介进行跨国投资的间接融资机构。

国际金融中介的存在理由与国内金融中介的存在理由相同。例如，评估持有美国债券的风险时，墨西哥存款人的不对称信息问题至少和持有墨西哥债券时一样严重。通过将一部分财富存入投资公司管理的全球指数基金，存款人转移了评估和监督全球债券发行人前景和业绩的任务。存款人向投资公司支付管理费以换取这种服务。

规模经济和全球银行业　位于不同国家的银行使用全球存款人的资金为其他国家的个人和公司提供贷款，从而参与国际金融中介过程。因此，几乎没有哪国的投资项目仅仅从国内融资。即使在美国，通过银行融资的投资项目资金也越来越多地来自非美国银行的贷款。平均而言，大型美国公司使用的外国银行服务多于国内银行服务。

如表 6—1 所示，全球 10 大银行中没有一家在美国。现在，多数最大的银行机构，有时被称为银行巨头，都位于欧洲和日本。这些银行巨头通常在全世界范围内吸收存款和发放贷款。尽管它们在母国报告利润和缴纳税款，但这些银行巨头完全是国际银行机构。

表 6—1　　**全球最大的银行**

银行	国家	资产（10 亿美元）
德意志银行	德国	2 804
法国巴黎银行	法国	2 547
中国工商银行	中国	2 459
巴克莱银行	英国	2 427
日本邮贮银行	日本	2 320
法国农业信贷银行	法国	2 233
苏格兰皇家银行	英国	2 224
中国建设银行	中国	1 951

续前表

银行	国家	资产（10 亿美元）
中国银行	中国	1 879
中国农业银行	中国	1 855

资料来源：《银行家年鉴》，2012。

为什么会出现业务遍及全球的银行巨头？一个可能的答案是规模经济。通过资产组合的地区扩张或全球扩张，银行巨头可以降低平均营业成本，因而提高效率。英国北威尔士大学的耶内尔·阿尔通巴斯（Yener Altunbas）和菲利普·莫利纽克斯（Philip Molyneux）发现，当欧洲银行进行更广泛的跨国扩张时，法国、德国和西班牙银行的成本显著降低。美国银行业规模经济的证据较为复杂，尽管美国银行经理通常将规模经济作为美国大规模并购的关键理由。

有些经济学家认为，某种形式的规模经济可以解释银行巨头的存在：信息处理中的规模经济。根据这种观点，这些银行不断扩张的规模说明现在许多企业已经将业务扩展到世界各大洲。为了评估和监督这些跨国公司的信用，银行也必须在全球设立机构。这能让银行比单纯在国内经营时更有效地克服信息不对称问题。因此，产生银行巨头的关键原因是同时存在信息不对称和国际银行经营中的规模经济。

基本问题 1　为什么会出现国际金融中介？各国银行系统有何不同？

金融中介存在的一个关键原因是解决不对称信息产生的问题。其中一种问题就是逆向选择，即信用最差的借款人最有可能希望借款的可能。另一种是道德风险，即最初信用良好的借款人得到贷款人的资金后采取降低信用的行为的可能。存在金融中介的另一个原因是存在规模经济，即将管理成本分摊于大量存款人的能力。全球银行进行国际金融中介活动的一个可能原因是，它们通过在全球进行信用评估和监督经营活动，实现了信息处理的规模经济。

全球支付与金融体系风险

国际金融交易和银行同业支付越来越电子化。在美国，尽管现金和支票账户等非电子支付媒介占所有支付的 90%左右，但这些媒介只占这些交易美元价值的不到 15%。这表明，大量美元支付，例如银行同业支付，是通过电子交易进行的。

这种交易与支付技术的革命重塑了国际金融的技术环境。银行这个词源自意大利商人的长椅，即 *banco*，在中世纪的欧洲，人们就在这种长椅上交易货币。然而，在当今的电子交易环境中，这个词已经变成了过去岁月的遗痕。

全球支付系统

银行支付转账发生在**支付系统**（payment systems）中，这是个人、企业、政府和金融机构处理商品、服务或金融资产支付过程时使用的机制。表 6—2 列出了世界上最大的支付系统，并给出了这些系统的交易与资金流数据。现有的几种支付系统可以分为两大类：

非电子支付系统和电子支付系统。

非电子支付系统 在多数国家，人们仍然使用硬币和纸币进行大部分交易。例如，美国居民用硬币和纸币进行的交易超过总交易数量的四分之三。当某人用硬币和纸币购买商品时，在交换发生那一刻交易就结束了。相反，支票交易和借记卡交易只有在银行将资金从买方账户转账到卖方账户之后，交易才结束。因此，使用支票和借记卡要求交易双方依赖银行作为支付中介，即结清商品、服务或金融资产交易产生的支付的中间人。

在许多国家，支票和借记卡是另一种主要的非现金、非电子支付手段。非现金、非电子支付手段的其他形式包括贷记卡、邮政汇票和纸质直接转账交易。和需要银行与其他金融机构之间的转账支付命令的支票系统类似，直接转账系统涉及支付中介。直接转账系统在欧洲和亚洲都很常见，除了银行，它还连接着其他一些支付中介（例如邮局）。

表 6—2　　主要国家支付系统中的交易与支付流

国家/支付系统	交易（百万美元）	价值（万亿美元）
欧洲货币联盟		
TARGET	88.6	760.6
Euro-1	240.5	358.8
日本		
Zengin	5.2	60.2
BOJ-NET	108.9	943.1
英国		
CHAPS	32.2	97.4
美国		
Fedwire	144.9	928.4
CHIPS	90.9	365.1

资料来源：支付系统的统计出版物，各期；作者的估计，2011 年。

电子支付系统 美国的电子支付总额中，约 85%是通过**大额电子转账系统**（large-value wire transfer systems）进行的。这些美国电子转账系统处理的交易不足支付交易总笔数的 1%。因此，它们显然专门处理大额转账。这种大额电子转账系统在其他发达国家也很常见，大部分电子转账金额均由其处理。其中包括欧洲货币联盟（EMU）的 TARGET 系统、日本银行的 NET（BOJNET）系统和英国的 CHAPS 系统。

美国有两个主要的大额电子转账系统。一种是 **Fedwire**，它是由美联储代表所有必须在美联储银行持有准备金的金融机构拥有和运行的。这些金融机构支付费用，以使用 Fedwire 进行两类主要交易的资金转账。一类是记账式证券交易，这是美国国债的电子支付方式。另一类是美联储银行的银行存款账户之间的银行同业支付，它涉及被称为联邦基金市场的银行同业市场上的银行间授信。Fedwire 的平均每笔支付金额超过 600 万美元。Fedwire 系统的日均支付金额约为 3.5 万亿美元。

另一种主要的美国大额电子转账系统是**清算所银行间支付系统**（Clearing House Interbank Payments System，CHIPS）。这是纽约清算所协会管理的私有系统，它有约 50 家会员银行。这些银行主要使用 CHIPS 转账外汇交易和欧洲货币交易的资金。每笔 CHIPS 交易的平均价值约为 400 万美元，CHIPS 系统的日均支付流超过 1.5 万亿美元。

BOJNET 系统的功能类似于 Fedwire 和 CHIPS。英国的 CHAPS 系统、欧洲货币联盟的 TARGET 系统和世界上其他电子转账系统也是如此。

网络资源

请访问 CHIPS 的网址：http://www.chips.org。

支付系统风险

支付系统既面临着私人风险，也面临着公共风险，这是金融交易固有的风险。风险随着支付系统规模和范围的增加而增加。例如，任何零售商店接受顾客的纸币或硬币时，都存在着顾客用假币付款的极小可能性。然而，零售商通常接受纸币和硬币付款，因为风险损失限于每位顾客，且付款金额通常相对较小。相反，大额电子转账系统中的数百万美元涉及的风险通常要高得多。因此，正如我们详细讨论过的，中央银行在很大程度上参与监督和监管大额支付系统的运行。

支付系统会自然产生三类风险：流动性风险、信用风险和系统性风险。银行等支付中介代表付费顾客承担这些风险。在实际的国际支付中，会产生一种特定形式的支付系统风险——赫斯塔特风险。本节后面将讨论这种风险。

流动性风险 你可能注意到了，许多人并不总是守时。有些人似乎有意在开会时和其他场合迟到。与之类似，许多人并不总是按照承诺的时间付款。这种行为意味着应该收到承诺款项的人面临着损失风险，当迟到的资金可以用于其他用途时，这可能形成机会成本。此外，晚收款还可能产生显性成本。例如，没有按时收到款项可能让收款人及时偿还其他金融债务的能力受到影响。

流动性风险（liquidity risk）是晚收款可能产生这种损失的风险。大额电子转账系统和其他形式电子支付系统的问世主要源于银行和其他支付中介通过加速支付处理过程降低流动性风险的愿望。出现让电子支付机制成为可能的现代电脑科技之前，支付中介必须依赖快递服务或邮局服务面交纸质支付命令。这些服务的意外延迟让支付中介面临着高昂的隐性成本或显性成本。相反，支付中介可以在几分钟内发起电子转账，实际转账几乎是瞬时发生的。

信用风险 交易中经常发生的一种情况是，一方在另一方交付商品、服务或金融资产之前转账资金。结果，转账资金的一方相当于向交易另一方授信，因而承担了**信用风险**（credit risk）。信用风险是指交易中另一方最终无法履行全部交易条款的可能。

参与大额电子转账系统的支付中介制定了复杂的规则体系，以降低信用风险。这些规则详细规定了电子转账双方的责任，并清晰说明了双方未能按时交割交易时系统管理者协调分歧的责任。

在国际环境中，可能由于跨国支付系统适用的法律法规不同而产生问题。例如，一家美国支付中介可能用 CHIPS 系统将一笔付款转账给一家属于英国 CHAPS 系统的日本银行。这两个大额电子转账系统关于结算支付的规则可能稍有不同。此外，美国法律体系和英国法律体系对交易双方的职责和责任的解释也可能不同。为了处理国际交易中可能产生的这种问题，十国集团（G10）的中央银行制定了一套通用规则，称为朗法吕西准则。该准则阐明了参与十国集团内大额电子转账系统的支付中介的基本支付法律责任。

系统性风险 流动性风险和信用风险是支付中介个体承担的支付系统风险。然而，由于参与大额电子转账系统的支付中介都是相互联系的，因此支付中介面临着某些共同的支付系统风险。所以，这些支付中介之间的支付流是彼此依赖的。例如，假设一家洛杉矶银行希望在美国东部标准时间（EST）下午 1:30 收到一家费城银行的电子转账。据此预期，这家洛杉矶银行承诺在美国东部标准时间下午 1:45 向一家圣路易斯银行进行电子转账。这家圣路易斯银行进而同意在美国东部标准时间下午 2:00 用从洛杉矶银行收到的资金向一家西雅图银行电子转账。因此，如果费城银行没能按照承诺在美国东部标准时间下午 1:30 向洛杉矶银行转账，洛杉矶银行就可能无法在美国东部标准时间下午 1:45 向圣路易斯银行转账，因为届时这笔钱还不归其所有。此外，如果费城银行发现某个事件让它根本无法在当天下午转出资金，那么即使有足够的资金可以完成支付，整个支付链条也可能断裂。

在这个例子中，费城银行无法和洛杉矶银行结算交易的风险是洛杉矶银行的流动性风险或信用风险。然而，对于圣路易斯银行和西雅图银行来说，这种情况构成了**系统性风险**（systemic risk）。这是某些支付中介（例如我们例子中的圣路易斯银行和西雅图银行）由于原本无关的交易没能支付结算而无法履行金融承诺的可能。

对于这些支付中介来说，系统性风险是负**外部性**（externality），即源自它们并未参与的交易的负溢出效应。负外部性的另一个例子是空气污染，它可能导致不消费污染空气的产品的人承担污染行为的成本。政府经常将存在空气污染等负外部性作为政府监管污染者行为的理由。类似地，中央银行通常将支付中介对大额电子转账系统的相互依赖产生的系统性风险作为监管这些系统的理由。

赫斯塔特风险 系统性风险可能跨越国界。1974 年 6 月 26 日，一家叫赫斯塔特银行（Bankhaus I. D. Herstatt）的德国银行倒闭了。当赫斯塔特银行无力清偿债务时，德国监管者在法兰克福时间下午 3:30 关闭了这家银行。这是在这家银行收到欧洲其他国家的银行的外币付款之后，但是在这家银行向美国银行付款之前。赫斯塔特银行倒闭后，美国银行厘清了所有会计账目，认为它们的损失多达 2 亿美元。赫斯塔特事件扰乱了美国金融市场和支付系统，其他国家的其他几个支付系统也暂时关闭。

自从这次事件之后，银行家将国际支付风险泛称为**赫斯塔特风险**（Herstatt risk）。实际上，这种形式的风险包括两类，它们主要来自与不同国家的支付中介间的外币交易相关的支付处理过程。

第一，赫斯塔特风险部分是指支付中介签订协议，向不同时区的其他国家机构收款时面临的直接流动性风险和信用风险。对于 1974 年赫斯塔特银行倒闭时不得不等待数百万美元付款或直接损失 2 亿美元的美国银行来说，这些直接风险非常高。

第二，但也是更广义的，赫斯塔特风险也指各国支付系统之间的全球联系导致的系统性风险。由于分隔全球大型支付中介的时间差异，这些中介面临着在一个时区发生的事件（例如德国赫斯塔特银行的倒闭）对其他时区的支付系统运行产生广泛影响的可能。在这种意义上，赫斯塔特风险构成了可能需要许多中央银行合作监管的国际外部性。

基本问题 2 世界上主要的银行支付系统有哪些？国际金融与银行系统的风险对金融不稳定性和金融危机有何影响？

按金额计算，大部分支付是由银行等支付中介通过电子支付系统进行的。支付中介个体面临的支付系统风险包括流动性风险（即由于延迟收款产生损失的可能）和信用风险（即另一方无法完全履行交易条款的可能）。系统性风险是某些支付中介之间无法结算款项时导致其他支付中介之间无法结算款项，从而导致整体支付系统崩溃的可能。赫斯塔特风险在广义上是指国际支付转移产生的流动性风险、信用风险和系统性风险。这些不同的金融风险以及货币价值与符合经济基础的汇率不一致的可能会提高金融不稳定性。这种情况可能产生对官方汇率的投机性攻击，引发自我实现预期和危机传染，或者恶化道德风险问题，因而产生国际金融危机。

金融不稳定性与国际金融危机

支付系统风险是**金融不稳定**（financial instability）的可能来源之一，它是一国金融市场和银行体系不能将资金配置给最有生产效率的项目时的情况。金融不稳定性的其他来源包括外汇市场的币值大幅波动或一国企业或政府偿还本国或外国债务时可能遇到的意外困难。

严重的金融不稳定可能引发**金融危机**（financial crisis），即一国金融市场及其银行体系的运行大面积崩溃。为了限制甚至避免国际金融危机，政策制定者必须熟知造成金融危机的潜在原因。然而，实际上，关于金融危机的主要原因有不同观点。

经济不均衡与国际金融危机　传统的金融危机观点着重于**经济基本面**（economic fundamentals），这是指一国的当前经济状况与可能的未来经济前景以及一国政府或中央银行追求的经济政策等基础因素。根据这种观点，符合一国经济基本面的汇率与官方目标汇率的不一致会引发金融危机。如果外汇交易者认为一国货币的官方价值高于基于经济基本面的私人外汇市场上的真实币值，交易者自然倾向于卖出这种货币的资产以避免损失。通过减持这些资产，风险厌恶的交易者将减少政府或中央银行用于购买货币并维持官方汇率的外汇储备不足时自身的损失。

此外，投机者可能预期官方外汇储备即将耗尽，从而根据这种预期，卖出以该国货币计价的资产以促使政府或中央银行放弃支持官方目标汇率水平，并从这种行为中获利。同时，他们可能预期官方汇率将崩溃，因此在期货、期权和互换市场上持有多头。这类行为被称为对一国官方汇率的**投机性攻击**（speculative attack）。

如果投机性攻击成功，投机者持有的头寸就可能获得大量利润。他们的做法是，在衍生市场上以与经济基本面更一致的较低价格买入外币资产，然后以很高的官方价格卖出它们。当然，投机者可能（有时他们的确会）输掉这种赌注，因此投机性攻击并不一定成功。然而，如果官方汇率与和经济基本面一致的汇率偏离太多，投机性攻击成功的概率也会增加。

自我实现预期与传染效应　第二种观点关注的是，政府的汇率目标稍有偏离时——即使经济基本面与官方钉住汇率一致或政府和中央银行有足够外汇储备——可能引发国际金融危机的自我实现预期和传染效应的潜在作用。根据这种观点，引发投机性攻击的条件只是交易者相对普遍地认为一国政策制定者维持官方汇率所需的内部成本相对较高（可能是由于投机性攻击导致的政治困境）。

例如，假设货币投机者认为政策制定者缺乏决心。他们可能预期政策制定者将放弃目标汇率并令货币贬值，而不是接受更高的利率或者其他可能有负经济溢出效应的变化，并试图根据这种预期获利。如果有足够数量的投机者预期一国政府缺乏接受这种溢出效应的意愿，以该国货币计价的资产就可能大规模贬值。这可能导致风险厌恶的交易者卖掉外币资产以避免损失。基本上，根据这种观点，发生投机性攻击只是因为投机者预期它会成功，而并不一定是因为经济基本面存在问题。

结构性道德风险问题 最后，第三种观点认为一国金融体系结构内部的缺陷是形成危机基础的主要因素。根据这种观点，当政府政策产生猖獗的道德风险问题环境时，危机条件就已经存在。例如，一国政府可能要求本国银行对特定企业或行业贷款，因为这些企业和行业知道不论它们如何使用资金都能得到贷款，因此愿意承担高风险。关注 20 世纪 90 年代末的马来西亚和印度尼西亚金融危机、2001 年阿根廷经济危机和 2008 年美国与欧洲多国金融危机的观察家都认为，这些国家都存在这种道德风险问题。最终，得到政府授意贷款的企业或行业承担的风险产生了实际损失与破产。这些观察家得出结论，正是这一问题引发了危机。（最近，冰岛的银行面临着该国有史以来最大的金融危机；见“管理笔记本：从鱼到金融——再回到鱼?”）

管理笔记本

从鱼到金融——再回到鱼?

冰岛的人口约为 300 000 人，大约相当于美国人口的千分之一——也就是说，约为俄亥俄州托莱多市的人口规模。冰岛的年国民收入约为 200 亿美元，刚刚超过美国国民收入的千分之一。按照大多数指标，冰岛与美国相比只是一个非常小的地方。传统上，它只有在一个领域相对突出。冰岛位于鱼类资源丰富的水域中，这让它在渔业上相对于美国和多数其他地区拥有比较优势。实际上，渔业是冰岛几个世纪以来的经济命脉。

然而，2000—2008 年间，冰岛在另一个行业上发展起比较优势：银行业。在美国，所有商业银行的资产与负债通常约占美国年国民收入的 85%。相比之下，2008 年，冰岛银行业——由三家银行组成——的总资产和总负债接近该国年国民收入的 10 倍。

冰岛银行来自存款和其他债务的巨额资金流向了非冰岛居民，银行将这些资金中的大部分作为贷款贷给国外个人和企业。2008 年春秋之间冰岛货币迅速贬值时，这形成了一个大问题。当年 10 月，当银行的数笔欧元、英镑和美元债务到期时，银行没有足够的欧元、英镑和美元付款。最终，该国的全部三家银行破产，导致了世界上已知同等国家规模的最大银行体系破产事件。

批判性分析

金融不稳定和金融危机的哪种解释能最好地解释冰岛的银行业崩溃?

银行监管与资本要求

政府对银行机构进行监管的一般理由是，让这些机构按自身策略运行可能导致对社会不利的结果，例如可能导致全面金融危机的银行恐慌、人民存款损失和银行崩溃。各国实际经历的这种事件导致了现在的广义国家银行监管系统。

网络资源

请参见美联储的监管规定：http://www.newyorkfed.org/banking/regulations.html。

银行监管的目标

银行监管是多数国家减少金融不稳定，进而减少金融危机可能的基本策略。多数国家进行银行监管是为了实现三个目标：限制银行破产、维持银行流动性、促进有效的金融体系。

限制银行丧失清偿能力和破产的范围 银行监管的一个主要目标是降低银行大范围破产的可能。如果银行的资产价值跌至负债价值以下，银行将达到**丧失清偿能力**（insolvency）点，它的权益或净值将为负。如果政府不采取行为以使丧失清偿能力的银行继续运行，银行必然会宣布破产并停止经营。

全球银行监管的一个共同特征是定期检查银行的会计记录，以证明银行有清偿能力。银行监管的另一个典型特征是通过制定和执行银行必须遵守和满足的规定与标准来监督银行。

维持银行流动性 在多数国家，银行都发行负债，例如支票账户和存款账户，它们起到了支付手段的作用，客户只需提前很短时间通知就可以提取资金。没有足够资金满足存款人现金要求的银行被称为流动性不足。如果一国银行体系中大部分银行的流动性都不足，那么这将对该国商品与服务的支付流产生负面影响。在短期内，这可能抑制该国的经济活动水平。

因此，银行监管的进一步目标是降低银行大范围流动性不足的可能。政府监管机构根据这一目标进行银行检查和监管。不过，区分流动性不足和丧失清偿能力并不总是很容易，银行可能出现短期流动性不足问题，但仍保持清偿能力，就像唐纳德·特朗普（Donald Trump）这样富有的人，如果没有其他投资者的帮助，也可能缺少足够现金来完成一大笔商业交易一样。然而，濒临丧失清偿能力的银行通常会面临流动性不足。因此，政府监管机构一味维持银行流动性，有时会造成实际上应该倒闭的无清偿能力银行苟延残喘。这是一国监管机构经常定期检查银行会计账簿的关键理由。

促进有效的银行体系的形成 银行监管的最终目标是鼓励以低成本提供银行服务，且使银行获得**正常利润**（normal profits）。正常利润是刚好足以补偿银行所有者，使之持有银行股票而不是其他企业股票的利润水平。

一国银行监管机构必须面临的一个基本问题是，三个监管目标可能相互冲突。一方面，提高银行流动性和清偿能力的一种方法是通过监管体系使现有银行不用面对来自其他对手的客源竞争，因而让银行可以获得高于正常水平的利润。另一方面，促进大量竞争的监管环境将给予银行有效经营的动机，但它们的利润率可能很低，以至于经济状况意外恶化可能导致大量银行丧失流动性或清偿能力。因此，让任何一国银行监管机构都很纠结的一个问题是，实现某个目标，在多大程度上需要牺牲另一个目标。（近年来，银行监管机构越来越喜欢模拟“战争游戏”；请参见“政策笔记本：银行监管机构的模拟危机测试”。）

政策笔记本

银行监管机构的模拟危机测试

公元前6世纪的中国军事家孙子有言："知己知彼，百战不殆"。政府和中央银行监管机构将孙子的格言铭记于心。为此，它们定期派监管人员参与计算机模拟的战争游戏，其中"敌人"是面临破产的私人银行。几年前，欧盟银行监管机构进行了一项演习，它们假装一家大型公司丧失清偿能力，使两家主要银行面临着同时倒闭的威胁。英国银行监管机构也进行了演习，它们检查了银行子公司意外破产对支付清算机构的影响。美国联邦存款保险公司（FDIC）定期对银行系统进行压力事件模拟，因此产生了美国联邦存款保险公司的存款保险基金。

银行监管战争游戏需要用电脑模拟危机的不同阶段。工作团队成员试图在每个阶段协调他们对模拟事件的反应，当每个阶段结束时，他们将了解到所有团队策略对被监管机构的综合影响。每个团队将在接下来的阶段进行调整，以改善其表现。进行监管战争游戏的一个重要目标是鼓励银行监管机构更认真地思考自身行动如何影响真实结果。另一个目标是帮助监管机构从受监管金融机构管理者的角度审视自己，这样它们就能更好地预测这些管理者的行为并作出反应。模拟战争游戏的两个目标均在2008年和2009年银行遭遇危机时得到实现。

批判性分析

你认为某些国家监管机构官员为何会联合进行有负面跨国金融影响的不利银行事件的战争游戏？（提示：请回忆系统性风险和赫斯塔特风险的概念。）

网络资源

请参见英国金融服务管理局的监管目标：http://www.fsa.gov.uk。

银行资本金要求

20世纪80年代末以来，银行监管的主要焦点是银行资本头寸，即银行股东的股本金提供的损失缓冲垫。1989年，多数发达市场经济国家的银行监管机构在瑞士巴塞尔的国际清算银行举行会议，宣布了**资本金要求**（capital requirements）体系。这一银行资本标准国际计划意在将不同资产风险纳入必要银行资本金的计算。根据巴塞尔资本标准，银行需要计算资本与**风险调整资产**（risk-adjusted assets）之比。这是所有银行资产的加权平均值，权重反映了监管机构对不同资产风险的估计——多数贷款为100%，银行同业存款和城市、州与地区发行的债务为20%，衍生证券交易等不影响银行资产与负债，但会让银行面临亏损风险的**表外银行业务**（off-balance-sheet banking）为10%。计算出这些权重后，监管机构将其加总，获得各家银行的总风险调整资产，它构成了银行必须满足的资本比率的分母。

根据巴塞尔资本标准，银行需要计算不同的资本与风险调整资产之比。最基本的资本指标是普通股东权益（有投票权股东持有的股份）。还有另外两个更广义的资本指标，称为资本级数。第一个是“一级资本”或**核心资本**（core capital），它等于股东权益与留存收益（没有支付给股东的收益）之和。银行的**总资本**（total capital）等于核心资本加上“二级资本”，即**补充资本**（supplementary capital）。后者包括某些类型的优先股（无投票权股东持有的股份）和多数类型的次级债。

现行的巴塞尔资本要求既适用于银行，也适用于其母公司。根据现行版巴塞尔资本标准，即将在2018年逐步达成的《巴塞尔协议Ⅲ》，银行必须满足几项最低资本比率要求：

（1）普通股股东权益与风险调整资产的基本比率必须始终高于4.5%；

（2）必须在普通股股东权益与风险调整资产基本比率之上增加2.5%的“资本留存缓冲”，只有在银行经理奖金和其他报酬减少时才能违反此项要求；

（3）核心资本与风险调整资产之比必须始终高于6%；

（4）总资本与风险调整资产之比必须始终高于8%；

（5）根据银行监管机构的判断，还可以在普通股股东权益与风险调整资产比率之上增加最多为2.5%的“逆周期”资本要求比率。

因此，银行必须保持核心资本与风险调整资产之比高于6%。将资本留存缓冲包括在内，普通股股东权益与风险调整资产的所有要求比率之和应始终超过7%。此外，总资本与风险调整资产之比必须始终超过8%。整体来看，包括资本留存缓冲时，银行的总资本与风险调整资产之比必须高于10.5%。当监管机构选择增加额外的“逆周期”缓冲要求时，整体必要资本比率可能高达13%。

风险资本标准如何影响实际的银行资本比率？图6—2显示了它导致的美国银行核心资本比率变化。正如该图所示，新标准逆转了资本比率逐渐降低的长期趋势。

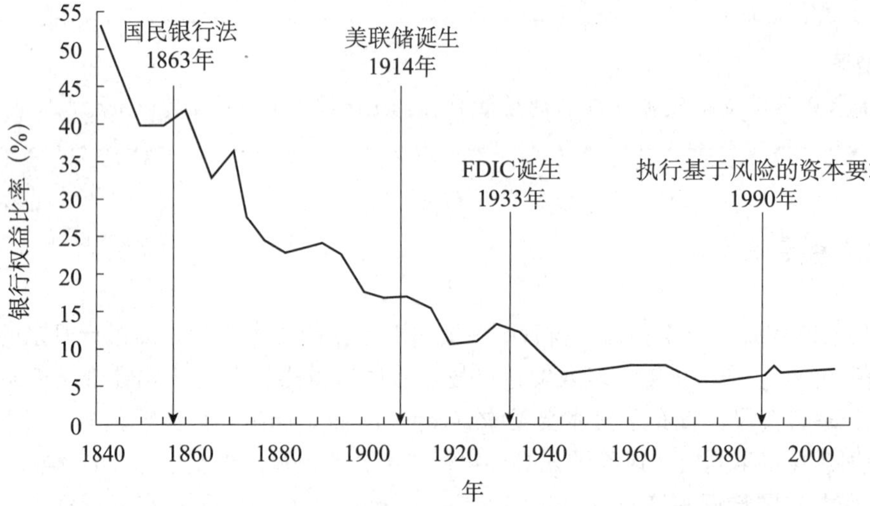

图6—2 权益占美国银行资产的百分比，1840—2004年

说明：美国的银行权益比率在19世纪中期至20世纪中期显著下降。最近，该比率略有回升。

资料来源：数据来自Allen N. Berger，et al. “The Role of Capital in Financial Institutions.” *Journal of Banking and Finance* (1995)：402；and Federal Deposit Insurance Corporation. http://www.fdic.gov。

巴塞尔监管体系的三大支柱 设计巴塞尔标准的各国银行监管机构将其形容为依靠三个水平的支持，它们被称为“支柱”。将其比作支柱是恰当的。如果三个支柱中的任何一个无法支持整个监管框架，该框架最终就可能无法促进几十个有参与意愿的国家的银行体系的长期安全与稳健。

支柱一 巴塞尔标准的第一个支柱是之前总结的一系列资本要求。(一些观察家担心，采用《巴塞尔协议Ⅲ》的支柱一即资本标准会增加银行业财富随着宏观经济活动波动而变化的内在趋势——并增加这种波动；请参见“政策笔记本：增加风险资本监管会让银行更顺周期吗?”)

政策笔记本

增加风险资本监管会让银行更顺周期吗?

公众对银行信贷的需求和公众对银行存款资金的供给直接随经济活动而变化。也就是说，当一国经济繁荣时，居民需要更多银行贷款，居民将获得更高收入，因此有更多钱可以存入银行。因此，银行业往往是顺周期的，这意味着银行活动水平的上升周期和下降周期往往反映出更普遍的经济活动周期。此外，银行监管传统上会增加银行业的这种自然顺周期趋势。本质上，在经济紧缩时期，银行监管过程会使银行收缩贷款，保护银行资产负债表免受衰退产生的风险。相反，在经济繁荣时期，银行监管机构往往会采取宽松措施，让银行更自由地扩张信贷。

许多银行专家都预测，采用《巴塞尔协议Ⅲ》监管标准将提高银行监管的顺周期效应。根据计算风险资本要求的《巴塞尔协议Ⅲ》的标准化国际风险方法，银行的最低必要资本金将在其重新计算资产组合风险时自动变化。资本要求会在银行资产组合风险增加的经济衰退期间显著增加。银行将削减贷款，以应对更高的资本要求——它们在经济紧缩时期的事件中就是这样做的。因此，与银行资产组合风险更直接相关的资本要求会显著扩大银行监管的顺周期效应。

批判性分析

银行不愿在经济衰退时期贷款为何会让衰退更加严重和持久?

支柱二 巴塞尔监管标准的第二个支柱是各国监管机构的监管审核过程指引。其中多条指引的重点是监管机构如何执行《巴塞尔协议Ⅱ》的新资本要求。然而，支柱三通常让各国监管机构自行决定银行资本相对于巴塞尔监管标准规定的比率是充足、恰当还是不足。因此，各国执行巴塞尔准则的水平存在很大差异。

支柱三 支柱三是使银行的顾客、债券持有者和股东能够评估银行面临的各种风险的关键信息的信息披露指导原则。为此，支柱三准则建议，各国监管机构应该要求多数银行每三至六个月公布详细的风险信息。

基于市场的监管? 巴塞尔监管标准的第三个支柱——信息披露支柱——背后的基本思想是，监管机构可以依赖“市场纪律”——存款人、银行债券持有者和股东等的行为，例如要求风险较高的银行支付较高的资金收益率——这可能促使银行严格控制风险。近年来，巴塞尔标准的批评者认为，监管机构可以依赖市场纪律而不是审计师监管银行。

这些批评者建议用另一种方法监管银行，即**基于市场的监管**(market-based regulation)，它利用的风险指标源自银行参与的市场。基于市场的监管的支持者提出的一个重要风险指标是银行次级债工具的市场价值，它可以作为银行活动的基础风险指标。基于市场的监管的支持者认为，许多银行监管，甚至是全部资本要求都可以用基于存款性债券收益率的监管触发点代替：如果银行次级债务工具的风险溢价升至某个临界值以上，监管机构将迫使银行提高额外资本，并抛售部分资产以降低整体风险。

基于市场的监管方法的一个基本假设是，存款机构债券的私人市场交易者拥有关于存款机构风险的充足信息。另一个假设是，存款机构债券市场是有效的，因此债券市场价格充分反映了这些风险。因此，金融经济学家试图确定存款机构债券的收益率是否密切反映了银行监管机构常用的发行人风险特征会计指标。20 世纪 90 年代末至 21 世纪前 10 年的一些研究发现了大量证据，证明大型银行债券的情况的确如此，因此可以将监管执行力度与存款机构债务工具的市场收益率变化联系起来。这种方法的优点是，如果一些监管官员和工作人员可以跟踪市场收益率，而不是雇用大量检查人员来做这项工作，就可以节省大量资源。

基本问题 3　各国银行监管机构希望实现什么目标？它们如何进行监管？

银行监管的一个典型目标是，防止银行丧失清偿能力或变为负净值。另一个监管目标是，防止银行失去流动性或缺少足够满足存款人需求的现金资产。银行监管的第三个目标是，以低成本经营并获得正常水平的利润。银行资本要求是股东所有权股份相对于银行资产指标的最低标准。1990 年以来，35 个国家的银行监管机构已经提出了基于风险的资本要求，银行必须维持相对于总资产和风险调整资产的最低资本比率。

中央银行

第一家中央银行是瑞典中央银行（1867 年前被称为 Risens Standers Bank），它于 1668 年开始经营，最初是一家国有银行。瑞典国会的一名负责人在一个委员会的控制下对瑞典中央银行进行日常管理。最初，瑞典中央银行不发行货币，但到了 1701 年，瑞典中央银行开始有权发行基本承担货币功能的“汇票”(transfer notes)。1789 年，瑞典国会成立了国债办公室，正式发行瑞典政府货币，但 1897 年《瑞典中央银行法》让瑞典中央银行成为了瑞典货币的唯一合法发行人。

网络资源

请访问瑞典中央银行的网址：http://www.riksbank.se。

1694 年，英国国会成立了英格兰银行。它授权英格兰银行发行可用白银赎回的流通券。英格兰银行的银行券和当时使用的其他形式的货币一起流通，包括政府和私人金融公司发行的货币。直到 1800 年，瑞典中央银行和英格兰银行都是仅有的中央银行。直至 1873 年，全球中央银行总数都维持在个位数。

如图 6—3 所示，从 19 世纪后半叶开始，尤其是在 20 世纪后半叶，中央银行的数量开始大量增加。这部分是由于实现独立的前殖民地国家建立了中央银行。尽管正如第三章讨论过的，一些国家建立了货币局制度，但曾在没有中央银行的情况下进行货币和金融交易的几个国家认为，建立中央银行最符合它们的利益。

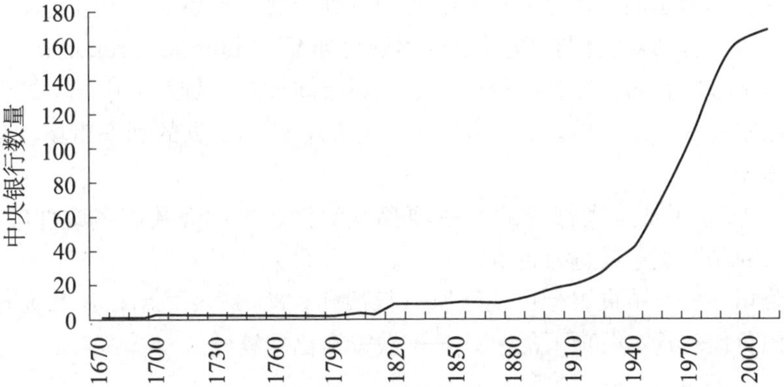

图 6—3　中央银行数量，1670 年至今

说明：20 世纪，中央银行的数量显著增长。

资料来源：数据来自 Forrest Capie，et al. *The Development of Central Banking*：*The Tercentenary Symposium of the Bank of England*。Cambridge，U. K.：Cambridge University Press，1994，pp. 1－231；and Bank for International Settlements.

中央银行资产

研究中央银行功能的最佳起点是中央银行的资产负债表，这是列出中央银行资产、负债和净值的表格。表 6—3 显示了加拿大银行的资产负债表。该表显示了各项加元金额及其占总资产、总负债和净值的百分比。由于中央银行资产、负债和净值的名义价值变化很大而比例相对稳定，因此你应该将大部分注意力放在表 6—3 的百分比上。

中央银行的关键资产包括各类证券和贷款。当加拿大银行和其他中央银行向私人银行贷款时，这些私人银行必须支付利息以获得这些资金。

和其他中央银行一样，加拿大银行持有以其他国家货币计价的资产。它们是加拿大银行所持证券中的外币证券和存款。正如之前的章节所指出的，中央银行持有这种证券和存款的一个关键原因是，它们可以在希望改变外汇市场上的本币币值时交易这些资产。下面将详细讨论这一点。

中央银行负债与净值

通常，中央银行的总负债和权益资本中至少一半由流通券组成。会计将流通券作为负债，表示中央银行“欠”流通券持有者某种作为交换的东西。例如，如果 20 世纪 30 年代初以前你希望在一家美联储银行赎回 1 美元美联储纸币，你将会得到黄金。不过，现在你只会得到一张新的 1 美元美联储纸币。

类似地，如果你将加元纸币交还加拿大银行，你也会得到一张新的加元纸币。那么这些纸币是真正的负债吗？答案是，如果加拿大政府决定关闭该国的中央银行，那么它将负有在关闭中央银行时向纸币持有者支付相应加元价值的商品与服务的义务。

中央银行的另一个责任是银行准备金存款。在许多国家，私人银行都持有这种存款以满足中央银行的法定准备金要求（尽管加拿大不是这样）。然而，银行通常还在中央银行持有一部分存款作为超额准备金。这些准备金有助于促进支票清算以及与中央银行和其他私人银行的交易，包括对它们在该国**银行间资金市场**（interbank funds markets）上贷给其他银行的资金进行转账。银行间资金市场是银行间极短期贷款的市场。这些贷款的面值很大，期限通常在一天至一周。正如我们将讨论的，这些贷款的利率市场在货币政策制定中起着重要作用。

表 6—3 还显示了加拿大银行的另一项存款负债。加拿大政府财政部吸收这种存款，用这笔钱购买商品和服务或进行退税。

和私人公司一样，中央银行也发行所有权股份。表 6—3 显示，加拿大银行的权益资本——“其他负债和资本”项下的小计——占资本比重较低。

表 6—3　　加拿大银行的资产负债表

加拿大银行（10 亿加元，截至 2011 年 8 月 24 日）

资产			负债和资本		
资产	加元金额	占总资产的百分比	负债	加元金额	占总资产的百分比
国内证券与票据	68.7	98.9%	流通券	59.5	85.6%
对私人银行的直接贷款	0.1	0.1%	银行准备金存款	0.1	0.1%
其他资产	0.7	1.0%	政府存款	7.4	10.7%
总资产	69.5	100.0%	其他负债和资本	2.5	3.6%
			总负债和资本	69.5	100.0%

资料来源：加拿大银行《银行业与金融统计数据》，2011 年 9 月。

基本问题 4　中央银行的主要资产和负债有哪些？

中央银行的主要资产是政府证券、对私人银行的贷款和外币证券与存款。中央银行负债主要是流通券和私人银行的存款准备金。

中央银行的职责是什么？

中央银行的职责分为三大类。第一，中央银行为本国政府履行银行职能。第二，中央银行为私人银行提供金融服务。第三，中央银行执行本国的货币政策。让我们依次来看这些职责。

作为政府银行的中央银行

政府经常称其“需要”中央银行。例如，1694 年成立英格兰银行的一个主要动机就是希望银行为政府筹集资金用于英法战争。与之类似，法国政府 1800 年成立法国银行的动机也是为了更好地管理英法军备不断增加时膨胀的国家公共债务。

即使在一些国家，为政府提供金融服务不是成立中央银行的主要原因，中央银行通常也是主要的政府银行机构。例如，美国 1913 年成立美联储体系之前，国民曾经长期反对成立中央银行，但美国财政部很快开始依赖美联储银行作为存款服务的提供者。

作为政府存款机构的中央银行 正如我们之前指出的，中央银行的一项重要负债是政府存款。一国政府可能在某个中央银行办事处或中央银行不同地区分行的办事处持有这些政府存款。

例如，美国财政部在 12 家美联储银行中都有存款。这些地区银行清算这些账户开出的支票。它们也接受美国居民和企业缴纳的费用和税收。此外，它们还根据美国财政部的指令付款，就像私人银行代表私人客户付款一样。

作为财政代理人的中央银行 中央银行通常作为一国政府的**财政代理人**（fiscal agent）经营，这意味着它发行、清偿和赎回政府债务。财政部发行国库券、中期国债和长期国债等证券，以弥补税收不足以支付商品和服务的部分。在金融市场高度发达的国家中，财政部以拍卖方式发行这些证券。

中央银行作为财政代理人时，经常审核、梳理和总结证券投标，向成功得标者发行证券，并处理购买者付给政府的款项。例如，在美国，由美联储银行运营**记账式证券系统**（book-entry security systems），这是美国财政部销售的国库券、中期国债和长期国债及其利息和本金的电子账户系统。当有记账式证券账户的机构希望卖出美国国债时，它将指示其记账式证券账户所在的美联储银行将美国国债的所有权从它的账户转给同意购买该证券的机构的记账式证券账户。然后，美联储银行通过电子方式进行转账。

在金融市场较不发达的新兴国家，中央银行可能肩负着更直接的任务。它们实际上可能是本国政府的投资银行，集合愿意购买新发行的政府证券的个人或企业。在二级证券市场尤为薄弱的国家，中央银行甚至会直接向政府财政部购买证券。为了帮助拓宽政府证券市场，某些国家，例如韩国的中央银行，甚至规定私人银行必须购买政府国库券、中期国债和长期国债。经济学家称，这种规定让私人银行成为政府债务的俘虏买方。

作为银行的银行的中央银行

尽管 1694 年成立英格兰银行的直接原因是提高政府筹集战争经费的能力，但英国国会提出，成立英格兰银行的理由还包括稳定伦敦金融市场、限制全英国的货币与可贷资金的周期性波动。

银行“需要”中央银行吗？ 后来，其他国家的政府提出了类似的成立中央银行的理由。实际上，中央银行的许多支持者都主张私人银行需要中央银行。正如已经讨论过的，这种“需要”的关键理由是认为金融市场面临外部性，即个人或企业之间的交易可能溢出并影响他人。

根据这种观点，中央银行通过监管个人、企业和银行交换支付的过程和系统起到了对社会有益的作用。因此，私人银行“需要”中央银行保持支付体系的日常平稳运行，并修复该体系中损坏的部分。

最后贷款人 之前曾经提到，最严重的金融危机形式是系统失灵，在这种情况下，大量银行破产。系统失灵的经典例子是银行挤兑，在这种情况下，大量银行客户对银行维持资产价值的能力丧失信心，因而预期银行净值将耗尽。结果，客户希望变现存款，这实际上将大量银行推入丧失清偿能力的境地。

原则上，中央银行可以作为金融系统的**最后贷款人**（lender of last resort），随时准备向任何流动性暂时不足但如果置之不理就可能丧失清偿能力的银行贷款，从而避免银行挤兑。通过在必要时发放贷款，中央银行可以防止这种流动性不足导致公众普遍丧失信心，形成系统性银行挤兑。在成立英格兰银行之后的多年里，英格兰银行仍作为遇到暂时流动性问题，对自身清偿能力和英国金融系统的整体稳定造成短期威胁的银行的最后贷款人。针对批评者对英格兰银行政策的攻击，英格兰银行的支持者认为这是英格兰银行的另一个存在理由。

作为货币政策制定者的中央银行

尽管多数中央银行都将它们的大量资源——包括员工的时间和精力——贡献出来为本国政府和银行机构提供服务，但多数媒体对中央银行的关注焦点是它的货币政策制定职能。正如你将在第十章至第十五章学到的，造成这种情况的主要原因是：在许多经济环境下，中央银行能在很大程度上影响价格水平，还可能影响实体经济活动。

当然，中央银行无法规定一国的价格水平。除了它们向政府和私人银行提供的服务外，它们并不能贡献多少实际国民产出。然而，它们可以运用一些**政策工具**（policy instrument），对于中央银行来说，这是它们可以直接或间接控制的金融变量。通过改变这些政策工具，中央银行可以使市场利率发生变化，进而改变本国经济中的货币与信贷量，导致本国货币价值的变化。对金融市场的这种影响可以导致一国经济活动水平的变化。

中央银行贷款利率　传统上，一种重要的中央银行政策工具是对私人银行的贷款收取的利率。

其他中央银行贷款方法　在欧洲货币联盟中，欧洲中央银行（ECB）是欧洲中央银行体系（ESCB）内的管理机构，它很久以前就规定了两种中央银行贷款利率。一种利率是稍低于现行银行间资金利率的利率。欧洲中央银行规定了欧洲货币同盟内所有私人银行的信贷配额，这些银行通常会借满这些限额。

欧洲中央银行体系和瑞士的另一种中央银行贷款利率传统上被称为**伦巴德利率**（Lombard rate），这是这些国家的中央银行规定的高于现行市场利率的利率。（欧洲中央银行称这种利率为边际利率。）因此，伦巴德利率是**惩罚利率**（penalty rate），它意味着私人银行只需付出高于市场的惩罚利率就可以从欧洲中央银行和瑞士国家银行获得伦巴德贷款。只要银行意外发现自己流动性不足，就可以按这种惩罚利率借款。由于欧洲货币联盟和瑞士银行每天可以按低于市场的贴现率借入已知金额的资金，弥补以高于市场利率的伦巴德利率借入贷款的意外要求，因此欧洲货币联盟和瑞士银行间资金市场上的市场利率往往在这两种中央银行利率之间波动。因此，当欧洲中央银行和瑞士国家银行规定了贴现率和伦巴德利率后，每天利率波动的上限和下限也就确定了。

日本银行也向私人银行发放信贷。不过，和欧洲中央银行和瑞士国家银行不同，日本银行没有规定银行的固定信贷额度。相反，它每天根据需要决定信贷供给。日本银行的实际贷款利率也随贷款期限而变化。日本银行的做法是，以贷款期限加上一天作为天数，据此计算向私人银行收取的贷款总利息。因此，如果日本银行在周二将对某家银行发放的贷款限制为一天，而在之前的周一批准了两天期贷款，那么它在周二的行为实际上会提高对该银行贷款收取的利息。因此，日本的银行每天都可能面临日本银行收取的多种不同利率。

英格兰银行和加拿大银行各自规定了一种贴现率，但它们选择只用本行的贷款利率作为惩罚利率。2003年以来，美联储体系也规定了自己的贷款利率，尽管美联储称其为贴现率，但它是高于银行间利率的惩罚利率，在美国它被称为联邦基金利率。2008年，美联储开始对必要银行准备金和超额银行准备金支付通常低于联邦基金市场利率的利率。如果联邦基金市场利率跌至超额准备金利率之下，银行当然会持有超额准备金，而不是在银行间市场上贷款。因此，美联储的新政策设定了联邦基金市场利率变化的上限（中央银行贷款利率）和下限（对超额准备金支付的利率）。

中央银行利率和其他市场利率 尽管每家中央银行都制定了本行向私人银行贷款的利率政策，但原则上每家中央银行都可以通过改变贷款利率影响其他短期利率。例如，在欧洲货币联盟中，欧洲中央银行可以通过提高贴现率和伦巴德利率提高平均银行间资金利率，从而同时提高银行间利率的下限和上限。或者，欧洲中央银行也可以只提高一种利率，导致银行间资金利率较不“显著”的变化，这是欧洲中央银行在欧洲货币联盟内逐步调整利率时更常用的方式。

还有些市场利率调整是利率期限结构的结果，第五章中讨论过该内容。例如，欧洲中央银行贷款利率提高导致的一天期银行间资金利率提高将使债券交易者——假设他们不认为这种政策行为是暂时性措施——预期未来的一天期利率将升高。由于其他市场利率是一天期资金利率的平均值，因此在一天期银行同业资金利率长期提高后，这些市场利率也会提高。

在日本，日本银行可以通过提高贷款利率或者缩短贷款期限提高银行间资金利率，从而提高实际贴现率。以上任何一种行为都趋于提高通过中央银行贷款筹资的日本商业银行的实际成本，这将使它们提高在银行间市场上的私人借款利率。结果是，日本银行间资金的平均利率提高，通过利率期限结构，其他日本金融工具的一般利率水平也随之提高。

最后，中央银行贷款利率的提高经常会通过**公告效应**（announcement effect）导致其他利率提高。这是近期利率变化预期导致的私人市场利率变化，它与中央银行贷款利率相关。中央银行贷款利率提高对私人银行来说预示着其他利率也可能提高。这些国家的中央银行已经精心规定了贷款配额，因此贷款利率增加并不一定导致私人银行向中央银行的借款进一步减少。然而，由于公告效应，私人银行将在银行间资金利率上升前增加现在从银行同业市场上的借款。其结果是一种自我实现预期。当私人银行提高对其他银行的贷款需求时，它们抬高了银行间资金利率的一般水平。

公开市场操作 许多中央银行可以使用的第二种基本货币政策工具是**公开市场操作**（open-market operations）。这是指中央银行买入或卖出政府证券或私人证券。平时，进行公开市场操作的中央银行——例如美联储——只买卖政府证券。有些中央银行，例如美联储，在二级市场上买入证券，而不是直接向政府购买证券。美联储联邦公开市场委员会（FOMC）的有投票权成员——七位美联储委员会理事和五位美联储银行行长——每六至八周举行一次会议，在会议上制定公开市场操作的整体策略。他们在《联邦公开市场委员会指令》上解释这一概述联邦公开市场委员会政策目标的策略，制定短期联邦基金利率目标，并规定货币总量的具体目标范围。在联邦公开市场委员会会议召开间隙的数周内，纽约联邦储备银行的公开市场操作台每天执行指令。

直接交易与回购协议 公开市场操作台的公开市场操作通常发生在每个交易日早上的一小时之内。公开市场操作台进行两类公开市场操作。一类被称为直接交易。直接交易是在公开市场上直接买入或卖出，公开市场操作台没有义务在以后某个日期售回或回购证券。另一类交易是回购协议交易，证券卖方承诺将在以后某个日期回购证券。公开市场操作台通常根据协议向交易者买入证券，交易者将在以后某个日期回购这些证券。公开市场操作台在公开市场上出售时还经常使用逆向回购协议，这是规定公开市场操作台在以后某个日期向交易者回购证券的协议。

当一家中央银行购买证券时，它通常向所有者在银行的存款账户贷记一笔钱来进行付款。当银行得到这笔钱时，它的准备金将增加。公开市场操作台希望永久改变银行准备金的总体水平时，通常会进行直接买卖。相反，当它的目标是保持当前的准备金水平不由于某些外部原因变化时，它通常会使用回购协议。然而，公开市场操作台可以用回购协议交易代替直接买卖，通过持续错配所需的回购协议交易改变整体准备金水平。

公开市场操作的其他程序　由于欧洲中央银行可以用它的贷款贴现率——伦巴德利率来限制每日的市场利率，因此它不会每天进行公开市场操作。相反，它会在每周定期举行的拍卖中提供一系列回购协议。这让欧洲中央银行每周都能保持理想的银行准备金水平。

加拿大银行也每周进行一次公开市场操作。然而，它通常直接参与加拿大财政部每周的政府债券拍卖。因此，加拿大银行的许多公开市场操作都是直接交易，其中一些是直接向政府购买的。

日本银行的多数公开市场操作都是买入或卖出私人发行的金融工具，包括商业票据和银行存单。过去，这让日本银行可以直接影响多种市场利率。然而，20 世纪 80 年代末以来，日本银行的公开市场操作目标主要是影响日本的银行间资金利率。正如我们将简要讨论的，这种程序类似于多数工业国中央银行采用的方法。

公开市场操作在较不发达国家和新兴经济体中没有那么常见。原因很简单：这些国家没有发达的政府证券和其他短期工具市场。因此，这些国家的中央银行很难找到每日或每周定期交易证券的足够银行和其他机构。

准备金要求　正如我们将详细介绍的，中央银行政策的关键目标通常是影响银行体系的总准备金。然而，在过去几年里，一个重要的货币政策工具是**准备金要求**（reserve requirements）。该要求规定，私人银行必须持有占交易存款（支票存款）或定期存款（定期存单和储蓄存款）一定比例的备用现金或中央银行存款。

然而，现在准备金要求在货币政策工具中的重要性下降了。当然，中央银行很少通过改变准备金要求直接影响货币量和信贷量或市场利率水平。中央银行的准备金要求主要是为了确保私人银行有足够流动性，出现意外事件时能够迅速调整日常准备金。为了帮助银行做到这点，多数中央银行都会评估平均准备金要求：银行必须满足准备金要求，但只要在一周至两周内的平均值满足该要求即可。

利率管制与直接信贷控制　在一些国家，尤其是较不发达国家的金融市场上，中央银行传统上使用多种措施影响货币量与信贷量。例如，东亚的中央银行通常限制私人银行向存款人支付的利率。它们有时将这种限制作为货币政策工具。例如，提高银行可以对存款支付的利率可能导致个人和企业持有更多存款，因而增加存款量，包括流通中的货币。

在中国和俄罗斯等国家，中央银行也使用直接信贷控制，这是对银行和其他金融机构对个人和企业发放信贷量的显性数量控制。如果这些国家的中央银行出于控制通货膨胀等目的希望收紧货币与信贷增长，就可以收紧信贷控制。如果中央银行出于提高近期经济增速等目的希望提高货币与信贷增长，就可以放松信贷控制。

基本问题 5　中央银行的主要职能是什么？

中央银行是一国政府的主要存款机构，它作为财政代理人运行政府发行债务工具、支付利息并偿还本金的系统，并完善更广泛的政府债务工具市场。中央银行还为私人银行提供银行服务，并作为最后贷款人，在出现银行挤兑等市场失灵的情况下提供流动性。最后，中央银行通过确定政策工具参数执行货币政策，这些政策工具包括中央银行贷款利率、公开市场操作、准备金要求以及利率和信贷控制。中央银行改变这些政策工具以影响总体银行准备金水平和银行间资金利率。

超国家金融政策制定机构

中央银行是负责在本国履行银行与货币政策职能的国家机构。尽管中央银行可以在面临国际金融不稳定或国际金融危机时选择合作，但这种合作通常是临时性的，发生在出现国际金融不稳定或国际金融危机之后。当各国中央银行意识到可能出现国际金融不稳定后，为了防御危机并阻止危机在国际上扩散，许多国家都成立了跨国金融机构以减少危机风险并控制危机。

目前，旨在防御和阻止国际金融危机蔓延的主要跨国机构为两家超国家组织：国际货币基金组织和世界银行。

国际货币基金组织

国际货币基金组织（IMF）是一家促进国际货币合作、汇率安排和经济增长的跨国组织。它为遇到国际收支困难的国家提供临时金融援助。图 6—4 用图表显示了 1944 年 7 月国际货币基金组织成立以来的成员增长情况。现在，国际货币基金组织有 182 个成员。

一国加入国际货币基金组织时，需要在被称为**认缴份额**（quota subscription）的账户中存入资金。这些用特别提款权（SDR；关于如何计算 SDR，请参见第二章）表示的资金组成了一个资金池，国际货币基金组织可以从中提取资金贷给成员。图 6—5 显示了部分国际货币基金组织成员当前的认缴份额。

国际货币基金组织根据各国的实际国民收入规定各国的认缴份额。认缴份额决定了成员在国际货币基金组织标准信贷安排下能向国际货币基金组织借入多少资金。它还决定了成员在国际货币基金组织的投票权份额。例如，美国的认缴份额刚好超过所有成员提供的总资金的 17%，因此美国持有的国际货币基金组织投票权份额也是这么多。

当国际货币基金组织考虑为某个成员提供金融支持时，它通常会对该国政府的行为施加某种限制。国际货币基金组织的这种政策称为**限制条款**（conditionality），它要求国家与国际货币基金组织合作制定该国的金融政策计划。有时，国际货币基金组织不会向一国提供援助，除非它在得到贷款前采取特定行动。在更宽泛的限制条款要求中，国际货币基金组织可能只要求受援国就采取特定方向的政策作出一般承诺，这被称为低限制条款。在这种情况下，称国际货币基金组织与该国达成政策谅解。或者，国际货币基金组织也可以

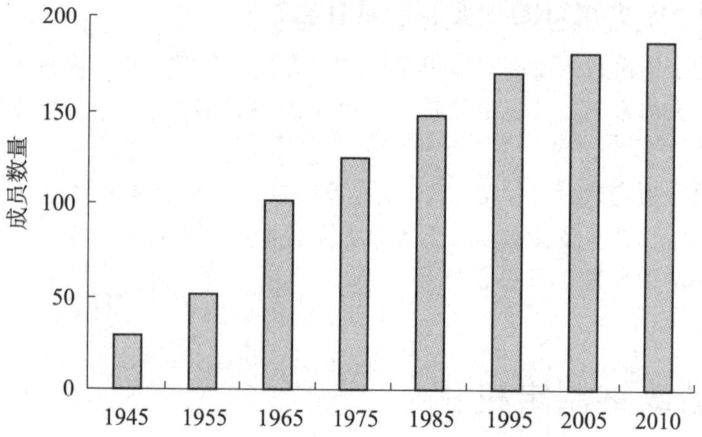

图 6—4　1945 年以来国际货币基金组织成员的增长

说明：目前国际货币基金组织成员的数量比该组织刚成立时多了约 6 倍。

资料来源：国际货币基金组织。

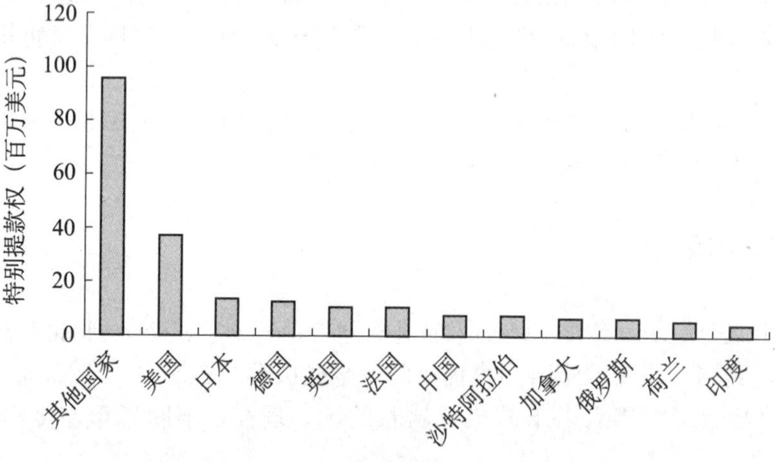

图 6—5　国际货币基金组织认缴份额

说明：国际货币基金组织各成员的认缴份额用特别提款权表示，它取决于各成员的实际国民收入。一国的认缴份额决定了它在国际货币基金组织中的投票权份额，以及它可以在标准国际货币基金组织信贷安排下借入多少资金。

资料来源：国际货币基金组织。

提出高限制条款。此时，国际货币基金组织将要求一国制定具体的可量化目标，这被称为绩效标准。未达到这些目标可能导致国际货币基金组织暂停发放贷款。

表 6—4 列出了国际货币基金组织提供的主要融资项目。最初，国际货币基金组织的主要职能是提供所谓的备用安排和短期信贷，它继续通过国际货币基金组织常规便利提供这些类型的援助。然而，20 世纪 70 年代初金本位制的终结减少了对短期调整信贷的需求，为适应这种变化，国际货币基金组织扩展了其他贷款项目。其中之一是优惠援助，国际货币基金组织将其提供给贫穷且负债累累的国家，它可以是支持经济增长促进项目的长期贷款，也可以是对偿还现有债务有困难的国家的短期或长期援助。另一种是其他融资便利。国际货币基金组织希望用这些融资项目援助出现反常进出口波动、本国金融体系丧失信心或受他国金融危机溢出效应影响的合格成员。

表 6—4 国际货币基金组织的融资设施

非优惠便利	
备用安排（SBA）	国际货币基金组织向中等收入国家提供援助的主要工具。这些资金用于解决或防止国际收支问题，按谨慎原则提供。支出是旨在解决国际收支问题的国家实现项目目标的“条件”。贷款期限为 12～24 个月，必须在 3.5～5 年内还清
弹性信贷额度（FCL）	该便利是经济基本面表现强劲、政策稳健且历史上政策执行得当的国家的危机预防工具。申请国必须满足预先设定的资格标准。贷款期限为 1～2 年，偿还期限与 SBA 相同。
谨慎性信贷额度（PCL）	该信贷额度是为经济基本面表现强劲、政策稳健、历史上政策执行得当（和 FCL 一样）且面临“温和”脆弱性、不符合大规模调整标准（和 SAB 相同）的国家准备的。如果出现意外需求，可以利用信贷额度
扩展资金便利	这种便利于 1974 年建立，目的是协助申请国解决长期国际收支问题。贷款期限为 3 年，必须在支出后 4.5～10 年内偿还
优惠便利	
扩展信贷便利（ECF）	IMF 为有“长期”国际收支问题的低收入国家提供中期贷款的主要工具。这些贷款的利率为 0，宽免期为 5.5～10 年
备用信贷便利（SCF）	向有短期国际收支要求的低收入国家提供的贷款。这些贷款的利率为 0，宽免期为 4～8 年
快速信贷便利（RCF）	向有“紧急”国际收支要求的低收入国家提供的快速融资。这些贷款的利率为 0，宽免期为 5.5～10 年
紧急援助	紧急援助是向遭遇自然灾害或正从冲突中复苏的国家提供的。贷款要支付利息，并必须在 3.25～5 年内还清

资料来源：国际货币基金组织。

世界银行

向出现金融问题的国家提供支持的另一家重要的超国家机构是**世界银行**（World Bank）。世界银行也是在 1944 年布雷顿森林会议期间建立的，它的职责范围比国际货币基金组织窄。世界银行只向约 100 个发展中国家贷款，目标是减少贫困，提高生活水平。世界银行估计，在客户国中，约 30 亿人每天的生活费低于 2 美元，每天约 40 000 人死于可以防治的疾病，超过 1 亿人从未上过任何类型的学校。

和国际货币基金组织相反，世界银行一直专门发放相对长期的贷款，用于提供长期发展和增长的资金。它的初始目标是为第二次世界大战后重建时期的国家提供援助。20 世纪 60 年代，它重新调整了援助重点，将范围扩大至全球反贫困工作。

各国政府通常用国际货币基金组织贷款作为整体预算资源的补充，但通常向世界银行申请贷款为特定项目融资，例如改良灌溉系统或建设更好的医院。然而，近年来，某些世界银行项目与国际货币基金组织为严重负债国的长期结构性调整和债务再融资活动提供资金的任务出现了重叠。

世界银行由五个独立机构组成，如表 6—5 所示。这些机构既向政府贷款，又向私人公司贷款。它们也提供关于发展金融的各方面建议和援助，包括解决外国投资者和发展中国家产生的争端。世界上最富裕的国家为世界银行的多数活动提供资金，但世界银行的部分资金也来自国际资本市场。

表 6—5 世界银行的机构

国际发展协会	代表 165 个成员，专门为减少发展中国家的贫困而提供贷款
国际复兴开发银行	代表 184 个成员，向中等收入国家和信用较高的发展中国家提供贷款和其他形式的发展援助
国际金融公司	代表 176 个成员，通过提供自身资金、作为中间人安排私人贷款和向私人公司提供建议促进发展中国家的私人部门投资
跨国投资担保机构	代表 165 个成员，通过向贷款人和投资者提供政治风险保险促进发展中国家的外国直接投资
国际投资争端解决中心	代表 143 个成员，为解决外国投资者和发展中国家的投资争端提供调解和仲裁

资料来源：世界银行。

近年来，世界银行的批评者质疑世界银行的活动对发展中国家究竟有多大帮助。有些经济学家和政策制定者也提出了关于国际货币基金组织目前活动作用的问题。我们将在第七章中解决这些问题。

基本问题 6　最重要的两个超国家金融政策制定机构是什么？它们在国际金融体系中的作用是什么？

国际货币基金组织和世界银行是由 180 多个成员组成的跨国经济组织。国际货币基金组织的一大目标是通过促进国际货币合作和有效汇率安排促进经济增长。国际货币基金组织的另一个基本目标是通过向遭遇国际收支困难的国家提供临时和长期金融援助，防止或抗击国际金融危机。世界银行的目标也包括促进经济增长，但主要方式是通过长期贷款支持世界上较不发达国家的投资项目。

本章总结

1. 国际金融中介过程与各国银行体系的差异：金融中介存在的一个重要原因是解决信息不对称产生的问题。其中一个问题就是逆向选择，即信用最差的借款人最可能发行金融工具的可能。另一个问题是道德风险，即最初信用良好的借款人得到贷款人的资金后采取降低信用的行为的可能。此外，金融中介可以利用规模经济，即将资金管理成本分摊于大量存款人的能力。全球银行进行国际金融中介活动的一个理由是，它们可以将信用评估和监督经营的活动推广至全球，从而实现信息处理的规模经济。最后，不同的保密法律和对银行账户的不同税务处理可能导致各国银行系统职能的差异。

2. 世界上的主要银行支付系统与国家金融系统和银行系统产生的风险为何可能造成金融不稳定和金融危机：银行通过电子支付系统（例如美国的 Fedwire 和 CHIPS）进行大额支付转账。作为支付媒介，各家银行面临着各种支付转账风险，包括与延迟收款相关的流动性风险和对手无法履行支付义务的信用风险。作为相互关联的支付中介，银行业还面临着系统性风险，它是指一些金融机构无法结算，导致彼此之间支付链条断裂的可能。它们还面临着赫斯塔特风险，即与国际支付相关的流动性风险、信用风险和系统性风险。这些金融风险和汇率错配风险（实际币值不同于和经济基本面一致的币值的可能）共同导致了金融不稳定。在这种环境下，对官方汇率的投机性攻击、自我实现预期和传染效应或道德风险问题可能导致国际金融危机。

3. 各国银行监管机构希望实现的目标以及它

们的监管方式：一个重要监管目标是防止银行丧失清偿能力或出现负净值。另一个目标是防止银行普遍丧失流动性，即银行普遍无法满足存款人的现金要求。第三个监管目标是引导银行低成本经营并获得正常水平的利润。现在，35 个国家的银行监管机构要求本国银行满足基于风险的资本标准。根据这些要求，银行必须维持资本与总资产和风险调整资产的最低比率。

4. 中央银行的主要资产与负债：中央银行的主要资产是政府证券、向私人银行发放的贷款，以及外币证券与存款。中央银行的主要负债是流通券和私人银行的准备金存款。

5. 中央银行的基本职能：中央银行是各国政府的存款机构和财政代理人，政府通过中央银行运行的系统发行债务工具，向政府债务持有者支付利息和偿还本金，并发展政府债务工具市场。中央银行为私人银行提供金融服务，并作为最后贷款人，提供流动性避免银行挤兑或其他银行问题。此外，中央银行还改变政策工具（例如中央银行贷款利率、公开市场操作、准备金要求和利率与信贷控制）以影响银行间资金利率和银行准备金总额。

6. 两家最重要的超国家金融政策制定机构及其在国际金融体系中的职能：国际货币基金组织和世界银行是由超过 180 个国家拥有和运行的跨国经济组织。国际货币基金组织通过鼓励国际货币合作和有效汇率安排促进全球经济增长，并通过向出现国际收支困难的国家提供临时和长期金融援助限制国际金融危机的范围。和国际货币基金组织一样，世界银行的职能也是鼓励经济增长，但世界银行主要是通过向世界上较不发达国家的政府或企业的投资项目提供相对长期的贷款来实现这一职能。

问题与习题

1. 为什么美国居民选择在一家大部分资产为国际贷款和国际证券的美国银行存款，而不是自己贷款或持有这些证券？

2. 在金融中介存在原因的解释中，你认为商业银行存在的最重要原因是什么？请说明你的理由。

3. 一家银行完全丧失全额偿还本国第二家银行贷款的能力可能导致第二家银行无法偿还本国第三家银行和第四家银行的款项。这种支付系统风险属于什么类型？

4. 你认为，造成表 6—1 中的银行规模庞大的最重要原因是什么？请解释你的答案。

5. 假设一家日本银行的总资产为 10 亿日元。总资产中 80%是企业贷款，剩下的是现金资产和政府证券。这家银行从事衍生证券交易，日本监管机构为其分配的信用等值敞口价值为 4 亿日元。这家银行的权益资本为 1 亿日元，没有次级债。这家银行符合《巴塞尔协议Ⅰ》的资本要求吗？

6. 中央银行的主要资产和主要负债是什么？

7. 根据你的观点，中央银行最重要的职责是什么？中央银行可以执行这种职责而不执行其他职责吗？请解释你的理由。

8. 请画出美联储系统的下列资产（左侧）和负债（右侧）。假设下列各项是美联储的所有资产和负债，请将其列入美联储 T 型账户的正确位置。请计算美联储的总资产和总负债。得出结果后请用文字简要说明。

美国国库券	2 500 亿美元
私人银行在美联储银行持有的存款	1 600 亿美元
美联储对私人银行的贷款	100 亿美元
美联储的流通券	4 900 亿美元
美联储在欧洲中央银行持有的欧元现金证券的美元价值	500 亿美元
美国中期国债和长期国债	3 400 亿美元

9. 假设一国中央银行不用公开市场操作执行货币政策。中央银行如何改变它的贷款利率，防止它在外汇市场上买入外币增加外币储备时资产负债表上的总资产发生变化？

10. 国际货币基金组织和世界银行的当前职能和目标有何重叠？它们的职能和目标有何不同？

在线应用

网址：http://www.bis.org。

标题：10 国集团支付系统统计

浏览：首先请访问 http://www.bis.org。在“货币与金融稳定性”下的弹出菜单中，点击“支付与结算系统委员会”。浏览“出版物分类”列表并点击“红皮书：CPSS 国家”，然后点击“CPSS 国家”最近一年的“支付与结算系统统计”。打开标题为“比较表”的 PDF 文档，该文档包括按字母排序的 10 国集团国家的支付系统数据表，并回答下列问题。

应用：你可以用本报告中的数据进行一些跨国比较。这里，让我们集中比较比利时和美国的支票与自动柜员机（ATM 机和 POS 机）的相对使用状况。

1. 请观察表 1（“基本统计数据”）中的比利时（报告中的第一个国家）和美国（报告中的最后一个国家）。请在一张单独的表格中写下每个国家最近一年的人口，以及当年的欧元平均汇率（欧元/美元）。接下来，请滚动到每个国家的表 9（“非银行机构的支付工具使用情况：每种支付工具的交易价值”）。当年每个国家发行的支票总金额是多少（用当年的平均欧元汇率将支票的比利时价值换算为美元）？各国发行的人均支票金额是多少（用各国发行的支票金额除以人口数量）？根据你得出的人均数字，支票是哪国一般居民更重要的支付手段？

2. 现在观察表 P53（“部分银行间资金转账系统处理的支付”）中的各国。最近一年，各国最大的银行间转账系统处理的总交易金额是多少？各国该系统交易的人均金额是多少？根据你的人均数据，哪国处理的交易金额更大？

部分参考书目与扩展阅读

[1] Adrian, Tobias, and Hyun Song Shin. “Liquidity, Monetary Policy, and Financial Cycles.” *Federal Reserve Bank of New York Current Issues in Economics and Finance* 14 (January/February 2008).

[2] Bandt, de, Olivier, and Philip Hartmann. “Systemic Risk: A Survey.” European Central Bank Working Paper No. 35 (November 2000).

[3] Bank for International Settlements. *The New Basel Capital Accord: An Explanatory Note* (January 2001).

[4] Barth, James, Gerald Caprio, Jr., and Ross Levine. *Rethinking Bank Regulation: Till Angels Govern*. Cambridge: Cambridge University Press, 2006.

[5] Bech, Morten, Christine Preisig, and Kimmo Soramäki, “Global Trends in Large-Value Payments.” *Federal Reserve Bank of New York Economic Policy Review* (2008).

[6] Becher, Christopher, Marco Galiati, and Merxe Tudela. “The Timing and Funding of CHAPS Sterling Payments.” *Federal Reserve Bank of New York Economic Policy Review* (2008).

[7] Beck, Thorsten, Asli Demirgue-Kunt, and Maria Soledad Martinez Peria. “Reaching Out: Access to and Use of Banking Services across Countries.” *Journal of Financial Economics* 85 (2007): 234 - 266.

[8] Bordo, Michael, “A Brief History of Central Banks.” *Federal Reserve Bank of Cleveland Economic Commentary* (2007).

[9] Borio, Claudio. “The Implementation of Monetary Policy in Industrial Countries: A Survey.” BIS Economic Papers, No. 47 (July 1997).

[10] Chiuri, Maria Concetta, Giovanni Ferri, and Giovanni Majnoni. “The Macroeconomic Impact of Bank Capital Requirements in Emerging Economies: Past Evidence to Access the Future.” *Journal of Banking and Finance* 26 (2002): 881 - 904.

[11] Daniels, Joseph, and David Van Hoose. "Currency Substitution, Seigniorage, and Currency Crises in Interdependent Economies." *Journal of Economics and Business* 55 (May-June 2003): 221 - 232.

[12] Demirgüc-Kunt, Asli, and Edward Kane. "Deposit Insurance around the Globe: Where Does It Work?" World Bank and Boston College, 2002.

[13] Duttagupta, Rupa, and Paul Cashin. "The Anatomy of Banking Crises." International Monetary Fund Working Paper No. WP/08/93, April 2008.

[14] Fry, Maxwell. *Money, Interest, and Banking in Economic Development*, 2nd ed. Baltimore: Johns Hopkins University Press, 1995.

[15] Fry, Maxwell, Charles Goodhart, and Alvaro Almeida. *Central Banking in Developing Countries*. London: Routledge, 1996.

[16] Goodhart, Charles. *The Evolution of Central Banks*, Cambridge, MA: MIT Press, 1988.

[17] Humpage, Owen. "A New Role for the Exchange Stabilization Fund." *Federal Reserve Bank of Cleveland Economic Commentary* (August 2008).

[18] Kopecky, Kenneth, and David Van Hoose. "Bank Capital Requirements and the Monetary Transmission Mechanism." *Journal of Macroeconomics* 26 (2004): 443 - 464.

[19] Kopecky, Kenneth, and David Van Hoose. "A Model of the Monetary Sector with and without Binding Capital Requirements." *Journal of Banking and Finance* 28 (2004): 633 - 646.

[20] Kutar, Ali, and Josef Brada. "The Evolution of Monetary Policy in Transition Economics." *Federal Reserve Bank of St. Louis Review* 82 (March/April 2000): 31 - 40.

[21] Smith, Roy, and Ingo Walter. *Global Banking*, 2nd ed. Oxford: Oxford University Press, 2003.

[22] Van Hoose, David. "Bank Capital Regulation, Economic Stability, and Monetary Policy: What Does the Academic Literature Tell Us?" *Atlantic Economic Journal* 36 (March 2008): 1 - 14.

[23] Van Hoose, David. "Market Discipline and Supervisory Discretion in Banking: Reinforcing or Conflicting Pillars of Basel Ⅱ?" *Journal of Applied Finance* 17 (Fall/Winter 2007): 105 - 118.

[24] Van Hoose, David. "Theories of Bank Behavior under Capital Regulation." *Journal of Banking and Finance* 31 (December 2007): 3680 - 3697.

第七章　国际金融结构与新兴经济体

基本问题

1. 全球资本市场近期最重要的发展是什么?
2. 资本配置与经济增长的关系是什么? 金融中介在这种关系中的作用是什么?
3. 证券投资和外国直接投资的差别是什么? 这些资本流动在近期金融危机中起什么作用?
4. 哪类汇率制度最适合新兴经济体?
5. 近年来，国际货币基金组织和世界银行制定的哪些政策被证明是相互矛盾的?
6. 近年来，经济学家对国际金融结构变革提出了哪些建议?

2005 年左右是国际货币基金组织（IMF）问题重重的时期。未清偿贷款跌到了 25 年以来的最低水平，结果，国际货币基金组织的收入大幅下降。为了应对这种情况，国际货币基金组织的高层官员采取所有措施来降低成本，寻找其他收入来源。国际货币基金组织将年成本削减 1 亿美元，包括裁员 15%，员工从 2 600 人减少到接近 2 200 人。由于从国际货币基金组织借款的国家减少，因此国际货币基金组织进行的经济分析和经济学家的任务也随之减少。许多被裁掉的职位都是经济学家。为了产生更多收入，国际货币基金组织逐步卖掉了约 400 公吨黄金，超过其持有黄金总量的 12%。国际货币基金组织用这些黄金的销售收入建立了一个国际证券组合，它希望该组合获得每年近 4 亿美元的收益。

因此，当 2008 年全球金融危机在美国爆发，并在 2010 年代初蔓延到欧洲时，国际货币基金组织发现自身缺少人力帮助新兴国家制定和执行阻止银行破产的政策。国际货币基金组织还不得不到处凑钱向这些国家贷款。

国际货币基金组织在国际金融体系中的责任是什么? 这是我们应该在本章中考虑的几

个问题，它的重点是流出和流入全球新兴国家的资本以及国际货币基金组织等超国家机构的作用。

国际资本流动

在发展中国家和发达国家发生的金融危机导致全球政策制定者和经济学家重新考虑**国际金融结构**（international financial architecture）——国际机构、国家政策和监管机构，以及管理国际货币与金融市场活动的国际协议。世界各国是否应该改革国际金融结构？如果应该，那么改革形式就是当前最重要的全球政策问题。

本章研究了影响一国经济稳定和增长的各类全球资本流动，并考察了近年金融危机中资本流动的作用。此外，本章还讨论了国际货币基金组织和世界银行等跨国机构预防、预测和应对危机的工作。本章也分析了最近关于重组或重新定位这些跨国机构活动的建议。

解释资本流动的方向

自布雷顿森林体系崩溃以来，国际金融体系最重要的特征是各国之间的金融流动日益增加。正如你在第一章中学到的，近年来，国际资本市场的交易量显著增长。要理解这种增长趋势的性质，重要的是搞清楚发达国家和新兴经济体的资本流动差异以及外国直接投资（FDI）和证券投资的区别。

外国直接投资与发达国家　外国直接投资的增长是全球资本市场最重要的发展之一。外国直接投资是购买外国金融资产，使所有权股份不少于10%的行为。因此，外国直接投资流入是外国居民购买本国金融资产，使外国居民持有的某家本国实体的所有权股份不少于10%的行为。外国直接投资流出是本国居民购买外国金融资产，使本国居民持有的某家外国实体的所有权股份不少于10%的行为。

网络资源

请从联合国贸易和发展会议（UNCTAD）的网站上获取全球外国直接投资流动的年度数据：http://www.unctad.org。

表7—1提供了全球外国直接投资流入、外国直接投资流出和全球出口的增长率。如表所示，20世纪70年代，外国直接投资流动和出口都增长了17%以上。20世纪80年代上半叶，新兴经济体爆发债务危机，全球经济陷入衰退时，这些增长率开始下降，而全球出口实际减少。根据联合国贸易和发展会议（UNCTAD）收集的数据，自1980年以来，全球外国直接投资存量翻了至少20倍，达到19万亿美元以上。然而，由于全球经济衰退，2001—2003年，外国直接投资流动急剧下降，接着，2008年爆发了全球经济危机。

表 7—1　**全球外国直接投资和世界出口的平均年增长率**

	外国直接投资流入（%）	外国直接投资流出（%）	全球出口（%）
1971—1975	19.8	17.3	24.0
1976—1980	18.5	17.4	18.1
1981—1985	2.1	2.4	−0.6
1986—1990	31.5	34.6	14.5
1991—1995	20.0	15.7	8.3
1996—2000	33.4	29.1	8.0
2001—2005	−2.4	−0.8	5.7
2006—2010	9.0	15.2	4.5
2011—2015*	16.4	16.7	5.6

说明：20 世纪 70 年代，全球外国直接投资流入、外国直接投资流出以及全球出口的增速均超过 17%。20 世纪 80 年代初、21 世纪初和 2008 年的全球衰退期间，它们的平均年增速剧烈下降。

资料来源：UNCTADSTAT，unctadstat. inctad. org，以及国际货币基金组织：《世界经济展望》数据库。* 国际货币基金组织和作者的估计。

外国直接投资流动——实际上大部分是长期资本流动——往往集中在发达国家。表 7—2 提供了表 7—1 中外国直接投资流入的地理分布图。该表显示，平均而言，60%的外国直接投资流入了发达国家。1995—1998 年大型新兴经济体金融危机之后的几年中，流入发达国家的外国直接投资随着流入新兴国家的外国直接投资的下降而猛增。然而，2002 年，美国和英国占了外国直接投资减少国家中外国直接投资减少金额的一半。相比之下，21 世纪初，中国成为主要的外国直接投资流入国，在前 10 位外国直接投资流入国中是唯一的新兴经济体。

表 7—2　**外国直接投资流入的地理分布（占外国直接投资总流入的百分比）**

	1990—1995	1996—2000	2001—2005	2006—2010	2011—2015
发达国家	50.5	67.8	57.6	68.9	73.0
发展中国家	37.1	29.2	37.1	26.1	22.7
转轨经济体	3.3	3.0	5.4	5.0	4.3

说明：外国直接投资流入高度集中于发达国家。平均而言，超过 60%的外国直接投资流入了发达国家。

资料来源：UNCTADSTAT，unctadstat. unctad. org.

跨国并购　跨国并购（M&As）是近期发达国家外国直接投资猛增的动力。**跨国并购**（cross-border mergers and acquisitions）是不同国家的企业合并。兼并是指一家企业吸收另一家企业的资产和负债。收购是指一家企业购买另一家企业的资产和负债。各国税法的变化、企业监管和劳动法放松、股东文化的变化都会引起跨国并购交易的猛增。

与外国直接投资的地理模式一致，并购活动集中于发达国家，美国、日本和欧盟的外国直接投资总流动中，超过 80%都是并购活动。根据经济合作与发展组织收集的数据，欧洲公司是并购交易中的主要买方。此外，美国吸引的并购交易一直多于其他国家，占全球并购交易的 20%以上。如图 7—1 所示，20 世纪 90 年代中期以后，并购额显著上升，在 2000 年达到高峰，年并购额超过 1 万亿美元。并购额在 2001—2003 年暂时下降，然后再次上升，并在 2009 年的全球金融危机期间再次下降。

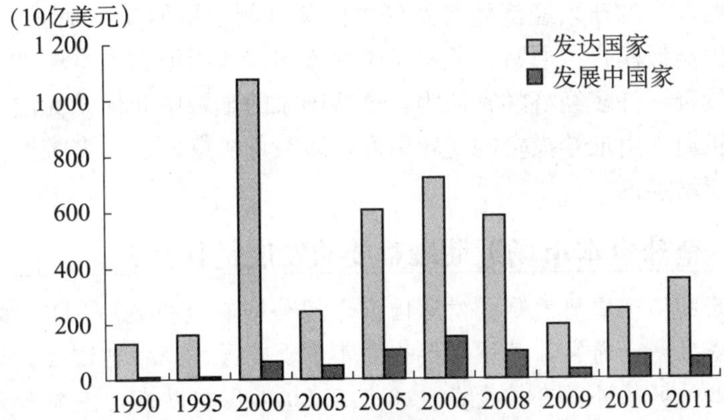

图 7—1　跨国并购流入

说明：跨国并购是近期外国直接投资增加的动力。多数外国直接投资流入了发达国家。

资料来源：UNCTADSTAT，unctadstat. unctad. org.

网络资源

请访问经济合作与发展组织的主页，查询关于并购与资本流动的数据：http://www. oecd. org。

新兴经济体　近年来全球资本市场的第二个重要发展是流向新兴经济体的私人资本流动的增长。图 7—2 显示了这些流动的近期数据。图中，资本流动独立于外国直接投资和证券投资。如图所示，2005 年以来，流向新兴经济体和发展中国家的私人外国直接投资和证券投资平均超过 3 000 亿美元。21 世纪初，一些新兴经济体和发展中国家遭遇金融危机时，这些投资有所下降。尽管证券投资在 2006 年和 2008 年变为负值，但外国直接投资仍然相对稳定，没有受到全球金融危机的影响。

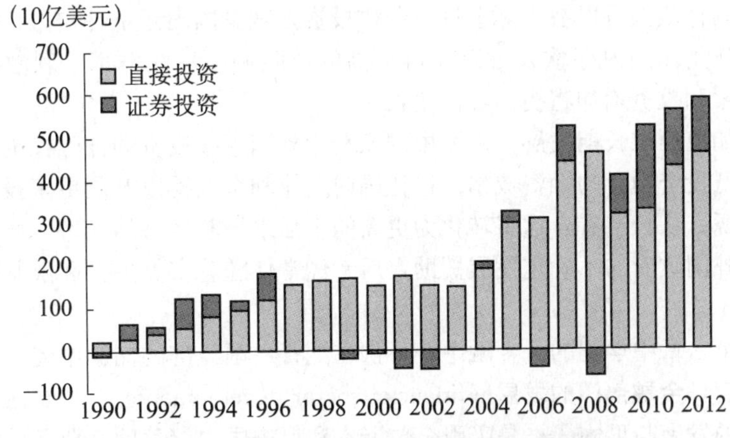

图 7—2　流向新兴经济体的私人资本净额

说明：自 1990 年以来，流向新兴经济体的私人资本以惊人的速度增长。尽管出现了 1994 年的墨西哥金融危机、1997 年的东亚金融危机、1998 年的俄罗斯金融危机、1999 年的巴西金融危机和 2001 年的阿根廷金融危机，但直接投资仍然继续流向新兴经济体。2008 年全球经济开始衰退后，私人资本流动开始下降。

资料来源：国际货币基金组织：《世界经济展望》数据库。

流向出现金融危机的新兴经济体与发展中国家（例如墨西哥、俄罗斯和东南亚国家）的私人资本呈现出类似模式。通常，危机发生前流向这些国家的资本剧增，大部分资本流入都是短期证券投资。许多经济学家认为，这些国家的金融中介体系无法承受如此大规模的资本流入。危机通常由证券投资的逆转引发。多数危机爆发后，多数国家吸引的外国直接投资占比均有所增加。

基本问题1 全球资本市场近期最重要的发展是什么？

全球资本市场的两个重要发展是发达国家之间外国直接投资（FDI）的增加和对新兴经济体的私人投资猛增。通常，外国直接投资集中于美国、日本和欧盟。近期，跨国并购的增加助涨了这些地区的外国直接投资。20世纪90年代初以来，流向新兴经济体的资本显著增加。尽管在21世纪头十年，流向发达国家和新兴经济体的资本都有所下降，但自2005年以来，每年流入这些国家的资本平均超过4 400亿美元。

资本配置与经济增长

资本市场自由化——允许股票市场和债券市场相对开放地发行和竞争——的支持者认为，无阻碍的资本流动让存款可以流向生产效率最高的项目，从而更有效地配置稀缺资源。这些获得高收益率的项目对存款人支付回报，存款人实际上是金融投机者，因为他们承担了风险。从这个角度看，市场以最有效的模式引导资源，促进了实际资源的发展并提高了生产效率。因此，存款人承担了跨国金融交易的风险，并为一国经济提供了重要的流动性。

资本流入如何平稳国内经济 有了外国存款人提供的外国直接投资和证券资本，国内家庭和企业就可以将借贷活动扩展至国外。这让国内企业和消费者可以在国内经济衰退时继续支出和投资。他们在经济增长期向外国存款人还款。通过这种方式，外国资本流入有助于抵消国内商业周期，为国内经济提供更高的稳定性。

因此，国内存款人可以在国际上进行分散投资，减少国内经济冲击敞口。国外资本流入的这些积极作用让国内存款人可以获得更高的风险调整后收益率，刺激储蓄与投资活动。进而，储蓄和投资增加将提高经济增长率。

资本流入如何助推长期发展 发展中国家利用外国直接投资和证券投资形式的全球资本可以显著降低投资项目的融资成本。这让国内企业和个人得以开展更多投资项目，有助于培育实际资源。从长期看，这将转化为更高的生活水平和经济增长率。此外，国外私人储蓄可以代替外国政府的不确定发展援助，后者经常伴随着官僚主义和限制条件造成的低效成本。

正如你在第六章中学到的，金融中介通常在配置一国经济的储蓄中起着重要作用。对于新兴经济而言，**金融部门的发展**（financial-sector development）——金融机构、支付系统和监管机构的发展与巩固——是吸引全球资本和促进国内储蓄的必要条件。然而，经济理论表明，金融部门的发展可能增加储蓄，也可能减少储蓄。正如前面讨论过的，金融部门的发展可以促进国内储蓄与国外储蓄的配置。然而，对冲工具（第五章中介绍过）选择余地的增加可能会降低预防性储蓄。此外，家庭信贷市场的完善让人们可以借入更多资金，而他们本不会将这么多钱用于当前消费或者本来不值得获得财务支持的项目。因此，如果金融部门发展导致净储蓄总额降低——存款少于借款——那么经济增长实际上将受挫。

关于金融部门对长期经济发展的贡献，经济学家通常持两种对立观点。一些经济学家认为，实际资源（包括厂房和设备等实物资源）的培育和技术资本与人力资本的发展是长期经济表现的关键决定因素。根据这种观点，金融部门在长期的作用并不重要。

另一种观点是，金融部门的发展导致了经济基本面的变化。正如前面解释的，金融部门可以吸引外国投资并影响私人的长期储蓄与借款决定，因而影响长期投资策略。金融部门的发展通过这种方式影响长期经济表现。

不同国家金融发展轨迹各异的原因仍不清楚。然而，近期对金融发展和实体部门增长的因果关系研究趋于支持第二种观点。该研究得出结论，金融发展的确可以促进储蓄并将资金分配给生产率最高的投资项目，从而影响经济增长。

资本错配及其后果

尽管关于资本市场自由化存在争论，但金融市场不完善（例如第六章讨论过的类型）和政策导致的扭曲可能削弱一国的金融体系对经济发展的贡献。

金融市场不完善　许多经济学家都认为，金融市场上普遍存在一类市场不完善——信息不对称。正如第六章讨论过的，信息不对称可能产生逆向选择、羊群行为和道德风险等问题，导致无效资本分配。

逆向选择是指想获得资金投资于不划算项目的人最可能希望借款。逆向选择可能导致存款人不愿意贷款或持有金融工具，即使他们希望为高质量项目融资。此外，信息不足还会导致羊群行为。当缺乏充足信息的存款人根据他们认为信息更充足的其他人的行为作出决定时，就会发生羊群行为。在全球环境下，羊群行为会成为传染——金融不稳定传播至整个地区的情况——的催化剂。羊群行为还可能导致资产价格或者远超过有保证水平的币值降低。

另一个可能出现的问题是道德风险，即借款人发行债务工具后从事风险更高的行为的可能。例如，当一国政府或明或暗地担保某家企业或银行不会倒闭时，就会产生道德风险。企业知道自己不被允许倒闭，因此会从事高风险项目以追求高收益率。国际组织，例如国际货币基金组织，也可能产生类似的道德风险，因为它随时准备拯救面临流动性危机的主权国家。有人认为，如果某个主权政府知道国际货币基金组织准备在其外汇储备不足时提供贷款，就不会按汇率安排规定的方式执行政策。

政策导致的扭曲　资本流动还可能对政策产生的扭曲作出反应，导致无效和反复无常的资本配置。当政府政策导致市场产出水平不同于理想产出水平或经济有效产出水平时，就产生了**政策导致的扭曲**（policy-created distortion）。例如，进口关税和对特定行业的补贴等微观经济政策保护这些行业的生产商免受国外竞争的威胁。这类保护的对象通常是在全球市场上没有竞争力的行业。然而，由于保护这些行业，政策措施导致了与竞争环境下不同的产出水平和更高的经济利润。反过来，利润升高将吸引资本流入受保护的行业而不是其他生产力可能更高的行业。政策导致的扭曲包括差异性国家税收政策、贸易限制和宏观经济政策，它们可能导致资本错配。

此外，各国对金融交易的不同规定也会产生监管套利。国内机构可能将经营场所设在国外或者在国外进行特定类型的经营活动，以避免国内监管。这种规避监管的行为降低了政府的监管能力，并将国内金融中介暴露于监管者希望降低的风险之下。

尽管这些扭曲是由国内经济政策导致，但应该在国际环境中审视它们。一般而言，缺乏国际合作可能带来“逐底竞争”，或者使资金流向监管和税收环境最宽松的国家。本章后面将讨论跨国政策合作在减少这种可能性中的作用。

金融不稳定与金融危机 当市场不完善和政策导致的扭曲很严重时，它们可能导致金融不稳定，即金融部门无法将资金配置到生产率最高的项目中的情况。严重的金融不稳定可能引发金融危机，即金融市场运行完全崩溃。第六章提供了关于各国金融危机成本的实证。因此，所有国家都有一个重要政策目标，即减少刚才介绍的那些问题，创造稳定的金融环境。

最大化收益与最小化风险 对于某些新兴经济体来说，资本市场自由化可谓喜忧参半。资本流入让新兴经济体的居民能够为原本不可能的交易机会和投资机会融资。然而，一部分外国资金的流出速度可能与流入速度一样快，这将对一国金融体系形成沉重压力，并影响该国货币的汇率。

对于新兴经济体而言，允许股票和债券市场相对开放地发行与竞争的**资本市场自由化**(capital market liberalization）是正确的政策吗？还是说这些国家应该继续限制资本流动？世界银行的约翰·威廉姆森（John Williamson）和旧金山联邦储备银行的莫莉·马哈尔(Molly Mahar）研究了实行某种程度的金融自由化的 34 个国家的经济表现。他们发现，只有英国和新加坡这两个国家在自由化后没有出现系统性经济危机。然而，他们得出结论，金融自由化通常会导致更有效率的资本分配，并深化一国的金融市场。

经济学家仍在试图弄清新兴经济体的政策制定者怎样才能在实现资本市场自由化的同时避免金融不稳定与金融危机。短期资本流入与长期资本流入之间的适当平衡、资本控制的有效性、金融中介对配置资本流入的贡献、汇率制度的作用和国际货币基金组织与世界银行等国际机构的结构与责任是我们将在本章后面讨论的重要问题。

金融中介的作用是什么?

金融中介促进金融稳定和经济增长的方式有几种。金融中介的一个重要职能是将存款以最有效的方式转移给借款人。中介过程可能成本高昂，因此会吸收转移给借款人的存款中的一部分。有效的中介只吸收一小部分存款，并能将更多资金转移给借款人。因此，一国储蓄中用于投资的部分增加，促进了经济增长。降低准备金要求和不必要且成本高昂的监管可以提高一国金融中介的有效性。

如第六章所示，金融中介提高效率的另一种方法是将许多人的资金聚集到一起。这增加了单个金融机构管理的存款总额。这种集中可以获得规模经济，使平均资金管理成本低于存款人自己管理存款的成本。通过这种方式，金融中介可以通过减少不必要的成本，增加最终用于投资的存款金额。

有效的金融中介体系还可以降低信息不对称程度，因而改善资本配置并增强金融市场稳定性。金融中介擅长评估债务工具的质量并持续监督发行人的业绩，因此可以降低信息不完全的程度。

此外，金融中介还为存款人提供了风险共担的方法。如果存款人无法共担风险，就只能投资于流动性最高的项目。生产率较高但流动性较低的项目无法得到资金，这将导致潜在经济增长率降低。

因此，金融中介的作用是多方面的。依赖获取信息的能力，它们可以评估投资项目、确定潜在收益率最高的项目，并以较低的平均成本共担风险，引导存款人投资于风险较高，但利润也较高的项目。由于金融中介在资本配置中的重要作用，金融中介监管是各种金融结构改革建议中的关键要素。

基本问题 2　资本配置与经济增长的关系是什么？金融中介在这种关系中的作用是什么？

当一国的金融中介将资金转移给生产率最高的投资项目时，它们将提高实体经济增长率。有效的金融中介将降低投资项目的融资成本、分担风险并降低金融市场不完全的影响。因此，金融中介有利于提高储蓄并为更多投资项目融资。

资本市场自由化与国际金融危机

经济学家的近期研究表明，资本市场自由化——消除或取消资本流动限制——通常会改善资本配置并使一国金融部门进一步发展。然而，资本市场自由化也有风险。国际资本流动对近期的金融危机有何影响？

所有资本流动都一样吗？

尽管资本市场自由化和全球融资能力可以降低投资项目的成本并促进经济增长，但带来的整体债务也可能破坏经济稳定。一国公共外债与私人外债的期限结构是一个重要方面。同时吸引短期债务与长期债务让债务工具组合变得分散化，偿债结构更容易管理，因此是更稳定的债务组合。

由于政府、企业和家庭的借款需求不同，且投资项目的期限不同，因此一国的金融部门既能吸引短期证券投资，又能吸引长期直接投资是很重要的。多数国家的经济学家都认为证券投资是导致所有权股份少于10%的金融工具投资。证券投资的期限往往较短，借款成本也较低，通常被视为近期收入来源。此外，外国直接投资是一种用资金确立金融控制的长期投资策略。由于证券投资和外国直接投资代表不同的投资策略，有不同的期限结构和借款成本，因此它们的短期结果和长期结果也不相同。

证券投资　证券投资是短期性的，较容易安排，借款成本较低，而且不需要企业获得对外国实体的金融控制。证券投资可以逐渐改善一国的资本配置，并促进一国的金融部门发展。然而，由于证券投资是非所有权且相对流动的投资形式，因此证券投资流动（通常被称为热钱流动）的方向可能迅速逆转。逃离发展中国家的证券资本可能导致其脆弱的金融部门缺少急需的流动性，产生金融不稳定。这可能引发金融危机，同时威胁一国的金融中介清偿能力和汇率制度的存续能力。

外国直接投资　对比之下，外国直接投资是流动性相对较差的所有权形式投资，对一国经济有稳定作用。如前所述，外国直接投资经常出现在跨国公司建立外国分支机构或者与外国公司结成战略联盟时。当跨国公司在外国的地位稳固时，便可以与客户和供应商建立有价值的关系和网络。因此，人们预期进行外国直接投资的跨国公司不会频繁进入和退出外国市场。长期持续的承诺和法人权利保障是让外国直接投资成为一国经济稳定力量的原因。然而，这种长期协议较难达成，并会导致国内公司的部分所有权被外国掌控。

因此，证券投资和直接投资有不同的优点和缺点。由于资本流动并不相同，因此一国的金融部门创造既能吸引长期资本也能吸引短期资本的环境是很重要的。通过这种方式，可以改善资本配置，促进实体部门和金融部门的发展，同时又将金融不稳定性降到最低。(关于资本流动波动性的影响，请参见“管理笔记本：私人资本流动：不稳定性的来源还是经济发展的动力?”)

管理笔记本

私人资本流动：不稳定性的来源还是经济发展的动力?

图7—3显示了1990年以来的全球跨国股票投资、债券投资和外国直接投资指标。20世纪90年代，两种形式的国际证券投资都有所下降。实际上，20世纪90年代末至21世纪初，债券投资指标表现为负值，表明在这段时期的债券投资为净流出。数字凸显了这样一个事实：证券投资——尤其是债券投资——的波动性比外国直接投资大得多，后者在2000年之前稳定增长，然后在几年内趋于平稳，并在21世纪中期再度上升。2009年，各种形式的全球投资都有所下降。

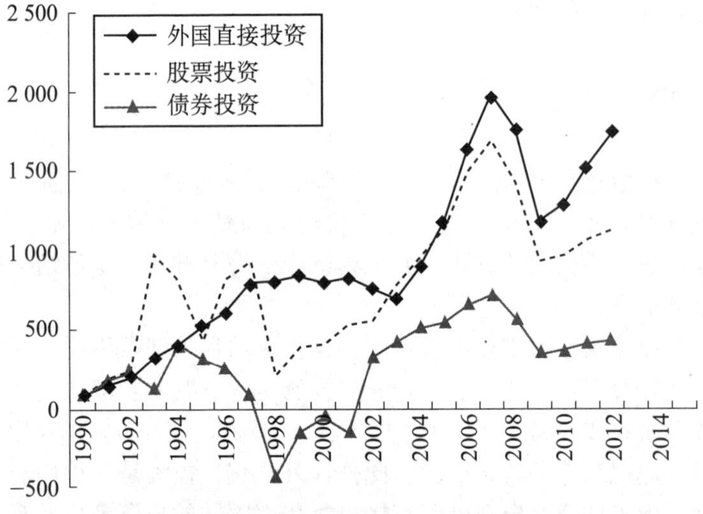

图7—3　1990年以来的全球股票投资、债券投资和外国直接投资

说明：近期的金融危机之前，股票投资和债券投资——尤其是后者——表现出比外国直接投资高得多的波动性。

资料来源：世界银行，www.worldbank.org；作者的估计。

大量证据表明，私人国际投资的波动性升高往往与经济发展放缓有关。例如，1970年以来，流向阿根廷、南非和委内瑞拉的私人投资——高度集中于证券投资——的波动性两倍甚至三倍于全球平均值，这些国家的年均经济增长率低于2%。相比之下，1970年以来，流向中国、印度尼西亚和巴基斯坦的私人投资——主要是以外国直接投资的形式——的波动性不到全球平均值的一半。印度尼西亚和巴基斯坦的年均经济增长率为5%，而中国的年均经济增长率约为9%。因此，世界上大部分流向发展中国家的外国直接投资都流向了亚洲国家，这些亚洲国家的经济发展速度持续快于南美国家和非洲国家。

批判性分析

为什么较高的私人国际投资流入波动性会阻碍经济发展与增长？

资本流动在近期危机中的作用

1994—1995年的墨西哥金融危机很好地说明了严重依赖证券投资的后果。图7—3显示了私人资本流向西半球新兴经济体的过程。20世纪90年代早期和中期，该地区的私人资本流入急剧增加。然而，证券投资占这些资本流入的一大部分。墨西哥的政治不稳定加上发展中国家的利率上升引发了1994年底的证券投资下降。1995年，对该地区的净证券投资减少了将近100%。这种投资下降对该地区多数国家的货币汇率形成了巨大的下降压力，并导致了墨西哥爬行钉住汇率制的完全崩溃。

20世纪90年代末，亚洲的几个新兴经济体也发生了类似情况，例如泰国、马来西亚、印度尼西亚和韩国，21世纪前10年，俄罗斯也发生了这种情况。尽管与1997年金融危机前相比，亚洲的新兴经济体能够吸引更高比例的外国直接投资，但证券投资和其他短期资本流动仍然占私人资本流动总额的40%以上。1997年底至1998年初，泰铢和该地区其他货币的价值崩溃，同时该地区的资本大量外流，这与墨西哥危机时的资本外流很类似。

网络资源

关于国际发展数据，请访问哈佛大学国际发展中心的主页，网址为http://www.cid.harvard.edu。

这些事件教给我们的经验是，过于依赖证券投资可能会造成不稳定。然而，指出国外证券投资流出不是这些金融危机的根本原因同样很重要。国外资本的流出是一种表征，它是由对该国的宏观经济政策和微观经济政策、政治稳定性、金融市场稳健性和实际生产部门与制造部门丧失信心而引发的。

作为稳定因素的外国直接投资 由于外国直接投资是稳定因素，因此许多国家希望创造环境吸引外国直接投资。然而，表7—2显示，外国直接投资集中于发达国家。因此，新兴经济体实行的一项重要政策是吸引外国直接投资，并尽量减少投资项目对证券投资的资金依赖。

考虑实现这个目标的政策方法时，一些政策制定者认为，各国应该减少对跨国公司国籍的关注。他们认为，一国的政策制定者应该考虑的是外国公司在本国的生产或营销活动对本国就业和收入的正面影响。他们认为，跨国公司投资于外国市场是因为它们有投资优势：技术熟练的劳动力、良好的营销网络、发达的供应链、畅通的融资途径，等等。因此可以预见，投资于教育、研究、培训和基础设施的国家将能持续吸引外国直接投资，维持较高的就业与收入水平。通过这种方式，一国的经济增长与投资将呈现螺旋式上升，使国内投资和外国直接投资继续相辅相成。

20世纪90年代和21世纪初的国际金融危机之后，学者、私人机构和国际政策组织形成了庞大的政策建议团队，为各国增加资本流入出谋划策。他们的建议中特别强调的一点是，完善企业、银行和政府融资中可以获取的信息。通常，这些建议提倡改进各国政府的信息发布并对其进行标准化，执行严格的金融披露，采用国际认可和接受的审计准则和会计准则以及完善的公司治理准则，使贷款人能够监督借款人的财务决策。其他建议包括提高银行的风险管理技术，重组国际债务，并对短期资本流入实施资本控制。

资本控制有作用吗？ 一些经济学家认为，各国不能限制吸引外国直接投资。他们主张新兴国家采取措施减少对证券投资的依赖。偏好政府干预的经济学家通常提倡对短期证券投资进行**资本控制**（capital control），作为实现金融市场渐进自由化的一种方式。

不过，多数经济学家对资本流动控制持怀疑态度。加州大学洛杉矶分校的塞巴斯蒂安·爱德华兹（Sebastian Edwards）研究了智利的资本控制对该国资本流动构成和宏观经济稳定性的影响。他得出结论，不管法律规定的类型和程度如何，私人部门最终总会找到绕开限制的方法。爱德华兹认为，应该避免控制资本外流，因为这种控制效率非常低。

然而，事实证明，控制资本流入在短期内是有效的，并能降低短期资本流入的速度，延长外债的期限。延长债务期限使政策制定者有机会进行资本市场自由化，并让金融部门得以发展。例如，20 世纪 90 年代，智利对外国资本流入施加了一些限制，包括对向外国借款的限制。这些控制导致短期资本流入占总体资本流入的比例在不到 10 年的时间里从超过 95%降至 3%。尽管智利在 21 世纪前 10 年取消了部分资本控制，但短期资本流动占总体资本流动的比例仍然低于 20%。

一些经济学家认为，这些资本控制有助于稳定智利的经济和汇率。然而，也有些人将资本控制视为阻碍最优资本配置和造成智利股价低迷的因素。他们将智利的经济表现归功于恰当的经济政策。

爱德华兹得出结论，资本控制应该被用作“权宜之计”。他认为，资本控制产生了额外的借款成本，最终应被取消。实际上，智利现在面临的其他南美国家对外国资本的竞争比 20 世纪 90 年代时更为激烈。因此，出于实际考量，政策制定者结束了智利的资本控制，以降低外国资本的成本。

基本问题 3　证券投资和外国直接投资的差别是什么？这些资本流动在近期金融危机中起什么作用？

由于证券投资是无所有权且产生收益的投资，因此它往往比外国直接投资期限更短、流动性更高。因此，过于依赖证券投资来为投资项目融资可能会造成不稳定。相反，外国直接投资代表了长期金融控制策略，因此可能对经济有稳定作用。过于依赖证券投资似乎是造成最近新兴经济体金融危机的因素之一。

汇率制度与金融危机

汇率政策对 20 世纪 90 年代和 21 世纪初金融危机的影响引起了各国经济学家的特别兴趣。经历过金融危机的国家——例如 20 世纪 90 年代中期的墨西哥、20 世纪 90 年代末的东南亚国家、巴西和俄罗斯，以及 21 世纪初的土耳其和阿根廷——都实行某种类型的固定汇率制。因此，至少在表面上看来，固定汇率制是造成危机的因素之一。

汇率制度思想学派

在上述金融危机发生之前不久，出现了两种汇率制度思想学派。第一种思想学派认为，政策制定者不应将币值钉住某个明确目标或平价。

根据这种思想学派，货币市场参与者可以通过观察即期汇率与官方平价汇率的差异密切监督政策制定者的行为。因此，货币市场参与者有可能发觉与平价汇率的微小差异，从而确定汇率制度是否值得信任。如果货币市场参与者认为钉住汇率制不可信，将大量卖出本币资产，此时政策制定者可能没有足够外汇储备维持平价汇率，汇率制度就将崩溃。因此，这种思想学派认为汇率应该是完全弹性的。

相反，第二种思想学派认为，政策制定者有必要建立明确的汇率目标以获得市场参与者的信任。通过制定汇率目标，政策制定者作出了透明的汇率政策承诺。根据这种思想，汇率目标或汇率平价构成了货币政策行为准则。这种方式让政策制定者更加可信，因为货币市场参与者可以密切监督汇率政策，并迫使政策制定者维持汇率目标承诺。因此，这种思想学派认为汇率应该是固定或钉住的。

角点假说

后来，许多经济学家对中间或中庸汇率制度——汇率弹性有限的制度，例如可调整钉住汇率制、爬行钉住汇率制和一篮子汇率制——的稳健性产生了怀疑。货币市场参与者大量卖出货币迫使许多发生金融危机的国家——例如墨西哥、泰国、韩国、印度尼西亚、俄罗斯和巴西——放弃了中间汇率制度。

因此，出现了关于汇率管理的第三种观点——**角点假说**（corners hypothesis）。这种理论认为，政策制定者应该作出坚定的极端汇率制度承诺。也就是说，政策制定者应该建立货币局制度甚至实行美元化，或者允许本国货币在外汇市场上自由浮动，并避免采用中间汇率制度。

角点假说引发了大量比较和对比汇率制度以及各危机国家特定经济政治环境的研究。同时，国际货币基金组织和七国集团等组织鼓励新兴经济体的政策制定者抛弃中间钉住汇率制，采用弹性汇率制，甚至对经济进行美元化。

美元化

由于21世纪初阿根廷货币局制度的崩溃，越来越多的经济学家建议新兴经济体抛弃本币，完全实现美元化。正如第三章讨论的，美元化是指采用某种外币作为唯一的法定货币。

美元化的收益 国际货币基金组织的经济学家、美元化专家安德鲁·伯格（Andrew Berg）和爱德华多·博伦斯坦（Eduardo Borensztein）断言，美元化对于新兴经济体既有收益，又有成本。他们认为，美元化最重要的收益是它消除了货币风险，因而降低了新兴经济体中的风险溢价和利率。然而，国家风险依然存在，因此，美元化国家的利率不会完全等于发达国家的利率。

美元化的另一个收益是，新兴经济体采用美元或欧元可以比它们保留本国货币时更好地促进与美国或欧盟等大型经济体的经济融合。加深与这些大型经济体的经济融合可以促进美元化国家的经济增长和稳定。

美元化的成本 铸币税收入——一国发行本币获得的利润（见第六章）——是一国美元化的主要成本。这种成本有两个部分。第一，中央银行必须用美元“买”回流通中的所有本币。第二，中央银行将放弃未来的铸币税收入。伯格和博伦斯坦估计，对阿根廷经济进行美元化最初需要用 150 亿美元购回比索，另外每年还会损失 10 亿美元铸币税收入。

美元化的另一个主要成本是丧失最后贷款人功能。正如第六章讨论的，作为最后贷款人，中央银行随时愿意向暂时丧失流动性的本国银行贷款。因此，在美元化经济中，如果银行暂时丧失流动性，政策制定者无法作出反应，因此无法重建本国银行体系的信心。

美元化国家 表 7—3 列出了完全美元化的国家。表中所有国家的人口和经济规模都相对较小。最近只有三个国家进行了美元化。东帝汶和厄瓜多尔在 2000 年采用了美元，萨尔瓦多在 2001 年采用了美元。由于美元化国家的数量很少，经济学家很难可靠地估计国家进行美元化的收益与成本，因此，经济学家密切监测着这些国家的经济表现。

表 7—3 **美元化国家**

国家	采用的货币	美元化日期
东帝汶	美元	2000
萨尔瓦多	美元	2001
厄瓜多尔	美元	2000
基里巴斯	澳元	1943
黑山	德国马克/欧元	1999
马绍尔群岛	美元	1944
密克罗尼西亚	美元	1944
法属摩纳哥	法郎/欧元	1865
瑙鲁	澳元	1914
帕劳	美元	1914
巴拿马	美元	1904
圣马力诺	意大利里拉/欧元	1897

说明：第二次世界大战结束以后，只有五个国家进行了美元化：塞浦路斯、黑山、东帝汶、萨尔瓦多和厄瓜多尔。1974 年，塞浦路斯采用土耳其里拉作为货币，但后来加入了欧洲货币体系。所有美元化国家的人口和总体经济产出都相对较小。

资料来源：国际货币基金组织：《汇率安排与限制》（*Exchange Arrangements and Restrictions*）。

钉住汇率制、中间汇率制还是浮动汇率制?

新兴经济体的政策制定者应该选择哪种类型的汇率制度，才能避免经济危机呢？最近，越来越多的经济学家拒绝角点假说。反对角点假说的主要理由是，它缺少理论基础和实证支持。因此，尽管许多遭遇危机的经济体都采用了中间汇率制度，但这并不一定表明其汇率制度是造成危机的原因。

拒绝角点假说的经济学家认为，没有哪种汇率制度是适合所有国家的，而对于特定国家，没有哪种汇率制度是永远适合的。然而，正如第三章所讨论的，在决定某种汇率制度的可行性时，经济与法律制度以及稳健的经济政策比汇率制度的选择更重要。因此，对于某些国家来说，这三种汇率制度——严格钉住汇率制、中间汇率制和浮动汇率制——都是适合的。

"三难困境"

在"不可能三角难题"或**三难困境**（trilemma）的环境中可以更好地理解汇率制度的适用性。经济学家乔舒亚·艾森曼（Joshua Aizenman）和鲁文·格利克（Reuven Glick）认为，是三方政策组合——钉住汇率制、相机抉择的货币政策和资本市场自由化的组合——导致了本章中讨论的金融危机。他们对三难困境的解释是，一国可以同时选择以下政策中的两种，但无法同时选择三种政策：固定汇率、相机抉择的货币政策和资本市场自由化。

图7—4说明了三难困境。如图所示，三角形的三条边代表了固定汇率制、相机抉择的货币政策和资本市场自由化这三个可能的目标。三角形的顶点表示封闭的资本市场、固定汇率制和相机抉择的货币政策的组合。这是墨西哥和许多亚洲经济体在金融危机之前选择的组合。危机爆发之后，每个国家都开始实行资本市场自由化或开放资本市场，朝着三角形的底边运动。

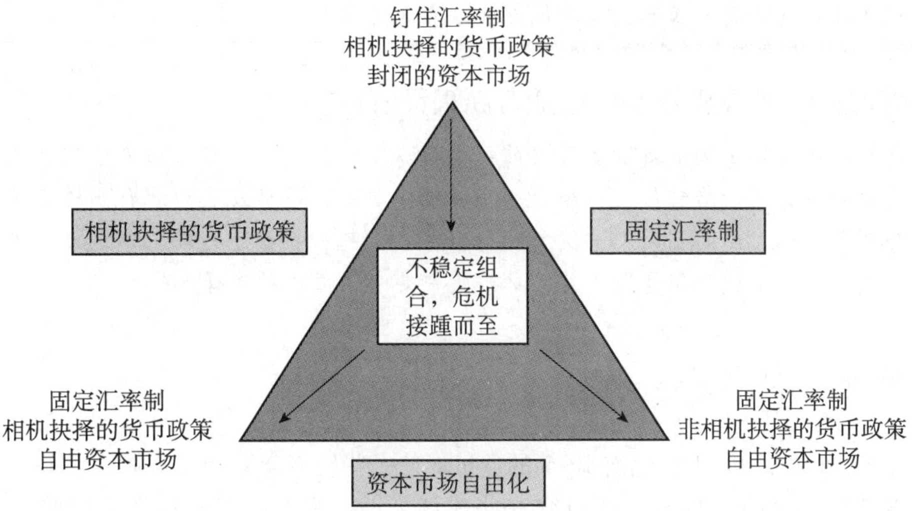

图7—4 三难困境

说明：根据三难困境，当一国追求资本市场自由化时，稳定的政策图形要求政策制定者放弃相机抉择的货币政策或者固定汇率制。

资料来源：改编自 Joshua Aizenman and Reuven Glick. "Sterilization，Monetary Policy，and Global Financial Integration." NBER Working Paper W13902（March 2008）。

根据三难困境，当一国实行资本市场自由化时，稳定的政策图形要求政策制定者放弃相机抉择的货币政策或固定汇率制。这种稳定的组合表示为向三角形一边或另一边的移动。一种不稳定的图形是试图追求所有三个目标，表示为穿过三角形中间的移动。墨西哥和韩国等国遭受金融危机后允许本国货币汇率浮动，它们的目标为弹性汇率制、资本市场自由化和相机抉择货币政策的组合，表示为向三角形左下角的移动。（关于不同国家如何应对三难困境，请参见"政策笔记本：不同国家的三难困境解决模式差异"。）

政策笔记本

不同国家的三难困境解决模式差异

不同国家制定与三难困境有关的政策时是否存在系统性差异？为了研究这个问题，加利福尼亚大学的乔舒亚·艾森曼、威斯康星大学的圣克鲁兹（Santa Cruz）、陈赓辛（Menzie Chinn）和波特兰州立大学的伊藤大雄考察了170个国家的三难困境：

（1）货币独立性：给定国家的利率与部分国家中“基准国家”的利率的相关性。

（2）汇率稳定性：给定国家的货币汇率相对于“基准国家”货币汇率的波动性指标。

（3）金融开放度：衡量资本控制对金融流动约束程度的指数。

艾森曼、陈赓辛和伊藤大雄发现了工业化国家与新兴国家和发展中国家相比，进行三难选择时存在惊人差异的证据。他们的研究表明，20世纪70年代中期以来——尤其是20世纪90年代初以来——工业化国家强烈偏好高汇率稳定性和高金融开放度，这必然导致货币独立性显著下降。相比之下，他们的指标表明，新兴国家和发展中国家在三难困境的所有三个方面都朝着中间位置变化，发展中国家往往更偏好高汇率稳定性。因此，工业化国家和非工业化国家解决三难困境的方法也存在显著差异。

批判性分析

工业化国家选择高金融开放度的优点和缺点是什么？

基本问题4　哪类汇率制度最适合新兴经济体？

最适合新兴经济体的汇率制度是当前一个争论激烈的问题。有些经济学家认为，政策制定者应该承诺采用严格钉住汇率制或完全弹性汇率制。还有人认为没有哪种汇率制度适合所有新兴经济体，中间制度——例如爬行钉住汇率制和一篮子钉住汇率制——可能适合某些新兴经济体。美元化仍是新兴经济体政策制定者的另一种选择。

现状评估

20世纪90年代和21世纪前10年的危机促使一些经济学家和政策制定者建议重组国际货币基金组织和世界银行。在研究这些建议之前，考察这些机构当前的政策是很重要的。

国际货币基金组织的事前贷款条件与事后贷款条件　和其他贷款人一样，国际货币基金组织也面临着两个关键问题。一个是逆向选择问题，即某些最想获得资金的借款人最可能错误使用资金的可能。另一个是道德风险问题，即借款人得到贷款后承担超过贷款人意愿的风险的可能。国际货币基金组织对借款人提出的贷款条件旨在解决道德风险问题。然而，多数观察家一致认为，国际货币基金组织的方法至少有两个缺点。

第一，国际货币基金组织的官员没有公开宣布国际货币基金组织与特定国家的贷款协议条款。这意味着，只有国际货币基金组织能监督借款国是否正确使用了其他国家捐缴的资金。通常，只有在国际货币基金组织预扣贷款的分期付款时，私人投资者才能辨别出一国没有遵守与国际货币基金组织签订的协议。国际货币基金组织采取此类举动之后的不利市场反应可能使借款国面临更严重的金融困境，更难满足与国际货币基金组织签署的初始协议条款。因此，国际货币基金组织对贷款协议保密的政策可能不利于防止滥用会员资金。

第二，国际货币基金组织的官员最初规定的贷款条件通常非常一般。只有在借款国已经执行违反初始宽松条件贷款协议的政策后，他们才趋向于采用高条件贷款协议。当然，到了这个时候，国际货币基金组织已经无法避免道德风险问题了。

批评家们认为，国际货币基金组织的保密做法和只有在情势所迫时才提高条件的倾向实际上造成了只有在事后才存在严格条件制约的结果。他们得出结论，认为这种规定国际货币基金贷款条件的事后相机抉择方法，即所谓的**事后贷款条件**（ex post conditionality），削弱了国际货币基金组织对实际借款人和潜在借款人的信用。他们认为，这种信用缺失增加了道德风险的可能性，同时也吸引了最可能利用低条件贷款政策模糊条款的借款国，从而扩大了逆向选择问题。

为了减轻这两种问题，国际货币基金组织的批评者很久以前就建议使用**事前贷款条件**（ex ante conditionality），即提前公布的国际货币基金组织贷款条件。他们还提倡规定一些直接条件，使每个人都能方便地监督借款国是否遵守条件。（国际货币基金组织的确建议各国提供标准经济数据。请参见“网络笔记本：通过网络传播数据”。）然而，迄今为止，国际货币基金组织仍然维持保密和相机抉择的贷款政策。

网络笔记本

通过网络传播数据

国际货币基金组织协助成员编制和发布数据。为完成这项任务，国际货币基金组织的经济学家维护着两套数据系统，一般数据传播系统（GDDS）和特殊数据传播系统（SDDS）。所有国际货币基金组织成员均可使用GDDS，而国际货币基金组织向希望借助国际资本市场的会员提供SDDS。根据国际货币基金组织提供的资料，GDDS和SDDS都是为了提供及时全面的统计数据，促进稳健的宏观经济政策和改善金融市场的运行。

国际货币基金组织建议各国及时发布重要的经济信息。它还鼓励通过互联网发布信息。国际货币基金组织网站的GDDS栏目提供了负责发布GDDS数据的成员机构的快捷链接。

❖ 批判性分析

通过互联网为寻求外国资本的国家提供经济信息的优点是什么？

世界银行的贷款宗旨　世界银行现在每年向发展中国家提供超过150亿美元的贷款援助，未清偿贷款超过1 200亿美元。在某些国家，尤其是非洲，吸引私人投资十分困难。因此，世界银行是这些国家的重要贷款来源。然而，如图7—5所示，在世界银行的贷款中，只有约23%是直接贷给非洲国家的。

尽管最近有超过1 000亿美元的私人资本流入发展中国家，但世界银行仍将许多贷款发放给可以毫不费力地吸引私人资金的国家。例如，20世纪90年代末，当外国投资者希望为建设中国最大的火力发电厂融资时，发电厂建设方拒绝了他们，因为它可以按更优惠的条件从世界银行获得贷款。

尽管世界银行的官方目标是为发展中国家无法吸引私人资本的项目提供贷款，但世界

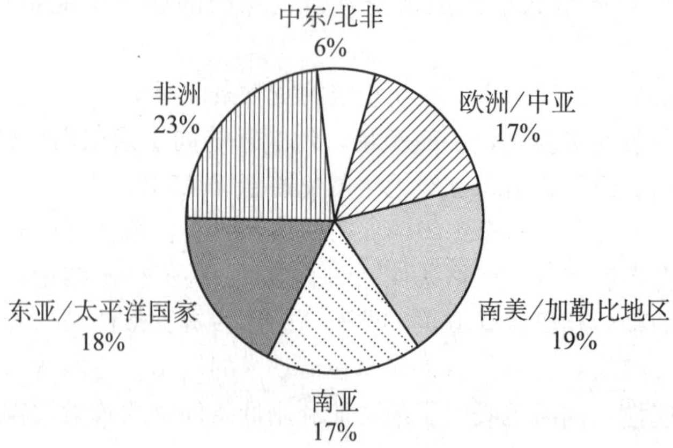

图 7—5　世界银行的贷款分布

说明：尽管非洲有世界上最贫困的国家，但它只得到了世界银行近期贷款的 23%。然而，非洲仍然是世界银行的优先贷款对象，它获得的贷款比例也在缓慢上升。

银行与私人投资者的竞争愈加激烈。在这种竞争中，世界银行通常会凭借低于市场利率的贷款胜过私人贷款者。批评这种贷款的人认为，它们经常会扭曲私人资本市场，并鼓励低效投资，正是后者助长了 20 世纪 90 年代末的东亚经济危机。他们还认为，中国这样的国家不适合接受发展援助。毕竟，中国有大量外汇储备，而且年经常账户持续有数百亿美元的盈余。因此，中国是资本净出口国。然而，由于政策制定者能获得低于市场利率的利率，因此中国通常每年从世界银行借款 15 亿～30 亿美元。

世界银行面临着来自净捐款者的压力，他们要求贷款池自身保持较高的收入流，从而降低捐款者的损失风险。由于这种约束，最可能获得稳定与合理高收益的发展中国家项目也是最可能吸引私人投资者兴趣的项目。对比之下，最贫穷、最需要资金的国家的项目是最不可能为世界银行获得稳定回报的。（一些观察家认为，私人贷款者向最贫困的国家发放小额贷款的效果比世界银行的大额贷款更好；请参见“政策笔记本：国家政策制定者是否应该促进微贷款?”）

政策笔记本

国家政策制定者是否应该促进微贷款?

2006 年诺贝尔和平奖得主、孟加拉国人穆罕默德·尤纳斯（Muhammad Yunus）主张，私人贷款而不是世界银行等机构提供的贷款对于促进贫穷国家的经济增长至关重要。图 7—6 显示了按照私人贷款与国内生产总值（GDP）之比排序的世界上前五位和后五位的国家和地区。这些国家和地区获得贷款的途径非常有限，因此私人贷款与 GDP 之比很低。

后五位国家和地区的共同特征是有大量被非正式使用但官方不知道的生产资料和官僚低效的政府。尤纳斯认为，这些特征阻碍了经济发展。如果借款人在违约时能提供可出售的生产资料作为担保品，私人贷款者将更愿意提供贷款，但贷款申请者无法提供他们并不正式拥有的生产资料。此外，即使申请人有合法的固定资产所有权，如果政府规定和低下效率限制了借款人违约时这些资产的可出售性，贷款人也不会愿意接受其作为担保品。

尤纳斯致力于推广微贷款机构——以自行车或水牛等个人拥有的物资作为担保，专门向希望摆脱最底层生活的人们发放极小额贷款的银行机构，并因此获得了诺贝尔和平奖。

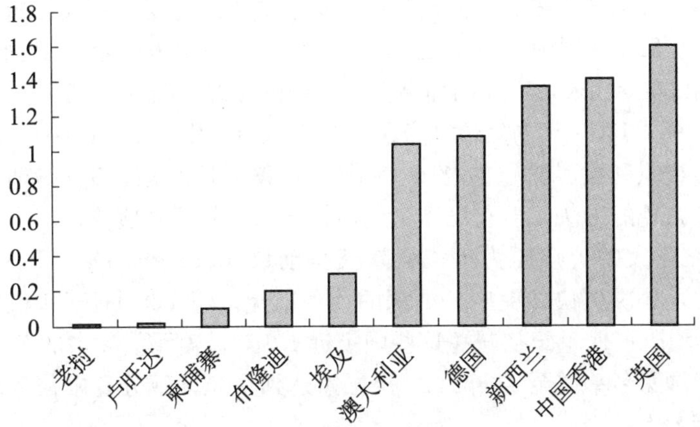

图 7—6　部分国家和地区的私人信贷与 GDP 之比

说明：本图显示了按私人信贷与 GDP 之比排序的世界上前五位和后五位的国家和地区。

资料来源：美联储圣路易斯分行。

在微贷款活动欣欣向荣的部分最贫困国家中，数千万人平生第一次获得贷款。因此，这些国家中的一些国家的私人信贷与 GDP 之比开始上升。

批判性分析

向许多人发放的小额贷款为何比向少数借款人发放的大额贷款更能促进经济发展？

网络资源

想了解更多关于微贷款和微融资的信息，请访问 Accion International 的网站：http://www.accion.org。

高负债贫穷国家的债务减免

对最贫穷、债务负担最重的国家的债务减免是当前最复杂、最艰巨的政策问题之一。自 20 世纪 80 年代开始，一些低收入国家的国际债务金额变得非常巨大，以至于这些国家发现，它们无法再向美国、日本、法国和德国等债权国以及国际货币基金组织与世界银行等机构还债。

债权国和国际组织通过继续向债务国贷款并重新安排某些短期债务的还款时间等方法提供债务减免。债务减免的理由有两点：有些债务是很久以前由腐败政府借入的，这些政府已不再当权，偿还这些债务挤占了教育与福利计划需要的资金。许多协商都是通过巴黎俱乐部进行的。**巴黎俱乐部**（Paris Club）成立于 20 世纪 50 年代，是债务国与债权国重新安排官方债务的多边协商论坛。尽管它是一个专门设立的组织，但法国财政部为其提供了永久秘书处。**伦敦俱乐部**（London Club）成立于 20 世纪 70 年代，目的是以类似方式为欠商业银行的私人债务协商提供便利。除了这两个组织以外，最近成立的千禧基金也是为了筹措私人捐款用于债务减免。

尽管各方努力提供债务减免，但最贫穷国家的债务问题变得更加严重，它们的债务在五年中翻了一番。21世纪来临之际，各国只偿还了不到一半的债务，超过600亿美元债务被拖欠。20世纪90年代末，工业国加倍努力地提供有意义的债务减免。1996年，七大工业国的领导人同意了**HIPC**（高负债贫穷国家）**动议**（HIPC Initiative），后来该动议得到了国际货币基金组织和世界银行的背书。HIPC动议的目的是规定一套债务减免的条件，并提供多边债务减免的方法，但它没能达到债权国和债务国的预期。

1999年，在巨大的公众压力下，**科隆债务动议**（Cologne Debt Initiative，CDI）诞生。CDI的目的是提供更快、更广、更深的债务减免。CDI将HIPC国家名单从26国扩展至33国，并承诺到21世纪初减免这些国家近1 970亿美元债务中的70%。几年内，动议中的债务减免国家名单增至41个。23个国家达到了允许部分有限债务减免的条件，10个国家仍然有待考虑。

然而，扩展的HIPC动议并非没有问题。资金来源仍然是主要困难。主要工业国承诺的1 000多亿美元债务减免中，有超过15%来自没有参与初始政策协商的国家。在这些债权国中，部分国家不愿意加入它们没有参与协商的计划。另一个问题是，由于超过50%的债务尚未开始偿还，因此减免大部分债务存量并不一定能减轻偿债负担。CDI的部分资金来自出售黄金储备。然而，出售黄金有可能抑制金价，伤害一些依赖黄金出口的HIPC国家。此外，另一个担心是债务减免可能会挤占更急需的发展援助。

基本问题5　近年来，国际货币基金组织和世界银行制定的哪些政策被证明是相互矛盾的?

国际货币基金组织得到的批评是，没有公开对成员贷款的条件。批评者还质疑国际货币基金组织有意让贷款条件一般化且难以衡量。他们认为，国际货币基金组织贷款政策的这两方面都增加了道德风险的可能，让借款人更容易将国际货币基金组织的资金用于高风险项目。尽管世界银行将一大部分资金用于援助世界上最贫困的国家，但它也向获得大量私人资本的国家发放了大额贷款。批评家认为，世界银行以低于市场利率的利率向这些国家提供贷款，降低了金融市场的效率。

国际金融结构需要重新设计吗?

近年来，跨国金融机构面临着两种批评。一种批评认为，这些机构的设计和结构没有问题，尽管如此，金融危机发生前，这些机构应对危机的做法仍有很大改善余地。另一种批评针对的是跨国金融机构的运作，甚至在某些情况下，质疑跨国金融机构的存在必要。根据后一种观点，至少国际金融结构需要某种重新调整，甚至需要重新设计。

危机预测与早期预警系统

在考虑哪些因素可以帮助预测危机以及跨国金融机构如何应对金融危机之前，如果经济学家就构成危机的因素达成一致，将会有所帮助。然而，关于如何确定是否发生危机，存在着不同观点。例如，哈佛大学的杰弗里·弗兰克尔（Jeffrey Frankel）和加州大学伯克利分校的安德鲁·罗斯（Andrew Rose）建议，当一国货币一年内的名义贬值率至少为25%，且前一年的名义贬值率至少为10%时，就存在危机。不过，多数经济学家采用了更灵活的投机压力指数，这些指标考虑了汇率变化和外汇储备变化。他们认为，当这种指数超过了基于过往年份的正常历史变化模式的临界值时，危机就已经发生了。

在此类研究中，经济学家希望确定他们能否找出作为**金融危机指标**（financial crisis indicator）的经济变量，即通常在金融危机之前出现，因而有助于预测金融危机的因素。国际经济研究所的莫里斯·戈德斯坦（Morris Goldstein）、华盛顿大学的格瑞斯拉·卡明斯基（Graciela Kaminsky）和马里兰大学的卡门·莱因哈特（Carmen Reinhart）就进行了这样一项研究。这些学者将国家债务评级作为一个预测指标。比如，这些指标包括穆迪和其他评级机构的信用评级，它们可以反映出道德风险问题。除此之外，这些学者还评价了许多潜在的金融危机领先指标，包括汇率、利率、国民收入水平、货币数量与流通，等等。这种变量天然反映出在传统的金融危机预测中起重要作用的经济基本面，同时也提供了交易者用于形成预期的重要信息。

这些学者发现，信用评级不能帮助预测金融危机。这可能是由于道德风险问题不是导致危机的关键原因，但也有可能是因为穆迪等评级机构没有足够信息来准确评估道德风险的范围以及国际借款人的真实信用。这些学者发现，结合多个经济基本指标往往比使用单个指标能更好地预测金融危机。

寻找金融危机指标的研究目标是建立**早期预警系统**（early-warning system），即监控金融与经济数据中最终可能演变为危机的问题信号的机制。这些研究认为，如果一家跨国机构能建立有效的早期预警系统，就能在危机发生之前得到充足预警以迅速干预并应对危机。

在国际货币基金组织和世界银行内部和外部，有一些乐观主义者认为，经济学家最终能建立可靠的早期预警系统。然而，许多经济学家仍持怀疑态度。有些经济学家质疑仅凭一种关于国际金融危机成因的观点——经济基本面的变化、自我实现预期驱动的投机，或国内或国际贷款条件不严格导致的道德风险问题——能否“解释”每场危机。因此，这些怀疑者质疑基于有限指标的早期预警系统能否提高跨国机构快速反应以防止危机产生的能力。

重新审视经济制度与政策

对跨国金融机构最强烈的批评意见认为，几乎没有证据证明这些机构具备在金融危机发生前应对危机的能力。实际上，一些批评意见认为，跨国金融机构本身就可能是造成国际金融危机的原因。据此，这些批评者认为，全球各国应该考虑对跨国金融机构的结构进行基础改革。

重新审视长期发展贷款　并非所有跨国金融机构的贷款都与危机有关。正如之前讨论的，国际货币基金组织和世界银行都为了提高世界上许多贫穷国家的生活水平而发放长期贷款。

自20世纪90年代初以来，发展经济学的主题之一，就是当发展中国家拥有更有效的制度（例如基本的产权制度、运行良好的法律体系和清廉的政府机构）时，市场可以更好地促进经济增长。大量证据表明，在产权执行不力、法律规定薄弱、政府腐败的情况下，即使国家允许市场在没有监管阻碍的环境中运行，国家经济增长也会更加缓慢。

这表明，如果超国家金融机构将提高发展中国家的生活水平作为首要目标，它们就应该想办法改善这些国家的基本制度。在最根本的层面上，经济学家强调了奠定市场基础的至高重要性。这要求建立可信的法律体系，以执行法律并建立各种有利于制定合理国家政策的机构，其中可能包括成立独立的中央银行，并实现财政部门的预算过程透明。

此外，为实现更高的长期经济增长率进行结构性改革需要各国制定持久的改革策略。这需要建立关于改革的共识，有时还需要对在改革中遭受损失者进行补偿。

一个关键问题是，世界银行这种超国家机构如何在发展中国家推进促进经济增长的制度改革。从一个角度看，国际货币基金组织和世界银行能做的事很少。毕竟，各国的制度框架主要是由发展中国家人民决定的政治事务。

然而，许多经济学家认为，国际货币基金组织和世界银行应该对不能促进产权保护、执行法律和反腐败的国家采取严格政策。他们认为，这会形成这些国家进行制度结构改革的动力。

还有一些经济学家提倡向试图进行这种制度改革的政府提供直接金融援助。他们认为，此类用途的资金可以补偿那些由于改革而丧失权力的人，并为改革所需的基础设施融资。建议超国家贷款机构承担更积极作用的人主张，与水坝、发电厂和桥梁等项目提供的零散回报相比，这将给借款国和捐款国带来更高的长期收益。

控制金融危机的其他制度结构　改变国际金融结构的多数建议重点是与金融危机相关的跨国政策。关于这个问题的建议有许多。表 7—4 总结了其中一部分。它们既包括对现有制度和程序的小幅改动，也包括用新机构代替现有跨国机构。

表 7—4　　重组国际金融结构的部分建议

国家建议	
加拿大关于紧急暂停条款的建议	根据该建议，各国应作出规定，限制威胁国际金融稳定的资本流出
法国关于由各国财政部长组成国际货币基金组织理事会的建议	该建议提出，将由各国财政部长组成的国家金融“过渡委员会”升级为国际货币基金组织的最终管理与决策部门
英国关于成立全球金融监管常务委员会的建议	该建议提出，委员会应包含国际货币基金组织、世界银行和国际清算银行，负责制定并执行金融监管与经济政策的国际标准
私人建议	
卡洛米利斯-梅尔策（Calomiris-Meltzer）关于严格国际贷款规定的建议	尽管这些经济学家的建议在某些方面不同，但都认为当前的跨国机构应该由一家只对丧失流动性的国家发放短期贷款的机构取代
加腾（Garten）关于成立全球中央银行的建议	该建议构想了一家由七国集团监督，并用成员和国际税收提供的资金向进行公开市场操作的新兴经济体成员发放滚动贷款的新跨国机构
索勒（Soro）关于成立国际投资者保险公司的建议	根据该建议，各国应建立公共公司，为投资者提供有规定上限的债务违约保险
国际机构建议	
国际货币基金组织关于国际改革的建议	该建议要求借款人提供更深入的金融信息，并采用更完善的会计准则，向公众发布更多国际货币基金组织的数据和信息

七国集团关于私人贷款者发挥更大作用的建议	该建议扩展了国际货币基金组织的建议，它呼吁私人部门积极向危机国家提供资金，并为私人贷款者的参与提供激励措施
22国集团关于增强责任约束、巩固金融体系和提高危机缓冲能力的建议	根据该建议，国际货币基金组织需要为每个接受国际货币基金组织贷款的国家编制“透明度报告”，要求获得贷款的国家必须遵守通用财务与会计准则，国际金融危机发生时必须对贷款进行重新协商

资料来源：Barry Eichengreen. *Toward a New International Financial Architecture*. Washington, D. C.: Institute for International Economics, 1999, Appendix A.

然而，一些建议也存在几个共同特征。这些特征包括跨国贷款人和借款国更频繁、更深入地公布信息，接受跨国贷款人资金的一方采用更完善的财务与会计准则，让严格贷款条件和事前贷款条件成为国际货币基金组织的贷款规范，许多建议都提倡大力鼓励私人贷款者增加贷款。然而，除了这些共同点以外，这些建议存在着巨大差异。有些建议呼吁国际货币基金组织进行更多监管，有些建议认为应该全盘改变国际货币基金组织的管理结构。还有些建议——如果被采用的话——要求解散国际货币基金组织，以新形式的跨国机构取而代之。

迄今为止，鲜有提倡改变国际金融结构的建议落到实处。国际货币基金组织对收集与发布信息的程序进行了某些小改动，并严格规定了借款人获得贷款必须遵守的某些财务与会计准则。

当然，国际货币基金组织的成员最终必将同意采取更激进的改革建议。迄今为止，这一方向的举措很少。然而，对现状进行小幅改动还是重大改革的争论仍在继续。无疑，关于改革国际金融结构的建议今后也将继续在全球范围内产生争论。

基本问题6　近年来，经济学家对国际金融结构变革提出了哪些建议？

国际货币基金组织和世界银行的许多批评者认为，它们应该建立早期预警系统，以帮助预测甚至防止国际金融危机。然而，这些机构建立早期预警系统时面临着一个基本问题：关于危机产生原因和危机预测指标几乎不存在共识。在现有的国际金融结构改革建议中，一个常见建议是对向国际机构申请长期贷款和短期贷款的借款人提出更严格的贷款条件。许多建议还要求更多地公开国际货币基金组织和世界银行的内部运行与贷款政策。然而，有些建议认为应该改变国际货币基金组织和世界银行的管理结构，用更多跨国金融机构作为它们的补充，甚至用遵循不同程序或追求不同目标的新跨国金融机构取代它们。

本章总结

1. 全球资本市场演化中的重要发展：发达经济体中外国直接投资的增加和流向新兴经济体的私人资本的增加是全球资本市场上最重要的两个发展。外国直接投资集中于美国、日本和欧盟。过去十年，每年流向新兴经济体的私人资本平均超过1 500亿美元。

2. 资本配置与经济增长的关系以及金融中介在这种关系中的作用：当一国的金融机构将资金配置到生产率最高的用途上时，会刺激实际资源的发展并提高生产率。金融中介在这个过程中降低了投资项目的融资成本、分摊了风险、减少了金融市场不完善的影响，因而起着重要作用。

3. 证券投资和外国直接投资的区别以及它们在近期金融危机中的作用：证券投资是非所有权式投资，往往期限较短。外国直接投资是所有权式投资，往往期限较长。最近的金融危机表明，过度依赖证券投资可能破坏经济稳定。另外，外国直接投资对经济体有稳定影响。

4. 适合新兴经济体的汇率制度：关于最适合新兴经济体的汇率制度，存在着大量争论。关于新兴经济体应该采用严格钉住汇率制、完全弹性汇率制，还是爬行钉住汇率制或一篮子钉住汇率制这种中间安排，经济学家并没有达成一致。对经济体实行美元化是政策制定者可能考虑的另一种选择。

5. 近年来，国际货币基金组织和世界银行相互矛盾的政策：尽管国际货币基金组织可以对向成员发放的贷款规定严格明确的条件，但它往往不这么做。国际货币基金组织也不发布关于贷款条件的完整信息。国际货币基金组织的这些政策很可能纵容借款人将国际货币基金组织的资金用于不划算的项目，因而扩大国际金融市场上道德风险问题的范围。世界银行将很大一部分贷款提供给世界上最贫穷的国家，但也向私人资本流入相对较多的国家和私人公司提供大量贷款。世界银行以低于私人市场利率的利率向这些国家和公司提供贷款，这可能造成这些国家金融市场的效率低下。

6. 近年来，经济学家关于改革国际金融结构的建议：许多经济学家主张国际货币基金组织和世界银行建立能够预测国际金融危机并更迅速地对危机作出反应的早期预警系统以应对危机。然而，一些人怀疑，在经济学家对危机成因以及国际货币基金组织或世界银行可以用哪些指标预测危机尚未达成共识的情况下，这种努力能否取得成效。重新设计国际金融结构的建议包括在借款人得到国际货币基金组织和世界银行的长期贷款和短期贷款之前对其提出并执行更加严格明确的条件。许多建议还提到，跨国金融组织内部运行与贷款政策的信息发布应该更加公开。一些建议认为应该进行更激进的改革，例如国际货币基金组织和世界银行应采用新的管理结构，设立新的跨国金融机构作为补充，或者用不同运行方式和目标的新跨国金融机构代替现有的跨国金融机构。

问题与习题

1. 本章讨论了金融中介的重要功能。请说明直接融资与间接融资的区别。接下来，请说明为什么一国可能希望拥有强大稳定的金融中介系统和稳健的债券市场。

2. 请分别列出证券投资和外国直接投资的三个优点。请分别列出它们的一个缺点。请说明为什么只依赖证券投资是不可取的。请说明为什么只依赖外国直接投资是不可取的。

3. 假设一国实行钉住汇率制，你是该国的中央银行行长。请画出本币即期汇率市场的供求曲线，并用该图说明中央银行如何应对证券投资流入和证券投资流出才能维持钉住汇率制。

4. 请说明为什么允许外国银行进入本国金融部门并参与竞争可以改善资本市场配置。请说明为什么金融中介之间的竞争对金融稳定性很重要。

5. 请说明对一国的金融中介进行监管对存款人和借款人有什么好处。监管有成本吗？这种成本会影响长期经济发展吗？

6. 假设你是一个新兴经济体的政策制定者。请说明你希望鼓励哪类资本流动。你可能采取什么政策行动来鼓励这类资本流动？

7. 假设你是一个新兴经济体的财政部长。你负责维持汇率制度，将本币价值钉住某个大贸易伙伴国的货币。请说明在下列环境中，你将采取哪些行动或操作来维持该汇率制度：

a. 短期（证券投资）资本流入增加，你认为这只是暂时性的。

b. 长期（直接投资）资本流入增加，你认为这种情况将至少持续几年。

8. 针对对世界银行政策的尖锐批评，一些观察家认为，是成员让其背负了相互冲突的目标。你是否认为世界银行的目标相互冲突？如果不是，为什么？如果是，那么你认为应该优先考虑互相冲突的目标中的哪些目标？

9. 请画出一张由三列组成的表格，在左列中列出关于国际金融危机成因的各种观点。在第二列中列出每种观点对应的金融危机指标（至少一种），即可以在国际货币基金组织的早期预警系统中用于预测金融危机的指标。在第三列中说明如何评价每种指标预测金融危机的实际效力。本练习能否解释经济学家构建可靠的早期预警系统的困难？

10. 表 7—4 列出了杰弗里·加腾（Jeffrey Garten）的计划，他的设想是建立一家全球中央银行，贷款资金来自各国政府和（或）各种国际交易的税收。这家中央银行将被授权公开买卖在成员的金融市场上发行的证券。请讨论这个建议的优点和缺点。

11. 跨国金融机构应该以低于、等于还是高于私人市场利率的利率贷款？请选择一种观点并说明理由。

12. 请看图 7—4。假设一个发展中国家位于三难三角形的中间，并遭受了金融危机。为了应对危机，政策制定者决定放弃相机抉择的货币政策，以追求汇率稳定和开放的资本市场。你认为哪种汇率制度与这种政策的图形最一致？

在线应用

新兴经济体的政策制定者与发达经济体的政策制定者都想争取双边投资协议以吸引外国直接投资。联合国贸易和发展会议是联合国中负责处理与外国直接投资相关事务的组织。本应用提供了《全球投资报告》，联合国贸易和发展会议的主要年报。

网址：http://www.unctad.org

标题：《全球投资报告》

浏览：首先请访问联合国贸易和发展会议的主页 http://www.unctad.org。点击页面上方的"刊物"，再点击"主报告"。在"全球投资报告"下，点击链接进入最近报告的下载页面。点击"下载"，然后点击"概览"。

应用：请根据"《全球投资报告》概览"回答下列问题：

1. 请描述最近几年的外国直接投资流入与外国直接投资流出的变化。

2. 请描述最近几年的兼并与收购变化。

3. 请列出前十个外国直接投资接受国。其中是否有发展中国家？

4. 请列出发展中国家中的前十家非金融跨国公司。这些公司属于哪些行业？这些行业与发达国家前十家非金融跨国公司所属行业有何区别？

部分参考书目与扩展阅读

[1] Aizenman, Joshua, and Reuven Glick. "Sterilization, Monetary Policy, and Global Financial Integration." NBER Working Paper W13902 (March 2008).

[2] Backé, Peter, and Cezary Wójcik. "Unilateral Euroisation: A Suitable Road towards Joining the Euro Area for Central and Eastern European EU Accession Countries?" In *Alternative Monetary Regimes in Entry to EMU*, Bank of Estonia (2002).

[3] Barry Eichengreen. *Toward a New International Financial Architecture*. Washington, D.C.: Institute for International Economics, 1999, Appendix A.

[4] Berg, Andrew, and Eduardo R. Borensztein. "The Pros and Cons of Full Dollarization." In Salvatore, Dominick, James W. Dean, and Thomas D. Willett, eds., *The Dollarization Debate*. New York: Oxford University Press, 2003.

[5] Bordo, Michael, and Christopher Meissner. "The Role of Foreign Currency Debt in Financial Crises: 1880—1913 vs. 1972—1997." Rutgers University, March 2006.

[6] Calvo, Guillermo A., and Frederic S. Mishkin. "The Mirage of Exchange Rate Regimes for Emerging Market Countries." NBER Working Paper 9808 (June 2003).

[7] Choe, Hyuk, Bong-Chan Kho, and René Stulz. "Do Foreign Investors Destabilize Stock Markets? The Korean Experience in 1997." *Journal of Financial Economics* 54 (1999): 227-264.

[8] Edwards, Sebastian, "How Effective Are Capital Controls?" *Journal of Economic Perspectives* 13 (4) (Fall 1999): 65-84.

[9] Edwards, Sebastian, and Igal Magendzo. "A Currency of One's Own? An Empirical Investigation on Dollarization and Independent Currency Unions." National Bureau of Economic Research Working Paper

9514 (February 2003).

[10] Frankel, Jeffrey. "Experiences of and Lessons from Exchange Rate Regimes in Emerging Economies." John F. Kennedy School of Government, Harvard University, Faculty Research Working Paper Series RWP03-011 (February 2003).

[11] Fratianni, Michele. "Financial Crises, Safety Nets and Regulation." Working Paper, Indiana University Kelly School of Business (September 2008).

[12] Ghosh, Atish R., Anne-Marie Gulde, and Holger C. Wolf. *Exchange Rate Regimes*. Cambridge, MA: MIT Press, 2002.

[13] Goldstein, Morris, Graciela Kaminsky, and Carmen Reinhart. *Assessing Financial Vulnerability: An Early Warning System for Emerging Markets*. Washington D. C.: Institute for International Economics, 2000.

[14] Kaiser, Karl, John J. Kirton, and Joseph P. Daniels, eds. *Shaping a New International Financial System: Challenges of Governance in a Globalizing World*. Aldershot, U. K.: Ashgate Publishing Ltd., 2000.

[15] Kose, M. Ayhan, Eswar Prasad, Kenneth Rogoff, and Shang-Jin Wei. "Financial Globalization: A Reappraisal." NBER Working Paper No. 12484 (August 2006).

[16] Kumar, Anil. "Does Foreign Direct Investment Help Emerging Economies?" *Federal Reserve Bank of Dallas Economics Letter* (January 2007).

[17] Lee, Jong-Wha, and Kwanho Shin. "IMF Bailouts and Moral Hazard." *Journal of International Money and Finance* 27 (2008): 816-830.

[18] Mourmouras, Alex, and Wolfgang Mayer. "Overcoming Barriers to Reform: On Incentive-Compatible Internaional Assistance." IMF Working Paper WP/07/231 (September 2007).

[19] Reinhart, Carmen M., and Kenneth S. Rogoff. *This Time Is Different: Eight Centuries of Financial Folly*. Princeton, NJ: Princeton University Press, 2009.

[20] Salvatore, Dominick, James W. Dean, and Thomas D. Willett, eds. *The Dollarization Debate*. New York: Oxford University Press, 2003.

[21] Straetmans, Setfan, Roald Versteeg, and Christian Wolff. "Are Capital Controls in the Foreign Exchange Market Effective?" C. E. P. R. Discussion Paper 6727 (2008).

[22] Yeyati, Eduardo Levy, and Federico Sturzenegger. *Dollarization: Debates and Policy Alternatives*. Cambridge, MA: MIT Press, 2003.

学译丛·国际金融学 金融学译丛·国际金融学 金融学译丛·国际金融学 金融学译丛·国际金融学

第三部分

汇率与国际收支的决定

第八章 国际收支与汇率决定的传统方法

基本问题

1. 出口供给与进口需求如何决定外汇供求?
2. 什么是国际收支与汇率决定的弹性法?
3. 什么是J曲线效应?
4. 什么是传递效应?
5. 什么是国际收支与汇率决定的吸收法?
6. 实际收入与吸收的变化如何影响一国的经常账户差额和货币汇率?

21世纪头十年中期，美元对主要贸易伙伴国的货币贬值超过5%，美元对欧元贬值超过10%。结果，美国的进口商品变得更加昂贵，美国的贸易赤字开始增加。2007年初到2008年美国金融危机开始前的这段时间，美元对主要贸易伙伴国货币又贬值了12%，美元对欧元又贬值了16%。然而，随着出口金额年增长率升至10%以上，美国的贸易赤字开始减少。

为什么21世纪头十年中期美元贬值时，美国的贸易赤字明显上升，但当美元继续贬值时，美国的贸易赤字却开始下降？正如你将在本章中学到的，出口与进口对本币价值的短期反应与长期反应程度差异有助于解答这个问题。本章考察了决定国际收支和汇率的两种传统方法，第九章将介绍两种更现代的方法。

传统方法的共同特征

20世纪20年代初至20世纪60年代，经济学家提出了两种传统方法，当时的全球经济环境与现在截然不同。因此，这些模型有某些共同特征。由于主要经济体在金本位制和布雷顿森林体系下实行可调整的钉住汇率制，因此经济学家的研究重点是理解货币贬值对一国国际收支的影响。然而，我们也可以用这些方法研究货币跌价的影响，正如你将在本章中学到的。

提出这些方法时，资本流动还没有像现在这样主导外汇市场。因此，两种方法都假设资本流动的存在只是为了给商品和服务的国际交易融资。因此，模型中并没有明确考虑资本流动，而只是关注一国的商品与服务贸易。然而，通过区别贸易流动的影响和资本流动的影响，这些方法可以帮助我们理解汇率与国际收支的决定。

这两种传统方法强调的影响一国国际收支和货币汇率的经济变量不同。第一种方法，弹性法，强调的是价格影响，而第二种方法，吸收法，强调的是收入影响。我们首先来看弹性法，它的核心是一国进出口与外汇供求之间的关系。

进出口与外汇供求

国际收支与汇率决定的传统方法假定，资本流动只是作为经常账户交易的融资方式。因此，外汇需求量与外汇供给量只取决于商品与服务的国际贸易。

外汇需求的推导

我们在第二章中曾经说明，当一国居民进口商品与服务时，他们需要外币来付款。因此，外汇市场上的货币数量需求来自一国的进口需求。在本章中，我们将更完整地推导出外汇需求，包括美国居民的欧元需求。在这种环境下，忽略资本流动，美国居民的欧元需求量将等于对欧洲产品的进口需求价值。

假设美国居民向欧洲出口音乐 CD，并从欧洲进口香槟。为简单起见，假设用欧元表示价格，一瓶香槟的“世界”价格为 20 欧元，一张音乐 CD 的“世界”价格为 10 欧元。此外，还假设这两种商品的欧元价格是给定的。图 8—1（a）表示美国香槟的假想进口需求曲线。（a）图中的点 A 表示，当每瓶香槟的价格为 26 美元时，香槟需求量为 1 100 万瓶；点 B 表示，当每瓶香槟的价格为 31.20 美元时，香槟需求量为 1 000 万瓶。连接点 A 和点 B，即得到假想进口需求曲线 D_C，它表示进口价格与需求量的各种组合。

这条进口需求曲线决定了美国居民对外汇（即欧元）的需求。当即期汇率为 1.30 美元/欧元时，用美元表示的香槟世界价格为 26 美元（20 欧元×1.30 美元/欧元=26 美元）。因此，当即期汇率为 1.30 美元/欧元时，美国进口 1 100 万瓶香槟。在该即期汇率上，美国进口的欧元价值为 2.2 亿欧元（20 欧元×1 100 万=2.2 亿欧元），因此欧元需求量也为 2.2 亿欧元。（b）图中的点 A 表示这一即期汇率与欧元需求量的组合。

当即期汇率为 1.56 美元/欧元时，一瓶香槟的美元价格为 31.20 美元（20 欧元×1.56 美元/欧元=31.20 美元）。（a）图中的点 B 表示在该价格上，美国进口 1 000 万瓶香槟。在该汇率上，美国进口的欧元价值为 2 亿欧元（20.00 欧元×1 000 万=2 亿欧元），因此欧元需求量也为 2 亿欧元。（b）图上的点 B 表示这一即期汇率与欧元需求量的组合。在（b）图中，连接点 A 和点 B，得到需求曲线 $D_€$，它表示即期汇率和欧元需求量的所有组合。

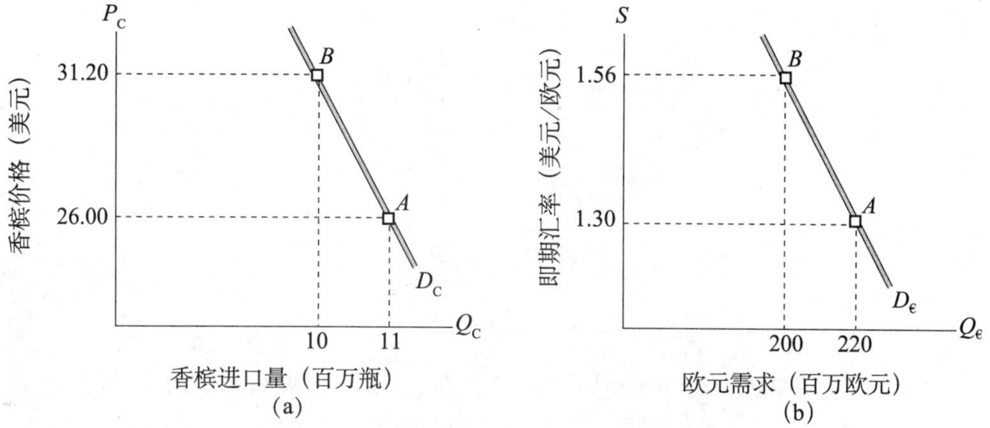

图 8—1　美国的进口需求曲线与欧元需求

说明：(a) 图为假想的进口需求曲线，它是美国居民在不同价格上的香槟需求量组合，如点 A 和点 B。美国的进口金额决定了外汇需求量。例如，当即期汇率为 1.30 美元/欧元时，一瓶香槟的美国价格为 26 美元，此时美国居民进口1 100 万瓶香槟。当世界价格为每瓶香槟 20 欧元时，美国进口的香槟价值为 2.2 亿欧元。(b) 图中的点 A 为 2.2 亿欧元外汇需求与 1.30 美元/欧元的即期汇率的组合。(b) 图将外汇需求曲线描绘为各种汇率下的外汇需求量组合，例如点 A 和点 B。

弹性与外汇需求

需求价格弹性（price elasticity of demand）是需求量对价格变化反应程度的衡量指标。类似地，**供给价格弹性**（price elasticity of supply）是供给量对价格变化反应程度的衡量指标。弹性说明了价格变化一定比例时，需求量或供给量的变化比例。

图 8—1 说明，如果一瓶香槟的价格从 26 美元升至 31.20 美元，那么香槟需求量将从 1 100 万瓶降至 1 000 万瓶。假设香槟价格仍然升至 31.20 美元，此时香槟需求量跌至 900 万瓶，如图 8—2 (a) 中的点 B'所示。我们就会说，第二个例子中的香槟需求量对价格变化的反应更大。因此，在第二个例子中，香槟需求的弹性更大。如图 8—2 (a) 所示，在相同价格变化范围下，点 A 和点 B'构成的新需求曲线 D'_C比之前的需求曲线 D_C 弹性更大。

正如前面说明的，当即期汇率为 1.56 美元/欧元时，香槟的美元价格为 31.20 美元。使用进口需求曲线 D'_C，当香槟价格为 31.20 美元时，美国进口 900 万瓶香槟。根据该即期汇率，美国进口的香槟的欧元价值，即欧元需求曲线 D 上点 B'对应的欧元需求量，等于 1.8 亿欧元（20 欧元×900 万=1.8 亿欧元）。在相同价格变化范围下，点 A 和点 B'构成的新外汇需求曲线 $D'_€$ 比之前的需求曲线 $D_€$ 弹性更大。因此，进口需求曲线的弹性影响外汇需求曲线的弹性。弹性较大的进口需求曲线将得出弹性较大的外汇需求。弹性较小的进口需求曲线将得出弹性较小的外汇需求。

外汇供给的推导

在基于贸易的传统汇率决定理论中，一国的外汇供给来自商品与服务出口。本国居民向国外居民提供外币以购买商品与服务。因此，本国的出口供给表示外汇供给。

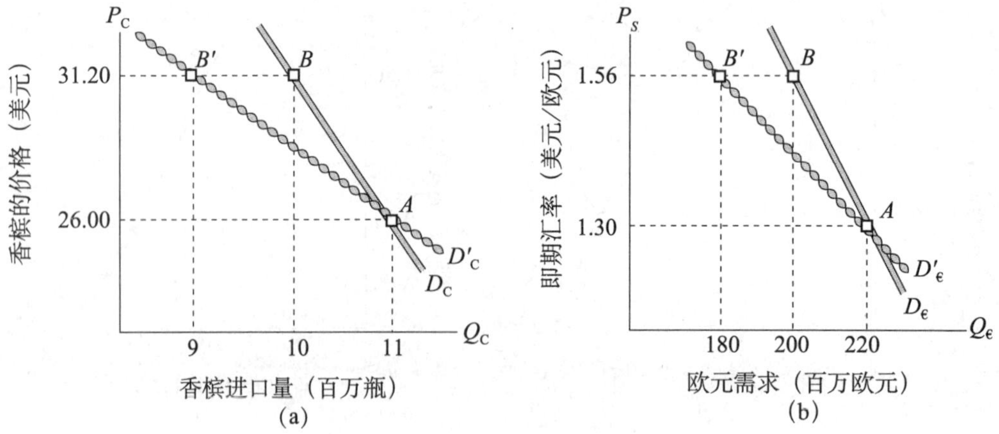

图 8—2 进口需求弹性与外汇需求弹性

说明：进口需求弹性决定了外汇需求弹性。在（b）图中，$D_€$表示由进口需求曲线 D_C 推导出的外汇需求曲线，$D'_€$表示由进口需求曲线 D'_C推导出的外汇需求曲线。在（a）图中，进口需求曲线 D'_C比进口需求曲线 D_C 弹性更大。因此，外汇需求曲线 $D'_€$ 比外汇需求曲线 $D_€$ 弹性更大。

图 8—3（a）为美国的假想出口供给曲线。点 A 显示，当 CD 的价格为 13.00 美元时，美国生产商出口的音乐 CD 供给量为 1 800 万张；点 B 显示，当 CD 的价格为 15.60 美元时，美国生产商出口的音乐 CD 供给量为 2 000 万张。

前面曾经提到，音乐 CD 的世界价格为每张 CD 10 欧元。当汇率为 1.30 美元/欧元时，音乐 CD 的美元价格为每张 CD 13 美元（10 欧元×1.30 美元/欧元=13.00 美元），此时美国居民出口 1 800 万张 CD。根据该汇率，美国的出口价值为 1.8 亿欧元（10 欧元×1 800 万=1.8 亿欧元）。因此，当汇率为 1.30 美元/欧元时，外汇供给量为 1.8 亿欧元。图 8—3（b）中的点 A 表示了即期汇率与外汇市场上欧元供给量的这一组合。

如果美元相对于欧元的价值下降，从 1.30 美元/欧元变为 1.56 美元/欧元，那么音乐 CD 的美元价格将升至每张 CD 15.60 美元（10 欧元×1.56 美元/欧元=15.60 美元）。图 8—3（a）表示，在该价格上，美国生产商愿意出口 2 000 万张 CD。因此，在这个新汇率上，美国的出口价值为 2 亿欧元（10 欧元×2 000 万=2 亿欧元）。因此，在该汇率上，外汇市场上的欧元供给量为 2 亿欧元。图 8—3（b）中的点 B 表示了外汇供给量与即期汇率的这一组合。图 8—3（b）为包括点 A 和点 B 的欧元供给曲线 $S_€$。

弹性与外汇供给

正如进口需求弹性决定了外汇需求的需求弹性一样，出口供给弹性也决定了外汇供给弹性。在图 8—3（a）中的 CD 供给曲线 S_{CD}上，如果音乐 CD 的价格从点 A 的每张 CD 13 美元升至点 B 的每张 CD 15.60 美元，美国生产商供应的音乐 CD 数量就会从 1 800 万张增至 2 000 万张。假设在相同的价格变化下，音乐 CD 的供给量增至 2 200 万张，如图 8—4（a）中 CD 供给曲线 S'_{CD}上的点 B'所示。在第二个例子中，音乐 CD 的供给量对价格增加的反应更大，因此在相同的价格变化比例下，供给曲线 S'_{CD}的供给量变化比例大于供给曲线 S_{CD}。因此，在该价格范围内，供给曲线 S'_{CD}比供给曲线 S_{CD}的弹性更大。

由于出口供给决定了外汇供给，因此出口供给弹性决定了外汇供给弹性。当汇率为

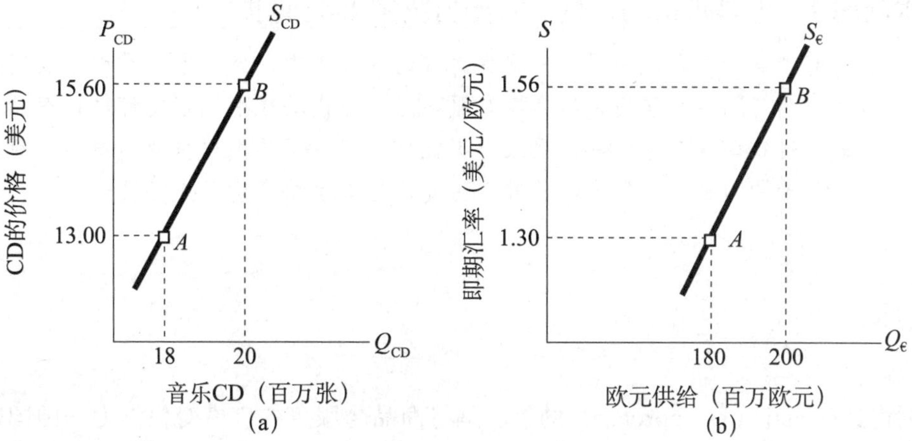

图 8—3　美国的出口供给曲线与欧元供给

说明：(a) 图为美国的假想出口供给曲线，它是不同价格下音乐 CD 的供给量组合，例如点 A 和点 B。美国的出口价值决定了欧元供给量。例如，当即期汇率为 1.30 美元/欧元时，美国音乐 CD 的价格为 13 美元，此时美国企业出口 1 800 万张音乐 CD。当一张 CD 的世界价格为 10 欧元时，美国出口的欧元价值为 1 800 万欧元。(b) 图中的点 A 表示 1 800 万欧元外汇供给与 1.30 美元/欧元的即期汇率的组合。(b) 图为外汇供给曲线，它是不同汇率下的外汇供给量组合，例如点 A 和点 B。

1.56 美元/欧元，音乐 CD 的世界价格为 10 欧元时，一张音乐 CD 的美元价格为 15.60 美元。如果音乐 CD 的美国生产商以该汇率出口 2 200 万张 CD，美国向欧洲出口的音乐 CD 价值以及欧洲居民供给的欧元数量将为 2.2 亿欧元（10 欧元×2 200 万＝2.2 亿欧元）。

图 8—4 (b) 中的点 B' 表示这个新的即期汇率与欧元供给量组合。如图所示，包括点 A 和点 B' 的外汇供给曲线 $S'_€$ 在该汇率范围内的弹性大于初始的供给曲线 $S_€$。因此，出口供给曲线的弹性决定了外汇供给曲线的弹性。如果出口供给弹性提高，那么外汇供给弹性也将提高。类似地，如果出口供给弹性减小，那么外汇供给弹性也将减小。

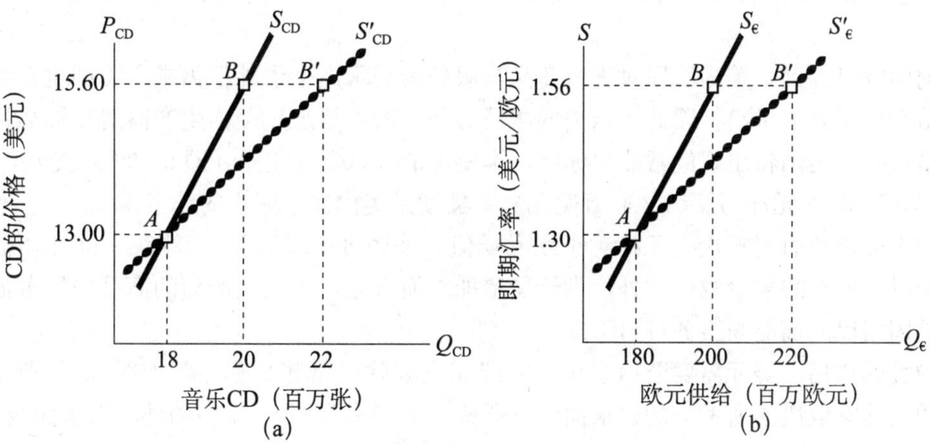

图 8—4　出口供给弹性与外汇供给弹性

说明：出口供给弹性决定了外汇供给弹性。在 (b) 图中，$S_€$ 表示从出口供给曲线 S_{CD} 推导出的外汇供给曲线，$S'_€$ 表示从出口供给曲线 S'_{CD} 推导出的外汇供给曲线。在 (a) 图中，出口供给曲线 S'_{CD} 的弹性大于出口供给曲线 S_{CD}，因此，外汇供给曲线 $S'_€$ 的弹性大于外汇供给曲线 $S_€$。

基本问题 1　出口供给与进口需求如何决定外汇供求？

在只有为经常账户贸易融资时才出现资本流动的环境中，外汇供求是由一国商品与服务的进出口决定的。当一国居民进口商品与服务时，他们必须用外汇支付进口商品与服务的价款。因此，进口需求产生了外汇需求。类似地，当一国居民出口商品与服务时，他们需要收取外汇作为出口商品与服务的价款。因此，出口供给产生了外汇供给。

弹性法

弹性法（elasticities approach）的核心是将商品与服务的价格变化作为一国国际收支与货币汇率的决定因素。正如前面说明的，弹性是数量对价格变化的反应程度指标。

前一节还说明了汇率变化会影响商品与服务的本币价格。

例如，当美元相对于欧元的价值下降时，进口香槟的美元价格将上升。因此，美国居民进口的香槟瓶数将减少。因此，汇率变化影响进出口商品与服务的国内价格。反过来，进口需求量与出口供给量将随着国内价格的变化而变化。因此，弹性指标可以帮助我们决定汇率变化时进口需求量与出口供给量的调整大小。基本上，在考虑如何减少国际收支赤字时，这是一项有用的工具。

汇率与国际收支

为了理解货币贬值的影响和进口需求弹性与出口供给弹性的作用，下面举例说明。假设有一个国家目前出现了经常账户赤字。图 8—5 中有两条来自图 8—2 的外汇需求曲线 $D_{€}$ 和 $D'_{€}$ 和两条来自图 8—4 的外汇供给曲线 $S_{€}$ 和 $S'_{€}$。假设美元和欧元的即期汇率为 1.30 美元/欧元。如图 8—5 所示，在该即期汇率上，外汇需求量比外汇供给量多 4 000 万欧元。

前面曾经提到，美国居民对进口商品与服务的需求产生了外汇需求，美国生产商的出口供给产生了外汇供给。因此，当美国居民的外汇需求量超过美国生产商对欧洲居民的外汇供给量时，美国将出现经常账户赤字。本例中的 4 000 万欧元（即 5 200 万美元，4 000 万欧元×1.30 美元/欧元＝5 200 万美元）差额就是美国经常账户的赤字。

假设美国政府愿意让美元相对于欧元贬值。如图 8—5 所示，当购买一欧元所需的美元增加时，外汇需求量减少，外汇供给量增加。换言之，美国生产商的商品与服务出口增加，美国居民的商品与服务进口下降。

弹性的作用　美元需要贬值多少，才能完全消除经常账户赤字？如图 8—5 所示，这个问题的答案取决于所考虑的供求曲线是哪些。首先来看图 8—5 中的外汇需求曲线 $D'_{€}$ 和外汇供给曲线 $S'_{€}$。当汇率为 1.43 美元/欧元时，外汇需求量与外汇供给量之差消失，因此经常账户赤字也随之消失。换言之，美元对欧元价值下降 10%［(1.43－1.30)/1.30×100%＝10%］即可消除经常账户赤字。

相反，如果我们考虑的是图 8—5 中的外汇需求曲线 $D_{€}$ 和外汇供给曲线 $S_{€}$，美元相对于欧元的价值下降 10%将无法完全消除经常账户赤字，仍存在 2 860 万美元赤字（2 000

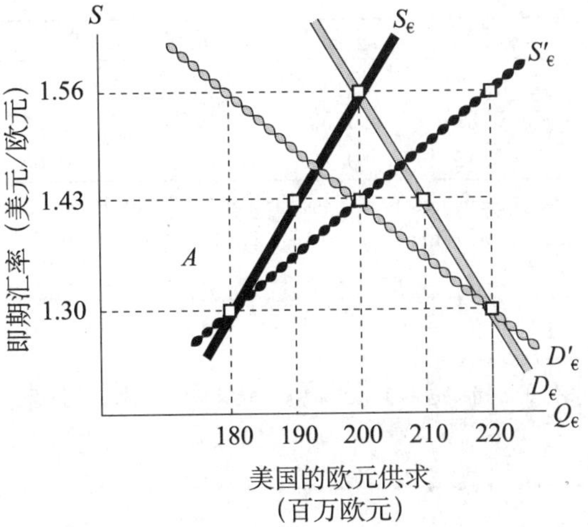

图 8—5　经常账户赤字

说明：经常账户赤字等于外汇需求量与外汇供给量之差。当即期汇率为 1.30 美元/欧元时，美国居民需要 2.2 亿欧元外汇，欧洲居民供给 1.8 亿欧元外汇。因此，当汇率为 1.30 美元/欧元时，经常账户赤字为 4 000 万欧元。货币贬值减少经常账户赤字的程度取决于外汇需求与外汇供给的弹性。当外汇需求与外汇供给的弹性较高时，消除经常账户赤字需要的贬值幅度较小。

万欧元×1.43 美元/欧元＝28 60 万美元)。即期汇率必须变为 1.56 美元/欧元，才能完全消除经常账户赤字。因此，根据图 8—5，美元需要贬值 20% [(1.56−1.30)/1.30×100%＝20%]。

由于需求曲线 $D'_€$ 的弹性大于需求曲线 $D_€$ 的弹性，因此美元贬值 10%使外汇需求量沿 $D'_€$ 曲线的移动变化大于沿弹性较小的 $D_€$ 曲线的移动变化。类似地，美元贬值 10%导致外汇供给量沿弹性更高的供给曲线 $S'_€$ 的移动变化大于沿供给曲线 $S_€$ 的移动变化。因此，外汇供求弹性是国际收支表赤字调整的基本决定因素。

我们还必须记住，尽管我们讨论的是外汇供给曲线和外汇需求曲线的弹性，但这两条曲线的弹性指标只反映出口供给曲线和进口需求曲线的弹性。出口供给和进口需求的弹性取决于许多因素。不同国家的这些指标也有所不同。表 8—1 提供了欧洲中央银行的马蒂厄·比西埃（Matthieu Bussière）估计的七国集团各国的短期与长期进口价格弹性与出口价格弹性。例如，日本的短期出口价格弹性为 0.39（绝对值），而德国和美国的短期出口价格弹性仅为 0.08。类似地，日本的短期进口价格弹性的绝对值为 0.58，而德国的短期进口价格弹性绝对值仅为 0.33，美国仅为 0.23。为了理解表 8—1 中弹性的意义，以法国的短期弹性为例。表 8—1 中的数值表示，如果欧元升值 1%，法国的出口价格将下降 0.32%，进口价格将下降 0.52%。表 8—1 还显示，通常长期弹性的绝对值高于短期弹性。在下一节中，我们将说明这背后的经济理论，以及货币贬值或升值后一国的贸易余额。

表 8—1　　**进出口价格弹性指标**

	加拿大	德国	法国	意大利	日本	英国	美国
出口价格弹性							
短期	−0.17	−0.08	−0.32	−0.24	−0.39	−0.23	−0.08
长期	−0.19	−0.08	−0.39	−0.28	−0.34	−0.27	−0.16

续前表

	加拿大	德国	法国	意大利	日本	英国	美国
进口价格弹性							
短期	−0.45	−0.33	−0.52	−0.56	−0.58	−0.39	−0.23
长期	−0.49	−0.36	−0.76	−0.72	−0.63	−0.48	−0.29

资料来源：Matthieu Bussière. "Exchange Rate Pass-through to Trade Prices: The Role of Non-Linearities and Asymmetries." European Central Bank Working Paper Series, No. 822 (October 2007).

网络资源

要了解更多相关研究的信息，请访问欧洲中央银行的网站：http://www.ecb.int/。

马歇尔-勒纳条件　根据上面的例子，货币贬值似乎总能在某种程度上改善国际收支赤字。但情况并不一定如此。理论上，贬值可以增加外汇供给量与外汇需求量之差。类似地，升值可以增加外汇需求量与外汇供给量之差。**汇率不稳定**（exchange-rate instability）是指货币贬值导致超额外汇供给量增加，货币升值导致超额外汇需求量增加的情况。

马歇尔-勒纳条件（Marshall-Lerner condition）规定了汇率稳定的必要条件。该条件及其推导非常复杂，超出了本书讨论的范围。不过，我们可以结合这里的单一国家例子表述该条件。根据马歇尔-勒纳条件，当进口需求弹性与出口供给弹性之和超过1单位时，汇率是稳定的。马歇尔-勒纳条件在多数情况下都成立。然而，在非常短的时期内，马歇尔-勒纳条件也可能不成立。

基本问题2　什么是国际收支与汇率决定的弹性法?

弹性法是一种国际收支与汇率决定理论，它强调了价格变化的影响。货币贬值或升值可能改变进口商品的本币价格和出口商品的本币价格，因而导致进口需求量与出口供给量的变化。进口需求量与出口供给量的变化是由出口供给弹性与进口需求弹性决定的（因此国际收支也由出口供给弹性与进口需求弹性决定）。

短期弹性指标、长期弹性指标与J曲线

决定出口供给弹性与进口需求弹性的因素有许多。而考虑经常账户赤字的修正时，时期因素尤为重要。

短期与长期　马歇尔-勒纳条件表明，出口供给弹性与进口需求弹性必须对贬值有足够弹性，才能减少一国的国际收支赤字。不同时期长度的弹性通常也不同。由于较长的时期为家庭和企业留出了对价格变化作出调整所需的时间，因此供给和需求的长期价格弹性往往相对较高，短期价格弹性往往相对较低。例如，在短期内，家庭和企业可能需要按照合同购买进口商品。此外，在短期内，家庭和企业可能没有机会找到进口商品与服务的国内供给商并改变计划进口支出。

然而，在长期，如果进口商品与服务的价格上升，家庭和企业就可以调整计划支出。它们可以寻找进口商品与服务的替代品，并减少对进口的依赖。因此，在长期，家庭和企

业对价格变化的反应更灵敏，在短期，它们对价格变化的反应较不灵敏。因此，我们可以得出结论，进口需求与出口供给的长期弹性往往相对较大，短期弹性往往相对较小。

J 曲线效应 在短期，进口需求和出口供给的弹性较小。因此，本币贬值不太可能立即改善一国的国际收支赤字。它甚至可能导致一国的国际收支在改善前恶化，这种现象被称为**J 曲线效应**（J-curve effect）。

为了了解 J 曲线为何会上升，下面举一个极端例子，其中进口需求量和出口供给量在短期内对价格变化完全无反应，即完全无弹性。使用图 8—1（a）中的初始进口需求曲线 D_C，以及图 8—3（a）中的出口供给曲线 S_{CD}，当汇率为 1.30 美元/欧元时，美国的进口价值为 2.86 亿美元（26 美元×1 100 万＝2.86 亿美元），美国的出口价值为 2.34 亿美元（13 美元×1 800 万＝2.34 亿美元）。因此，美国的经常账户赤字为 5 200 万美元。

让我们考虑在这种情况下，美元即期汇率从 1.30 美元/欧元贬至 1.56 美元/欧元会如何影响经常账户赤字。由于出口供给量和进口需求量对价格变化无反应，因此它们不会随着即期汇率的变化而变化。如果即期汇率升至 1.56 美元/欧元，音乐 CD 的美元价格将升至 15.60 美元，一瓶香槟的美国价格将升至 31.20 美元。因此，美国的出口价值将升至 2.808 亿美元（15.60 美元×1 800 万＝2.808 亿美元），而美国的进口价值将升至 3.432 亿美元（31.20 美元×1 100 万＝3.432 亿美元）。因此，美国的经常账户赤字将增加 1 040 万美元，增至 6 240 万美元。

逐渐地，美国家庭和企业可以找到相对较昂贵的进口商品与服务的替代品。因此，进口商品与服务的数量将开始下降，如图 8—1（a）中的进口需求曲线 D_C 所示。类似地，外国家庭和企业将转而购买相对较便宜的美国出口商品和服务。因此，美国出口商品与服务的数量将开始上升，如图 8—3（a）中的供给曲线 S_{CD}所示。最终，如图 8—5 所示，经常账户赤字将消失。

图 8—6 为假想的 J 曲线。最初，在 t_1 时，美国的经常账户赤字为 5 200 万美元。随着美元即期汇率从 1.30 美元/欧元贬至 1.56 美元/欧元，经常账户赤字在 t_2 增至 6 240 万美元。随着时间的流逝，赤字缩小，直至最终在 t_3 消失。该图表明，经常账户赤字在改善前将首先恶化，导致曲线呈现 J 形。（某些行业生产的商品的确存在 J 曲线效应的证据，见“管理笔记本：加美双边贸易中 J 曲线效应的行业水平实证”。）

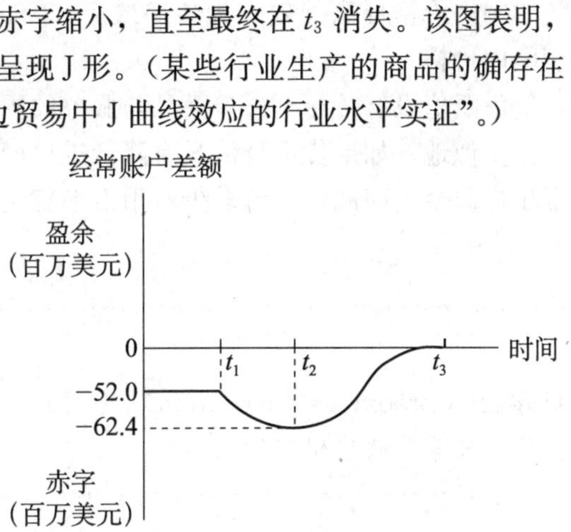

图 8—6 J 曲线

说明：最初，美国的经常账户赤字为 5 200 万美元。在 t_1 时，美元贬值。在短期内，进口需求与出口供给可能相对缺乏弹性。在这种情况下，经常账户在 t_2 实际上增至 6 240 万美元。最终，当企业和家庭有时间调整对进出口的计划支出时，赤字将得到改善。

管理笔记本

加美双边贸易中J曲线效应的行业水平实证

多数J曲线效应研究都分析了一国的总贸易差额对本币价值变化的反应。在最近的一项研究中，威斯康星-密尔沃基大学的穆赫辛・巴赫曼尼-奥斯科伊（Mohsen Bahmani-Oskooee）和马尔齐・伯哈萨尼（Marzieh Bolhasani）考察了20世纪60年代初至2009年加拿大和美国的双边贸易数据。此外，他们还评价了生产超过152种商品的行业的进出口数据。他们发现，加元实际贬值对2/3行业的贸易差额有短期影响。在约一半行业中，加元实际贬值转化为对加拿大行业贸易差额有利的J曲线效应。

批判性分析

为什么不同行业贸易差额对货币贬值的短期反应与长期反应不同？（提示：考虑不同行业的供给与需求的短期弹性与长期弹性的差异程度。）

基本问题3　什么是J曲线效应？

J曲线效应是本币贬值后，一国的国际收支赤字可能在改善前实际恶化，形成J形曲线的现象。J曲线效应源于进口需求和出口供给在短期无弹性。因此，本币贬值后，进口需求量和出口供给量并没有多大变化。结果，用本币计值的国际收支赤字增加。本币贬值后，有时会（但不是总能）观察到J曲线效应。

传递效应

在我们的例子中，美元贬值改善了美国的经常账户赤字。部分改善得益于进口需求量的减少。进口需求量的减少源于美元贬值导致的进口商品美元价格增加。经济学家称货币贬值导致进口商品与服务的国内价格提高的效应为**传递效应**（pass-through effect）。也就是说，货币贬值被传递至国内价格。

如果由于某种原因，货币贬值没有传递至进口商品与服务的国内价格，货币贬值就可能无法改善经常账户赤字。类似地，如果货币贬值没有降低进口商品与服务的价格，货币升值就可能无法减少经常账户盈余。因此，了解多少本币汇率变化传递至国内价格对于一国的国际收支是很重要的。

网络资源

请访问布鲁金斯学会（Brookings Institution）的网站 http://www.brook.edu，查询关于经济、外交政策和政府研究的信息。

许多关于传递效应的研究表明，不同国家、时间和行业的传递效应程度不同。汇率变化没有被传递的一个原因是，外国生产者可能改变了产品的价格，以抵消货币汇率的变化并维持在本国市场上的份额。（美国企业拥有的市场势力程度可能影响汇率传递效应的程度；见“管理笔记本：美国汇率传递效应中的市场势力与变化”。）

管理笔记本

美国汇率传递效应中的市场势力与变化

影响汇率传递程度的一个因素与外国企业和本国企业的市场势力对比有关。以一种可能的情况为例：向美国出口商品的外国生产商可能面临着美国该行业中少数美国企业拥有强大价格影响力的情况。当美元贬值时，外国生产商可能担心，如果它提高商品价格，汇率变化的传递效应将使其丧失大量市场份额。相反，如果外国生产商与大量市场份额很小的美国生产商竞争，外国企业就可能希望美元贬值的价格传递效应更强。

美联储纽约分行的经济学家丽贝卡·赫勒斯坦（Rebecca Hellerstein）、迪尔德丽·戴利（Deirdre Daly）和克里斯蒂娜·马什（Christina Marsh）发现了支持该说法的证据。他们用进口额与国内产值之比作为衡量不同行业外国生产商与国内生产商市场势力之比的粗略指标。和外国生产商与美国生产商的市场份额之比影响传递效应程度的观点一致，这些研究人员指出，传递到美国进口价格上的比例与进口额和美国市场的国内产值之比正相关：当美国各行业的进口额与国内产值之比增加时，美元贬值传递到进口产品价格的程度也将增加。

批判性分析

许多经济学家发现证据表明，在过去的 25 年中，美国汇率传递效应的程度下降，根据进口额与国内产值之间的关系以及向进口产品价格的传递程度，这意味着什么？

基本问题 4　什么是传递效应？

当本币汇率变化导致进口商品与服务的国内价格变化时，将产生传递效应。因此，当本币贬值时，传递效应将导致进口商品的国内价格提高。当本币升值时，传递效应将导致进口商品和服务的国内价格降低。经济学家认为，不同国家、时间和行业的传递程度不同。传递程度非常重要，因为它牵涉到本币汇率变化对一国国际收支的影响。

吸收法

国际收支与汇率决定的两种传统方法强调不同的变量。弹性法强调价格是国际收支与汇率的决定因素。然而，**吸收法**（absorption approach）假设价格保持不变，并强调实际国内收入的变化。因此，吸收法是国际收支与汇率决定的实际收入理论。由于假设价格固定，因此经济学家将吸收法视为国际收支与汇率决定的短期方法。

建立吸收法模型

吸收法将一国的最终产品与服务的市场价值分为四个基本类别：消费支出、投资支出、政府支出和进口支出。出口不包括在内，因为它表示其他国家对本国最终商品与服务的支出。由于假设价格固定，因此每类支出的价值都是实际价值。

吸收　经济学家将这四类支出的总和称为国内吸收。也就是说，一国吸收商品与服务用于消费、投资、公共用途和从国外进口。因此，**吸收**（absorption）是一国对最终商品与服务的总支出。我们可以将一国的吸收表示为一个恒等式

$$a \equiv c + i + g + im$$

式中，a 表示吸收，c 表示实际消费支出，i 表示实际投资支出，g 表示实际政府支出，im 表示该国对进口商品与服务的实际支出。

实际收入　另一方面，一国的实际收入等于购买该国最终商品与服务产出的实际支出。因此，实际收入等于实际消费支出、实际投资支出、实际政府支出和其他国家对该国产出的实际支出，即该国的实际出口。我们可以将一国的实际收入表示为

$$y \equiv c + i + g + x$$

式中，y 表示实际收入，x 表示实际出口。

经常账户　正如本章前面说明的，提出弹性法和吸收法时，资本流动还没有那么重要。因此，经常账户是经济学家的关注焦点。在吸收法中，不考虑单边转移，经常账户差额为外国对出口的实际支出与本国对进口的实际支出之差。这可以表示为

$$ca \equiv x - im$$

式中，ca 表示实际经常账户差额。如果实际出口超过实际进口，该国将出现经常账户盈余。如果实际出口小于实际进口，该国将出现经常账户赤字。

经常账户差额的确定

根据吸收法，一国的经常账户差额是由该国的收入与吸收之差决定的。从一国的实际收入公式中减去吸收公式，即可得到：

$$y - a = (c + i + g + x) - (c + i + g + im)$$

合并右侧各项，得到

$$y - a = x - im$$

最后，我们可以用 ca 代替值 $x - im$，因为两者之差为经常账户差额。这样，我们就获得了表示吸收法的标准公式：

$$y - a = ca$$

因此，一国的经常账户差额是由实际收入与吸收之差决定的。

例如，假设一国的收入大于支出，$y > a$，也就是说，该国的产出大于吸收。在这种情况下，等式右侧为正数，表示该国的经常账户为盈余（$y > a$：经常账户盈余）。类似地，当一国的收入小于吸收时，该国的经常账户为赤字（$y < a$：经常账户赤字）。最后，当一国的收入等于吸收时，该国的经常账户处于平衡。

经济扩张与紧缩

尽管这是个简单的理论，但吸收法对于理解一国的经常账户差额和经济扩张与经济收缩时期的货币汇率是很有用的。人们经常想当然地认为——尤其是在大众媒体报道中——出现经济紧缩的国家对进口商品与服务的支出将减少，因此经常账户将得到改善，货币将升值。类似地，观察家通常认为，出现经济扩张的国家对进口商品与服务的支出将增加，因此经常账户将恶化，货币将贬值。在真实世界中，情况并不总是如此。吸收法有助于解

释其中的原因。

经济扩张　以一个经常账户最初平衡的国家为例。假设该国出现经济扩张。当实际收入上升时，实际支出或吸收通常也会上升。回顾吸收法公式：

$$y-a=ca$$

当实际收入 y 上升且吸收 a 上升时，该国的经常账户是赤字还是盈余并不明确。这取决于哪种因素——实际收入还是吸收——上升得更快。如果实际收入的上升速度快于吸收——也就是说，如果本国产出的上升速度快于本国支出——那么该国将出现经常账户盈余。如果吸收的上升速度快于实际收入，那么该国将出现经常账户赤字。如果实际收入和吸收的上升速度相同，那么经常账户将保持不变。

我们可以用类似方法研究对本币汇率的影响。重新来看推导吸收法时出现的公式：

$$y-a=x-im$$

如果在经济扩张期间，实际收入的上升速度快于吸收，那么该国的出口上升速度必然快于进口。结果是本币升值。如果吸收的上升速度快于实际收入，那么该国的进口上升速度必然快于出口。结果是本币贬值。

经济紧缩　类似地，在经济衰退期间，如果实际收入的下降速度快于吸收，那么出口将相对于进口下降，本币贬值。如果吸收的下降速度快于实际收入，那么该国的出口将相对于进口上升，本币升值。

结论是，吸收法说明了为何经济扩张国家的本币通常会升值，而经济衰退国家的本币通常会贬值。重要的是，实际收入与吸收的相对变化。正如我们接下来将要讨论的，吸收法也说明了旨在减少经常账户赤字的政策行为的有效性是有限的。

网络资源

请访问美联储纽约分行的研究页面：http://www.ny.frb.org/research/，获取经济学家的研究成果。

基本问题 5　什么是国际收支与汇率决定的吸收法？

吸收法强调，一国的实际收入与支出是国际收支与货币汇率的决定因素。根据吸收法，如果一国的实际收入超过其吸收的商品与服务的金额，该国将出现经常账户盈余。如果一国的实际收入少于其吸收的商品与服务的金额，该国将出现经常账户赤字。如果实际收入和吸收相等，该国的经常账户将处于平衡。

政策工具

我们必须回顾提出吸收法时的经济环境，才能全面理解其政策意义。通常认为，吸收法是 20 世纪 50 年代由国际货币基金组织的经济学家悉尼·亚历山大（Sidney Alexander）提出的。正如第三章说明的，在这段时期内，多数国家都参与了可调整钉住汇率制的布雷顿森林体系。

正如我们在第六章中指出的，政策制定者可以使用一些政策工具，这是他们可以直接或间接决定的变量。我们将在第十一章中更详细地讨论货币政策和财政政策。在吸收法中，政策制定者在可调整的钉住汇率制下有两种工具——吸收工具和支出转换工具。**吸收工具**（absorption instrument）是指政府通过改变自身购买的国内产出 g 或改变税收影响消费和投资支出，从而增加或减少一国的吸收。政府支出的变化将导致 g 的变化，而税收变化影响家庭的计划消费支出和企业投资支出，导致 c 和 i 的变化。然而，在吸收法中，支出减少如何影响实际收入尚不清楚。因此，也不清楚使用吸收工具能否有效地减少经常账户赤字。

不过，吸收法还显示了通过增加政府支出刺激本国经济可能造成的后果。假设某个出现衰退的经济体的政策制定者试图通过增加政府支出 g 刺激产出。如果政府支出的增加导致吸收的上升速度快于产出，该国的经常账户就会恶化。

支出转换工具（expenditure-switching instrument）是政府采取改变进出口相对成本的政策，改变或"转换"私人对进出口的支出的能力。这可以通过两种方法实现。首先，政府可以实施贸易限制。这些商业政策将提高进口商品与服务的价格，导致消费者和企业购买较少的进口商品与服务，购买更多国内生产的商品与服务。当国内生产的进口商品与服务上升时，国内收入也上升。而吸收的进口商品与服务下降，吸收的国内商品与服务上升。然而，这类政策通常会导致贸易伙伴国的报复。

另一种促使支出转换的方法是改变本币汇率。本币贬值导致外国商品与服务变得相对更贵。因此，本国消费者和企业可能从进口商品与服务转而购买国内生产的商品与服务。本币升值的效果相反。

根据吸收法，支出转换并不一定能改善经常账户。如果家庭和企业直接在进口商品与服务和本国生产的商品与服务之间转换，而整体吸收相同，那么只要实际收入水平保持不变，经常账户差额就不会变化。正如之前显示的，只有在实际收入相对于吸收增加时，经常账户差额才会变化。这只有通过政策行为刺激出口，使出口相对于进口增加才能实现。因此，仅靠贬值纠正经常账户赤字的作用有限。

基本问题 6　实际收入与吸收的变化如何影响一国的经常账户差额和货币汇率？

根据吸收法，如果实际收入的上升速度快于吸收，出口将相对于进口增长，该国的国际收支将改善，本币升值。如果吸收的上升速度快于实际收入，进口将相对于出口上升，该国的国际收支将恶化，本币贬值。吸收法的两类政策工具——吸收工具和支出转换工具——对一国的经常账户不平衡可能有负面影响。因此，这些工具能否增加实际收入与吸收之比尚不清楚。

本章总结

1. 一国的出口供给与进口需求决定了外汇供求：如果只在为经常账户交易融资时才出现资本流动，外汇供求将由一国的商品与服务进出口决定。当一国居民进口商品与服务时，他们必须用外汇付款。因此，该国居民供给外汇。类似地，当一国居民出口商品与服务时，他们需要收取外汇，这形成了外汇需求。

2. 国际收支与汇率决定的弹性法：弹性法是一种强调价格变化的影响的国际收支与汇率决定理论。货币贬值或升值可能改变进口和出口的本币价格，因而导致进口需求量和出口供给量的变化。

3. J曲线效应：J曲线效应是本币贬值后，一国的国际收支赤字实际上可能先恶化再改善的现象。随着国际收支的调整，将形成J形曲线。J曲线效应源自进口需求和出口供给的短期价格弹性较低。然而，在长期这种弹性将增加，因为消费者和企业有更多时间根据价格变化进行调整。因此，在长期，国际收支可能在本币贬值后改善。

4. 传递效应：当本币汇率导致进口商品与服务的国内价格变化时，就会产生传递效应。因此，本币的汇率变化可能被传递，导致进口商品和服务的国内价格变化，也可能不被传递。不同国家、时间和行业的传递程度也不同。传递程度很重要，因为它影响一国国际收支对本币价值变化的反应。

5. 国际收支与汇率决定的吸收法：国际收支与汇率决定的吸收法强调了一国的实际收入与支出。根据吸收法，如果一国的实际收入超过吸收的商品与服务的金额，那么该国将出现经常账户盈余。如果一国的实际收入少于吸收的商品与服务金额，那么该国将出现经常账户赤字。如果实际收入与吸收相等，那么该国的经常账户将处于平衡。

6. 实际收入与吸收的变化与一国的经常账户平衡和货币汇率：吸收法说明，如果实际收入的上升速度快于吸收，出口将相对于进口增加，一国的国际收支改善，本币升值。如果吸收的上升速度快于实际收入，进口将相对于出口增加，一国的国际收支恶化，本币贬值。当实际收入和吸收下降时，将出现类似的情况。

问题与习题

1. 价格弹性的计算方法是数量变化百分比除以价格变化百分比。如果我们用下标 A 表示旧值，用下标 B 表示新值，价格弹性的计算公式应为

$$\frac{\left[\dfrac{Q_B - Q_A}{1/2(Q_A + Q_B)}\right]}{\left[\dfrac{P_B - P_A}{1/2(P_A + P_B)}\right]}$$

如果价格弹性的绝对值大于一个单位，就称它是有弹性的。如果价格弹性的绝对值小于一个单位，就称它是无弹性的。如果它等于一个单位，就称它是单位弹性的。请使用该公式，计算图 8—1（b）中的外汇需求弹性和图 8—3（b）中的外汇供给弹性。

2. 根据第 1 题中计算的弹性，当美元相对于欧元贬值 1%时，进口需求量和出口供给量的变化是多少？请用绝对值和变化百分比作答。

3. 根据表 8—1，在短期内，哪个国家的进口价格最缺乏弹性？在短期内，哪个国家的进口价格最有弹性？

4. 根据表 8—1，假设美元贬值 1%。

a. 在短期内美国进口价格的变化是什么？

b. 在短期内美国出口价格的变化是什么？

c. 根据第（a）问和第（b）问的答案，对美国贸易平衡的短期影响可能是什么？

5. 参考表 8—1。

a. 哪个值表示对美国长期汇率传递的估计？

b. 该值表示完全汇率传递、部分汇率传递或不完全汇率传递，还是无汇率传递？

6. 参考表 8—1 中的美国进口价格弹性。请说明短期内进口价格对汇率变化的反应程度小于长期内进口价格对汇率变化的反应程度的原因。

7. 巴西是全球咖啡豆的主要供应国，德国是咖啡豆的主要进口国。假设巴西在国际市场上以每磅 1.20 美元的国际市场价格出售咖啡豆。美元与欧元的汇率为 1.40 美元/欧元，巴西雷亚尔和美元的汇率为 2.4 巴西雷亚尔/美元。现在，假设欧元相对于美元贬值 5%，但雷亚尔和美元之间的汇率保持不变。

a. 对巴西向德国的咖啡出口量的可能影响是什么？

b. 对巴西向德国的咖啡出口额（雷亚尔）的可能影响是什么？

c. 假设巴西的咖啡出口商希望维持其在德国的市场份额。它们应将出口咖啡的美元价格降低多少？用巴西雷亚尔表示的新出口价格是多少？

8. 假设某国在前半年出现了衰退和失业率下降。

a. 请写出表示吸收法的公式，并定义每个变量，说明公式的含义。

b. 假设该国的汇率固定。请用该公式根据吸收法说明该国的国际收支将上升还是下降。

c. 假设某国的汇率浮动。请用该公式并根据

吸收法说明该国的货币将升值还是贬值。

9. 假设某国的消费支出为 10 000 美元，实际投资支出为 8 000 美元，实际政府支出为 5 000 美元，实际进口支出为 1 000 美元，实际出口为 500 美元。

a. 该国的实际收入水平和吸收是多少？

b. 该国的贸易差额是多少？

10. 假设第 9 题中的国家令本币贬值，因而进口下降了 50 美元，出口上升了 50 美元，实际消费支出上升了 25 美元。现在的贸易差额是多少？贬值是否改善了国际收支？

11. 假设中国经济的增速快于其贸易伙伴。请使用吸收法说明为何人民币可能相对于贸易伙伴国的货币贬值。请说明为何人民币可能相对于贸易伙伴国的货币升值。

在线应用

本章介绍了国际收支与汇率决定的弹性法和 J 曲线效应。在货币贬值后，有时会观察到一国的国际收支差额呈现 J 曲线模式。也就是说，货币贬值后，国际收支差额可能在增加之前减少。本应用要求你考虑相反的情况：在货币升值之后，国际收支差额是否会在减少之前增加？

网址：http://www.statcan.gc.ca

标题：加拿大统计

浏览：从"加拿大统计"的主页开始。在页面中央，点击"重要资源"按钮。在"数据表"下，点击"总结表"。在左栏的"按……制表"下，点击"对象"。在对象列表中，点击"国际贸易"。接下来，点击"贸易模式"。在分类列表中，点击"各国或国家集团的国际收支中的商品进口、出口和贸易差额"。

应用：2008 年 1 月至 2012 年 1 月，加元的实际有效汇率指数从 92.0 升至 11.4。请使用你获得的加拿大国际贸易数据，考察该变化对加拿大贸易差额的影响。

1. 请计算实际有效汇率的增加百分比。如贸易差额数据所示，2008 年和 2011 年，加拿大均保持贸易盈余。你认为实际有效汇率变化对该贸易盈余的影响是什么？你预期该盈余将增加还是减少？

2. 加拿大的整体贸易差额在这段时期的实际变化是什么？贸易差额是否显示为"J 曲线"模式（请说明）？五组国家的贸易差额变化是一致还是有差别？

3. 加拿大的进口变化百分比是多少？

4. 请根据第 3 题的答案，计算加拿大进口需求的汇率弹性。

部分参考书目与扩展阅读

[1] Alexander, Sidney S. "Effects of a Devaluation: A Simplified Synthesis of Elasticities and Absorption Approaches." In Norman C. Miller, ed., *Open Economy Macroeconomics. Volume* 1. Cheltenham, U. K. and Northampton, MA: Elgar, 2006: 89 - 102.

[2] Bahmani-Oskooee, Mohsen, and Marzieh Bolhasani. "The J-Curve: Evidence from Commodity Trade between Canada and the U. S." *Journal of Economics and Finance* 32 (3) (July 2008): 207 - 225.

[3] Bussiére, Matthieu. "Exchange Rate Pass-Through to Trade Prices: The Role of Non-Linearities and Asymmetries." European Central Bank, Working Paper Series, No. 822 (October 2007).

[4] Campa, José Manuel, and Linda S. Goldberg. "Exchange Rate Pass-Through into Import Prices." *Review of Economics and Statistics* 87 (4) (2005): 679 - 690.

[5] Dekle, Robert, Jonathan Eaton, and Samuel Kortum. "Global Rebalancing with Gravity: Measuring the Burden of Adjustment." *IMF Staff Papers* 55 (3) (2008): 511 - 540.

[6] Duasa, Jarita. "Determinants of Malaysian Trade Balance: An ARDL Bound Testing Approach." *Global Economic Review* 36 (1) (March 2007): 89 - 102.

[7] Erceg, Christopher J., Luca Guerrieri, and Christopher Gust. "Trade Adjustment and the Com-

position of Trade." *Journal of Economic Dynamics and Control* 32 (8) (August 2008): 2622 - 2650.

[8] Gagnon, Joseph E. "Long-Run Supply Effects and the Elasticities Approach to Trade." Board of Governors of the Federal Reserve System, International Finance Discussion Paper # 754, http://www.federalreserve.gov/pubs/ifdp/ (January 2003).

[9] Gagnon, Joseph E., and Jane Ihrig. "Monetary Policy and Exchange Rate Pass-Through." Working Paper, Division of International Finance, Federal Reserve Board of Governors of the Federal Reserve System (March 2002).

[10] Hellerstein, Rebecca, Deirdre Daly, and Christina Marsh. "Have U.S. Import Prices become Less Responsive to Changes in the Dollar?" *Federal Reserve Bank of New York Current Issues in Economics and Finance* 12 (6) (September 2006).

[11] Iley, Richard A., and Mervyn K. Lewis. *Untangling the US Deficit: Evaluating Causes, Cures and Global Imbalances*. Cheltenham, U.K. and Northampton, MA: Elgar, 2007.

[12] Kumar Narayan, Paresh, and Seema Narayan. "The J-Curve: Evidence from Fiji." *International Review of Applied Economics* 18 (3) (July 2004): 369 - 380.

[13] Mahmud, Syed F., Aman Ullah, and Eray M. Yucel. "Testing Marshall-Lerner Condition: A Non-Parametric Approach." *Applied Economics Letters* 11 (2004): 231 - 236.

[14] Miller, Norman C. "A General Approach to the Balance of Payments and Exchange Rates." *Journal of International Economic Integration* 1 (1) (1986): 85 - 122.

[15] Papaioannou, Stefan, and Kei-Mu Yi. "The Effects of a Booming Economy on the U.S. Trade Deficit." *Federal Reserve Bank of New York Current Issues in Economics and Finance* 7 (7) (February 2001).

[16] Sekine, Toshitaka. "Time-Varying Exchange Rate Pass-Through: Experience of Some Industrial Countries." Bank for International Settlements, Monetary and Economic Department, BIS Working Papers, No. 202 (March 2006).

第九章 国际收支与汇率决定的货币法及投资组合法

基本问题

1. 中央银行的主要资产和负债是什么？
2. 中央银行的外汇市场干预如何改变基础货币与货币存量？
3. 什么是国际收支与汇率决定的货币法？
4. 如何在两国环境中运用汇率决定理论的货币法？
5. 什么是汇率决定的投资组合法？
6. 中央银行是否应该冲销外汇干预？

一些公司以本国的国名冠名，例如中国投资公司、韩国投资公司和新加坡淡马锡公司。另一些公司的名字，例如阿布扎比投资局、科威特投资局、卡塔尔投资局等，更接近于揭示它们的真实联系。还有一些公司的名字非常一目了然，例如（挪威）政府全球养老金、新加坡政府投资公司和俄罗斯稳定基金。所有这些实体都被称为主权基金。每家主权基金都由本国政府经营。然而，每家主权基金追求的目标都与私人公司相同，即利润最大化。

主权基金持有的多数资产都不是用主权基金所在国的本币计值的。相反，这些主权基金的资产主要是用各种外币，尤其是美元计值的。总体来看，所有主权基金的总资产超过5万亿美元，约占美国年国民收入的1/3。然而，主权基金的所有资产只是中国、韩国、俄罗斯和新加坡等国持有的外币总资产的一部分。在这些国家和其他国家，外币资产仍在以每周增加多达20亿美元的速度积累。

全球政府通过什么过程积累起如此多的美元等外币资产？在本章中，你将了解到这个过程与各国中央银行的政策关系密切。更一般地讲，你将学习国际收支与汇率决定的金融市场导向方法，它可以帮助我们理解这个问题和其他重要问题。

中央银行的资产负债表

第六章详细介绍了中央银行的各种目标与职能。在该章中，你了解到，在许多国家中，中央银行都作为政府的代理人，应政府的要求在外汇市场上进行交易。现在，我们将考察外汇市场干预如何改变一国的基础货币和货币存量。

一国的基础货币

一国的**基础货币**（monetary base）等于中央银行持有的本国证券、贷款与外汇储备之和。经济学家称国内证券与贷款之和为**国内信贷**（domestic credit），因此基础货币的定义是国内信贷加上中央银行的外汇储备。国内信贷与外汇储备之和占主要中央银行资产的80%～90%。因此，为了理解中央银行如何执行货币政策，下面以图9—1中的简化中央银行资产负债表为例，简要说明这一问题。在该图中，我们假设中央银行仅有的资产是国内信贷和外汇储备，它们共同构成了基础货币。

资产	负债
国内信贷 外汇储备	通货 银行准备金
基础货币	基础货币

图9—1　简化中央银行资产负债表

注意，至少2/3的中央银行负债是由主要中央银行发行的通货和私人银行在中央银行持有的准备金组成的。因此，在图9—1中，我们列出了两项中央银行负债。由于在该简化资产负债表中，资产必然等于负债，因此我们得到了一个重要结论：

> 基础货币构成了大部分中央银行资产和负债。从中央银行资产负债的资产方看，基础货币等于国内信贷加上外汇储备。从中央银行资产负债表的负债方看，基础货币等于通货加上银行准备金。

图9—1以图例说明了简化的中央银行资产负债表。图中，国内信贷（DC）——中央银行持有的证券和贷款——和以本币计值的外汇储备（FER）构成了中央银行的资产。流通中的货币（C）和银行总准备金（TR）构成了中央银行的负债。由于中央银行的资产等于负债，因此可以将该国的基础货币表示为国内信贷和外汇储备之和，或者流通中的货币与银行总准备金之和：

$$MB = DC + FER\text{，或者 } MB = C + TR$$

重点考察中央银行资产负债表的资产方，并将一国的基础货币（MB）表示为国内信贷与外汇储备之和将方便本章的讨论。因此，令 Δ 表示变量的变化，我们可以将一国的基

础货币变化表示为

$$\Delta MB = \Delta DC + \Delta FER$$

该公式说明，一国的基础货币将随着国内信贷或（和）外汇储备的变化而变化。（最近，持有大部分全球外汇储备的中央银行和政府开始重新考虑如何配置这些外汇储备；见“政策笔记本：如何处理过多的外汇储备?”）

政策笔记本

如何处理过多的外汇储备?

近年来，中国的官方美元流入常常高达每月 200 亿美元，这有助于解释为何中国人民银行和中国政府会积累起全球最多的外汇储备，如图 9—2 所示。过去，中国官员主要倾向于只持有最安全的证券，例如美国国债。

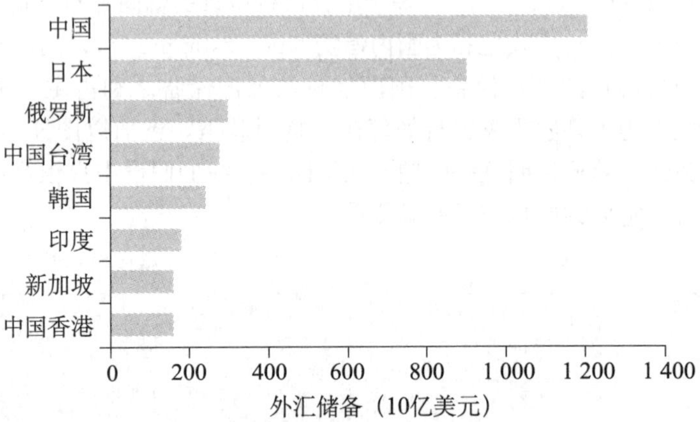

图 9—2　外汇储备最多的国家和地区

说明：亚洲国家和地区的中央银行和政府持有的外汇储备最多。

资料来源：国际货币基金组织：《国际金融统计》；作者的估计。

然而，最安全的政府债券提供的收益率也最低。近年来，中国官员扩展了外汇储备的投资选择，他们将某些外汇储备投资于黑石集团和其他美国私募股权公司。俄罗斯、新加坡和韩国的政策制定者用大量外汇储备购买美国和其他国家的公司股票和债券，以追求更高的收益率。

❖ 批判性分析

根据高风险金融工具的收益率也较高的证据，将外汇储备投资于私人发行的金融工具而不是政府债券可能有什么缺点？说明：亚洲国家和地区的中央银行和政府持有的外汇储备最多。

一国的货币存量

一国的货币存量有各种衡量指标，我们用 M 表示。最简单的指标，即我们将使用的指标，是流通中的货币总量与银行体系中的交易存款之和。多数国家都建立了部分准备金银行体系。中央银行通常要求私人银行保留客户的一部分交易存款作为准备金。这部分准备金决定了银行体系总准备金的变化可以创造的最大货币增量。

公开市场交易 为了解其中的原因，以下举例说明。假设准备金要求为10%。接下来，考虑一项公开市场操作，其中美联储系统向一位证券交易商购买了100万美元证券。当美联储购买100万美元证券时，美联储资产负债表上的国内信贷增加了100万美元，基础货币也增加了100万美元。证券交易商可以让美联储将款项汇至它的账户，假设为这家交易商在芝加哥某家银行的账户。美联储向这家芝加哥银行在芝加哥联邦储备银行的银行准备金账户中汇入100万美元，完成了交易，这家私人银行的准备金总额增加了100万美元。然后，私人银行将这些资金划入交易商在该银行的交易存款账户。因此，美联储创造了100万美元的总准备金，该国的货币存量立即增加100万美元。

然而，美联储行为的影响并没有到此结束。100万美元总准备金的10%（即10万美元）是必要准备金，90万美元是超额准备金。芝加哥银行可以自由贷出90万美元的超额准备金。如果得到90万美元的人花掉这些钱，收款人最终可能将其存入其他银行，因而创造出90万美元的新交易存款。由于这种贷款活动，国内信贷金额以及货币存量将增加90万美元，总增加额为100万美元+90万美元=190万美元。

事情到此仍未结束。90万美元新交易存款的10%（即81万美元）为必要准备金，81万美元为超额准备金。银行可以自由贷出新的81万美元超额准备金，这些钱将被花掉，然后创造出其他银行的新存款。

这个过程将继续，每一步的超额准备金将减少10%，因而新创造出的交易存款每步都增加10%。因此，我们可以得出结论，美联储在公开市场上购买的100万美元导致的货币存量增加额是100万美元的倍数。因此，美联储购买证券的行为对货币存量中的交易存款总额有乘数效应。

货币乘数 为了确定本例中的乘数效应大小，用 TD 表示私人银行的交易存款金额，用 TR 表示这些银行的现金准备金总额 R。最后，用 rr 表示准备金要求比率。如果银行只持有美联储要求的准备金金额，银行体系的总准备金将为 $TR=(rr\times TD)$。银行交易存款变化导致的总准备金变化为

$$\Delta TR = rr \times \Delta TD$$

公式两侧除以 rr，解出 ΔTD

$$\Delta TD = (1/rr) \times \Delta TD$$

因此，交易存款增加额最多为总准备金变化乘以乘数 $1/rr$。在本例中，美联储购买的证券最初导致私人银行的准备金增加100万美元，因此 ΔTR 等于100万美元。此外，准备金要求比率为10%，因此 rr 等于0.10，$1/rr$ 等于10。因此，银行体系中总交易存款的最大可能变化 ΔTD 等于10乘以100万美元，即1 000万美元。因此，在本例中，美联储购买的100万美元证券最终增加了1 000万美元交易存款金额和1 000万美元货币存量。比率 $1/rr$ 为交易存款乘数。根据基础货币只包括交易存款的假设，交易存款乘数也是**货币乘数**（money multiplier）(m)，准备金与货币乘数之积为经济体中的货币存量。

在现实中，公开市场交易的最终乘数效应小于这里推导出的货币乘数。一个原因是，多数人以现金形式持有部分货币，而不是将所有钱存到交易存款账户中。因此，在这个过程的每一步中，银行可以贷出的资金都少于例子中的数字。另一个原因是，乘数通常小于 $1/rr$，因为许多银行都持有超额准备金——换言之，它们不会在乘数过程的每一步中贷出

所有超额准备金。

基础货币与货币存量之间的关系

本例假设基础货币仅由交易存款组成，它描述了基础货币与货币存量的关系。也就是说，货币存量等于基础货币乘以货币乘数。当我们将流通中的货币计入基础货币时，货币乘数将变得更加复杂且不再等于 $1/rr$。（基础货币包括流通中的货币时的货币乘数推导是本章的章末习题。）不管货币乘数有多复杂，货币存量与基础货币的关系都可以表示为

$$M = m \times MB = m(C + TR) = m(DC + FER)$$

进而，一国的货币存量变化可以表示为货币乘数乘以该国的基础货币变化：

$$\Delta M = m \times \Delta MB = m(\Delta C + \Delta TR) = m(\Delta DC + \Delta FER)$$

使用该公式，我们可以分析公开市场操作对一国货币存量的影响，如前例所示。首先，我们必须认识到，银行体系的总准备金变化——私人银行最初在芝加哥联邦储备银行的准备金账户增加的 100 万美元存款——等于 100 万美元的国内信贷变化，因为美联储购买了 100 万美元证券。然而，流通中的现金和外汇储备的变化为零。假设货币乘数为 10，将这些值代入前面的公式，得到

$$\Delta M = 10 \times 100\text{ 万美元} = 1\,000\text{ 万美元}$$

因此，这 1 000 万美元是该国货币存量的最大可能变化。

基本问题 1　中央银行的主要资产和负债是什么？

中央银行的主要资产是政府证券和对私人银行机构的贷款，即国内信贷、外币证券和存款。中央银行的主要负债是流通券和私人银行的准备金存款。国内信贷、外币证券与贷款之和占主要中央银行资产的 80%～90%。流通券与私人银行准备金存款之和至少占主要中央银行负债的 2/3。一国的基础货币构成了中央银行的大部分资产与负债。

管理汇率：外汇干预

如果中央银行希望实现国际目标，通常会进行外汇干预，即买卖外币金融资产以影响汇率。然而，即使中央银行的重点是国内政策目标，而由财政部负责追求国际目标，中央银行通常仍与外汇干预机制紧密相关。原因在于，作为政府存款机构和财政代理人，中央银行通常会代表政府进行外汇干预。在这种情况下，正如我们将要讨论的，中央银行可能希望采取行动，以防止外汇干预令实现国内目标的策略复杂化。

外汇干预机制

为了实现国际目标，中央银行通常会进行外汇干预以改变本国货币在外汇市场上的汇率。你已经学习了中央银行的资产负债表组成、结构和职能，现在可以考察它们如何进行外汇市场干预以影响汇率。

干预交易　中央银行通常通过即期市场交易进行外汇干预。一个关键原因是，中央银

行通常希望通过干预向外汇市场交易者传递明确的意图信号。交易者很容易发现大额即期交易，因而提高了根据观察到的中央银行干预推断出中央银行目标的可能。

多数中央银行在干预时都不使用远期市场交易。不过，中央银行常常使用互换交易调整外汇储备头寸。从这个角度看，第五章中讨论的互换是中央银行干预某种货币的即期市场之前短暂增持这种货币的一种方法。美元、日元和欧元是世界上的主要工具货币，因此中央银行通常在干预之前利用互换交易积累这些货币。

顺风操作还是逆风操作 中央银行用自己的账户或代表国家进行干预，以影响外汇市场上本币的价值。如果中央银行干预的目的是支持或加速当前本国货币在外汇市场上的汇率趋势，经济学家就称其干预是**顺风操作**（leaning with the wind）。

相反，经济学家称中央银行为阻止或逆转本币近期趋势的干预为**逆风操作**（leaning against the wind）。中央银行进行逆风操作通常只是为了阻止——至少是暂时阻止——市场汇率的剧烈波动。因此，许多逆风操作的例子主要是为了减少汇率波动性。中央银行的逆风操作不一定是为了逆转本币汇率的长期趋势，尽管在某些情况下，这可能是中央银行或中央银行代表财政部执行逆风政策的最终目标。

干预融资 如果中央银行代表自身干预外汇市场，它将动用自身的外币资产储备。许多中央银行在用自身账户进行干预时持有外币储备“战备基金”。类似地，政府也经常保有外币资产储备。

考察美国、欧洲和日本的外汇市场干预机制有助于更好地理解中央银行和财政部如何为干预行为融资。美国的财政部主要负责进行外汇干预。因此，美国财政部通常决定了美国外汇干预的时间和程度，尽管代表美国财政部进行这些干预的是美联储。美国财政部有法定权力命令美联储使用自身和财政部的外汇储备，过去美联储也曾用自身和财政部的外汇储备代表财政部进行干预。最近，这形成了美联储体系内的紧张气氛，因为某些美联储官员公开质疑美联储对美国财政部的这种“附属服务”地位。

不过，美国政府维持着一个独立的汇率稳定基金（ESF），当不动用美联储的外汇储备时，可以用它来为干预行为融资。如果汇率稳定基金的管理人员进行干预，卖出外币资产以支持美元汇率，他们最初将把在交易中获得的美元存入财政部在美联储的账户。然后，美国财政部向汇率稳定基金发行一种不可交易的证券，汇率稳定基金用美联储账户中的资金购买这种财政部证券，贷记美国财政部的存款账户。为了确保这一系列交易对美国财政部的资产负债表，进而对基础货币没有最终影响，美国财政部将从美联储的存款账户中提取这些钱，并将其重新存入私人银行。

日本的官方干预机制很像美国。日本的国家预算包括外汇基金专门账户，大藏省可以通过它为干预融资，日本银行作为其代理人实际进行外汇市场交易。大藏省使用该账户的方式与美国财政部使用汇率稳定基金的方式很相似，尽管它不采取任何措施自动保护日本货币存量免受其行为影响。

网络资源

请访问日本银行的网站：http://www.boj.or.jp/en。

根据法律，欧洲中央银行的唯一职责是维持价格稳定。因此，只有在影响通货膨胀时，欧元的走强或走弱才是欧洲中央银行（ECB）关心的问题。然而，在 1999 年 1 月之后的前 18 个月里，欧元相对于美元贬值近 25%，引起了欧洲中央银行的极大关注。2000 年 9 月，欧洲中央银行说服美国、日本、加拿大和英国与其一起推高欧元的价值。这是它们在《广场协议》之后 15 年中的首次合作，这些国家的中央银行购买了 30 亿～50 亿欧元。这一行为只是暂时阻止了欧元贬值。尽管欧洲中央银行之前让市场确信欧洲中央银行只会与美国合作干预，但欧洲中央银行在 2000 年又单独干预了四次，对欧元汇率的影响甚微。

2000—2008 年，欧元对其他主要货币，包括美元和日元显著走强，直至一些欧洲国家领导人质疑欧元是否“太过强势”。然而，这次，欧洲中央银行拒绝干预。

外汇干预与货币存量

正如前面说明的，外汇干预是买卖外币资产。为了说明中央银行如何通过私人银行体系进行干预，改变基础货币，进而改变货币存量，我们只考虑买卖外币银行存款。这些存款是本国个人、企业、经纪商和银行的资产。因此，中央银行的外汇交易影响国内私人银行的资产负债表和外国私人银行的资产负债表。因此，外汇干预间接影响国内货币存量并可能影响外国的货币存量。

外汇交易的例子 为了说明中央银行外汇干预的后果，我们将重点分析一个两国例子，并使用之前介绍的简化中央银行资产负债表。为了方便说明，假设这两个国家为美国和日本。图 9—3 给出了美联储和日本银行的简化资产负债表。在分析例子时，我们将使用这些资产负债表说明每个国家的基础货币构成的变化。

美联储的简化资产负债表

资产	负债
国内信贷	通货
外汇储备	银行准备金
基础货币	基础货币

日本银行的简化资产负债表

资产	负债
国内信贷	通货
外汇储备	银行准备金
基础货币	基础货币

图 9—3 美联储和日本银行的简化资产负债表

说明：美联储和日本银行的简化资产负债表将基础货币表示为中央银行资产、国内信贷与外汇储备之和，以及负债、通货与银行准备金之和。

假设美国的货币乘数为 2.1，日本的货币乘数为 2.6。此外，假设日本银行选择逆风操作，因此希望降低或阻止——至少是暂时地——日元相对于美元升值。因此，日本银行以 110 日元/美元的即期汇率向一家东京外汇交易商购买了 100 万美元银行存款。

如果交易商让日本银行向其在一家东京银行的账户汇款，日本银行将向这家东京银行在日本银行的准备金账户贷记 1.1 亿日元（100 万美元×110 日元/美元）。然后，这家私人银行将这些钱记入交易商的交易存款账户。结果，日本银行系统的交易存款增加了 1.1 亿日元，日本银行的外汇储备增加了 100 万美元。（或者，如果按日元计值，为 1.1 亿日元。）图 9—4 显示了购买外汇对日本银行资产负债表的影响。外汇储备增加了 1.1 亿日元，导致日本基础货币增加了 1.1 亿日元。

日本银行的简化资产负债表

资产	负债
国内信贷	通货
外汇储备+1.1亿日元	银行准备金+1.1亿日元
基础货币+1.1亿日元	基础货币+1.1亿日元

图 9—4　购买外汇对日本银行资产负债表的影响

说明：当日本银行购买 1.1 亿日元外汇储备时，基础货币中的外汇储备增加。日本银行以向交易商银行的准备金账户贷记 1.1 亿日元的方式支付外汇。

正如之前讨论的，最初交易存款的增加导致日本货币存量成倍上升。日本货币存量的增加等于日本的货币乘数乘以基础货币的增加额 1.1 亿日元。使用与公开市场操作的例子相同的公式，我们可以将对日本货币存量的影响表示为

$$\Delta M_J = m_J \times \Delta MB_J = m_J \times (\Delta DC_J + \Delta FER_J)$$

在这个例子中，国内信贷的变化为零，外汇储备的变化为 1.1 亿日元，日本的货币乘数为 2.6。

将这些值代入最后一个公式，日本货币存量的变化为

$$\Delta M_J = 2.6\times(0\text{ 美元}+1.1\text{ 亿日元}) = 2.6\times1.1\text{ 亿日元} = 2.86\text{ 亿日元}$$

因此，日本银行的外汇交易增加了 2.86 亿日元日本货币存量。

对美国货币存量的影响　日本银行购买美元存款后，拥有对美国银行的 100 万美元索偿权。日本银行向美联储提交该索偿权。美联储承担了这一负债，从而“结清”了日本银行的索偿权。这一行为降低了美国银行的准备金 100 万美元。如图 9—5 所示，美国基础货币中的国内信贷减少了 100 万美元。美国的货币存量减少额为基础货币变化的数倍。使用之前的公式，美国货币存量的变化为

$$\Delta M_{US} = m_{US} \times \Delta MB_{US} = m_{US} \times (\Delta DC + \Delta FER)$$

在本例中，美国的货币乘数为 2.1，国内信贷的变化为－100 万美元，外汇储备的变化为 0 美元。因此，美国货币存量的变化为

$$\Delta M_{US} = 2.1\times(-100\text{ 万美元}+0\text{ 美元}) = 2.1\times(-100\text{ 万美元}) = -210\text{ 万美元}$$

导致日本货币存量增加 1.1 亿日元的日本银行的外汇市场交易也导致美国货币存量减少了 210 万美元。

冲销干预

当一家中央银行买入或卖出足够数量的国内资产，以防止干预影响国内货币存量时，

美联储的简化资产负债表

资产	负债
国内信贷−1 000 000美元	通货
外汇储备	银行准备金−1 000 000美元
基础货币−1 000 000美元	基础货币−1 000 000美元

图 9—5　日本银行购买外汇对美联储资产负债表的影响

说明：当日本银行购买 100 万美元银行存款时，它将这些存款提交给美联储。美联储承担了负债并将美国银行的准备金账户减少 100 万美元。这将减少国内信贷和基础货币 100 万美元。

便称之为对外汇干预进行**冲销**（sterilization）。正如我们之前在本章中指出的，一个关键的货币指标是基础货币，我们可以将其视为国内信贷与外汇储备之和，或者本币与银行准备金之和。因此，对卖出外汇储备的行为进行冲销要求国内信贷扩张同等规模，方式可以是中央银行在公开市场上进行购买，这将保持基础货币不变。

美国的外汇干预机制将产生几乎立即完全冲销的会计分录。日本等国也会实施旨在确保至少在长期冲销干预的政策。

其他许多国家官方支持对外汇干预进行冲销的政策，但在实践中，一些国家发现，完全冲销净国外资产变化的影响是很困难的。因此，全球中央银行的诸多干预中至少有一部分无法冲销，因此干预将导致各国流通中的相对货币量的变化。许多经济学家认为，干预实际上会通过这种渠道影响汇率。

在之前的例子中，日本银行可以干预外汇市场，以追求外部目标。结果是国内货币存量的变化。然而，假设日本货币存量的变化与日本银行的内部目标冲突。在这种情况下，日本银行希望抵消或冲销外汇干预对日本货币存量的影响。日本银行可以通过对消的公开市场交易冲销外汇交易的影响。

为了冲销外汇交易的影响，日本银行必须减少相同金额的国内信贷，以抵消增加的外汇储备。为此，日本银行必须在公开市场上卖出证券。当日本银行向国内交易商卖出 1.1 亿日元日本国债时，国内信贷下降 1.1 亿日元。交易商将交易存款账户的资金汇给日本银行，支付国债价款。日本银行通过减少交易商银行的总准备金结清交易存款。因此，交易存款将下降 1.1 亿日元。

图 9—6 说明了外汇交易与公开市场交易对日本银行资产负债表的综合影响。当两种交易同时进行时，国内信贷下降 1.1 亿日元，外汇储备增加 1.1 亿日元。外汇交易导致私人银行准备金增加 1.1 亿日元，公开市场交易导致私人银行准备金减少 1.1 亿日元。对私人银行准备金的净影响为零。图 9—6 说明对日本基础货币的净影响为零。

冲销外汇交易使日本基础货币以及日本货币存量没有变化。在表示货币存量与基础货币的公式中结合外汇交易与公开市场交易，可以将货币存量的影响表示为

$$\Delta M_J = m_J \times (\Delta DC_J + \Delta FER_J)$$
$$= 2.6 \times (-1.1\text{ 亿日元} + 1.1\text{ 亿日元}) = 0$$

因此，完全冲销的外汇干预对日本货币存量无影响。如果这样，美联储也可以进行相互抵消的公开市场交易。（许多新兴市场国家都存在更多地冲销外汇市场干预的趋势；见“政策笔记本：新兴市场国家权衡冲销的收益与成本”。）

日本银行的简化资产负债表

资产	负债
国内信贷-1.1亿日元	货币
外汇储备 +1.1亿日元	银行准备金 +1.1亿日元 -1.1亿日元
基础货币	基础货币

图 9—6　外汇交易与冲销的综合影响

说明：当日本银行购买 1.1 亿日元外汇储备时，基础货币中的外汇储备增加。日本银行在交易商银行的银行准备金账户贷记 1.1 亿日元，支付交易价款。日本银行通过在公开市场上出售证券冲销外汇交易的影响。这减少了国内信贷中的基础货币。为了完成公开市场交易，日本银行减少了银行准备金。因此，基础货币不变。

政策笔记本

新兴市场国家权衡冲销的收益与成本

冲销外汇市场干预的主要收益是，这样做可以阻止一国的货币供给扩张或收缩，从而有助于形成通货膨胀或制止通货膨胀。然而，冲销可能需要付出代价，这取决于国内金融工具的收益率是高于还是低于国外金融工具的收益率。以一家正在积攒外汇储备并通过卖出本国证券进行冲销的中央银行为例。如果国外金融工具的平均收益率低于国内金融工具的平均收益率，冲销的单位机会成本就等于两种收益率之差。

加利福尼亚大学圣克鲁兹（Santa Cruz）分校的乔书亚·艾森曼（Joshua Aizenman）和美联储旧金山分行的鲁文·格利克（Reuven Glick）利用技术衡量外汇干预被冲销的程度。根据这些指标，他们得出结论，近年来的冲销比以往更普遍，尤其是在亚洲和南美国家。显然，更多中央银行在权衡冲销的收益和成本后，认为提高冲销程度更适合本国情况。

批判性分析

当一家中央银行进行冲销产生利差机会成本时，最终承担成本的是谁？（提示：在多数国家，最终拥有中央银行的是谁？）

基本问题 2　中央银行的外汇市场干预如何改变基础货币与货币存量？

中央银行的外汇市场干预可能增加或减少基础货币中的外汇储备。因此，购买（出售）外国资产将增加（减少）基础货币。一国的货币存量是基础货币的倍数。因此，外汇交易改变的货币存量金额等于基础货币变化的倍数。冲销使基础货币中的国内信贷产生相反方向的变化，因而消除了外汇交易对基础货币和货币存量的影响。

国际收支与汇率决定的货币法

第八章介绍了国际收支与汇率决定的两种传统方法——弹性法和吸收法。正如之前说明的，这些方法的重点是商品与服务交易，忽略了金融市场。布雷顿森林体系崩溃之后，经济学家试图找到在汇率浮动和商品与金融市场日益一体化的环境下国际收支与汇率的决定方法。他们研究出了货币法，这种方法很快在经济学家中流行起来。正如你现在将学到的，前面的内容为理解货币在决定一国国际收支和货币汇率中的作用打下了完整的基础。

国际收支与汇率决定的**货币法**（monetary approach）假定一国的国际收支与货币汇率变化是一种货币现象。也就是说，国际收支赤字、国际收支盈余或汇率变化来自货币供给量与货币需求量的差异。

尽管货币法相对于第八章介绍的理论是最近才出现的，但它的根源可以追溯到哲学家大卫·休谟以及他提出的价格流转模型。这种方法首先考察了货币供求的正式模型。

货币需求的剑桥法

货币法首先从**剑桥方程式**（Cambridge equation）开始，它是 19 世纪末剑桥大学的经济学家提出的货币需求理论。剑桥方程式为

$$M^d = kPy$$

式中，M^d 表示所有家庭希望持有的名义货币总量，k 为 0 到 1 之间的系数，P 为经济体中的总价格水平，y 为实际总收入。由于 P 为总价格水平，y 为实际收入，因此将二者相乘，将得到名义收入。因此，剑桥方程式假设人们的一部分名义收入是以货币形式持有的。

货币、国际收支与汇率

正如之前讨论的，一国的货币量等于货币乘数乘以基础货币：

$$M = m(DC + FER)$$

如前，我们将基础货币表示为国内信贷与外汇储备之和。

货币存量与国际收支的关系 第一章分析了一国的国际收支恒等式。前面曾经提到，经常账户差额加上资本账户差额等于官方结算差额。官方结算差额主要包括中央银行外汇储备的变化。为了简化讨论，我们假定一国的外汇储备等于官方结算差额。

使用该会计恒等式，我们可以将一国的货币存量与国际收支联系起来。在第一章中，曾经提到官方结算差额的增加（即本例基础货币中的外汇储备）等于国际收支盈余。类似地，外汇储备的减少等于国际收支赤字。如果外汇储备没有变化，该国的总国际收支将仍为零。因此，我们可以将一国的货币存量变化与国际收支联系起来。

国内价格、国外价格和即期汇率的关系 使用货币法的经济学家假设，购买力平价在长期成立。正如第二章说明的，绝对购买力平价假设商品与服务的均衡国内价格水平等于商品与服务的国外价格水平乘以两国货币的即期汇率。因此，绝对购买力平价可以表示为

$$P = SP^*$$

式中，P 为国内价格水平，S 为即期汇率（用每单位外币的本币单位表示），P^* 为国外价格水平。

货币均衡条件 货币需求的剑桥方程式、货币存量（以及国际收支）、国外价格水平和即期汇率之间的关系可以通过均衡条件决定，即货币需求量等于货币存量：

$$M^d = M$$

首先，将货币量方程式与剑桥方程式代入均衡条件 $M^d = M$，得到

$$kPy = m(DC + FER)$$

接下来，将绝对购买力平价公式代入国内价格水平，得到

$$m(DC + FER) = kSP^*y$$

换言之，均衡时，实际货币存量等于货币需求量。货币法的支持者用该关系式解释关键变量如何影响一国的国际收支和货币汇率。

货币法与固定汇率安排

根据货币法，导致货币需求量与货币供给量差异的事件会使一国的国际收支或货币即期汇率发生变化。此外，货币法假定，该事件会诱发自动调整过程，该过程最终将使经济重新均衡，此时货币需求量等于货币供给量。

为了理解货币法的自动调整过程，我们必须考虑一国实行的汇率制度类型。因此，我们必须在固定汇率制和浮动汇率制下分析货币法。

国内信贷的变化 假设有一个小国，其经济对外国的价格水平没有影响。此外，假设该国的中央银行钉住了本币汇率。如果一国的中央银行通过在公开市场上购买证券增加了国内信贷，那么公开市场购买将导致该国的货币存量由于乘数效应而上升。保持其他因素不变，公开市场操作将导致实际货币存量超过货币需求量。

在这种情况下，家庭发现它们持有的货币量超过了它们希望持有的货币量。于是家庭购买更多的商品与服务，减少了它们持有的货币。多购买的商品与服务中，部分是外国商品与服务。根据汇率制度类型，外国商品与服务的需求增加有以下两种影响。在固定汇率制下，多购买的外国商品与服务将产生国际收支赤字，本币汇率没有变化。在弹性汇率制下，多购买的外国商品与服务将导致本币贬值，国际收支没有变化。

在固定汇率制下，该国的货币当局必须卖出外汇储备进行干预，即卖出外汇储备维持钉住汇率。结果，外汇储备下降，而即期汇率保持不变。

下面考虑货币当局为维持本币的钉住汇率而必须采取的外汇干预规模。令 S 表示本币的钉住汇率，DC' 表示新的国内信贷水平。在新的国内信贷水平上，货币存量超过货币需求量，表示为

$$m(DC' + FER) > kSP^*y$$

为了防止本币贬值，本国中央银行必须减少货币供应量，使其等于货币需求量。为此，中央银行必须卖掉足够的外汇储备，以恰好抵消国内信贷的增加，使货币存量返回初始水平。在该水平上，家庭需要的货币量再次等于货币供给量。

正如之前讨论的，外汇储备的减少等于国际收支赤字。因此，国际收支赤字的金额等于基础货币中外汇储备的变化，它等于中央银行公开市场交易导致的国内信贷变化。我们可以得出结论，在固定汇率制下，货币法表明国内信贷增加将产生国际收支赤字，而国内信贷减少将导致国际收支盈余。

货币需求量的变化 沿用钉住本币汇率的小国的例子。假设国内信贷没有变化，而国外价格水平或实际收入增加。根据加入绝对购买力平价的修正剑桥方程式，两个变量中任何一个增加都会导致货币需求量增加。

在这种情况下，家庭发现它们的理想货币量跌至当前持有的货币量以下。家庭将减少对商品与服务的支出，以增持货币。结果，家庭对国内和国外商品与服务的需求下降。对国外商品与服务的需求下降导致国际收支盈余或本币升值。为了维持本币的钉住汇率，中央银行必须购买外汇储备。

接下来考虑中央银行维持本币钉住汇率必须进行的外汇干预。仍然令 S 表示本币的钉住汇率，令 $(P^*y)'$ 表示升高的国外价格水平或实际收入。国外价格水平或实际收入升高导致货币需求量超过货币供给量，表示为

$$m(DC+FER)<kS(P^*y)'$$

为了防止本币升值，本国货币当局必须增加货币供应量，使其等于货币需求量。为了实现该目标，中央银行将购买外汇储备。外汇储备的增加等于国际收支盈余，盈余大小等于外汇储备的变化。我们可以得出结论，国外价格水平或国内实际收入的增加将导致国际收支盈余。类似地，国外价格水平或国内实际收入的下降将导致国际收支赤字。（最近，即使是确定希望钉住本币汇率的国家也开始重新考虑锚货币；见“政策笔记本：富产石油的中东国家开始抛弃贬值的美元”。）

政策笔记本

富产石油的中东国家开始抛弃贬值的美元

21 世纪头十年后半期，当美国的通货膨胀率达到 6%时，长期将本币价值钉住美元的中东产油国开始重新考虑这种做法。2007 年年底，叙利亚和科威特都转为钉住更多样化的货币篮。当时，卡塔尔的财政部长尤素福·侯赛因·卡马尔（Youssef Hussein Kamal）驳斥了该国将步其后尘的谣言：“当我 100%的出口和产品都用美元计值时，为什么要改变锚货币？”然而，当 2008 年阿联酋政府宣布该国将考虑终结本币钉住美元的做法时，卡塔尔支持本币钉住美元的意见开始动摇了。一些专家预测，几年内，所有富产石油的中东地区国家都将从钉住美元转向钉住货币篮。

原因在于，当美国价格水平升高时保持汇率钉住美元价值必须允许本国价格水平上升。注意，在简单货币模型中，汇率固定为 $S=\bar{S}$，购买力平价条件为 $P=\bar{S}\times P^*$，P 为中东国家的国内价格水平，P^* 为美国的价格水平。这表明，为了维持汇率固定，当美国的价格水平上升时，每个国家都必须允许本国的价格水平上升。因此，保持钉住美元要求这些国家实际上将美国的通货膨胀“进口”到本国的小型开放经济中——这是它们不愿意看到的。

批判性分析

当中东产油国将本币钉住美元时，必须如何调整美元储备，才能在美国价格水平上升时保持本币汇率固定？

货币法与弹性汇率制

现在假设例子中的小国不再钉住本币汇率。最初，该国的中央银行允许即期汇率由外汇市场自由决定，在这种弹性汇率制下，本国中央银行不干预外汇市场。因此，基础货币

中的外汇储备保持不变，该国既没有国际收支盈余，也没有国际收支赤字。正如我们所见，即期汇率由货币供给量和货币需求量决定。

国内信贷变化 假设和之前的例子一样，本国中央银行通过购买证券增加了国内信贷。国内信贷和国内货币存量上升，货币存量超过了货币需求量。

在这种情况下，家庭发现其持有的货币超过了它们想要的数量。于是，家庭增加商品与服务支出——其中部分是对国外商品与服务的支出，减持货币。当家庭增加对国外商品与服务的支出时，本币贬值。

本币将继续贬值，直到货币供给量等于货币需求量。就这一点而言，即期汇率是由货币供给量和货币需求量决定的。因此，我们可以得出结论，在浮动汇率制下，货币法表明，国内信贷增加将导致本币贬值，而国内信贷减少将导致本币升值。

货币需求量的变化 如果国外价格水平或国内实际收入增加，那么根据剑桥方程式，货币需求量将增加。结果，货币需求量将超过货币供给量。

在这种情况下，家庭发现，它们现在持有的货币量少于希望持有的货币量。家庭将减少对本国和外国商品与服务的支出，增持货币。对国外商品与服务的需求下降导致本币升值。这种升值将持续到货币供给量再次等于货币需求量时，这时家庭将发现，它们实际持有的货币与希望持有的货币相符。

因此，我们可以得出结论，在弹性汇率制下，货币法用理论阐述了国外价格水平或国内实际收入增加导致本币升值的现象。相反，国外价格水平或国内实际收入下降将导致本币贬值。

基本问题 3 什么是国际收支与汇率决定的货币法?

货币法假设，国际收支或汇率变化是由货币供给量与货币需求量的差异导致的。此外，货币法还假设，当某个事件导致货币供给量和货币需求量产生差异时，将引发自动调整，最终消除这种差异。在固定汇率制下，货币供给量与货币需求量的差异将导致一国国际收支的变化。在弹性汇率制下，本币汇率将产生变化。

应用货币法：两国环境

我们尚未考虑其他国家的货币供给量和货币需求量变化如何影响即期汇率。然而，经济学家已经发现，货币法非常有助于分析两国国际收支账户与货币价值的相互影响。

两国货币模型

为了扩展两国环境下的货币法，我们必须说明各国的货币需求剑桥方程式。我们分别用下标 A 和 B 表示这两个国家。两国的剑桥方程式、均衡条件和绝对购买力平价条件如下：

$$M_A^d = k_A P_A y_A, \qquad M_B^d = k_B P_B y_B$$

$$M_A = M_A^d, \qquad M_B = M_B^d$$

$$P_A = SP_B$$

式中，即期汇率 S 表示每单位 B 国货币对应的 A 国货币单位数。

为了推导出即期汇率公式，首先将各国的剑桥方程式代入均衡条件，得到：

$$M_A = k_A P_A y_A \qquad M_B = k_B P_B y_B$$

接下来，将绝对购买力平价代入 A 国的均衡条件，得到：

$$M_A = k_A S P_B y_A \qquad M_B = k_B P_B y_B$$

现在，用 A 国的均衡条件除以 B 国的均衡条件：

$$\frac{M_A}{M_B} = \frac{k_A S P_B y_A}{k_B P_B y_B}$$

或者，更简单地：

$$\frac{M_A}{M_B} = S \times \frac{k_A y_A}{k_B y_B}$$

最后，我们将等式两侧除以两国的货币需求量之比，重新整理该式，得到：

$$S = \frac{M_A}{M_B} \times \frac{k_B y_B}{k_A y_A}$$

该式表示两国环境下汇率决定的货币法。也就是说，即期汇率是由相对货币供给量和相对货币需求量决定的。

根据该式，我们可以看到相对货币存量或相对货币需求量的变化如何导致即期汇率的变化。例如，如果 A 国的货币存量增加，其他所有条件不变，即期汇率将增加。也就是说，A 国货币相对于 B 国货币贬值。如果 A 国实际收入增加，相对货币需求量将下降，即期汇率下降，即 A 国货币相对于 B 国货币升值。

两国汇率决定的案例

假设澳大利亚的名义国内生产总值为 1.084 9 万亿澳元，澳大利亚的实际国内生产总值为 9 576.3 亿澳元。此外，新西兰的名义国内生产总值为 1 750.9 亿新西兰元，实际国内生产总值为 1 369.9 亿新西兰元。同一时期内，澳大利亚的货币存量为 2 259.21 亿澳元，新西兰的货币存量为 235.37 亿新西兰元。现在，我们可以计算各国的名义收入中以货币形式持有的比例 k，计算方法是用货币存量除以名义国内生产总值。计算显示，澳大利亚的名义收入中以货币形式持有的比例为 0.21，新西兰的名义收入中以货币形式持有的比例为 0.13。

网络资源

为了更多地了解新西兰和澳大利亚的经济，请访问新西兰储备银行的网站 http://www.rbnz.govt.nz 和澳大利亚储备银行的网站 http://www.rba.gov.au。

根据该信息，我们可以用两国货币法计算澳元和新西兰元的均衡即期汇率。用下标 A 表示澳大利亚，用下标 NZ 表示新西兰，我们可以将本例的两国货币法表示为

$$S = \frac{M_A}{M_{NZ}} \times \frac{k_{NZ} y_{NZ}}{k_A y_A}$$

将各国的货币存量和实际国内生产总值代入该式，得到：

$$S=\frac{A\$225\ 921}{NZ\$23\ 537}\times\frac{0.13(NZ\$136\ 990)}{0.21(A\$957\ 630)}$$

即

$$S=0.850\ 0$$

因此，澳元和新西兰元的均衡即期汇率为每新西兰元 0.850 0 澳元。

现在考虑澳大利亚货币存量增加的影响。假设澳大利亚货币存量上升 5%，上升至 2 372.17 亿澳元，而新西兰货币存量保持不变。将新的澳大利亚货币存量代入上式，得到新的即期汇率

$$S=\frac{A\$237\ 217}{NZ\$23\ 537}\times\frac{0.13(NZ\$136\ 990)}{0.21(A\$957\ 630)}$$

即

$$S=0.892\ 5$$

因此，澳大利亚货币存量的增加导致均衡即期汇率从 0.850 0 澳元/新西兰元增至 0.892 5 澳元/新西兰元。结果，澳元相对于新西兰元的贬值幅度为 5% [(0.892 5−0.850 0)/0.850 0×100%=5%]。

因此，两国货币法表示，即期汇率是由相对货币需求量与相对货币供给量决定的。货币存量增加的国家的货币将贬值。类似地，当其他条件保持不变时，货币需求量增加的国家的货币将升值。

基本问题 4　如何在两国环境中运用汇率决定理论的货币法？

根据两国环境下的货币法，即期汇率由相对货币供给量和相对货币需求量决定。通常，如果其他条件相同，一国的货币存量增加将导致其货币贬值。相反，一国的货币需求量增加将导致其货币升值。

汇率决定的投资组合法

国际收支和汇率决定的货币法的重点是货币需求量和货币供给量。投资组合法承认家庭可能希望持有其他金融工具，例如国内证券和国外证券，因此比货币法范围更宽。**投资组合法**（portfolio approach）假定，一国的货币汇率是由本国货币量和本国对国外证券的需求量以及市场上不同金融工具的供给量决定的。

家庭的财富分配

为了简化对投资组合法的分析，这里只着重介绍三类金融工具：本国货币、本国债券和外国债券。投资组合法假设个人持有债券获得利息，但持有货币不获得利息。因此，家庭没有动机持有外币，如果它们希望进行外国交易，可以在即期市场上购买外币。

然而，正如第四章和第五章讨论的，本国债券和外国债券都存在货币没有的风险。为了平衡这些工具的风险和收益，家庭希望将财富分配于全部三类工具。财富恒等式（wealth identity）将这一理念表示为：

$$W \equiv M + B + SB^*$$

式中，W 表示家庭财富，M 表示家庭希望以货币形式持有的财富，B 表示家庭希望以本国债券形式持有的财富，S 表示本币的即期汇率，即每单位外币对应的本币单位，B^* 表示家庭希望以外国债券形式持有的财富。财富恒等式显示了构成家庭总财富的资产类型。

因此，投资组合法假设一国的货币汇率是由每种金融工具的供给量和需求量决定的。因此，与货币法相反，本国债券与外国债券的供求量差异和本币的供求量差异同样重要。

国内货币存量的变化 下面考虑在投资组合模型中，公开市场操作对本币汇率的影响。假设中央银行希望增加本币存量，并在公开市场上购买本国债券。正如之前说明的，公开市场购买导致本币供给上升，国内利率下降。

当国内利率下降时，家庭不再满意当前的财富分配。国内利率的下降导致家庭对本国债券的需求量下降。然而，家庭对三种工具分配的财富相同。因此，当本国债券需求量下降时，本币和外国债券的需求量上升。图 9—7 说明了家庭对全部三种工具的需求量变化对即期汇率的影响。最初，即期汇率市场在点 A 处于均衡，此时国内利率等于 R_1。当家庭购买更多外国债券时，外币需求增加，表示为需求曲线从 $D_{FC}(R_1)$ 右移至 $D_{FC}(R_2)$。外币需求增加的结果是，即期汇率从 S_1 升至 S_2。因此，本币贬值。因此，我们可以得出结论，投资组合法假设国内利率下降导致本币贬值，而国内利率上升导致本币升值。

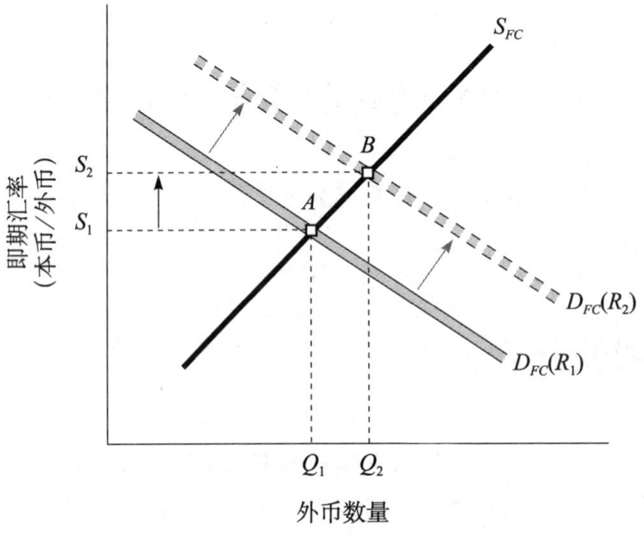

图 9—7 国内利率降低

说明：最初，即期外汇市场在点 A 上处于均衡，初始国内利率表示为 R_1。当国内利率下降时，家庭购买更多外国债券。结果，他们对外币的需求上升，表示为需求曲线从 $D_{FC}(R_1)$ 右移至 $D_{FC}(R_2)$。外币需求增加导致本币从 S_1 贬值至 S_2。

与汇率决定的货币法一致，投资组合法预测，在公开市场上购买证券导致本币贬值。然而，这两种方法存在巨大差异。货币法将货币贬值归因于货币需求量与供给量的变化。投资组合法将货币贬值归因于构成家庭财富的全部三种工具的需求量和供给量的变化。

外国利率的变化 下面考虑外国利率升高对即期汇率的影响。由于外国利率的变化，家庭希望持有更多的外国债券、更少的本币与本国债券。

图 9—8 显示了外国利率变化对即期汇率的影响。最初，即期汇率市场处于均衡，此

时即期汇率为 S_1，外国利率为 R_1^*。当家庭变现持有的部分本币和本国债券，并开始购买国外债券时，外币需求上升，表示为需求曲线从 $D_{FC}(R_1^*)$ 右移至 $D_{FC}(R_2^*)$。外币需求的上升导致即期汇率从 S_1 升至 S_2。因此，本币贬值。我们可以得出结论，投资组合法表明，外国利率上升将导致本币贬值，外国利率下降将导致本币升值。

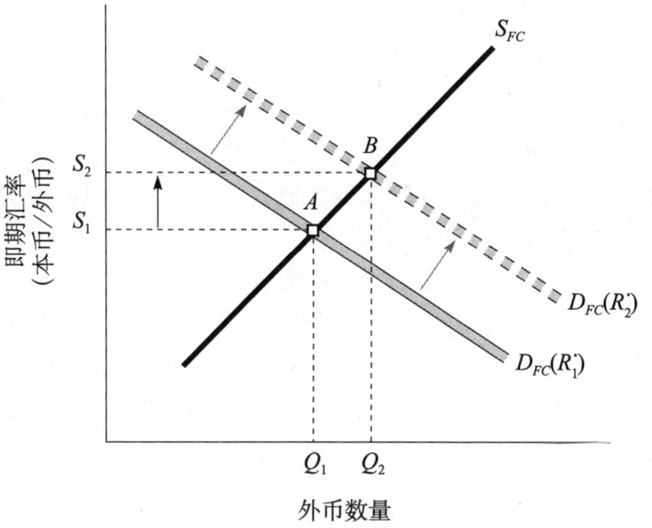

图 9—8　外国利率增加

说明：最初，即期外汇市场在点 A 达到均衡，初始外国利率表示为 R_1^*。当外国利率升至 R_2^* 时，家庭购买更多外国债券。家庭对外币的需求上升，表示为需求曲线从 $D_{FC}(R_1^*)$ 右移至 $D_{FC}(R_2^*)$。结果，本币从 S_1 贬值至 S_2。

基本问题 5　什么是汇率决定的投资组合法?

投资组合法假设，家庭希望在持有货币的同时，持有本国证券和外国证券。因此，投资组合法假设，一国的货币价值是由货币与证券的需求量与供给量决定的。国内利率增加导致本币升值，而国外利率增加导致本币贬值。

冲销还是不冲销?

正如之前说明的，许多国家（例如美国）都将完全冲销外汇市场干预作为惯例做法。一国应该将冲销作为惯例吗？这个问题的答案取决于冲销外汇干预是否会影响本币汇率。汇率决定的货币法和投资组合法对这个问题的答案是相互矛盾的。

冲销外汇干预和货币法

根据汇率决定的货币法，名义货币供给量和名义货币需求量决定了即期汇率。前面曾经提到，货币存量公式为：

$$M = m(DC + FER)$$

式中，DC 表示国内信贷，FER 表示外汇储备，m 为货币乘数。在货币法中，外汇干预将增加或减少国内基础货币，从而增加或减少国内货币存量，影响本币即期汇率。

例如，增加外汇储备的外汇市场干预将导致货币存量成倍增加。完全冲销干预需要在公开市场上卖出证券，使国内信贷的减少额等于外汇储备的增加额。公开市场交易的结果是，国内基础货币保持不变，国内货币存量也保持不变。

由于冲销干预使国内货币存量不变，因此货币供给量与货币需求量无差异。所以，对本币汇率无影响。因此，根据货币法，完全冲销外汇干预是无效的，因为它使本币汇率不变。

冲销外汇干预和投资组合法

根据投资组合法，本币汇率的变化来自货币与债券的供求数量差异。简单的投资组合法模型假设，家庭将财富配置于三种金融工具——本币、本国债券和外国债券。现在，让我们考虑该投资组合模型中完全冲销外汇干预的影响。

外汇储备通常是外币工具，例如国库券和债券。当本国货币当局购买外汇储备时，外国债券需求量增加。外国债券需求量增加导致本币贬值。

购买外汇储备导致国内基础货币增加，国内货币存量也增加。中央银行冲销干预的方法是，在公开市场上出售本国债券，减少国内信贷，让国内基础货币和货币存量不变。然而，公开市场交易增加了可以获得的本国债券数量。因此，冲销外汇干预实际上是用本国债券交易外国债券。根据投资组合法，用本国债券交易外国债券将导致本币贬值。因此，冲销干预可能是有效的。

干预实现了什么目的?

如果冲销干预没有影响，就说明干预是多余的。毕竟，任何中央银行都可以通过纯国内政策行为（例如改变贷款利率或进行公开市场操作改变基础货币）改变投放到流通中的货币与其他国家货币的相对数量。因此，国际货币经济学家研究的一个重要问题就是外汇干预能否或者是否对市场汇率产生独立的短期和长期影响。

多数经济学家主张，冲销外汇干预最多可能——至少在理论上——对汇率有两类直接影响。他们称其中之一为**投资组合平衡效应**（portfolio balance effect）：如果汇率被视为债券等不完美替代资产的相对价格，政府或中央银行持有的用不同货币计值的债券和其他资产的变化就可以影响交易者愿意持有这些资产的均衡价格，从而影响汇率。例如，如果干预减少了个人和企业的国内资产供给与持有的国外资产之比，预期国内资产收益率必然会下降，导致个人和企业重新调整投资组合。反过来，国内资产的预期收益率下降要求本币升值。因此，财政部或中央银行购买本币可能通过投资组合平衡效应导致本币价值上升。

另一种可能影响是干预公告效应或信号效应，它是指外汇干预可能向交易者提供之前不了解的信息，从而改变其在外汇市场上需求或供给货币的意愿。因此，只有在政府或中央银行干预明确揭示了交易者在干预之前不知道的某种“内部信息”时，公告效应才存在。例如，一家计划通过减少货币存量在未来实行反通胀政策的中央银行可能对最近的本国货币汇率下行趋势采取逆风操作，从而揭示出这种意图。如果货币交易者相信中央银行干预提供的这一信息，他们将预期本币在未来升值，并增持本币。货币交易者的这种一致行为将导致实际货币升值。因此，和投资组合平衡效应一样，干预的公告效应将导致本币升值。

20 世纪 80 年代至 90 年代初，密歇根大学的凯瑟琳·多明格斯（Kathryn Dominguez）

和加州大学伯克利分校的杰弗里·弗兰克尔（Jeffrey Frankel）进行的一项外汇市场干预大型研究发现了该时期内两种效应同时存在的证据，尤其是全球许多国家进行大规模干预的 20 世纪 80 年代后半叶。多明格斯和弗兰克尔发现，在这段时期内，中央银行合作进行了多项干预，干预的公告效应对汇率的影响实际上大于干预本身的实际规模。在他们看来，这提供了干预存在公告效应的有力证据。尤其是在合作干预中，交易者似乎将干预视为政府和中央银行承诺在未来改变政策的信号，他们的反应是改变愿意持有的国内资产与国外资产。结果是市场汇率发生变化，至少是短期变化。

最近，卢西奥·萨诺（Lucio Sarno）和马克·P·泰勒（Mark P. Taylor）研究了外汇干预的历史和大量《广场协议》后进行的实证研究。他们得出结论，合作外汇干预——甚至是货币政策制定者进行了冲销的干预——的确会影响汇率。根据他们的观点，关于外汇干预的实证既支持投资组合平衡效应解释，也支持公告效应或信号效应解释。然而，他们认为，当全球金融日益一体化，一国的金融资产可替代性增加时，投资组合效应可能会减少，使外汇干预的公告效应或信号效应对政策有效性更加重要。

基本问题 6　中央银行是否应该冲销外汇干预？

根据汇率决定的货币法，冲销外汇干预是无效的，这意味着这些干预没有改变国内货币供给。根据投资组合法，冲销外汇干预是有效的，因为它改变了家庭持有的本国债券和外国债券。经验证据表明，冲销干预通过公告效应和投资组合效应对货币即期汇率有一定影响。

本章总结

1. 中央银行与负债：国内信贷之和——政府证券与向私人银行发放的贷款——和外币证券与存款构成了主要中央银行的大部分资产，银行券与私人银行的准备金存款构成了主要中央银行的大部分负债。

2. 中央银行外汇市场干预、基础货币、货币存量与冲销：中央银行的外汇干预改变了外汇储备，因而改变了一国的基础货币。基础货币的变化最终导致货币存量的变化，它是基础货币变化的倍数。通过公开市场交易冲销外汇干预可能部分或全部抵消外汇干预对基础货币，进而对货币存量的影响。

3. 国际收支与汇率决定的货币法：国际收支与汇率决定的货币法假定一国国际收支或货币汇率的变化是一种货币现象。也就是说，这些变化是由货币供给量与货币需求量之差造成的。在固定汇率制下，货币供给量与货币需求量之差决定了一国的国际收支，在弹性汇率制下，货币供给量与货币需求量之差决定了一国货币的即期汇率。

4. 汇率决定的两国货币法：经济学家经常用两国货币法决定汇率。根据两国货币法，即期汇率是由相对货币供给量和相对货币需求量决定的。一国货币存量的上升导致该国货币贬值，而一国货币需求量的上升导致该国货币升值。

5. 汇率决定的投资组合法：投资组合法假设，家庭希望同时持有本币、本国债券和外国债券。家庭将财富在这些工具中分配，以平衡风险和收益。因此，一国货币的汇率是由货币量和本国债券与外国债券的供求决定的。根据投资组合法，国内利率上升将导致本币升值，外国利率上升将导致本币贬值。

6. 冲销外汇干预与不冲销外汇干预：根据汇率决定的货币法，冲销外汇干预是无效的，这意味着它没有改变本国的货币供给。然而，根据投资组合法，冲销外汇干预可能是有效的，因为它改变了家庭持有的国内债券和国外债券，因此改变了对外币的相对需求。实证表明，冲销干预可能对即期汇率有一定影响，这表明可能存在投资组合效应。

问题与习题

1. 请画出日本中央银行和澳大利亚中央银行的资产负债表，并在表中说明日本银行卖出 100 万澳元银行存款对各国基础货币的影响。假设即期汇率为 58.6 日元/澳元（¥/A$）。

2. 假设澳大利亚的准备金要求为 20%，日本的准备金要求为 8%。并假设基础货币仅由交易存款构成。使用第 1 题中的信息，各国货币存量的最大可能变化是多少？

3. 假设日本购买了 4 750 万日元证券，部分冲销了第 1 题中的外汇交易。外汇交易和公开市场交易导致的日本货币存量总变化是多少？

4. 本章介绍了一个简单的货币乘数例子，其中假设货币存量扩张时，家庭希望以交易存款的形式持有全部货币。假设家庭希望以通货形式持有一部分货币。令 b 表示通货与交易存款之比（C/TD）。最后，假设准备金要求为 10%。

a. 如果 b 为 0，货币乘数是多少？（提示：这与本书之前的例子相同。）

b. 如果 b 为 25，货币乘数是多少？（提示：将 b 代入货币乘数公式，方法与准备金要求相同。）

5. 请写出一个表示国际收支与汇率决定的货币法的公式。假设国内信贷等于 10 亿美元，外汇储备等于 8 000 万美元，货币乘数为 2，个人希望以货币形式持有的名义收入为 20%，外国价格水平为 1.2，本币的即期汇率为 2。请根据该信息，解出下列变量：

a. 国内货币存量。

b. 国内实际收入水平。

6. 使用第 5 题中的信息，假设本国中央银行通过在公开市场上购买证券增加了 1 000 万美元国内信贷。

a. 在固定汇率制下，这种公开市场交易对该国国际收支的影响是什么？

b. 在浮动汇率制下，其他条件保持不变，本币的新汇率是多少？是升值还是贬值？

7. 请使用本章关于澳大利亚经济和新西兰经济的信息，计算新西兰基础货币增加 3%对下列变量的影响：

a. 新西兰货币存量。

b. 浮动汇率制下的均衡即期汇率。

8. 请写出财富恒等式，并使用该恒等式，说明中央银行在公开市场上卖出债券对本币汇率的影响。现在，假设汇率是钉住的。请使用财富恒等式，说明公开市场操作对本国国际收支的影响。

9. 请用供求框架说明本币的即期汇率市场，并说明中央银行在公开市场上卖出债券对本币汇率的影响。

10. 请写出国内经济和国外经济的财富恒等式，并使用该恒等式，说明外国中央银行在公开市场上卖出债券对本币汇率和外币汇率的影响。

在线应用

本章说明了货币篮钉住汇率制的运行和汇率干预及其对中央银行准备金的影响。本应用分析了俄罗斯货币篮钉住汇率制下的两个概念。

网址：http://www.cbr.ru/eng/

标题：俄罗斯银行

浏览：首先请访问俄罗斯中央银行——俄罗斯银行的主页。在页面左侧的标题“宏观经济指标”下，点击“俄罗斯的国际储备”。在页面左侧，输入 2008 年 1 月。记录下俄罗斯从 2008 年 1 月到 2012 年 1 月的国际储备数值。在离开该页面前，请阅读表格附注中对俄罗斯国际储备的介绍。

应用：从 2008 年开始，为了增加俄罗斯卢布对美元的弹性，俄罗斯将卢布钉住包括欧元和美元的一篮子货币，从而管理卢布的价值。在 2008 年前六个月，当全球石油价格提高时，卢布面临着升值压力。然而，在 2008 年后半年到 2009 年，石油价格开始下降，导致卢布面临贬值压力。2010 年，全球经济开始复苏，石油价格再次开始上升，使卢布面临升值压力。

1. 请说明构成俄罗斯国际储备的各种账户和资产。

2. 请画出 2008 年 1 月至 2012 年 1 月的俄罗

斯国际储备图形。这段时期每年的国际储备美元价格变化是多少？这段时期每年的国际储备变化率是多少？

3. 请说明汇率制度如何导致 2008—2009 年俄罗斯国际储备的减少。

4. 请说明汇率制度如何导致 2008 年 1 月至 2012 年 1 月俄罗斯国际储备的增加。

部分参考书目与扩展阅读

[1] Aizenman，Joshua，and Jaewoo Lee. "International Reserves：Precautionary vs. Mercantilist Views，Theory and Evidence." International Monetary Fund，IMF Working Paper，WP/05/198 (October 2005).

[2] Aizenman，Joshua，and Reuven Glick. "Sterilization，Monetary Policy，and Global Financial Integration." *Review of International Economics* 17 (4) (September 2009)：777 - 801.

[3] Bordo，Michael D.，Owen Humpage，and Anna J. Schwartz. "The Historical Origins of U. S. Exchange Market Intervention Policy." National Bureau of Economic Research，Working Paper 12662 (November 2006).

[4] Brandner，Peter，Harald Grech，and Helmut Stix. "The Effectiveness of Central Bank Intervention in the EMS：The Post 1993 Experience." *Journal of International Money and Finance* 25 (2006)：580 - 597.

[5] Cerra，Valerie，and Sweta Chaman Saxena. "The Monetary Model Strikes Back：Evidence from the World." International Monetary Fund，IMF Working Paper，WP/08/73 (March 2008).

[6] Cushman，David O. "A Portfolio Balance Approach to the Canadian-U. S. Exchange Rate." *Review of Financial Economics* 16 (3) (2007)：305 - 320.

[7] Daniels，Joseph. "Optimal Sterilization Policies in Interdependent Economies." *Journal of Economics and Business* 48 (1) (January 1997)：43 - 60.

[8] de Freitas，Lebre，and Francisco Jose Velga. "Currency Substitution，Portfolio Diversification，and Money Demand." *Canadian Journal of Economics* 3 (August 2006)：719 - 743.

[9] Dominguez，Kathryn M. E. "When Do Central Bank Interventions Influence Intra-Daily and Longer-Term Exchange Rate Movements?" *Journal of International Money and Finance* 25 (2006)：1051 - 1071.

[10] Engel，Charles，and Kenneth D. West. "Exchange Rates and Fundamentals." University of Wisconsin Working Paper，http://www. ssc. wisc. edu/econ/Working Papaers/ (April 29，2003).

[11] European Central Bank. "The Accumulation of Foreign Reserves." Occasional Paper Series，Number 43 (February 2006).

[12] Evans，Martin D. D. "Portfolio Balance，Price Impact，and Secret Intervention." National Bureau of Economic Research，NBER Working Paper 8356 (2001).

[13] Gonçalves，Fernando M. "Accumulating Foreign Reserves under Floating Exchange Rates." International Monetary Fund，IMF Working Paper WP/08/96 (April 2008).

[14] Miller，Victoria. "Getting Out from Between a Rock and a Hard Place：Can China Use Its Foreign Exchange Reserves to Save Its Banks?" *Journal of International Financial Markets，Institutions，and Money* 16 (2006)：345 - 354.

[15] Rapach，David E.，Mark E. Wohar. "Testing the Monetary Model of Exchange Rate Determination：Evidence from a Century of Data." *Journal of International Economics* 58 (2) (2002)：359 - 385.

[16] Reitz，Stefan，and Mark P. Taylor. "Japanese and Federal Reserve Intervention in the Yen-US Dollar Market：A Coordination Channel of FX Operations?" Department of Economics，Deutsche Bundes-

bank, and Department of Economics, University of Warwick, http://ssm.com/abstract=1157679 (April 2008).

[17] Sarno, Lucio, and Mark P. Taylor. "Official Intervention in the Foreign Exchange Market: Is It Effective and, If So, How Does It Work?" *Journal of Economic Literature* 39 (3) (2001): 839-868.

[18] Stella, Peter. "Central Bank Financial Strength, Policy Constraints and Inflation." International Monetary Fund, IMF Working Paper WP/08/49 (February 2008).

[19] Wonchang, Jang. "How to Intervene in FX Market: Market Microstructure Approach." *Journal of Economic Development* 32 (1) (June 2007): 105-128.

第四部分

开放经济宏观经济学与政策分析

第十章　开放经济框架

基本问题

1. 经济学家如何衡量一国的收入与支出流动和商品与服务的整体价格水平？
2. 开放经济中的均衡实际收入是如何决定的？
3. 什么是 *IS* 曲线？什么因素决定了它的位置？
4. 什么是 *LM* 曲线？什么因素决定了它的位置？
5. 什么是 *IS*—*LM* 均衡？
6. 什么是 *BP* 曲线？我们如何用 *IS*—*LM*—*BP* 模型决定一国的国际收支状态？

美国 70% 的年国民收入用于家庭的商品与服务消费，相比之下，中国只有约 35% 的国民收入用于家庭消费。此外，中国的国民收入中用于消费支出的比例在过去 10 年减少了超过 10%。消费占中国国民收入比例较少的一个原因是，中国的家庭存款约占中国国民收入的 20%，而美国的家庭存款通常不到美国国民收入的 6%。然而，尽管中国的消费占国民收入的比例在下降，中国的国民收入中用于储蓄的比例也比 10 年前下降了约 5%。

显然，假设家庭的消费和储蓄占中国国民收入的比例都有所下降，对其他经济部门的支出占国民收入的比例必然上升。实际上，私人企业和中国政府支出占国民收入的比例都在上升。

我们如何衡量一国商品与服务的总产出价值和这些商品与服务的生产者获得的总收入？什么因素决定了开放经济中的均衡国民收入水平？这是我们将在本章中开始讨论的问题。

衡量经济表现：国内生产总值与物价指数

为了追踪国民经济表现和各国之间的交易，我们需要整体或宏观经济表现指标。这些指标包括国内总产值和它产生的国民收入、物价指数和国际收支。我们首先从最重要的宏观经济变量——国内生产总值（GDP）开始。

国内生产总值

经济学家不能将每年开采的石油、提供的教育服务和生产的立体声设备等截然不同的项目数量简单相加，因为它们的衡量单位不同。因此，我们加总所有最终商品与服务的市场价值，用价格衡量并用一国的货币单位表示。因此，**国内生产总值**（gross domestic product，GDP）是给定期间（例如一年）内国内生产的所有最终商品与服务的市场价格之和。

经济学家只计算个人、企业和政府在市场上交易的最终商品与服务。他们用商品与服务的市场价格乘以给定时间（例如一年）内生产和出售的这些商品和服务的数量。因此，GDP 不包括室友或家人提供的家庭清洁、院落清扫或油漆篱笆等非市场交易。这种活动不发生在正式市场上，因为配偶或室友不会因为提供这种服务得到收入。此外，由于 GDP 衡量的是一国的产值，因此它只包括商品与服务的价值。GDP 不包括股票、债券或其他不涉及新产出的交易。

最后，GDP 只计算特定时期内最终形式的商品与服务产值。如果一家电脑生产商向不同供货商购入微芯片，用于生产笔记本电脑，并在同年内卖出组装好的电脑，那么只有电脑的最终价格计入当年的 GDP。微芯片的市场价值不单独包括在 GDP 中，因为其市场价值已反映在笔记本电脑的售价中。

然而，如果电脑生产商在组装工厂中储存了一些微芯片，可能还有一些部分组装好的笔记本电脑，我们就可以将这些微芯片——以及所有部分组装好的电脑和未出售的组装好的电脑——计为当年的存货投资。存货投资包括当年企业没有卖掉的、用于最终消费的所有产品。GDP 总是包括这种存货投资，它确保 GDP 计入了给定年份的所有产值。

GDP 还包括折旧价值，即企业维持现有资本金额所需维修或更换的机器或工具等生产资料的价值。折旧费用反映了生产商品与服务当年产生的实物资本的消费或损耗。“总”这个词意味着 GDP 不根据折旧进行调整。经济学家从 GDP 中减去折旧，得到国内净产值。

名义 GDP、实际 GDP 和 GDP 平减物价指数

图 10—1 显示，美国、德国、墨西哥和韩国的 GDP 从 1955 年以来逐年上升。这种上升有两个原因，其一是在多数年份中，一国的商品与服务产值实际上都在增加。在这段时期内，这些国家的企业扩充了它们的资源，并找到了增加产出的新方法。

然而，这并不意味着，这些国家的实际产出每年都会增加。在某些年份，总产出实际

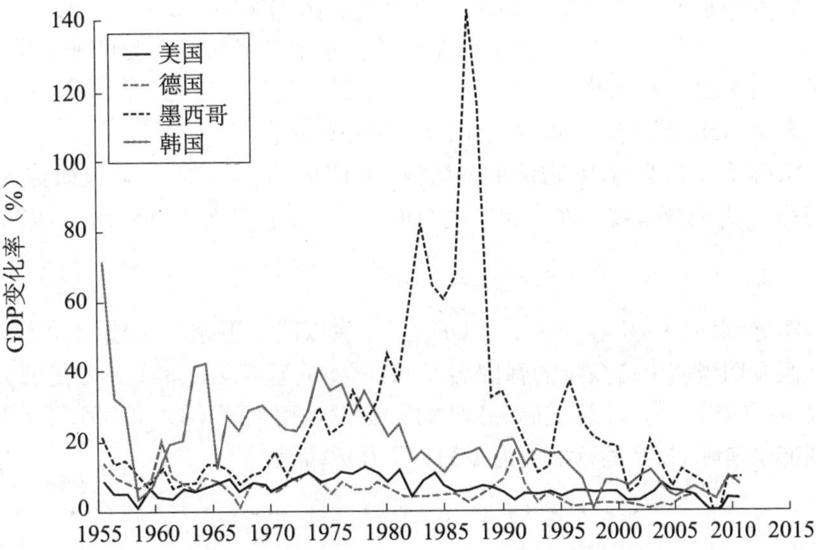

图 10—1　部分国家的名义 GDP 增长率

说明：由于实际产值和价格水平都在上升，因此美国、德国、墨西哥和韩国的名义 GDP 每年都在增长。

资料来源：国际货币基金组织的数据，《国际金融统计》。

上有所下降，尽管这些年份的 GDP 在增加。GDP 在这些年份仍然上升的原因是商品与服务的价格几乎每年都在上升。由于经济学家用市场价格衡量企业产出的价值并计算 GDP，一般价格上升（即通货膨胀）提高了产出的测量值。因此，我们不能根据图 10—1 得出结论，认为每年的商品与服务总产出实际上都在上升。图中的年度 GDP 数据总体上升至少有一部分是由于通货膨胀造成的。

因此，在通货膨胀期间内，依赖未经通货膨胀调整的 GDP 数据将导致持续高估真实总产值。要想对经济体每年的总产值水平进行可靠比较，需要调整 GDP 数据以考虑通货膨胀。

实际 GDP 与名义 GDP　以一种明显需要进行通货膨胀调整的情况为例。假设你的雇主承诺为你每年涨薪 10%。如果所有商品与服务的价格都不变，你的劳动收入的购买力将增加 10%。然而，如果你消费的商品与服务的价格在来年增加 10%，上涨的工资将只能刚好保持你的购买力。结果，你的实际收入——对价格变化进行调整的收入——并不比涨薪前高。

类似地，如果一年后 GDP 上涨 10%只是因为商品与服务的价格上涨了 10%，那么商品与服务的总产值实际上并未变化。GDP 每年的变化并不能很好地衡量总产值每年的实际变化。

经济学家用一个经通货膨胀调整的 GDP 指标解决了这个问题，这个指标被称为**实际国内生产总值**（real gross domestic product），即实际 GDP。该总产出指标考虑了价格变化。因此，实际 GDP 能更好地衡量一国的实际产出。

为了区别实际 GDP 和未调整 GDP，经济学家将未调整 GDP 归类为**名义国内生产总值**（nominal gross domestic product），即名义 GDP。这意味着，名义 GDP 是用当期金额计算的，没有经过任何通货膨胀调整。

GDP 平减物价指数　实际 GDP 是为了衡量一国的实际产出。因此，用实际 GDP 乘以所有商品与服务的总价格水平将得到用当前价格表示的实际 GDP，按照定义，这就是名义 GDP。令 y 表示实际 GDP，令 P 表示整体价格水平。因此，名义 GDP，即 Y，为

$$Y \equiv y \times P$$

因此，名义 GDP 等于实际 GDP 乘以整体价格水平。

经济学家称系数 P 为 **GDP 物价平减指数**（GDP price deflator），或简称为 GDP 平减指数。我们称 P 为平减指数，因为如果我们重新整理之前的公式并解出 y，将得到

$$y \equiv \frac{Y}{P}$$

因此，实际 GDP（y）等于名义 GDP（Y）除以或“平减”系数 P 进行调整后的结果。例如，假设用当前价格衡量的韩国名义 GDP，即 Y 等于 1 351.2 万亿韩元，GDP 物价平减指数 P 等于 1.21。计算实际 GDP 的方法是，用名义 GDP 1 351.2 万亿韩元除以 1.21，得到韩国实际 GDP 的近似值为 1 116.7 万亿韩元。

网络资源

请访问“韩国统计”网站，了解更多关于韩国经济的信息：http://kostat.go.kr。

表示基年 GDP 物价平减指数 P 为 1.21 传达的有用信息很少，除非我们有判断该值含义的参考点。经济学家将这种参考点定义为 GDP 物价平减指数的**基年**（base year）。基年是名义 GDP 等于实际 GDP（$Y=y$）的年份，所以按照定义，GDP 物价平减指数的值等于 1（$P=1$）。因此，如果基年为 2003 年，且 2013 年的 P 值等于 2，这表示 2003—2013 年整体价格水平翻了一番。

现在，韩国政府用 2005 年作为 GDP 物价平减指数的基年。图 10—2（a）显示了 1970 年以来的韩国 GDP 物价平减指数。如你所见，1970—2013 年，整体价格水平增加了约 37 倍，从 0.033 增至约 1.21。这意味着，1970 年需要 1 韩元购买的商品在 2013 年需要约 37 韩元才能买到。

（b）图画出了 1970 年以来的韩国实际 GDP 和名义 GDP。注意，在 2005 年，名义 GDP 和实际 GDP 相等，因为 2005 年是基年，$P=1$，因此 $Y=y$。显然，根据价格变化进行调整对 GDP 数据的解释有重大影响。这就是为什么用 GDP 物价平减指数将名义 GDP 换算为实际 GDP 很重要。

只有实际 GDP 数据可以提供关于经济体生产效能真实年变化的有用信息。

（经济学家通常用实际 GDP 的人均变化率衡量一国的经济增速；请参考“政策笔记本：全球实际 GDP 计算结果表明全球经济快速增长”并思考如何用它衡量全球经济增长。）

政策笔记本

全球实际 GDP 计算结果表明全球经济快速增长

为了计算全球人均实际 GDP，经济学家必须考虑到不同国家的商品与服务的价格是用不同货币（例如美元、欧元和日元）衡量的。因此，经济学家通常首先将一国的 GDP

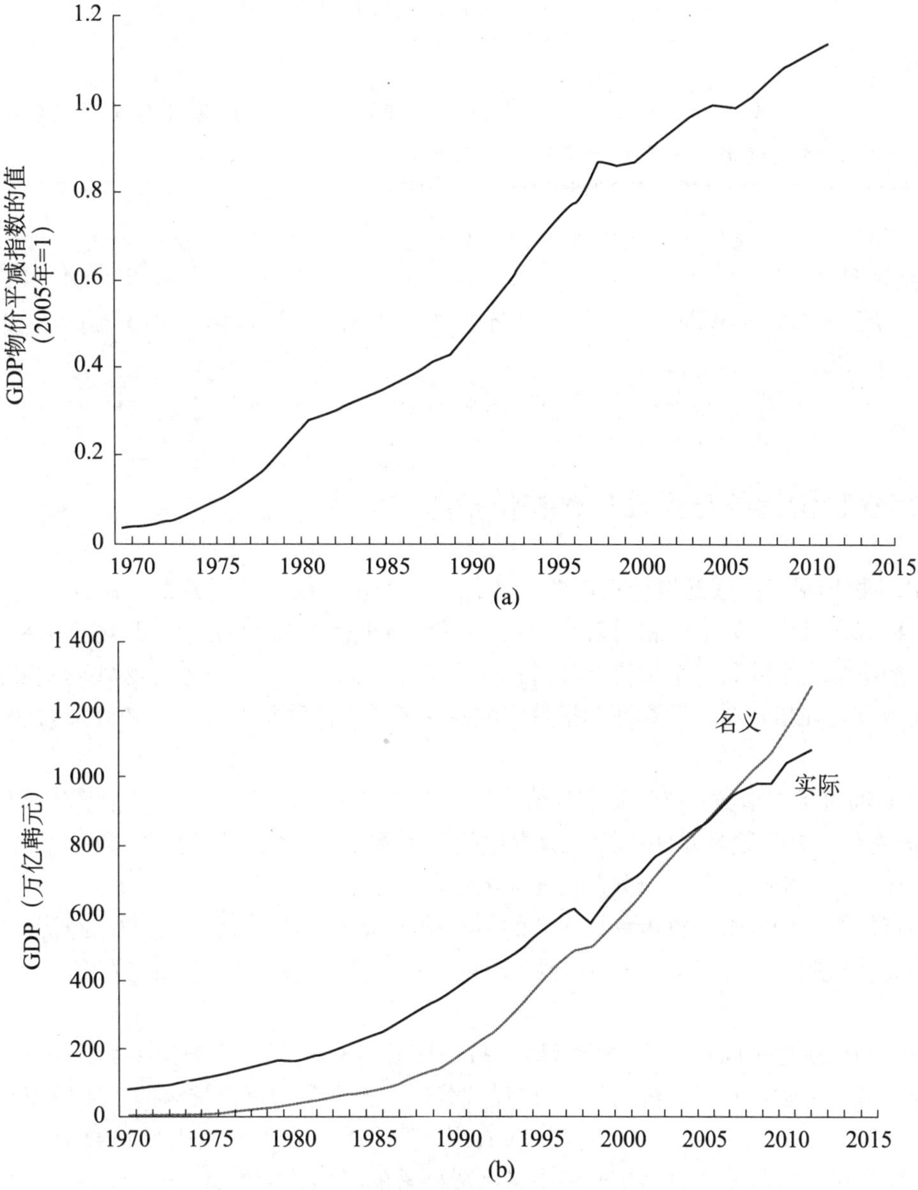

图 10—2　GDP 物价平减指数与实际 GDP 和名义 GDP

说明：(a) 图显示了韩国每年的 GDP 物价平减指数。(b) 图显示了韩国的名义 GDP 和实际 GDP。正如 (b) 图所示，由于实际 GDP 考虑了价格变化，因此年增长率较少。

资料来源：韩国银行，www.bok.or.kr/eng。

换算为美元，方法是用该国的 GDP 乘以该国货币与美元的汇率。然后进行购买力平价调整，考虑该国价格水平相对于美国价格水平的变化。接下来，他们提出了全球 GDP 物价平减指数，根据经通货膨胀调整后的全球 GDP 计算出全球实际 GDP。用全球实际 GDP 除以估计的全球人口，得到全球人均实际 GDP。最后，经济学家通过计算全球人均实际 GDP 年变化率，得出全球经济增长率。

1870—1913 年，全球人均实际 GDP 年均增长率仅为 1.3%。之后的最高全球平均经济增长率为 2.9%，出现在 1950—1973 年期间。在 21 世纪前 10 年，全球人均实际 GDP

年均增长率为 3.1%，是人类历史上测到的最高全球经济平均增长率。

❖ **批判性分析**

根据你在第二章中学到的关于相对购买力平价的知识，你认为计算全球实际 GDP 的过程中为什么要进行购买力平价调整?

网络资源

请访问 Penn World Tables，获得各国的各种 GDP 指标：http://pwt.econ.upenn.edu。

固定加权物价指数与弹性加权物价指数

GDP 物价平减指数是物价指数的一个例子。物价指数是通过跟踪一组商品与服务在不同时期（通常为月）的价格计算出来的一般价格水平指标。正如 GDP 物价平减指数的例子，经济学家必须为每个物价指数选择一个基年。此外，经济学家还必须确定商品与服务的类型及其在指数中的重要性。指数中的商品通常有两种加权方法：弹性加权法或固定加权法。

GDP 物价平减指数：弹性加权物价指数 上一节中用来将名义 GDP 换算为实际 GDP 的 GDP 物价平减指数是弹性加权物价指数的一个例子。弹性加权物价指数是不同商品与服务的权数自动随着商品与服务产出变化的物价指数。

固定加权物价指数 整体价格水平的另一种指标是固定加权物价指数。经济学家选择固定的商品与服务，计算经济体的价格水平指标，然后追踪这些商品与服务每年的价格变化。

为举例说明这种固定加权物价指数，接下来让我们构建一个简单的固定加权物价指数，称其为“大学消费者物价指数”。假设“普通”大学生将可得资源的 1/4 用于交学费、1/4 用于交住宿费、1/4 用于购买食品和衣服、1/4 用于购买其他用品和缴纳其他费用。然后，我们可以搜集普通大学生开销中各组成要素的平均价格信息。然后，用每种价格乘以 1/4。将结果加总，就能得出大学消费者物价指数的数值。

消费者物价指数与生产者物价指数 政府机构计算实际整体**消费者物价指数**（consumer price index，CPI）的基本方法与我们的虚拟例子相同。然而，消费者物价指数是政府认为普通国内消费者会购买的所有商品与服务的加权价格之和。政府计入消费者物价指数加权范围的各种支出包括普通消费者每年购买的食物和饮料、住宿、燃料和水电、交通和医疗。在美国，劳工统计局（BLS）是收集价格数据，计算消费者物价指数的政府机构。劳工统计局对约 95 000 种不同商品的价格取样。此外，劳工统计局还计算其他若干消费者物价指数，例如城市消费者物价指数、农村消费者物价指数，等等。（请参考“管理笔记本：中国工资与美国消费者物价的模糊联系”，考虑中国工人的工资和美国居民的消费者物价之间是否存在联系。）

管理笔记本

中国工资与美国消费者物价的模糊联系

近年来，每隔几个月，《华尔街日报》等媒体就会登出“中国人开钱包，美国人勒裤腰”或者“美国消费者为中国高涨的工资买单”等标题的文章。这些文章认为，中国劳动力成本10%～15%的年增长率以及与之相关的美国从中国进口商品均价3%～4%的增长率是美国消费者物价月度年化增长率突增的原因。

当然，美国居民从中国进口大量商品。美国从中国进口的商品约占美国进口总额的16%，约占美国商品贸易赤字的70%。然而，近年来，美国从中国的进口只占美国年GDP的约2.5%。中国工人工资提高真的会导致美国的消费者物价指数在某个月份升高吗？根据美联储旧金山分行的格林纳·黑尔（Galina Hale）和巴特·霍比金（Bart Hobijn）的分析，答案是明确否定的。黑尔和霍比金用证据证明，美国从中国进口的商品与服务只占美国个人消费支出的约2.7%。此外，他们还发现，其中只有1.2%真正代表中国生产的商品与服务。因此，在美国从中国进口的商品平均价格上升4%的一年中，美国的年消费者物价指数最多只增加了不到0.05%，而在一个月中，对消费者物价指数的影响约为0.004%。因此，黑尔和霍比金得出结论：“中国近期的劳动力成本增加和通货膨胀不太可能对美国产生广泛的通货膨胀压力。”

批判性分析

假设中国最近超过加拿大成为美国最大的进口来源国，世界上任何一国的劳动力成本提高是否可能造成美国的消费者物价显著升高？请说明原因。

资料来源：Galina Hale and Bart Hobijn，“The U. S. Content of ‘Made in China,’” Federal Reserve Bank of San Francisco，*Economic Letter* 2011-25（August 8，2011）.

许多国家计算的另一个固定加权物价指数是**生产者物价指数**（producer price index，PPI）。这是普通企业所出售产品的加权平均商品价格。和CPI类似，多数国家都计算多种PPI。不同PPI加权方法使用的基本产品类别有产成品、中间材料、物料、零件、需要企业进行大量加工的原材料和食品材料。

经济学家通常更愿意用GDP物价平减指数作为整体物价水平或一国物价水平的基本指标。然而，正如你根据自身经验得知的，媒体最常使用CPI的年变化率表示通货膨胀率。此外，美国和其他许多国家都使用CPI来调整某些政府福利，例如政府养老金和福利支付额，以考虑价格变化。

然而，我们应该指出，GDP物价平减指数和CPI提供的整体物价水平基本指标通常是相同的。图10—3显示了1959年以来各年的GDP物价平减指数和美国的CPI。如你所见，这两个指标沿袭的路径大致相同。因此，从广义角度看，这两个价格指标提供的信息是类似的。

网络资源

请访问美国劳工统计局的网站，获得月度消费者物价和生产者物价信息：http://www.bls.gov。

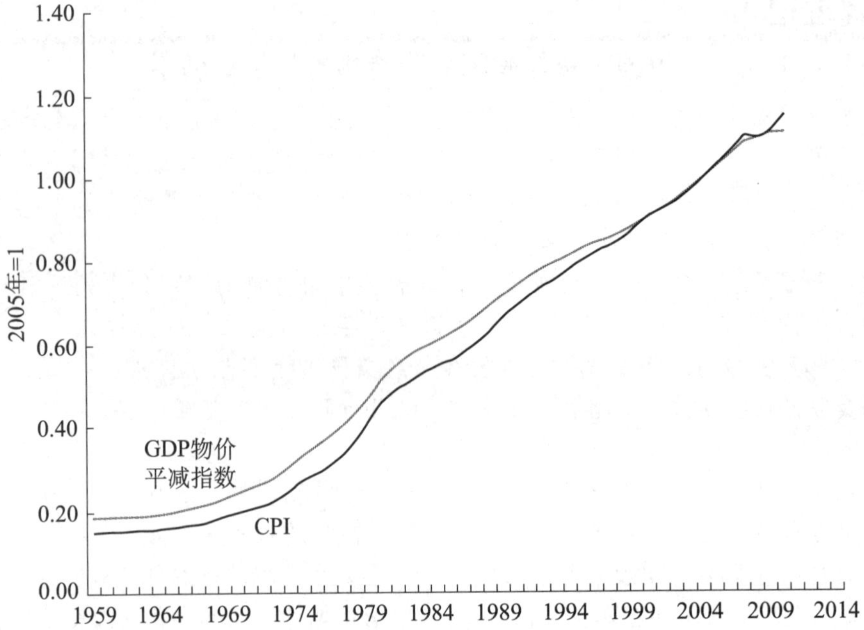

图 10—3　美国的 GDP 平减物价指数和消费者物价指数

说明：尽管美国的 GDP 物价平减指数和美国的 CPI 计算方法不同，但它们的变化趋势很近似。

资料来源：《总统经济报告》，各期。

实际收入与支出：*IS* 曲线

为了理解影响用 GDP 衡量的一国整体经济表现的因素，我们必须考虑均衡实际收入水平的决定。

图 10—4 显示了典型经济体中的收入与支出。通过研究它们，我们可以推导出不同收入要素与支出要素之间必然存在的重要关系。

第一个关系是家庭实际收入 y 与企业实际产出的关系。正如图 10—4 所示，一旦家庭得到收入，就可以将其用于多种用途。然而，最终全部家庭实际收入都会流回企业。因此，企业产出的实际总价值也必然等于 y：

家庭收入的实际价值等于企业产出的实际价值。

因此，根据定义，实际收入和实际产出相等。

收入恒等式　图 10—4 的循环流动图表明，一国的家庭可以按四种方式分配实际收入。首先，家庭可以将实际收入用于**实际消费支出**（real consumption spending）c，即家庭对国内生产的商品与服务的实际支出。此外，家庭还可以将部分实际收入用于**实际储蓄**（real saving）s。家庭通过购买金融市场上发行的金融工具进行储蓄。**实际净税收**（real net taxes）t 是总税收减去净**转移支付**（transfer payments），后者是政府对收入在不同家庭之间的强制再分配。最后，家庭还可以将收入用于外国商品与服务的实际支出，经济学家称其为实际进口支出 im。（我们始终假设只有家庭进口外国商品与服务。）

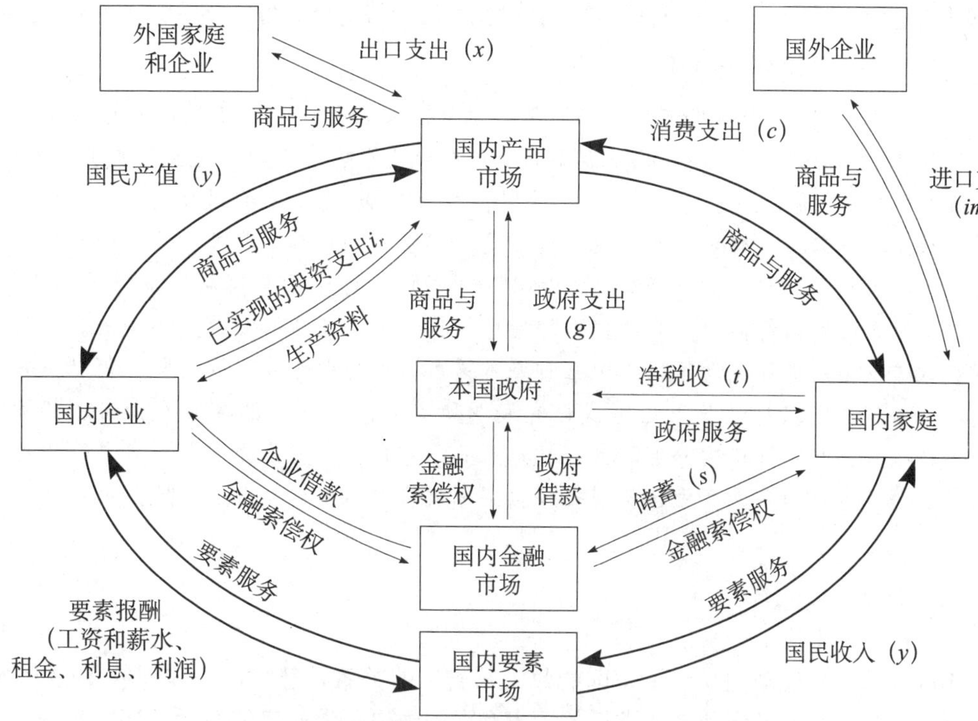

图 10—4 收支循环流动图

说明：企业生产商品与服务，并在产品市场上供给它们，获得收入。这些收入最终流向拥有企业和生产要素的家庭。家庭消费国内商品与服务，进口外国商品与服务、储蓄并缴纳净税收。家庭、企业、政府和外国居民购买企业生产的商品与服务。

因此，实际收入必然等于实际消费、实际储蓄、实际净税收和实际进口之和：

$$y \equiv c + s + t + im$$

这被称为**收入恒等式**（income identity）。三杠恒等式符号表示，收入恒等式是必然恒成立的定义关系。

产品恒等式 图 10—4 显示，一国企业借入部分实际家庭储蓄，作为交换，提供股票和债券等金融索偿权。企业在金融市场上发行这些索偿权，并用从家庭吸引的资金向其他企业购买服务与商品——例如生产资料——并为未出售商品存货融资。企业对商品与服务的实际支出之和构成了**实际已实现投资支出**（real realized investment spending），用 i_r 表示。

部分家庭储蓄也可能流至一国政府。然后，政府用这些钱弥补预算赤字，即实际政府支出 g 与实际净税收 t 之间的差异。和企业一样，政府通过在金融市场上向存款人发行债券和其他金融工具借款。

如图 10—4 所示，家庭消费、企业已实现投资和政府支出是对国内产出总支出的三个国内组成部分。对国内生产的商品与服务的最终支出是外国居民对本国企业出口的支出，即一国的**实际出口支出**（real export spending），用 x 表示。

加总全部四种支出，得到一国经济的**产品恒等式**（product identity）：

$$y \equiv c + i_r + g + x$$

这是一个在没有测量误差时必然恒成立的定义关系式，因此我们再次在产品恒等式中使用三杠等号。

基本问题 1　经济学家如何衡量一国的收入与支出流动和商品与服务的整体价格水平？

名义 GDP 是一国国内新生产的商品与服务的市场总价值。它是用商品与服务生产当年的售价计算的。相反，实际 GDP 是调整各年价格变化影响后的最终商品与服务的价值。计算实际 GDP 的基本方法是用名义 GDP 除以被称为 GDP 物价平减指数的物价指数，它是衡量价格水平与基年价格之比的指标。消费者物价指数（CPI）是代表性消费者购买的商品与服务的加权平均价格，生产者物价指数（PPI）是企业销售商品的加权平均价格。CPI 和 PPI 是不同整体价格水平的加权平均指标，其中不同商品的权重是不变的。分析一国实际收入与支出的循环流动可以发现三种基本关系。第一种是收入的实际价值必然等于产出的实际价值。第二种是收入恒等式，它表明所有实际收入必然在实际消费、实际储蓄、实际净税收和实际进口中分配。第三种是产品恒等式，它说明商品与服务总产出的实际价值必然等于实际消费、实际已实现投资、实际政府支出和实际出口之和。

私人支出与公共支出

图 10—4 的循环流动图显示了一国的收入与支出的关系，但它没有体现收支的大小。对于实际产出显著增加且失业率非常低的国家和深陷衰退且失业率创纪录的国家来说，这些收支满足的不同恒等式必然成立。

为了理解一国实际收入和实际支出的均衡水平是如何决定的，我们必须对用于购买国内生产的商品与服务的总支出的影响因素作出更具体的假设。然后，我们就可以结合这些假设，建立关于开放经济中实际收入决定的完整理论。

储蓄、进口支出与国内消费支出　影响家庭储蓄和对国内外商品与服务支出的关键因素是**实际可支配收入**（real disposable income），它是实际收入减去税收，即 $y_d \equiv y-t$。由于收入恒等式为 $y \equiv c+s+t+im$，因此我们可以从恒等式两侧减去实际净税收 t，将可支配收入写为：

$$y_d \equiv y-t \equiv c+s+im$$

因此，家庭可以用税后收入购买国内生产的商品与服务、储蓄或者购买外国生产的商品与服务。如果我们用符号 Δ 表示变量的变化，那么可支配收入的变化可以写为：

$$\Delta y_d = \Delta c + \Delta s + \Delta im$$

换言之，家庭可以将多余的可支配收入用于增加国内消费、储蓄和进口支出。该恒等式两侧同时除以 Δy_d，得到下式：

$$\frac{\Delta y_d}{\Delta y_d} = 1 \equiv \frac{\Delta c}{\Delta y_d} + \frac{\Delta s}{\Delta y_d} + \frac{\Delta\, im}{\Delta y_d}$$

因此，可支配收入变化导致的消费变化（$\Delta c/\Delta y_d$）、储蓄变化（$\Delta s/\Delta y_d$）和实际进口变化（$\Delta im/\Delta y_d$）之和必然等于 1。

该恒等式右侧的第一个比率 $\Delta c/\Delta y_d$ 是**边际消费倾向**（marginal propensity to consume，*MPC*）。边际消费倾向是实际可支配收入变化导致的实际消费变化。例如，如果 $\Delta c/\Delta y_d$ 等于 0.75，那么该数值表示实际可支配收入升高 1 单位将导致家庭增加对国内生产的商品与服务的支出 0.75 单位。例如，在美国，税后收入每增加 1 美元将导致对美国产出的消费增加 0.75 美元。

第二个比率，$\Delta s/\Delta y_d$，是**边际储蓄倾向**（marginal propensity to save，*MPS*）。边际储蓄倾向是实际可支配收入的变化导致的实际储蓄变化。如果 $\Delta s/\Delta y_d$ 等于 0.15，那么实际可支配收入每变化一单位将使家庭提高实际储蓄 0.15 单位。因此，美国的边际储蓄倾向为 0.15 表示可支配收入每增加 1 美元，美国家庭的储蓄将增加 0.15 美元。

第三个比率，$\Delta im/\Delta y_d$，是**边际进口倾向**（marginal propensity to import，*MPIM*）。边际进口倾向是实际可支配收入变化导致的实际进口支出变化。如果 $\Delta im/\Delta y_d$ 等于 0.10，那么每增加一单位实际税后家庭收入将导致实际进口支出增加 0.10 单位。美国的边际进口倾向等于 0.10 表示实际税后家庭收入每增加 1 美元，美国家庭对进口商品与服务的实际支出将增加 0.10 美元。

由于 $MPC\equiv\Delta c/\Delta y_d$，$MPS\equiv\Delta s/\Delta y_d$，$MPIM\equiv\Delta im/\Delta y_d$，我们可以将之前的恒等式改写为：

$$MPC+MPS+MPIM\equiv 1$$

使用之前的假设数值，美国实际税后收入每增加 1 美元，对美国商品与服务的支出将增加 0.75 美元，储蓄将增加 0.15 美元，对进口商品与服务的支出将增加 0.10 美元，它们的和必然等于增加的 1 美元实际可支配收入。

储蓄函数 家庭储蓄的一个关键决定要素是可支配收入。考虑一种叫储蓄函数的函数关系，如下：

$$s=(-s_0)+(MPS\times y_d)$$

根据该关系，总家庭储蓄等于常数$-s_0$ 加上取决于可支配收入的金额 $MPS\times\Delta y_d$。该储蓄函数的图形如图 10—5（a）所示。该函数的截距为 s_0，斜率等于边际储蓄倾向（*MPS*），它表示家庭将增加的实际可支配收入分配用于储蓄的比例 y_d。$MPS\times y_d$ 是引致储蓄，即税后收入引致的储蓄金额。

假设储蓄函数的截距$-s_0$ 为负值。这是因为如果可支配收入等于零，家庭就必须减少现有财富以购买商品和服务。$-s_0$ 为自发动用储蓄，即不论税后收入是多少，家庭都会动用以购买国内生产的商品与服务以及国外进口的现有财富金额。

进口函数 对进口商品与服务的支出金额也会随实际收入变化。考虑下列进口函数：

$$im=im_0+(MPIM\times y_d)$$

该函数的截距，即图 10—5（b）中的 im_0。这是自发进口支出，即不管税后家庭总收入是多少都会发生的家庭进口支出。

正如第八章中讨论的，货币贬值可能导致一国进口增加，因此我们可能预期自发进口支出的大小取决于汇率。然而，简化例子中假设的情况并非如此。如你所见，我们可以假设汇率变化影响出口支出，从而反映出贬值对国民总支出和国民总收入的关键影响。

$MPIM\times y_d$ 是引致进口支出。它是直接来自可支配收入的进口支出。

消费函数 根据可支配收入恒等式，$y_d\equiv c+s+im$，我们知道家庭将可支配收入分配于国内消费、储蓄和进口支出。因此，国内消费函数遵从我们对储蓄函数和进口函数形式的假设。如果我们将储蓄函数 $s=(-s_0)+(MPS\times y_d)$ 和进口函数 $im=im_0+(MPIM\times y_d)$ 代入可支配收入恒等式，结果将为

$$y_d=c+s+im$$

即

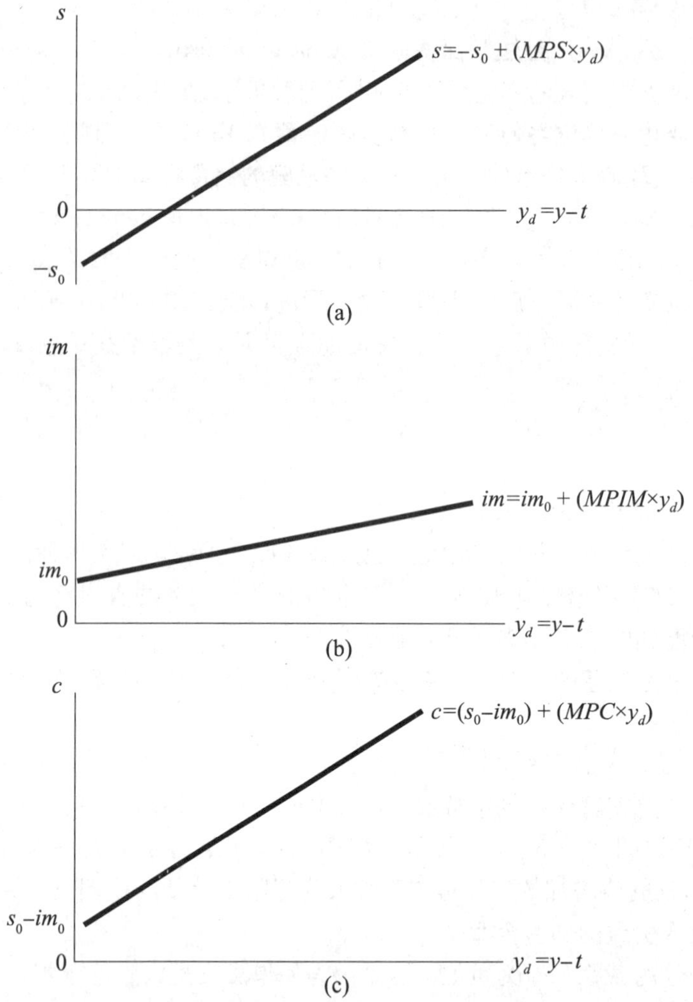

图 10—5　储蓄函数、进口函数与消费函数

说明：(a) 图显示了储蓄函数，其中截距 $-s_0$ 表示自发动用储蓄。边际储蓄倾向 $MPS \equiv \Delta s/\Delta y_d$ 是储蓄函数的斜率。(b) 图显示了进口函数。该函数的截距 im_0 是自发进口，边际进口倾向 $MPIM \equiv \Delta im/\Delta y_d$ 是该函数的斜率。最后，(c) 图表示对国内商品与服务的实际消费 c，它等于实际可支配收入减去储蓄支出与进口支出，因此消费函数的截距为 s_0-im_0，即自发消费。消费函数的斜率等于 MPC，即 $1—MPS—MPIM$。

$$y_d = c - s_0 + (MPS \times y_d) + im_0 + (MPIM \times y_d)$$

我们可以解出 c，重新整理最后一个公式，结果是消费函数

$$c = (s_0 - im_0) + [(1 - MPS - MPIM) \times y_d]$$

这个简单明了的公式出现在图 10—5 (a) 中。消费函数的截距等于 s_0-im_0。这是**自发消费**（autonomous consumption），即不论实际可支配收入是多少，都会产生的对国内生产的商品与服务的实际支出。只要大部分可支配收入都留在国内，自发消费就是正数。因此，截距 s_0-im_0 大于零，如图 10—5 (c) 所示。

消费函数的斜率等于 $1-MPS-MPIM=\Delta c/\Delta y_d \equiv MPC$。因此，消费函数的斜率为边际消费倾向（$MPC$）。因此，如果我们加总 MPC、MPS 和 $MPIM$，就可以进行代入，得到：

$$MPC + MPS + MPIM = 1$$

因此，正如我们之前提到的，三个边际倾向之和等于 1。（尽管实际可支配收入是基本模型中消费的主要决定因素，不过利率也可以影响消费。见“管理笔记本：利率变化对美国实际消费支出的影响下降”。）

管理笔记本

利率变化对美国实际消费支出的影响下降

实际消费支出的主要决定因素是实际可支配收入，但实际消费支出还有其他决定因素，其中之一就是利率，因为当实际收入水平不变时，利率增加将导致储蓄增加。利率升高还会增加企业和家庭的借款成本，这让它们有减少支出的动机。

图 10—6 描绘了在给定价格水平上，利率升高 1%对以下四个时期美国消费支出的估计影响：1945—1959 年、1960—1974 年、1979—1989 年、1989 年以后。在最早的时期，利率增加 1%导致实际消费支出平均下降约 2%。然而，20 世纪 50 年代以后，实际消费支出对利率变化的敏感度下降。1990 年以来的最近时期，利率增加对实际消费支出的影响可以忽略不计。

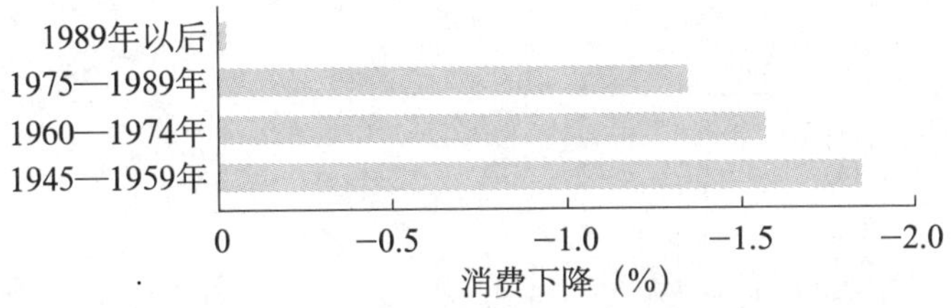

图 10—6　1945 年以来，利率增加 1%对美国实际消费支出的估计影响

说明：利率增加 1%对美国实际消费支出的估计影响逐渐下降，表明消费支出对利率变化的敏感度下降。

资料来源：美联储委员会。

美联储的经济学家认为，实际消费对利率变化敏感度降低的一个原因是更多美国公司可以从国际上借款，缓冲其对美国利率升高的反应。因此，当美国利率升高时，公司不太可能像过去那样减少工时或裁员。因此，当美国利率升高时，家庭的可支配收入不太可能下降，且能更好地保持消费水平。

❖ 批判性分析

利率变化是否会导致沿消费函数的移动或者消费函数的平移？

意愿投资支出　对生产资料的支出构成了大部分企业投资支出。原则上，国内企业可以从其他国家进口生产资料。然而，为简单起见，我们假设企业投资支出只用于购买国内商品。

尽管实际收入变化可能影响实际投资，但决定投资支出的关键因素是利率。影响投资的利率是实际利率，用 r 表示。和第五章中一样，我们用 R 表示名义利率，用 π^e 表示预期通货膨胀率，其中希腊字母 π 表示通货膨胀率，上标 e 表示预期通货膨胀率。于是，我们可以将实际利率表示为

$$r = R - \pi^e$$

实际利率等于名义利率减去预期通货膨胀率。

为了生产商品与服务，企业通常会购买或安装生产资料，例如办公楼、电脑设备、工厂，等等。评估此类投资支出的长期盈利能力时，企业所有者会比较实际投资收益率——新生产资料可能实现的实际年产值——与该投资支出的机会成本。机会成本是企业所有者将钱存入银行能获得的实际利率。因此，如果实际利率 r 增加，意愿实际投资 i 将下降。意愿投资支出与利率的这种逆向关系如投资曲线所示，在图 10—7（a）、（b）和（c）中用 i 标示。

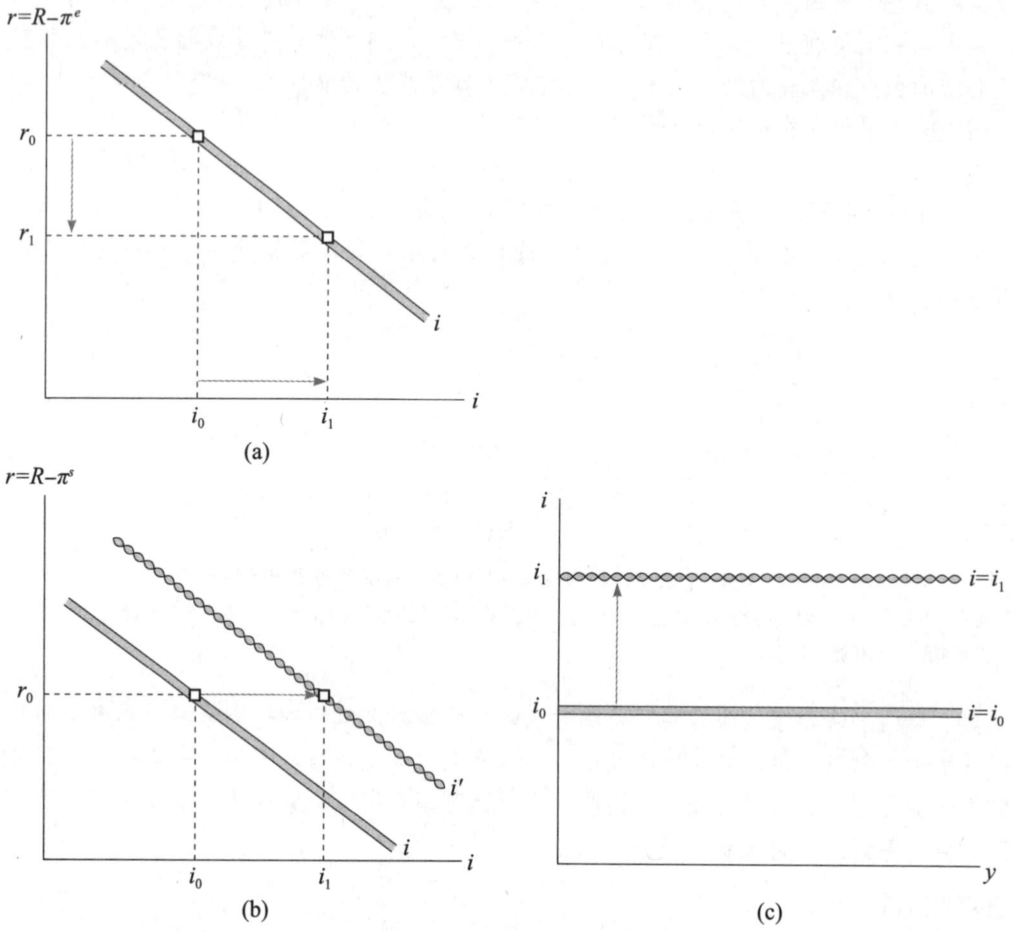

图 10—7　导致意愿投资变化的因素

说明：(a) 图和 (b) 图显示了导致意愿实际投资支出增加的两个关键因素。一个因素，如 (a) 图所示，是名义利率下降或预期通货膨胀率上升导致的实际利率下降。这导致沿投资曲线的移动。另一个因素，如 (b) 图所示，来自投资曲线本身的平移，因此当实际利率不变时，意愿投资增加。如 (c) 图所示，导致意愿投资支出增加的任何一种原因都可能使投资曲线相对于实际收入上移。

如图 10—7（a）所示，实际利率从 r_0 下降到 r_1，导致意愿实际投资支出从 i_0 上升至 i_1。实际利率发生这种下降，是因为名义利率的下降或预期通货膨胀率的上升。

然而，图 10—7（b）显示出意愿投资从 i_0 上升至 i_1 的另一种方式。意愿投资曲线本身可能右移，表示意愿投资在利率不变时增加。这种投资曲线的平移可能来自投资项目预期实际收益率的增加。

图 10—7（c）显示，不管是实际利率下降还是实际投资收益率升高的预期导致，意愿投资增加都会使给定总收入水平 y 上的投资增加。因此，尽管在真实世界中，部分投资可能是收入引致的，但为了让情况尽可能简单，我们假设投资是自发的，即与收入无关。于是，如果我们用纵轴表示投资（如（c）图所示），用横轴表示实际收入，意愿投资的增加将导致水平意愿投资曲线从 $i=i_0$ 上移到 $i=i_1$。

政府支出与净税收 一国政府选择的公共支出和净税收水平通常取决于多种因素，包括界定了政府在经济中的作用的政治结构。这些因素不在本书讨论范围内，因为我们的目标是理解一旦政府作出了支出和税收决策，它们将如何影响经济。

政府支出 假设导致政府选择特定公共支出水平的政治因素和其他因素是在模型之外决定的。因此，假设实际政府支出等于自发金额，$g=g_0$。图 10—8（a）显示，这表明政府支出曲线是水平的。如果政府将支出从 $g=g_0$ 提高到 $g=g_1$，政府支出曲线将向上移动，移动幅度等于增加的支出。

净税收 各国政府征收的税收五花八门，包括所得税、增值税、销售税、消费税、财产税，等等。许多政府的税收收入取决于消费支出和收入水平，这表明，实际上净税收取决于该国的实际收入水平。不过，为了简化分析，我们将再次假设净税收是自发产生的一次性金额。图 10—8（b）显示，在简化假设下，净税收曲线和政府支出曲线一样是水平的。因此，净税收从 $t=t_0$ 增至 $t=t_1$ 让净税收曲线上移，上移幅度等于增加的税收，如（b）图所示。

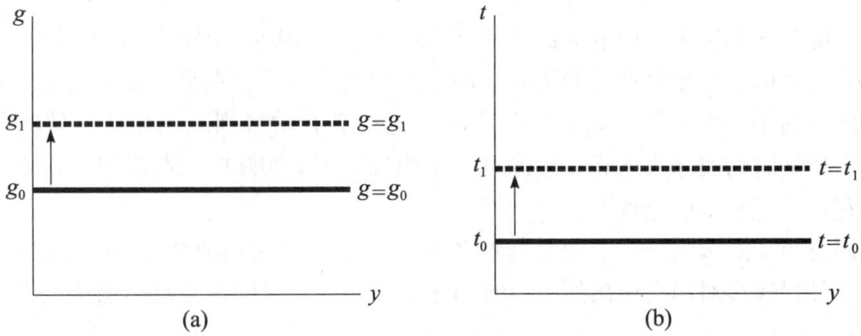

图 10—8 政府支出曲线与净税收曲线

说明：基本开放经济框架的一个关键假设是，政府支出是自发的，因此政府支出曲线是水平的，如（a）图所示。政府支出增加导致该曲线上移。另一个假设是，净税收是自发的，因此（b）图中的净税收曲线也是水平的。净税收增加将导致该曲线上移。

出口支出 两个关键因素决定了外国居民对某国出口的支出。一个是购买国内生产的商品的外国居民的实际收入。如果国外实际收入水平上升，对一国出口的支出也将趋于上升。

正如第八章讨论的，影响对一国出口支出的另一个关键因素是汇率。例如，如果本币升值，获得一单位本币需要的外币单位也将增加，于是国内出口对外国居民变得更昂贵，他们将减少对国内出口的支出。

然而，国内实际收入水平 y 对实际出口没有影响。这表明，就国内收入而言，国外对国内出口的支出是严格自发的。因此，出口曲线是水平的，如图 10—9 所示。国外实际收入水平的上升或本币贬值导致出口从 x_0 升至 x_1。因此，两种情况都会导致出口曲线上移，如图 10—9 所示。

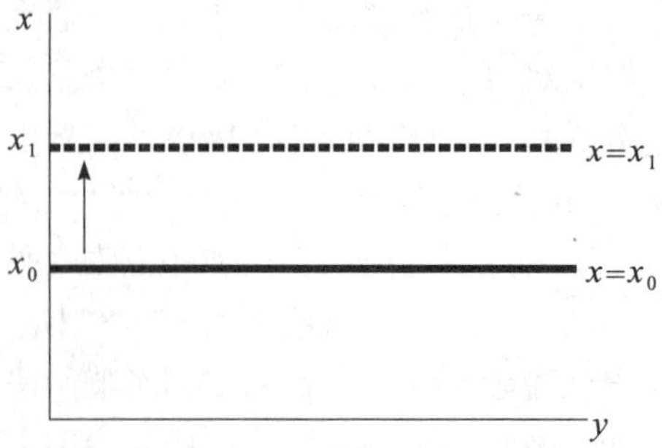

图 10—9　出口曲线

说明：国内收入变化对出口支出没有直接影响。因此，出口曲线是水平的。然而，如果外国收入上升或本币贬值，出口支出将上升，导致出口曲线上移。

均衡收入与均衡支出

我们将均衡总支出与均衡实际收入定义如下：

> 在均衡时，家庭、企业、政府和外国居民对国内生产的商品与服务的总意愿支出等于总实际收入。

由于实际收入和国内生产的商品与服务的实际价值相等，因此均衡实际收入是家庭、企业、政府和外国居民愿意购买的所有国内生产和销售的产出水平。如果有实际收入没有被花掉，就表明企业生产了“太多的”产出，使它们有动机削减销量，导致实际收入变化。然而，均衡时的实际收入和支出没有变化趋势，因此实际收入与支出的均衡水平必然满足最终花掉所有收入的条件。

总意愿支出　对国内生产的商品与服务的支出总额为家庭消费支出、意愿投资支出、政府支出和外国居民对国内产出的出口支出之和。因此，对国内商品与服务的总意愿支出等于 $c+i+g+x$。

图 10—10 显示了如何加总总意愿支出的各部分。首先，画出向上倾斜的家庭消费函数，$c=(s_0-im_0)+(MPC\times y_d)$。然后考虑可支配收入 y_d，根据定义，它等于总实际收入 y 减去当前的一次性实际净税收 $t=t_0$。用 $y-t_0$ 代替 y_d，将消费函数重新写为

$$c=(s_0+im_0)-[MPC\times(y-t_0)]$$

即

$$c=(s_0+im_0)-(MPC\times t_0)+(PMC\times y)$$

这意味着，如果我们用横轴衡量实际收入，消费函数的截距 $(s_0-im_0)-(MPC\times t_0)$ 就代表税收导致的消费减少。消费函数的斜率仍然等于边际消费倾向 MPC。

将纵截距 $i_0+g_0+x_0$ 与每个可能实际收入水平上的消费相加，就得到了**总支出曲线**（aggregate expenditures schedule），$c+i+g+x$。总支出曲线表示家庭、企业、政府和外国居民在给定国内实际收入水平上对国内生产的商品与服务的总支出。该曲线的纵截距为**净自发支出总额**（aggregate net autonomous expenditures），即 $(s_0-im_0)-(MPC\times t_0)+i_0+g_0+x_0$。该数值是由独立于当前实际收入水平的净支出水平决定的。该曲线的斜率与

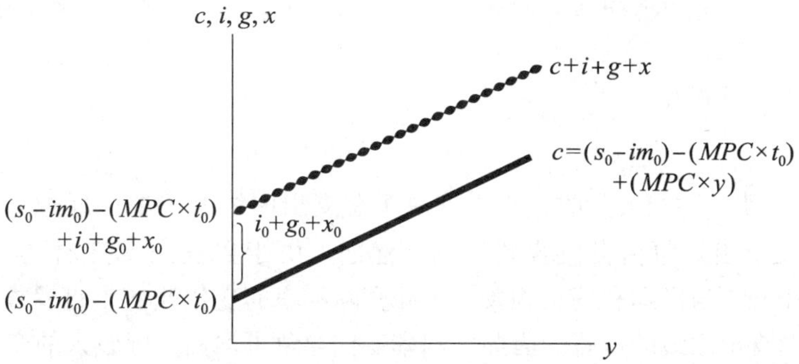

图 10—10　推导总支出曲线

说明：加总消费函数上各点对应的消费水平上的意愿投资支出、政府支出和出口支出，得到总支出曲线，$c+i+g+x$。

消费函数的斜率 *MPC* 相同。

均衡国民收入　如前所述，均衡实际收入为家庭、企业、政府和外国居民愿意购买所有国内生产的商品与服务的实际收入水平。因此，一国的均衡实际收入为总意愿支出等于国内产出的实际价值时的实际收入水平。根据图 10—4 的循环流动图，我们知道实际产出价值等于实际收入。因此，均衡时，实际收入等于对国内商品与服务的总意愿支出，即 $y=c+i+g+x$。

收支均衡　图 10—11 显示了单个收支均衡的决定。总支出曲线取自图 10—10；它显示了家庭、企业、政府和外国居民的所有实际收入与意愿支出的组合。**45 度线**（45-degree line）等分了横轴与纵轴的 90 度夹角。在这条 45 度线上的任何一点，实际收入都等于总意愿支出，因此 45 度线上的每点都满足均衡定义。因此，两条曲线的交点满足均衡条件 $y=c+i+g+x$。该点上的均衡实际收入水平表示为 y_e。

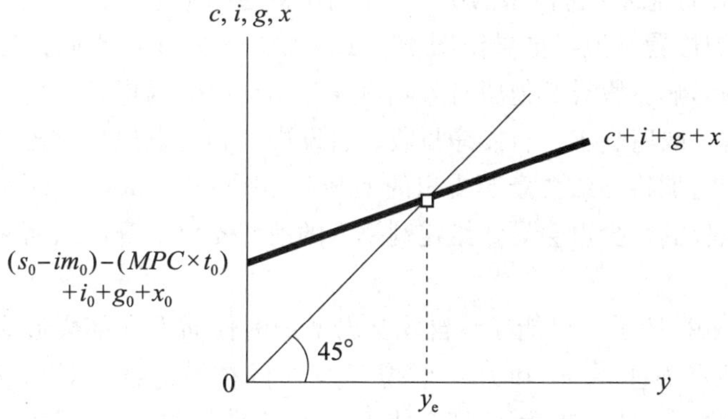

图 10—11　均衡实际收入的决定

说明：均衡实际收入出现在总意愿实际支出 $c+i+g+x$ 等于总实际收入的点上。这个点就是总支出曲线与 45 度线的交点，此时实际收入水平为 y_e。

基本问题 2　开放经济中的均衡实际收入是如何决定的？

均衡时，总意愿支出等于实际收入。在开放经济中，家庭消费的国内生产的商品与服务、企业意愿投资支出、政府支出和外国居民对国内出口的支出构成了总意愿支出。意愿投资、政府支出、净税收和出口支出是自发的，而消费支出与可支配收入正相关，因此总支出曲线的斜率与消费函数相同。均衡实际收入由该曲线与 45 度线的交点决定。

IS 曲线

图 10—11 说明，均衡实际收入水平取决于总支出曲线的位置。反过来，该曲线的位置取决于净自发支出，包括自发投资支出。然而，由于**自发投资支出**（autonomous investment spending）与实际利率负相关，因此实际利率的变化改变了自发投资支出、净自发支出合计和总支出曲线的位置。因此，利率变化导致了均衡实际收入的变化。

***IS* 曲线的推导**　图 10—12 显示了名义利率的上升如何影响均衡实际收入。(a) 图为意愿投资曲线，其中纵轴衡量的是名义利率。该曲线是向下倾斜的，因为实际投资支出和实际利率存在逆向关系。在给定通货膨胀率 π^e 下，名义利率从 R_1 升至 R_2，导致意愿实际投资支出从点 A 的 i_1 下降至点 B 的 i_2。

如 (b) 图所示，意愿投资的这种下降导致净自发支出的下降。因此，名义利率的上升导致总意愿支出曲线下移，使均衡实际收入从 y_1 下降至 y_2。结果，如 (c) 图所示，均衡实际收入对应的点 A 上的初始实际收入—名义利率组合 y_1 和 R_1 移动到点 B 上的 y_2 和 R_2。

点 A 和点 B 表示位于 ***IS* 曲线**（*IS* schedule）上的实际收入—名义利率组合，它是维持均衡实际收入的一系列实际收入水平与名义利率的组合。1937 年，牛津大学的约翰·希克斯爵士（Sir John Hicks）首先提出了 *IS* 曲线。希克斯假设了一个没有政府部门或国际交易的简单经济体，从而推导出 *IS* 曲线，因此总意愿支出等于 $c+i$。根据收入恒等式，在没有税收和进口的情况下，根据定义，实际收入等于 $y \equiv c+s$。因此，当希克斯施加均衡条件 $y=c+i$ 时，可以将其写为 $c+i=c+s$。从两侧同时减去 c 后，得到 $i=s$，即投资等于储蓄，因此 *IS* 标志着我们从图 10—12 中得出的更一般的关系。

决定 *IS* 曲线的位置　为了推导出图 10—12 中的 *IS* 曲线，我们只考虑名义利率上升对意愿投资支出的影响。假设其他所有影响自发意愿支出的因素都不变。这些因素包括自发消费、自发储蓄、政府支出、自发净税收、自发进口和自发出口支出。例如，政府支出或自发出口支出的增加将导致总意愿支出的上升，如图 10—13 (b) 所示。类似地，自发储蓄、进口或净税收的减少也会导致给定利率下的消费支出上升，从而使总意愿支出曲线上移。

如图 10—13 (c) 所示，可能导致自发支出增加的任何因素都会形成新的实际收入—名义利率组合，即点 B 上的 y_2 和 R_1，它位于点 A 的初始组合，即 y_1 和 R_1 的右侧。因此，任何导致总意愿支出增加的因素都会使 *IS* 曲线右移，如 (c) 图所示。

相反，任何导致总意愿支出减少的因素都会使 *IS* 曲线左移。这种因素包括政府支出或自发出口支出的减少或者自发储蓄、净税收或自发进口支出的增加。

乘数效应　*IS* 曲线在净自发支出变化时的移动距离取决于**乘数效应**（multiplier effect）的大小。它是指总净自发支出变化一单位将导致均衡实际收入在相同方向上变化超过一单位。在图 10—13 (b) 中，总意愿支出曲线 $c+i+g+x$ 的截距变化一单位将导致均衡实际利率变化超过一单位。

代数知识有助于解释如何确定乘数效应的大小。收支均衡条件为 $y=c+i+g+x$。代

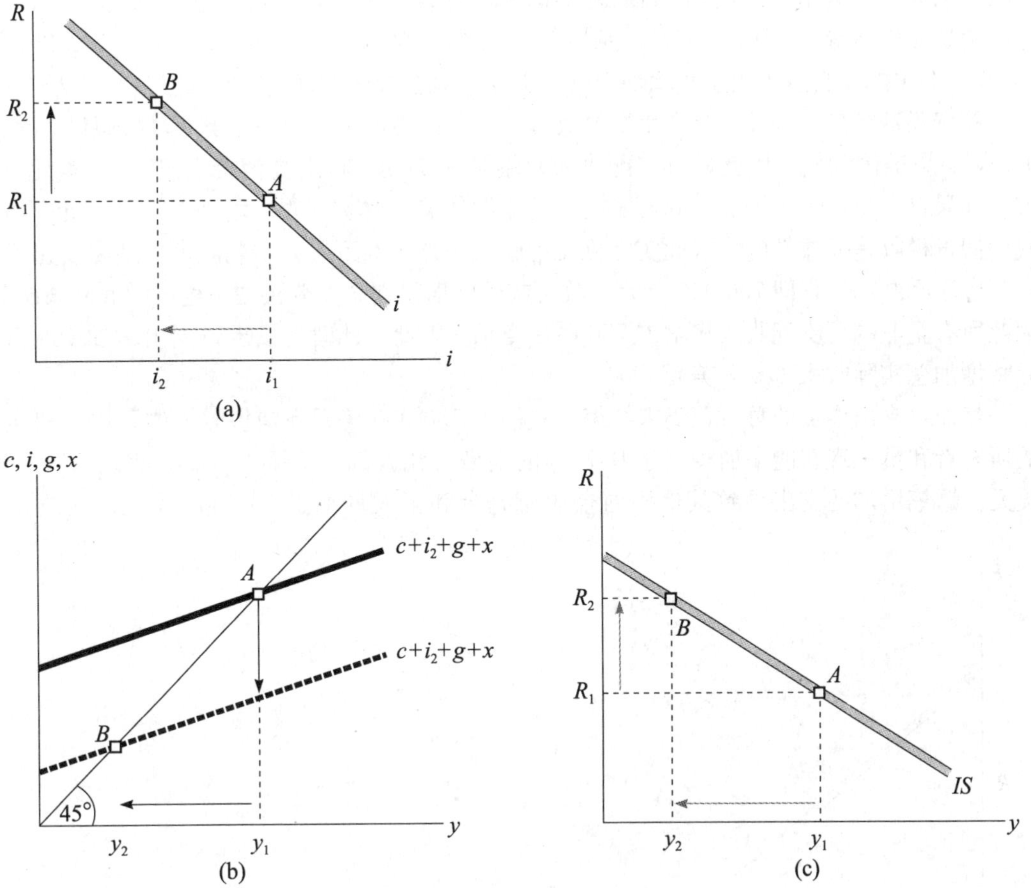

图 10—12　*IS* 曲线的推导

说明：给定预期通货膨胀率，名义利率的上升将提高实际利率，导致投资支出减少。因此，如（a）图所示，名义利率增加在投资曲线上表现为从点 A 移动到点 B，并导致意愿投资支出下降。如（b）图所示，这将减少总意愿支出，导致均衡实际收入从点 A 上的 y_1 下降至点 B 上的 y_2。因此，实际收入与名义利率的新组合为均衡实际收支，即（c）图上点 B 对应的 y_2 和 R_2，它位于点 A 的初始组合 y_1 和 R_1 的左上方。因此，表示均衡实际收支的所有实际收入与名义利率组合的 *IS* 曲线是向下倾斜的。

入消费函数 $c=(s_0-im_0)-(MPC\times t_0)+(MPC\times y)$，为了说明乘数效应，假设净税收和意愿投资、政府支出和出口支出都是自发的。因此，收支均衡条件可以改写为：

$$y=(s_0-im_0)-(MPC\times t_0)+(MPC\times y)+i_0+g_0+x_0$$

在等式两边减去 $MPC\times y$，得到：

$$y-(MPC\times y)=(s_0-im_0)-(MPC\times t_0)+i_0+g_0+x_0$$

由于左侧等于（$1-MPC$）$\times y$，我们可以将该式写为

$$(1-MPC)\times y=(s_0-im_0)-(MPC\times t_0)+i_0+g_0+x_0$$

最后，将等式两侧同时除以（$1-MPC$），得到均衡实际收入的最终表达式：

$$y=[1/(1-MPC)]\{(s_0-im_0)-(MPC\times t_0)+i_0+g_0+x_0\}$$

该式说明，均衡实际收入等于 $1/(1-MPC)$ 乘以净自发支出总额（s_0-im_0）－（$MPC\times t_0$）$+i_0+g_0+x_0$。$1/(1-MPC)$ 是**自发支出乘数**（autonomous expenditures multiplier），它决定了净自发支出变化对均衡实际收入产生的乘数效应大小。MPC 是一个

分数，因此乘数大于 1。例如，如果边际储蓄倾向等于 0.10，且边际进口倾向等于 0.15，边际消费倾向将等于 $MPC=0.75$。乘数等于 $1/(1-MPC)=1/(1-0.75)=1/0.25=4$。图 10—13 中的净自发支出总额增加 100 万美元，就会导致均衡实际收入增加 400 万美元。

解释乘数效应 为什么会产生乘数效应？为了回答这个问题，让我们再次假设 $MPC=0.75$，且以美国为例。因此，可支配收入每增加 1 美元，将提高消费支出 0.75 美元。例如，如果自发出口支出增加 100 万美元，将立即使美国的实际收入增加 100 万美元。由于我们假设税收是一次性的，因此实际可支配收入增加 100 万美元，刺激家庭消费支出增加 100 万美元的 75%，即 750 000 美元。政府或外国居民向企业购买国内生产的商品与服务，因此所有企业的可支配收入将增加 750 000 美元。因此，此时自发出口支出增加 100 万美元将增加总实际收入 175 万美元。

然而，支出增加的总过程仍未结束。获得了 750 000 美元新销售收入的国内出口企业的所有者和员工现在能增加相当于其 75%的消费支出，即 0.75×750 000 美元=562 500 美元。这笔增加的支出导致其他国内企业所有者和工人增加了 562 500 美元的可支配收

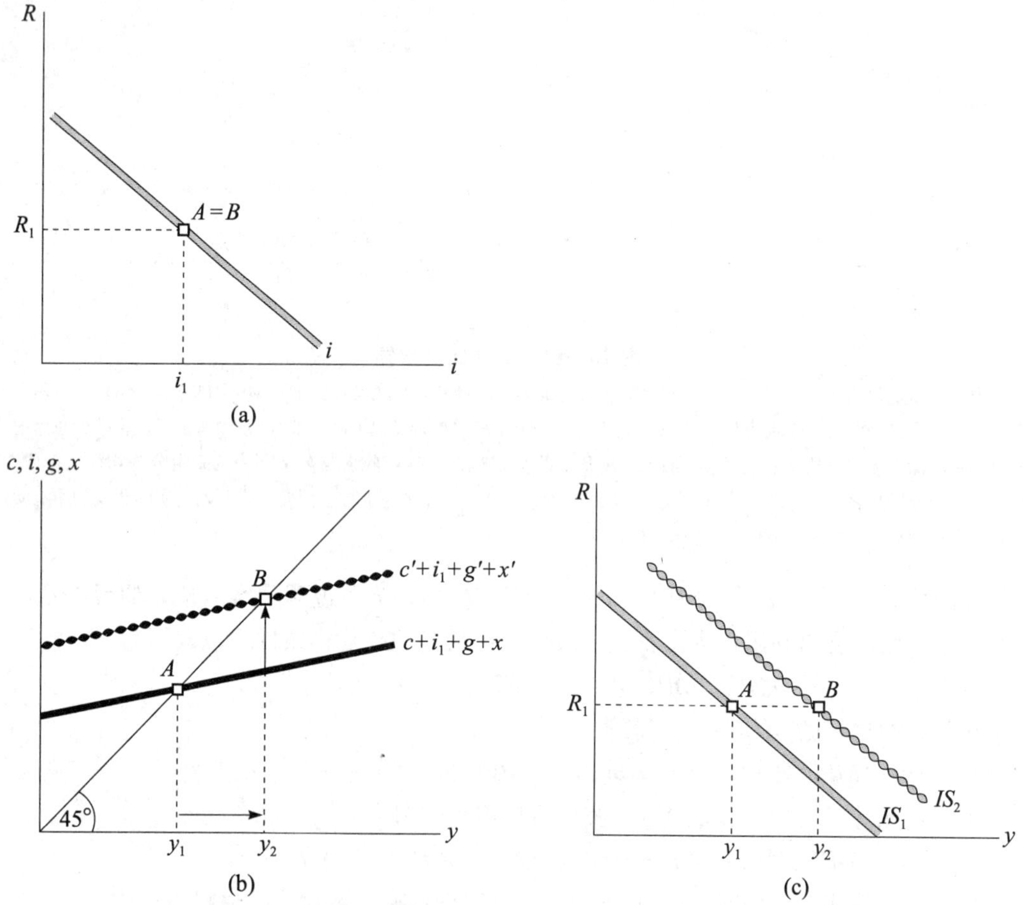

图 10—13 自发支出的变化与 IS 曲线的位置

说明：总意愿支出的增加可能源于自发储蓄、自发进口支出或净税收的减少或者自发政府支出或自发出口支出的增加，它导致总支出曲线上移，如（b）图所示。因此，在给定如（a）图所示的利率和投资支出水平下，随着图（b）中从点 A 移动到点 B，均衡实际收入增加。这表示保持均衡实际收支的新的实际收入—利率组合，（c）图中点 B 上的 y_2 和 R_1 位于初始 IS 曲线点 A 上的初始组合 y_1 和 R_1 的右侧。因此，自发支出的增加使 IS 曲线右移。

入，他们的消费支出将增加 0.75×562 500 美元=421 875 美元。

最后，最初增加的 100 万美元自发出口支出导致的实际收入总增加等于所有支出增加之和（100 万美元+750 000 美元+562 500 美元+421 875 美元+…）。正如之前的计算结果，如果 $MPC=0.75$，那么自发出口增加 100 万美元导致的实际收入总增加等于 100 万美元×1/(1−0.75)=100 万美元×4=400 万美元。这是总支出曲线向上移动（移动距离等于（b）图中自发出口支出增加的 100 万美元）后图 10—13 的（c）图中 *IS* 曲线向右移动的距离。

基本问题 3　什么是 *IS* 曲线？什么因素决定了它的位置？

IS 曲线是一条向下倾斜的曲线，它是令总意愿支出等于实际收入的所有实际收入和名义利率的组合。如果自发储蓄、进口支出或税收的下降或者自发政府支出、投资或出口支出的增加，使自发意愿支出增加，*IS* 曲线将向右移动。相反，自发储蓄、进口支出或税收的增加或者自发政府支出、投资或出口支出的下降将使 *IS* 曲线左移。

实际货币余额市场：*LM* 曲线

在第六章和第九章中，你学到中央银行的两项重要负债——私人金融机构持有的准备金和非银行公众持有的通货——共同构成了基础货币。此外，你还学到与这些负债对应的两项重要的中央银行资产：国内信贷和外汇储备。因此，我们可以从中央银行资产负债表的资产方或负债方考察中央银行发行的货币量。

人们真正希望持有多少中央银行发行的货币？一个朋友可能提到你们都认识的某人“有很多钱”，这位朋友可能嫉妒地说，他人生中的目标之一就是“尽可能地多赚钱”。我们都想拥有尽可能多的钱，这似乎显而易见。但中央银行通常必须提出法定准备金要求，要求金融机构持有最低金额的准备金。如果它不这样做，许多金融机构持有的准备金将接近于零。促使非银行公众持有中央银行发行的货币有时甚至更难。例如，20 世纪 90 年代以来，许多俄罗斯人更愿意在交易中使用美元而不是卢布。

我们可以得出结论，全世界人民并不一定真的“想要”比他们已经拥有的“更多的”货币。他们真正想要的是更多财富。正如第九章指出的，尽管货币是持有部分财富的一种方式，但在许多情况下，持有中央银行发行的货币并不符合人们的最佳利益。个人希望以货币形式持有的财富是个人的货币需求。

货币需求

为了解为何持有尽可能多的货币未必是好主意，请考虑你此时持有的中央银行发行的货币现金能获得多少利息。你持有的这种货币获得的利息是零。相比之下，如果你有足够的货币存入银行或购买政府债券，就能将货币转换为付息资产，它能为你获得高于零的收益。

持有货币的交易动机与谨慎动机

从这个角度看，为什么人们会持有不付息的货币呢？当然，答案是你此时可能有一些货币现金：你希望用这些货币买东西，因为货币是被广泛接受的交易媒介。

20 世纪初，英国经济学家约翰·梅纳德·凯恩斯（John Maynard Keynes）将这种持有货币的基本动机称为**交易动机**（transactions motive）。这是持有不付息货币作为计划交易的交易媒介的动机。例如，带一些现金或硬币在下午课后买零食和软饮料或果汁会很方便。每周购买杂货或每月付租金、水电费时现金也很有用。（为了解美国的移民如何在网上将美元兑换为亲人可以在母国进行本币交易的代金券，请参见“网络笔记本：在网上将美元兑换为非洲代金券”。）

网络笔记本

在网上将美元兑换为非洲代金券

美国的许多肯尼亚和乌干达移民都找到了工资更高的工作，为自己和家庭创造了更高的收入。然而，他们中许多人的家人至少暂时被留在了国内。如果某位移民希望将辛苦挣得的美元兑换为家人可以用来在肯尼亚或乌干达交易食品、医疗和其他商品的代金券，他可以点击 Mama Mike's 的网站。Mama Mike's 是一个位于内罗毕的公司，它提供用美元在线兑换代金券的服务。一旦在网上购买了代金券，某位移民的非洲家人就会得到通知，告诉他们可以在肯尼亚和乌干达各地领取代金券。然后，他们就可以用代金券在合作商家购买商品和服务。

批判性分析

Mama Mike's 向移民收取美元，向肯尼亚和乌干达商家支付这些国家货币的代金券，据此，Mama Mike's 平常必须在哪类市场上交易？

凯恩斯用**谨慎动机**（precautionary motive）这个词形容与持有货币相关的原因。它是指持有货币以备不时之需的意愿。例如，你的个人电脑中的硬盘总有可能坏掉，需要修理，或者你可能在一家服装店发现你“需要”但之前没打算购买的牛仔装正在特价出售。多数人希望保留额外现金以应付这种不时之需。

我们选择持有多少货币以满足自己的交易动机和谨慎动机的一个关键决定因素是我们的相对收入。如果你碰巧是一个收入相对较低的学生，你的大部分收入都将花在学费、租金等支出上，于是你必须限制每周购买软饮料的次数。你也可能不太愿意购买碰巧减价的衣服，因为你对这种偶然支出的预算可能有限。相比之下，每月有大量零花钱的富裕学生可以既购买课后零食又购买软饮料，这位学生可能会留出足够多的现金购买减价商品或旅游。

这些常识让凯恩斯和他的许多后继者认为，意愿货币持有量的决定因素是人们的收入。收入提高通过持有货币的交易动机和谨慎动机导致货币需求增加。

持有货币的投资组合动机 除了持有货币的交易动机和谨慎动机外，凯恩斯还提出了投机动机。它是指持有不付息现金的动机，凯恩斯认为这种动机来自名义利率变化和债券等付息金融资产价格的相互影响。这种持有货币动机的现代名称，正如第九章讨论的，是

投资组合动机（portfolio motive），它是指根据对利率变化和债券价格变化的预期调整意愿货币与债券组合的动机。根据这种动机影响意愿货币持有量的程度，名义利率的变化会影响货币需求量。

债券、货币和金融财富 为了理解投资组合动机背后的基本原因，假设某人只将金融财富在货币 M 和另一种金融资产（称之为“债券”）B 之间分配。货币的特征是，货币的名义价格恒等于 1 单位货币（例如，1 美元、1 欧元、1 日元，等等），而债券的名义价格是波动的。因此，正如第五章讨论的，如果债券的名义价格在给定时期内下降，债券持有者将遭受资本亏损，如果债券的名义价格在另一段时期内上升，债券持有者将获得资本收益。美联储系统发行的 1 美元纸币、欧洲中央银行发行的 1 欧元纸币和日本银行发行的 1 日元纸币在不同时间的名义价值相同，分别是 1 美元、1 欧元或 1 日元。因此，如果这个人持有的所有金融财富都是中央银行发行的纸币，就不可能产生名义资本亏损或名义资本收益。

为了考虑如何将金融财富在货币和债券之间分配，假设在给定时间，某人的金融财富等于 W。他将这笔财富在持有的非付息货币 M 和付息债券 B 之间分配。和之前一样，我们将债券的名义收益率表示为 R。因此，在给定时间，他的金融财富必然等于持有的货币加上持有的债券（假设他只持有本国债券）：

$$W \equiv M + B$$

如果在某个时点上财富是固定的，那么持有的货币与债券变化之和必然等于零，即 $\Delta M + \Delta B \equiv 0$。换言之，个人持有的债券变化 ΔB 必然被相反方向的货币变化 $-\Delta M$ 抵消。例如，如果这位投资者有 12 000 美元金融财富，其中 6 000 美元为货币，6 000 美元为债券，如果他希望减少 3 000 美元债券，就必须增加 3 000 美元货币，结果 9 000 美元为现金，3 000 美元为债券。

投资者面临的财富约束是利率变化和投资者货币需求相互关系的基础。正如我们在第五章中讨论的，债券获得名义利率意味着名义利率的变化将改变债券的市场价格，因而改变投资者意愿持有的债券数量。而改变持有的债券量要求投资者改变持有的货币量。因此，利率变化将促使投资者改变意愿持有的货币量。

投资组合动机 在投机策略中，投资者如何根据预期利率变化改变持有的货币和债券？投资者将认识到，持有债券的未来资本损益直接取决于利率在未来上升还是下降。预期未来利率变化时，投资者将改变自己持有的货币和债券组合。

假设当前的市场利率升至某位投资者认为相当高的水平。正如你在第五章中学到的，利息收益率和债券价格负相关。因此，这位投资者的预期是，如果当前利率“很高”，未来利率就可能下降，表明债券价格可能上升。这意味着他预期持有的金融财富中的债券在未来将获得资本收益。为了进一步增加他预期从债券中获得的资本收益，这位投资者现在决定将更多金融财富分配给债券。但现在他的金融财富是固定的，因此这要求他减持货币。因此，对于这位投资者来说，当前市场利率的上升将导致当前意愿持有货币的减少。他的货币需求负向取决于市场利率。

实际货币余额的需求 在我们将交易动机、谨慎动机和投机动机结合起来考虑总货币需求之前，需要确定衡量货币余额的恰当指标。

当被问到手头有多少现金时，你可能会看一眼然后回答：“噢，大概 25 美元。”这是你持有的纸币和硬币的名义面值。但如果你稍加考虑，就会意识到真正重要的是你持有的货币的购买力。

实际货币余额 例如，假设你决定带 25 美元现金以备一天所需。你计划花 15 美元买午餐，花 5 美元买下午课间的零食，于是还剩下 5 美元备用。现在，假设你去上学后，价格水平很快翻番。你计划购买的午餐价格翻番为 30 美元。此外，你计划在下午购买的零食涨到 10 美元。现在，你从家里带来的 25 美元连午餐都买不起。而且，你也没钱在下午买零食了。实际上，25 美元现金的购买力跌至之前的一半。在第二天购买相同的午餐和零食需要两倍的钱，即 50 美元。因此，如果你希望维持一天开销所需的购买力，那么价格翻倍意味着你的名义货币余额也应翻倍。

这个例子说明，名义货币余额的实际购买力是名义货币余额经价格调整后的价值，即**实际货币余额**（real money balances），用 $m \equiv M/P$ 表示。因此，根据定义，实际货币余额等于名义货币余额 M 除以 GDP 物价平减指数 P。

实际货币余额的需求曲线 决定实际货币余额的交易需求和谨慎需求的是实际收入。因此，总实际收入增加将提高所有人的总货币需求。相反，总实际收入下降将减少实际货币需求。然而，持有货币的投资组合动机仍然与名义利率有关，因为实际金融财富仍须在实际持有的货币和债券之间分配。因此，名义利率变化导致实际财富在实际货币余额和实际债券持有额之间的分配发生变化，它等于名义货币和名义债券之间的分配变化。

为了考虑实际货币需求的决定因素，我们可以画出货币需求曲线，即描述货币需求量与名义利率关系的图形。图 10—14（a）是货币需求曲线的示例。如持有货币的投资组合动机所示，货币需求曲线的负斜率反映出实际货币需求量与名义利率的逆向关系。此外，我们用 $m^d(y_1)$ 表示货币需求曲线的位置取决于当前实际收入水平，例如实际收入水平 y_1。

图 10—14（b）说明了实际收入从 y_1 升至 y_2 的影响。实际收入提高增加了经济体中所有人的计划交易金额，因而增加了他们为进行交易而持有的实际货币余额。此外，实际收入上升还增加了持有的谨慎货币总额。因此，在任何给定的名义利率上，人们都愿意持有更多实际货币，因此货币需求曲线右移，在（b）图中表现为从 $m^d(y_1)$ 移至 $m^d(y_2)$。

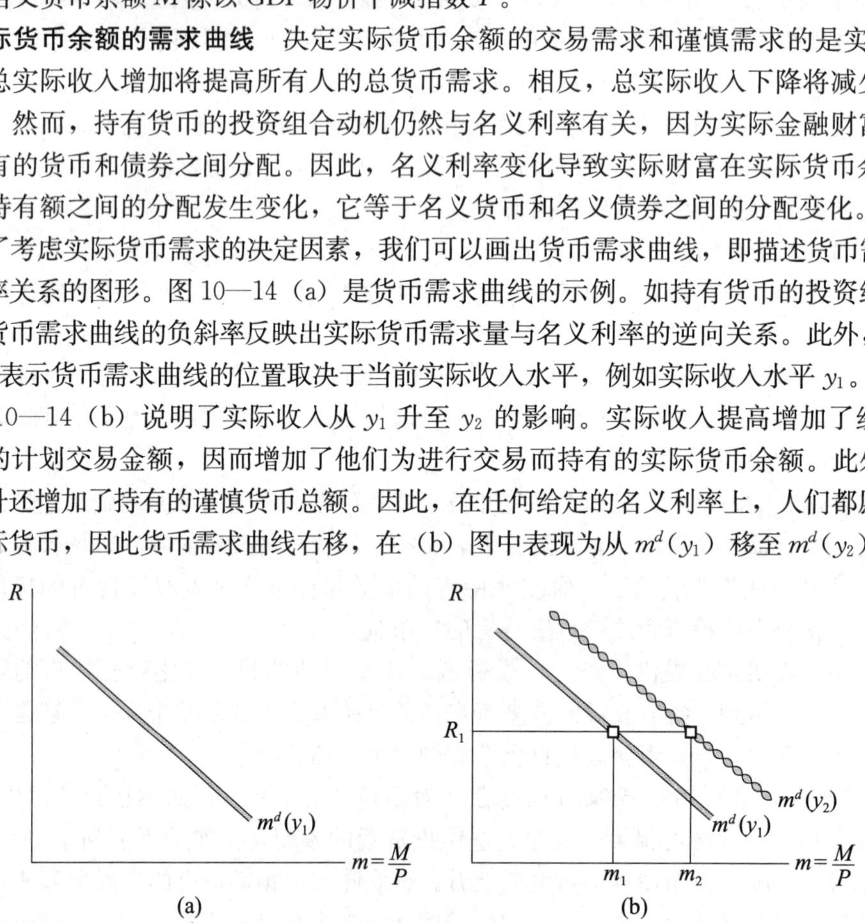

图 10—14 货币需求曲线

说明：实际货币需求 $m \equiv M/P$ 是实际购买力的总需求。如（a）图所示，由于持有实际货币的投资组合动机，实际货币需求曲线是向下倾斜的。当实际收入上升时，由于持有实际货币的交易动机和谨慎动机，实际货币需求曲线将右移，如（b）图所示。

LM 曲线

正如我们之前指出的，中央银行无法强迫人们持有其发行的名义货币。人们必须愿意持有它。价格水平和名义利率是影响人们持有货币意愿的因素。在第十三章中，我们将考察价格水平是如何决定的。现在，我们将重点分析名义利率如何调整，才能使人们在特定价格水平下满足于持有的货币量。

货币市场均衡与 *LM* 曲线 假设中央银行通过确定国内信贷量和外汇储备，规定了名义货币供给量。实际货币供给等于 M_1^s/P_1，其中 P_1 为当前价格水平。图 10—15 为实际货币供给曲线，图 10—14 为货币需求曲线。假设货币供给量 $M_1^s=M_1$，均衡名义利率等于 R_1。在该利率上，假设当前价格水平为 P_1，人们愿意持有的中央银行发行的名义货币量为 M_1。因此，实际货币市场处于均衡。

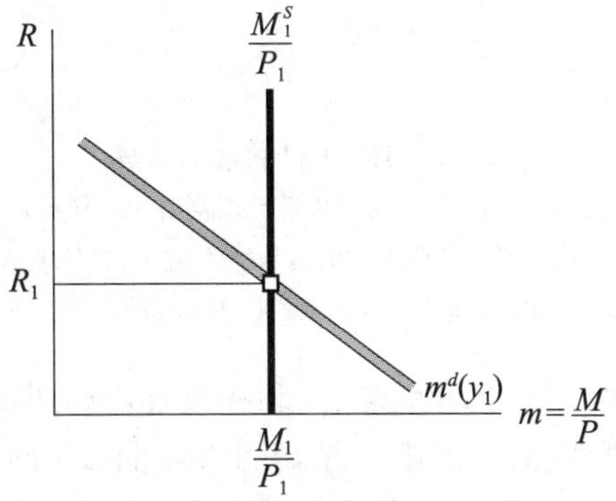

图 10—15 货币市场均衡

说明：均衡名义利率是实际货币需求量等于中央银行的实际货币供给量的利率。它位于实际货币需求曲线与实际货币供给曲线的交点上。

图 10—16 说明了实际收入提高对均衡名义利率的影响。当实际收入从 y_1 升至 y_2 时，实际货币需求增加。结果，如图 10—16（a）所示，货币需求曲线从 $m^d(y_1)$ 右移至 $m^d(y_2)$。在点 A 的初始均衡利率 R_1 上，存在超额实际货币需求。这表明存在超额债券供给，因为人们希望增持实际货币时，愿意持有的债券将会减少。因此，债券价格下降，均衡名义利率升至点 B 的 R_2。因此，在（b）图中，点 A 上的初始实际收入—名义利率组合 y_1 和 R_1 将移至点 B 上的新组合 y_2 和 R_2。两个实际收入—名义利率组合都是（b）图的曲线（用 *LM* 表示）上货币市场均衡的代表点。

***LM* 曲线**（*LM* schedule）是保持货币市场均衡的所有实际收入水平与名义利率的组合。1937 年，约翰·希克斯（John Hicks）为 *LM* 曲线命名，他将货币需求称为意愿流动性 L。由于货币市场均衡需要意愿流动性等于中央银行供给的货币数量 M，因此希克斯指出，在货币市场均衡曲线上，$L=M$ 必然恒成立，即 *LM*。

确定 *LM* 曲线的位置 图 10—16 中 *LM* 曲线的推导取决于不变的实际货币供给 M_1/P_1，认识到这一点是很重要的。因此，在（b）图中，我们将 L 曲线标示为 $LM(M_1/P_1)$，表明我们是在货币存量 M_1 和价格水平 P_1 下推导出的该实际收入—名义利率组合。如果实际货币供给曲线的位置不同，我们将推导出另一个实现货币市场均衡的实际收入和名义利率组合。也就是说，我们将推导出不同的 *LM* 曲线。

为了说明其过程，假设实际收入和价格水平保持不变，中央银行的名义货币存量增加。如图 10—17（a）所示，这导致实际货币存量从 M_1/P_1 升至 M_2/P_1。在 y_1 上，实际收入保持不变，但均衡名义利率从点 A 上的 R_1 降至点 B 上的 R_2。

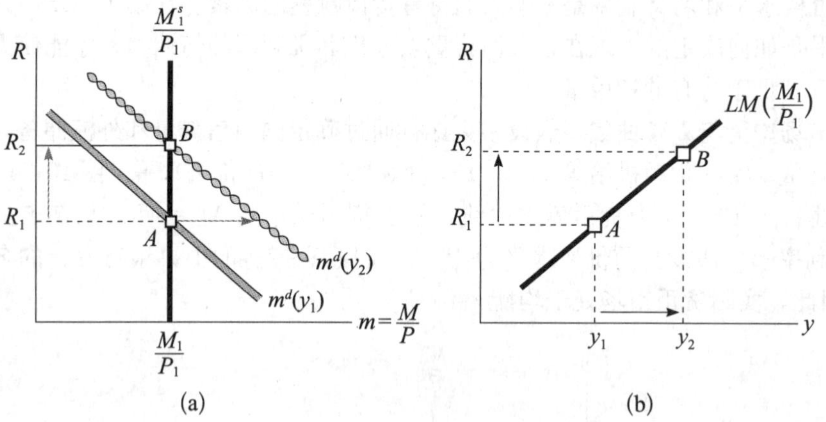

图 10—16 *LM* 曲线的推导

说明：如果实际收入从初始的 y_1 升至 y_2，那么实际货币需求将增加，导致均衡名义利率从（a）图中点 A 上的 R_1 升至点 B 上的 R_2。因此，如（b）图所示，给定当前的实际货币供给，实际收入—利率组合，即点 A 上的 R_1 和 y_1 以及点 B 上的 R_2 和 y_2，将保持实际货币市场均衡。这两点均位于 LM 曲线上。

名义货币存量增加之后，新的实际收入—利率组合，即图 10—17（b）中点 B 上的 y_1 和 R_2，保持了实际货币市场均衡。该组合在新的 LM 曲线 $LM(M_2/P_1)$ 上，该曲线位于初始 LM 曲线 $LM(M_1/P_1)$ 的右下方。因此，保持价格水平不变，名义货币存量上升将增加实际货币供给，使 LM 曲线向右下方移动。相反，当价格水平不变时，货币存量下降将使 LM 曲线向左上方移动。

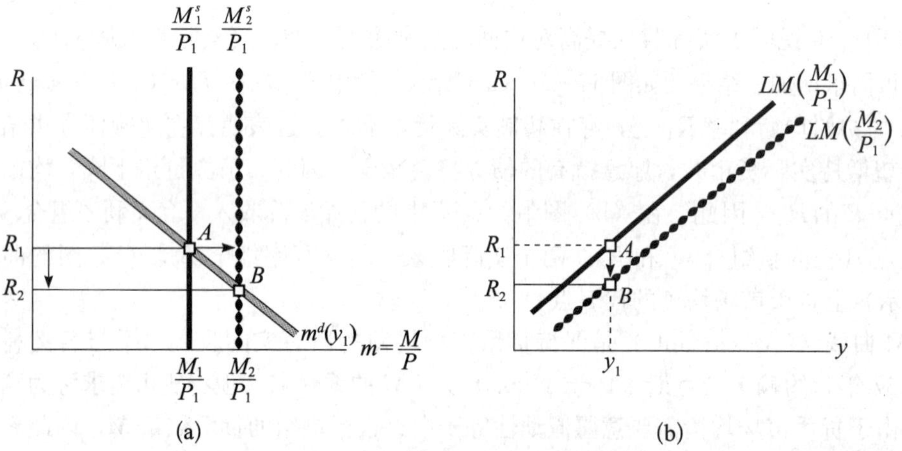

图 10—17 实际货币供给与 *LM* 曲线位置的变化

说明：（a）图和（b）图显示了价格水平不变时，一国中央银行发行的名义货币量增加对实际货币供给的影响。如（a）图所示，这将导致实际货币市场上的实际货币供给上升，均衡点从点 A 移动到点 B。由于均衡利率下降后实际收入不变，因此（b）图中点 B 上的新实际收入—利率组合 y_1 和 R_2 正好位于初始组合点 A 上的 y_1 和 R_1 下方。因此，LM 曲线向右下方移动。

价格水平的变化也改变了实际货币余额，导致 LM 曲线移动。然而，从现在到之后的第十一章和第十二章，我们假设价格水平是固定的。我们将在第十三章中研究价格水平变化的后果。

基本问题 4　什么是 *LM* 曲线？什么因素决定了它的位置？

LM 曲线是一条向上倾斜的曲线，它是保持实际货币市场均衡的所有实际收入和名义利率的组合。如果名义货币存量增加或价格水平下降，*LM* 曲线将向右下方移动。货币存量的减少或价格水平的上升将导致 *LM* 曲线向左上方移动。

国际收支：*BP* 曲线和 *IS*—*LM*—*BP* 模型

迄今为止，你已经在本章中了解到，*IS* 曲线是一条向下倾斜的曲线，它是实现均衡实际收入的一系列实际收入—名义利率的组合。你还了解到，*LM* 曲线是一条向上倾斜的曲线，它是保持货币市场均衡的一系列实际收入—名义利率的组合。

此外，你了解到实际收入水平也会影响一国的进口支出。这意味着实际收入水平必然影响一国的贸易差额，因而影响经常账户差额。你还了解到名义利率影响一国居民持有的债券，这表明名义利率必然影响一国的资本账户差额。以上推理表明，实际收入和名义利率必然会共同决定一国的国际收支。

保持国际收支平衡：*BP* 曲线

第一章中曾经提到，国际收支总差额是经常账户差额、私人资本账户差额和官方结算差额之和。国际收支平衡被定义为经常账户差额与资本账户差额之和为零的情况，因此官方结算差额也等于零。

实际收入与国际收支　一国的实际收入水平和名义利率应为多少，才能保持国际收支平衡？为了回答这个问题，请参考图 10—18。假设在点 *A* 上，经常账户和资本账户之和为零，名义利率等于 R_1，实际收入水平等于 y_1。因此，在点 *A* 上存在国际收支平衡。现在，假设实际收入升至点 *C* 上的 y_2。在这一点上，实际收入提高，刺激进口支出上升。这使贸易差额和经常账户差额减少。因此，根据我们的假设——点 *A* 上存在国际收支平衡，点 *C* 上的经常账户差额与私人资本账户差额之和为负。因此，点 *C* 上存在国际收支赤字。

名义利率与国际收支　如果实际收入保持为图 10—18 的 y_2，那么需要如何变化才能重新实现国际收支平衡？答案是，名义利率必须上升，使国内金融资产（例如国内债券）足以吸引外国居民。由于与国内利率上升前相比，国内债券能获得更高的收益率，因此，外国居民将增持国内金融资产。

因此，如果实际利率等于 y_2，但名义利率上升，结果将是图 10—18 中的点 *B* 这样的实际收入—名义利率组合。如果利率从 R_1 升至 R_2，且升幅足以重新实现国际收支平衡，那么点 *B* 和点 *A* 一样，表示国际收支平衡。实际上，点 *A* 和点 *B* 位于一系列保持国际收支平衡的实际收入—名义利率组合上。这些组合构成的曲线是向上倾斜的。实际收入水平升高时，进口增加将减少经常账户差额，因而要求名义利率升高，以刺激人们购买国内资产，提高资本账户差额，重新实现国际收支平衡。

实际收入—名义利率组合保持了国际收支平衡，因此在 ***BP* 曲线**（*BP* schedule）上，经常账户和资本账户之和等于零。*BP* 曲线的含义是，在给定时间，存在一个实际收入和

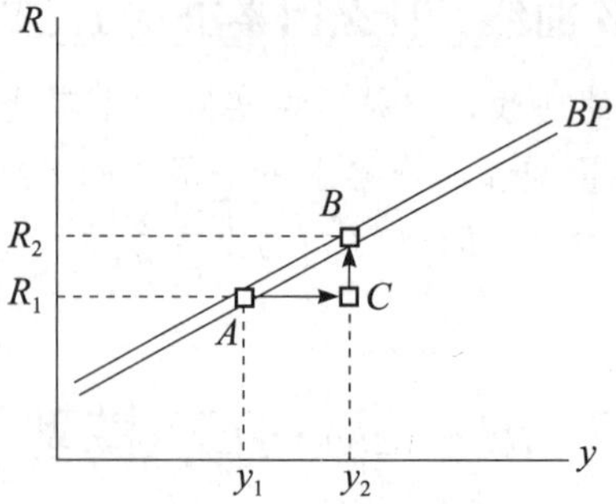

图 10—18 BP 曲线

说明：如果实际收入从国际收支差额等于零的点 A 上的 y_1 升至点 C 上的 y_2，一国的进口支出将增加，贸易差额将减少。结果是在 C 点出现国际收支赤字。重新实现国际收支平衡要求名义利率增加，这导致外国居民持有更多该国的金融资产，因而提高了资本账户差额。因此，点 A 右上方的点（例如点 B）表示实现国际收支平衡的其他实际收入—利率组合。所有这种组合的集合就是 BP 曲线。

名义利率组合，使该国能够实现国际收支平衡。

注意，我们对 BP 曲线的推导有一个隐含但重要的假设——汇率保持不变。一个重要含义是，汇率变化可能改变 BP 曲线的位置。我们将在第十二章中更详细地讨论这一点。

IS—LM—BP 模型

现在，我们有三条可以利用的曲线。IS 曲线是一系列保持均衡实际收入的实际收入—名义利率组合；LM 曲线是保持实际货币市场均衡的实际收入—名义利率组合；BP 曲线是当前汇率下使经常账户与资本账户之和为零的实际收入—名义利率组合。现在，让我们将这些曲线放在一起，考虑均衡实际收入、均衡名义利率和一国的国际收支状况是如何共同决定的。

IS—LM 均衡 首先，只通过 IS 曲线和 LM 曲线同时决定均衡实际收入水平和均衡名义利率。图 10—19 显示了如何结合这两条曲线。在点 E 上，这两条曲线相交。因为点 E 在 IS 曲线上，所以实际收入等于实际收入水平 y_1 上的总意愿支出。点 E 也在 LM 曲线上，因此货币市场在名义利率 R_1 上处于均衡。

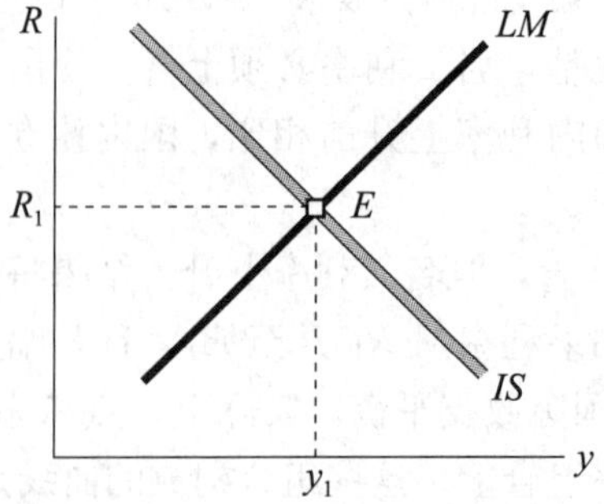

图 10—19 IS—LM 均衡

说明：在点 E 上，IS 曲线和 LM 曲线相交，实际货币市场处于均衡，同时实际收入等于总意愿支出。

点 E 是 **IS—LM 均衡**（IS-LM equilibrium）点。这个点既在 IS 曲线上，又在 LM 曲

线上。在这一点上，同时实现了均衡实际收入与保持货币市场均衡的名义利率。

基本问题 5　什么是 *IS—LM* 均衡?

IS—LM 均衡点是 *IS* 曲线和 *LM* 曲线的交点。在该点上，实际收入和名义利率同时实现实际收入均衡和实际货币市场均衡。

确定一国的国际收支状况　图 10—20（a）显示了一国的经常账户和资本账户在当前的 *IS—LM* 均衡上等于零的情况。由于 *IS—LM* 均衡发生在 *BP* 曲线的点 *E* 上，因此均衡名义利率和均衡实际收入水平都实现了国际收支平衡。

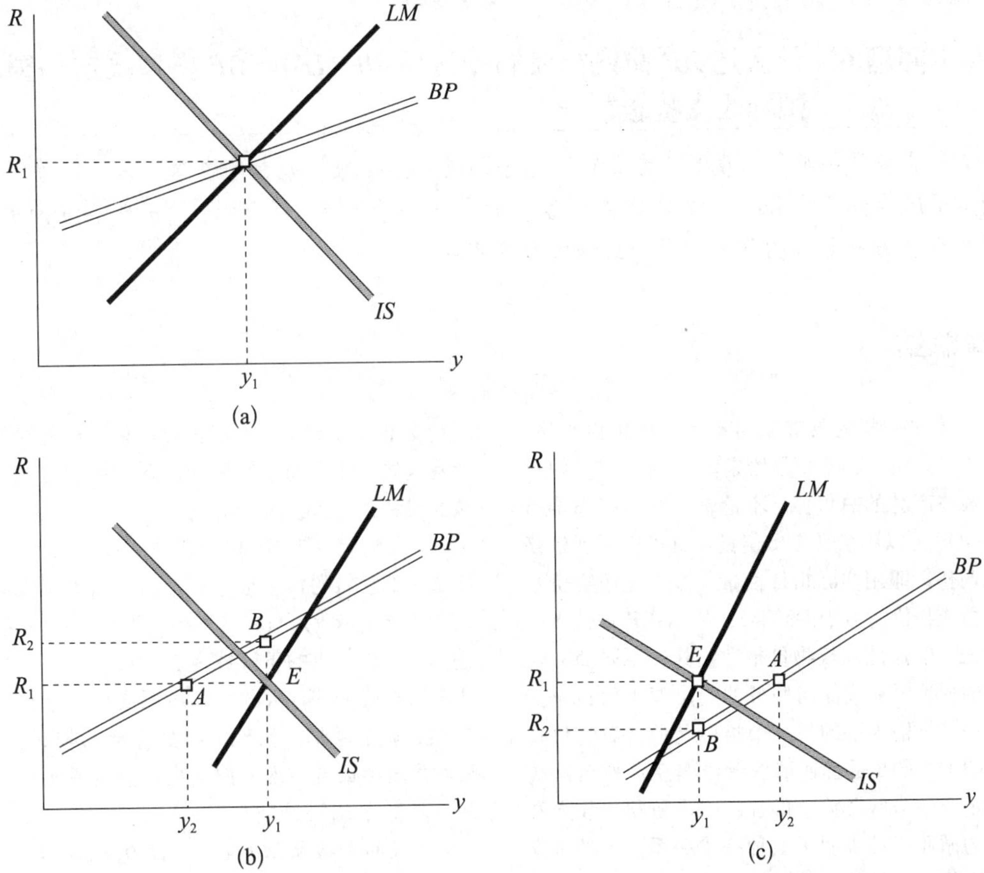

图 10—20　*IS—LM* 均衡与 *BP* 曲线

说明：在（a）图的 *BP* 曲线的 *IS—LM* 均衡点 *E* 上，均衡名义利率和均衡国内实际收入水平得出了实现国际收支平衡的进口支出和资本流动。然而，（b）图中 *BP* 曲线右侧的 *IS—LM* 均衡点 *E* 对应的实际收入—名义利率组合导致的进口支出和资本流出很高，以至产生了国际收支赤字。（c）图显示了最后一种可能性，即位于 *BP* 曲线左侧的 *IS—LM* 均衡点 *E*。该点对应的实际收入—名义利率组合导致的进口支出和资本流出很低，以至产生了国际收支盈余。

在（b）图中，*IS—LM* 均衡点 *E* 位于 *BP* 曲线的右下方，因此，当前的均衡实际收入水平 y_1 在当前的均衡利率 R_1 上导致进口需求过高，以至无法保持国际收支平衡。在该利率上，实际收入必然跌到点 *A* 的 y_2，以减少进口支出，提高经常账户差额。或者，名义利率必然升至 R_2，在点 *B* 上引致足够的资本流入。从任何一个角度看，（b）图中的点 *E* 都明显是 *IS—LM* 均衡点，在给定的当前汇率下，该点上将出现国际收支赤字，意味着经常账户差额和资本账户差额之和小于零。

最后，图 10—20（c）显示了 *IS—LM* 曲线的均衡点位于 *BP* 曲线左上方的情况。在这种情况下，当前的均衡实际收入水平 y_1 导致进口支出太低，在当前均衡利率 R_1 上，无法产生国际收支平衡。在利率 R_1 上，实际收入必须升至点 A 的 y_1，才能刺激进口支出，减少经常账户差额。或者，名义利率必须降至 R_2，才能在点 *B* 上产生与之抵消的资本外流。我们可以得出结论，（c）图上的点 *E* 为 *IS—LM* 均衡点，在该点上，给定当前汇率，存在国际收支盈余，因此，经常账户差额与资本账户差额之和为正。

如你所见，*IS—LM—BP* 模型是一个决定均衡名义利率、均衡实际收入和国际收支状况的有用分析工具。在接下来的两章中，我们将用这个开放经济框架帮助理解货币政策和财政政策行为如何影响不同汇率环境下的这些变量。

基本问题 6　什么是 *BP* 曲线？我们如何用 *IS—LM—BP* 模型决定一国的国际收支状态？

BP 曲线是一组实际收入—名义利率组合，其中经常账户差额和资本账户差额等于零。因此，*BP* 曲线上的 *IS—LM* 均衡将导致国际收支平衡。而 *BP* 曲线上方或下方的 *IS—LM* 均衡将分别导致国际收支盈余或国际收支赤字。

本章总结

1. 衡量一国的收支流动及其整体价格水平：国内生产总值（GDP）是给定时期内一国国内生产的最终产品的总价值，不论资源所有权归谁所有。GDP 可以用名义指标衡量，也可以根据价格变化调整，即用实际指标衡量，方法是用物价平减指数或物价指数消除价格变化。GDP 物价平减指数是一个弹性加权物价指数，其中不同商品与服务的权重根据商品与服务的产出变化而自发变化。一国价格水平的另一个指标是消费者物价指数（CPI）。CPI 是普通消费者或典型消费者购买的固定商品与服务篮子的加权平均价格。收入和支出的循环流动表明了三种基本关系。一种是实际收入价值必然等于实际产出价值。另一种是收入恒等式，表示所有实际收入必然分配于实际消费、实际储蓄、实际净税收和实际进口。第三种关系是产品恒等式，它表示商品与服务的总产出的实际价值必然等于实际消费、实际已实现投资、实际政府支出和实际出口之和。

2. 开放经济中均衡实际收入的决定：均衡实际收入水平等于该收入水平上的总意愿支出。开放经济中的总意愿支出包括家庭对国内生产的商品与服务的消费支出、企业意愿投资支出、政府支出和外国居民对国内出口的支出。如果意愿投资、政府支出、净税收和出口支出是自发的，而消费支出与可支配收入正相关，总支出曲线就和消费函数一样是向上倾斜的，且均衡实际收入由该曲线和 45 度线的交点决定。

3. *IS* 曲线和 *IS* 曲线位置的决定因素：*IS* 曲线是向下倾斜的，它是令总意愿支出等于实际收入的所有实际收入与名义利率的组合。自发储蓄、进口支出或税收的下降或者自发政府支出、投资或出口支出上升导致的自发意愿支出的增加将使 *IS* 曲线向右移动。相反，自发储蓄、进口支出或税收的增加或者自发政府支出、投资或出口支出的下降将使 *IS* 曲线向左移动。

4. *LM* 曲线和 *LM* 曲线位置的决定因素：*LM* 曲线是向上倾斜的，它是保持货币市场均衡的所有实际收入和名义利率的组合。名义货币量的增加或价格水平的下降使 *LM* 曲线向右下方移动。相反，货币存量的减少或价格水平的上升使 *LM* 曲线向左上方移动。

5. *IS—LM* 均衡：*IS—LM* 均衡是 *IS* 曲线和 *LM* 曲线的交点。在该均衡点上，实际收入和名义利率同时实现实际收入均衡与实际货币市场均衡。

6. *BP* 曲线和如何用 *IS—LM—BP* 模型确定一国的国际收支状况：*BP* 曲线是使经常账户差额与资本账户差额之和等于零的一系列实际收入—名义利率组合。因此，在 *BP* 曲线上实现 *IS—LM*

均衡将导致国际收支平衡。而 *BP* 曲线上方或下方的 *IS—LM* 均衡分别表示国际收支盈余或国际收支赤字。

问题与习题

1. 请根据给定年份的下列数据（10 亿美元）计算国内生产总值：

消费支出	4 000
净利息	600
租金收入	200
投资支出	1 300
利润	750
工资和薪金	5 000
折旧	100
政府支出	1 500
净出口支出	−200

2. 请参考图 10—4 的循环流动图，并找出从经济整体支出中漏出的部分。然后，找出重新注入整体支出的部分。你能从这些漏出和重新注入的流量中得到哪些真实信息？请解释。

3. 请说明储蓄函数、进口函数和消费函数的截距和斜率的含义。此外，不借助任何代数公式，请用你自己的语言说明为何边际储蓄倾向、边际进口倾向和对国内产品的边际消费倾向之和必然为 1。

4. 请说明一国意愿投资水平和已实现投资水平之间的区别。为什么在实际收入均衡水平上这两个值相等？

5. 假设在日本，*MPS* 的值为 0.20，*MPC* 的值为 0.45。边际进口倾向（*MPIM*）是多少？如果日本的可支配收入从 90 万亿日元升至 100 万亿日元，日本的消费将上升多少？日本的储蓄将上升多少？日本的进口将上升多少？你的答案之和等于收入变化吗？

6. 假设一国的自发支出乘数等于 4。边际储蓄倾向等于 0.15，该国开放国际贸易。边际进口倾向是多少？请证明你的计算结果。

7. 假设美国的 GDP 物价平减指数等于 1，美国的名义货币存量等于 1.8 万亿美元。如果实际货币需求曲线为直线函数（单位为万亿美元），$m^d=(0.9\times y)-(100\times R)$，美国的 *LM* 曲线公式是什么？请证明你的结论，并在你推导出的等式左侧解出 R。最后，如果 y 等于 8 万亿美元，均衡实际利率是多少？

8. 假设意愿投资支出由等式（单位为万亿美元）$i=7.4-(100\times R)$决定。如果政府支出等于 2 万亿美元，实际消费支出等于固定值 3 万亿美元，且出口支出等于 1 万亿美元，那么 *IS* 曲线的公式是什么？（提示：令 $y=c+i+g+x$，并在得出的公式左侧解出 R。）最后，如果名义利率为 5.4%（即 0.054），均衡实际收入是多少？

9. 请使用你对第 7 题和第 8 题的答案，计算 *IS—LM* 均衡下的唯一实际收入—名义利率组合。

10. 假设你在第 9 题计算出的均衡实际收入—名义利率组合下，经常账户和资本账户之和小于零。*IS—LM* 均衡点位于 *BP* 曲线的上方还是下方？请说明理由。

在线应用

在本章前面的部分，我们讨论了在均衡总实际收入水平上，实际收入为何必然等于对国内生产的商品与服务的意愿总支出。然而，大国（例如美国）的地区经济活动可能存在巨大差异。美联储的黄皮书提供了关于美国不同地区经济表现的有用信息。这本书是由华盛顿的美联储理事会编写的，同时也得到了 12 家联储银行经济学家的大力支持。

网址：http://www.federalreserve.gov

标题：黄皮书

浏览：首先请访问美联储的网址（http://www.federalreserve.gov），点击“货币政策”，然后点击“报告”，再点击“黄皮书”。选择最近的日期并阅读摘要。

应用：请阅读黄皮书摘要，并回答下列问题：

1. 黄皮书的分析考虑了哪些整体商业活动指

标？根据这些指标，当前商业活动的地区差异是什么？美国整体商业活动的前景是什么？

2. 汇率或对外贸易的近期变化是否影响了美国经济？这些变化对美国不同地区的影响是否有差异？

小组学习与分析：将学生小组派往各联储区（或按地区分组的区）。让每组学生学习最近一期黄皮书中与该地区相关的内容。让各组学生总结该地区的经济表现，并找出影响这种经济表现的关键因素。

部分参考书目与扩展阅读

[1] Branson, William, *Macroeconomic Theory and Policy*. New York: Macmillan, 1978.

[2] Clayton, Gary E., and Martin Gerhard Giesbrecht. *A Guide to Everyday Economic Statistics*, 7th ed. New York: McGraw-Hill, 2009.

[3] Council of Economic Advisors. *Economic Report of the President*. Washington, D. C.: U. S. Government Printing Office, various issues.

[4] Davis, George, and Bryce Kanago. "The Cyclical Behavior of Prices and Relative Prices." *Economic Inquiry* 46 (October 2008): 576 - 586.

[5] De Vroey, Michel, and Kevin Hoover. "Introduction: Seven Decades of the IS-LM Model." *History of Political Economy* 36 (Supplement 2004): 1 - 11.

[6] Frumkin, Norman. *Guide to Economic Indicators*, 7th ed. New York: Wiley, 2010.

[7] Hale, Galina, and Bart Hobijn, "The U. S. Content of 'Made in China,'" Federal Reserve Bank of San Francisco, *Economic Letter* 2011 - 25 (August 8, 2011).

[8] Harris, Laurence. *Monetary Theory*. New York: McGraw-Hill, 1981.

[9] Hicks, John. "Mr. Keynes and the Classics: A Suggested Interpretation." *Econometrica* 5 (April 2, 1937): 147 - 159.

[10] International Monetary Fund. *World Economic Outlook*. Washington, D. C., various issues.

[11] Keynes, John Maynard. *The General Theory of Employment, Interest, and Money*. New York: Harcourt Brace Jovanovich, 1964.

[12] Savov, Stoyadin. "Equilibrium in an Open Economy." *Economic Thought* (2002): 3 - 20.

[13] Sorensen, Bent, and Oved Yosha. "Producer Prices versus Consumer Prices in the Measurement of Risk." *Applied Economics Quarterly* 53 (2007): 3 - 17.

[14] U. S. Department of Commerce. *Survey of Current Business*. Washington, D. C., various issues.

第十一章　固定汇率制下的经济政策

基本问题

1. 一国政策制定者的经济目标是什么？

2. 资本流动程度如何影响 BP 曲线的斜率？

3. 货币政策行为在多大程度上影响资本流动不完全和汇率固定的小型开放经济的实际收入水平？

4. 财政政策行为在多大程度上影响资本流动不完全和汇率固定的小型开放经济的实际收入水平？

5. 完全资本流动如何改变固定汇率制下小型开放经济的货币政策行为和财政政策行为的相对有效性？

6. 在其中一国实行固定汇率制的两国环境中，一国的政策行为在多大程度上影响另一国的经济活动？

许多年来，国际货币基金组织（IMF）都坚定不移地支持资本跨国自由流动，并对倡导开放投资市场的国家进行官方“指导”。IMF 并不对政策立场相反的国家收取罚金，但对采用阻碍资本流动政策的国家规定了限制性条款。

不过，最近 IMF 改变了立场，赞同“非常务实”的跨国资本流动限制政策。它采取了新的指导框架，继续鼓励各国深化本国的资本市场，充分吸收资金流入。同时，IMF 鼓励各国谨慎行动，防止资本流入猛增对本国经济造成“破坏性扭曲”。

正如你在第七章中了解到的，现在被 IMF 视为“非常务实”的跨国资金流动限制被称为资本控制。在本章中，你将了解到固定汇率制下国家货币政策和财政政策的资本控制含义。

政策目标

直到 20 世纪 70 年代初，世界上多数国家仍采用不同类型的固定汇率制。因此，在固定汇率制下恰当管理货币政策与财政政策是一个重要问题。即使在今天，全球约 1/3 的国家仍采用某种形式的钉住汇率制。然而，为了研究各国政府和中央银行采用的政策的有效性，首先需要考虑它们希望达到什么目标。

内部均衡目标

在第十章中，我们介绍了 *IS—LM—BP* 框架，我们用该框架分析了一国均衡名义利率、均衡实际收入和国际收支状况的决定因素。名义货币量的变化可能影响 *LM* 曲线的位置，政府支出和税收政策的变化可能影响 *IS* 曲线的位置。因此，这些政策行为可能影响一国的经济表现，因此中央银行和政府可能会考虑采用明显意在实现特定国民经济目标的政策。

中央银行和政府的目标之一可能是实现内部均衡，这是指实现纯国内政策目标。尽管国家政策制定者可能希望实现多个内部均衡目标，但最优先的目标通常有三个，如下所述。

实际收入目标 政策制定者的一个内部均衡目标可能是实现尽可能高的人民生活水平增长率。衡量一国实际国民收入的年增长率时，需要根据人口增长率进行调整。因此，多数经济学家都认为，任何国家整体生活水平增长率的现有最佳指标是**人均国内生产总值**（per capita gross domestic product）增长率，即人均 GDP 增长率。人均国内生产总值是给定年份中一国国内生产的最终商品与服务的总价值除以该国居民人数。因此，人均 GDP 是一国一般居民的物质福利指标，人均 GDP 增长率是一段时期内一般居民的生活水平改善指标。正如表 11—1 所示，不同国家的人均实际 GDP 年均增长率差异很大。

表 11—1　　七国集团人均实际 GDP 年增长率（%）

	1980—1989	1990—1999	2000—2009	2010—2019*
加拿大	1.9	1.3	1.0	1.5
法国	1.9	1.4	0.7	1.3
德国	1.8	1.6	0.9	2.1
意大利	2.4	1.4	0.0	0.5
日本	3.9	1.2	0.6	1.9
英国	2.8	2.0	1.2	1.4
美国	2.5	1.9	0.7	1.7

* IMF 的估计。

资料来源：国际货币基金组织：《世界经济展望》数据库。

人均 GDP 增长率是合适的政策指标吗？ 一些经济学家质疑中央银行和（或）政府是否应该微调本国的实际增长率。一个原因是人均 GDP 数据的衡量和解释存在重大问题。尽管在能获得可信数据的情况下，计算人均收入增长率很容易，但许多发展中国家的政府都不具备收集准确实际收入数据的资源，也没有仔细统计本国的人口。

使用人均GDP增长率作为经济增长指标还有一些概念性问题。一是该指标不能表明一国收入在该国居民中的分布。一国的人均GDP可能在某些年份增长得非常迅速，而该国最贫穷居民的收入却下降得更快。此外，人均实际GDP增长率充其量只是该国居民平均福利改善的指标。这是因为，如果普通人民享有更多闲暇时间，而生产的产品和以前一样多，实际生活水平的提高可能并不会带来人均收入增长。此外，人均GDP增长率并不能完全反映某段时间的质量变化。在统计GDP数据时并不会考虑一国居民生产和消费的商品与服务的质量改善。最后，一国公民的福利可能不仅仅取决于该国的商品与服务产出价值。例如，如果生产这些商品与服务的行为严重破坏了环境，那么即使该国居民的实际收入和可供消费的商品与服务都增加，整体生活水平也可能下降。

网络资源

请根据世界银行网站的信息，了解跨国人均收入增长率和不均衡性：http://www.worldbank.org。

国家政策制定者能影响实际收入水平吗？ 尽管存在这些问题，经济学家通常仍将人均GDP增长视为一国经济增长率的现有最佳整体指标。因此，政策制定者可能希望执行旨在维持人均GDP高稳定增长率的政策。

然而，这并不必然意味着中央银行和政府的这种政策可以影响国民经济增长率。正如我们将在第十三章中详细讨论的，许多经济学家认为，在长期内，中央银行的货币政策对实际产出增长率的影响可能会减弱。此外，一些经济学家得出结论，在跨度达几十年的时期内，一国政府通过支出政策和税收政策促进经济增长的能力不如其他因素，例如品味、偏好、教育和该国居民的其他属性。

然而，争取既高又稳定的人均GDP增长率可能有助于限制总体实际收入与**自然实际国内生产总值**（natural real gross domestic product）之比（即经济没有周期性波动时可能呈现的长期增长路径上的实际GDP水平）的波动。这种波动发生的间隔被称为**商业周期**（business cycles）。即使政策制定者认为它可能对一国自然GDP没有很大影响，也仍会感到有义务采取可能减少商业周期波动频率和程度的政策。

就业目标 劳动力是重要的生产要素，在多数民主国家，工人占选民的大部分。即使是非民主社会的领导人也可能感到必须关注工人的利益。因此，政府和中央银行通常会感到有实施政策以减少工人失业率大小和波幅的压力。

为了跟踪国内总失业率的大小，政府会统计**失业率**（unemployment rate）。一国的失业率是该国未就业劳动力所占的百分比。政府定义劳动力这个词的方式不同，因此不同国家的失业率并非总是严格可比的。表11—2显示了几个国家和地区最近的平均失业率。如你所见，失业率的差异很大。许多国家和地区都出现了两位数的失业率，而其他国家和地区的平均失业率要低得多。

表11—2 **部分国家和地区的失业率（%）**

	2008	2009	2010	2011	2012	2013*	2014*	2015*
澳大利亚	4.3	5.6	5.2	5.1	5.2	5.2	4.8	4.7
加拿大	6.2	8.3	8.0	7.5	7.4	7.3	7.1	6.9

续前表

	2008	2009	2010	2011	2012	2013*	2014*	2015*
法国	7.8	9.5	9.8	9.7	9.9	10.0	9.8	9.4
德国	7.6	7.7	7.1	6.0	5.6	5.5	5.3	5.3
中国香港	3.5	5.2	4.3	3.4	3.5	3.5	3.4	3.2
意大利	6.8	7.8	8.4	8.4	9.5	9.7	9.8	9.4
日本	4.0	5.1	5.1	4.5	4.5	4.4	4.3	4.2
韩国	3.2	3.7	3.7	3.4	3.3	3.3	3.3	3.3
西班牙	11.3	18.0	20.1	21.6	24.2	23.9	22.8	21.9
瑞典	6.2	8.3	8.4	7.5	7.5	7.7	7.0	6.5
中国台湾	4.1	5.9	5.2	4.4	4.4	4.3	4.2	4.1
英国	5.6	7.5	7.9	8.0	8.3	8.2	7.8	7.4
美国	5.8	9.3	9.6	9.0	8.2	7.9	7.5	7.0

*IMF 的估计。

资料来源：国际货币基金组织：《世界经济展望》数据库。

一国的劳动力失业有三个组成部分。一个是**摩擦性失业**（frictional unemployment）。这部分劳动力暂时失业可能是由于他们最近失去了一份工作，且不会在几周内找到另一份工作。另一个是**结构性失业**（structural unemployment），这部分劳动力是愿意工作但不具备获得理想工作所必需的技能和其他条件的人。摩擦性失业率和结构性失业率之和构成了**自然失业率**（natural rate of unemployment），即经济保持在长期增长路径时产生的失业率。在这条路径上的任何点都会存在暂时失业和缺乏获得工作的必要条件的人。经济增长路径上剩下的整体失业率变化来自第三类失业的变化，这就是**周期性失业**（cyclical unemployment），这部分劳动力是由于商业周期波动而失业的。各国政府可能的内部均衡目标之一就是最小化周期性失业率。

通货膨胀目标　在某种程度上，所有社会成员都承担了通货膨胀成本。然而，一些人承担的成本高于其他人。被通货膨胀伤害尤深的是丧失盈利机会和必须承担价格变化成本的企业主、存款人、作为贷款人的金融机构和缴纳最多税收的人。表 11—3 总结了这些成本。

表 11—3　**通货膨胀成本和通货膨胀率的波动**

成本类型	产生原因
为省钱而花费的资源（增加去银行的次数等）	与通货膨胀相关的价格上升
变更价目表和印刷菜单与目录的成本	与通货膨胀相关的产品/服务价格上升
重新将实际收入从个人分配给政府	通货膨胀使纳税人进入更高的非通货膨胀挂钩名义税级
投资、资本积累和经济增长减少	让商业规划复杂化的通货膨胀率波动
更好的新产品出现速度放缓	导致私人市场效率降低的价格波动
重新将资源从贷款人分配给借款人	意外通货膨胀减少债务实际价值

表 11—3 总结的通货膨胀成本为政策制定者提供了保持低通货膨胀率和限制通货膨胀率波动性的有力理由。因此，多数政策制定者的内部均衡目标除了保持高人均实际收入增长率和最小化周期性失业率以外，还包括维持稳定的低通货膨胀率。

外部均衡目标

除了纯国内的内部均衡目标，一国政府和中央银行还可能关心国际收支。因此，这些政策制定者可能希望实现外部均衡，即实现用本国货币相对价值表示的商品、服务、收入和资产国际流动的目标。

为什么一国居民希望政策制定者追求外部均衡目标？一个原因是国际因素有助于确定开放经济中的国内经济表现。如果一国居民与其他国家进行大量贸易，国际因素就可能影响一国实现产出、就业和通货膨胀目标的能力。因此，内部均衡目标和外部均衡目标是紧密相关的。另一个原因是，一些居民可能在本国经济的国际部门有直接利益。他们可能认为国际变量本身——例如该国的商品贸易差额或经常账户差额——应该是最终政策目标。

国际目标与国内目标 正如我们在第十章中讨论的，在决定一国总意愿支出时起作用的两个因素是外国居民对该国商品与服务产出的出口支出和本国居民对外国生产的商品与服务的进口支出。出口支出的增加提高了总意愿支出，而进口支出的增加减少了可支配收入中可用于消费国内产出的比例。因此，这两个国际因素都会影响一国 *IS* 曲线的位置，进而影响均衡实际收入水平。

因此，政府或中央银行考虑适当的政策时必须考虑出口和进口。至少，一国的政策制定者必须考虑与纯国内因素无关、与贸易有关的支出对实际收入的影响。更广泛地说，政策制定者可能得出结论，实现一国的内部均衡目标可能需要认真关注国际因素。例如，在旨在实现国内产出、就业和通货膨胀目标的一般策略中，政策制定者可能也希望实现商品贸易均衡。

独立的外部均衡 然而，多数国家的政策制定者通常将外部均衡目标视为一系列独立于内部均衡目标的目标。出口行业的工人和企业主通常会敦促政府采取促进出口的政策。同时，依赖于国内市场的行业的工人和企业主通常会敦促政府和中央银行官员采取限制进口的政策。这些利益集团的不懈努力导致一国的政策制定者将商品贸易和国际收支盈余作为外部均衡目标。

历史上，希望持续获得国际收支账户盈余的国家例子比比皆是。例如，17 世纪至 18 世纪，祖祖辈辈的英国公民都倡导**重商主义**（mercantilism）的国家政策。这一思想学派的观点是，与国际贸易相关的资金流入是一国财富的主要来源。因此，在这一时期内，英国商人倡导旨在促进出口、阻碍进口的政府政策和中央银行政策。当然，重商主义思想的基本难题在于，如果所有国家同时试图通过限制进口获得贸易和国际收支盈余，国际商业就可能受到阻碍。重商主义的这种自我挫败特点导致其在 19 世纪衰落。然而，重商主义思想支持任何开放经济中特殊利益集团的利益，因此，这些利益集团现在仍然用重商主义观点促使政策制定者保持贸易和经常账户平衡——即使不是盈余。

出口商和进口商的利益也可能让汇率目标成为外部均衡目标之一。如果出口业是占统治地位的政治利益集团，一国的政策制定者还可能面临着降低本币价值的压力。相反，如果国内行业拥有巨大政治影响力，政策制定者就可能面临着提高本币价值的压力。

基本问题 1　一国政策制定者的经济目标是什么？

政府和中央银行追求的经济目标通常有两类。一类是内部均衡目标，即国民实际收入、就业和通货膨胀目标。另一类是外部均衡目标，即关于贸易平衡和其他国际收支组成部分的目标。

资本流动性的作用

货币政策和财政政策影响一国内部均衡目标或外部均衡目标实现效果的方式主要取决于**资本流动性**（capital mobility）。资本流动性是指资金和金融资产跨国自由流动的程度。资本高度流动的国家是开放资金和金融资产跨国流动并有大量资金和金融资产跨国流动的国家。

考虑不同资产和资产发行国的不同风险后，全球金融资产所有者将追求最高的可实现收益率。许多人愿意且能够将资金从一个国家转移到另外一个国家。因此，如果转移资金的收益率足够高，且资金流动障碍很小，通常就会出现大量跨国资金流动。然而，一些国家设置了法律障碍，即资本控制，以限制居民持有和交易外币资产的能力。第七章介绍的资本控制禁止资金和资产的跨国流动，这可能导致采取资本控制的国家资本流动性很低。此外，许多较不发达国家没有发达的银行体系或金融市场，这也往往让它们的资本流动性很低。

资本流动性与 *BP* 曲线

正如你在第十章中学到的，我们可以在给定 *IS*—*LM* 均衡名义利率—实际收入组合下，参考 *BP* 曲线的位置，推导出一个国家将出现国际收支盈余还是国际收支赤字。结果证明，资本流动性会影响 *BP* 曲线的斜率。正如你将在本章后面看到的，资本流动性和由此导致的 *BP* 曲线斜率决定了货币政策行为和财政政策行为最终如何影响一国的经济表现。

低资本流动性的例子　正如你在第十章中学到的，如果 *IS*—*LM* 均衡出现在 *BP* 曲线上，就会出现国际收支平衡，此时经常账户差额与资本账户差额之和等于零。因此，*BP* 曲线下方和右方的 *IS*—*LM* 均衡点表明，一国出现了国际收支赤字。在 *BP* 曲线下方，给定实际收入水平上的名义利率非常低，结果要么是资本流出，导致资本账户赤字，要么是资本流入太少，不足以抵消该国的经常账户赤字。在 *BP* 曲线右方，给定名义利率上的实际收入非常高，由此产生的进口支出将导致经常账户赤字。资本账户赤字或经常账户赤字都会导致国际收支赤字，但哪个才是国际收支赤字的主要原因？答案取决于资本流动性和 *BP* 曲线的斜率。

首先，让我们考虑资本流动性较低时，维持国际收支平衡所需的实际收入和名义利率调整。这种情况源自资本控制或其他阻碍资金和资产流动的政策。当资本流动性很低时，*BP* 曲线也相对陡峭。为了解其中的原因，请考虑图 11—1（a）。假设点 *A* 上的实际收入—名义利率组合 y_1 和 R_1 实现了国际收支平衡。如果实际收入升至 y_2，进口将增加，导致点 *C* 上出现经常账户赤字。因此，低资本流动性要求大幅提高名义利率，促使外国居民规避资本控制并增加其持有的本国金融资产，以改善资本账户差额，重新实现国际收支平衡。

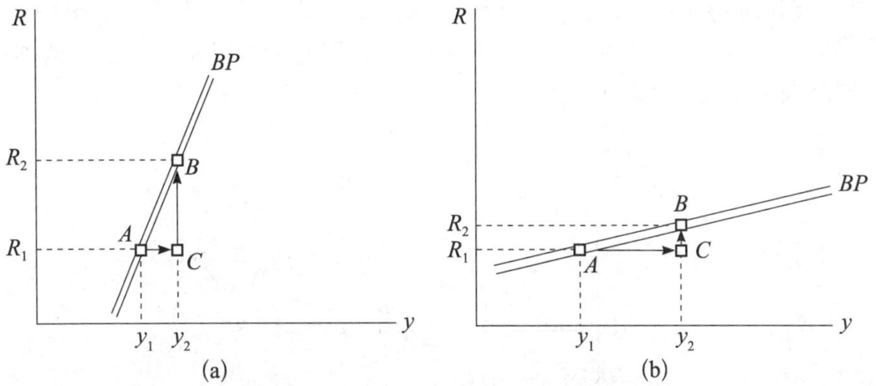

图 11—1　资本流动性与 *BP* 曲线的斜率

说明：(a) 图说明，当资本流动性较低时，*BP* 曲线相对陡峭。如果点 A 为国际收支平衡点，那么当实际收入升至 y_2 时，进口将增加，导致点 C 上出现经常账户赤字。当资本流动性较低时，需要大幅提高名义利率，促使外国居民克服资本流入障碍，在点 B 上实现新的国际收支平衡。相反，如 (b) 图所示，当资本流动障碍较少时，只需小幅提高名义利率，就能引入足够的资本，因此资本流动性较高时，*BP* 曲线相对平缓。

因此，(a) 图中实际收入从 y_1 升至 y_2 时，需要大幅提高名义利率，例如增至点 B 上的 R_2，才能确保经常账户差额和资本账户差额之和等于零。因此，点 A 和点 B 位于一条相对陡峭的 BP 曲线上。换言之，相对陡峭的 BP 曲线表示，一国的资本流动性相对较低。

高资本流动性的例子　相反，如果资本流动性相对较高，BP 曲线就相对较平缓，如图 11—1 (b) 所示。和之前一样，如果实际收入从处于国际收支平衡的点 A 的 y_1 升至点 B 的 y_2，结果将是进口增加。这将导致点 C 上出现经常账户赤字。

如果资本流动性很高，那么只需小幅提高名义利率，例如在 (b) 图中从 R_1 升至 R_2，就足以促使外国居民增持足以改善资本账户差额的本国金融资产，重新实现国际收支平衡。因此，(b) 图中由点 A 和点 B 构成的 BP 曲线斜率相对较小。换言之，相对较平缓的 BP 曲线表明资本流动性相对较高。

完全资本流动性

在第四章中，你学习了无抛补利率平价条件。该条件说明，如果用两种不同货币计值的债券是完全替代品，债券利差就应该等于货币预期贬值率。你还学到，无抛补利率平价并不总是成立，因为这些其他特征相似的债券的风险不同，因此要求高风险债券提供风险溢价。

完全资本流动性与 *BP* 曲线　无抛补利率平价条件可能不成立的另一个重要原因是，资本流动障碍可能限制了其他方面相同的债券的可替代性。因此，不完全资本流动是一些国家不满足无抛补利率条件的常见原因。

但这意味着，资本完全流动的国家应该满足无抛补利率平价条件。假设一个小国的债券与一个大国的债券风险程度相同，收益率均为 R^*。此外，假设人们预期本币不会相对于外国中央银行发行的货币贬值。因此，在资本完全流动时，无抛补利率平价条件表明，国内利率 R 应该等于国外利率 R^*。因此，如图 11—2 所示，在这些假设下，当国内实际收入变化时，国内利率不会随着国外利率 R^* 变化。因此，当资本完全流动时，国内 BP 曲线是水平的。（互联网让外币流动性大幅提高，以至它们可以送货上门；请参见“网络笔记本：网络换汇免去排队之苦”。）

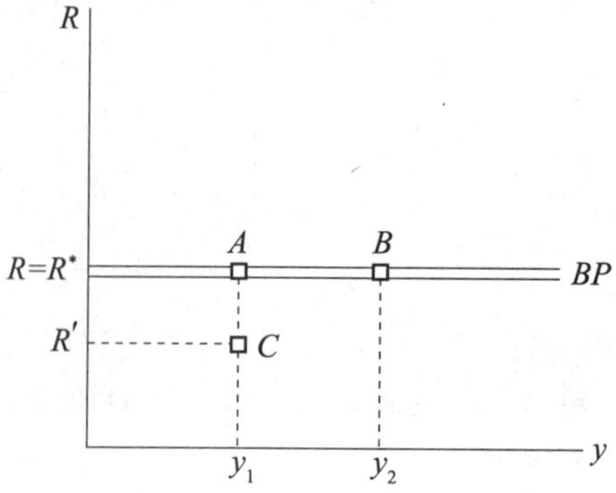

图 11—2　资本完全流动时的 *BP* 曲线

说明：假设外国发行的债券利息收益率为 R^*，它的风险与国内债券相同。此外，假设国内居民和国外居民都预期本币不会相对于外国中央银行发行的货币贬值。在资本完全流动时，根据无抛补利率平价条件，国内利率 R 等于国外利率 R^*。这表明，在资本完全流动时，国内 BP 曲线是水平的。点 A 和点 B 都为国际收支平衡点，但如果利率降至点 C 上的 R'，国内利率将小于国外利率，资本从国内流出。点 C 上将出现国际收支赤字。

网络笔记本

网络换汇免去排队之苦

多年来，中小城市居民出国旅行之前兑换外币一直很难。小社区中超过一半的银行不提供汇兑服务。剩下的银行中，许多银行实际上是通过大银行进行货币兑换交易的，而且收取高额手续费。

现在，任何能上网的人都可以访问 Travelex Group 的网站，这是一家加拿大公司，可以兑换 200～1 500 美元的外币和外币旅行支票。这家公司通过汇兑差价赚取收入，并对 500 美元以上的交易提供免费的两日送货服务。不过，如果你急着用外币，就可以付钱要求隔日送货。

批判性分析

你认为 Travelex 和其他汇兑企业提供的汇率为什么不如大型金融机构提供的汇率优惠？

完全资本流动下的国内利率与国际收支　图 11—2 中 BP 曲线上的点是经常账户差额与资本账户差额之和等于零的点。因此，图 11—2 的点 A 上的实际收入—名义利率组合 y_1 和 R 是国际收支平衡点，因为它位于 BP 曲线上。点 B 也是这种情况。尽管点 B 上的实际收入水平 y_2 较高，但只需小幅提高国内利率就足以吸引大量资本流入，从而抵消进口的上升。资本是充分流动的，因此 BP 曲线是水平的。

因此，当资本完全流动时，名义利率变化是导致国际收支赤字或国际收支盈余的唯一因素。例如，在图 11—2 中点 A 正下方的点 C 上，较低的国内利率 R' 将导致大量资本流出。存款人不再持有本国债券，而是持有风险相同、完全可替代的外国债券，以追求外国债券的更高收益率。

基本问题 2　资本流动程度如何影响 *BP* 曲线的斜率？

当资本流动性很低时，一国利率需要大幅上升，才能产生抵消该国实际收入水平上升导致的进口上升所需的资本流入。由于 *BP* 曲线是保持国际收支平衡的实际收入—名义利率组合，因此这意味着资本流动性较低时，*BP* 曲线是陡峭的。随着资本流动性增加，*BP* 曲线越来越平缓。在资本完全流动的极端例子下，*BP* 曲线是水平的，高度为国外利率水平。

固定汇率制与不完全资本流动

正如我们在第三章中讨论的，许多国家仍选择固定汇率制。这些国家可能认为居民对冲外汇风险的成本高于浮动汇率制吸收冲击的收益。采用固定汇率制如何影响政府和中央银行执行的经济政策的传导？

此时，我们无法对这个问题提供完整答案，因为第十章推导出的 *IS—LM—BP* 框架没有告诉我们任何关于失业率或通货膨胀率的信息，也没有告诉我们实际 GDP 水平和自然 GDP 水平的关系。在第十三章之前，我们不会说明与这些众多内部均衡目标相关的经济政策的影响。然而，我们仍然可以用 *IS—LM—BP* 框架提供这些问题的基本答案。为此，我们将把实现更高的实际收入水平解释为一国唯一的内部均衡目标，把保持国际收支平衡解释为首要的外部均衡目标。因此，我们消除了同时实现经常账户盈余和资本账户盈余的重商主义动机。解释这种目标很简单，但我们将把这留给你，作为章末习题 1。根据对基本 *IS—LM—BP* 模型的解释，我们将证明答案取决于资本流动程度。

固定汇率制下的货币政策与不完全资本流动

正如我们在第七章中指出的，通过外汇干预维持固定汇率的一个关键问题是作出保持某个特定汇率的可信承诺。现在，假设某国作出了可信的固定汇率承诺。我们将在第十三章、第十四章和第十五章重新讨论可信度问题。（如果官方固定汇率与自由市场中形成的汇率差异很大，且黑市盛行，将很难建立可信的固定汇率制。见“政策笔记本：委内瑞拉政府为维持可信官方汇率‘赠送’加勒比度假游”。）

政策笔记本

委内瑞拉政府为维持可信官方汇率“赠送”加勒比度假游

尽管近年来的黑市汇率为 6～7 委内瑞拉玻利瓦尔/美元，但委内瑞拉的官方汇率一直保持为 4.3 玻利瓦尔/美元。自然，黑市汇率与官方汇率的巨大差异让委内瑞拉居民有动机以官方汇率买入美元，然后以较高的黑市汇率卖出这些美元。

然而，近年来，委内瑞拉允许该国居民以官方汇率最多刷卡消费 5 000 美元。这让委内瑞拉居民可以到加勒比岛度假，在那里买入 5 000 美元配额。然后，他们回到委内瑞拉，将没花掉的美元兑换回玻利瓦尔——在一些情况下，这样做不仅能弥补大部分旅行费用，还能获利。

❖ 批判性分析

委内瑞拉中央银行如何调整外汇储备，才能将玻利瓦尔/美元的黑市汇率提高到接近官方固定汇率的水平？

网络资源

请访问委内瑞拉中央银行的网站：http://www.bcv.org.ve/EnglishVersion/Index.asp。

首先，考虑固定汇率制下的货币政策影响。不过，首先我们需要考虑货币政策行为如何影响名义利率与实际收入。

货币政策、名义利率与实际收入　一国的均衡名义利率和均衡实际收入水平产生于 $IS—LM$ 均衡，如图 11—3（b）中的点 A。如（a）图所示，实际收入水平 y_1 上的货币需求量与实际货币供给量相交于均衡名义利率 R_1 上，因此在点 A 上，货币市场取得均衡。

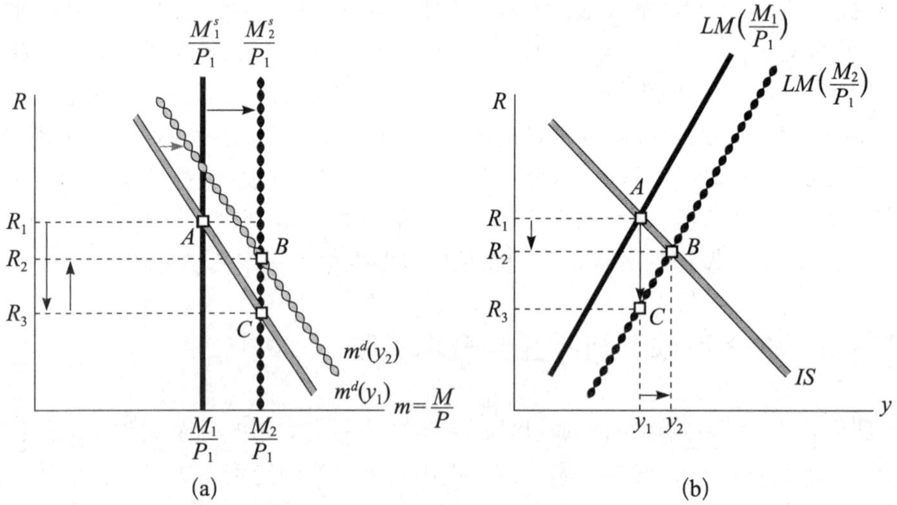

图 11—3　扩张性货币政策的影响

说明：如果价格水平不变，那么增加流通中名义货币量的中央银行政策行为将导致实际货币供给增加。这导致（a）图中的货币市场均衡利率从点 A 的 R_1 降至点 C 的 R_3，使（b）图中沿 LM 曲线从点 A 向下移至点 C。利率下降导致意愿投资上升，并沿着 IS 曲线移动到新的 $IS—LM$ 均衡点 B，实际收入水平升至 y_2。当实际收入增加时，（a）图中的实际货币需求导致均衡利率升至 R_2，相应地，（b）图中沿新 LM 曲线从点 C 向上移至点 B。因此，名义货币量的上升导致均衡名义利率的下降和均衡实际收入的增加。

现在，假设中央银行采取扩张性货币政策，使名义货币量从 M_1 升至 M_2。在给定价格水平 P_1 上，这导致实际货币供给增加，使均衡名义利率降至（a）图中点 C 上的 R_3。在收入水平 y_1 上，名义利率的下降幅度是（b）图中 LM 曲线从点 A 向下移至点 C 的距离。名义利率的下降使意愿实际投资支出上升，进而导致均衡收入升至（b）图中点 B 上的 y_2。这表现为沿着 IS 曲线从点 A 移动到点 B。实际收入增加的结果是（a）图中实际货币需求从 $m^d(y_1)$ 增加至 $m^d(y_2)$。这导致均衡名义利率升至（a）图中点 B 上的 R_2。在（b）图中，这表现为沿着 LM 曲线从点 C 升至点 B。因此，点 B 是最终均衡点，均衡名义

利率从 R_1 降至 R_2，均衡实际收入从 y_1 升至 y_2。

我们可以得出结论，如果价格水平不变，扩张性货币政策行为将导致**流动性效应**(liquidity effect)——名义货币量增加导致均衡名义利率下降——刺激意愿投资并提高均衡实际收入。因此，货币政策行为向经济传导的渠道是改变意愿投资，进而改变实际收入水平的流动性效应。

不完全资本流动下的货币政策与国际收支　现在，让我们考虑一国资本流动性很低时扩张性货币政策行为对国际收支的影响。如图 11—4（a）所示，假设最初该国在相对陡峭的 *BP* 曲线上的点 *A* 实现了国际收支平衡。名义货币量从 M_1 升至 M_2 导致 *LM* 曲线向右下方移动，在 *BP* 曲线右下方形成新的 *IS*—*LM* 均衡点。因此，货币扩张产生了图 11—4 中点 *B* 上的国际收支赤字。

由于资本流动性较低，因此点 *B* 上出现国际收支赤字的主要原因是实际收入上升，意识到这一点很重要。实际收入的上升刺激了进口增加，因而产生了贸易赤字。均衡利率下降，但由于资本流动性很低，流出该国的资本相对较少。因此，(a) 图的点 *B* 上存在国际收支赤字的主要原因是升高的收入水平 y_2 上进口支出增加产生的贸易赤字。

图 11—4（b）说明了资本流动性相对较高（但仍不完全），因此 *BP* 曲线相对平缓的情况。与（a）图中的例子相反，一国的均衡利率降至 R_2，导致资本大量流出，因此在点 *B* 上，国家出现大量资本账户赤字，这是造成新均衡点上国际收支赤字的主要原因。

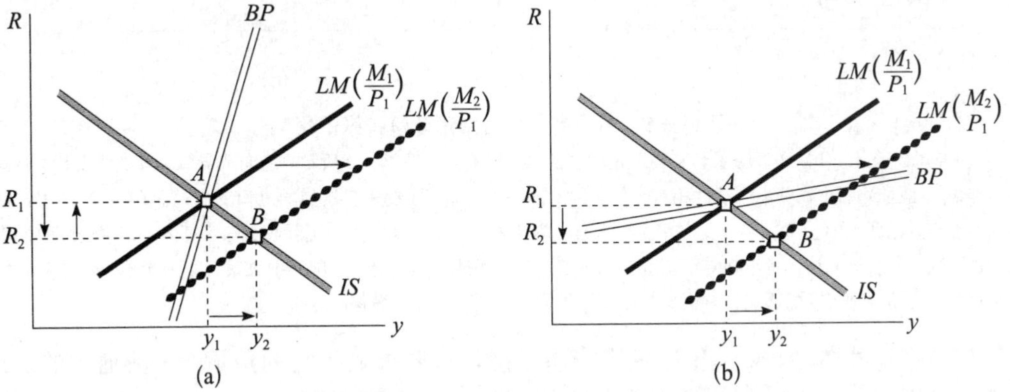

图 11—4　固定汇率制下的货币政策初始影响

说明：两张图都显示了固定汇率制下，货币扩张最初是如何影响名义利率和实际收入的。在（a）图中，*BP* 曲线相对陡峭，表明资本流动性较低。点 *A* 移动到点 *B* 时出现的均衡利率下降引起的资本流出很少，但在均衡实际收入上升的刺激下，进口支出增加明显。结果在点 *B* 上出现了国际收支赤字。相反，在（b）图中，*BP* 曲线平缓得多，表明资本流动性较高。在这种情况下，均衡利率下降引起大量资本流出，这是导致点 *B* 上国际收支赤字的主要原因。

有冲销的货币政策　在图 11—4 的任一张子图的点 *B* 上，国家出现国际收支赤字意味着该国面临着汇率变化的市场压力。资本流动性较低时，如（a）图所示，点 *B* 上均衡实际利率的增加导致该国居民希望买入其他国家的货币，以购买更多进口商品和服务。这提高了外汇需求，对该国本币汇率形成贬值压力。相反，(b) 图中的点 *B* 资本流动性较高，均衡利率下降导致居民购买更多外国资产。这需要买入更多外币，从而抑制了该国货币在外汇市场上的价值。

为了避免图 11—4 中点 *B* 上的本币汇兑价值下跌，中央银行必须卖出部分外汇储备。通过提高外汇市场上的外币供给，可以抵消本国居民外币需求的上升。但如果中央银行卖出部分外币储备，中央银行的资产将会减少。这要求中央银行的负债也减少，包括部分流通中的货币负债。因此，国内货币量将开始下降。为了防止发生这种情况，中央银行必须在自身的投资组合中增加足够的国内资产，例如本国政府债券。正如我们在第九章中讨论的，这是冲销干预，因为这种行为可以防止外汇储备变化影响一国的货币量。

无冲销的货币政策 图 11—4 中的两张图都说明了中央银行冲销干预以保持固定汇率的结果。但如果中央银行由于某些原因——比如保持国际收支平衡的外部均衡目标——而选择不进行冲销，那么将发生什么呢？如图 11—4 所示，图 11—5 的（a）图和（b）图分别描绘了低资本流动性和高资本流动性下货币扩张的初始影响。在两张图中的新均衡点 B 上，该国都出现了国际收支赤字。这往往会抑制该国货币在外汇市场上的价值，因此该国的中央银行必须卖出部分外汇储备，以保持汇率固定。

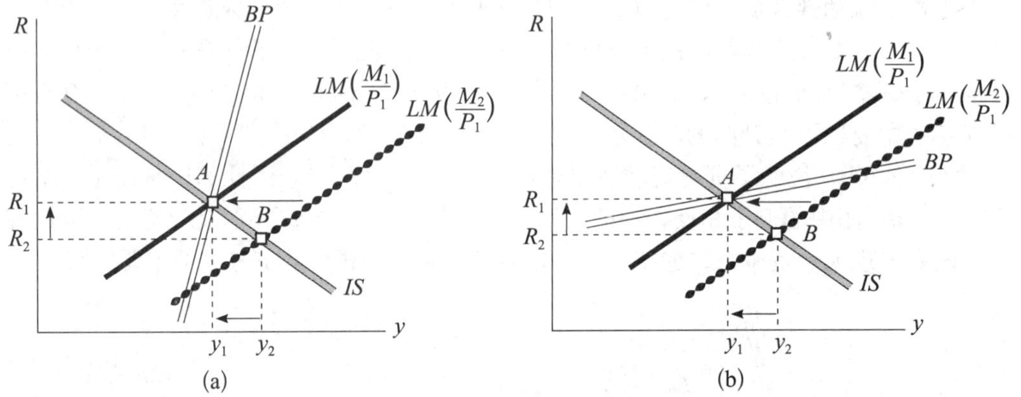

图 11—5　不冲销干预时货币政策扩张的影响

说明：（a）图和（b）图说明了名义货币量增加的最终影响，如图 11—4 所示，它首先导致 LM 曲线右移，从点 A 移至点 B。在（a）图中，资本流动性相对较低，因此国际收支赤字主要来自增加的进口支出；而在（b）图中，资本流动性较高，因此点 B 上的国际收支赤字主要来自资本流入。在两种情况下，国际收支赤字都表示该国居民的外币需求增加，这往往会抑制该国货币在外汇市场上的价值。为了保持汇率不变，该国的中央银行必须卖出外汇储备。如果中央银行不冲销这种行动的影响，就会导致流通中的货币量减少，并最终移回点 A。

没有进行冲销时，中央银行的资产将下降，这要求减少它的负债——流通中的货币。因此，该国的名义货币量将开始下降。正如图 11—5 的两张图所示，最终没有进行冲销将导致该国的货币量从 M_2——中央银行最初提升该国货币量之后的水平——下降至货币扩张前的初始货币量 M_1。因此，中央银行卖掉外汇储备以维持固定汇率的行为最终会导致 LM 曲线移回初始位置，且最终重新实现初始的 IS—LM 均衡点 A。因此，固定汇率制下的无冲销货币扩张将导致货币量最终减少。只要其他因素不变，经济就将重新实现初始的均衡实际收入水平和利率，导致重新在点 A 上实现国际收支平衡。

再谈货币法 图 11—5 说明了第九章概述的国际收支货币法的含义。根据货币法，承诺保持固定汇率导致一国的货币量随着保持固定汇率所需的外汇储备的变化而变化。如果货币政策行为没有被冲销，结果将是自动回归到国际收支平衡和扩张前的均衡实际收入水平和名义利率。因此，我们可以得出以下结论：

> 根据国际收支的货币法，如果汇率固定，通过未冲销货币扩张或货币收缩影响实际收入和国际收支的努力最终将是无效的政策行为。

冲销行为能否防止最终回归到国际收支平衡？如果中央银行希望无限冲销，将实际收

入维持在点 B 上的 y_2，持续的国际收支赤字将对该国货币持续形成贬值压力。没有中央银行有足够的外汇储备来保持汇率固定并对货币扩张进行这么长时间的冲销。最终，试图通过货币扩张方式提高实际收入水平的国家最终必须允许货币量减少或令本币贬值。当然，如果中央银行耗尽了外汇储备，无法再通过卖出外汇储备支持固定汇率，就会出现后一种情况。为了防止对外汇储备的投机性攻击——私人投机者断定中央银行无法支持固定汇率，并据此牟利的行为——中央银行有时会建立大量外国资产储备。（一国政策制定者就维持固定汇率所需的货币进行决策时，需要考虑几个关键因素；请参见“政策笔记本：决定一国选择钉住固定汇率制的是什么?”）

政策笔记本

决定一国选择钉住固定汇率制的是什么?

剑桥大学的克里斯托弗·迈斯纳（Christopher Meissner）和国际货币基金组织的尼恩科·欧姆斯（Nienke Oomes）最近进行的一项研究分析了 20 世纪 80 年代至 20 世纪 90 年代的一百多个实行固定汇率制的国家。这些研究人员发现，影响一国货币汇率钉住目标选择的最重要标准是该国的贸易伙伴。例如，如果一国的多数贸易伙伴国都将本币钉住美元，该国就可能也将本币钉住美元。

迈斯纳和欧姆斯发现，其他因素也会影响货币钉住选择。一个因素是实行固定汇率制的国家的经济活动是否趋于衰退，以及锚货币国家的经济活动流量。另一个关键因素是该国债务的计值货币。如果大部分债务都是用欧元表示的，该国就更可能将本币价值钉住欧元。

批判性分析

你认为迈斯纳和欧姆斯为什么认为越来越多的国家将欧元作为锚货币以及欧元日益成为全球债务工具的重要计值货币会导致欧元更多地被作为锚货币?

基本问题 3　货币政策行为在多大程度上影响资本流动不完全和汇率固定的小型开放经济的实际收入水平?

固定汇率制下货币政策行为的初始影响主要取决于小型开放经济的中央银行为防止外汇储备波动影响该国名义货币量而进行冲销的程度。根据国际收支的货币法，未冲销货币政策行为对实际收入的直接影响最终将被流通中货币量的反方向变化抵消。

固定汇率制下的财政政策

和货币政策一样，资本流动程度对财政政策行为的实际收入效应——政府支出或税收政策的变化——有重要影响。此外，财政政策行为的影响部分取决于中央银行是否冲销了维持固定汇率的干预。不过，在我们讨论这些问题之前，首先要确定财政政策行为如何影响均衡名义利率和均衡实际收入水平。

财政政策、名义利率和实际收入　图 11—6 显示了在 *IS*—*LM* 框架下，实际政府支出从 g_1 升至 g_2 的影响。正如我们在第十章中讨论的，政府支出的上升导致 *IS* 曲线向右移动，移动距离等于增加的支出乘以自发支出乘数 $1/(1-MPC)$。因此，在初始均衡利率 R_1 上，实际利率从 y_1 升至 y_3，升幅等于初始均衡点 A 和点 C 之间的距离。然而，实际收入的增加提高了实际货币需求，从而导致均衡名义利率从 R_1 升至 R_2，表示为沿着 LM 曲线从点 A 升至点 B。均衡名义利率增加减少了投资支出，因而导致实际收入降至 y_2，表示为沿着新 IS 曲线从点 C 移动回点 B。从 y_3 到 y_2 的实际收入降幅等于下降的投资支出乘以自发支出乘数 $1/(1-MPC)$。

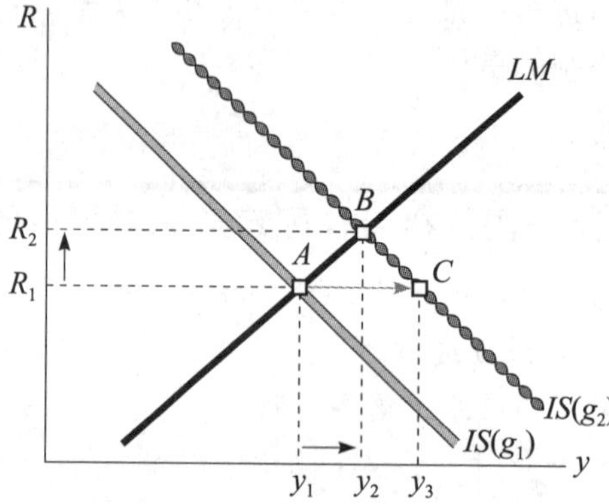

图 11—6　扩张性财政政策的影响

说明：政府支出的增加令 IS 曲线向右移动，移动距离等于增加的支出乘以自发支出乘数，表示为从点 A 移至点 C。这导致均衡实际收入上升，因而使实际货币需求增加。结果，均衡名义利率上升，表示为沿着 LM 曲线从点 A 移动到点 B。保持通货膨胀预期不变，实际利率增加导致意愿投资支出下降，沿着 IS 曲线从点 C 移至点 B。因此，政府支出增加挤出了部分私人投资支出。然而，从净结果看，政府支出增加导致均衡名义利率和均衡实际收入增加。

实际政府支出增加的净影响是均衡实际收入水平增加。然而，均衡实际收入的增加额不等于第十章中基本乘数分析的预测结果。实际上，由于利率增加使投资下降，财政政策导致的均衡实际收入增加通常较小。这种政府支出上升后投资下降的现象被称为**挤出效应**(crowding-out effect)。政府支出增加导致名义利率上升，"挤出"了部分私人投资，因而在某种程度上抵消了均衡实际收入的增加。注意，减税同样有挤出效应。

相反，保持其他因素不变，政府支出减少或税收增加将导致均衡利率下降，因而刺激私人投资。当然，国家可能出于某种与纯宏观经济影响无关的目的减少支出或提高税收。然而，IS—LM 模型表明，不论政府政策变化的目标是什么，财政政策变化都会对国民经济表现有广泛影响。

资本不完全流动时的财政政策与国际收支　图 11—7 的两张图说明了政府支出增加对国际收支的影响。在（a）图中，资本流动性相对较低，因此 BP 曲线相对陡峭。相反，在（b）图中，资本流动性相对较高，因此 BP 曲线相对平缓。每张图中的初始均衡点都用点 A 表示，该点为 BP 曲线上的 IS—LM 均衡点，因此我们假设在采取任何财政政策之前，都存在国际收支平衡。

在图 11—7 的每张图中，政府支出增加都导致 IS 从 $IS(g_1)$ 右移至 $IS(g_2)$。这导致更高的名义利率 R_2 和更高的实际收入水平 y_2 上的新均衡点 B。在（a）图中，均衡实际收入的升高导致进口增加，使该国出现贸易赤字。均衡利率升高导致国外的某些金融资源流入，但在低资本流动性下，流入金额并不是很大。因此，从净结果来看，该国出现了国际收支赤字，因为点 B 位于（a）图中 BP 曲线的右下方。

图 11—7 中的（b）图说明了资本流动性很高时的情况。在这种情况下，政府支出增加导致的均衡利率上升使外国金融资源大量流入。结果，出现了大量资本账户盈余，足以抵消均衡收入增加和进口增加导致的贸易赤字。因此，（b）图表明，在资本流动性很高的情况下，政府支出导致国际收支盈余，点 B 位于 BP 曲线的左上方。

有货币冲销时和无货币冲销时财政政策行为的影响 在图 11—7（a）的点 B 上，国际收支赤字对一国货币产生贬值压力。为了保持汇率固定，中央银行必须通过卖出外汇储备进行干预。如果中央银行通过交易国内证券保持流通中的货币量不变，从而进行冲销，那么只要中央银行的外汇储备不耗竭，就能维持在（a）图的点 B 上。然而，在国际收支赤字下持续操作可能耗竭中央银行的外汇储备。最终，中央银行将被迫贬值或放弃固定汇率制。

相反，在图 11—7（b）中，点 B 上存在国际收支盈余，因此外汇市场上该国货币存在着升值压力。因此，保持固定汇率要求中央银行购买更多外汇储备。为了冲销积累更多外汇储备对货币量的影响，中央银行必须卖出国内债券。只要中央银行持有的国内债券没有耗尽，经济就能保持在图 11—7（b）的点 B 上。

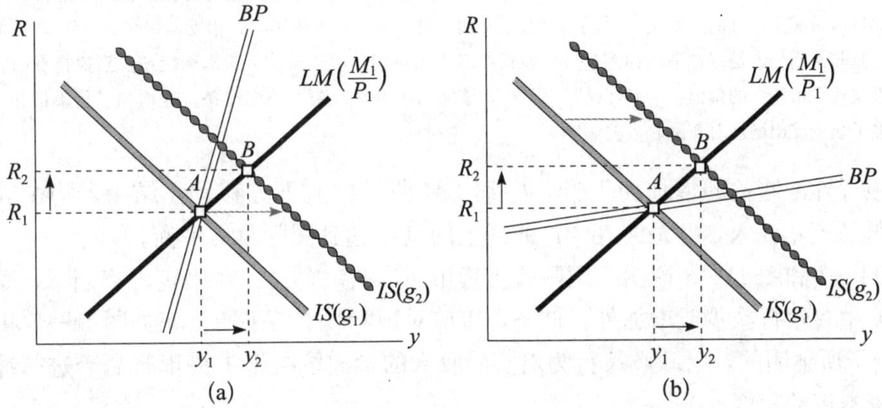

图 11—7 固定汇率制下扩张性财政政策的初始影响

说明：两张图显示了实际政府支出的增加最初如何导致均衡名义利率的增加和均衡实际收入的上升。在（a）图中，BP 曲线相对陡峭，表明资本流动性较低。从点 A 移至点 B 后，均衡利率增加导致的资本流入很少，但在均衡实际收入上升的刺激下，进口支出显著增加。净结果是点 B 上的国际收支赤字。相反，在（b）图中，BP 曲线平缓得多，表明资本流动性较高。在这种情况下，均衡利率上升产生了大量资本流入，足以抵消均衡实际收入增加导致的进口上升。这形成了（b）图中点 B 上的国际收支盈余。

图 11—8 说明了如果中央银行不愿冲销政府支出增加的影响的结果。图 11—8 中的两张图再次显示了从国际收支平衡的初始点 A 移动到国际收支不平衡的点 B 的过程。在图（a）的低资本流动性下，不进行冲销导致该国货币量减少。这是因为中央银行为了在点 B 的国际收支赤字下维持该国的固定汇率而卖出了外汇储备。当流通中的货币量从 M_1 减少到 M_2 时，LM 曲线向左上方移动。这最终导致点 C 上的新 IS—LM 均衡、更高的均衡利率 R_3，以及更低的均衡实际收入水平 y_3。实际收入下降导致进口支出下降，因而减少了贸易赤字并导致点 C 上的国际收支平衡。最后，这对中央银行形成了卖出外汇储备、捍卫固定汇率的压力。

在图 11—8（b）中，资本流动性相对较高，当政府支出增加后，点 B 上存在国际收支盈余，因为名义利率从 R_1 升至 R_2 之后，该国出现了大量资本流入。因此，中央银行开始积累外汇储备，以维持固定汇率。如果中央银行没有进行冲销，那么该国的货币量将随

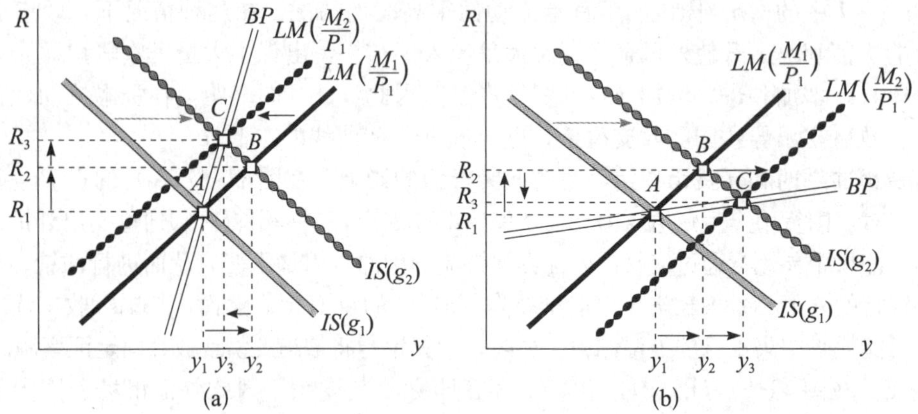

图 11—8　不进行冲销时政府支出增加的最终影响

说明：本图的两张图说明了实际政府支出增加的最终影响，如图 11—7 所示，它首先导致 IS 曲线从点 A 右移至点 B。在（a）图中，资本流动性相对较低，因此进口支出增加导致的国际收支赤字足以抵消较少的资本流入。因此，该国居民提高外币需求，使该国货币的币值降低。为了保持汇率固定，该国的中央银行卖出外汇。不进行冲销时，这导致流通中的货币量减少，且向点 C 的移动将抵消政府支出上升对实际收入的影响。相反，在（b）图中，资本流动性很高。资本外流非常明显，足以抵消增加的进口，导致点 B 上出现国际收支盈余。该国居民减少意愿持有的外币，提高了该国货币在外汇市场上的币值。为了保持汇率不变，该国的中央银行购买外汇储备。这增加了货币量并导致向点 C 移动，增强了政府支出增加对实际收入的影响。

着中央银行外汇储备的增加而上升，导致 LM 曲线向右下方移动。结果，均衡利率降至 R_3，降低了资本流入，并最终在 BP 曲线上的点 C 达到国际收支平衡。

图 11—7 和图 11—8 说明了国际收支货币法的关键含义：在固定汇率制下，财政政策行为迫使中央银行减少或增加外汇储备，以应对国际收支不平衡。正如图 11—7 和图 11—8 中的例子所证明的，财政政策行为对实际收入的影响取决于中央银行是否进行冲销的决定以及资本流动程度。

我们的例子关注的主要是政府支出的变化，尽管在许多方面，基本分析也适用于税收变化的影响。然而，两个因素使税收变化对一国均衡利率和实际收入水平的最终影响变得复杂。第一个因素是李嘉图等价可能减少税收变化对总意愿支出的影响。李嘉图等价是以 18 世纪的英国经济学家大卫·李嘉图（David Ricardo）的名字命名的，它是指一国居民可能将以赤字融资的减税视为需要在未来增税以偿还政府借款的信号。这导致他们将当前减税产生的收入储蓄起来以备缴纳未来增加的税款。根据李嘉图等价在特定国家成立的程度，税收变化的经济影响被减弱。

第二个因素是，政府通常通过对收入征税来获得大部分财政收入。评估税收变化的完全影响需要评估不同家庭和企业收入水平上税率变化的相互作用。税收变化也可能影响家庭的工作努力程度、企业生产并最终影响总支出。

基本问题 4　财政政策行为在多大程度上影响资本流动不完全和汇率固定的小型开放经济的实际收入水平？

扩张性财政政策的直接影响是该国实际收入水平上升。然而，财政政策行为对固定汇率制下小型开放经济的实际收入的影响在某种程度上最终取决于中央银行的冲销决策。冲销可能在某种程度上消除这种影响，但为支持固定汇率而进行的未冲销干预将增强财政扩张增加实际收入的效果。

固定汇率制与完全资本流动

正如之前讨论的，资本流动程度影响财政政策行为的最终影响。大量证据表明，世界上许多国家的资本流动性都有所提高，尤其是北美、西欧和东亚的国家。如果各国的资金和金融资产的跨国流动与国内流动一样顺畅，就将实现完全资本流动，且无抛补利率平价条件成立。首先，让我们考虑经济政策如何在资本完全流动的小型开放经济中起作用。然后，我们将考虑资本完全流动时，经济体采取的政策行为如何溢出，影响另一个国家。(巴西的政策制定者最近希望经营一家政府所有的主权财富基金，以利用较高的资本跨国流动性，但他们的目的是浮动汇率还是固定汇率似乎还不确定；请参见“政策笔记本：难窥真容的巴西汇率政策”。)

政策笔记本

难窥真容的巴西汇率政策

据巴西中央银行称，该国货币雷亚尔的币值仅由市场力量决定，因此该国为浮动汇率制。然而，如果有人问该国的财政部长，将会得到不同的答案。最近，巴西财政部成立了一家主权财富基金，将政府持有的外币储备投资于全球各地。这家主权财富基金的主要目标是否和挪威及新加坡等国成立的主权财富基金一样，是从投资中获利？巴西财政部长并不这样认为。尽管目前的规定表明，干预货币市场是巴西中央银行的唯一特权，但财政部长公开表明，主权财富基金的主要目标是防止雷亚尔升值。这种政策冲突不免让投资者猜测巴西实行的是浮动汇率制还是钉住汇率制。

批判性分析

巴西中央银行如何利用自身的外汇储备防止巴西的主权财富基金阻止外汇市场上雷亚尔币值的变化？

网络资源

请访问巴西中央银行的网站：http://www.bcb.gov.br/?english。

完全资本流动和固定汇率制下的经济政策：小型开放经济体

如果某个经济体相对于世界上其他国家较小，其实际收入或名义利率的变化对其他国家的影响就可以忽略。因此，对于小型开放经济体来说，国外收入和利率是“给定”的。

完全资本流动和固定汇率制下的货币政策 图11—9描绘了完全资本流动、固定汇率制的小型开放经济体中货币扩张的影响。当资本完全流动时，无抛补利率平价成立，因此国内利率等于国外利率、预期本币贬值率和风险溢价之和。假设预期本币不会贬值且无风险溢价，那么国内利率必然等于国外利率。因此，图中的 BP 曲线是水平的，高度等于国外利率 R^*，因为在完全资本流动下，即使该国名义利率的变化很小，也会导致大量金融资源跨国流动。

扩张性货币政策，例如货币量从 M_1 增加到 M_2，将使 LM 曲线向右移动。这将导致 BP 曲线的点 A 上的初始 IS—LM 曲线移动到 BP 曲线下方的点 B。均衡国内利率下降至国外利率 R^* 下方的 R_2。这导致大量资本流出小型开放经济体，产生国际收支赤字。为了防止该国货币贬值，中央银行将卖出外汇储备。如果该国对外汇市场干预进行了冲销，那么中央银行至少在一段时期可以保持点 B 上的均衡。然而，如果中央银行的干预没有被冲销，外汇储备的下降最终将导致该国货币量回落到初始水平。

我们再次得出结论，当中央银行维持固定汇率时，扩张性货币政策行为最终对实际收入没有影响。因为中央银行必须干预外汇市场以保持汇率不变，因此中央银行实际上必须"撤销"自己的政策。

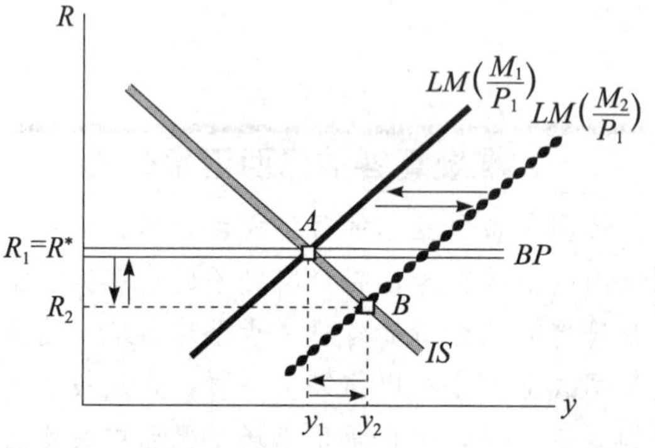

图 11—9 完全资本流动和固定汇率制下的货币政策

说明：本图显示了如果资本完全流动（因此 BP 曲线水平），不进行冲销时货币量增加的影响。结果是 LM 曲线沿 IS 曲线从点 A 右移到点 B。所导致的名义利率下降引发资本流出和国际收支赤字。为了保持本币不贬值，中央银行卖出外汇储备，这导致该国货币量回落到初始水平，使 LM 曲线移回点 A。因此，未冲销的货币政策行为对均衡实际收入没有长期影响。

完全资本流动和固定汇率制下的财政政策 相反，在固定汇率制下，如果资本是完全流动的，财政政策行为对实际收入的影响将会增大。为了解这一点，请参考图 11—10。政府支出从 g_1 增至 g_2 导致 IS 曲线右移，在 BP 曲线上方的点 B 达到均衡。小型开放经济体的均衡名义利率升至国外利率之上的 R_2，因此当国内利率升高导致国外资本大量流入时，该国将出现国际收支盈余。

在图 11—10 的点 B 上，中央银行开始积累外汇储备，以保持汇率不变。如果中央银行持续进行冲销，经济将保持在点 B 上。然而，在不进行冲销时，外汇储备增加将导致流通中的货币量上升，LM 曲线右移，直到在 BP 曲线的新 IS—LM 均衡点 C 上实现国际收支平衡。因此，当资本完全流动时，财政政策对均衡实际收入的影响最大。

基本问题 5 完全资本流动如何改变固定汇率制下小型开放经济的货币政策行为和财政政策行为的相对有效性?

当资本完全流动、汇率固定时，货币行为对实际收入没有影响。实际上，在没有进行冲销的中央银行干预政策下，货币政策行为对小型开放经济体的实际收入水平没有影响。

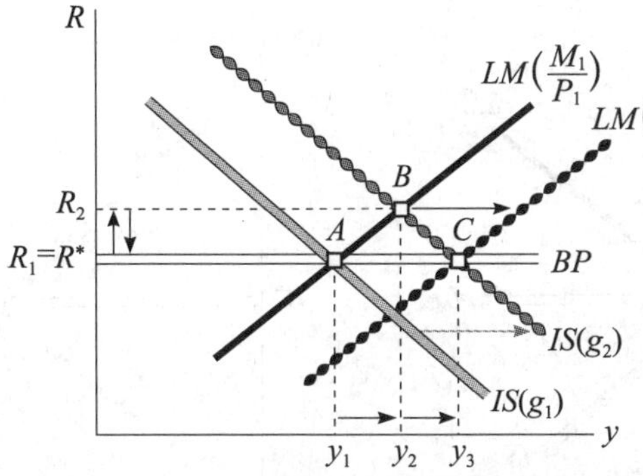

图 11—10　完全资本流动和固定汇率制下的财政政策

说明：实际政府支出增加使 IS 曲线沿 LM 曲线从点 A 右移至点 B。所导致的名义利率增加引发资本流入。这导致国际收支盈余，从而对该国货币形成升值压力。为了避免货币升值，中央银行必须购买外汇储备，导致货币量增加，使 LM 曲线右移至点 C 上的最终均衡。

相反，财政政策行为，尤其是没有进行冲销的中央银行干预，对该国实际收入水平的短期影响最大。

完全资本流动和固定汇率制下的经济政策：两国例子

一些国家，例如美国、中国、日本和德国，显然不适用小型开放经济体假设。实际上，这些国家经济表现的变化会影响其他国家的经济表现。

资本自由流动和固定汇率制下的两国模型　为了理解一国的政策行为或其他经济发展如何对其他国家产生溢出效应，假设“世界”由两个大小几乎相同，并进行商品、服务和金融资产国际贸易的国家组成。显然，这种世界违反小型开放经济体假设，因为每个国家都占世界产出的一半。

图 11—11 说明了金融资源自由跨国流动时，两国均衡实际收入水平和均衡名义利率的决定。我们将其中一国称为国内经济，（a）图中点 A 上产生的 IS—LM 均衡上的均衡实际收入等于 y_1，均衡名义利率等于 R_1。如果存在完全资本流动，那么在本币不贬值时，无抛补利率平价表明，该均衡国内利率必然等于均衡国外利率——（b）图中的 R_1^*。该国外利率来自（b）图中的国外 IS—LM 均衡点 A，此时国外实际收入均衡水平等于 y_1^*。我们继续假设，国内和国外的价格均不变。

图 11—11 的一个重要含义是，完全资本流动对国内经济和国外经济的利率变化施加了约束。尽管两国的 IS 曲线和 LM 曲线都会因为经济政策行为而移动，但在预期货币不会贬值、国内利率和国外利率相等的情况下，它们的最终位置必须一致。与之前的小型开放经济体框架相反，两国的名义利率可能因货币政策行为或财政政策行为而变化。然而，两国金融资源的自由流动最终必然使两国利率相等。

国外货币扩张的影响　考虑图 11—12，该图说明了国外流通中货币量增加的影响。为了方便说明，假设本国中央银行希望保持本币相对于外币的价值固定。因此，本国中央银行必须在必要时干预外汇市场，以维持本国的固定汇率目标。相反，外国中央银行通过增加外国货币量实行独立的货币政策。

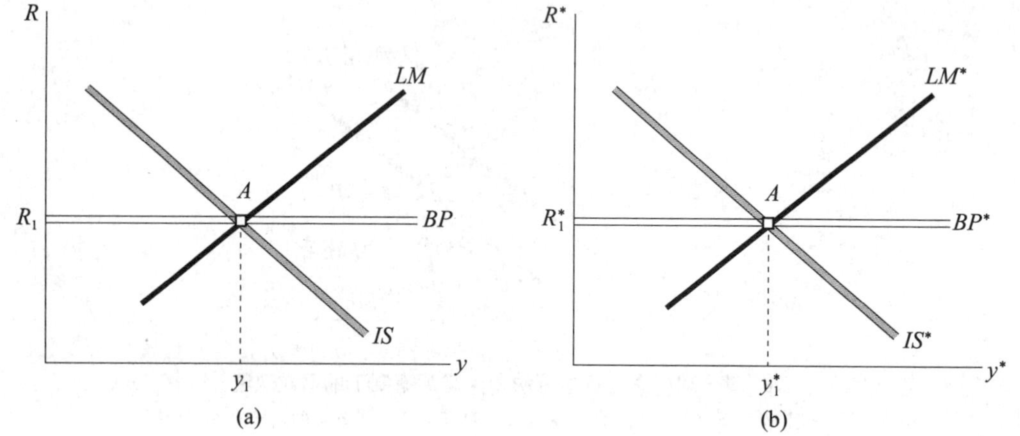

图 11—11　完全资本流动和固定汇率制下的两国框架

说明：本图说明了金融资源完全自由跨国流动的两个国家中，均衡实际收入水平和名义利率是如何产生的。国内的 IS—LM 均衡产生于（a）图的点 A。其中均衡实际收入等于 y_1，均衡名义利率等于 R_1。在本币不贬值的情况下，无抛补利率平价表明均衡国内利率必然等于（b）图中的均衡国外利率 R_1^*，它是由国外的 IS—LM 均衡决定的。这是（b）图中的点 A，此时均衡国外实际收入水平等于 y_1^*。

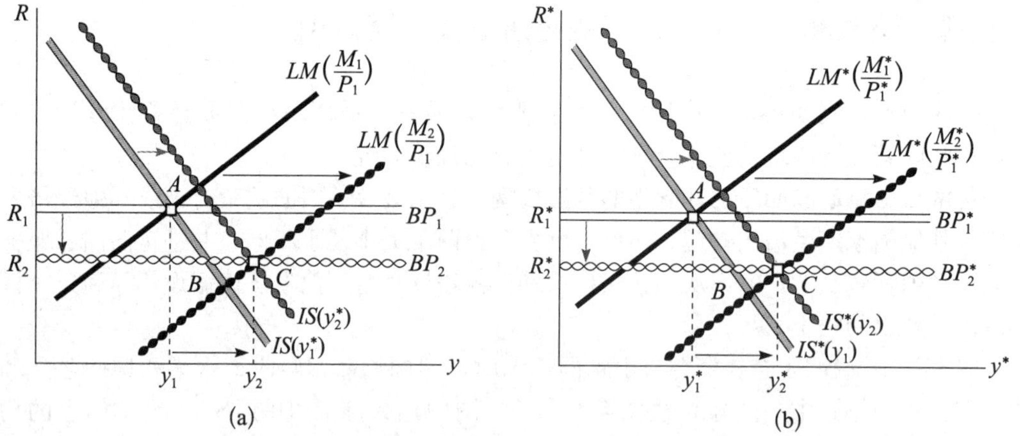

图 11—12　固定汇率制下，两国模型中国外货币扩张的影响

说明：国外货币量增加导致（b）图中的 LM 曲线右移。这使均衡国外利率下降，引发金融资源从国外流入国内。为了保持本币不对外币升值，本国中央银行必须购买外国资产，导致国内货币量上升，（a）图中的 LM 曲线右移。两国的均衡名义利率跌至相同水平，这是因为金融资源从国外流向国内，因而使各国的国际收支回到均衡水平。净结果是，两国的实际收入水平增加，因此国外货币扩张将产生经济助推效应。

固定汇率　注意，两国框架下固定汇率制的另一种分析方法假设两国在必要时合作调整“世界货币量”，以保持两国货币汇率不变。然而，我们希望这个两国例子更加现实。在现实的固定汇率制下，例如 20 世纪 50 年代至 20 世纪 60 年代的布雷顿森林体系和 20 世纪 80 年代至 20 世纪 90 年代的欧洲货币体系（EMS）的汇率机制（ERM），各国通常固定本国货币相对于体系“中心国”（在布雷顿森林体系下是美国，在欧洲货币体系下是德国）货币的汇率。例如，你可能认为在我们的两国框架下，德国是外国，该国可以决定自身的货币政策；法国是本国，该国的中央银行希望保持固定汇率。

在这种固定汇率制下，外币量增加导致国外 LM 曲线从（b）图中的 LM^*（M_1^*/P_1^*）

右移至 $LM^*(M_2^*/P_1^*)$，导致国外利率下降，国外实际收入从点 A 升至点 B。国外利率相对于国内利率下降导致金融资源从国外流向国内，使国外产生国际收支赤字，国内产生国际收支盈余。结果，外汇市场上外币需求下降，本币需求上升，这使本币相对于外币产生了升值压力。

为了防止本币相对于外币升值，本国中央银行购买外币资产。如果本国中央银行的干预没有被冲销，这种行为将增加流通中的本币，从而增加本币存量。因此，在图 11—12 中，国内 LM 曲线从（a）图中的 $LM(M_1/P_1)$ 右移至 $LM(M_2/P_1)$，达到新的 IS—LM 均衡点 B。同时，国外实际收入的增加导致国外进口支出的增加，国内出口相应增加。因此，（a）图中的 IS 曲线向右移动，在点 C 上达到最终均衡。净结果是，均衡国内利率从 R_1 降至 R_2，均衡国内收入从 y_1 升至点 B 上的 y_2。

重新实现均衡　最后，国内实际收入的升高导致本国居民进口更多外国商品，国外出口增加，国外 IS 曲线从 $IS(y_1^*)$ 右移至 $IS(y_2^*)$。因此，（b）图中的最终均衡点为点 C。注意，在均衡时，完全资本流动要求两国的名义利率降至相同水平。这是因为国外的金融资源流向国内，使各国的国际收支重新平衡。

我们可以得出结论，国外货币扩张导致国内货币相应扩张，这要求本国中央银行保持固定汇率。根据两国价格水平不变的假设，两国的结果都是利率下降、收入水平上升。外币扩张导致的国外收入上升理论上会导致国内收入上升，这是**经济助推效应**（locomotive effect）的一个例子。这是指一国的收入增加刺激另一国收入增加的可能。在这种情况下，当本国中央银行固定本币相对于外币的价值时，国外货币扩张造成的国外收入上升将增加国内收入。因此，如果将我们的框架应用于 20 世纪 80 年代至 90 年代的欧洲货币体系的汇率机制，一个重要含义就是，如果价格水平和其他因素不变，德国的货币扩张将同时提高德国和法国的均衡收入水平。

国外财政扩张的影响　原则上，一国的收入增长也可能以牺牲另一国的收入增长为代价。为了解其中的原因，请参考图 11—13，这张图说明了国外财政扩张的影响。如（b）图所示，给定国内实际收入的初始水平，国外政府支出从 g_1^* 升至 g_2^* 使国外 IS 曲线从 $IS^*(g_1^*, y_1)$ 右移至 $IS^*(g_2^*, y_1)$。这导致沿着国外 LM 曲线向上移至点 B，使国外实际收入和国外利率最初增加。所造成的新均衡国外利率与国内利率之差引发金融资源从国内流向国外，压低了本币币值。

为了保持本币与外币的相对价值固定，本国中央银行将卖出外汇储备，这抑制了流通中的本币数量。假设不对本国干预进行冲销，所导致的国内货币量下降将使（a）图中的国内 LM 曲线从 $LM(M_1/P_1)$ 左移至点 B 上的 $LM(M_2/P_1)$。然而，与此同时，国外收入增加刺激了国外进口支出，因此国内出口上升。结果，国内 IS 曲线右移，产生了最终均衡点 C。注意，对均衡国内实际收入的净影响可能有两方面。（a）图说明了一种情况，其净结果是，均衡国内实际收入从 y_1 降至 y_2，国内实际投资由于国内利率提高而下降，降幅大于国外实际收入上升导致的国内出口增加。

最后，（b）图显示，国内实际收入净下降时，国外 IS 曲线从 $IS^*(g_2^*, y_1)$ 略微向左回移至 $IS^*(g_2^*, y_2)$。从净结果看，（b）图中从初始均衡点 A 向最终均衡点 C 的移动导致国外实际收入从 y_1^* 升至 y_2^*，使国外利率从 R_1^* 升至 R_2^*，相当于国内利率 R_2。

因此，在资本完全流动，国内政策为保持固定汇率时，国外财政扩张将导致均衡国外收入上升。然而，原则上，它会导致均衡国内收入下降。国际经济学家称这类政策影响为

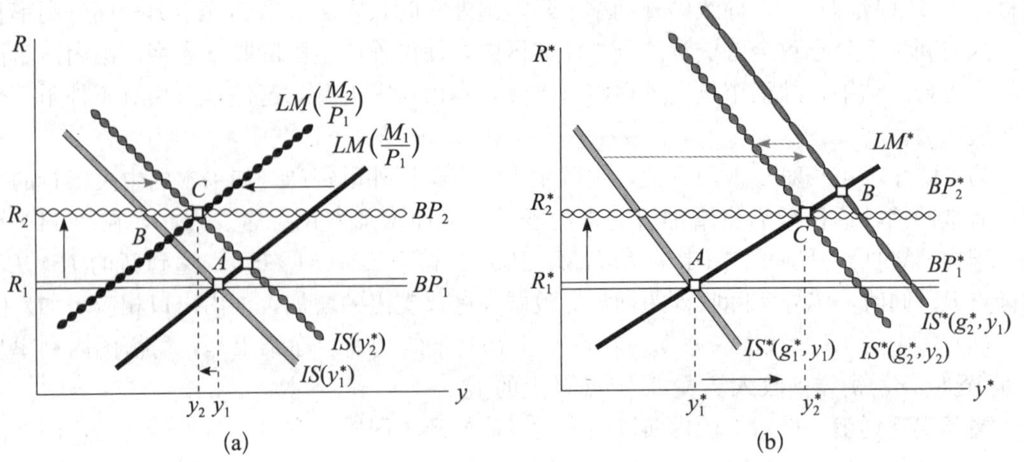

图 11—13　固定汇率制下两国模型中的国外财政扩张效应

说明：国外政府支出增加使（b）图中的国外 *IS* 曲线向右移动，导致国外利率上升，金融资源从国内流向国外。为了保持本币对外币的汇率固定，本国中央银行必须卖出外汇储备，导致国内货币量下降，（a）图中的国内 *LM* 曲线左移。如果国外实际收入增加导致的国内出口上升足以抵消国内利率上升导致的国内投资下降，那么均衡国内实际收入将下降。这是以邻为壑效应的一个例子。

以邻为壑效应（beggar-thy-neighbor effect），它是指一国的政策制定者实施对本国有利，但以恶化另一国经济表现为代价的政策行为。在图 11—13 的例子中，外国政府提高支出可以增加国内收入。中央银行保持本币对外币的汇率不变时，这种行为可能产生的副作用是国内收入水平下降。许多观察家认为，20 世纪 90 年代初，德国统一后的大规模财政扩张使欧洲发生了这种以邻为壑效应。在这段时期内，德国和法国的利率大幅上升，而法国遭受了剧烈经济衰退，因为法国中央银行将本币汇率钉住欧洲汇率机制（ERM）。

国内货币扩张的影响　如果本国中央银行保持固定汇率，经济助推效应或以邻为壑效应都将只作用于一个方向，即从国外经济传递到国内经济。国内政策行为不能影响国外经济。图 11—14 通过分析国内货币扩张的影响说明了这一点，假设两国的价格水平都不变，且本国中央银行保持本币与外币的固定汇率。

国内货币量上升导致国内 *LM* 曲线从 $LM(M_1/P_1)$ 右移至 $LM(M_2/P_1)$，如图 11—14（a）所示。这使国内名义利率从 R_1 下降到 R_2。因此，金融资源从国内流出，国内开始出现资本账户赤字，因而产生国际收支赤字。所导致的本币需求减少和外币需求增加对本币形成了贬值压力。

为了保持本币与外币的汇率固定，本国中央银行卖出外汇储备。正如图 11—10 中的小型开放经济体的例子一样，如果本国中央银行通过购买本国债券冲销该行为的影响，那么在一段时间内，国内经济可能保持在均衡名义利率 R_2 和相应的均衡实际收入水平 y_2 上。然而，如果本国中央银行为维持固定汇率进行的干预没有被冲销，卖出外汇储备就会导致国内货币量下降到初始水平。因此，最终国内 *LM* 曲线将移回到初始位置，所以最初的国内货币扩张对国内经济将没有长期影响。国内货币政策对国外经济也没有影响。实际上，本国中央银行保持固定汇率的目标隔绝了国内政策行为对国外经济的影响。

这个例子的一个重要含义是，本国中央银行保持固定汇率的承诺使其必须牺牲执行独立货币政策的能力。因此，它的现实意义是，在 20 世纪 80 年代至 90 年代的欧洲汇率机

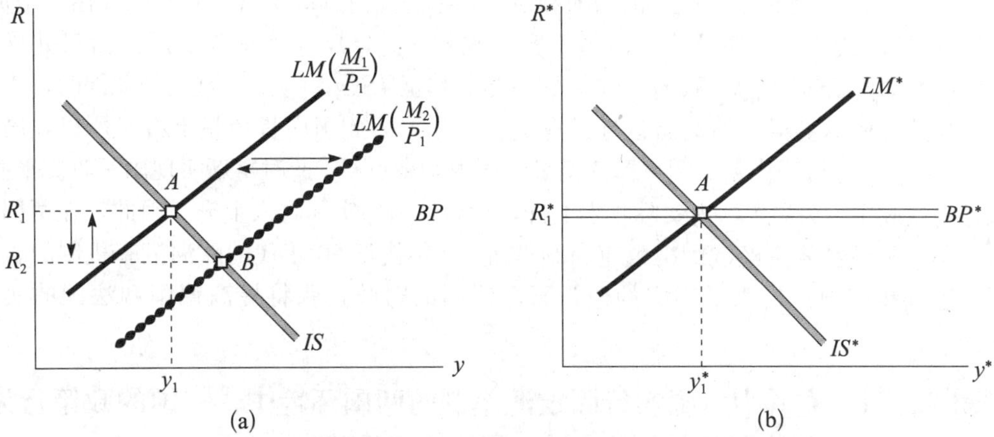

图 11—14　固定汇率制下，两国模型中国内货币扩张的影响

说明：国内货币量增加导致（a）图中的国内 LM 曲线右移，这压低了国内名义利率，导致金融资源从国内流向国外。为了保持汇率不变，本国中央银行必须卖出外汇储备。如果本国中央银行保持汇率固定的干预没有被冲销，这种行为将导致国内货币量下降到初始水平。因此，（b）图中的均衡国外实际收入不变，表示固定汇率制下的本国中央银行政策隔绝了本国政策行为对外国的影响。

制下，法国银行不能执行影响法国实际收入的政策。

国内财政扩张的影响　如果本国政府希望通过财政政策行为影响实际收入，会发生什么？图 11—15 说明了本国中央银行保持本币与外币汇率固定时，扩张性国内财政政策的影响。在国外实际收入的初始水平上，政府支出从 g_1 增至 g_2 导致国内的 IS 曲线从（a）图中的 $IS(g_1, y_1^*)$ 右移至 $IS(g_2, y_1^*)$。向点 B 的初始移动导致国内实际收入和国内名义利率上升，金融资源开始从国外流向国内。因此，本国开始出现国际收支盈余。

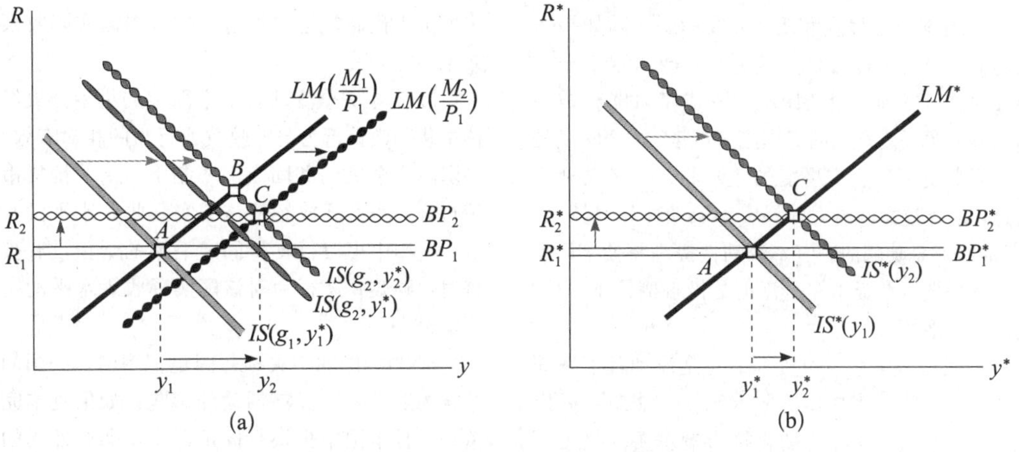

图 11—15　固定汇率制下，两国模型中国内财政扩张的影响

说明：国内政府支出增加导致（a）图中的国内 IS 曲线右移。最初结果是国内名义利率上升和金融资源从国外流向国内。国内实际收入增加导致的国外出口增加使（b）图中的国外 IS 曲线右移。因此，对国外实际收入存在经济助推效应，进而导致国内出口上升，使（a）图中的国内 IS 曲线再次右移。如果本国中央银行为保持汇率固定购买外汇储备且没有进行冲销，那么国内货币量也会增加，导致国内 LM 曲线右移，国内名义利率回落。在两张图的点 C 上，再次实现了国际收支平衡，此时国内利率、国外利率和实际收入水平都比之前更高。

在（b）图中，国内实际收入的增加和由此导致的国内进口支出上升使国外出口增加，因此国外 IS 曲线右移。这导致均衡国外实际收入上升，反过来刺激了国内出口并导致（a）图中的国内 IS 曲线从 $IS(g_2, y_1^*)$ 进一步右移至 $IS(g_2, y_2^*)$。然而与此同时，中央银行为保持汇率不变买入外汇储备且没有进行冲销，因此国内货币量上升。所以，国内 LM 曲线右移，导致国内名义利率回落至最终国内均衡点 C，此时重新实现国际收支平衡。扩张性财政政策行为导致国内实际收入上升，也导致国外实际收入上升。因此，在两国框架中，国内财政扩张有经济助推效应。20 世纪 80 年代至 90 年代的欧洲汇率机制的含义是，在法国和德国价格水平固定的假设下，法国的财政扩张将提高德国和法国的实际收入。

基本问题 6　在其中一国实行固定汇率制的两国环境中，一国的政策行为在多大程度上影响另一国的经济活动？

如果资本完全流动，且本国中央银行实行固定汇率制，那么国外货币政策扩张可能导致国外和国内的实际收入上升。相反，国外财政扩张往往会刺激国外收入，但导致国内收入下降。本国货币政策行为不会影响国外实际收入，因为本国中央银行固定汇率的做法隔绝了本国货币政策变化对外国经济的影响。

本章总结

1. 各国政策制定者的经济目标：政府财政部门和中央银行通常追求两种经济目标。一种是内部均衡目标，即国民实际收入、就业和通货膨胀目标。另一种目标是外部均衡目标，即贸易平衡目标、其他国际收支组成部分目标和汇率目标。

2. 资本流动程度和 BP 曲线的斜率：如果一国的资本流动程度较低，该国实际收入水平升高导致的进口增加产生的国际收支赤字可能会被该国利率大幅提高产生的资本流入抵消。BP 曲线是一系列实现国际收支平衡的实际收入—名义利率组合，因此这意味着，如果资本流动性相对较低，BP 曲线就是陡峭的。资本流动性提高将使 BP 曲线变得平缓。在资本完全流动的极端例子下，BP 曲线是水平的。

3. 货币政策行为对资本不完全流动且汇率固定的小型开放经济体实际收入水平的影响：固定汇率制下货币政策行为的直接影响主要取决于小型开放经济体的中央银行在多大程度上冲销了外汇操作对该国名义货币量的影响。若想实现国际收支平衡的外部均衡目标，未冲销货币政策行为将改变流通中的货币量，这最终会抵消中央银行最初采取的货币政策行为。

4. 财政政策行为对资本不完全流动且汇率固定的小型开放经济体实际收入水平的影响：扩张性财政政策行为对固定汇率制下小型开放经济体的直接影响为均衡实际收入增加。给定财政行为对实际收入的影响程度部分取决于中央银行是否冲销了支持固定汇率的干预。保持汇率固定时，未冲销干预通常会增强财政扩张提高实际收入的效果。

5. 资本完全流动且汇率固定的小型开放经济体中货币政策行为与财政政策行为的相对有效性：在资本完全流动和固定汇率制下，未冲销货币政策行为对小型开放经济体的实际收入水平没有影响，但当中央银行支持固定汇率的干预没有被冲销时，财政政策行为对该国实际收入水平的短期影响最大。

6. 当一国的中央银行固定汇率时，一国的政策行为对另一国经济活动的影响：如果资本完全流动，且本国中央银行固定汇率，那么外国的货币政策扩张就可能导致两国的实际收入水平增加。相反，外国的财政扩张往往会刺激国外收入，但抑制国内收入。由于本国中央银行维持固定汇率的行为往往会隔绝外国经济与国内利率和实际收入水平的变化，因此国内货币政策行为不能影响国外实际收入。

问题与习题

1. 正如本章开始时指出的，重商主义利益集团通常要求将国际收支盈余作为外部均衡目标。假设一国的目标是实现特定的国际收支盈余。在该政策目标下，*BP* 曲线将如何改变？面临这种外部均衡目标时，该国中央银行的冲销压力是增加还是减少？请说明你的理由。

2. 假设一国政府采用并执行了一套资本控制系统，它绝对禁止金融资源跨国流动。该国的 *BP* 曲线是什么形状？请用你自己的语言解释在这种环境下，扩张性财政政策对均衡实际收入有什么影响？

3. 如果某个小型开放经济体的中央银行保持固定汇率，但实施未冲销的货币政策，如果价格水平不变，紧缩性货币政策行为最终将如何影响该国的国际收支和实际收入水平？请解释你的答案。

4. 请用你自己的语言解释为什么资本流动程度是固定汇率制下政府支出减少对国际收支与均衡收入水平最初影响的关键决定因素？

5. 如果资本流动性很高（但不完全）的某个小型开放经济的中央银行保持固定汇率且执行未冲销的货币政策，那么紧缩性财政政策行为会导致该国的货币量扩张还是收缩？请解释。

6. 如果资本流动性非常低，你对第 5 题的答案会不同吗？请解释。

7. 请考虑一个两国模型，其中本国中央银行用未冲销的外汇市场干预稳定汇率。首先，请从图 11—12 的初始均衡开始，推导出外国财政紧缩的影响。

8. 重新做第 7 题，但这次分析国内财政紧缩的影响。

9. 在资本完全流动的两国框架内，我们假设本国中央银行独自采取行动以保持固定汇率。相反，本题假设外国中央银行和本国中央银行合作，买卖足以保持汇率固定的外币和本币。在这种环境下，国内货币扩张是否会导致国外均衡实际收入的变化？如果会，那么存在经济助推效应还是以邻为壑效应？

10. 假设和第 9 题一样，两国模型中的外国中央银行和本国中央银行合作以保持汇率固定。在这种环境中，国内财政扩张是否会导致国外均衡实际收入的变化？如果会，那么存在经济助推效应还是以邻为壑效应？

在线应用

网址：https://www.cia.gov/library/publications/the-world-factbook/geos/ly.thml

标题：中央情报局世界概况——利比亚

浏览：首先请访问中央情报局的主页(http://www.cia.gov)，在“快捷链接”窗口中点击“世界概况”。在国家下拉菜单中选择“利比亚”。最后，选择“经济”。

应用：请浏览简介，直到你看到“经济”栏目的讨论部分。然后回答下列问题：

1. 根据现有数据，最近一年利比亚的政府赤字是多少？利比亚的政府赤字相对于概况中其他国家的政府赤字排名如何？利比亚的公共债务是多少？利比亚政府可以如何减少赤字和公共债务？

2. 根据现有数据，最近一年利比亚的人均 GDP 是多少？造成这一数字相对较低的因素是什么？

部分参考书目与扩展阅读

[1] Aizenman, Joshua, and Reuven Glick. “Pegged Exchange Rate Regimes: A Trap?” *Journal of Money, Credit, and Banking* 40 (2008): 817 - 835.

[2] Aizenman, Joshua, and Nancy Marion. “The High Demand for International Reserves in the Far East. What's Going On?” *Journal of the Japanese and International Economies* 22 (2003): 887 - 893.

[3] Daniels, Joseph, and David Van Hoose. "Trade Openness, Capital Mobility, and the Sacrifice Ratio." *Open Economies Review* 20 (2009): 473 - 487.

[4] Daniels, Joseph, and David Van Hoose. "Two-Country Models of Monetary and Fiscal Policy: What Have We Learned? What More Can We Learn?" *Open Economies Review* 9 (1998): 263 - 282.

[5] Dooley, Michael P. "A Survey of Literature on Controls over International Transactions." *International Monetary Fund Staff Papers* 43 (December 1996): 639 - 687.

[6] Edwards, Sebastian. "Capital Controls, Capital Flow Contractions, and Macroeconomic Vulnerability." *Journal of International Money and Finance* 26 (2007): 814 - 840.

[7] Frankel, Jeffrey. "Monetary Policy in Emerging Markets: A Survey," National Bureau of Economic Research, Working Paper No. 16125 (June 2010).

[8] Frenkel, Jacob, and Assaf Razin. "The Mundell-Fleming Model a Quarter Century Later." *International Monetary Fund Staff Papers* 34 (1987): 567 - 620.

[9] Magud, Nicolas, and Carmen Reinhart. "Capital Controls: An Evaluation." In *Capital Controls and Capital Flows in Emerging Economies: Policies, Practices, and Consequences*, ed. Sebastian Edwards. Chicago: University of Chicago Press, 2007, pp. 645 - 674.

[10] Meissner, Christopher, and Nienke Oomes. "Why Do Countries Peg the Way They Peg? The Determinants of Anchor Currency Choice." *Journal of International Money and Finance* 28 (2009): 522 - 547.

[11] Rogoff, Kenneth. "Rethinking Capital Controls. When Should We Keep an Open Mind?" *Finance and Development* 39 (December 2002).

第十二章　浮动汇率制下的经济政策

基本问题

1. 在浮动汇率制下，货币政策行为和财政政策行为如何影响一国的实际收入？

2. 资本完全流动如何影响允许汇率浮动的小型开放经济体中货币政策行为和财政政策行为的相对有效性？

3. 在汇率浮动的两国环境中，一国的政策行为对另一国的经济活动有多大影响？

4. 在固定汇率制和浮动汇率制之间作出选择时，面临的基本经济效率权衡是什么？

5. 在固定汇率制和浮动汇率制之间作出的选择为何部分取决于经济稳定性和货币政策自主性？

2009年以来，一些国家的政府或中央银行积极寻求降低外汇市场上的本币价值。根据《华尔街日报》的一篇头条新闻，困难在于“币值升高威胁全球经济”。另一篇文章一针见血地指出：“货币战争——贬值竞赛”。

当然，并不是每国的货币都能同时“贬值”。当许多国家的政策制定者都在头疼如何减轻本币稳定的升值压力时，另一些国家的政策制定者对本币的稳定贬值心满意足。实际上，对于一些国家而言，货币持续贬值是扩张性货币政策和财政政策意料之中的副产品。

扩张性货币政策行为和扩张性财政政策行为如何影响浮动汇率制下一国的经济活动？浮动汇率对经济政策的优点和缺点是什么？正如21世纪10—20年代初“货币战争”的经验所表明的，这些是重要的现实问题。我们将在本章中解决这些问题。

浮动汇率制与资本不完全流动

当一国的中央银行选择固定汇率制时，它肩负着两个任务。第一，它必须准备随时买卖外币资产以干预外汇市场。因此，中央银行必须愿意积累或增加外汇储备。第二，中央银行必须决定是否冲销外汇市场干预。如果中央银行没有进行冲销，它实际上将牺牲对流通中货币量的控制。

允许汇率浮动后，中央银行摆脱了这些负担。你将在本章中学到，采用浮动汇率制也会增加货币政策行为影响一国经济表现的可能。相反，当汇率浮动时，财政政策可能至少会丧失部分影响能力。

IS—LM—BP 模型中汇率变化的影响

在考虑浮动汇率制下货币政策行为与财政政策行为如何影响一国的经济表现之前，我们首先需要考虑汇率变化如何影响 *IS—LM—BP* 框架。

汇率变化与 *IS* 曲线 图 12—1 显示了一国货币贬值如何影响 *IS* 曲线。一国货币贬值让进口更昂贵，导致该国居民减少进口支出。同时，外国居民面临的该国出口商品的实际价格下降。因此，对该国出口商品的支出增加。

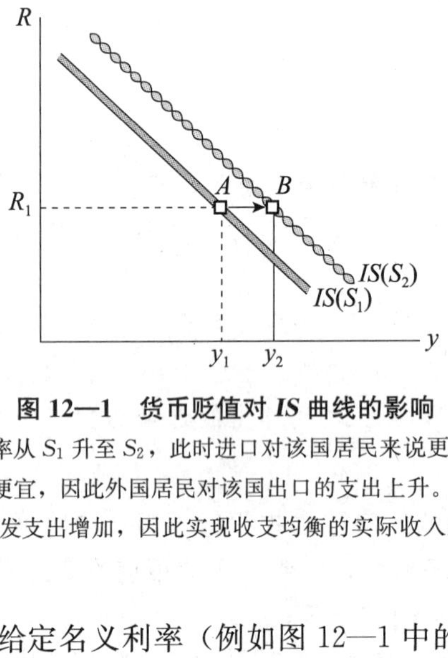

图 12—1 货币贬值对 *IS* 曲线的影响

说明：假设一国货币贬值，汇率从 S_1 升至 S_2，此时进口对该国居民来说更昂贵，导致他们削减进口支出。同时，该国的出口商品对外国居民更便宜，因此外国居民对该国出口的支出上升。总体来看，这些影响导致在给定名义利率（例如 R_1）上，该国的总自发支出增加，因此实现收支均衡的实际收入水平从点 *A* 上的 y_1 升至点 *B* 上的 y_2。因此，*IS* 曲线向右移动。

这两种影响导致在任何给定名义利率（例如图 12—1 中的 R_1）上，该国的总自发支出上升。结果，实现收入—支出均衡的实际收入（y）从点 *A* 上的 y_1 升至点 *B* 上的 y_2。因此，汇率从 S_1 升至 S_2，本币贬值，*IS* 曲线从 $IS(S_1)$ 右移至 $IS(S_2)$。

汇率变化与 *BP* 曲线 一国货币贬值也导致 *BP* 曲线的位置发生变化。前面曾经提到，保持其他所有因素不变，*BP* 曲线由所有保持国际收支平衡的实际收入—利率组合构成。然而，正如前面讨论过的，在任何给定实际收入水平和给定名义利率上，货币贬值将导致一国出口上升、进口下降。因此，如图 12—2 所示，在给定实际收入—名义利率组合上，例如 *BP* 曲线 $BP(S_1)$ 的点 *A* 上的 y_1 和 R_1，汇率从 S_1 升至 S_2 导致贸易差额改善，点 *A* 上出现国际收支盈余。

这意味着国际收支重回平衡后，该国的实际收入必将增加到使进口支出足以让贸易差额回到之前水平的水平上，例如 y_2。因此，本币贬值后，点 *B* 位于新的 *BP* 曲线上，用 $BP(S_2)$ 表示。我们可以得出结论，货币贬值将导致 *BP* 曲线右移。

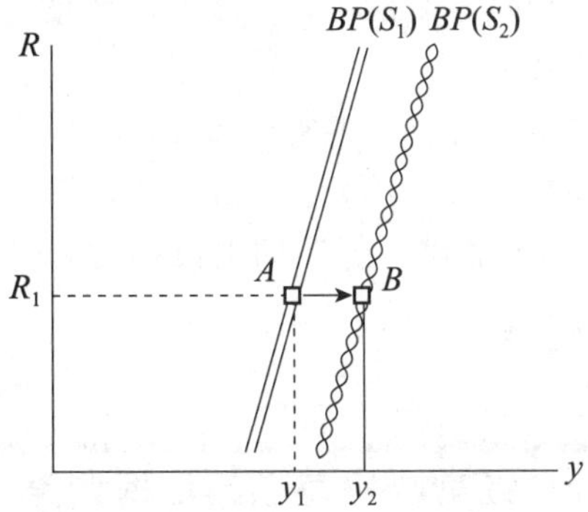

图 12—2　货币贬值对 BP 曲线的影响

说明：在给定实际收入—利率组合，例如 BP 曲线 $BP(S_1)$ 的点 A 上的 y_1 和 R_1 上，汇率从 S_1 升至 S_2 导致贸易差额改善。因此，在点 A 上产生国际收支盈余。重新实现国际收支平衡要求该国的实际收入上升（例如升至 y_2），使增加的进口支出足以让贸易差额回到之前的水平。因此，点 B 位于本币贬值后的曲线 $BP(S_2)$ 上，这表明货币贬值导致 BP 曲线右移。

浮动汇率制下的货币政策

图 12—3 的（a）图和（b）图说明了浮动汇率制下小型开放经济体的扩张性货币政策行为的影响。每张图都假设，在 BP 曲线 $BP(S_1)$ 的点 A 上存在初始 IS—LM 均衡，因此开始时，在汇率 S_1 上存在国际收支平衡。在（a）图中，BP 曲线非常陡峭，表明资本流动性很低。在（b）图中，BP 曲线平缓得多，表明资本流动性高得多。

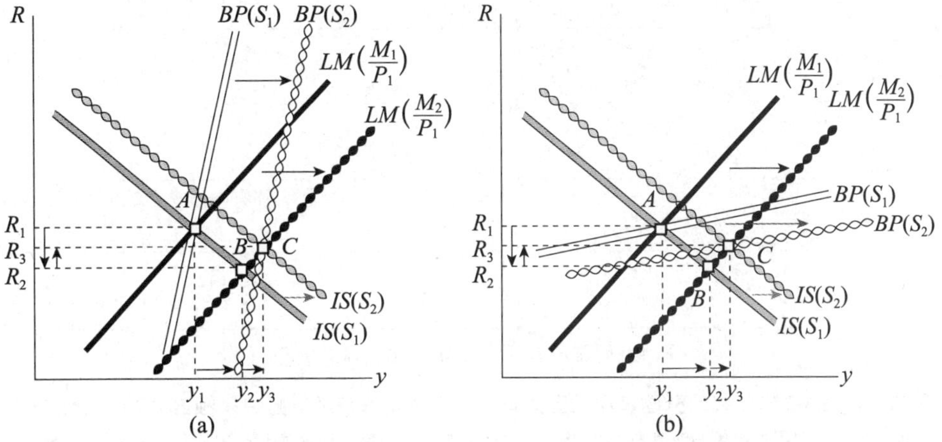

图 12—3　浮动汇率制下货币量增加的影响

说明：货币量增加导致 LM 曲线右移，因此在（a）图和（b）图中，LM 曲线最初都从点 A 移动到点 B。由于点 B 位于曲线 $BP(S_1)$ 右下方，因此两张图中的点 B 上都存在国际收支赤字。该国居民的进口支出和购买的外国金融资产增加，外国居民的出口支出和购买的该国金融资产减少，这导致本币贬值，因此汇率从 S_1 升至 S_2。结果，IS 曲线和 BP 曲线右移。在最终均衡点 C 上，两张图都重新实现了国际收支平衡，因此汇率没有上升压力。

货币存量从 M_1 增至 M_2 导致 LM 曲线右移。因此，在图 12—3 的两张图中，LM 曲线最初都从点 A 移至点 B。由于点 B 位于曲线 $BP(S_1)$ 右下方，因此点 B 上存在国际收支赤字。在（a）图中，资本流动性很低，因此出现国际收支赤字的原因是实际收入从 y_1

增至 y_2 导致的进口支出增加。在（b）图中，资本流动性很高，因此利率从 R_1 降至 R_2 引发的资本流出导致了国际收支赤字。

该国居民的进口支出和购买的外国金融资产增加，外国居民的出口支出和购买的该国金融资产减少，这对该国货币形成贬值压力。因此，本币贬值；汇率从初始的 S_1 升至 S_2。（21 世纪初以来，导致一些国家经常账户赤字的出口相对于进口减少实际上与货币贬值有关；见“政策笔记本：经常账户差额与汇率调整”。）

政策笔记本

经常账户差额与汇率调整

按照汇率根据政策行为进行调整的理论，经常账户赤字的国家是否容易出现货币贬值？经常账户盈余的国家是否容易出现货币升值？请看图 12—4，该图画出了部分国家和地区 2002 年以来的有效汇率变化率与经常账户差额占 GDP 之比的关系。如你所见，出现经常账户赤字的国家和地区的有效汇率变化率通常为负，表明货币贬值。相反，经常账户盈余的国家和地区通常会出现货币升值。此外，该图还表明，较高的经常账户赤字或盈余与 GDP 之比和较高的汇率调整比例有关。因此，按照浮动汇率制下的政策调整理论，货币贬值看来的确与经常账户赤字相伴而生，而货币升值则与经常账户盈余相伴而生。

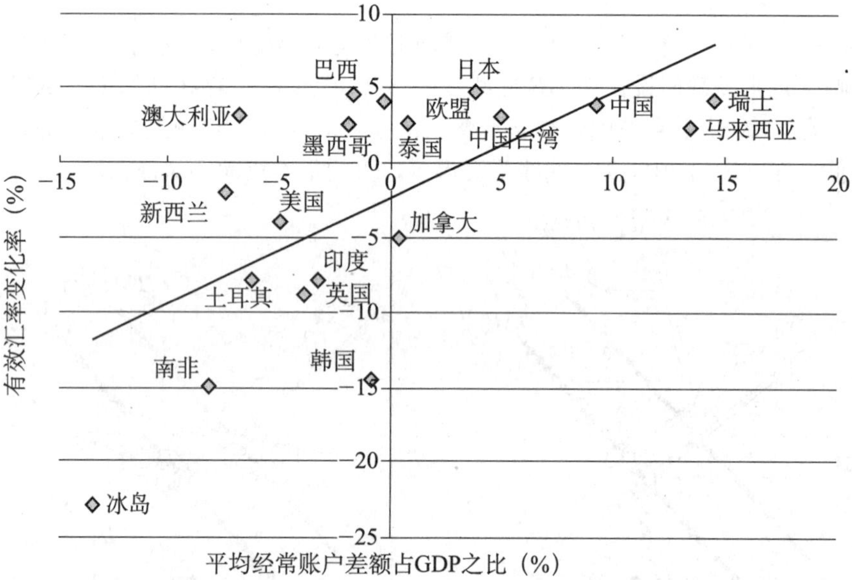

图 12—4　2002 年以来部分国家和地区的有效汇率变化率与经常账户差额占 GDP 之比的关系

说明：按照汇率根据政策行为调整的理论，经常账户赤字的国家和地区往往会出现货币贬值，而经常账户盈余的国家和地区往往会出现货币升值。

资料来源：国际清算银行，www.bis.org。

※ 批判性分析

在图 12—4 中，为什么一些国家和地区的经常账户赤字和货币升值相伴发生，而另一些国家和地区的经常账户盈余和货币贬值相伴发生？（提示：为什么关于政策行为对出口、进口和汇率的理论影响的讨论总是假设其他条件相同？）

本币贬值提高了外国商品的国内价格，降低了国内商品的国外价格。因此，汇率从 S_1 升至 S_2 导致出口支出上升，进口支出下降，提高了对国内商品的总支出。这导致 IS 曲线从 $IS(S_1)$ 右移至 $IS(S_2)$。同时，正如之前讨论的，贬值导致 BP 曲线从 $BP(S_1)$ 右移至 $BP(S_2)$。在 LM 曲线、IS 曲线和 BP 曲线进行位置调整后，点 C 表示新的 IS—LM—BP 均衡。此时，在新的 BP 曲线上将出现国际收支平衡，因此本币价值面临额外压力。

图 12—3 说明，不管资本流动性是低还是高，保持价格水平等其他因素不变，货币量增加往往会导致均衡实际收入上升。因此，在浮动汇率制下，货币量增加无疑是导致一国实际收入水平至少在近期增加的扩张性政策行为。

浮动汇率制下的财政政策

如果某个小国的汇率是浮动的，那么财政政策行为也可以改变该国的币值。一国的货币升值还是贬值取决于资本流动程度。

低资本流动性的情况　图 12—5（a）描绘了资本流动程度相对较低时，政府支出增加的影响。当汇率最初保持为初始价值 S_1 时，政府支出增加导致 IS 曲线从 $IS_1(g_1, S_1)$ 右移至 $IS_1(g_2, S_1)$。这使点 B 上出现新的 IS—LM 均衡，它位于初始 BP 曲线 $BP(S_1)$ 的右方。因此，政府支出上升的直接影响是实际收入从 y_1 增至 y_2 导致进口支出增加，从而形成国际收支赤字。

在国际收支出现赤字时，该国的货币贬值。汇率从 S_1 升至 S_2 导致净出口支出增加。这导致 IS 曲线再次向右移至 $IS_2(g_2, S_2)$。此外，货币贬值导致 BP 曲线从 $BP(S_1)$ 右移至 $BP(S_2)$。在 IS 曲线和 BP 曲线移动之后，点 C 上出现新的 IS—LM—BP 均衡。汇率 S_2 是新的均衡利率，因为一旦在点 C 上重新出现国际收支平衡，该国的货币就不会有贬值倾向。政府支出的增加还会导致在该最终均衡点上出现更高的均衡实际收入水平 y_3。

高资本流动性的情况　当资本流动性很高时，如图 12—5（b）所示，政府支出增加的最终影响与（a）图不同。不过，政府支出提高的初始影响是相同的，表示为在（b）图中从点 A 移至点 B，此时 IS 曲线从 $IS_1(g_1, S_1)$ 右移至 $IS_1(g_2, S_1)$。

然而，当资本流动性很高时，利率从 R_1 移至 R_2 导致大量资本流入该国。这导致在点 B 上出现国际收支盈余，点 B 位于初始 BP 曲线 $BP(S_1)$ 上方。当外国居民购买更多该国货币以购买该国金融资产时，该国的货币升值。当国内商品的国外价格上升时，外国商品的国内价格下降，这刺激了进口支出并减少了出口支出。因此，汇率从 S_1 降至 S_2（表示本币升值）的结果是对该国商品的总支出下降，因此，IS 曲线从 $IS_1(g_2, S_1)$ 左移至 $IS_2(g_2, S_2)$。货币升值还导致 BP 曲线从 $BP(S_1)$ 左移至 $BP(S_2)$。

在（b）图的最终均衡点 C 上，均衡实际收入 y_3 高于初始水平 y_1。然而，比较（b）图与（a）图可以发现，高资本流动性从根本上改变了政府支出上升后经济调整的性质。结果是，政府支出增加后，均衡实际收入的增加速度有所放缓。（想了解为什么一个网站建议投资者用户将美元兑换为伊拉克货币并从中获利，请参见“网络笔记本：预期资本流动性升高和支出增加推动伊拉克第纳尔升值”。）

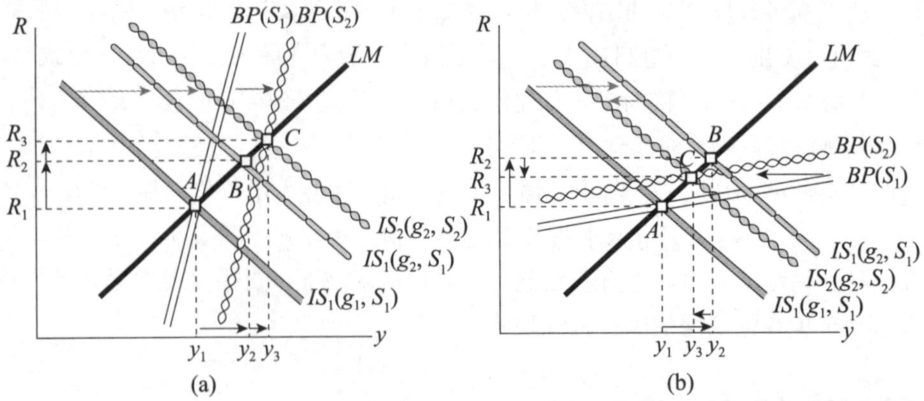

图 12—5　浮动汇率制下政府支出增加的影响

说明：在两张图中，政府支出的增加都会导致 IS 曲线首先向右移动，曲线从点 A 移至点 B，使均衡名义利率和均衡实际收入增加。在（a）图中，BP 曲线相对陡峭的斜率表明资本流动性较低，增加的进口支出足以抵消较少的资本流入，导致国际收支赤字提高到点 B。这导致货币贬值，使 IS 曲线和 BP 曲线同时右移，导致在点 C 上出现最终的国际收支平衡。在（b）图中，相对平缓的 BP 曲线表示资本流动性较高，资本流入足够抵消较高的进口支出，导致在点 B 上出现国际收支盈余。这将引起货币升值，使 IS 曲线和 BP 曲线左移，导致在点 C 上出现最终的国际收支平衡。

网络笔记本

预期资本流动性升高和支出增加推动伊拉克第纳尔升值

2004 年春，网络上出现了一家叫 BetOnIraq.com 的新网站。投资者可以在该网站上用美元购买伊拉克货币第纳尔。该网站认为，如果美国对伊拉克的长期军事干预能成功建立市场并开放该国边界允许资本流入，购买第纳尔将是一项不错的投资。该网站认为，如果伊拉克的私人和政府支出显著增加，伊拉克货币将相对于美元升值。

迄今为止，用美元购买伊拉克第纳尔的投资表现不错。2006 年秋在 BetOnIraq.com 上用 1 美元购买的 1 400 多第纳尔现在可以兑换为约 1.10 美元。因此，2006 年秋以来，第纳尔对美元升值约 10%。

❖ 批判性分析

如果伊拉克的总支出的确显著增加，但伊拉克政府决定施加更严格的资本控制，你预期伊拉克第纳尔是否将继续升值？为什么？

基本问题 1　在浮动汇率制下，货币政策行为和财政政策行为如何影响一国的实际收入？

扩张性货币政策行为导致国际收支赤字，使一国的货币贬值，因而刺激了出口支出，抑制了进口支出。因此，扩张性货币政策行为导致一国的均衡实际收入在短期内增加。财政政策行为对一国国际收支和币值的影响取决于资本流动程度。在多数环境下，扩张性财政政策行为至少会导致该国的实际收入水平在短期内稍有增加。实际收入的上升程度随着资本流动性程度的提高而下降。

浮动汇率制与资本完全流动

资本完全流动如何影响浮动汇率制下货币政策行为与财政政策行为变化对一国国际收支和实际收入水平的影响？首先考虑小型开放经济的情况。然后，我们将在两国框架中考虑这个问题。和第十一章中一样，我们始终假设预期货币不会贬值或升值，因此无抛补利率平价条件表明，小型开放经济的名义利率等于大国名义利率 R^*。

资本完全流动和浮动汇率制下的经济政策：小型开放经济

前面曾经提到，小型开放经济中的经济活动变化不会影响世界经济，因此其产出、利率或价格水平不能影响世界上其他国家的相应指标。下面将考察在价格水平不变的假设下，货币政策和财政政策如何影响小型开放经济的实际产出和利率。

资本完全流动和浮动汇率制下的货币政策 图 12—6 说明了浮动汇率制和资本完全流动——因而 BP 曲线水平——的情况下，小型开放经济中货币量增加的影响。货币量从 M_1 升至 M_2 导致 LM 曲线右移，从初始均衡点 A 移至新的 IS—LM 均衡点 B。在点 B 上，均衡利率从 R_1 降至 R_2 导致大量资本外流。这使该国开始出现国际收支赤字。

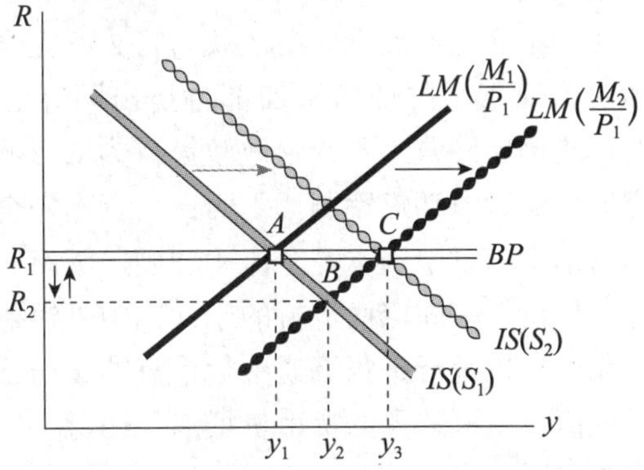

图 12—6 实行浮动汇率制和资本完全流动时货币量增加的影响

说明：如果在浮动汇率制下资本完全流动，流通中的货币量增加将导致 LM 曲线沿着 IS 曲线从点 A 右移至点 B，使名义利率降低，进而导致资本外流。所产生的国际收支赤字导致该国的货币贬值。这将提高出口支出，降低进口支出，因此 IS 曲线将右移至最终均衡点 C。

反过来，国际收支赤字对该国货币形成贬值压力，因此汇率从初始水平 S_1 升至 S_2。因此，进口支出下降，出口支出上升。对该国商品净支出的增加导致 IS 曲线从 $IS(S_1)$ 右移至 $IS(S_2)$。在最终的均衡点 C 上，该国的经常账户差额与资本账户差额之和再次等于零，因此该国币值不再有压力。汇率 S_2 是新的均衡利率。最后，实际收入充分增加，从 y_1 增至 y_3，增幅相当于 LM 曲线右移的水平距离。在实行浮动汇率制和资本完全流动时，货币政策对实际收入可能产生的直接影响最大。

资本完全流动和浮动汇率制下的财政政策 图 12—7 说明了实行浮动汇率制和资本完全流动时的小型开放经济中政府支出从 g_1 增至 g_2 的影响。该政策行为的直接影响是 IS

曲线从初始汇率上的 $IS(g_1, S_1)$ 右移至 $IS(g_2, S_1)$，均衡点从点 A 移至点 B。在新的均衡点 B 上，利率最初的上升引发资本大量流入，因而导致国际收支盈余。

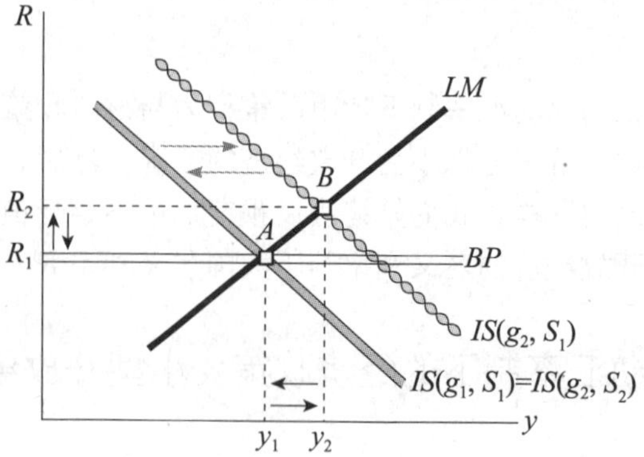

图 12—7　实行浮动汇率制和资本完全流动时政府支出增加的影响

说明：如果在浮动汇率制下资本完全流动，政府支出增加将使 IS 曲线沿着 LM 曲线从点 A 移至点 B。使名义利率增加，引发资本流入，产生国际收支盈余，导致货币升值。因此，出口支出下降和进口支出上升导致 IS 曲线返回到初始位置点 A。

点 B 上的国际收支盈余使该国货币升值，导致进口支出上升，出口支出下降。结果，对国内产出的总支出下降，IS 曲线从 $IS(g_2, S_1)$ 左移至 $IS(g_2, S_2)$，这与 IS 曲线的初始位置相同。因此，最终均衡仍为点 A，从净结果来看，实际收入不受政府支出上升的影响。我们可以得出结论，在资本完全流动下，财政政策行为有完全挤出效应。由于财政政策行为导致货币升值，因此政府支出的任何增加都将挤出同等金额的外国居民净出口支出。因此，从净结果来看，均衡实际收入不受财政政策行为的影响。

资本完全流动与固定汇率制和浮动汇率制　下面比较资本完全流动和浮动汇率制下货币政策与财政政策的影响与第十一章中资本完全流动和固定汇率制下货币政策与财政政策的影响。在第十一章中，为保持汇率固定而进行的未冲销中央银行干预导致一国的货币量与外汇储备同向变化。因此，中央银行扩张流通中货币量的最初行为最终完全被中央银行卖出外汇储备以缓解本币贬值压力所减少的货币量抵消。因此，在固定汇率制下，未冲销货币政策行为不能影响均衡实际收入。

相反，扩张性货币政策行为，例如政府支出增加，在固定汇率制和资本完全流动下对均衡实际收入可能产生的影响最大。正如你在第十一章中学到的，这是事实，因为在政府支出上升时保持汇率固定要求购买外汇储备，如果这种行为没有被冲销，将导致流通中的货币量扩张。名义货币量的等比例上升强化了财政政策行为对均衡实际收入的扩张性影响。

然而，在浮动汇率制下，货币量不会对财政政策行为自发作出反应。相反，正如图 12—7 所说明的，汇率将进行调整，导致对净出口支出的挤出效应，从而完全抑制政府支出增加本应对均衡实际收入产生的影响。

相比之下，货币政策行为既直接导致实际收入上升，又导致汇率调整，从而进一步增加了实际收入，如图 12—7 所示。因此，汇率浮动且资本完全流动时，扩张性货币政策行为对小型开放经济的实际收入均衡水平可能产生的影响最大。

表 12—1 总结比较了固定汇率制和浮动汇率制下，资本完全流动时，小型开放经济体

中经济政策行为对实际收入的影响。关于资本完全流动时货币政策行为与财政政策行为对实际收入的影响，该表得出了以下重要结论：

(1) 资本完全流动时，如果汇率固定，小型开放经济体中的货币政策行为对均衡实际收入的影响最小。如果汇率浮动，小型开放经济体中的货币政策行为对均衡实际收入的影响最大。

(2) 资本完全流动时，如果汇率固定，小型开放经济体中的财政政策行为对均衡实际收入的影响最大。如果汇率浮动，小型开放经济体中的财政政策行为对均衡实际收入的影响最小。

表 12—1　在固定汇率制和浮动汇率制下，资本完全流动的小型开放经济体的经济政策对实际收入的影响

汇率环境	货币政策的影响	财政政策的影响
固定汇率	最小影响	最大影响
浮动汇率	最大影响	最小影响

基本问题 2　资本完全流动如何影响允许汇率浮动的小型开放经济体中货币政策行为和财政政策行为的相对有效性？

在资本完全流动和浮动汇率制下，货币政策行为对小型开放经济体的均衡实际收入可能产生的影响最大。相反，在资本完全流动和浮动汇率制下，财政政策行为对实际收入没有短期影响。

资本完全流动与浮动汇率制下的经济政策：两国例子

第十一章考察了假设一国的中央银行干预外汇市场以保持两国货币汇率固定时，资本跨国流动完全开放的两个国家的政策行为对经济表现的影响。现在，让我们将这个两国例子应用于实行浮动汇率制的国家，同时仍假设预期货币不会升值或贬值。

国内货币扩张的影响　首先，考虑国内中央银行增加国内流通货币量的影响。如图 12—8 (a) 所示，这将使国内 LM 曲线右移。结果，国内利率从点 A 上的初始均衡值 R_1 降至点 B 上的 R'，该点位于 BP 曲线 BP_1 下方，是初始均衡汇率上通行的利率。国内利率下降导致金融资源从国内流向国外，因而提高了对外币的需求，减少了外国对本币的需求。结果，本币贬值，外币升值。因此，均衡汇率从初始价值 S_1 升至 S_2。

本币贬值导致对国内产出净支出的增加，因此在初始国外实际收入水平上，国内 IS 曲线从图 12—8 (a) 中的 $IS(S_1, y_1^*)$ 右移至 $IS(S_2, y_1^*)$。同时，相应的外币升值和初始国内实际收入水平上对国外产出净支出的减少导致 (b) 图中的国外 IS 曲线从 $IS^*(S_1, y_1)$ 左移至 $IS^*(S_2, y_1)$。国外实际收入降低导致国内出口下降，使 (a) 图中的国内 IS 曲线左移至 $IS(S_2, y_2^*)$，图 (b) 中的国内 IS 曲线左移至 $IS^*(S_2, y_2)$。最后，国内实际收入上升导致国外出口增加，使国外 IS 曲线右移。如果国内进口对国内收入升高的反应高度灵敏，那么国外 IS 曲线可能进一步回移，甚至超过点 A，但 (b) 图显示的是更典型的情况，即国外实际收入净下降。

当两国的 BP 曲线由于两国的名义利率同时下降而下移时，均衡国内名义利率收敛于

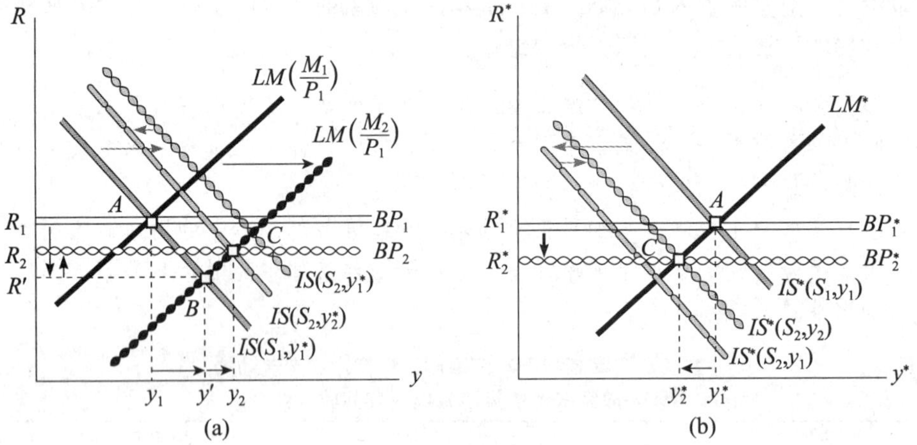

图 12—8　浮动汇率制下，两国模型中国内货币扩张的影响

说明：国内货币量增加使国内 LM 曲线右移，导致（a）图中从点 A 移至点 B。结果国内利率下降，使金融资源从国内流向国外，导致本币相对于外币贬值。均衡汇率从 S_1 升至 S_2 导致对国内产出的净支出上升，对国外产出的净支出下降，因此从净结果来看，（a）图中的国内 IS 曲线右移，而（b）图中的国外 IS 曲线左移。在两张图的最终均衡点 C 上，国内实际收入升高，国外实际收入降低。因此，国内货币扩张对外国有以邻为壑效应。

两图中的点 C，此时均衡国内名义利率等于均衡国外名义利率，即 $R_2=R_2^*$。与本章之前考虑的小型开放经济体例子相反，两国都足够大，它们的政策制定者可以影响整个世界的利率。

在（a）图的点 C 上，均衡国内实际收入 y_2 超过了初始均衡国内实际收入 y_1。然而，在（b）图的点 C 上，均衡国外实际收入 y_2^* 位于初始国外实际收入 y_1^* 下方。我们可以得出结论，在实行浮动汇率制和资本完全流动时，国内货币扩张对外国有以邻为壑效应。也就是说，国内货币量的增加对国内经济有扩张效应，但通常会抑制外国的均衡经济活动水平。（为考察货币独立、彼此依赖的大型地区的特定产业中为何会发生以邻为壑效应，请参见“管理笔记本：以邻为壑效应重创美国贸易伙伴的汽车市场”。）

管理笔记本

以邻为壑效应重创美国贸易伙伴的汽车市场

2008 年以来，美元相对于多数世界货币贬值。实际上，在这段时期内，美元的贬值幅度大到其他地区的一些消费者能通过从美国重新进口原产于国内的汽车获利。在许多情况下，当这种汽车到达美国口岸时，美元价格换算为本币后的实际价格比其他国产汽车的价格低 20%之多。

当然，美国汽车交易商非常乐意向外国消费者销售外国生产的汽车并从中获利，从而提升出口销售额。然而，这种交易减少了外国（例如日本）汽车交易商的销售额，2008 年以后，日本从美国进口的汽车增加了 40%。因此，美国汽车交易商从美元贬值中获利是以外国汽车交易商的损失为代价的。

❖ 批判性分析

你认为一些外国家庭近年来为什么从美国汽车交易商买入了两辆甚至三辆汽车？

如果你回顾第十一章，就会想起，如果国内货币当局干预外汇市场以固定汇率，那么在资本完全流动的两国环境中，国内货币政策行为对国内或国外实际收入水平或名义利率最终将没有影响。图 12—8 说明，在相同的两国环境下，如果汇率浮动，国内货币政策将会影响两个国家的实际收入水平和名义利率。因此，在浮动汇率制下，国外经济不再与国内货币政策行为隔绝。

国外货币扩张的影响　注意，我们可以轻松地分析图 12—8 中国外货币扩张的影响，方法是创造原例的镜像：当外币贬值时，国外 *LM* 曲线右移，国外 *IS* 曲线右移；当本币升值时，国内 *IS* 曲线左移。因此，当汇率浮动、资本完全流动时，国外货币量的增加导致两国的均衡名义利率下降，均衡国外实际收入上升，均衡国内实际收入下降。

你在第十一章中看到，如果国内中央银行保持固定汇率，国外的货币扩张将导致国内中央银行增加国内货币量，因此存在经济助推效应，因为两国的实际收入水平都将升高。图 12—8 显示，在浮动汇率制下的两国环境中，将会出现相反结果。在这种环境下，国外的货币扩张通常会产生以邻为壑效应。

国内财政扩张的影响　在图 12—9 中，我们考虑了浮动汇率制下，两国模型中国内政府支出增加的影响。在初始均衡汇率 S_1 和初始国外实际收入水平 y_1^* 上，国内政府支出增加的直接影响是（a）图中国内 *IS* 曲线从 $IS(g_1, S_1, y_1^*)$ 右移至 $IS(g_2, S_1, y_1^*)$。结果，均衡国内名义利率在（a）图中升至点 *B* 上的 R'，导致金融资源从国外流入。为了购买国内金融资产，外国居民将增加对本币的需求。本币升值，外币贬值。因此，均衡汇率从 S_1 降至 S_2。

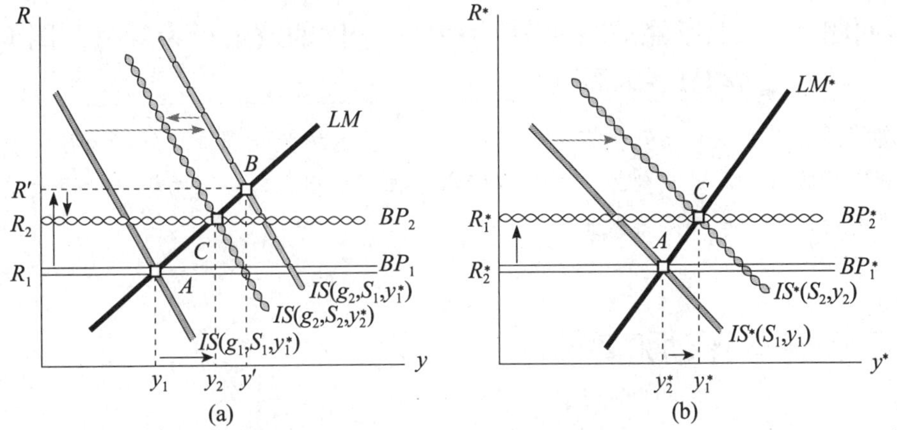

图 12—9　浮动汇率制下，两国模型中国内财政扩张的影响

说明：国内政府支出的增加导致（a）图中的国内 *IS* 曲线右移，从点 *A* 移动到点 *B*。所导致的国内利率增加引发金融资源从国外流入，导致本币相对于外币升值。均衡汇率从 S_1 降至 S_2 导致对国内商品与服务的净支出减少，使（a）图中的国内 *IS* 曲线左移，导致对国外商品与服务的净支出增加，使（b）图中的国外 *IS* 曲线右移。在两张图的点 *C* 上，两国的均衡实际收入水平均高于初始均衡实际收入水平，因此国内财政扩张对外国有经济助推效应。

本币升值导致对国内商品与服务的净支出减少，使国内 *IS* 曲线向左回移。同时，外币贬值导致对外国商品与服务的净支出增加，使国外 *IS* 曲线右移。当两国的均衡实际收入水平增加时，出口也将增加，使两国的 *IS* 曲线右移。在（a）图中，我们假设国内出口对本币升值的反应强于对国外实际收入上升的反应，因此国内 *IS* 曲线的净结果是左移至 $IS(g_2, S_2, y_1^*)$，在点 C 上产生最终均衡。在（b）图中，外币贬值、国内实际收入上升后，国外 IS 曲线右移至点 C 上的 $IS^*(S_2, y_2)$。均衡国外名义利率上升，与均衡国内利率趋同，随着两国的 BP 曲线向上移动，最终达到两张图中的点 C，即 $R_2=R_2^*$。

在图 12—9 的两张图的点 C 上，两国的均衡实际收入水平均超过初始均衡实际收入水平。因此，在实行浮动汇率制和资本完全流动时，国内财政扩张对外国有经济助推效应。国内政府支出的增加导致两国的实际收入水平扩张。

国外财政扩张的影响 对图 12—9 的例子作一些改动，就可以用来评估国外财政扩张的影响。其影响恰好相反：当外币升值时，国内 IS 曲线右移，国外 IS 曲线左移；当本币贬值时，国内 IS 曲线右移。因此，我们可以得出结论，在实行浮动汇率制和资本完全流动时，国外政府支出增加将导致两国的均衡名义利率和实际收入水平均增加。

你在第十一章中学到，如果国内中央银行保持固定汇率，国外财政扩张将促使国内中央银行减少国内货币量，这会产生以邻为壑效应。也就是说，在固定汇率制和资本完全流动下，国外政府支出增加可能导致国外实际收入上升，而这是以国内实际收入下降为代价的。图 12—9 显示，在浮动汇率制下的两国环境中，通常会出现相反的结果，其中国外财政扩张会产生经济助推效应。表 12—2 总结了跨国政策影响的差异。

表 12—2 资本完全流动时，固定汇率制和浮动汇率制下两国模型中经济政策行为的跨国影响

汇率环境	货币政策影响	财政政策影响
固定汇率制	经济助推效应	以邻为壑效应
浮动汇率制	以邻为壑效应	经济助推效应

基本问题 3 在汇率浮动的两国环境中，一国的政策行为对另一国的经济活动有多大影响?

在实行浮动汇率制且相互依存的经济体中，一国的扩张性货币政策行为往往会提高该国的均衡实际收入，同时减少另一国的均衡实际收入。相反，一国的扩张性财政政策行为往往会提高两国的均衡实际收入水平。

固定汇率制与浮动汇率制

固定汇率制和浮动汇率制哪种更好？如果这个选择很简单，就不会出现第三章中多种多样的汇率安排，各国也不会在历史上的某些时期固定国内货币汇率，而在其他时期允许汇率浮动。如果决定实行固定汇率制还是浮动汇率制是个简单问题，所有国家就会作出相同选择，并在多年中保持相同的汇率制度。

现实情况表明，不同的汇率安排必然有各自的优点和缺点。也就是说，各国在选择固定汇率制和浮动汇率制时必然面临着经济权衡。选择一种汇率制度还是另一种汇率制度必然需要平衡潜在收益与潜在损失。

固定汇率制和浮动汇率制的基本权衡可以分为两方面：经济效率和经济稳定性。如你所知，最有效的汇率制度不一定是让一国整体实际收入最稳定的汇率制度。这就是让选择“最优”汇率制度变得十分困难的原因。

固定汇率制与浮动汇率制的效率争论

经济效率（economic efficiency）是实现成本最低的稀缺资源配置。因此，最有效的汇率制度是允许一国居民以最低成本将资源用于各种用途的汇率安排。为了评价是固定汇率制还是浮动汇率制更有利于提高经济效率，我们需要考虑一国居民在不同制度下的成本。

外汇风险产生的社会成本 在第四章和第五章中，你了解到如何用远期汇率市场上的货币汇兑和涉及不同衍生证券的金融交易对冲外汇风险。这种对冲活动需要耗费资源。例如，银行必须向拥有制定对冲策略的专业技术并代表它们执行衍生证券交易的交易商支付薪水。

此外，持有和交易衍生证券让银行和其他企业暴露于风险之中，正如我们在第五章中讨论的，这些风险包括与合约对手违约相关的信用风险、流动性不足或支付系统失灵导致的市场风险和衍生证券管理不善导致的操作风险。一方面，正如第五章中指出的，未能控制这些风险可能导致高额损失。另一方面，建立和维持监督和控制衍生证券风险的管理系统可能需要耗费大量资源。衍生证券风险产生的损失和控制这种损失的成本构成了另一组与对冲行为相关的成本。

此外，出于对系统性风险——例如第六章中讨论的系统性支付系统风险——的担心，政府可能建立复杂的金融机构监管制度。政府检查与监管金融机构产生的成本也是与外汇风险下对冲活动相关的成本。

固定汇率制的效率如何？ 许多观察家都认为，固定汇率制的效率高于浮动汇率制。这种观点的基础很简单。如果货币之间的汇率固定，那么按照定义，即使存在汇率波动性和相关风险，这种波动性和风险也很低。因此，人们几乎没有动机进行外汇对冲，这使相关成本最小化。因而，固定汇率制是最有效的。

图 12—10 显示了布雷顿森林固定汇率制结束后，以美元价值表示的贸易加权指数——有效汇率（见第二章）——的表现。如你所见，在过去五年中，美元的整体汇率波动很大。无疑，浮动汇率制下的汇率波动会刺激对冲活动增加并提高相关成本。

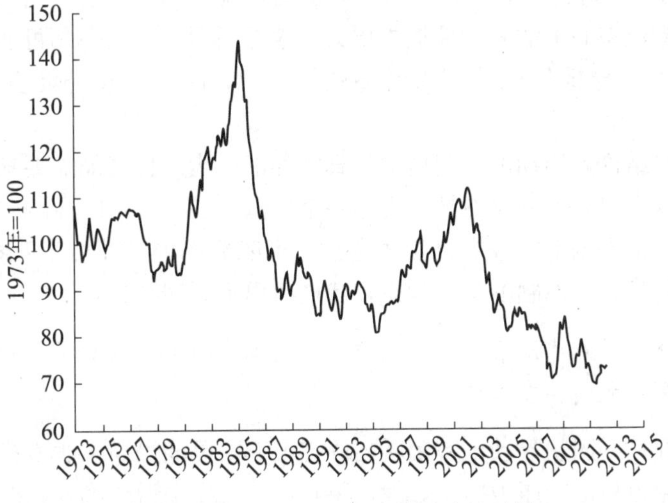

图 12—10 浮动汇率制下的汇率波动性

说明：布雷顿森林体系固定汇率制结束以来，英镑汇率的波动呈现为几段时期。这种波动在 20 世纪 90 年代初和 2008 年开始的金融危机结束后最为明显。

这是否意味着在固定汇率制下，外汇风险产生的社会成本总是较低？并不一定。“固定”汇率不是永远固定。在固定汇率制下，仍有汇率**调整**（realignment）的可能性，即官方货币目标价值的变化。因此，政治不稳定或其他可能影响政府机构决定的“合适”固定汇率的因素仍会产生很高的风险。

汇率调整之痛 1994 年，墨西哥政府债券和企业股票的外国持有者通过惨痛教训认识到了这一点。当年 12 月之前，墨西哥政府一直希望将比索和美元的汇率固定在官方“交易范围”（即允许的汇率波动范围）之内。墨西哥实行这种政策的目的是使该国的通货膨胀率与美国一致，进而促进稳定的经济环境，增加与美国、加拿大和其他国家的贸易额。墨西哥政策成功的显著标志是 1994 年 11 月 18 日《华尔街日报》的一篇头条报道“墨西哥在发达国家经济恶化时呈现出惊人稳健增长”。这篇文章的配图“经济发展”显示墨西哥近期的年 GDP 增长率接近 5%。

网络资源

请访问墨西哥银行的网页：http://www.banxico.org.mx/indexEn.html。

然而，1994 年 2—12 月，比索相对于美元的价值下跌了超过 10%，跌至墨西哥的官方汇率波动范围底线。然后，墨西哥政府在 12 月 21 日出人意料地宣布比索贬值。当天，比索对美元的价值剧跌 12.7%。在贬值后的一周内，比索价值下跌总幅度超过 35%。

对持有比索金融资产的美国居民而言，这意味着在一周时间内，他们所持资产的美元价值损失了超过三分之一。1995 年初，美联储干预了美元—比索外汇市场以支持比索价值，美国财政部对墨西哥政府提供了超过 400 亿美元贷款担保。这些行为帮助比索的市场价值显著回升。因此，对于墨西哥债券和股票的多数外国持有者来说，比索贬值只导致了短期“账面损失”，它并未在到期时成为现实。然而，1994 年比索贬值后，一些外国债券持有者和股票交易者的确遭受了重大损失。

这个例子说明，“固定”汇率制并不一定是无风险的。实际上，固定汇率制下的未对冲损失可能比浮动汇率制下的未对冲损失更大。这是因为固定汇率制可能会使某些金融资产持有者感到安全，导致他们持有未对冲交易头寸，因而在意外贬值发生时遭受大额亏损。

我们可以得出结论，浮动汇率制增加了日常外汇风险，且可能需要耗费大量与对冲活动相关的资源。这是浮动汇率制在效率上的一个缺点。

相反，在固定汇率制下，政府突然改变汇率可能造成未对冲外汇亏损的风险。因此，关于固定汇率制与浮动汇率制的效率优点，我们得出了下列结论：

> 浮动汇率制下对冲外汇风险产生的社会成本和固定汇率制下货币意外贬值导致的未对冲亏损风险之间存在权衡。

这意味着，评估一国从浮动汇率制转向固定汇率制可能提高多少效率的关键标准是该国政府面临的汇率目标改变压力。正如我们将在第十三章中讨论的，这个结论的一个基本含义是，政府固定汇率承诺的可信度对于确定固定汇率制还是浮动汇率制更有效非常关键。

基本问题 4　在固定汇率制和浮动汇率制之间作出选择时，面临的基本经济效率权衡是什么？

一方面，在浮动汇率制下，社会成员必须付出高额资源成本以对冲外汇市场风险。另一方面，在固定汇率制下，意外货币贬值产生的未对冲损失风险很高。由于后面一种风险取决于政府行为，因此固定汇率制的效率不一定高于浮动汇率制。

固定汇率制与浮动汇率制下的稳定性

如果固定汇率制和浮动汇率制的经济效率水平恰好相同，那么一国该如何选择？其他因素可能影响对某种制度的偏好吗？或者说，如果一种汇率制度比另一种汇率制度更有效，其他因素会导致一国采用另一种汇率制度吗？

选择固定汇率制还是浮动汇率制的另一个重要考虑因素是经济稳定性。对经济稳定性有许多理解，因为一国居民希望政府稳定的变量多种多样。这些变量包括实际收入、通货膨胀率和失业率。现在，我们将重点关注固定汇率制和浮动汇率制下的实际收入稳定性。结果证明，正如我们将在第十三章中说明的，在两种汇率制度下，实际收入的稳定基本同样重要，即使通货膨胀率和失业率的稳定也是重要的政策目标。因此，我们可以重点关注实际收入稳定这个单一政策目标，找出在固定汇率制和浮动汇率制之间进行选择时必须权衡的稳定性重要因素。

自发支出波动与固定汇率制和浮动汇率制　任何国家都面临的一个实际收入不稳定来源是总自发支出的波动。第十章曾经提到，自发储蓄、进口支出、投资、政府支出、净税收或出口支出的波动导致均衡实际收入水平的变化，因而导致 IS 曲线位置的变化。例如，考虑世界上其他国家的实际收入（由图 12—11 中的 y^* 表示）从初始水平 y_1^* 显著下降到 y_2^* 的影响。由于可以分配用于购买国内商品的实际收入减少，外国居民减少了对国内出口的支出。这导致对国内商品与服务的总自发支出下降，因此 IS 曲线从 $IS(y_1^*)$ 左移至 $IS(y_2^*)$，沿 LM 曲线从点 A 移动至点 B。结果，均衡国内实际收入从 y_1 下降至 y_2。

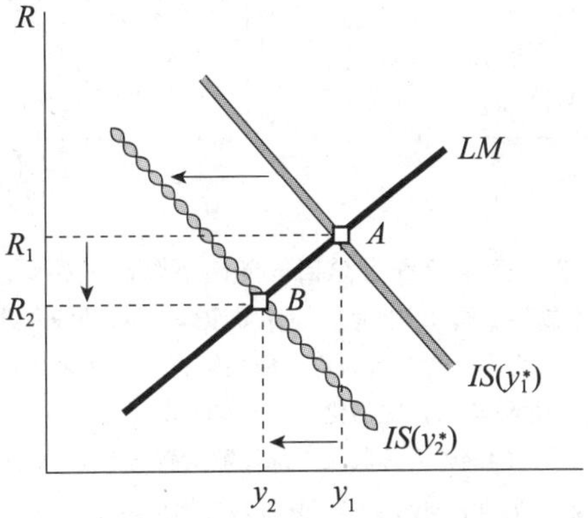

图 12—11　总自发支出下降的影响

说明：世界上其他国家的实际收入从 y_1^* 降至 y_2^* 导致外国居民减少对国内出口的支出，导致国内总自发支出的下降和 IS 曲线的左移。因此，均衡国内实际收入从点 A 的 y_1 降至点 B 的 y_2，表示国外实际收入的波动导致国内实际收入不稳定。

保持其他所有因素不变，国外实际收入的波动将导致国内收入不稳定。

在国外实际收入下降时，选择固定汇率制或浮动汇率制会影响国内实际收入的稳定性吗？正如图 12—12 的资本完全流动下小型开放经济的例子，这个问题的答案是“会”。根据预期汇率不会贬值的假设，我们画出图 12—12，其中无抛补利率平价使国内名义利率 R_1 与国外名义利率 R^* 相等。因此，在该世界利率上，BP 曲线是水平的。

该图中的（a）图显示了固定汇率制下国外实际收入下降对均衡国内实际收入的影响。如图 12—11 所示，国外实际收入下降导致国内 IS 曲线从 $IS(y_1^*)$ 左移至 $IS(y_2^*)$，沿 LM 曲线从点 A 移动至点 B。然而，在点 B 上，均衡国内利率 R_2 位于世界利率 R^* 下方。这刺激了资本流出，因而导致国内出现国际收支赤字，本币出现贬值压力。正如我们在第十一章中讨论的，为了保持汇率固定，中央银行必须减少货币量。这导致 LM 曲线从 $LM(M_1)$ 左移至 $LM(M_2)$。最终均衡实际收入水平等于 y_3，即（a）图中的点 C。因此，在固定汇率制下，为保持固定汇率而减少货币量的行为加剧了国外实际收入下降后的国内实际收入下降。

图 12—12（b）将固定汇率制和浮动汇率制下的结果进行了对比。和之前一样，国外实际收入下降导致 IS 曲线左移。这发生在初始均衡汇率 S_1 上，因此我们将新的 IS 曲线表示为 $IS(y_2^*, S_1)$。在移动后的新 IS—LM 均衡点 B 上，再次出现国际收支赤字。这导致本币市场价值下降，因此汇率升至 S_2。本币贬值促进了净出口支出，这导致 IS 曲线回移到初始位置点 A，现在用 $IS(y_2^*, S_2)$ 表示。在该点上，该国保持国际收支平衡，且国内均衡实际收入水平再次等于初始国内均衡实际收入 y_1。允许汇率浮动时，一国的政策制定者可以自动确保国外实际收入下降时国内实际收入稳定。因此，浮动汇率制下的实际收入比固定汇率制下的实际收入更稳定。

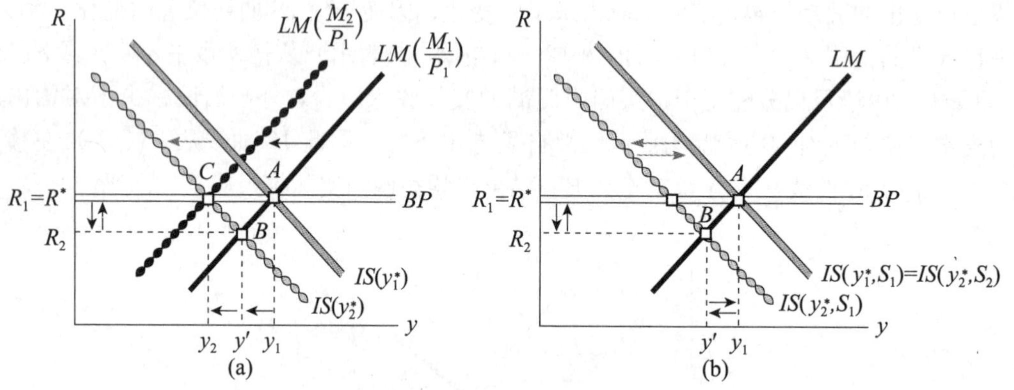

图 12—12　资本完全流动且总自发支出下降时的实际收入稳定性

说明：（a）图表明，在固定汇率制下，国外实际收入下降导致国内 IS 曲线左移，从点 A 移至点 B。所产生的国内国际收支赤字对本币产生贬值压力。为了保持汇率固定，中央银行必须减少货币量，使 LM 曲线左移。货币政策的这种反应形成了（a）图中点 C 上的最终均衡，并强化了国外实际收入下降对国内实际收入的影响。（b）图显示，在浮动汇率制下，使 IS 曲线移动到点 C 的国外实际收入下降导致均衡汇率从 S_1 升至 S_2，引起净出口支出上升，IS 曲线右移。因此，和固定汇率制相比，浮动汇率制下的实际收入更加稳定。

实际上，如果我们考虑一切导致总自发支出下降的因素和资本不完全流动的环境，将得出同一个基本结论。在浮动汇率制下，总自发支出变化时的均衡实际收入更加稳定。

固定汇率制和浮动汇率制下的金融波动性　然而，这个结论并不一定意味着浮动汇率制总能提高实际收入稳定性。为了解其中的原因，让我们首先考虑另一种造成实际收入不稳定的因素，即一国金融部门的波动性。

例如，假设人们忽然对债券市场的长期前景丧失了信心。这促使他们将大部分财富从投资债券转为持有货币。因此，在任何给定的实际收入水平上，对实际货币量的需求都会增加。如图 12—13（a）所示，初始实际收入水平 y_1 导致实际货币需求曲线从 $m_1^d(y_1)$ 右移至 $m_2^d(y_1)$。结果是均衡利率从点 A 上的 R_1 升至点 B 上的 R'，如（b）图所示，初始收入水平 y_1 上的 LM 曲线从点 A 上的 $LM_1(M_1/P_1)$ 升至点 B 上的 $LM_2(M_1/P_1)$。因此，货币需求上升导致 LM 曲线移动，尽管实际货币量并未变化。利率上升导致意愿投资下降，在（b）图中表示为沿着 IS 曲线向上移动，因此均衡实际收入从 y_1 降至 y_2。因此，在最终的 IS—LM 均衡点 C 上，实际收入下降。实际收入的下降导致实际货币需求下降，因此均衡利率回落到（a）图中点 C 上的 R_2。

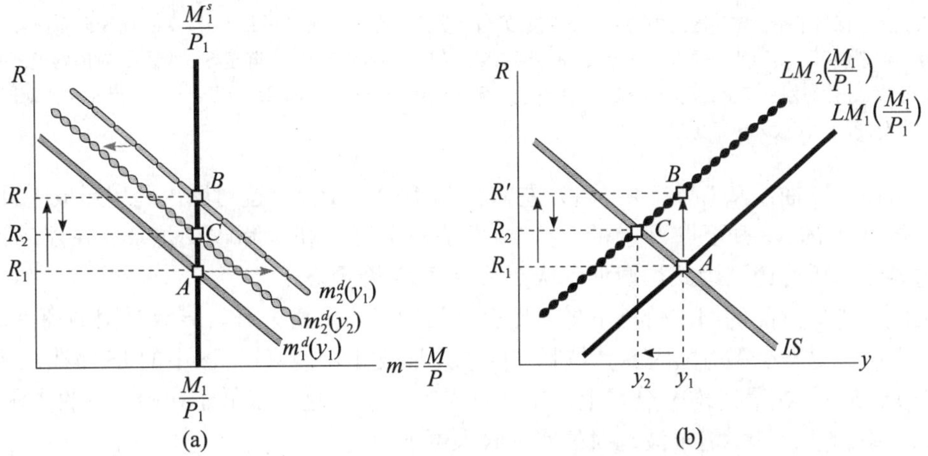

图 12—13　实际货币需求上升的影响

说明：实际收入增加以外的因素导致的货币需求上升使均衡名义利率从（a）图中点 A 上的 R_1 升至点 B 上的 R'。在初始实际收入水平上，给定（b）图中的点 B，保持货币市场均衡的新实际收入—利率组合位于点 A 的初始实际收入—利率组合上方。因此，实际收入增加以外的因素导致的实际货币需求增加使 LM 曲线向左上方移动。这导致均衡实际收入降至（b）图中的 y_2，这使（a）图中的货币需求曲线左移。净影响是均衡利率上升，均衡实际收入下降。

图 12—13 表明，实际货币需求的变化可能导致实际收入不稳定。现在，让我们考虑选择固定汇率制或浮动汇率制对这种不稳定性的影响。图 12—14 比较了在资本完全流动的小型开放经济体假设下，两种汇率制度中货币需求变化对实际收入的影响。（a）图显示了固定汇率制下实际货币需求上升的影响。这导致 LM 曲线从 $LM_1(M_1/P_1)$ 左移至 $LM_2(M_1/P_1)$，这使均衡国内利率从点 A 上的 R_1 升至点 B 上的 R_2。

由于 R_2 高于点 B 上的世界利率 R^*，因此资本流入国内，导致国际收支盈余。结果，外汇市场上本币面临升值压力。为了保持汇率固定，国内中央银行必须购买外币资产。如果国内中央银行进行了未冲销干预，这种行为将增加国内货币量，使（a）图中的 LM 曲线向右回移至点 A 上的 $LM_2(M_2/P_2)$。因此，通过保持固定汇率，中央银行自动抵消了货币需求上升对实际收入的影响。在固定汇率制下，实际货币需求波动时的均衡实际收入更稳定。

图 12—14（b）显示了浮动汇率制下均衡实际收入对实际货币需求增加的反应。货币

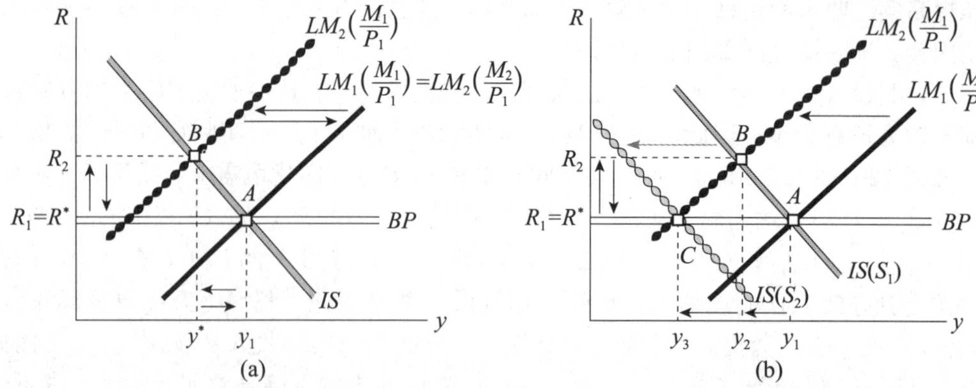

图 12—14　资本完全流动且实际货币需求上升时的实际收入稳定性

说明：(a) 图中，固定汇率制下的实际货币需求上升导致 LM 曲线从点 A 左移至点 B。所导致的国内利率上升引发资本流入。为了保持汇率固定，国内中央银行必须购买国外资产，导致国内货币量上升，LM 曲线向右回移。在 (b) 图中，浮动汇率制下，实际货币需求上升导致 LM 曲线移至点 B，均衡汇率从 S_1 降至 S_2。结果，对国内经济的净出口支出下降导致 IS 曲线左移至最终均衡点 C。在该点上，实际收入位于初始均衡收入水平下方，因此在浮动汇率制下，货币需求变化时的实际收入更不稳定。

需求增加使 LM 曲线从 $LM_1(M_1/P_1)$ 左移至 $LM_2(M_1/P_1)$。这对国内利率形成上升压力，使其从点 A 上的 R_1 升至点 B 上的 R_2。结果是资本流入和国际收支盈余。在浮动汇率制下，这导致本币升值，因此均衡汇率从初始价值 S_1 降至 S_2。

因此，进口商品的国内价格下降，出口商品的国外价格上升，导致对国内商品的净出口支出下降。这减少了对国内商品与服务的总意愿支出，使 (b) 图中的 IS 曲线从 $IS(S_1)$ 左移至 $IS(S_2)$。在最终均衡点 C 上，实际收入等于 y_3，这无疑低于初始均衡收入水平 y_1。在浮动汇率制下，货币需求波动时的实际收入更不稳定。

稳定性权衡　这些例子说明了各国在固定汇率制和浮动汇率制之间进行选择时面临的基本稳定性权衡：

(1) 在固定汇率制下，总意愿支出变化导致实际收入不稳定。允许汇率浮动自动减少了意愿支出波动对实际收入的影响。

(2) 在浮动汇率制下，实际货币需求的变化导致实际收入不稳定。固定汇率自动减少了货币需求波动对实际收入的影响。

这种稳定性权衡表明，保持经济效率标准不变，如果实际收入不稳定主要来源于导致实际货币需求变化的金融波动，一国将更愿意选择固定汇率制。相反，当意愿支出波动很大时，一国更愿意选择浮动汇率制。

显然，浮动汇率制可能更有利于稳定，但从经济效率的角度看，不如固定汇率制理想。在某些环境下，维持固定汇率可能更有利于保持实际收入稳定，但选择浮动汇率制可能提高整体经济效率水平。不论处于哪种环境，一国都必须在最小化实际收入不稳定和最大化经济效率之间作出艰难选择。

固定汇率制和浮动汇率制下的货币政策自主性

第十一章与本章中对经济政策制定的分析表明，至少有一个因素可以影响一国在固定汇率制和浮动汇率制之间的选择。这就是一国的**货币政策自主性**（monetary policy autonomy）意愿，即货币政策独立影响整体经济表现的程度。

正如你在第十一章中学到的，当各国经济彼此依存时，选择固定汇率制还是浮动汇率制会影响各国中央银行执行独立政策影响国内经济表现的能力。在固定汇率制下，中央银行保持本币价值不变的行为排除了为保持国内实际收入稳定而改变货币量的可能。在某种意义上，在经济彼此依存的环境中采用固定汇率制让一国的货币政策成为了其他国家经济政策的“奴隶”。

相反，在本章前面，我们在浮动汇率制的两国经济分析中指出，中央银行的政策行为可以影响该国的均衡实际收入水平。因此，采用浮动汇率制给予一国中央银行在固定汇率制下没有的政策自主性。

如你所见，一国在决定最符合自身利益的汇率制度时，必须认真考虑许多因素。经济效率权衡、经济稳定权衡以及货币政策自主性问题都会影响一国的最终决策。在下一章中，我们将证明另一个因素如何影响这种决策。这就是价格水平的灵活程度。政策制定者在选择国内汇率制度时，还必须考虑价格水平和通货膨胀率的变化。

基本问题 5　在固定汇率制和浮动汇率制之间作出的选择为何部分取决于经济稳定性和货币政策自主性?

在固定汇率制下，对一国商品与服务产出总自发支出的波动导致实际收入不稳定，尽管在浮动汇率制下汇率弹性会自动减少这种不稳定。在浮动汇率制下，货币需求波动可能导致一国的实际收入水平更加不稳定，而保持固定汇率将自动抵消实际货币需求变化对均衡实际收入的影响。因此，如果总自发支出波动性显著大于货币需求波动性，浮动汇率制就优于固定汇率制。偏好浮动汇率制的另一个理由是，当汇率浮动时，中央银行可以执行独立政策。在固定汇率制下，中央银行必须牺牲政策自主性。

本章总结

1. 固定汇率制下，货币政策行为和财政政策行为如何影响一国的实际收入：流通中货币量的增加引发国际收支赤字。这导致一国货币贬值，刺激净出口支出并提高均衡实际收入。财政政策行为对一国国际收支和币值的影响取决于一国对金融资源流动的开放程度。在多数情况下，扩张性财政政策行为将导致一国实际收入水平在短期增加。而增加的实际收入往往会随着资本流动程度提高而下降。

2. 允许汇率浮动的小型开放经济体中的资本完全流动和货币政策行为与财政政策行为的有效性：在资本完全流动和浮动汇率制下，货币政策行为对小型开放经济体的均衡实际收入影响最大。相反，在资本完全流动和浮动汇率制下，财政政策行为对小型开放经济体的均衡实际收入没有短期影响。

3. 浮动汇率制下一国的政策行为对另一国的经济活动的影响：在浮动汇率制和彼此依存的经济体中，一国的货币政策扩张往往会提高该国的均衡实际收入，同时减少另一国的均衡实际收入。相反，一国的扩张性财政政策往往会同时刺激两国的均衡实际收入水平。

4. 在固定汇率制和浮动汇率制之间选择时的基本经济效率权衡：为了避免浮动汇率制下可能产生的汇率波动导致的损失风险，投资者和企业必须用大量资源进行对冲活动。固定汇率制减少了汇率波动，因而大大消除了进行对冲活动的动机，节约了资源。然而，在固定汇率制下，货币意外贬值会使个人和企业面临遭受高额未对冲损失的风险。

5. 经济稳定性、货币政策自主性和固定汇率制与浮动汇率制的选择：在固定汇率制下，总自发支出的变化导致实际收入不稳定，但在浮动汇率制下，总自发支出的变化不影响实际收入水平。在浮动汇率制下，实际货币需求的变化导致实际收入水平不稳定，但在固定汇率制下，实际货币需求的变化不影响实际收入水平。因此，如果总自发支出的波动性大于货币需求的波动性，浮动汇率制将提高实际收入的稳定性。在浮动汇率制下，中央银行还可以执行独立的货币政策，而在固定汇率制下，中央银行将丧失政策自主性。

问题与习题

1. 请用你自己的语言说明为什么货币贬值会令 *BP* 曲线右移。

2. 假设某个国家政府采用并执行了决不允许金融资源跨国流动的资本控制，因此 *BP* 曲线是垂直的。请说明扩张性财政政策行为将对这种环境下的均衡实际收入产生什么影响。

3. 资本流动性相对较低且采用浮动汇率制的小型开放经济体确定其优先政策目标是通过减少政府支出降低预算赤字。请在 *IS—LM—BP* 框架内列出这种政策行为可能产生的影响。

4. 某个资本流动性很高且采用浮动汇率制的小型开放经济体的中央银行执行紧缩性货币政策。请在 *IS—LM—BP* 框架内列出这种政策行为可能产生的影响。

5. 请考虑一个两国模型，其中国内中央银行和外国中央银行都允许汇率浮动。请从图 11—11 中的初始均衡开始，分析外国实行紧缩性财政政策的影响。

6. 请重新做第 5 题，但这次研究国内实行紧缩性财政政策的影响。

7. 20 世纪 90 年代早期，当美国从短暂但剧烈的实际收入紧缩中艰难复苏时，美国政府要求日本政府增加政府支出并削减税收。假设美国和日本之间的资本流动近乎完全，且美元—日元汇率在外汇市场上是浮动的，这种要求与美国的利益一致吗？请证明你的答案。

8. 根据第 7 题描述的条件，在 20 世纪 90 年代初，美国政府希望日本政府采取什么货币政策行为？请说明理由。

9. 20 世纪 50 年代末以后，多数西欧国家希望基本保持固定汇率制，因为这种制度可以限制浮动汇率制下对冲外汇风险的需要，从而提高效率。这些国家在 1979—1999 年调整了几十次汇率。这增强还是削弱了西欧的固定汇率制？请解释。

10. 假设某个国家的货币需求相对稳定，但近年来该国的出口支出和进口支出波动剧烈，且政治不稳定导致政府支出大幅增加。如果该国的基本目标是实际收入稳定，它应该采用固定汇率制还是浮动汇率制？请证明你的答案。

在线应用

网址：http://www.bankofengland.co.uk

标题：英格兰银行

浏览：上述网址为英格兰银行的主页。

应用：请点击页面左边的“统计”，然后点击“互动数据库”。然后选择“表格”，再选择“货币与贷款”。请回答下列问题。

1. 请点击“M4 月增长率和 M4 贷款”，下载该表。选择“季度调整后的 M4”。请分析英国主要货币量指标 M4 最近三至六个月的增长率。

2. 请返回“表格页”，点击“利率与汇率”(右栏)，下载这些数据。请使用英国货币英镑的美元汇率数据，计算近几个月的英镑升值率或贬值率。M4 月增长率和英镑升值率或贬值率之间是否存在关系？这与理论是否一致？

部分参考书目与扩展阅读

[1] Belke, Ansgar, and Daniel Gros. “Asymmetries in Transatlantic Monetary Policymaking: Does

the ECB Follow the Fed?" *Journal of Common Market Studies* 43 (2005): 921 - 946.

[2] Bergin, Paul, and Oscar Jorda. "Measuring Monetary Policy Interdependence." *Journal of International Money and Finance* 23 (2004): 761 - 793.

[3] Corden, Max. *Too Sensational: On the Choice of Exchange Rate Regimes*. Cambridge, MA: MIT Press, 2002.

[4] Daniels, Joseph P., Peter Toumanoff, and Marc van der Ruhr. "Optimal Basket-Peg Arrangements for Developing Nations." *Journal of Economic Integration* 16 (March 2001): 128 - 145.

[5] Duttagupta, Rupa, and Inci Otker-Robe. "Exits from Pegged Regimes: An Empirical Analysis." International Monetary Fund, IMF Working Paper WP/03/147 (July 2003).

[6] Edwards, Sebastian, and Eduardo Levy Yeyati. "Flexible Exchange Rates as Shock Absorbers." *European Economic Review* 49 (2005): 2079 - 2105.

[7] Ehrmann, Michael, and Marcel Fratzscher. "Exchange Rates and Fundamentals: New Evidence from Real Time Data." *Journal of International Money and Finance* 24 (2005): 317 - 341.

[8] Engel, Charles, and Kenneth West. "Exchange Rates and Fundamentals." *Journal of Political Economy* 113 (2005): 487 - 517.

[9] Forssback, Jens, and Lars Oxelheim. "On the Link between Exchange-Rate Regimes, Capital Controls, and Monetary Policy." *The World Economy* 29 (2006): 341 - 368.

[10] Frankel, Jeffrey, Seerio Schmakler, and Luis Serven. "Global Transmission of Interest Rates: Monetary Independence and Currency Regime." *Journal of International Money and Finance* 24 (2005): 387 - 412.

[11] Ghosh, Atish, Ann-Marie Gulde, and Holger Wolf. *Exchange Rate Regimes: Choices and Consequences*. Cambridge, MA: MIT Press, 2002.

[12] Glick, Reuven, and Michael Hutchison. "Capital Controls and Exchange Rate Instability in Developing Economies." *Journal of International Money and Finance* 24 (2005): 387 - 412.

[13] Klein, Michael, and Jay Shambaugh. "Fixed Exchange Rates and Trade." *Journal of International Economics* 70 (2006): 359 - 383.

[14] Neely, Christopher, and Lucio Sarno. "How Well Do Monetary Fundamentals Forecast Exchange Rates?" Federal Reserve Bank of St. Louis, Working Paper 2002 - 007A (May 2002).

[15] Reinhart, Carmen, and Kenneth Rogoff. "The Modern History of Exchange Rate Regimes: A Reinterpretation." *Quarterly Journal of Economics* 119 (2004): 1 - 48.

第十三章　价格水平、实际产出和经济政策制定

基本问题

1. 什么是总需求曲线？
2. 什么因素决定了开放经济下货币量变化影响总需求的程度？
3. 什么因素决定了开放经济下财政政策行为影响总需求的程度？
4. 什么是总供给曲线？
5. 一国的价格水平和实际产出是如何决定的？经济政策制定者如何影响通货膨胀和实际产出？
6. 为什么理性预期假说表明经济政策对实际产出的影响可能有限，且政策制定者的信誉很重要？

20 世纪 90 年代末到 21 世纪头十年中期，全球中央银行都在唱同一个调门：通货膨胀目标。在加拿大、新西兰和英国的带头下，20 多个发展中国家的中央银行都制定了通货膨胀率目标。实际上，多数国家的目的都不是使平均通货膨胀率达到目标，而是开始将这种目标作为通货膨胀率的上限。即使在《1946 年就业法》要求美联储将失业率和通货膨胀率一样作为明确指标的美国，高层政策制定者也开始争论追求明确通货膨胀率目标的优点和缺点。

然而，21 世纪头十年末期，世界上多数实行明确通货膨胀率目标国家的实际通货膨胀率都远高于正式目标水平。在发展中国家，每个声称追求通货膨胀率目标的国家的通货膨胀率都超过了目标水平。在美国，近年来的平均通货膨胀率是 21 世纪头十年初期低点的两倍多，21 世纪 10—20 年代初，美联储关于通货膨胀率目标优点的所有讨论都戛然而止。

最近，全世界的家庭和企业都在适应 25 年来最大的通货膨胀率波动。在接下来的时

间里，他们是否必须学会忍受更高的通货膨胀率波动——在有些国家通货膨胀率甚至加速增长——仍有待观察。

在前面的章节中，我们关注的是开放经济中如何决定均衡实际收入和均衡名义利率。为了重点分析不同程度的资本流动性如何影响政策行为的传导，我们还归纳了价格水平在这一过程中发挥的重要作用。因此，此时我们尚未建立一个理解影响实际经济变量——例如总劳动力就业率——的因素的完整框架。我们也没有研究关于名义国内生产总值（GDP）中价格水平和实际 GDP 的相对贡献的理论。

本章的目标是解决这些问题。为此，我们需要解释开放经济中价格水平的决定因素、价格水平的变化如何影响货币政策和财政政策的传导以及政策制定者本身的行为如何影响一国的价格水平及其变化率——通货膨胀率（或通货紧缩率）。此外，我们还希望解释价格水平与实际产出，以及通货膨胀率与失业率之间的关系。

总需求

任何关于价格水平决定的理论必然从对国内生产的所有商品与服务的总需求理论开始。经济学家称其为实际产出的总需求。正如你现在将学习到的，在接下来的三章中，我们将奠定理解总需求决定因素的全部基础。

总需求曲线

在第十章中，你第一次学到，*IS* 曲线和 *LM* 曲线的交点是总意愿支出等于实际收入且实际货币市场处于均衡的一个实际收入—名义利率组合。接着，你了解到总自发支出变化如何影响均衡实际收入水平和名义利率。此外，你还了解到名义货币量和实际货币需求的变化如何影响这些变量。

结果证明，这些因素也是对一国商品与服务总需求的基本决定因素。原因是，*IS*—*LM* 框架提供了总需求理论的基础。

为了解其中的原因，请参考图 13—1。(a) 图显示了 *IS*—*LM* 曲线。*IS* 曲线和 *LM* 曲线最初相交于点 *A*。正如我们在第十章中讨论的，*LM* 曲线的位置取决于实际货币量。在点 *A* 上，名义货币量为 M_1，且 GDP 平减物价指数为 P_1。因此，实际货币量等于 M_1/P_1，且 *LM* 曲线为 $LM(M_1/P_1)$。

现在考虑当价格水平从 P_1 升至 P_2 时会发生什么。这导致实际货币量从 M_1/P_1 降至 M_1/P_2。实际货币量下降对 *LM* 曲线的影响与价格水平不变时名义货币量下降的影响相同，后者导致 *LM* 曲线向左上方移动。因此，如图 13—1 (a) 所示，价格水平的上升导致 *LM* 曲线 $LM(M_1/P_2)$ 的移动，在点 *B* 上产生新的 *IS*—*LM* 均衡。价格水平增加导致的实际货币供给下降使均衡名义利率上升。利率上升导致意愿投资支出下降。因此，总意愿支出下降，导致均衡实际收入下降。因此，点 *B* 上的均衡名义利率高于初始点 *A* 上的 R_1，且均衡实际收入水平降低至 y_2。

(b) 图显示了 (a) 图中的均衡实际收入和价格水平之间的关系。(a) 图中的实际收入—价格水平组合——点 *A* 上的 y_1 和 P_1 以及点 *B* 上的 y_2 和 P_2——均实现了 *IS*—*LM* 均

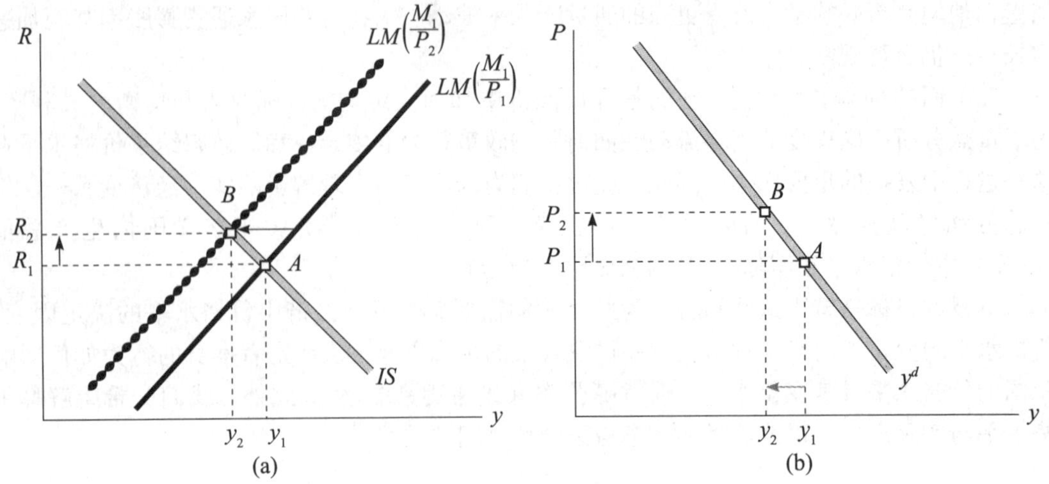

图 13—1　推导总需求曲线

说明：(a) 图显示，*LM* 曲线沿着 *IS* 曲线从点 *A* 移回至点 *B* 时，价格水平上升使实际货币量产生变化，从而导致均衡名义利率增加。由于价格水平增加时均衡实际收入下降，因此在 (b) 图中，穿过实际收入—价格水平组合 *A* 和 *B* 的总需求曲线是向下倾斜的。

衡。因此，两个实际收入—价格水平组合都保持了实际收入均衡和实际货币市场均衡。满足 *IS*—*LM* 均衡的所有实际收入—价格水平组合（包括点 *A* 和点 *B*）为**总需求曲线**（aggregate demand schedule），用 y^d 表示。按照定义，这条曲线是实现 *IS*—*LM* 均衡的一系列实际收入与价格水平的组合，这意味着这些组合同时实现了总意愿支出等于实际收入和货币市场均衡。

基本问题 1　什么是总需求曲线？

总需求曲线由实际收入等于总意愿支出，同时保持实际货币市场均衡的实际收入—价格水平组合组成。因此，总需求曲线上的每个点都对应着一个 *IS*—*LM* 均衡点。

决定开放经济中总需求曲线位置的因素

在图 13—1 中，我们考察了保持其他所有因素不变时，价格水平增加对均衡实际收入的影响，从而推导出总需求曲线。这意味着影响 *IS* 曲线或 *LM* 曲线位置的其他因素的变化可能改变总需求曲线的位置。因此，影响 *IS* 曲线位置的总自发支出变化以及影响 *LM* 曲线位置的名义货币量变化可能导致总需求曲线移动。因此，财政政策行为和货币政策行为可以通过这些渠道影响总需求曲线的位置。

然而，正如你在第十一章和第十二章中学到的，资本流动程度限制了货币政策行为和财政政策行为影响均衡实际收入的程度。此外，货币政策和财政政策对实际收入影响的变化取决于一国采用固定汇率制还是浮动汇率制。因此，开放经济中总需求对货币政策行为或财政政策行为的反应程度取决于资本流动程度和所采用的汇率制度。

货币政策与总需求　在我们研究资本流动性和汇率弹性如何限制货币政策行为对总需求的影响之前，让我们首先分析货币量变化与总需求曲线的基本关系。为此，让我们首先考虑一个封闭经济，其中，资本流动性和汇率弹性是无关的。

在封闭经济中，如果一国的中央银行使名义货币供给量从 M_1 增至 M_2，那么如图

13—2（a）所示，在给定价格水平 P_1 上，结果是 LM 曲线从 LM（M_1/P_1）向右下方移至 LM（M_2/P_1）。因此，从点 A 上的初始 IS—LM 均衡移动到点 B 上的新均衡。名义货币量的增加使均衡名义利率从 R_1 降至 R_2，因而导致均衡实际收入从 y_1 升至 y_2。

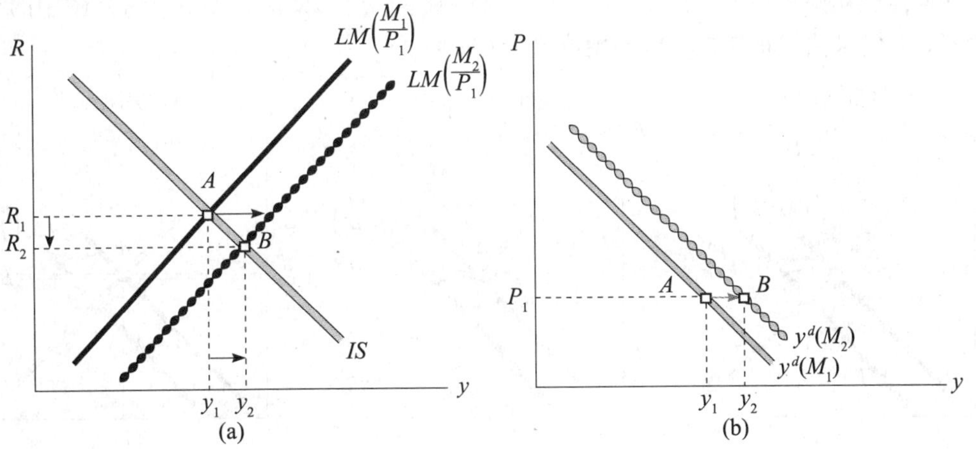

图 13—2　封闭经济中，货币量增加对总需求的影响

说明：当价格水平不变时，流通中的名义货币量增加导致实际货币量增加，使（a）图中的 LM 曲线沿着 IS 曲线从点 A 向右下方的点 B 移动。由于（b）图中点 B 上的实际收入水平对应的价格水平相同，因此新的均衡实际收入—价格水平组合位于初始总需求曲线上点 A 表示的实际收入—价格水平组合右方的新总需求曲线上。因此，名义货币量的增加导致总需求增加。

如（b）图所示，实际收入—价格水平组合 y_2 和 P_1 位于初始总需求曲线 $y^d(M_1)$ 右方。然而，（b）图的新点 B 与（a）图的点 B 上的 IS—LM 均衡一致。按照定义，总需求曲线是保持 IS—LM 均衡的一系列实际收入—价格水平组合，因此（b）图中的点 B 位于新的总需求曲线上。因此，名义货币量上升使总需求曲线右移。也就是说：

在封闭经济中，名义货币量的上升总会导致总需求上升。

现在，你已经知道货币政策行为如何影响封闭经济中的总需求了，接下来让我们将注意力转移到开放经济中的中央银行政策影响上。

固定汇率制下开放经济中的货币政策与总需求　在第十一章和第十二章中，你了解到开放经济中的货币政策行为对均衡实际收入的影响取决于汇率是否固定和资本流动程度。因此，你可能预期货币政策行为对总需求的影响取决于相同的因素。

图 13—3 说明了货币政策行为如何影响——或不影响——固定汇率制下总需求曲线的位置。（a）图、（b）图和（c）图中显示了三对图形。每对图形都由 IS—LM—BP 曲线和相应的总需求曲线组成。（a）图显示了低资本流动性和 BP 曲线相对陡峭时的情况，（b）图显示了高资本流动性和 BP 曲线相对平缓时的情况。最后，（c）图显示了完全资本流动和 BP 曲线水平时的情况。

如图 13—2 所示，在（a）图中，货币量从 M_1 升至 M_2 导致 LM 曲线向右下方移动，因此在（a1）图中从点 A 移至点 B。均衡名义利率从 R_1 降至 R_2，均衡实际收入从 y_1 升至 y_2。因此，保持其他因素不变，在给定价格水平 P_1 上，（a1）图中总需求曲线从 $y^d(M_1)$ 右移至用虚线表示的曲线 $y^d(M_2)$。

实际收入的增加刺激了进口支出，在低资本流动性下，名义利率下降导致少量资本流出。因此，点 B 上的国际收支赤字上升，且该国货币在外汇市场上面临贬值压力。如果中央银行对维持固定汇率的干预进行冲销，货币量将保持在较高水平 M_2，且总需求曲线在（a2）图中完全移至 $y^d(M_2)$。然而，在不进行冲销时，当中央银行的外汇储备下降时，货币量将回落到初始水平 M_1 上。因此，在（a2）图中，当 LM 曲线回到（a1）图中的初始位置时，总需求曲线将最终回到初始位置 $y^d(M_1)$。

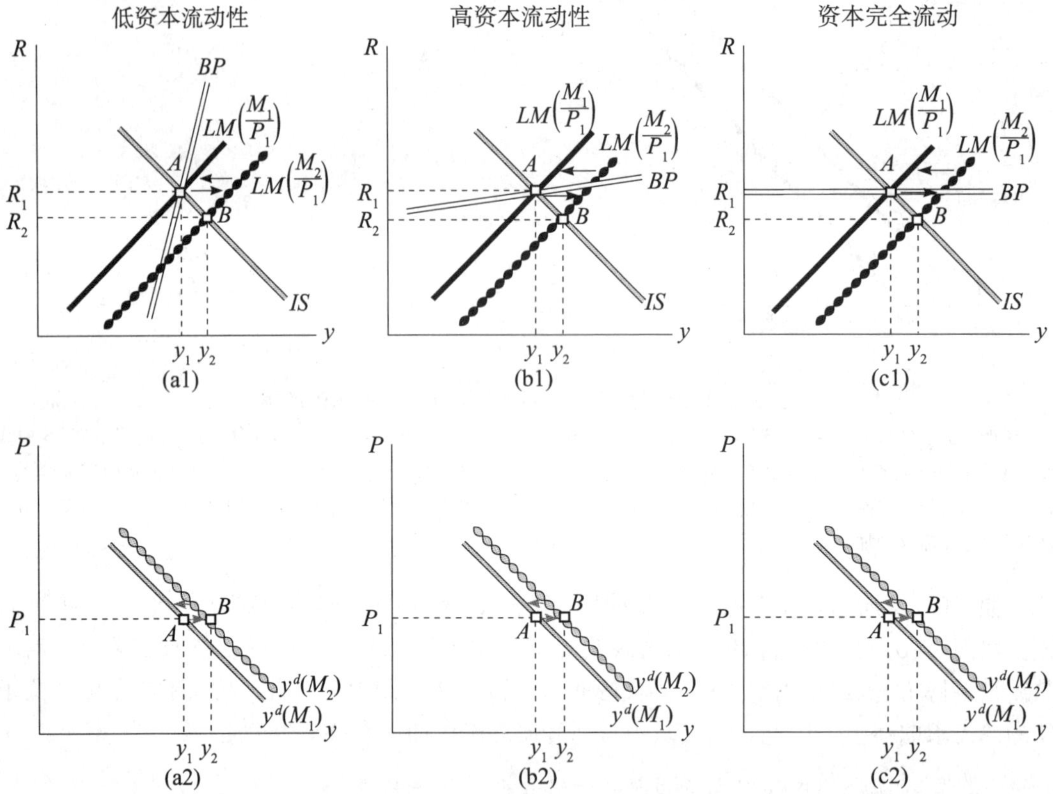

图 13—3　固定汇率制下，开放经济中货币量增加对总需求的影响

说明：在全部三组图中，货币量增加均导致 LM 曲线向右下方移动，从点 A 移至点 B。所导致的实际收入增加使进口支出上升，所导致的名义利率下降使资本外流，综合影响为国际收支赤字。如果中央银行对保持固定汇率的干预进行了冲销，货币量将保持在较高水平 M_2，且总需求曲线将完全移动到 $y^d(M_2)$。然而，在不冲销干预时，货币量将随着中央银行的外汇储备下降回落到初始水平 M_1。因此，当 LM 曲线移回到初始位置时，不论资本流动程度如何，总需求最终都将回到初始位置 $y^d(M_1)$。

如（b）图和（c）图所示，在高资本流动性和资本完全流动的环境下，可以得出相同的基本结论。在（b1）图中，货币量扩张后再次出现国际收支赤字，资本大量流出造成高额赤字。因此，在（b）图中，只有在中央银行冲销外汇干预时，总需求才会再次上升。在（c1）图，名义利率下降导致资本外流，它是造成国际收支赤字的全部原因，在（c2）图中我们再次看到，只有在冲销干预时，总需求曲线才会右移。否则，流通中货币量的增加最终对总需求没有影响。

因此，我们可以得出下列结论：

> 不管资本流动程度如何，在固定汇率制下，中央银行改变名义货币量的行为对总需求的影响都取决于该国中央银行冲销外汇市场操作的程度。如果中央银行维持固定

汇率的外汇干预未被冲销，通过增加货币量扩张总需求的努力最终将是无效的。

该结论并不一定意味着中央银行无论如何都不能影响固定汇率制下的总需求。正如我们将简要讨论的，中央银行可以选择通过改变汇率目标使总需求曲线移动。

浮动汇率制下开放经济中的货币政策和总需求 正如你在第十二章中学到的，在浮动汇率制下，国际收支赤字或国际收支盈余将导致市场汇率调整而不是一国中央银行的外汇市场干预。图13—4的（a）图、（b）图和（c）图显示了在浮动汇率制下，低资本流动性、高资本流动性和资本完全流动时扩张性货币政策行为对总需求的影响。每张图都给出了表示 *IS—LM—BP* 均衡位置的曲线和相应的总需求曲线。

首先考虑（a）图，其中陡峭的 *BP* 曲线反映出低资本流动性假设。流通中的货币量从 M_1 增至 M_2 导致（a1）图中的 *LM* 曲线向右下方移动，从点 *A* 移至点 *B*，均衡名义利率从 R_1 降至 R_2，均衡收入从 y_1 升至 y_2。

由于（a1）图中资本流动性很低，因此均衡利率下降导致的资本流出相对较少。然而，实际收入增加刺激进口支出增加，导致点 *B* 上出现国际收支赤字。结果，该国货币面临贬值压力，导致本币贬值。因此，汇率从初始的 S_1 升至 S_2。

货币贬值降低了该国出口的有效价格，同时增加了进口的有效价格。因此，净出口支出上升，导致总自发支出增加，（a1）图中的 *IS* 曲线从 $IS(S_1)$ 右移至 $IS(S_2)$。类似地，为了在利率上升、实际收入增加时维持国际收支平衡，本币贬值导致 *BP* 曲线从 $BP(S_1)$ 向右下方移至 $BP(S_2)$。在点 *C* 上，存在国际收支平衡，且汇率没有进一步升值的压力。在这个最终均衡点上，均衡利率等于 R_2，均衡实际收入水平等于 y_2。

因此，在当前价格水平 P_1 上，*IS—LM* 均衡对应的实际收入水平 y_2 升高。因此，在（a2）图中，总需求曲线从 $y^d(M_1)$ 右移至 $y^d(M_2)$。与固定汇率制下的情况相反，在浮动汇率制下，扩张性货币政策行为提高了总需求。

图13—4的（b）图和（c）图表明，高资本流动性和资本完全流动情况下的结论相同。然而请注意，在（b1）图中，高资本流动性下的货币扩张将导致更多的资本流出，因此，货币贬值幅度大于（a1）图中低资本流动性的情况。这导致净出口支出上升得更多，因此 *IS* 曲线进一步向右移动。因此，在高资本流动性下，均衡实际收入上升得更多，在（b2）图中，总需求曲线进一步向右移动。

在（c）图中，你可以看到，在完全资本流动下，货币扩张导致的总需求上升更加明显。我们可以得出如下结论：.

> 在浮动汇率制下，扩张性货币政策无疑会提高总需求。对总需求的影响随着资本流动程度的提高而增加。

因此，在浮动汇率制下，更高的资本流动性将增强货币政策的潜在力度。

开放经济中的汇率政策与总需求 如果我们以不同方式解释图13—4中的移动，还能说明汇率贬值如何影响总需求。假设中央银行保持汇率固定为 S_1，但后来决定让本币贬值。这需要将汇率目标提高至一个新水平，表示为 S_2。为了在汇率中反映出这种变化，中央银行需要扩张货币量，直至汇率稳定在中央银行提高后的目标汇率。这将使 *LM* 曲线右移。同时，汇率增加将导致 *IS* 曲线和 *BP* 曲线右移。

这些影响与图13—4的（a）图、（b）图和（c）图描绘的相同。因此，该图还说明了固定汇率制下汇率贬值的基本影响。如图13—4所示，在固定汇率制下，汇率贬值将导致

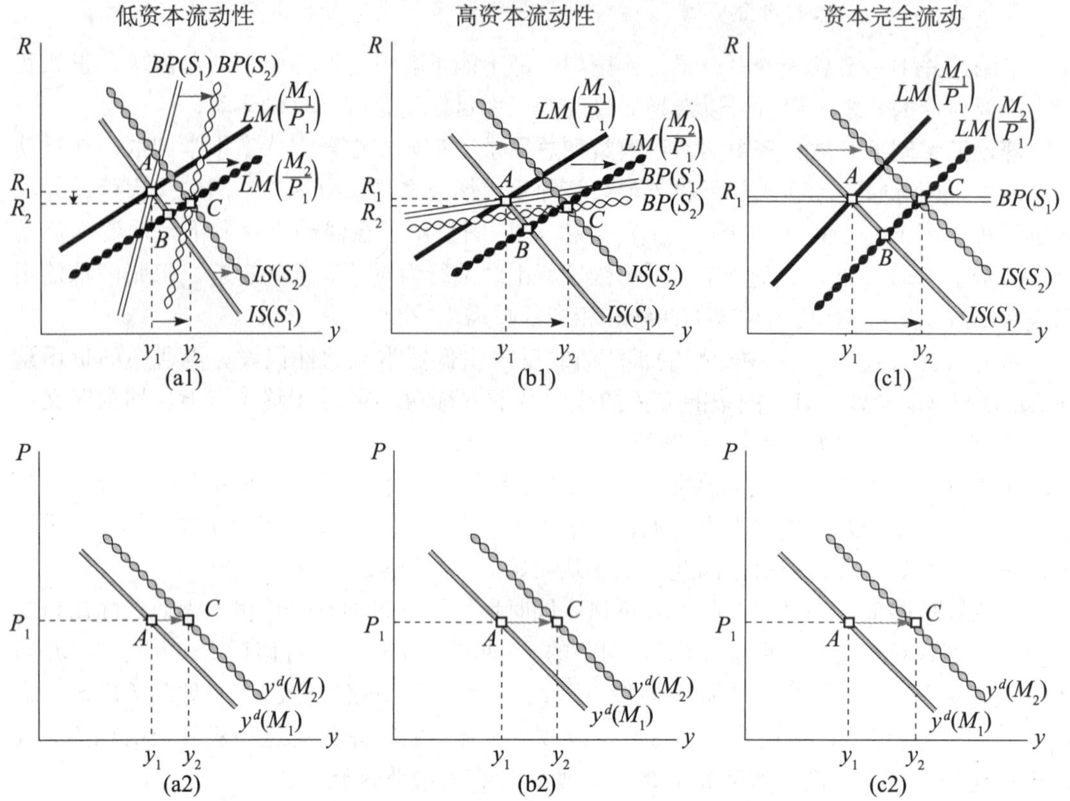

图 13—4　浮动汇率制下，开放经济中货币存量增加对总需求的影响

说明：在全部三组图中，货币量的增加均导致 *LM* 曲线右移，产生国际收支赤字，进而导致本币贬值。汇率上升刺激净出口支出增加，并提高了均衡实际收入。当资本流动性提高时，资本流出提高，由此导致的货币贬值幅度和实际收入效应也将增加。因此，资本流动性提高强化了货币量增加导致的总需求扩张。

总需求增加。随着资本流动程度的提高，总需求的扩张幅度也将增加。

基本问题 2　什么因素决定了开放经济下货币量变化影响总需求的程度？

货币量增加对总需求的影响取决于现行汇率制度和资本流动程度。在固定汇率制下，未冲销的货币量增加不会影响总需求。相反，汇率贬值将导致总需求增加，在浮动汇率制下，流通中的货币量增加将产生相同影响。在后一种情况下，资本流动性提高将使总需求进一步增加。

财政政策与总需求　为了解财政政策行为和总需求曲线之间的基本联系，让我们再次从考虑封闭经济的情况开始。图 13—5 (a) 显示了在给定价格水平 P_1 下，实际政府支出从 g_1 升至 g_2 对 *IS—LM* 曲线的影响。正如第十二章中所讨论的，直接结果是 *IS* 曲线右移，移动幅度等于政府支出增加额乘以自发支出乘数 $1/(1-MPC)$。实际收入的增加导致实际货币需求增加，因而提高了均衡名义利率。结果，实际投资支出下降，但不足以阻止均衡实际收入从点 *A* 上的 y_1 升至点 *B* 上的 y_2。

(a) 图中的点 *B* 是新的 *IS—LM* 均衡，因此实际收入—价格水平组合 y_2 和 P_1 必然位于 (b) 图中的新总需求曲线 $y^d(g_2)$ 的点 *B* 上。因此，在封闭经济中，政府支出增加将导致总需求增加。

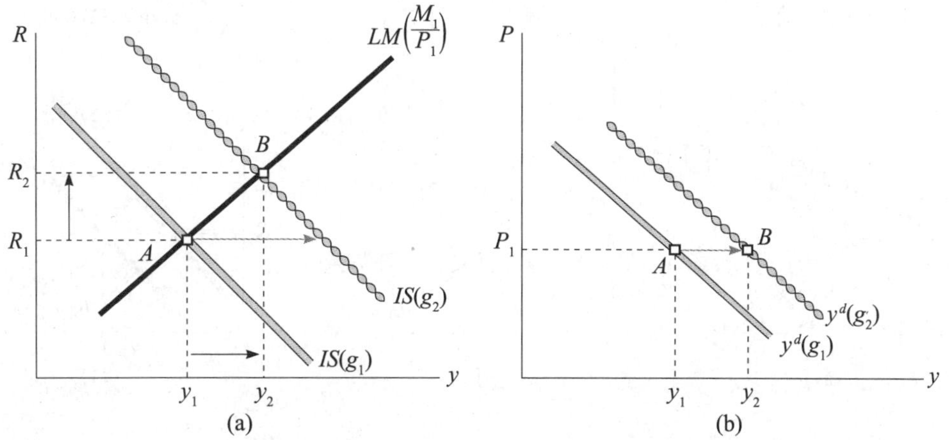

图 13—5　封闭经济中，政府支出增加对总需求的影响

说明：当价格水平不变时，政府支出增加使（a）图中的 IS 曲线沿着 LM 曲线从点 A 移至点 B。所形成的（b）图上的实际收入水平对应的价格水平相同，且新的实际收入—价格水平组合位于新的总需求曲线上，该曲线位于初始总需求曲线的点 A 上的实际收入—价格水平组合的右方。因此，政府支出增加将导致总需求增加。

固定汇率制下开放经济中的财政政策与总需求　现在考虑固定汇率制下，开放经济中扩张性财政政策行为的含义。图 13—6 的（a）图、（b）图和（c）图显示了低资本流动性、高资本流动性和资本完全流动时政府支出增加的影响。在每组图的上图中，政府支出上升导致 IS 曲线从 $IS(g_1)$ 移至 $IS(g_2)$，即 IS 曲线与 LM 的交点从点 A 移至点 B。因此，均衡名义利率一开始从 R_1 升至 R'，且均衡实际收入从 y_1 增至 y'。

正如我们在第十一章中讨论的，财政扩张对一国国际收支的影响取决于该国对金融资源流动的开放程度。当资本流动性较低时，如（a1）图所示，政府支出增加导致的均衡名义利率上升引发的资本流入过少，无法弥补实际收入上升导致的进口支出增加。结果，在点 B 上出现国际收支赤字。这对本币形成了贬值压力。为了保持汇率固定，中央银行必须卖出外汇储备。如果中央银行的干预没有被冲销，将导致名义货币量从 M_1 降至 M_2，使 LM 曲线从 $LM(M_1)$ 向左上方的 $LM(M_2)$ 移动。所导致的 IS—LM—BP 均衡位于点 C，均衡名义利率仍然提高至 R_2，且均衡实际收入增至 y_2。

由于在当前的价格水平 P_1 下，均衡实际收入从初始水平 y_1 增至 y_2，因此点 C 上的新实际收入—价格水平组合位于（a2）图的新总需求曲线上。因此，净结果是，政府支出增加使总需求曲线从 $y^d(g_1, M_2)$ 右移至 $y^d(g_2, M_2)$。

（b）图和（c）图显示，在高资本流动性和资本完全流动下，总需求也会随着政府支出的增加而增加。然而，在每种情况下，最初的均衡利率上升也会导致资本流入足以抵消实际收入增加导致的进口增加。因此，在图 13—6 的（b1）图和（c1）图中，点 B 上存在国际收支盈余。因此，为了保持固定汇率，中央银行必须增加外汇储备。如果没有被冲销，这种行为将导致国内货币存量从初始的 M_1 升至 M_2。LM 曲线向右下方移动，产生点 C 上的均衡实际收入—利率组合 y_2 和 R_2。因此，均衡实际收入大于当前价格水平，因此在（b2）图和（c2）图中，总需求曲线右移。

注意，（a）图、（b）图和（c）图表明，当资本流动程度增加时，中央银行干预对货币量的影响强化了财政政策行为的扩张效应。我们可以得出以下结论：

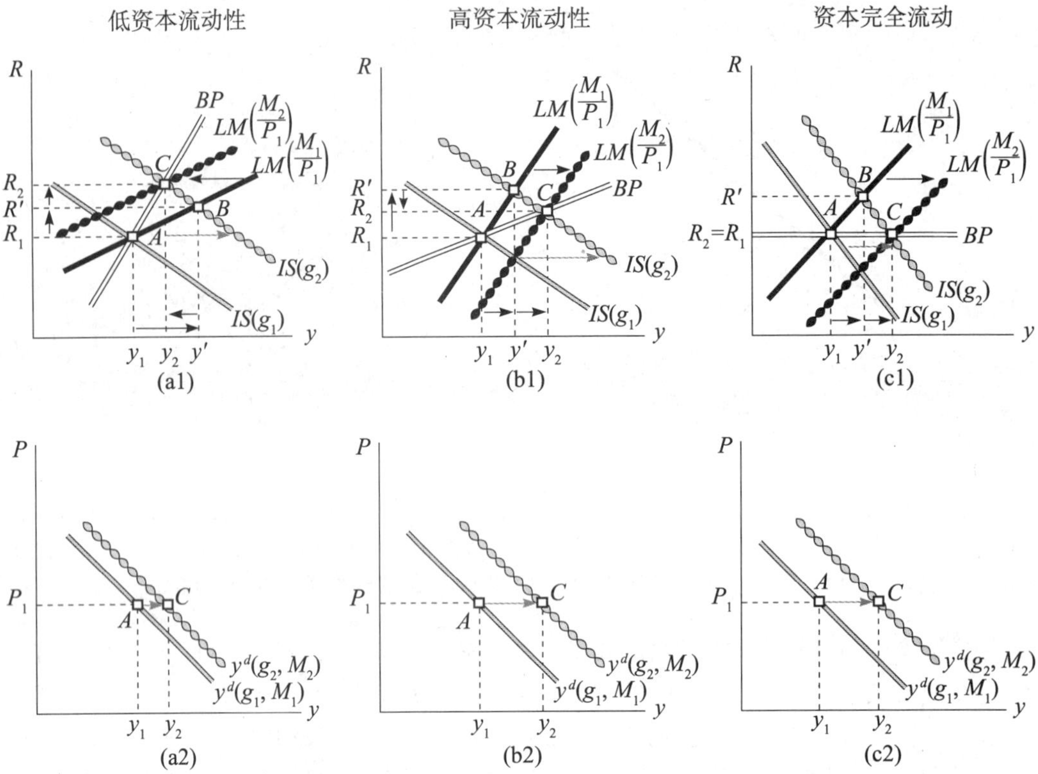

图 13—6　固定汇率制下，开放经济中政府支出增加对总需求的影响

说明：在三组图中，政府支出的增加均导致 IS 曲线右移，使均衡名义利率最初从 R_1 升至 R'，且均衡实际收入从 y_1 升至 y'。(a1) 图显示，在低资本流动性下，点 B 上出现国际收支赤字，这要求中央银行卖出外汇储备，以保持汇率固定，因此在点 C 上实现最终均衡，且总需求稍有上升，如 (a2) 图所示。(b) 图和 (c) 图显示，在高资本流动性和资本完全流动时，政府支出上升导致点 B 上出现国际收支盈余。为了保持两种情况下的汇率不下降，中央银行必须购买外汇，这导致在点 C 上实现最终均衡，且总需求进一步上升。

> 在固定汇率制下，扩张性财政政策行为无疑将提高总需求。对总需求的影响大小随着资本流动程度的增加而增加。

因此，在固定汇率制下，资本流动性提高将增加财政政策的潜在力度。

浮动汇率制下开放经济中的财政政策与总需求　如果一国的中央银行允许汇率浮动，财政政策行为将不会导致流通中的货币量变化。相反，它会导致一国货币的均衡价值变化。

图 13—7 的 (a) 图、(b) 图和 (c) 图显示了浮动汇率制下，财政政策行为和总需求的关系如何随资本流动程度的变化而变化。(a) 图描述了低资本流动性的情况。在当前市场汇率 S_1 下，政府支出从 g_1 增至 g_2 导致 (a1) 图中的 IS 曲线从 $IS(g_1, S_1)$ 右移至 $IS(g_2, S_1)$。在低资本流动性下，政府支出增加导致的均衡名义利率上升产生的资本账户改善不足以抵消均衡实际收入增加导致的进口支出增加。因此，在点 B 上出现了国际收支赤字。

这导致本币贬值，因此均衡汇率升至 S_2。贬值刺激了净出口，因此 IS 曲线进一步右移至 $IS(g_2, S_2)$。此外，汇率上升导致 BP 曲线向右下方移至 $BP(S_2)$。在最终均衡点 C

上，更高的汇率 S_2、更高的名义利率 R_2 和更高的实际收入水平 y_2 上出现国际收支平衡。如（a2）图所示，这产生了新的实际收入—价格水平组合 y_2 和 P_1，在该点上实现了 IS—LM 均衡。因此，政府支出上升导致总需求曲线从 $y^d(g_1)$ 右移至 $y^d(g_2)$。

然而，在高资本流动性的情况下，政府支出增加对总需求的影响小得多，如图 13—7（b）所示。在（b1）图中，均衡名义利率最初从点 A 上的 R_1 升至点 B 上的 R'，所导致的资本账户改善足以抵消经常账户的下降。因此，在（b1）图的点 B 上存在国际收支盈余。这导致汇率从初始的 S_1 降至 S_2，这减少了净出口支出，并导致 IS 向左回移至 $IS(g_2, S_2)$。尽管在最终均衡点 C 上，实际收入 y_2 高于（b）图中低资本流动性下的实际收入，但政府支出上升后均衡实际收入的增加较小。因此，与（a2）图相比，（b2）图中总需求曲线的移动幅度较小。

（c）图描绘了资本完全流动的情况。在这种情况下，名义利率的提高产生了大量资本流入，（c1）图中的点 B 上存在大量国际收支盈余。因此，本币大规模升值，最终导致 IS 曲线移回初始位置。最终均衡点 C 对应着初始均衡点 A，且均衡实际收入仍为初始水平 y_1。因此，（c2）图中的对应点仍为点 A，没有发生移动。在浮动汇率制和完全资本流动下，总需求不受政府支出上升的影响。

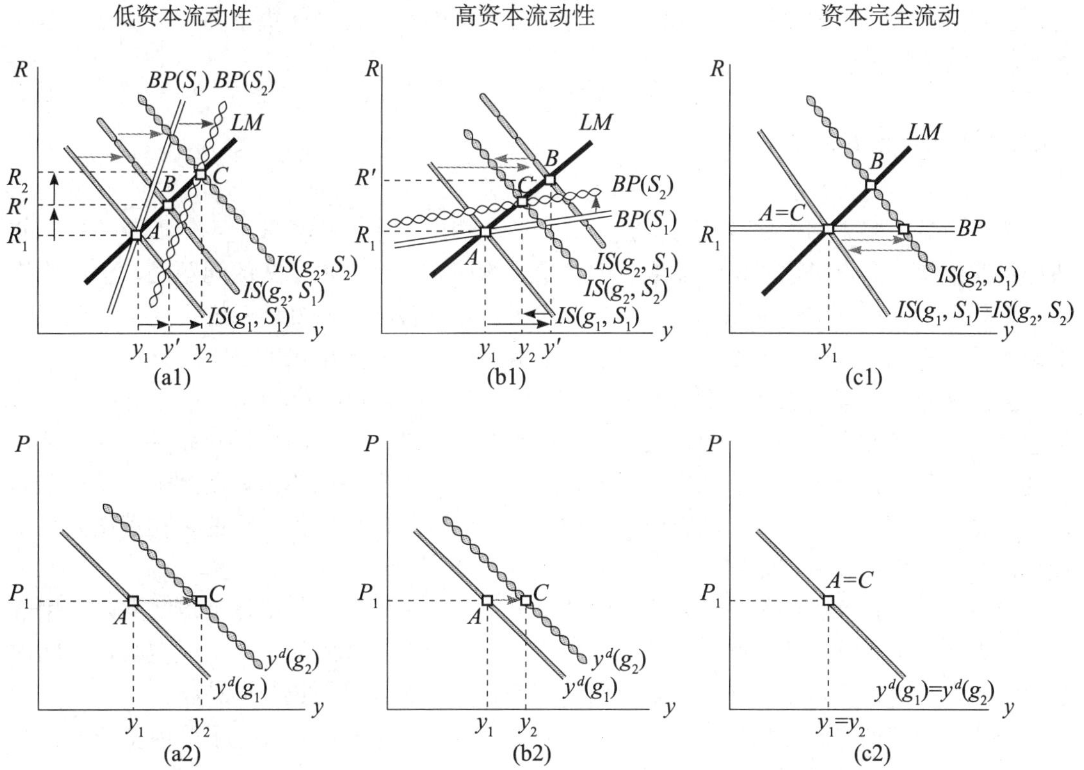

图 13—7　浮动汇率制下，开放经济中政府支出增加对总需求的影响

说明：在三组图中，政府支出增加均导致 IS 曲线右移，使均衡名义利率最初从 R_1 升至 R'，均衡实际收入水平从 y_1 升至 y'。（a1）图描绘了低资本流动性的情况，此时政府支出增加导致点 B 上出现国际收支赤字，使货币贬值，IS 曲线进一步右移。在最终均衡点 C 上，（a2）图中的总需求可能大规模扩张。相反，在高资本流动性和完全资本流动下，政府支出增加导致国际收支盈余，货币升值，部分［（b1）图］或全部［（c）图］抵消 IS 曲线的左移。因此，资本流动性提高减弱了政府支出增加对总需求的影响。

由此可以得出下列结论：

在浮动汇率制下，财政政策行为对总需求的影响随着资本流动程度的升高而下降。在资本完全流动时，财政政策无法影响总需求曲线的位置。

因此，采用浮动汇率制往往会减弱财政政策行为对总需求的影响。

基本问题 3　什么因素决定了开放经济下财政政策行为影响总需求的程度？

财政政策行为对总需求的关键影响因素是资本流动性和政府采用的汇率制度。在固定汇率制下，政府支出增加导致总需求增加，资本流动性提高增强了这种影响。在浮动汇率制下，政府支出增加对总需求的影响较弱，且随着资本流动程度的提高进一步减弱。

总供给

正如我们将要讨论的，均衡价格水平是使企业和工人愿意且能够生产出的商品与服务总产出和总需求一致的价格水平。因此，为了考虑价格水平是如何决定的，必须首先考虑企业和工人的行为。

产出与就业的决定

单个商品或服务的价格变化通常会导致企业改变生产中的投入数量，例如劳动力，并改变企业生产并向市场出售的商品或服务数量。然而，一个由来已久的问题是，整体价格水平变化在多大程度上影响总体就业和产出水平。正如你将了解到的，解决这个问题对于决定货币政策或财政政策能否影响开放经济中的总体就业和产出水平很关键。

生产函数　在现有技术条件下，总**生产函数**（production function）是经济体中所有企业使用的生产要素——劳动力、资本、土地和企业家精神——的数量和商品与服务总产出的关系。我们将重点考察短期生产决策，这是企业必须在一段非常短以至来不及调整固定生产要素（例如资本、土地和企业家精神）的时间内作出的决策。因此，在短期内，企业可以改变的生产要素就是雇用的劳动力数量，用 N 表示。

经济学家用三种方法衡量企业雇用的劳动力数量。一种方法是衡量给定时期内雇用的劳动力人数。另一种方法是衡量企业雇用的所有工人的总工作时间，即工人在给定时间内的总工时。最后，经济学家还可以结合以上两种方法，即计算人数—工时数。

企业使用劳动力和其他生产要素生产商品与服务。总生产函数决定了国内企业雇用的劳动力总人数 N 生产的实际产出水平 y：

$$y = F(N)$$

该式显示，企业的实际总产出是企业雇用的劳动力人数的函数。

图 13—8（a）显示了总生产函数 $F(N)$ 的图形。该函数上的任意一点显示了企业在特定劳动力水平上能生产出多少实际产出。例如，如果企业在点 A 上雇用了 N_1 单位劳动力，总实际产出将等于 y_1。在点 B 上，劳动力人数增至 N_2，导致实际产出水平升至 y_2。

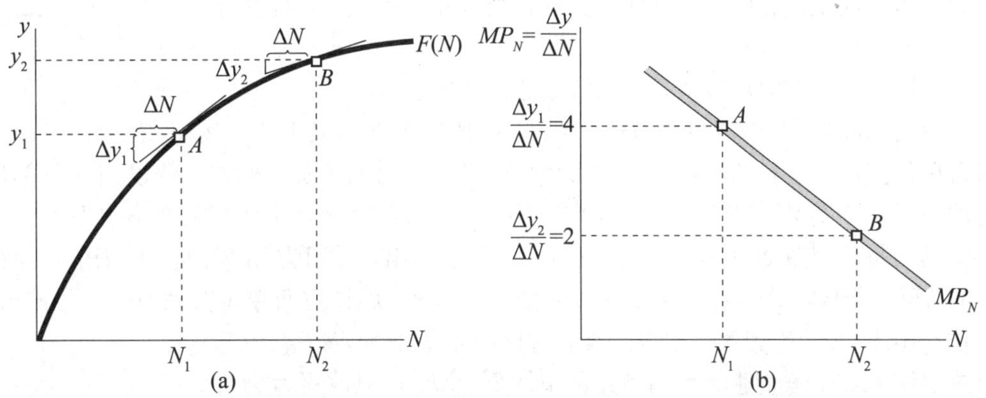

图 13—8　总生产函数与边际劳动产品（MP_N）曲线

说明：在给定资本和当前技术状态下，要增加实际产出必须提高劳动力人数水平。(a) 图中凸形的生产曲线反映出收益递减法则，即每增加一单位劳动力所增加的总产出递减。因此，如 (b) 图所示，当劳动力增加时，边际劳动产品下降。

边际劳动产品　生产函数的斜率是劳动力人数变化导致的产出变化除以劳动力人数的相应变化。根据定义，生产函数的斜率 $\Delta y/\Delta N$ 是企业每多雇用一单位劳动力所增加的产出，经济学家称其为**边际劳动产品**（marginal product of labor），即 MP_N。也就是说，$MP_N \equiv \Delta y/\Delta N$，即给定劳动力人数下的生产函数斜率。

由于图 13—8 (a) 的总生产函数为凹形，因此其斜率随着劳动力人数的增加而下降。例如，该函数在点 A 上的斜率等于该函数在该点上的正切线斜率，即 $\Delta y_1/\Delta N$，其中符号 Δ 表示数量变化。然而，在点 B 较高的劳动力水平上，相同的劳动力变化 ΔN 导致的产出变化较小，为 Δy_2。结果，点 B 上的生产函数斜率 $\Delta y_2/\Delta N$ 必然小于点 A 上的生产函数斜率。因此，当企业雇用的劳动力增加时，边际劳动产品下降。这与**边际收益递减法则**（law of diminishing marginal returns）一致，后者是指至少一种投入品数量不变时，增加一单位劳动力所增加的产出最终将随着企业雇用更多劳动力而下降。

图 13—8 (b) 描绘了边际劳动产品曲线，即 MP_N。MP_N 曲线显示了边际劳动产品，即给定劳动力数量下生产函数的斜率。该曲线向下倾斜，反映出边际收益递减法则。在劳动力水平 N_1 上，边际劳动产品等于 $\Delta y_1/\Delta N$，即点 A 上的生产函数斜率，假设它等于一单位劳动力生产四单位产出。如果总劳动力增至点 B 上的 N_2，生产函数曲线的斜率将跌至 $\Delta y_2/\Delta N$，假设它等于每单位劳动力生产两单位产出。

劳动力需求　为了确定应该雇用多少单位劳动力，企业必须权衡每增加一单位劳动力所增加的产品销售收入与雇用该单位劳动力的成本。为了最大化给定时期内的利润，企业必须使产出达到边际收入（MR）（即多生产和销售一单位产出所增加的收入）正好等于边际成本（MC）（即生产该单位产出所耗费的生产成本）的水平。一方面，如果在给定生产水平上，MR 大于 MC，企业将从生产的最后一单位产品中获得正净利润，这给予企业提高产量的动力。另一方面，如果 MC 大于 MR，企业最后生产的一单位产品的净利润将为负，这给予企业减少产量的动力。因此，在 $MR=MC$ 的产出水平上，企业每生产一单位产品都将获得正的净利润，直至生产出最后一单位，因而在总产出水平上实现利润最大化。

如果企业之间是纯竞争关系，那么没有企业可以影响一单位产出的市场价格。因此，

每单位产出都能获得相同的边际收入，即市场价格。因此，纯竞争企业生产的产品最多为

$$MR \equiv P = MC$$

这表明，在纯竞争环境下，价格等于边际成本。

企业的边际生产成本来源于雇用劳动力的成本，即名义工资，用 W 表示，衡量单位为对每单位劳动力支付的本币，即对每单位劳动力支付的工资。例如，假设当前每单位劳动力的市场工资率 $W_1=20$ 美元。如果在图 13—8 的点 B 上，企业当前产出水平上的边际劳动产品为每单位劳动力 $MP_N=\Delta y/\Delta N=2$ 单位产出，就可以用 W_1 除以 MP_N，计算出企业的边际生产成本。结果是 $MC=$(每单位劳动力 20 美元)/(每单位劳动力 2 单位产出)=每单位产出 10 美元。因此，根据定义，边际成本等于 W/MP_N。

这表明，纯竞争企业的利润最大化条件 $P=MC$ 可以改写为

$$P = W/MP_N$$

将等式两侧同时乘以 MP_N，得到

$$P \times MP_N = (W/MP_N) \times MP_N = W$$

因此，另一种表示企业利润最大化条件的方法为

$$W = P \times MP_N$$

该式说明，纯竞争的利润最大化企业将雇用劳动力，直至企业对每单位劳动力支付的货币工资等于劳动力生产的每单位产出价格乘以边际劳动产品。经济学家称该乘积为**边际劳动产品价值**（value of the marginal product of labor），即 $VMP_N=P\times MP_N$。例如，如果企业产出的市场价值为每单位产出 5 美元，且边际劳动产品为每单位劳动力 2 单位产出，那么劳动力的边际产品价值将等于这两个数字之积，即每单位劳动力 10 美元。

图 13—9 为边际劳动产品价值曲线，即 VMP_N 曲线，用企业产出价格 P 乘以图 13—8 (b) 中的 MP_N 曲线即可得到该曲线。如果企业对每单位劳动力支付的工资为 $W_1=20$ 美元，企业应雇用的劳动力数量应使边际劳动产品价值等于每单位劳动力 20 美元。该图表明，这意味着劳动力数量为 N_1。然而，在较低的工资率 $W_2=10$ 美元上，企业只需较少的边际产品价值即可最大化利润，因此它将雇用的劳动力数量增至 N_2。市场工资率下降导致企业的劳动力需求数量增加。

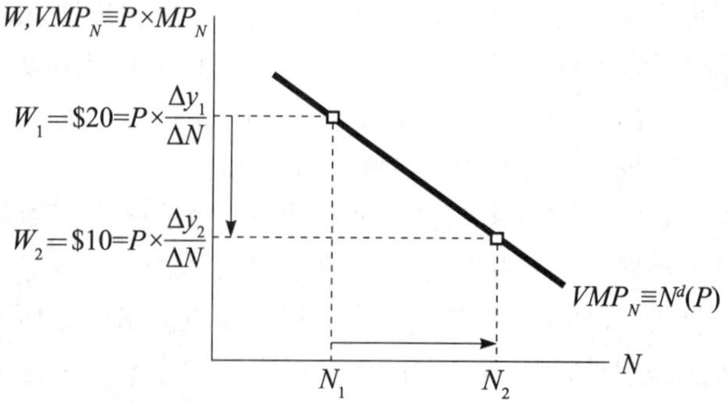

图 13—9 劳动力需求

说明：利润最大化企业雇用的劳动力数量为令劳动力边际产品价值等于名义工资的水平。因此，名义工资的提高减少了企业的劳动力需求。这意味着企业实际雇用的劳动力数量取决于三个因素。第一是企业能够卖出产品的价格。第二是劳动力生产率。第三，即我们现在关注的内容，是名义工资的决定过程。

因此，企业根据沿 VMP_N 曲线的移动决定其愿意雇用多少单位劳动力。由此可以得

出以下重要结论：

> 纯竞争企业的 VMP_N 曲线为企业劳动力需求曲线，它显示出任意给定名义工资 W 上企业的劳动力需求 N。

工资弹性、总供给与价格水平

不同国家的不同企业和行业决定名义工资的过程大不相同。此外，特定制度结构下的主要工资决定因素也有巨大差异。每个国家都有规范企业与工人相互关系的法律。因此，没有哪种工资决定理论适合每个国家。这意味着，不同国家的总受雇劳动力和总产出水平的决定方式也不同。

名义工资的决定　例如，在许多国家，多数工人和企业都会签订合同，规定工资和福利等条款，规范企业在给定时期内（例如一至三年）的用工行为。在一些国家，例如比利时、芬兰、挪威和瑞典，超过一半工人都是工会会员，工会代表工人和企业协商签订显性契约，即正式书面协议。在一些国家，例如奥地利和意大利，工会可以协调工资谈判，导致名义工资决定过程高度集中，强化了工会的工资制定权力。在另一些国家，例如法国和日本，法律上规定工会协议的许多内容也适用于未加入工会的工人。例如，在日本，是政府而不是工会协调工资决定过程，方式是制定全国名义工资同步调整计划。

在另一些国家，工人和企业确定名义工资的过程要分散化得多，尤其是英国和美国这种国家。在这些国家中，法律环境鼓励更个性化的劳动合同，工会化程度较低。当然，工资合同不一定只存在于有工会的行业。例如，多数向新毕业本科生提供职位的美国企业通常都会在工作合同中标明入职工资和距离下一次薪资评估的时间。此外，还可能存在隐性合同，即非书面默示协议，因此即使没有显性工资协议，工人和企业在制定工资决定标准时也可能遵循某些心照不宣的行为模式。不过，多数美国和英国的工人与企业是个别进行工资谈判，而不是集中进行工资谈判。实际上，在这些国家的许多行业中，劳动力市场的运行都非常类似于商品与服务市场，名义工资的调整将使企业的劳动力需求与劳动力供给相等。（劳动力生产率是劳动力需求的关键决定因素，这对公司所得税税率相对较高的开放经济有重要意义；见“管理笔记本：在全球化经济中，高公司所得税将转化为低工资”。）

管理笔记本

在全球化经济中，高公司所得税将转化为低工资

图 13—10 显示了部分国家的最高公司税税率，从日本、美国和德国的近 40%到斯洛伐克、波兰、匈牙利和爱尔兰的不到 20%。全球政治家普遍认为，高公司所得税税率是针对富人的。然而，在实行弹性工资制的国家，提高公司所得税税率的影响之一可能是降低工人工资。公司所得税税率升高促使企业经理削减总投资支出。当然，企业花这笔钱是为了更换损耗的固定资产或提高现有的资本存量。如果它们削减资本支出，将减少工人可以使用的固定资产，从而降低工人的生产率。因此，保持其他因素不变，当一国选择制定相对较高的公司税税率时，在全球化经济中，资金将从高税率国家流向低税率国家，因此该国将要冒外国投资流出，最终降低劳动力生产率，进而降低工资的风险。

实际上，美国企业研究所的凯文·哈塞特（Kevin Hassert）和阿帕纳·马瑟（Apar-

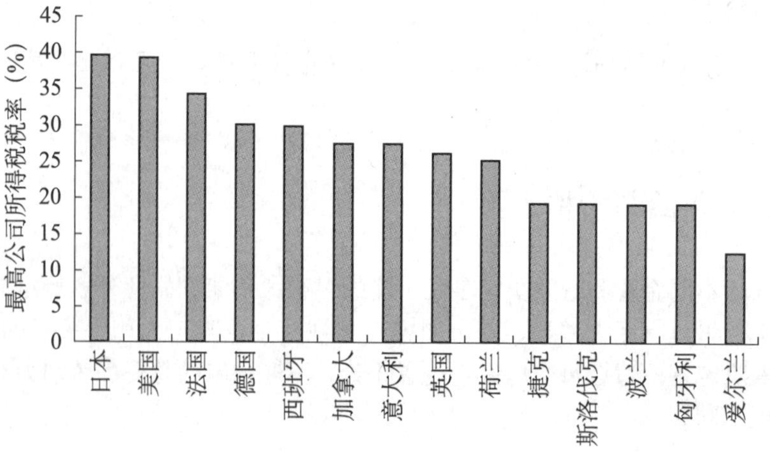

图 13—10　部分国家的最高公司所得税税率

说明：不同国家的最高公司所得税税率差异很大，最高将近 40%（日本），最低刚刚超过 12%（爱尔兰）。

资料来源：经济合作与发展组织，税收数据库，http://www.oecd.org/tax/taxpolicyanalysis/oecdtaxdatabase.htm。

na Mathur）估计，在未来五年中，普通国家的公司所得税税率每提高 1%，工资就下降 0.8%。此外，他们的研究还表明，平均而言，五年之内，邻国的公司所得税税率每降低 1%，该国的工资就会下降 0.5%。因此，即使一国的公司所得税税率不变，当邻国降低公司所得税税率时，由于资本流向低税率国家，国内劳动生产率相应下降，该国的工资也会下降。

批判性分析

你认为爱尔兰政府降低公司所得税税率后，爱尔兰的工资为何会显著上升？

固定名义工资和弹性名义工资下的就业与总供给　为了解为何工资决定过程如此重要，请参考图 13—11。在（a）图中，整体名义工资水平固定为 W^f。在短期内，由于通过国家工会或政府协调的全国性谈判达成的是长期合同，因此一般名义工资水平可能缺乏弹性。工资刚性的另一个原因可能是法律规定了最低工资。尽管在美国、奥地利、比利时和荷兰，只有不到 5%的工人领取最低工资，但在法国、希腊和卢森堡，10%～20%的工人领取法定最低工资。

非弹性名义工资下的总供给　如（a1）图所示，如果工资是非弹性的，当初始价格水平 P_1 升至 P_2，导致 VMP_N 曲线位置变化时，整体名义工资水平 W^f 不会随之变化。因此，当工人的边际产品上升时，就业率从点 A 的 N_1 升至点 B 的 N_2，使企业的劳动力需求增加，以提高商品与服务产出，追求更高的利润。在（a2）图中，就业率的增加导致沿着总生产函数曲线从点 A 移至点 B，因此总实际产出从 y_1 增至 y_2。因此，在（a3）图中，从初始实际产出—价格组合，即点 A 上的 y_1 和 P_1，移动至新的组合，即点 B 上的 y_2 和 P_2。（a3）图中的点 A 和点 B 位于向上倾斜的**总供给曲线**（aggregate supply schedule）上，这表明经济体中的所有工人和企业愿意且能够生产的实际产出如何随着价格水平的变化而变化。（a3）图中的总供给曲线包括与（a1）图中的固定名义工资 W^f 一致的所有实际产出—价格水平组合。因此，如果一般名义工资水平固定，一国的总供给曲线将是向上

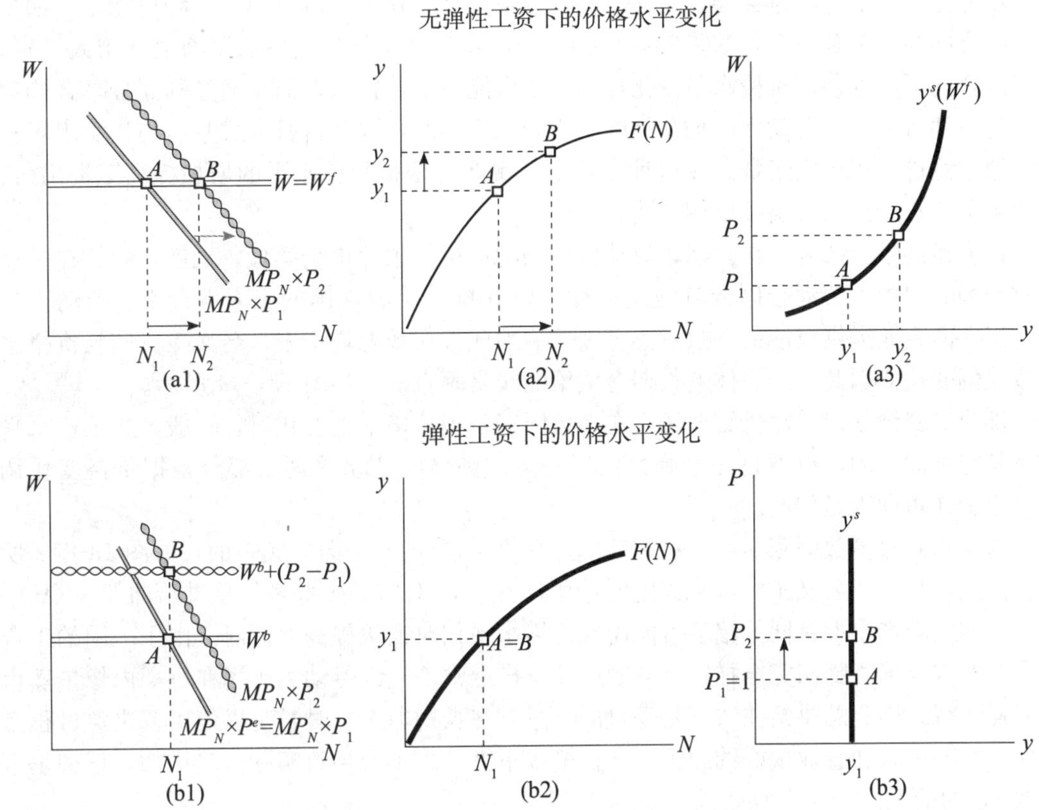

图 13—11　固定名义工资与弹性名义工资下的就业与产出决定

说明：(a) 图显示，如果工资缺乏弹性，价格水平上升导致 VMP_N 曲线位置变化时，整体名义工资水平 W^f 将不会随之变化。因此，当工人的边际产品价值增加时，就业率从点 A 的 N_1 升至点 B 的 N_2，导致企业的劳动力需求上升。就业率提高导致沿着总生产函数曲线从点 A 移至点 B，因此总实际产出从 y_1 增至 y_2。因此，在固定名义工资下，总供给曲线向上倾斜。相反，(b) 图显示，如果 W^b 是初始基本工资水平，价格水平增至 $W^b+(P_2-P_1)$ 导致的自发合同工资调整将不会使就业或产出发生变化。因此，当工资完全根据价格变化调整时，总供给曲线是垂直的。

倾斜的：价格水平上升将导致实际产出增加。

弹性名义工资下的总供给　相反，图 13—11 (b) 显示了名义工资根据价格水平变化充分调整的环境。在 (b1) 图中，我们假设 W^b 为初始基本工资水平。在价格水平 P_1 上，劳动力边际产品价值等于 $VMP_N^1=MP_N\times P_1$，在基础工资 W^b 上，企业需要的劳动力人数等于点 A 上的 N_1。在 (b2) 图中，该劳动力人数产生的实际产出水平等于 y_1。这得出了 (b3) 图中点 A 上的实际产出—价格水平组合 y_1 和 P_1。

价格水平升至 P_2 再次导致 (b1) 图中的边际劳动产品价值升至 $VMP_N^2=MP_N\times P_2$。然而，现在我们假设，名义工资根据价格水平的这种变化灵活调整，从 W^b 升至新的水平 $W^b+\Delta P$，以保持实际工资不变——可能是由于合同协议要求进行调整。其中，ΔP 表示根据价格水平上升进行的充分调整。在 (b1) 图的新均衡点 B 上，名义工资与价格水平同比例增加。因此，企业需求的劳动力人数和价格水平上升前相同。在 (b1) 图的点 B 上，劳动力人数维持在 N_1，因此在 (b2) 图中，实际产出等于 y_1。因此，(b3) 图中点 B 上的新实际产出—价格水平组合 y_1 和 P_2 位于点 A 正上方。由这些点构成的总供给曲线是垂直的。价格水平上升不会导致该国的实际产出水平增加。

哪种劳动力市场安排会导致名义工资按价格水平变化等比例调整？一种可能是，如果工人的合同要求工资完全与通货膨胀挂钩，企业将自动根据通货膨胀逐渐上调工人工资。工人的合同可能直接与价格水平变化挂钩，也可能不直接挂钩，而是通过利润分享合同调整。另一种可能是，劳动力市场是高度竞争和无管制的，因此运行方式基本与拍卖市场相同，通过竞价过程决定工资。在这种市场上，企业将根据价格水平的增加提高工资出价，因此名义工资直接与价格按比例变化。

许多经济学家认为，在长期，劳动力市场的运行与拍卖市场类似。也就是说，在一段足够长的时间内，劳动合同或其他制度性工资安排应反映该国的工人生产率、劳动力规模、工人向企业提供技能的一般意愿等因素。因此，在长期均衡中，名义工资应与价格水平按比例变化。因此，经济体的长期总供给曲线是垂直的，如图 13—11 所示。

部分工资调整时的总供给曲线 在多数国家，当价格水平变化时，一般名义工资水平既不是完全固定的，也不是完全弹性的。一国的整体工资水平通常部分根据价格变化调整，至少在短期内是如此。

这意味着对多数国家而言，在短期内，总供给曲线 y^s 是向上倾斜的，如图 13—12 所示。因此，与一般名义工资水平固定时的情况相比，正如平缓得多的总供给曲线 $y^s(W^f)$ 所示，使实际产出上升同等幅度可能需要价格水平相对大幅提高。同时，由于一国的工资通常并非都与通货膨胀完全挂钩，且制度性安排通常不允许劳动力市场在短期内像拍卖市场一样运行，因此总供给曲线不是垂直的。只有在长期内——时长足以使工资决定过程考虑所有影响工人和企业偏好的因素——价格水平上升才不会导致实际产出增加，正如垂直曲线 y^s_{LR} 的情况。

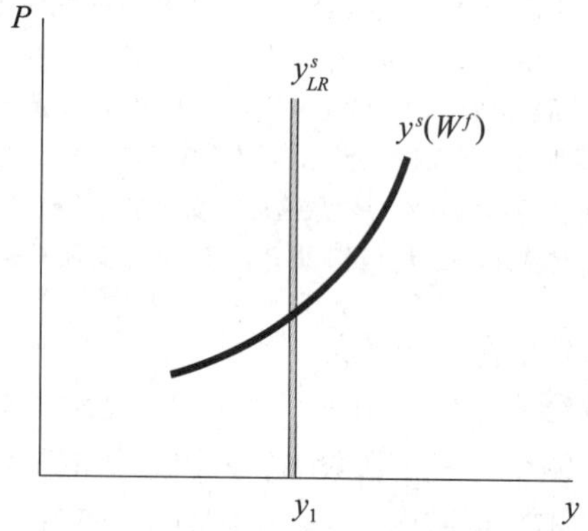

图 13—12 短期和长期总供给曲线

说明：在短期，当名义工资固定，且不根据价格水平变化调整时，总供给曲线 $y^s(W^f)$ 是向上倾斜的。在长期，由于时间长度足以使工资决定过程考虑价格水平的上升，因此总供给曲线是垂直的，如曲线 y^s_{LR} 所示。

基本问题 4 什么是总供给曲线？

给定工人名义工资的决定过程，总供给曲线由与企业生产能力和雇用的劳动力总数一致的实际产出和价格水平组合构成。如果整体工资水平与价格水平变化同比例调整——只有在合同将工资完全与价格水平变化挂钩，或者时间长度足以使工资进行完全调整的情况下才最可能发生这种情况——总供给曲线将是垂直的。然而，任何导致工资无弹性的情况都会使总供给曲线向上倾斜，如果合同或法律约束使名义工资固定不变，总供给曲线将是最平缓的。

实际产出、价格水平和经济政策制定

总需求曲线和总供给曲线共同形成了理解一国价格水平和实际产出决定因素的基础。此外，正如你将在本节中学到的，它们还提供了研究经济政策如何影响一国实际 GDP 和通货膨胀率的框架。

均衡价格水平与均衡实际产出水平

在均衡价格水平上，所有工人和企业愿意生产的产出水平使实际收入和总意愿需求相等并实现货币市场均衡。因此，在均衡价格水平上，企业对当前工资水平下生产的商品与服务感到满意，当前实际收入没有变化趋势，当前利率实现了实际货币市场均衡。

图 13—13 说明了均衡价格水平 P_1 的决定，它位于总需求曲线与总供给曲线的交点 E。在该价格水平上，由于点 E 位于总需求曲线上，因此根据定义，均衡实际产出水平 y_1 对应于 IS—LM 均衡下的实际收入水平。因此，实际收入等于总意愿支出，实际货币市场处于均衡。同时，点 E 位于总供给曲线上，因此给定现有技术水平和企业向工人支付的名义工资，y_1 也是企业愿意且能够生产的实际产出水平。因此，y_1 是经济体的均衡实际产出水平。

为了解 P_1 和 y_1 为何是均衡价格水平—实际产出组合，假设实际价格水平恰好等于 P_2。在该价格水平上，中央银行供给的实际货币价值被推高，因而压低了货币市场上的均衡名义利率。这提高了总意愿支出，使其与图 13—13 中的实际收入水平 y_3 一致。然而，同时，价格水平 P_2 降低减少了劳动力边际产品价值，导致企业在给定名义工资上对劳动力的需求降低，因此实际产出下降。于是，实际产出水平等于 y_2。价格水平必然上升，压低实际货币价值。这提高了均衡利率并抑制了投资支出，因而减少了总支出和实际产出需求。此外，价格水平上升还提高了边际劳动产品价值，导致企业雇用更多的劳动力并生产更多的产出。因此，如果价格水平等于 P_2，价格水平必然面临上升压力，且价格水平将升至 P_1，重新实现完全均衡。

浮动汇率制与固定汇率制下经济政策对产出和价格水平的影响

货币政策和财政政策可能影响总需求曲线的位置。反过来，总需求和总供给共同决定了均衡价格水平和均衡实际产出。因此，货币政策和财政政策可能影响开放经济的 GDP 水平和通货膨胀率。

总需求、总产出和通货膨胀率 为了解货币政策行为或财政政策行为在短期对实际产出和价格水平有什么影响，请参考图 13—14。你在本章第一节学到，货币政策和财政政策在某些环境下可能影响总需求曲线的位置。图 13—14 说明了政策行为导致总需求上升，因而使总需求曲线沿着短期总供给曲线向右移动的条件。

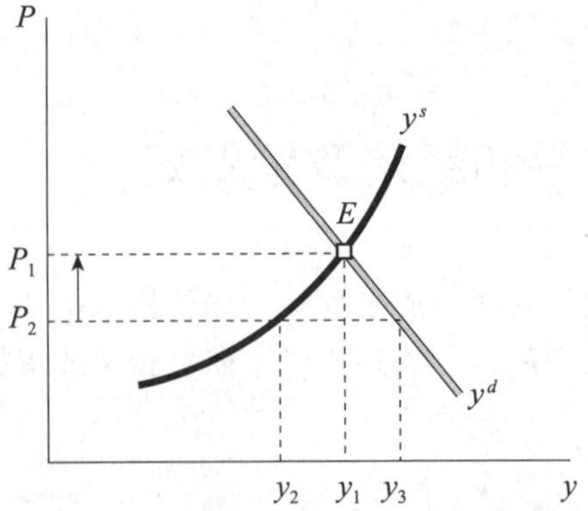

图 13—13　均衡价格水平与均衡实际产出的确定

说明：均衡价格水平和均衡实际产出水平位于总需求曲线和总供给曲线的交点上。该点用 E 表示，位于需求曲线上且对应着 IS—LM 均衡点，因此实际货币市场处于均衡，且实际收入等于总意愿支出。同时，该点还位于总供给曲线上，因此在点 E 对应的价格水平上，工人和企业愿意且能够生产均衡实际产出。如果价格水平恰巧等于 P_2，总意愿支出水平将等于产出水平 y_3，但企业生产的总产出水平等于 y_2。因此，均衡价格水平必须升至点 E 上的 P_1，在该点上将实现均衡产出水平 y_1。

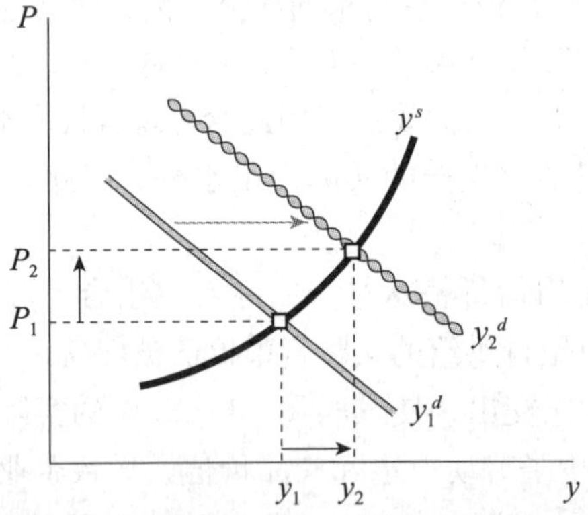

图 13—14　政策导致的总需求增加的影响

说明：扩张性货币政策、汇率政策或财政政策行为导致总需求曲线沿着短期总供给曲线向右移动。这导致均衡价格水平增加，均衡实际产出增加。

总需求增加的结果是，在初始均衡价格水平 P_1 上，意愿实际产出需求增加。然而，为提高实际产量，价格水平必须升至新均衡水平 P_2。价格水平上升提高了边际劳动产品价值，因而导致企业雇用更多工人，生产出更多商品与服务。因此，实际产出均衡水平从初始均衡水平 y_1 升至新的水平 y_2。

因此，原则上，导致总需求增加的扩张性政策行为有下列重要影响。首先，它导致了通货膨胀，因为它推高了价格水平。其次，在短期，价格水平上升导致实际产出增加。最后，总就业将与实际产出一起上升。

浮动汇率制与固定汇率制下的经济政策、产出与通货膨胀率　正如我们之前讨论的，货币政策与财政政策如何影响总需求既取决于资本流动程度，也取决于外汇市场上的汇率是浮动的还是通过中央银行干预固定的。因此，这些因素也限制了政策行为可能对一国价格水平和总实际产出产生的影响。

浮动汇率制下，政策对实际产出和价格水平的影响 在本章第一部分中，我们确定了在浮动汇率制下，货币政策行为总会影响总需求。相反，财政政策行为对总需求的影响较为有限，而财政政策行为的影响将随着资本流动性的提高而减弱。

因此，采用浮动汇率制提高了货币政策行为对实际产出产生显著短期影响的可能。在浮动汇率制下，扩张性货币政策对通货膨胀的影响也比扩张性财政政策对通货膨胀的影响更大。

固定汇率制下，政策对实际产出和价格水平的影响 在固定汇率制下，一国中央银行必须在需要时干预外汇市场，以维持该国的货币价值。禁止持续冲销这种干预的结果是，任何通过扩张流通中货币量提高总需求的做法通常都会对该国货币形成贬值压力，而这必然被货币量收缩抵消。因此，在固定汇率制下，货币量变化对总需求的影响较弱，因此对实际产出和价格水平的影响也较弱。相反，在固定汇率制下，财政政策行为对总需求，进而对均衡实际产出和价格的潜在影响较强。

政策制定者扩张总需求、短期提高均衡实际产出并随之提高价格水平的另一种方式是令货币贬值。贬值导致净出口支出上升，因此导致总需求增加。（在两国甚至多国背景下，一国向其他国家的经济溢出效应表明，一些国家的实际产出水平可能会同步变动：见“政策笔记本：近年来各国的商业周期是否更接近同步?”）

政策笔记本

近年来各国的商业周期是否更接近同步?

你在第十二章中学到，各种经济因素——例如实际货币需求中的总自发支出——的突然变化会影响一国的均衡实际收入。此外，你还从第十一章和第十二章讨论的两国模型中学到，国内均衡实际收入的变化会改变本国居民对进口的意愿支出，从而影响国外均衡实际收入。综合考虑，这些因素表明，贸易伙伴国的实际产出可能是相互关联的。国内商业周期紧缩时的国内实际产出下降可能会造成贸易伙伴国实际产出的变化，反之亦然。因此，近年来世界上许多国家的经济联系日益紧密可能表明，这些国家实际产出水平的变化变得更加同步——也就是说，更接近于联动。

然而，你还在第十一章和第十二章中学到，一国经济对另一国经济的反馈取决于这些国家采用浮动汇率制还是固定汇率制。例如，国内总自发支出的减少往往会导致贸易伙伴国的均衡收入下降，因此在汇率浮动或本国中央银行保持固定汇率的情况下，总需求和均衡产出也将下降。然而，如果贸易伙伴国的中央银行保持汇率固定，国内总自发支出下降将导致国外总需求和均衡实际产出趋于上升。类似地，国内实际货币需求突然下降的影响也取决于汇率是浮动的还是固定的。在浮动汇率制下，国内货币需求意外下降将导致贸易伙伴国的总需求和实际产出增加。相反，如果外国中央银行维持固定汇率，国内货币需求下降的影响将是国外总需求和实际产出下降。因此，这一推理表明，在浮动汇率制或固定汇率制下，一国总自发支出和实际货币需求同时下降对贸易伙伴国的总净实际产出的影响可能是模糊不清的。

因此，近期研究对于不同国家的商业周期是否日益同步得出了不同结论，这并不令人意外。罗格斯大学（Rutgers University）的迈克尔·保度（Michael Bordo）和国际货币基金组织的托马斯·赫尔布灵（Thomas Helbling）发现了过去30年中，16个主要工业国的某些商业周期同步的证据。欧洲学院（College of Europe）的卢尔德·蒙托亚（Lourdes

Montoya）和格罗宁根大学（University of Groningen）的雅各布·德昂（Jakob de Hann）对现在采用欧元的发达国家的研究得出了类似结论。经济政策研究中心（Centre for Economic Policy Research）的迈克尔·阿提斯（Michael Artis）和曼彻斯特大学（University of Manchester）的乔治·丘里拉奇斯（George Chouliarakis）和 P. K. G. 哈里斯昌德拉（P. K. G. Harischandra）也发现了工业国商业周期日益同步的证据。然而，他们对新兴国家的研究得出的结论是，实际产出对其他国家的溢出效应被这些国家内部的事件弱化了。因此，有一些证据证明，发展中国家的实际产出水平趋于联动，但不发达国家并非如此。

❖ 批判性分析

你认为某些经济学家为何认为商业周期趋同的国家可能在货币政策与财政政策制定者合作协调政策行为时受益？

基本问题 5　一国的价格水平和实际产出是如何决定的？经济政策制定者如何影响通货膨胀和实际产出？

总需求曲线和总供给曲线的交点决定了实际产出水平和均衡价格水平。均衡时，所有工人和企业都愿意且能够在当前价格水平下生产使实际收入水平等于总意愿支出且货币市场均衡的实际产出。在浮动汇率制下，货币量变化是经济政策影响总需求、价格水平和实际产出的重要途径。在固定汇率制下，财政政策行为和货币贬值是最可能影响总需求、价格水平和实际产出的经济政策行为。

经济政策的规则与相机抉择

之前的分析显示，在一些情况下，货币政策、财政政策和汇率政策可能影响经济体的实际产出，进而影响就业水平。然而，一个重要问题是，这种政策能否真正影响一国的实际经济表现。

预期与名义工资弹性

许多经济学家都质疑多数货币政策、财政政策或汇率政策对一国实际产出和就业水平产生显著持久影响的可能性。这种怀疑的基础是他们质疑经济政策制定者能采取政策行为而不改变私人和企业的行为。这些经济学家认为，如果工人和企业能预期到特定政策行为的影响，这种行为影响实际产出和就业的可能性就会降低。

理性预期假说　这种观点的关键被称为**理性预期假说**（rational expectations hypothesis）。根据这一假说，人们试图用所有可得的历史信息和当前信息以及他们对哪些因素影响经济变量决定的理解作出最佳经济预测。

例如，当工人与企业就名义工资进行谈判时，他们必须预测价格水平以尽量保持工资的意愿购买力。如果工人们的预期是理性的，他们进行工资谈判时将利用所有可得的信息。此外，他们还将考虑在工资谈判期间决定价格水平的所有因素。

预期到政策行为时的工资、就业和产出

图 13—15 显示了工资和就业决定的理性预期假说。在图中的初始点 A，我们假设工人和企业确定了初始基本工资，用 W_1^b 表示。（a）图假设，他们根据对价格水平的预期 $P_1^e=P_1$（上标 e 表示预期）确定该基本工资，因此，他们对边际劳动产品价值的预期为 $VMP_N^1=MP_N\times P_1^e=MP_N\times P_1$，在这段时期内，企业向工人支付基本工资 W_1^b。如果实际价格水平等于 P_1，就业水平将等于点 A 上的 N_1。因此，在（b）图中，实际产出水平等于 y_1。因此，在（c）图中，实际产出—价格水平组合 y_1 和 P_1 位于总供给曲线 $y^s(W_1^b)$ 上的点 A。

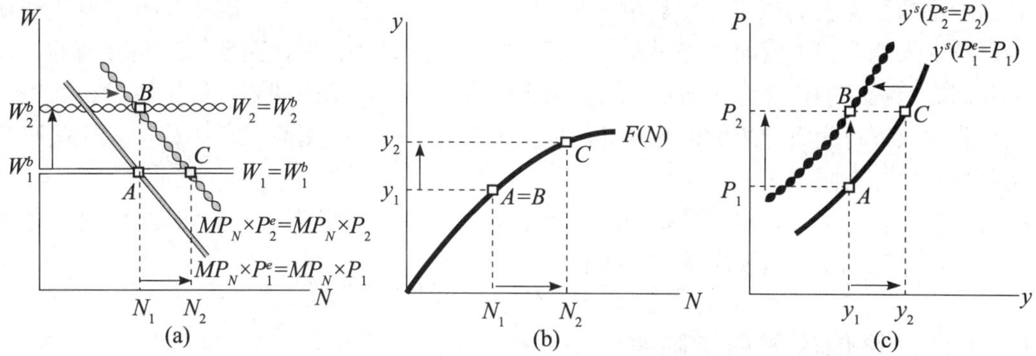

图 13—15　理性预期下的名义工资与就业

说明：在初始点 A 上，给定工人和企业对价格水平的预期 $P_1^e=P_1$ 和他们对边际劳动产品价值的预期，（a）图中的 $VMP_N^1=MP_N\times P_1^e=MP_N\times P_1$，他们可以确定初始基本工资 W_1^b。如果工人和企业形成理性预期，并认识到政策行为可能提高价格水平，他们将把价格预期提高至 $P_2^e=P_2$，并通过谈判将基本名义工资提高至 W_2^b。结果，在（b）图中均衡实际产出将保持不变，因此在（c）图中总供给曲线将从点 A 上移至点 B，移动距离等于预期提高的价格。只有当工人和企业无法预期导致价格水平从点 A 增至点 C 的政策行为时，就业率和产出在短期内才会增加。

然而，假设就在工人同意基本工资 W_1^b 之前，他们了解到经济政策制定者即将采取一项可能提高价格水平的新政策。价格提高将会削弱他们工资的购买力。因此，如（a）图所示，由于工人们预期采取这项政策后价格水平可能升至 $P_2^e=P_2$，因此他们有动机重新进行谈判以提高工资。为了保证工资的购买力不变，工人们坚持基本工资与预期价格水平同比例上升。例如，如果 P_2^e 比 P_1^e 高 5%，工人们将要求基本名义工资 W_2^b 比 W_1^b 高 5%。

正如你在（b）图中看到的，如果实际价格水平升至 P_2——工人们进行工资谈判时的预期价格——结果是，点 B 上的就业率没有变化。因此，在（b）图中，我们看到价格水平按照预期从 P_1 升至 P_2 后，实际产出保持不变，如（c）图所示，这意味着总供给曲线向上移动的距离等于预期提高的价格，即移至 $y^s(W_1^b)$。我们可以得出结论，如果工人能够正确预期出经济政策行为提高的价格，结果将是实际产出不变。因此，政策行为也不会影响就业。

未预期到政策行为时的工资、就业和产出

这并不是说，经济政策永远不会影响产出和就业。以图 13—15 中的点 C 为例。这些点表示价格水平从 P_1 意外升至 P_2 时的结果。在这种情况下，工人们进行合同谈判时预期价格水平等于 P_1，但实际上价格水平等于 P_2。除非合同工资完全与这种价格提高挂钩，否则（a）图的结果将是基本工资 W_1^b 下的就业人数从 N_1 升至点 C 上的 N_2。

受雇劳动力的增加导致实际产出从（b）图中的 y_1 升至点 C 上的 y_2，这意味着在（c）图中从点 A 移至点 C。因此，在理性预期假说下，总需求扩张导致的价格水平意外上升可能使均衡实际产出增加。

我们对意料中政策与意料外政策的影响的分析可以得出下列结论：

> 如果工人形成理性的价格水平预期，且能够根据这些预期调整与雇主进行的工资谈判，那么正确预期到的政策行为对实际产出和就业将没有影响，只有意外政策变化会影响产出和就业水平。

这一结论有重要的政策意义。一是，即使货币政策、财政政策或汇率政策影响总需求，从理论角度看它们也不一定影响一国的实际 GDP。注意，这一意义取决于理性预期假说以及工人能调整工资谈判的程度。尽管多数经济学家断定理性预期假说是合理的，但正如我们之前提到的，在许多国家，工资决定过程并不允许迅速调整工资。不过，当工人预期扩张性政策行为将导致价格升高时，根据工人能通过谈判提高工资的程度，这些政策的实际影响可能有限。

另一个重要意义是，本意良好的政策可能导致持续的通货膨胀，例如 20 世纪中叶许多国家持续出现的正通货膨胀率。让我们来看看原因。

相机抉择、可信度和通货膨胀

图 13—16 显示了 20 世纪 80 年代中期以来世界上不同地区的部分国家的消费物价通货膨胀率。图中还选择了另外一些国家，所有国家几乎每年的消费物价通货膨胀率均为正。假设政府和中央银行普遍表示出消除通货膨胀的愿望，为什么会出现这种情况？

相机抉择的经济政策的通货膨胀偏差　一个可能的答案来自我们对理性预期下工资、就业和产出决定的分析。为了理解其中的原因，请参考图 13—17。在该图中，我们假设初始基本工资水平为 W_1^b，短期总供给曲线 $y^s(W_1^b)$ 是向上倾斜的。在长期，当工资可以按价格变化等比例调整时，总供给曲线为 y_{LR}^s，该曲线在长期均衡产出水平 y_1 上是垂直的。

总需求曲线 y_1^d 与短期总供给曲线和长期总供给曲线在点 A 上相交，决定了均衡价格水平 P_1。因此，点 A 描绘出了同时实现短期均衡与长期均衡协调的情况。工人和企业谈判达成的合同工资恰好等于工资对总价格水平变化完全有弹性时的名义工资。

此外，图 13—17 还显示了政策制定者希望达到的目标产出水平，用 y_T 表示。假设该目标产出水平为**极限产出水平**（capacity output level），即劳动力和其他生产要素均利用到极限时企业能生产的实际 GDP。实际产出永远不会超过极限产出水平，因为对工人的收入征收所得税导致工人提供的劳动服务少于没有所得税时他们愿意提供的劳动服务。因此，在存在所得税时，企业能生产的实际产出少于它们计划生产的产出。此外，相对于没有监管时能实现的极限产出水平，政府监管也可能减少实际产出。

假设经济政策制定者的另一个目标是尽可能保持低通货膨胀。然而，政策制定者在短期内提高产出的主要手段是令总需求曲线沿着短期总供给曲线上移的政策行为。这意味着政策制定者短期内需要在提高均衡产出和降低通货膨胀这两个目标之间进行取舍。要明白其中的原因，请注意，图 13—17 中的总需求从点 A 增加导致沿着短期总供给曲线向右移

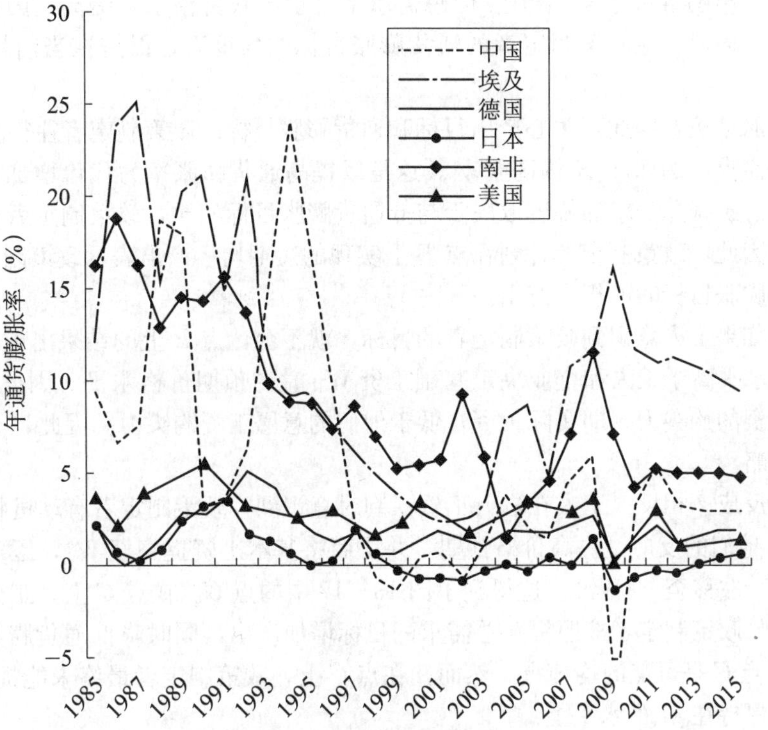

图 13—16　部分国家的通货膨胀

说明：20 世纪 80 年代以来，美国、德国和日本的消费物价通货膨胀率均远远低于多数其他国家。不过，所有国家几乎每年都出现了正通货膨胀率。

资料来源：国际货币基金组织：《世界经济展望》数据库。

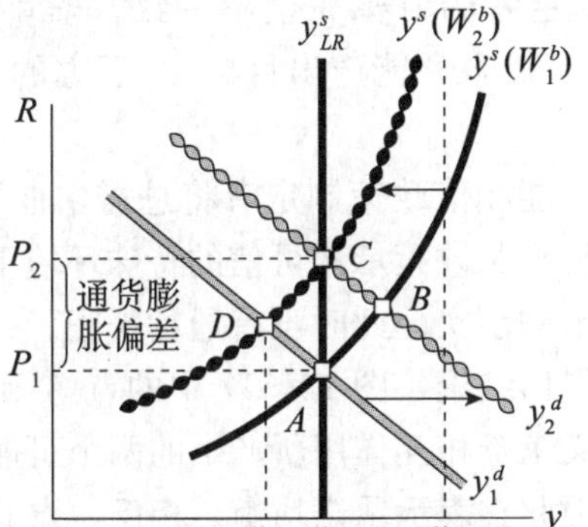

图 13—17　相机抉择的经济政策的通货膨胀偏差

说明：如果经济体的当前均衡点为点 A，且政策制定者的目标是将产出提高到当前产能下的最大产出水平 y_T，但保持低通货膨胀率，那么政策制定者的意图就是使总需求升至点 B，折中这两个互相冲突的目标。但是，如果工人意识到政策制定者有动机允许价格上升，他们将通过谈判要求提高合同工资，从而提高企业的劳动力成本，使总供给曲线左移。这意味着，如果政策制定者忽略了提高总需求的意图，结果将是点 D 上更高的价格和更低的实际产出。为了避免这种情况，政策制定者必须按照工人的预期提高总需求。因此，在人们不相信政策制定者不会增加通货膨胀的情况下，最终均衡为点 C，此时实际产出不变，但价格水平提高。从点 A 移至点 C 导致的价格水平增加是相机抉择的政策导致的通货膨胀偏差。

动，使实际产出朝着目标 y_T 上升。但总需求上升也导致价格水平提高，因而产生更高的通货膨胀率。因此，从政策制定者的通货膨胀目标的角度看，保持在当前均衡点 A 上更理想。

通货膨胀动机　因此，关心产出目标和通货膨胀目标的政策制定者往往会在点 A 的基础上提高总需求，例如从 y_1^d 提高至 y_2^d。这是以提高通货膨胀率为代价增加实际产出。政策制定者愿意扩张总需求的幅度取决于与低通货膨胀目标相比，政策制定者对产出目标赋予的权重。因此，政策制定者计划在点 B 上实现的短期均衡产出表示政策制定者权衡产出目标和通货膨胀目标时的折中产出。

然而，如果工人意识到政策制定者的目标，就不会让点 B 上的结果出现。原因是在点 B 上，价格水平高于工人和企业决定基础工资 W_1^b 时的预期价格水平。因此，在点 B 上，工人所获工资的购买力（即实际工资）低于他们的意愿工资购买力。因此，点 B 不符合工人的工资策略。

工人的反应　相反，工人在进行工资谈判时意识到，政策制定者有动机将总需求从 y_1^d 提高至 y_2^d。他们的反应是提高价格预期，并协商将基本工资提高至 W_2^b，因而使总供给曲线从 $y^s(W_1^b)$ 左移至 $y^s(W_2^b)$。这得到了图 13—17 中的点 C。在点 C 上，工人保持意愿工资购买力，且政策制定者按照提高总需求的目标增加产出，同时降低通货膨胀。因此，与点 B 相反，点 C 是可能的均衡点。然而，在点 C 上，政策制定者最终未能提高实际产出，实际产出将保持在 y_1 的水平上。

为什么政策制定者没有意识到，当工人可以通过调整工资作出反应时，总需求将保持在 y_1^d 的位置，而点 B 是无法达到的？原因是，如果工人不相信政策制定者能遵守这种承诺，他们仍会提高价格预期并协商提高基本工资。工资提高导致总供给曲线从 $y^s(W_1^b)$ 移至 $y^s(W_2^b)$。因此，如果政策制定者没有遵守将总需求曲线保持在 y_1^d 的承诺，结果将为点 D。然而，点 D 与政策制定者的目标完全不一致。毕竟，在该点上，会发生通货膨胀，而实际产出会进一步降至极限产能产出目标 y_T 下方的 y_2。因此，点 D 不是可行的均衡点。

然而，请注意，如果工人能相信政策制定者将总需求曲线保持在 y_1^d 上的承诺，点 A 仍将是最终均衡点。在零通货膨胀政策承诺可信的特殊环境下，政策制定者接受其无法将实际产出提高到极限产能水平的事实。此时没有通货膨胀。

政策可信度问题　我们得出结论，图 13—17 中的点 A 和点 C 是政策制定者制定的总需求和工人与企业决定的名义工资相互作用所产生的两个可能的均衡点。点 A 是承诺遵守货币政策规则时的均衡点，因此它表示承诺均衡。相反，点 C 是工人不能或不愿相信政策制定者会放弃相机抉择而遵守这种承诺时的均衡点，因此点 C 是相机抉择均衡。因此，这两个点是遵守政策规则还是追求相机抉择政策所导致的不同结果。

显然，**政策可信度**（policy credibility），即政策制定者愿意且能够遵守政策承诺的可信度是决定均衡点的关键要素。在图 13—17 的例子中很难实现这种可信度，因为这个例子中存在**时间不一致问题**（time inconsistency problem）。这个问题是指，尽管遵守政策承诺将导致图 13—17 中点 A 上的零通货膨胀，但这种做法与有能力随时改变政策的政策制定者的目标不一致。在我们的例子中，当工人接受基本工资后，政策制定者可以扩张总需求，这有利于政策制定者而不是工人（点 B）。这导致工人要求提高基本工资，即使是本可能遵守零通货膨胀承诺的政策制定者也将被迫提高总需求，以防止实际产出下降

(点 D)。

在我们的例子中，时间不一致问题和缺乏政策可信度的结果是点 C 与点 A 相比更高的价格水平。经济学家称点 C 上的价格水平 P_2 和点 A 上的初始价格水平 P_1 之差为相机抉择经济政策的**通货膨胀偏差**（inflation bias）。这是一种容易导致通货膨胀的偏差，它源自存在时间不一致问题和缺少政策可信度时政策制定者可以自由决定政策的能力。（为了思考根据相机抉择政策理论，我们可以从最近的实际通货膨胀率与预期通货膨胀率上升中得出什么结论，见“政策笔记本：相机抉择政策的通货膨胀偏差随着通货膨胀预期上升而增加”。）

政策笔记本

相机抉择政策的通货膨胀偏差随着通货膨胀预期上升而增加

衡量通货膨胀预期的基本方法有两种。一种是通过调查，即询问个人甚至是经济学家和其他职业预测者对通货膨胀的预测。另一种方法是从没有对通货膨胀进行专门调整的证券（例如美国国债）的名义利率和对通货膨胀进行了调整的证券（例如与通货膨胀率挂钩的美国国债）的名义利率之差中推导出预期通货膨胀率。

2003 年和 2004 年，两个预期通货膨胀指标都表明，欧洲货币联盟的预期年通货膨胀率刚好超过 2%，英国的预期年通货膨胀率约为 1%，美国的预期年通货膨胀率约为 2.5%。2004—2008 年的金融危机期间，通货膨胀预期指标普遍上扬，欧洲货币联盟的预期通货膨胀率高于 4%，英国的预期通货膨胀率接近 5.5%，美国的预期通货膨胀率超过 5%。这些地区的实际通货膨胀率在 21 世纪头十年也有所增加。最后，2009 年以来，这些地区的预期通货膨胀率指标回落至 2%～3%，且实际通货膨胀率也趋于稳定在这个范围内。

相机抉择政策制定理论显示，预期通货膨胀率和实际通货膨胀率的相关波动与通货膨胀率偏差增加相关。该理论认为，一个可能的原因是部分中央银行部分丧失了反通货膨胀信用。

批判性分析

在 21 世纪 10—20 年代剩下的时间里，欧洲中央银行、英格兰银行和美联储应该如何重拾信誉并进一步降低实际通货膨胀率和预期通货膨胀率？

让经济政策可信　三类经济政策可以刺激总需求，因而面临着图 13—17 中的时间不一致问题：货币政策、财政政策和汇率政策。这三类政策都将产生相同的基本时间不一致问题。这是指工人就名义工资进行谈判之后，政策制定者可能从短期总需求扩张中获益。

经济政策制定者如何让人们相信他们会遵守非通货膨胀政策的承诺？结果表明，有多种方法可以降低甚至消除相机抉择政策可能产生的通货膨胀偏差。

对货币政策的制度限制　一些观察家，例如斯坦福大学胡佛研究所的米尔顿·弗里德曼提倡的一种方法是，国家实施坚定的法律措施以禁止相机抉择的政策。例如，德国宪法要求德国中央银行——德意志银行——实施价格稳定政策。德国宪法还限制了德国政府干预德意志银行政策的能力。这让德意志银行的低通货膨胀政策承诺比其他中央银行更可信。

网络资源

请访问下列网址，了解德意志银行的结构：http://www.bundesbank.de/index.en.php。

树立声誉 在没有制度限制时，政策制定者可以树立并保持"通货膨胀之鹰"声誉，从而获得信用。为了解政策制定者如何做到这一点，请参考图13—17。前面曾提到，如果政策制定者遵守承诺，不通过提高总需求追求短期产出收益，但工人和企业不相信这种承诺，那么如图13—17中从点A到点D的移动所示，结果是通货膨胀率提高和产出减少。如果政策制定者只关心当前的实际产出水平和通货膨胀率，它将永远不希望点*D*出现。然而，如果中央银行希望在未来树立通货膨胀之鹰的声誉，就可能愿意让图中的产出跌至点*D*。从这时起，政策制定者不提高总需求以追求短期产出收益的承诺就是可信的。

任命"保守"、独立的政策制定者 相机抉择通货膨胀偏差理论认为，影响通货膨胀偏差大小的关键因素是政策制定者对通货膨胀的厌恶程度与政策制定者提高实际产出至极限产能水平的意愿孰轻孰重。因此，任命**保守的政策制定者**（conservative policymaker），即比普通市民更厌恶通货膨胀的人，可能是减少通货膨胀偏差的一种方法。

在主张通过任命保守政策制定者限制相机抉择通货膨胀偏差的建议中，多数建议的关注重点是中央银行。一个原因是，多数国家的中央银行行长实际上是由民选领导人任命的。另一个原因是，不论在浮动汇率制还是固定汇率制下，中央银行都可能是强大的政策制定机构。一方面，在浮动汇率制下，扩张性货币政策有可能造成高通货膨胀。另一方面，即使在固定汇率制下，中央银行在决定本币贬值时也有重大发言权。因此，与低通货膨胀目标一致的汇率目标承诺的可信度主要取决于一国中央银行的信誉。

最近，一些经济学家，尤其是加利福尼亚大学圣克鲁兹分校（University of California at Santa Cruz）的卡尔·沃尔什（Carl Walsh）建议使用**中央银行合同**（central banker contract），即政府与任命的中央银行官员签订的具有法律约束力的协议。根据这种合同，对中央银行官员的奖惩取决于该国的通货膨胀表现。一个现实例子是1989年以来新西兰采用的中央银行合同。根据新西兰中央银行合同，如果对稳定价格的持续偏离显然由总需求扩张造成，中央银行行长将可能被解雇。

中央银行合同的关键作用是提高中央银行官员的可信度。然而，采用中央银行合同并不等于剥夺中央银行官员强大的政策独立性，他们仍可以执行他们认为保持低通货膨胀所需的货币政策或汇率政策。实际上，一些经济学家主张，中央银行独立性是低通货膨胀政策获得成功的关键要素。他们认为，受到同时实现其他目标（低失业率或高实际产出增长率）的政治压力约束的中央银行官员很难建立通货膨胀之鹰的声誉。因此，这些经济学家认为，政府应该将中央银行与这种政治压力隔绝，以保证中央银行的政治独立性。此外，他们还认为，如果政府未能赋予中央银行官员经济独立性，即决定自身预算或为政府政策项目提供直接金融支持的权力，那么要求该国的通货膨胀承诺可信对中央银行官员就是一个不公平的负担。从这个角度看，完全独立的中央银行应该既在政治上独立，又在经济上独立。

网络资源

请访问新西兰储备银行的网站：http://www.rbnz.govt.nz。

支持中央银行独立性 为了论证支持中央银行独立性的观点，这种方法的提倡者提出了诸如图 13—18 的（a）图和（b）图中描绘的证据。两张图的横轴均为中央银行整体政治独立性和经济独立性的指数。(a）图的纵轴为年通货膨胀率，它说明在中央银行独立性和平均通货膨胀率之间存在逆向关系。因此，中央银行更独立的国家——例如德国、瑞士和美国——的平均通货膨胀率通常较低。

图 13—18（b）的纵轴为通货膨胀率方差，表明中央银行独立性和通货膨胀变化之间存在逆向关系。也就是说，中央银行更独立的国家的通货膨胀率波动性往往更低。因此，结合（a）图和（b）图，说明更高的中央银行独立性将导致更稳定且更低的通货膨胀率。

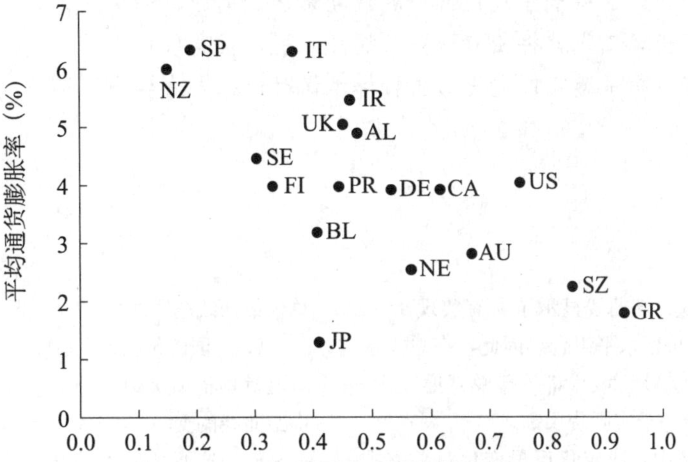

(a) 中央银行独立性指数

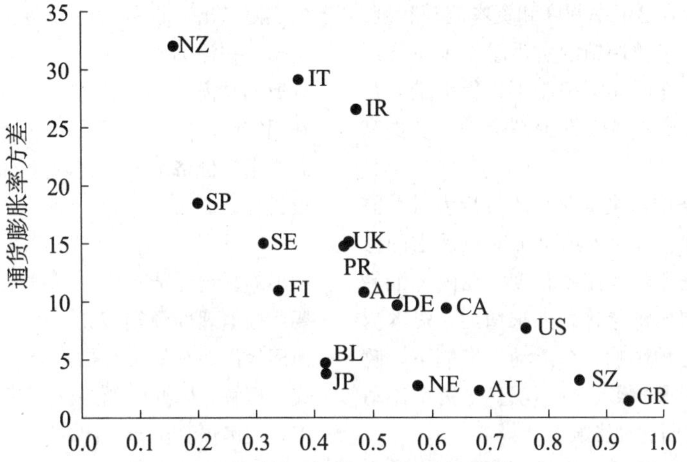

(b) 中央银行独立性指数

图 13—18 中央银行独立性、平均通货膨胀率和通货膨胀率波动

说明：如（a）图所示，中央银行独立性较强的国家（例如德国、瑞士和美国）的通货膨胀率低于中央银行独立性较差的国家。(b）图显示，中央银行独立性较强的国家的通货膨胀波动性也较低。

资料来源：根据 Alex Cukierman，*Central Bank Strategy*，*Credibility*，*and Independence*，Cambridge，MA：MIT Press，1992；以及国际货币基金组织：《国际金融统计》。

支持提高中央银行独立性的证据导致许多国家，例如法国、日本、墨西哥、巴基斯坦和英国赋予中央银行很高的政治独立性和经济独立性。此外，这些证据加上中央银行高度独立的德国的低通货膨胀经历导致欧洲国家认为，欧洲中央银行最终成立时，这家中央银行将拥有独立于各国政府的高独立性。

基本问题 6　为什么理性预期假说表明经济政策对实际产出的影响可能有限，且政策制定者的信誉很重要？

理性预期假说是指人们使用全部可得信息和他们对经济运行方式的理解预测价格水平。因此，如果工人在进行名义工资谈判时作出理性的价格水平预测，那么他们将在正确预期到政策制定者计划执行提高实际产出的政策时要求提高名义工资。工资提高将导致企业减少用工和产出，这将抵消政策行为的预期影响。因此，如果工人认识到政策制定者有动力提高实际产出，工人就将相应地要求提高工资，推高价格水平，刺激通货膨胀。只有当政策制定者能可信地遵守低通货膨胀目标承诺时，工人才会同意抑制工资上涨，从而限制通货膨胀。

本章总结

1. 总需求曲线：该曲线显示了所有实现 *IS—LM* 均衡的收入与价格水平组合。因此，在总需求曲线的任意一点上，实际收入都等于总意愿支出，同时实际货币供给等于实际货币需求。

2. 在开放经济中，决定货币量变化对总需求影响程度的因素：决定流通中货币量增加对总需求的影响的关键因素是汇率制度和资本流动程度。在固定汇率制下，未被冲销的货币量增加不会影响总需求。相反，在浮动汇率制下，货币量增加会提高总需求，且资本流动性提高会进一步提高总需求。

3. 在开放经济中，决定财政政策行为对总需求影响程度的因素：政府支出增加对总需求的影响取决于汇率制度和资本流动程度。在固定汇率制下，政府支出增加将导致总需求增加，资本流动性提高将加强这种影响。在浮动汇率制下，政府支出增加对总需求的影响较不明显，资本流动性提高将进一步减弱这种影响。

4. 总供给曲线：该曲线描绘了所有实际产出和价格水平组合，它们反映了经济中所有企业的生产能力和基于名义工资决定过程的总就业水平。如果工资根据价格水平变化等比例调整，总供给曲线将是垂直的，只有在合同规定工资完全与通货膨胀挂钩或者时间长度足以允许这种完全工资调整时才会发生这种情况。名义工资弹性越差，总供给曲线越平缓地向上倾斜。

5. 一国的价格水平和实际产出以及经济政策对通货膨胀和实际产出的影响：总需求曲线和总供给曲线的交点决定了均衡价格水平和实际产出水平。当这两条曲线相交时，所有工人和企业都愿意且能够生产使实际收入水平等于总意愿支出的实际产出，且货币市场在当前价格水平上达到均衡。在浮动汇率制下，货币政策行为是经济政策影响总需求、价格水平和实际产出的主要方式。在固定汇率制下，财政政策行为或货币贬值是对总需求、价格水平和实际产出影响最大的经济政策行为。

6. 为什么理性预期假说表明经济政策对实际产出的影响可能有限，且政策制定者的信誉很重要：根据理性预期假说，个人预测价格水平时将使用他们拥有的所有信息以及他们对经济运行方式的理解。因此，如果作出理性价格水平预期的工人正确预测出旨在提高实际产出的扩张性货币政策、财政政策或汇率政策，他们进行名义工资谈判时将要求提高工资。整体工资水平的提高将导致企业减少用工和产出，因而抵消政策行为的影响。因此，如果工人意识到政策制定者提高实际产出的意愿，他们将要求提高工资以抵消通货膨胀的影响。政策制定者限制通货膨胀的主要方式是对采取低通货膨胀政策作出可信承诺。

问题与习题

1. 判断题。"当今采用浮动汇率制和资本几乎完全流动的工业国中，中央银行的具体货币政策行为与本国的通货膨胀表现日益无关。"请说明原因。

2. 当欧洲货币联盟各国在1999年向不可撤销的固定汇率制转变时，它们为符合准入条件而采用截然不同的方式约束本国财政政策。请说明如果欧洲国家的一个重要目标是限制通货膨胀，为何这种做法是有意义的。

3. 请使用总需求—总供给曲线说明，为何在固定汇率制下，货币贬值通常会导致本国出现通货膨胀。如果工人的预期是理性的，且能够通过重新谈判迅速调整工资，那么在什么环境下，货币贬值会导致实际产出增加？在什么环境下，货币贬值不会导致实际产出的增加？请说明你的理由。

4. 假设一国的工人在工资谈判过程中拥有影响力，且能够提高基本工资。如果没有发生其他事件，该国的价格水平和实际GDP将如何变化？请使用总需求—总供给曲线说明你的答案。

5. 假设在实行固定汇率制的小型开放经济体中，工人意识到本国的中央银行和政府希望在大选前一年将实际GDP提高7%，以期提高就业率，为现任领导人赢得更多选票。工人们意识到，要提高7%的实际GDP，通货膨胀率需为10%。该国不限制中央银行和政府改变当前的汇率目标，中央银行或政府也不关心高通货膨胀。根据本章中讨论的相机抉择政策基本理论，你预测中央银行和政府是否将令该国货币贬值？如果是，那么如果工人可以通过谈判要求改变工资，你预测该国的通货膨胀率和实际GDP会增加吗？请证明你的答案。

6. 假设某国所有工人的工资都与通货膨胀完全挂钩，因此工资总是密切根据价格水平变化进行调整。根据相机抉择的货币政策理论，该国中央银行是否存在产生通货膨胀偏差的动机？（提示：前面曾经提到，总供给曲线的斜率随着工资弹性程度而变化，且只有在总供给曲线向上倾斜时才可能产生短期产出收益。）

7. 请考虑第6题中描述的情况。如果总需求稳定，但总供给在石油等重要资源价格变化的影响下波动，应该将工人的工资与通货膨胀完全挂钩吗？

8. 请评价下列表述："真正强有力的中央银行合同是既赋予中央银行政策相机抉择权，同时又使其遵守社会规则。"

9. 20世纪90年代中期至21世纪10—20年代初，中国的平均名义工资翻了三倍多，许多观察家将这主要归功于中国工人生产率的提高。

a. 为简单起见，假设在20世纪90年代中期至21世纪10—20年代初，中国的劳动力供给基本保持不变，并假设中国工人的生产率的确显著上升。原则上，生产率本身的提高能否解释中国工人名义工资的显著增加？

b. 20世纪90年代中期至21世纪10—20年代初，中国的年均通货膨胀率超过4%。结果，21世纪10—20年代初，中国的物价水平比1995年增加了近90%。请讨论如何用这一事实解释中国工人的工资在这段时期的显著增加。

c. 根据第b问提供的信息，相机抉择政策理论如何解释20世纪90年代中期至21世纪10—20年代初中国的价格水平和工资的同时增加？

10. 请评价下列表述："根据相机抉择货币政策和通货膨胀的基本理论，中央银行独立性本身并不一定限制中央银行追求通货膨胀政策。因此，对于经济学家来说，世界上非发达国家的中央银行独立程度和通货膨胀率之间没有明显关系并不令人意外。"

在线应用

如果总供给曲线向上倾斜，价格水平上升将导致一国的实际产出增加。因此，通货膨胀率升高与就业率升高（即失业率降低）相关。本应用让你直接考察失业率和通货膨胀数据，以自行判断美国的这两个变量是否相关。

网址：http://www.bls.gov/eag/eag.us.htm

标题：美国劳工统计局：经济状况一览

浏览：首先请访问美国劳工统计局的主页（http://www.bls.gov）。点击"主页"下拉窗口，并在"经济状况一览表"下选择"美国经济"。

应用：请根据提示进行操作，并回答下列问题：

1. 在“经济状况一览表”中点击“消费者物价指数”，再点击“消费者物价指数表”，然后点击“历史消费者物价指数表”。近年来通货膨胀率变化了多少？请将结果与以前的年份比较，尤其是20世纪70年代中期至20世纪80年代中期。

2. 返回“经济状况一览表”，点击“就业率”，再点击“当期人口调查表”，然后点击“1940年至今的就业状况”。最近哪一年的失业率达到了峰值？你是否发现失业率和通货膨胀率（第一部分）之间存在逆向关系？

部分参考书目与扩展阅读

[1] Artis, Michael, George Chouliarakis, and P. K. G. Harischandra. “Business Cycle Synchronization since 1880.” *Manchester School* 79 (2011): 173-207.

[2] Bleaney, Michael, and Manuela Francisco. “Exchange Rate Regimes and Inflation: Only Hard Pegs Make a Difference.” *Canadian Journal of Economics* 38 (2005): 1453-1476.

[3] Bordo, Michael, and Thomas Helbling. “International Business Cycle Synchronization in Historical Perspective.” *Manchester School* 79 (2011): 208-238.

[4] Brumm, Harold. “Inflation and Central Bank Independence: Conventional Wisdom Redux.” *Journal of Money, Credit, and Banking* 32 (2000): 807-819.

[5] Bryson, Jay, Chih-huan Chen, and David Van Hoose. “Implications of Economic Interdependence for Endogenous Wage Indexation Decisions.” *Scandinavian Journal of Economics* 100 (1998): 693-710.

[6] Calmfors, Lars, and John Driffill. “Bargaining Structure, Corporatism, and Macroeconomic Performance.” *Economic Policy* 3 (1988): 14-61.

[7] Cukierman, Alex. *Central Bank Strategy, Credibility, and Independence*. Cambridge, MA: MIT Press, 1992.

[8] Daniels, Joseph, Farrokh Nourzad, and David Van Hoose. “Openness, Centralized Wage Bargaining, and Inflation.” *European Journal of Political Economy* 22 (2006): 969-988.

[9] Gonçalves, Carlos, and Alexandre Carvalho. “Inflation Targeting Matters: Evidence from OECD Countries' Sacrifice Ratios.” *Journal of Money, Credit, and Banking* 41 (2009): 233-243.

[10] James, Jonathan, and Phillip Lawler. “Productivity, Indexation, and Macroeconomic Outcomes: The Implications of Goods Market Competition and Wage Bargaining Structure.” *Journal of Economics and Business* 58 (2006): 465-479.

[11] Ling, Shu, and Haichua Ye. “Does Inflation Targeting Really Make a Difference? Evaluating the Treatment Effect of Inflation Targeting in Seven Industrial Countries.” *Journal of Monetary Economics* 54 (2007): 2521-2533.

[12] Mafi-Kreft, Elham, and Steven Krett. “Importing Credible Monetary Policy: A Way for Transition Economies to Fight Inflation.” *Economics Letters* 92 (2006): 1-6.

[13] Montoya, Lourdes Acedo, and Jakob de Haan. “Regional Business Cycle Synchronization in Europe?” *International Economics and Economic Policy* 5 (2008): 123-137.

[14] Ratti, Ronald. “On Optimal Contracts for Central Bankers and Inflation-and Exchange-Rate-Targeting Regimes.” *Journal of Money, Credit, and Banking* 34 (2002): 678-685.

[15] Stella, Peter. “Central Bank Financial Strength, Policy Constraints, and Inflation.” International Monetary Fund, Working Paper WP/08/49 (February 2008).

[16] Surico, Paulo. “Measuring the Time Inconsistency of U.S. Monetary Policy.” *Economica* 75 (2008): 22-38.

[17] Walsh, Carl. “Optimal Contracts for Central Bankers.” *American Economic Review* 85 (1) (March 1995): 150-167.

第五部分

全球经济中的国内政策与国际政策

第十四章　全球经济中的国内经济政策制定

基本问题

1. 什么是政策分派问题？

2. 什么是汇率超调？为何会出现汇率超调？

3. 为什么一国经济的开放度提高对产出对价格水平变化的敏感度的净影响是不确定的？

4. 开放度和通货膨胀之间是否存在负向关系？

5. 什么是新开放经济宏观经济学？

最近，国际货币基金组织发布的一份报告讨论了导致全球通货膨胀率比以前时期普遍降低的因素。该报告称，“一些分析师认为，较低且稳定的通货膨胀率反映出日益激烈的全球竞争，这使企业无法提高价格，并对许多部门的工资形成下降压力。如果情况确实如此，且新兴市场和发展中国家的低成本生产者继续融入全球贸易体系，那么这些力量很可能确保通货膨胀率在可预见的将来保持在低水平，这让人联想起与 19 世纪末传统金本位制下生产率广泛提高相关的长期通货紧缩。”因此，该报告认为，不断增长的“全球化”——世界经济中商品与服务国际贸易日益开放、金融资本流动性日益提高的简称——可能导致全球通货膨胀率长期下降。

全球化会降低通货膨胀率吗？如果会，日益提高的贸易开放程度和资本流动性将通过什么渠道导致反通货膨胀趋势？本章将从全球化的影响这一角度解答这些问题和其他问题。

政策分派问题

不论货币政策制定者和财政政策制定者是由于认识到国际因素影响国内目标还是由于面临来自商界支持者的政治压力，他们通常都支持追求国际目标。然而，一旦政策制定者致力于实现国际目标，他们就必然面临一个基本问题：国内目标和国际目标有时是冲突的。例如，增加政府支出可能被认为是刺激一国实际收入增长的适当财政政策行为，但实际收入增长往往会刺激进口支出，并提高商品贸易赤字。降低货币增长率可能是中央银行限制通货膨胀的最佳政策，但导致的利率降低可能使资本外流，因而导致国际收支赤字。

原则上，这种潜在冲突的解决方法似乎很简单。毕竟，有两个政策制定者：中央银行和政府财政部门。他们可能追求两类基本目标：国际目标和国内目标。为什么不把一套目标分配给中央银行，把另一套目标分配给财政部门呢？

实际上，这是解决国际目标与国内目标冲突的一种方法。然而，仍然有一个问题。应该由哪些政策制定者负责实现这两个不同的目标呢？当政府的目标为国际收支平衡时，中央银行应该努力实现实际产出目标吗？还是说它们的这两个目标应该对调？这个问题被称为政策制定的**分派问题**（assignment problem）。接下来让我们考虑一国在开放经济的不同环境下如何解决这个问题。

找到实现内外均衡的最佳政策组合

例如，假设一国的中央银行和财政部一致认为，该国有两个需要每周积极实现的重要经济目标。一个是内部均衡目标，即实现理想的实际 GDP 水平。另一个是外部均衡目标，即保持国际收支平衡。因此，中央银行可以执行货币政策以实现内部 GDP 目标或外部国际收支目标。同时，财政部可以改变支出政策和税收政策，以实现一个目标或另一个目标。两个机构实现同一个目标是多余的。因此，合理的做法是，一家机构努力实现内部均衡目标——理想的实际 GDP 水平，而另一家机构努力实现外部均衡目标——国际收支平衡。

对于实行浮动汇率制的国家，中央银行调整货币量以实现理想的实际 GDP 水平，而财政部改变预算构成以实现国际收支目标符合该国的最优利益吗？还是说中央银行应该维持与外部均衡目标一致的流通中货币量，而财政部负责通过预算政策影响实际 GDP？

实现外部目标 为了思考分配问题的基本性质，让我们首先考虑图 14—1。(a) 图中的点 A 显示了经济体的资本流动性很高但不完全时点 A 上的初始 IS—LM—BP 均衡位置，此时政府支出水平等于 g_1，经济体最初处于国际收支平衡。假设中央银行的重点目标是通过保持合适的货币量实现该国的外部均衡目标。现在考虑，如果政府支出从 g_1 升至 g_2 会发生什么。如 (a) 图所示，IS 曲线将右移。所导致的均衡国内利率上升使资本流入，由于资本高度流动，因此资本流入足以抵消均衡实际收入上升导致的进口增加。因此，该国在点 B 上开始出现国际收支盈余。

在浮动汇率制下，中央银行不采取行动时，本币升值最终会导致 IS 曲线和 BP 曲线调整位置，以实现新的国际收支平衡（见图 12—4）。然而，为了立即实现国际收支平衡，

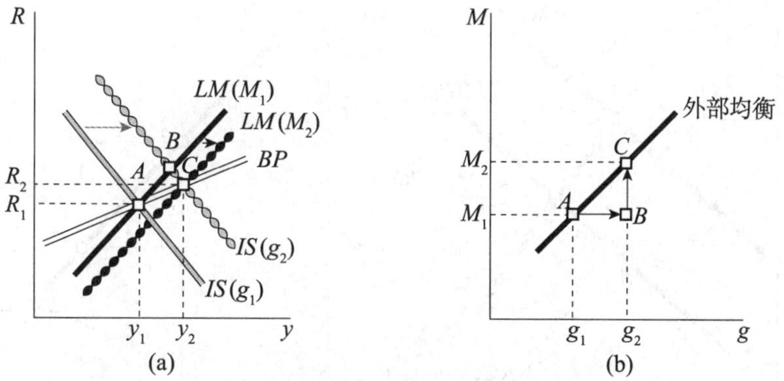

图 14—1　高资本流动和浮动汇率制下，以外部均衡为目标的货币政策与财政政策组合

说明：在（a）图中，政府支出增加导致 *IS* 曲线从点 *A* 右移至点 *B*，均衡利率升高，产生资本流入和国际收支盈余。为了重新建立国际收支平衡，中央银行增加了流通中的货币量，因而导致 *LM* 曲线右移，使国内利率下降，金融资源流动逆转，在点 *C* 上重新实现外部均衡。因此，在政府支出增加时保持外部均衡需要提高货币量，这表明（b）图中的外部均衡曲线是向上倾斜的。

中央银行必须将货币量从初始水平 M_1 提高至 M_2，使 *LM* 曲线右移。这导致国内利率下降，使资本流出，均衡实际收入进一步增加。这又刺激了进口支出，两者均导致加速向（a）图中点 *C* 的国际收支平衡移动。

因此，图 14—1（b）中的点 *A* 和点 *C* 均属于保持外部均衡的政府支出和流通中货币量的组合。这些组合构成了（b）图中向上倾斜的外部均衡曲线。该曲线显示，为了保持该国的外部均衡目标，只要政府增加支出，中央银行就必须增加货币量。

实现内部均衡　图 14—2 考察了政府支出增加时政策制定者实现内部均衡所需采取的步骤。在（a）图的点 *A* 上，均衡实际收入等于 y_1，这恰巧等于政府政策制定者的实际收入目标。如果政府提高支出，均衡实际收入将升至点 *B* 上的 y_2，位于目标收入水平上方，此时再次出现国际收支盈余。

为了使该国经济回到内部均衡，中央银行必须减少货币量，因而导致实际收入回到点 *C* 上实现内部均衡的初始水平。在图 14—2（b）中，点 *A* 和点 *C* 均位于保持外部均衡的政府支出与流通中货币量组合构成的曲线上。这些政策组合构成了（b）图中向下倾斜的内部均衡曲线。该曲线表明，为了保持该国的内部均衡目标实际收入水平，只要政府增加支出，中央银行就必须减少货币量。

分派内部目标与外部目标

图 14—3（a）显示了外部均衡曲线和内部均衡曲线。这些曲线的交点 *E* 是唯一同时位于两条曲线上的点。因此，该点为同时实现外部均衡与内部均衡的政府支出和中央银行货币量组合，g^* 和 M^*。

假设中央银行的目标是实现内部均衡，而财政部的目标是实现外部均衡。（a）图表明了如果货币量高于内部均衡点 *A* 上的 M_1，且政府支出低于外部均衡目标 g_1，将会发生什么情况。给定货币量 M_1，财政部将支出提高至 g_2，以实现外部均衡曲线上点 *B* 的国际收支目标。为了在更高的政府支出水平上实现实际收入目标，中央银行将把货币量减少至内

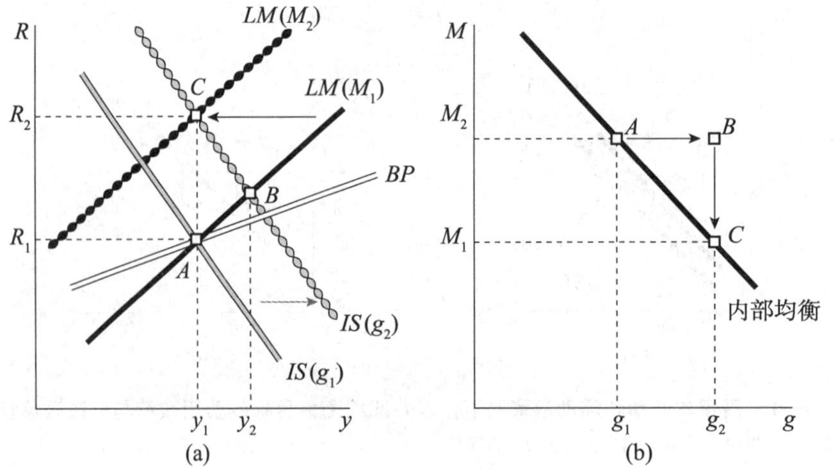

图 14—2　高资本流动性和浮动汇率制下，以内部均衡为目标的货币政策与财政政策组合

说明：在（a）图中，政府支出增加导致 IS 曲线从点 A 右移，提高了均衡实际收入水平。为了让实际收入回到初始水平，中央银行可以减少流通中的货币量，因而导致 LM 曲线左移，在点 C 上重新建立内部均衡。因此，在政府支出增加时保持外部均衡需要减少货币量，表明（b）图中的外部均衡曲线是向下倾斜的。

部均衡曲线上点 C 的 M_2。最终，如（b）图所示，两个政策制定者的这种来回反应将产生点 E 上的政府支出—汇率组合 g^* 和 M^* 。

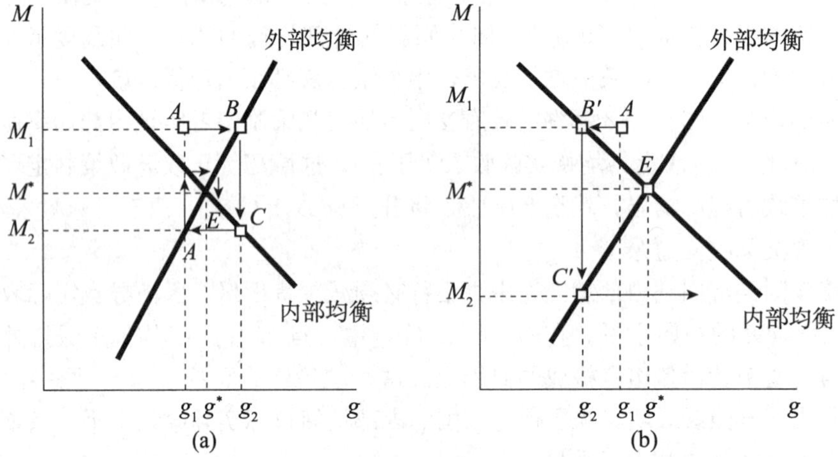

图 14—3　高度资本流动和浮动汇率制下的政策分派与内部均衡和外部均衡

说明：在两张图的点 A 上，货币量 M_1 位于与内部均衡对应的水平上方，而政府支出水平 g_1 位于与外部均衡对应的值下方。在（a）图中，财政部的任务是实现外部均衡。因此，它提高了政府支出，得到点 B。于是，中央银行的任务是实现内部均衡，因此它减少货币量，得到点 C。两个政策制定者的连续行为最终将得到点 E，即同时实现外部均衡和内部均衡的点。在（b）图中，当作出相反的分派时，在点 A 上，政府将减少支出并移动到点 B'，导致中央银行减少货币量并移动到点 C'，等等，逐渐远离点 E。因此，正确的政策分派是，财政部追求外部均衡，中央银行追求内部均衡，如（a）图所示。

不正确的分派　现在，假设目标分派相反：中央银行的目标是实现外部均衡，财政部的目标是实现内部均衡。（b）图中的初始点仍是点 A，政策组合为 g_1 和 M_1。假设货币量为 M_1，为了在内部均衡曲线的点 B' 上实现实际收入目标，政府支出减少至 g_2。为了在这个更低的政府支出水平上实现国际收支平衡，中央银行将货币量减少至外部均衡曲线的点

C'上的M_2。显然，通过这样分派目标，两个政策制定者的互动使政府支出和流通中的货币量进一步远离点 E 的 g^* 和 M^* 。

在这个例子中，正确的政策分派要求政府以实现外部均衡为目标，要求中央银行调整货币量以实现内部均衡。因此，图 14—3 显示了一国中央银行能更好地实现国际目标，而财政部能更可信地实现国内目标的情况。

然而，在某些情况下，中央银行更适合实现国内目标，而财政部更适合实现国际目标。例如，章末问题的第 1 题研究了低资本流动性和浮动汇率制下的情况，此时政策目标分派应该对调：在这种情况下，中央银行应该追求外部均衡目标，而财政部应该追求内部均衡目标。

解决分派问题的困难 显然，资本流动程度影响了分派问题的解决方法。汇率弹性也有这种影响。在我们的例子中，汇率是有弹性的，但在固定汇率制下，中央银行可能改变汇率钉住目标，财政部可能调整预算政策，根据资本的相对流动性，分派问题也可能出现不同的解决方案。

这些因素说明，不同国家的适当政策目标分派取决于它们面临的具体环境。一国中央银行官员可能很自信地认为，政府制定国内问题政策更有效，国际问题则应交给中央银行。然而，政府官员可能不愿接受这种安排。因此，中央银行和政府的官员经常就这些问题争吵。有时，对如何适当解决一国政策分派问题的分歧可能变成公共口角，并逐步升级为严重的政策争论。

基本问题 1　什么是政策分派问题?

政策分派问题是决定货币政策制定者和财政政策制定者应该追求内部政策目标还是外部政策目标的问题。在某些情况下，政策与最终目标可能错配。因此，执行财政政策的财政部和改变流通中货币量或汇率钉住目标的中央银行可能发生冲突，导致两个政策制定者无法实现最终经济目标。

刚性工资和价格下汇率对政策行为的反应：汇率超调

在第十三章中，你了解到，在名义工资与价格水平变化完全挂钩的短期情况下，总供给曲线是垂直的。因此，流通中货币量增加等因素导致的总需求上升的短期影响是价格水平充分提高，且均衡产出不变。这种结果与名义工资在短期固定时均衡产出增加的结果相反。在后一种环境下，名义工资的刚性让一国的总供给曲线向上倾斜，因此总需求上升同等幅度导致均衡实际产出在短期内增加。此外，总需求增加导致价格水平提高的幅度小于工资完全与价格水平变化挂钩时的价格水平上升幅度。

因此，短期工资刚性导致总价格水平根据总需求变化进行的调整并不完全。也就是说，工资刚性导致价格水平对可能影响总需求曲线位置的因素（例如货币政策行为）的短期调整滞后。事实证明，这种特点可能对汇率对导致总需求变化的政策行为的反应产生重要影响，即**汇率超调**（exchange-rate overshooting）。这意味着在短期，总需求上升可能导致名义汇率升至长期均衡汇率以上。因此，价格水平的短期刚性可能导致汇率的短期波动性提高。

汇率对货币扩张的长期调整

为了理解汇率超调的概念，首先让我们考虑浮动汇率对总需求变化的长期调整。此外，假设总需求增加是由货币量增加导致的。

长期均衡 在长期，如图 14—4（a）所示，总供给曲线 y_{LR}^s 是垂直的，因为假设调整时间足够，名义工资的变化将等于价格水平的变化。长期均衡价格水平是由总需求曲线与长期总供给曲线的交点决定的。

假设在长期，国内价格水平进行调整以满足条件 $P=k\times P^*\times S$，其中 k 是表示比例的常数。由于 k 不变，$\%\Delta k=0$，因此该条件表明 $\%\Delta P=\%\Delta P^*+\%\Delta S$，这是相对购买力平价条件。因此，该条件确保了相对购买力平价条件在长期成立。图 14—4（b）将条件 $P=k\times P^*\times S$ 显示为国内价格水平 P 和名义汇率 S 之间的直线关系，其中系数 $k\times P^*$ 为斜率。

长期汇率调整 图 14—4 还显示了货币量增加导致的总需求增加的长期影响。总需求增加将产生长期影响，使均衡价格水平从点 A 上的 P_1 提高到点 E 上的 P_2。实际产出水平不受影响，仍为 y_1。

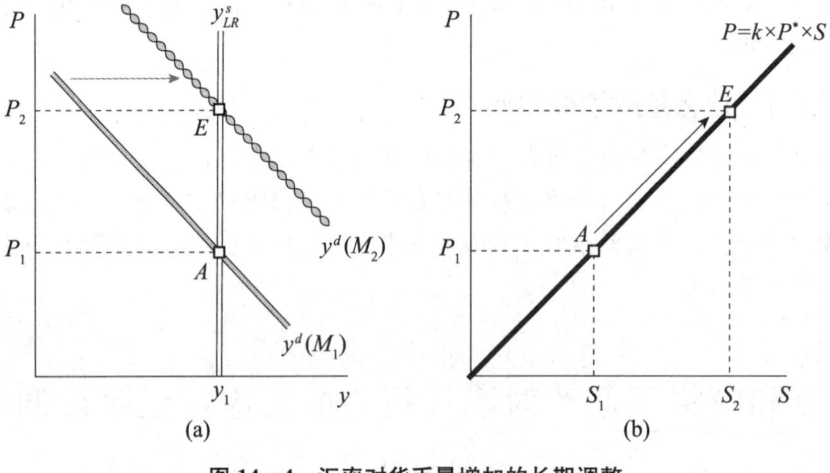

图 14—4 汇率对货币量增加的长期调整

说明：(a) 图和 (b) 图的点 A 显示了最初实际产出、价格水平和汇率的长期决定。货币量从 M_1 增至 M_2 导致 (a) 图中的总需求增加。因此，在产出市场上，长期影响是均衡价格水平从 P_1 升至 P_2，但均衡实际产出没有变化。(b) 图显示了相对购买力平价条件，$P=k\times P^*\times S$，该式表明价格水平上升导致汇率在长期从 S_1 成比例升至 S_2。

如 (b) 图所示，货币量增加导致的价格水平上升导致汇率在长期从点 A 的 S_1 升至点 E 的 S_2。因此，与你在之前章节中学到的各种理论一致，扩张性货币政策行为的长期影响必然是本币贬值。

汇率超调

汇率超调的基本特征是，汇率不可能在货币扩张后平稳升至长期均衡汇率。在调整过程中，价格水平最初无法达到长期均衡价格，首先本币将大幅贬值。也就是说，汇率首先将升至图14—4的长期均衡汇率 S_2 以上。也就是说，汇率将发生超调。然后，当价格水平增加时，本币必然会升值，直至达到长期均衡汇率。

从短期向长期的变化 为了理解汇率超调的概念，请参考图14—5，其中假设小型开放经济体的资本完全流动。与图14—4相反，该图考察了价格水平的短期调整不完全时，调整至长期均衡的完整过程。

和图14—4一样，图14—5（a）显示，总需求增加。正如（c）图所示，货币量增加导致的总需求增加使 LM 曲线右移。在这个新的 IS—LM 均衡点 B 上，现在出现了国际收支赤字，因此本币开始贬值。因此，S 必然在短期上升。由于价格水平并不会立即完全升至长期均衡价格，因此结果是实际本币贬值，导致国内出口支出增加。IS 曲线从 IS_1 右移至 IS_2，在短期内，经济朝着（c）图中的点 C 运动。该点对应着（a）图中的点 C，此时初始价格水平上的均衡实际收入开始上升，因此总需求曲线右移。

在短期均衡中，均衡实际收入朝着 y' 上升，均衡价格水平朝着 P' 上升。然而，价格水平的上升导致实际货币量下降，因此（c）图中的 LM 曲线开始再次向左回移，沿着新 IS 曲线 IS_2 移至点 D 等均衡点。在点 D 上，出现了国际收支盈余，因此本币必然升值。汇率必然开始下降，实际本币升值导致出口支出朝着初始水平下降。因此，IS 曲线回到初始位置，最终均衡为（c）图中的点 E，该点出现在与图（a）中的点 E 一致的长期均衡实际收入水平 y_1 上。

跟踪汇率调整 现在，让我们回顾刚才介绍的调整过程中的汇率变化。最初，当本币在货币扩张后立即贬值时，它从 S_1 升至 S'。在某个时点上，它必然降至长期汇率 S_2。但在长期，最终均衡汇率 S_2 必然超过初始汇率 S_1。

这表明，汇率必然在（b）图中包括 A、B、C、D 和 E 的路径上。在（a）图和（c）图中最初由点 A 向点 C 调整时，汇率跃升至长期汇率 S_2 之上，因而从（b）图中点 A 上的 S_1 升至点 C 上的 S'。然后，当价格水平最终升至（a）图和（c）图的点 C 和点 E 之间的长期均衡价格时，（b）图中的汇率必然在到达长期均衡水平 S_2 之前下降。

因此，由于价格水平未能在货币扩张之后立即调整以降至长期价格水平，最初汇率必然超过其长期价值。这就是汇率超调。

汇率超调的含义 这个例子说明了当名义工资和价格在短期为刚性时，汇率超调是如何自然产生的。汇率超调概念很重要，这有两个原因。首先，对于一些开放经济国家，超调可能是根据促进总需求达到最终长期目标的政策行为的初始影响进行调整的一个重要方面。即使近期的通货膨胀影响减弱，汇率的反应仍趋于明显，这可能会导致本币在采取政策行为后立即显著贬值。

其次，更广泛地说，超调分析有助于解释为何在多数国家中，名义汇率通常比商品与服务的价格波动性更强。它还表明，在名义工资和价格刚性较大的国家中，总需求变化导致的汇率短期骤升可能尤为明显。因此，在这些国家中，超调分析有助于解释为何汇率波动性大大高于价格波动性。

基本问题2　什么是汇率超调？为何会出现汇率超调？

汇率超调是指政策行为或其他事件改变了总需求，导致汇率相对于即将发生的长期调整进行短期调整。解释汇率超调的一个关键因素是名义工资和价格的短期刚性导致的一国价格水平调整滞后。例如，国内总需求提高的直接影响是本币贬值。但如果总需求增加

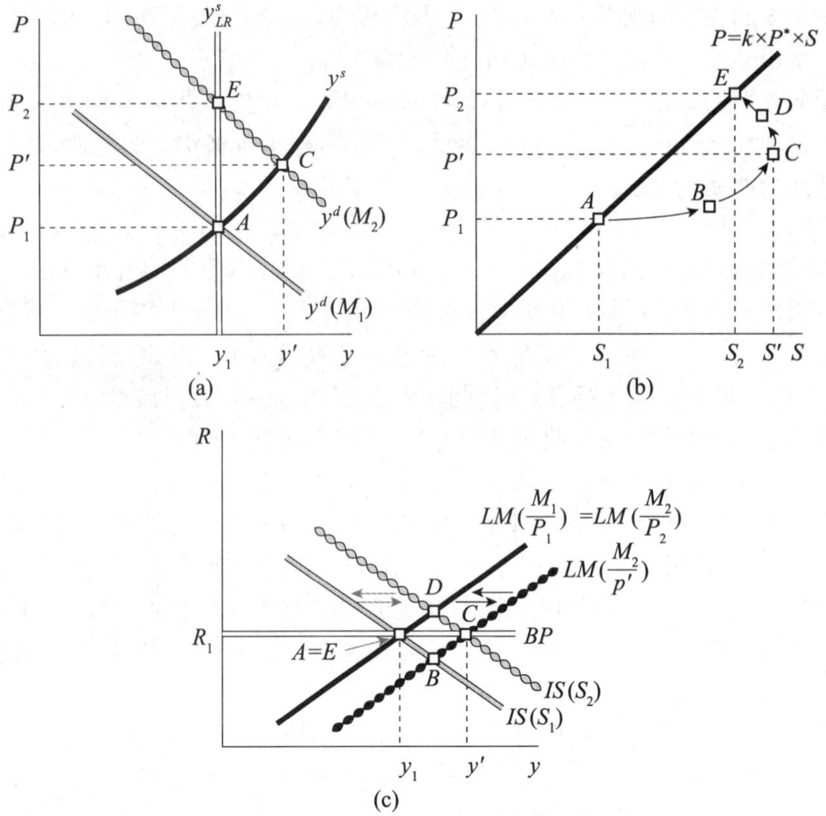

图 14—5 汇率对货币量增加的短期调整和长期调整

说明：(a) 图、(b) 图和 (c) 图中的点 A 显示了初始的长期实际产出、价格水平、汇率和名义利率。货币量从 M_1 增至 M_2 导致 LM 曲线右移，产生了 (c) 图中点 B 上的国际收支赤字。由于短期名义刚性，当 (a) 图中的总需求上升时，价格水平不会立即调整至长期均衡，因此在 (b) 图中，汇率上升幅度高于价格水平，因而相对于长期汇率超调。当汇率继续上升至 (b) 图中的点 C 时，国内出口增加，导致 IS 曲线右移。IS 曲线和 LM 曲线的短期均衡位置和实际产出市场位于 (a) 图和 (c) 图中的点 C。当价格水平完成长期调整，达到 P_2 时，LM 曲线移回到 (c) 图中的点 D，导致国际收支盈余，使汇率下降至 (b) 图中的点 D。货币升值导致 IS 曲线也移回到初始位置。三张图都在点 E 上实现了最终长期均衡。

后，价格水平没有完全升至长期水平，那么初始货币贬值后的价格水平继续向上调整最终必然会导致本币升值。这意味着短期贬值必然大于长期贬值。

开放与产出和通货膨胀的关系：全球化如何改变政策影响

汇率超调分析表明，实际产出对价格水平的敏感度是需求导致的价格水平增加能否促进一国短期产出的基本决定因素。如果实际产出对价格水平变化相对不敏感，那么只有以价格水平相对显著上升——产生相对较高的通货膨胀率——为代价时，才能通过扩张总需求短期提高国民产出。如果实际产出对价格水平变化的反应相对较强，那么整体经济中的商品与服务价格只需上升较小幅度，就能增加相同的产出。

在基本的总需求—总供给模型中，产出对价格水平的敏感度由总供给曲线的形状决定。该形状主要取决于经济中名义工资刚性的程度，而名义工资刚性的程度是由工人和企业签订长期固定名义工资合同的意愿决定的。经济学家认为，一些重要因素可能影响这种决策。表14—1总结了其中几个因素，并说明了它们如何影响工人与企业签订名义工资合同的意愿。如该表所示，通货膨胀率越高、波动性越大，企业和行业产出越稳定，中央银行的独立程度越低，签订固定名义工资合同的动机就越弱。因此，在基本总需求—总供给框架内，结果是名义工资对市场的反应更敏感。这使总供给曲线变得更陡峭，并减少了总实际产出对价格水平变化的敏感度。

一国经济的开放程度是可能影响一国实际产出对价格水平变化灵敏程度的另一个重要因素。当经济变得更全球化时，该因素的重要性也随之提高。然而，从理论角度看，开放性对产出—通货膨胀关系的影响是矛盾的。

表14—1　影响工人签订名义工资合同意愿的关键因素

通货膨胀水平	通货膨胀率升高降低了规定固定名义工资的动机，因为实际工资价值将在紧缩期下降。
总需求和总供给的波动性	总需求或总供给波动性提高将增加通货膨胀波动性，导致实际工资价值波动，因而降低规定固定合同工资的动机。
企业或行业供求的波动性	如果对企业或行业的产出需求或企业或行业的产出供给相对稳定，那么让企业或行业的市场环境决定工资优于规定固定合同工资。
中央银行的独立程度	中央银行独立性降低将提高平均通货膨胀率，因而减弱规定固定名义工资的动机。

说明：决定签订名义工资合同意愿的关键因素有四个：通货膨胀水平、总需求和总供给的波动性、企业或行业供求的波动性和中央银行的独立程度。

开放度提高为何使产出对通货膨胀的敏感度下降

当经济学家最初开始考虑开放度提高如何影响实际产出对价格水平变化的敏感度时，他们重点关注的是基本总需求—总供给框架。这种方法的两种不同角度得出了以下结论：更开放的经济拥有更陡峭的总供给曲线，因此降低了实际产出对通货膨胀的敏感度。（确定开放度如何影响真实世界中的产出—通货膨胀关系需要衡量开放度的指标；在“政策笔记本：衡量开放度的指标”中讨论了衡量开放度的方法。）

政策笔记本

衡量开放度的指标

经济学家如何决定一国经济对商品与服务国际流动的“开放”程度？多数研究最常用的指标是一国的进口与GDP之比以及进出口总额与GDP之比。

某些国家各年的开放度指标有很大差异。因此，图14—6显示了部分国家20世纪80年代中期至21世纪头十年末期的进出口总额与GDP之比的平均值。根据该开放度指标，在这些国家中，新加坡、马耳他、马来西亚和比利时的经济最开放。美国、印度、苏丹和孟加拉国的经济最不开放。

批判性分析

你能想出另一种衡量一国经济开放度的方法吗？

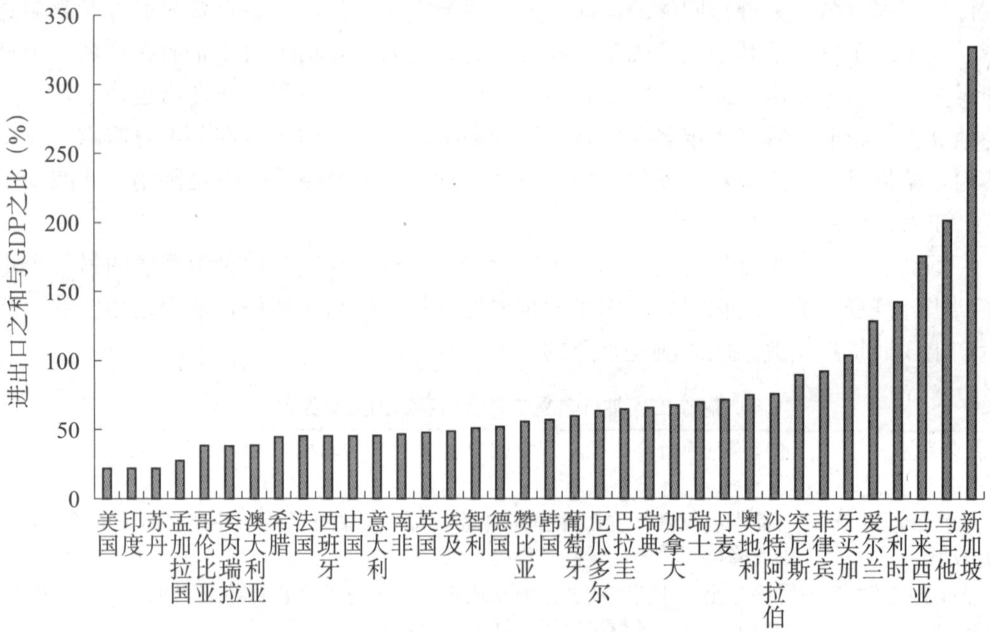

图 14—6　部分国家的进出口之和与总支出之比

说明：在这些工业化国家中，以进出口之和与总支出之比作为开放度指标，显示新加坡最开放，美国最不开放。

资料来源：世界银行：《世界发展指标》。

部分地与通货膨胀挂钩的工资合同　为了理解开放度提高使实际产出对价格水平变化敏感度下降的一种方式，让我们考虑一个例子。在日本，进口只比国民总产出高出 15%，但进口占卢森堡总支出的 75%以上。看来，愿意提高名义工资对本币贬值敏感性的卢森堡工人比例应大于日本工人比例，因为本币贬值将提高进口商品和服务的价格，因而提高消费者物价指数。

确保名义工资更灵活地随本币贬值而上升的一种方式是提高工资与消费者物价指数变化的挂钩程度。正如你在第十三章中学到的，名义工资与通货膨胀挂钩程度提高使均衡就业率对价格水平的敏感度下降，这使总供给曲线更加陡峭。因此，提高开放度的一个可能后果是提高工资与通货膨胀挂钩的程度，这降低了一国实际产出对价格水平变化的敏感度。

开放度提高与进口投入品　一些国家的企业生产最终商品与服务所需的一大部分投入品（例如原材料）都依赖进口。在一些国家，例如国内人口增长率最近非常低，甚至为负的东欧国家，许多企业大量依赖进口劳动力。对于这些行业，本币贬值导致国内产出价格和投入品成本——原材料价格或付给外国工人的工资——相继上升。

假设在这些国家，开放度提高导致企业和行业利用更多的进口投入品。因此，价格水平和投入品价格的变化幅度在短期更接近相等。结果是总供给曲线变得陡峭。所以，开放度提高可能导致实际产出对通货膨胀的敏感度下降。

开放度提高如何增加产出对通货膨胀的敏感度

世界上每个经济体都有自己独有的特征。一些国家在多数商品与服务市场上进行大量竞争，而另一些国家很少参与任何产品市场的竞争。一些国家的货币政策制定机构独立于其他政府部门，而另一些国家的货币政策制定机构是高度政治化的。这些显著的跨国差异对产出与通货膨胀的短期关系有显著影响。

开放度与国内产品市场上的竞争 使用总需求—总供给框架评估开放度对产出—通货膨胀关系的影响的一个重要问题是，总供给理论假设企业在完全竞争市场上出售产品。许多国家都通过精心设计的国内监管法规限制竞争，并使用贸易壁垒保护企业免受来自国外的竞争。因此，在一些此类国家中，一大部分商品与服务市场均存在**不完全竞争**（imperfect competition）。这意味着只有少数生产商可以通过改变产出影响市场价格，或当其是垄断生产商时确定市场价格。（约束一国行业竞争的一个共同因素是政府对产品市场的广泛管制；见“管理笔记本：哪些国家的行业面临最广泛的管制?”）

管理笔记本

哪些国家的行业面临最广泛的管制?

经济学家通常认为政府实施广泛管制会提高试图进入行业的企业面临的成本。他们认为，通过管制提高进入成本降低了国内竞争程度。

图 14—7 显示了一些国家的产品市场管制广泛性指数。该指标表明，在这些国家中，波兰、土耳其和墨西哥的产品市场管制最广泛，澳大利亚、英国和冰岛的产品市场管制最不广泛。

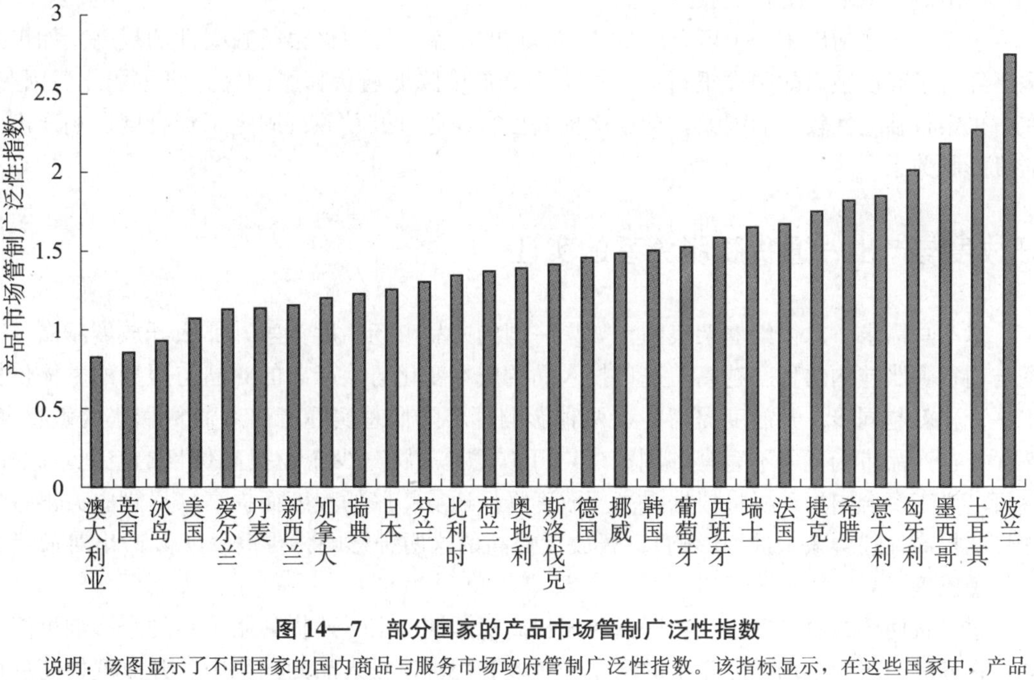

图 14—7 部分国家的产品市场管制广泛性指数

说明：该图显示了不同国家的国内商品与服务市场政府管制广泛性指数。该指标显示，在这些国家中，产品管制在澳大利亚最不广泛，在波兰最广泛。

资料来源：经济合作与发展组织。

批判性分析

不同产品市场监管形式——健康与安全监管、环境监管、广告监管、产品质量监管，等等——如何提高行业进入成本?

在广泛存在不完全竞争的国家中，每家企业的产品几乎都没有接近的替代品。每家企业都有充足能力根据消费者需求的变化改变自身产品价格。因此，可能由扩张性货币政策行为导致的总消费增加提高了经济中每个市场的需求，使每个不完全竞争企业的产品价格显著提高。然而，与之相关的企业产出增加往往较少。因此，在广泛存在不完全竞争的国家中，价格提高较大幅度只会导致总产出相对小幅增加。

假设该国政府采取政策鼓励新企业进入这些不完全竞争的市场。消费者可得的替代产品范围将增加。因此，每家企业的产出需求将对价格变化更加敏感，因此对每家企业的意愿消费增加导致的价格增幅较小。也就是说，当更多企业在市场上竞争时，每家企业的价格影响力减弱。（当限制完全竞争且存在大量卖家时，没有哪家企业有能力影响市场价格。）因此，在竞争性较高的经济中，整体价格水平小幅变化即可使总产出上升。因此，当国内商品与服务市场上广泛存在竞争时，实际产出对通货膨胀的敏感度将提高。

允许销售更多外国产品也会产生与提高国内竞争相同的影响。这意味着在广泛存在不完全竞争的国家中，提高开放度也将增加与价格水平变化相关的产出。因此，在更开放的经济中，实际产出对增加通货膨胀的总需求扩张的敏感度更高。

开放度、工资刚性与中央银行独立性 在商品与服务市场竞争不完全的国家中，根据开放度增加减少生产者定价能力的程度，开放度增加也会限制通货膨胀（前面详细讨论过）。如表 14—1 所示，通货膨胀率降低会加强工人签订固定名义工资合同的动机，使就业和产出对价格水平变化更敏感。

表 14—1 也指出了一个可以减少这种影响的因素，即中央银行独立性的提高。如果一国已经有了高度独立的中央银行，通过提高开放度降低通货膨胀的好处将被弱化。因此，在中央银行独立性较差的国家，开放度提高更容易通过鼓励签订固定工资合同影响产出—通货膨胀关系。

开放度与产出—通货膨胀关系的实证

基本总需求—总供给框架表明，如果一国的产品市场高度竞争，那么开放度越高，工资与通货膨胀挂钩的程度越高，进口投入品的成本变化与生产出的商品与服务的整体价格水平变化就越同步。开放度提高的这两种影响都会降低总实际产出对通货膨胀的敏感度。然而，在产品市场竞争不完全的国家中，开放度提高将减少企业提高价格的空间。此外，签订名义工资合同的动机将根据提高开放度降低通货膨胀的程度而提高（尽管中央银行独立性的提高往往会减少这种影响）。开放度提高的这两种影响将提高总实际产出对通货膨胀的敏感度。

这导致两个结论。首先，各国开放度提高对短期产出—通货膨胀关系的净影响可能不同。在商品与服务市场高度竞争的国家和企业利用进口投入品的国家中，开放度提高更可能降低实际产出对价格水平变化的敏感度，因此政策导致的总需求扩张将在短期内小幅提高产出。在产出市场竞争更不完全和开放度提高明显降低通货膨胀的国家，开放度提高将提高实际产出对价格水平变化的敏感度。

产出对通货膨胀的敏感度：国际实证 图 14—8 画出了 20 世纪 80 年代中期至 21 世纪头十年中期 90 多个国家的产出指标对通货膨胀的敏感度与进出口总额占 GDP 之比的关系。如图所示，这些点的关系曲线是向上倾斜的，表明开放度和产出对通货膨胀的敏感度可能存在正向关系。

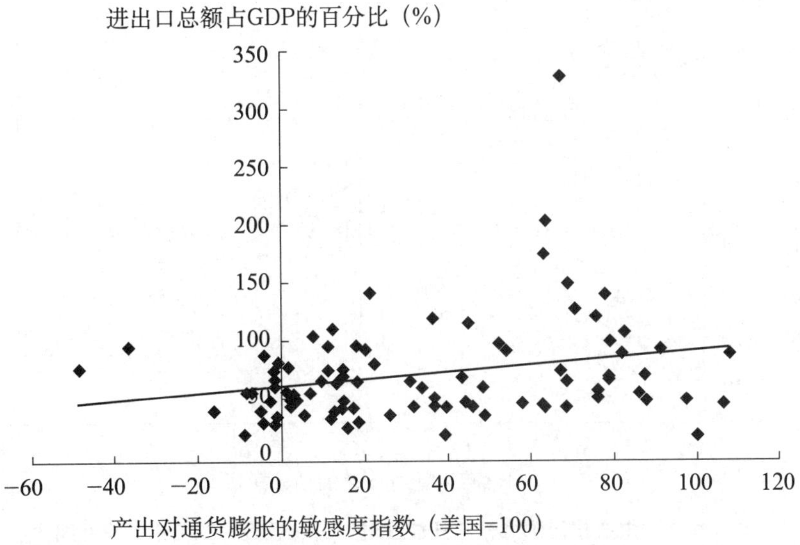

图 14—8　开放度与产出对通货膨胀的敏感度指数

说明：本图画出了 1985—2004 年 90 多个国家的平均 CPI 通货膨胀率与同一时期产出对通货膨胀的敏感度指数的平均值。该结果是一条明显稍微向上倾斜的关系曲线。

资料来源：Harald Badinger，“Globalization，the Output-Inflation Tradeoff，and Inflation，” *European Economic Review* 53 (8) (November 2009)：888 - 907.

然而，开放度和产出对通货膨胀变化的敏感度之间是否真的存在正向关系，仍然是一个未解之谜。布里斯托大学的乔纳森·坦普尔（Jonathan Temple）首先通过研究 21 世纪头十年初期的一组发达国家数据分析了开放度和产出—通货膨胀关系的关系。他得出结论，从统计学角度看，这种关系看来并不十分稳健。正如我们之前的讨论所表明的，经济学家在评价开放度如何影响产出对通货膨胀的敏感度时面临的问题是，各国的国民经济结构可能截然不同。因此，不考虑各国具体因素而评估开放度与产出对通货膨胀的敏感度的真实关系非常困难。

中央银行独立性、开放度与产出—通货膨胀关系　前面曾经提到关于国别因素对开放度与产出—通货膨胀关系的关系的重要影响，其中一种影响因素就是一国中央银行的独立性。在已经拥有独立中央银行的国家中，通货膨胀率相对较低，这导致工人和企业订立更多固定工资合同，因而增加了产出对通货膨胀率变化的敏感度。因此，中央银行的独立性越高，在提高开放度时，产出对通货膨胀率的敏感度增加得越少。

图 14—9 说明，开放度对产出对通货膨胀敏感度的净影响是正还是负取决于中央银行独立性的水平。在过去的年份中，中央银行独立性最低的国家，例如新西兰、瑞典和芬兰，开放度提高限制了通货膨胀、导致出现更多名义工资合同，因此产出对价格变化也更加敏感。因此，开放度提高对产出对通货膨胀的敏感度有正影响。德国、瑞士和美国等中央银行独立性较高的国家限制了开放度提高对产出对通货膨胀的敏感度指标（“牺牲比率”）的正影响程度，因此在这些国家中，开放度净影响的估计结果为负。

因此，对于中央银行独立性很高、商品与服务市场高度竞争、工资与通货膨胀挂钩或相对大量进口原材料的价格迅速调整的国家，全球化导致的开放度提高都会减少产出对通

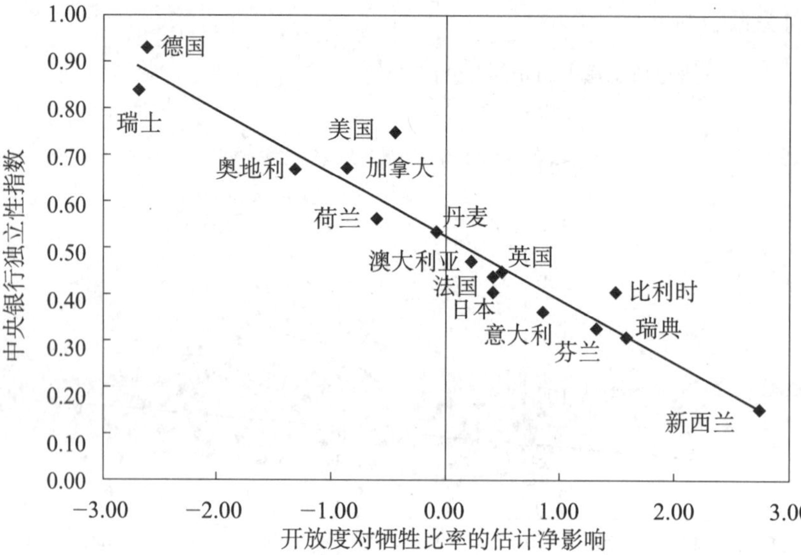

图 14—9　中央银行独立性与开放度对产出—通货膨胀关系的净影响

说明：在中央银行相对独立的国家，开放度提高往往会降低产出对通货膨胀的敏感度。在中央银行独立性较差的国家，开放度提高往往会提高产出对通货膨胀的敏感度。

资料来源：作者和马凯特大学的法鲁赫·努尔扎德（Farrokh Nourzad）的估计。

货膨胀的敏感度。相反，在中央银行独立性相对较低、产品市场竞争较不完全和名义工资刚性的国家中，开放度提高更可能提高产出对通货膨胀的敏感度。

关于开放度与产出—通货膨胀关系相互影响的其他实证　除了中央银行独立程度以外，另一个影响开放度与产出对通货膨胀的敏感度的关系的因素是汇率弹性。例如，牛津大学的克里斯托弗·鲍德勒（Christopher Bowdler）认为，当汇率弹性较低时，开放度对产出对通货膨胀的敏感度的影响更可能为正。鲍德勒比较了1980年以前全球汇率弹性较差时与1980年以后汇率弹性显著提高时开放度提高对产出对通货膨胀的敏感度的影响。

然而，最近的其他证据似乎支持开放度与贸易和产出—通货膨胀关系通常存在正向关系。例如，维也纳经济大学的哈拉尔德·巴丁格（Harald Badinger）研究了图14—8中各国的开放度、产出和通货膨胀数据。在控制了一些因素后，他的结论是，图中显示的向上倾斜关系曲线成立。

综上，实际产出对价格水平变化的短期敏感度决定了旨在实现国家政策目标的国内政策的有效性。随着全球化程度的增加，开放度提高影响了世界上许多国家的产出对通货膨胀的敏感度。开放度提高对产出—通货膨胀关系有几种不同且可能相互冲突的影响。目前，多数多国数据研究得出的证据表明，开放度越高，产出对通货膨胀越敏感，但对该问题的研究仍在继续。

基本问题 3　为什么一国经济的开放度提高对产出对价格水平变化的敏感度的净影响是不确定的？

改变对一国商品与服务总产出的总需求的政策行为的直接影响取决于产出对价格水平变化的敏感度，该敏感度受一国经济对国际贸易开放度增加的影响。在中央银行非常独立、产品市场高度竞争、工资与通货膨胀挂钩或进口原材料价格迅速调整的国家中，开放度越高，产出对价格水平变化的敏感度越低。在中央银行独立性相对较低、商品与服务市场竞争不完全和名义工资刚性的国家中，开放度越高，产出对通货膨胀的敏感度越高。不同国家的这些特征通常不同，因此，一国开放度对产出对通货膨胀的敏感度的净影响可能为正，也可能为负。

开放度与通货膨胀

在前面评估开放度如何影响产出对价格水平变化的敏感度时，我们指出，开放度提高可以降低通货膨胀。开放度和通货膨胀之间是否存在反向关系？如果是这样，为什么开放度提高可能会限制通货膨胀？

全球开放度—通货膨胀关系

在某些国家，开放度对产出—通货膨胀关系有正影响，而在另一些国家，开放度对产出—通货膨胀关系有负影响。这就是为什么考察世界上不同国家时，关于产出—通货膨胀关系的证据如此复杂。

相反，对全球各国的开放度与通货膨胀的研究表明，二者存在清晰的反向关系，如图14—10所示，它画出了1985年以来，100多个国家平均进出口总额占国民支出之比与平均年通货膨胀率的关系。加州大学伯克利分校的戴维·罗默（David Romer）进行的一项详细统计分析最先证明了这种明显的关系。从全球角度看，开放度提高似乎与通货膨胀率降低有关。（对国际贸易的开放程度也可能影响一国在资本流入突然下降时面临的潜在风险；见“政策笔记本：更开放的经济是否更容易陷入‘突然停滞’?”）

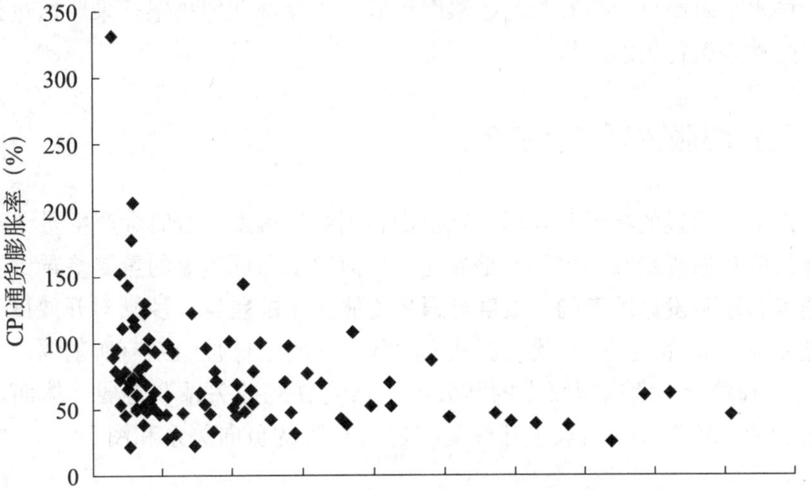

图14—10　大样本国家开放度与通货膨胀的关系

说明：本图显示，在100多个发达国家和较不发达国家中，开放度和通货膨胀率之间存在明显的反向关系。

资料来源：世界银行：《世界发展指标》。

政策笔记本

更开放的经济是否更容易陷入"突然停滞"?

国际经济学家将一国资本流入的突然中止称为突然停滞。这种突然停滞事件并不经常发生，但当它发生时，通常伴随着金融危机或货币危机和实际产出的剧烈下降。

一些观察家认为，对国际贸易更开放的经济体尤为容易受到这种冲击，这可能是由于更开放的国家出口额降低更可能引发资本流入减少。另一些观察家提出了相反的观点，他们认为国际贸易开放度较高的国家较不容易出现突然停滞，因为贷款人认为开放经济从对外贸易中获得收入的能力让它们更有可能偿还债务。

泛美银行的爱德华多·卡瓦略（Eduardo Cavallo）和哈佛大学的杰弗里·弗兰克尔（Jeffrey Frankel）研究了 20 世纪 70 年代至 21 世纪头十年 141 个国家的经历，并识别出了 85 次突然停滞事件。他们发现，国际贸易与 GDP 之比增加 10%——他们指出，这就像从阿根廷当前较低的国际贸易额与 GDP 之比变为澳大利亚高得多的国际贸易额与 GDP 之比——出现突然停滞的概率就将减少近 40%。因此，卡瓦略和弗兰克尔得出结论，国际贸易开放度提高让各国更不容易出现突然停滞。

批判性分析

你认为实际 GDP 下降为何经常伴随着突然停滞?

开放度提高降低通货膨胀有两个重要原因。第一个原因是由罗默提出的，即高开放度国家的产出对价格水平变化较不敏感，因此通货膨胀率提高所增加的产出较少。正如你在第十三章中学到的，这会限制中央银行将产出提高到极限产能水平的通货膨胀倾向。第二个原因更适用于产品市场竞争不完全的国家，即开放度提高使国内企业面临更激烈的竞争，因而降低了它们制定高于完全竞争水平的价格水平的能力。因此，在更开放的经济中，整体价格水平对中央银行政策的敏感度较低，这会降低中央银行采取通过提高价格增加产出的扩张性政策行为的动机。

开放度—通货膨胀关系有多强?

如果假设某种明显的跨国关系真实反映出各国结构因素，有时会产生误导。图 14—10 中显示的开放度与通货膨胀的关系也是如此，这掩盖了不同国家的重要差异。

发达国家和较不发达国家的开放度与通货膨胀关系的差异　罗默对开放度—通货膨胀关系的研究完成于 20 世纪 90 年代初。从那时起，这种全球性关系有所削弱。原因可见图 14—11。(a) 图显示，发达国家中的开放度与通货膨胀的关系非常弱。然而，正如你在 (b) 图中看到的，较不发达国家中开放度与通货膨胀的负向关系和图 14—10 中显示的一样强。

开放度对发达国家和较不发达国家的影响不同的一个可能原因是，在发达国家中，中央银行往往更不容易受到政治压力。因此，发达国家的中央银行已经有很大的控制通货膨胀能力，因此提高开放度进一步降低通货膨胀率的余地就减少了。相反，在政策制定机构力量较弱的国家中，开放度提高的促进竞争效应可能对通货膨胀率有更大影响。

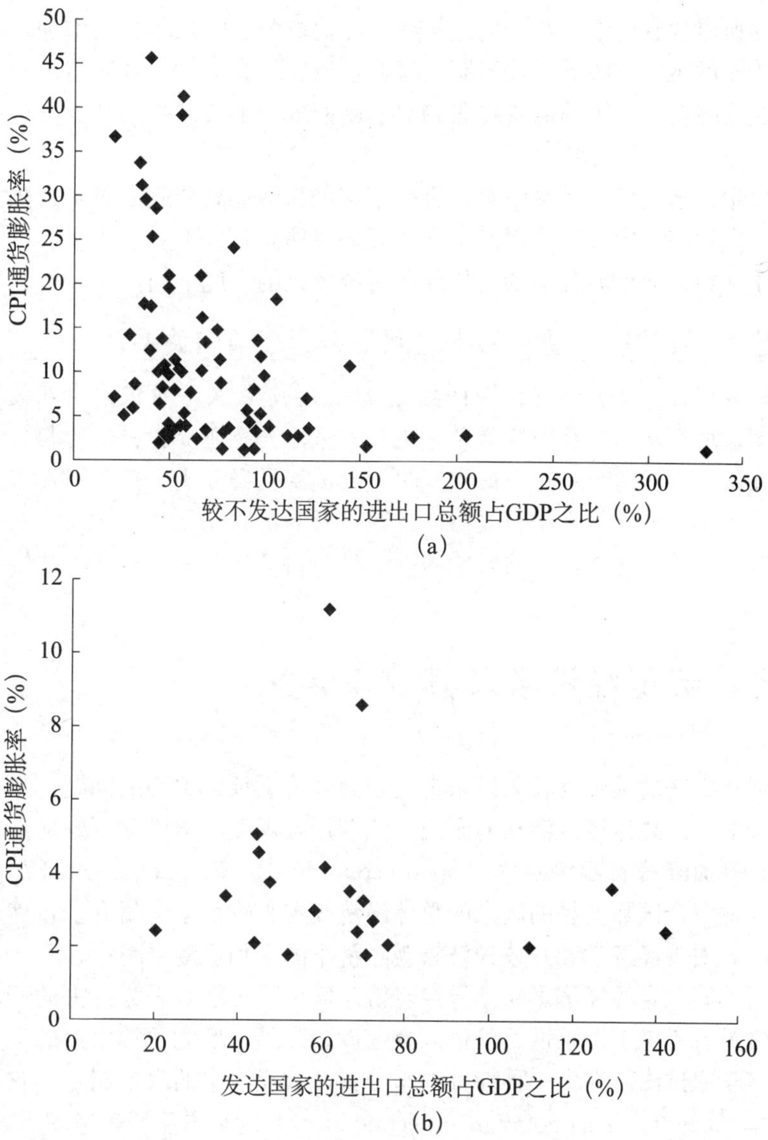

图 14—11　发达国家和较不发达国家的开放度与通货膨胀率，1985 年至今

说明：(a) 图显示，1985 年以来，世界上多数发达国家的开放度和通货膨胀几乎不存在负向关系的迹象。然而，(b) 图显示，较不发达国家的开放度和通货膨胀通常仍显示出负向关系。

资料来源：国际货币基金组织：《国际金融统计》。

考虑全球化影响的国别差异　在发达国家和发展中国家，开放度与通货膨胀的关系表现出不同模式。随着全球化程度与日俱增，一些国家的平均通货膨胀率上升，而另一些国家的平均通货膨胀率下降。以美国为例，约翰·霍普金斯大学的劳伦斯·鲍尔（Laurence Ball）最近的一项研究得出结论，开放度提高对通货膨胀率没有影响。

实际上，多个因素都可能决定开放度提高对特定国家通货膨胀率的影响，例如工人工资在一段时期内的固定程度和本国产业中国内企业的竞争程度。如果工资已经具有高度弹性，并能根据价格变化迅速调整，产出就不太可能随时对通货膨胀率作出反应。如果一国的商品与服务市场已经是高度竞争的，国际贸易开放度提高就不太可能抑制价格上升。

另一个影响全球化对不同国家通货膨胀的影响的因素是一国的所得税制度结构。在累进程度更高的所得税制度中，收入输送至政府的比例随着收入增加而增加，因此产出对价格水平变化较不敏感，这降低了政策制定者通过通货膨胀政策提高产出的动机。因此，所得税累进度提高降低了一国的通货膨胀趋势，因而减少了通过提高开放度进一步降低通货膨胀的空间。

除了中央银行独立性，这些因素还有助于解释为何提高开放度对发达国家通货膨胀的影响较小，在发达国家中，这些因素出现的频率往往高于较不发达国家。世界各国的因素差异也有助于解释为何世界各国的通货膨胀对全球化的反应不同。

基本问题 4 开放度和通货膨胀之间是否存在负向关系?

跨国比较表明开放度和通货膨胀存在负向关系。这种关系可能来自开放度提高降低了产出对通货膨胀的敏感度，从而降低了中央银行采取提高通货膨胀率的相机抉择政策的动机。或者，在产品市场竞争不完全的国家中，开放度提高可能降低了国内企业提高价格的能力，因而抑制了全国价格水平的提高。然而，开放度和通货膨胀之间的负向关系在发达国家中并不那么明显。此外，不同国家的开放度—通货膨胀关系也可能截然不同。

新开放经济宏观经济学及其政策含义

产出对通货膨胀的敏感度长久以来都是宏观经济学领域关心的问题，从广义上看，宏观经济学是指对一国总体经济活动的研究。希望用宏观经济学概念更好地理解开放经济的经济学家进行**开放经济宏观经济学**（open economy macroeconomics）研究，即对开放商品、服务与金融资产国际贸易的国家的总体经济表现影响因素的研究。自然，当全球化趋势日益明显时，宏观经济学和开放经济宏观经济学的区别也随之减小。

全球化对不同国家的经济影响差异给经济学家出了难题，因为过去的开放经济宏观经济学理论通常没有考虑工资刚性、价格调整速度、产品市场竞争等因素的程度差异。近年来，一些经济学家试图研究出一种新方法来分析开放经济中的政策制定，它称为**新开放经济宏观经济学**（new open economy macroeconomics）。这种方法明确考虑了名义工资刚性、价格调整滞后和不完全竞争之间的相互影响，通常用于解释各国居民在一段时期内所作的决策。

新开放经济宏观经济学的特征

分析国家政策的新开放经济宏观经济学方法有三个关键要素。第一，这种方法强调了刚性产品价格的作用。第二，它考虑了商品与服务市场的不完全竞争。第三，它评估了一国居民如何作出影响就业、产出、国际贸易和资本流动（月资本流动和年资本流动）的选择。

价格刚性的来源 从新开放经济宏观经济学的角度看，经济政策可能对一国的商品与服务产出产生短期影响，这部分是由于产品价格调整缓慢。为了解释整体**价格刚性**（price inertia），即一国价格水平调整的短期滞后，新开放经济宏观经济学的支持者提出了价格刚性源自企业利润最大化决策的理论。

根据这些理论，短期价格刚性通常产生于**菜单成本**（menu costs），即企业改变产品价格时必然产生的小额但值得注意的成本。这些成本可能以费用的形式出现，如印制新价签、菜单和价目表的费用。它还可能包括召集企业经理召开价格变更会议或与顾客重新进行商业交易谈判的成本。(近年来，经济学家希望搞清为什么价格实际上是刚性的，正如新开放经济宏观经济学理论通常假设的那样；见“管理笔记本：产品价格真是刚性的吗?”)

管理笔记本

产品价格真是刚性的吗?

为了考虑价格为何是刚性的这个问题，许多经济学家都试图根据一国整体价格水平的变化解释价格调整有多缓慢。他们分析时通常使用的理论认为，价格变化的关键决定因素是企业的通货膨胀调整边际成本和公众对未来价格的预期。将这种理论的方法应用于GDP物价平减指数变化率或消费者物价指数变化率的结果表明，平均而言，美国的物价每18个月才变化一次，欧洲国家的物价变化频率甚至更低。

用类似方法分析企业实际价格水平指标——刚性价格理论认为调整缓慢的价格——全商品生产者物价指数时，美国价格变化的平均间隔估计值降至9个月以下。此外，随着时间的推移，还会根据经通货膨胀调整后的边际成本的结构变化进行调整，这使该估计值降至6个月甚至更短。

将这种常用的价格刚性衡量技术用于行业生产者物价水平，结果表明，部分美国行业的价格调整次数差异很大，如图14—12所示。某些行业的价格至少要花18个月才会变化，而有些行业的价格调整则快得多。因此，尽管有证据证明某些行业存在显著价格刚性，但许多商品的价格看来是相对灵活的。

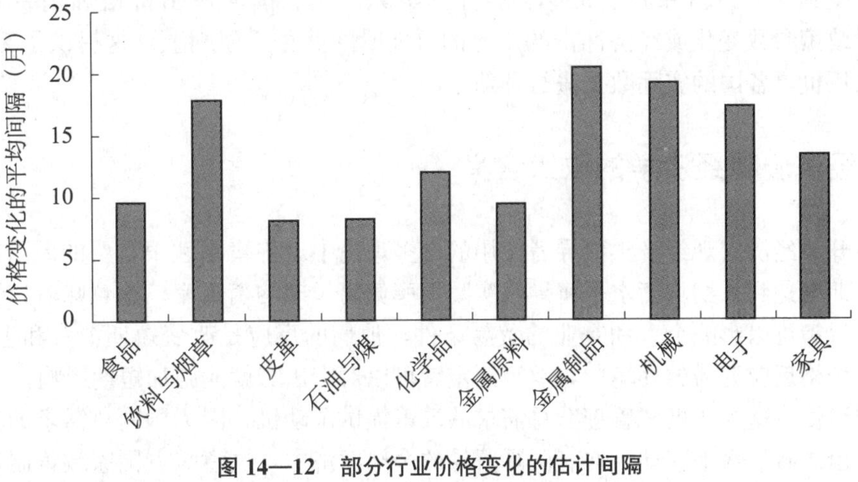

图14—12　部分行业价格变化的估计间隔

说明：对生产者物价指数的研究表明，在某些行业中，价格变化的时期间隔为18个月或更长。然而，在另一些行业中，价格调整速度是两倍以上。

资料来源：Carl Gwin and David Van Hoose, “Disaggregate Evidence on U. S. Price Stickiness and Implications for Sticky-Price Macro Models,” *Economic Inquiry* 46 (October 2008)：561－575.

批判性分析

为什么价格刚性不同的行业生产的实际GDP相对份额有助于确定价格刚性是否与一国整体经济相关?

不完全竞争 为了理解为何利润最大化企业可能无法在短期内将价格调整至长期均衡水平，新开放经济宏观经济学假设，企业是不完全竞争的。因此，这种方法不同于第十三章中假设商品与服务市场完全竞争，有许多买方和卖方，自由进入和退出市场，且产品无差异的总供给分析。

相反，新开放经济宏观经济学适用于经济由买方和卖方有限的市场主导的环境，在这种环境中，进入或退出市场有障碍，或者企业产品或服务要素有差异。这种方法的倡导者认为，这种市场环境普遍存在于世界上的大部分地区。

当市场为不完全竞争的时，企业可以分割国际市场，并制定不同于世界竞争价格的当地货币价格。因此，生产者**根据市场定价**（pricing to market），即使用买方当地货币定价，而不是用企业生产所在地的价格定价。价格刚性加上根据市场定价打破了国内价格水平和国外价格水平的联系，因此名义汇率和实际汇率得以变化。通过这种方法，不必借助汇率超调原理，就能解释为何汇率比价格更加波动。

动态分析 新开放经济宏观经济学主要考虑的是**动态开放经济理论**（dynamic open economy theories），它考虑了个人和不完全竞争企业如何逐期进行消费与生产决策。因此，这种方法通常可以预测一国经济变量，例如实际产出、就业、价格水平、经常账户和资本账户如何根据政策行为及其他影响总需求或企业生产成本的因素进行调整。

强调个人和企业的动态决策有三个基本优点。第一，这类分析排除了消费者、工人或企业在任何时点作出的决策与其长期消费和生产能力不一致的情况。第二，尽管短期名义工资和价格刚性解释了政策如何对实际产出和就业施加短期影响，但这种框架的一个典型特性是，产出和就业等于第十三章讨论的基本长期总供给理论预测的结果。第三，动态理论提出了变量——经常账户、汇率、就业、实际产出、国内产出价格和消费物价，等等——对政策参数变化或经济冲击的反应的可能时间路径。原则上，这提供了无数预测，它们可以用世界各国的实际数据进行评估。

新开放经济宏观经济学的政策含义

在新开放经济宏观经济学倡导者使用的许多理论中，价格刚性很重要的原因是，价格水平在近期未达到长期均衡水平将导致实际汇率偏离长期均衡汇率。这意味着，影响总需求的经济政策可以影响个人和企业的贸易条件，他们的反应是改变短期消费和生产计划。因此，在价格反应迟滞的环境中，政策制定者可以对产出和就业施加短期影响。

福利评估 这为积极“管理”总需求的政策提供了动机，因为国内总需求的变化可以让国内产出向有效水平移动。在有国际贸易的全球经济中，这意味着国家政策制定者积极追求这种政策可以提高国内福利和全球福利。实际上，由于新开放经济宏观经济学方法提出的理论基于个人和企业的决策，因此它可以直接预测政策行为是否真能提高社会福利。

前路漫漫 新开放经济宏观经济学有望解决与全球化对国内政策制定的影响——包括全球化对产出—通货膨胀关系和国内通货膨胀率的影响——有关的问题。此外，经济学家已经用这种方法提出了一些有趣的理论，这些理论旨在预测市场定价导致的不完全汇率传递效应如何影响均衡汇率。

然而，现在新开放经济宏观经济学还有一些障碍要克服。例如，迄今为止，多数使用该方法的理论都假设所有国家的居民为代表性代理人。因此，这些理论假设所有本国居民和外国居民对消费的商品与服务都有相同的品味、相同的风险偏好，且关于市场结构类别与政策制度有相同的观点。新理论的提倡者指出，没有考虑巨大的文化与法律多元性等因素也是传统开放经济理论失灵的一个普遍原因。批评家认为，在新理论中，这是一个更加令人瞩目的问题，因为新开放经济宏观经济学的一个重要目的就是解释个人对影响政策效果的政策行为的反应。

新开放经济宏观经济学的第二个障碍是利益冲突导致的难题。新开放经济宏观经济学的提倡者提出了代表性代理人在政策变化时最大化自身福利的复杂理论，但迄今为止，他们的理论仍未考虑相机抉择政策（见第十三章）。因此，现在这种方法是不一致的：个人和企业按自身最大利益行动，但政策制定者不是。实际上，许多理论都假设政策行为基本上是随机事件。

最后，关于新开放经济宏观经济学相关性的理论远远多于实证。加利福尼亚大学戴维斯分校的保罗·伯金（Paul Bergin）找到了一些证据，证明新开放经济宏观经济学的基本方法可以比之前的开放经济理论更好地解释产出与价格的变化。然而，同时，他发现这种方法在解释汇率变化时不太成功。因此，新开放经济宏观经济学最终是否能用来指导日益全球化的经济中的政策制定仍然有待观察。

基本问题 5　什么是新开放经济宏观经济学?

新开放经济宏观经济学是理解开放经济中政策行为传导的一种方法，它强调名义工资刚性、价格调整迟滞和不完全竞争的作用，通常用于预测一国居民在一段时期内所作的决策。新开放经济宏观经济学的一个优点是它可以解释政策行为如何提高开放经济中一国居民的福利。它的另一个优点是可以提供测量政策行为提高的福利的理论方法。它的缺点包括，委托代理理论无法考虑不同国家居民的偏好差异，新理论无法识别政策制定者的动机，以及这种理论与现实情况的相关性尚不确定。

本章总结

1. 政策分派问题：这是决定货币政策制定者或财政政策制定者应该追求内部目标还是外部目标的问题。没能为每个政策制定者分派适当的最终目标可能导致政府和中央银行的工作目的交叉，且两个政策制定者都无法实现最终经济目标。

2. 汇率超调及其发生的原因：汇率超调是指政策行为或其他事件改变总需求后，汇率相对于长期汇率的短期超量调整。名义工资和价格的短期刚性导致的一国价格水平调整迟滞解释了为何会发生汇率超调。当总需求增加时，直接影响是本币贬值。如果价格水平在短期没有完全调整至更高的长期价格水平，初始货币贬值后的价格水平继续上升最终将导致本币升值。为了让价格水平和汇率进行长期调整，初始贬值幅度必然大于长期贬值幅度。

3. 为什么一国经济的开放度提高对产出对价格水平变化的敏感度的影响是不确定的：影响总需求的政策行为的产出效应取决于一国产出对价格水平变化的敏感度。对于中央银行非常独立、商品与服务市场高度竞争、工资与通货膨胀挂钩或进口原材料价格迅速调整的国家，国际贸易开放度提高往往会降低产出对价格水平变化的敏感度。对于中央银行相对不独立、产品市场竞争不完全和名义工资刚性的国家，开放度提高往往会增加产出对价格水平变化的敏感度。由于各国的这些特征通常不同，因此任何特定国家提高开放度对产出对通货膨胀敏感度的净影响可能为正也可能为负。

4. 开放度与通货膨胀的关系：对许多国家的开放度和通货膨胀的研究表明，这两个变量之间存在负向关系。这种关系的一个可能解释是，如果开放度提高降低了产出对通货膨胀的敏感度，中央银行采取提高通货膨胀率的相机抉择政策的动机将减弱。另一个解释是，在商品与服务市场不完全竞争的国家中，开放度提高可能降低本国企业的定价能力，这降低了整体价格水平的上升空间。然而，近年来，多数发达国家的开放度—通货膨胀关系都非常弱，而不同国家的开放度与通货膨胀的关系也相去甚远。

5. 新开放经济宏观经济学：新开放经济宏观经济学是评估开放经济中的政策的一种方法，它强调刚性名义工资、不完全短期价格调整和不完全竞争商品市场的意义，经常使用理论预测一国居民在一段时间内的决策。新开放经济宏观经济学的一个优点是，它可以说明开放经济中的政策产生福利收益的方式。这种方法的另一个优点是，它提出了衡量这种福利收益的方法。这种方法的缺点包括过度依赖没有考虑全球不同国家居民的偏好差异的委托代理理论，没有完全考虑政策制定者的动机，以及该理论是否与实际情况相关的证据不完整。

问题与习题

1. 假设一个小型开放经济体实行浮动汇率制，资本流动性非常低，以至于 BP 曲线比 LM 曲线陡峭。中央银行改变货币量，财政当局改变政府支出，以期尽可能迅速地同时达到内部均衡和外部均衡。

a. 请考虑政府支出增加的情况，并解释如何得出内部均衡曲线。

b. 请考虑政府支出增加的情况，并解释如何得出外部均衡曲线。

c. 请决定适当的目标分配。

2. 假设一个小型开放经济体实行固定汇率制，资本流动性非常高，以至 BP 曲线比 LM 曲线平缓。中央银行改变货币量，财政当局改变政府支出，以期尽可能迅速地同时达到内部均衡和外部均衡。(提示：前面曾经提到，汇率变化使 BP 曲线和 IS 曲线同时移动；同时请记住，要调整至中心汇率目标，货币量必然会变化，使 LM 曲线移动。)

a. 请考虑政府支出增加的情况，并解释用纵轴上的 S 表示汇率、用横轴上的 g 表示政府支出时，如何得出内部均衡曲线。

b. 请考虑政府支出增加的情况，并解释用纵轴上的 S 表示汇率、用横轴上的 g 表示政府支出时，如何得出外部均衡曲线。

c. 请决定适当的目标分派。

3. 假设一个小型开放经济体实行固定汇率制，资本流动性非常低，以至 BP 曲线比 LM 曲线陡峭。中央银行改变货币量，财政当局改变政府支出，以期尽可能迅速地同时达到内部均衡和外部均衡。(提示：前面曾经提到，汇率变化让 BP 曲线和 IS 曲线同时移动；同时请记住，要调整至中心汇率目标，货币量必然会变化，使 LM 曲线移动。)

a. 请考虑政府支出增加的情况，并解释用纵轴上的 S 表示汇率、用横轴上的 g 表示政府支出时，如何得出内部均衡曲线。

b. 请考虑政府支出增加的情况，并解释用纵轴上的 S 表示汇率、用横轴上的 g 表示政府支出时，如何得出外部均衡曲线。

c. 请决定适当的目标分派。

4. 资本完全流动、实行浮动汇率制的小型开放经济体的中央银行减少了该国的货币量，请使用图表说明相对购买力平价条件成立时，长期汇率必须如何调整。

5. 假设名义刚性让第 4 题中的经济的短期总供给曲线向上倾斜。根据你对第 4 题的答案，请使用图表说明流通中的货币量收缩时，为何会发生短期汇率超调。

6. 一国的经济变得更开放，使总实际产出对价格水平的短期变化变得更不敏感。请讨论可能导致这种情况的因素。

7. 在另外一个国家中，产出对价格水平变化的短期敏感度随着该国经济开放度的提高而提高。请讨论可能导致这种情况的因素。

8. 请讨论可能导致一国经济开放度提高与通货膨胀率降低相关的两个原因。

9. 请解释为什么相对较高的中央银行独立水平可能限制一国通过提高经济开放度降低通货膨胀的能力。

10. 请简要讨论新开放经济宏观经济学的三个

主要特征。此外，请简要说明这些特征与第十章至第十三章中的政策效应分析方法基本特征的主要差异。

在线应用

网 址：http://www.imf.org/external/pubs/ft/weo/2006/01/index.htm

标题：国际货币基金组织《世界经济展望》：全球化与通货膨胀

浏览：请访问以上网址。点击“第三章：全球化如何影响通货膨胀”下方的“摘要”。

应用：请阅读摘要，并回答下列问题：

1. 根据该摘要，哪些关键因素会影响全球化对通货膨胀的影响？

2. 按照摘要的解释，为什么有些行业可能比其他行业更容易受全球化的影响？

小组研究与分析：请让班级阅读“第三章：全球化如何影响通货膨胀？”的所有内容。除了开放度，还有哪些因素可能降低世界各国的通货膨胀？请列出每种因素影响通货膨胀的原因并对其进行评价。

部分参考书目与扩展阅读

[1] Badinger, Harald, “Globalization, the Output-Inflation Tradeoff, and Inflation,” *European Economic Review* 53 (8), (November 2009): 888 - 907.

[2] Ball, Laurence. “Has Globalization Changed Inflation?” National Bureau of Economic Research, Working Paper No. 12687 (November 2006).

[3] Bergin, Paul. “Putting the ‘New Open Economy Macroeconomics’ to a Test.” *Journal of International Economics* 60 (May 2003): 3 - 34.

[4] Bowdler, Christopher. “Openness, Exchange Rate Regimes, and the Phillips Curve.” *Journal of International Money and Finance* 28 (1), (February 2009): 148 - 160.

[5] Cavallo, Eduardo, and Jeffrey Frankel. “Does Openness to Trade Make Countries More Vulnerable to Sudden Stops, or Less?” *Journal of International Money and Finance* 27 (December 2008): 1430 - 1452.

[6] Cavelaars, Paul. “Does Globalization Discipline Monetary Policymakers?” *Journal of International Money and Finance* 28 (April 2009): 392 - 405.

[7] Daniels, Joseph, and David Van Hoose. “Trade Openness, Capital Mobility, and the Sacrifice Ratio.” *Open Economies Review* 20 (3), (September 2009): 473 - 487.

[8] Daniels, Joseph, and David Van Hoose. “Openness, the Sacrifice Ratio, and Inflation: Is There a Puzzle?” *Journal of International Money and Finance* 25 (December 2006): 1336 - 1347.

[9] Daniels, Joseph, Farrokh Nourzad, and David Van Hoose. “Openness, Central Bank Independence, and the Sacrifice Ratio.” *Journal of Money, Credit, and Banking* 37 (April 2005): 371 - 379.

[10] Duarte, Margarida. “International Pricing in New Open-Economy Models.” Federal Reserve Bank of Richmond, *Economic Quarterly* 87 (2001): 53 - 70.

[11] Gwin, Carl, and David Van Hoose. “Disaggregate Evidence on Price Stickiness and Implications for Macro Models,” *Economic Inquiry* 46 (4), (October 2008): 561 - 575.

[12] Karras, George. “Openness and the Effects of Monetary Policy.” *Journal of International Money and Finance* 18 (February 1999): 13 - 26.

[13] Lane, Philip. “The New Open Economy Macroeconomics: A Survey.” *Journal of International Economics* 54 (2001): 518 - 538.

[14] Obstfeld, Maurice. “International Macroeconomics: Beyond the Mundell-Fleming Model.” IMF Staff

Papers 47 (2001): 1-39.

[15] Rogoff, Kenneth. "Dornbusch's Overshooting Model after Twenty-Five Years." IMF Staff Papers 49 (2002): 1-34.

[16] Romer, David. "Openness and Inflation: Theory and Evidence." *Quarterly Journal of Economics* 108 (November 1993): 869-903.

[17] Razin, Assaf, and Prakash Loungani. "Globalization and Equilibrium Output-Inflation Tradeoffs." In Jeffrey Frankel and Christopher Pissarides, eds., *NBER International Seminar on Macroeconomics*, 2005. Cambridge, MA: MIT Press.

[18] Sarno, Lucio. "Towards a New Paradigm in Open Economy Modeling: Where Do We Stand?" Federal Reserve Bank of St. Louis, *Review* 83 (May/June 2001): 21-36.

[19] Temple, Jonathan. "Openness, Inflation, and the Phillips Curve: A Puzzle." *Journal of Money, Credit, and Banking* 34 (May 2002): 450-468.

[20] Van Hoose, David. "The New Open Economy Macroeconomics: A Critical Appraisal." *Open Economic Review* 15 (April 2004): 193-215.

第十五章 政策协调、货币联盟和汇率目标区

基本问题

1. 什么是结构相互依存？它为何会导致各国进行政策合作或政策协调？
2. 国际政策协调的潜在优点是什么？
3. 国际政策协调的潜在缺点是什么？
4. 各国如何从采用共同货币中获益？
5. 什么是媒介货币？
6. 什么是汇率目标区？

2008年10月7日，六家中央银行进行了一次史无前例的政策协调行动。欧洲中央银行、美联储、加拿大银行、英格兰银行、瑞典中央银行和瑞士国家银行同时采取扩张性货币政策行为，旨在压低市场利率。它们还协同降低了对私人银行的贷款利率。在一份联合声明中，这些中央银行表明，随着商品价格的下降，通货膨胀压力"开始缓和"。这项声明接着说："近期的金融危机加剧形成了经济增长率下降风险，从而进一步减少了价格上涨风险。因此，部分放松全球银根是有保证的。"

为什么广泛的货币政策行为合作——例如2008年10月7日的那次共同干预——是罕有事件？哪些因素会刺激中央银行对货币政策进行协调？在本章中，我们将解决这些问题和其他与政策协调有关的问题。因此，我们首先将尝试理解国家选择经济政策合作的原因。

国际依存度

为什么各国会考虑联合决定经济政策行为，甚至考虑使用同一种货币？在多数情况

下，答案是，商品、服务与金融资产的国际交易将它们联系起来，因此它们拥有共同利益。

结构相互依存与国际政策外部性

众所周知，经济学家对某些问题意见不一。然而，一个普遍达成一致的领域是全球经济开放度日益提高。经济学家普遍认为，国民经济的彼此联系日益紧密，正如第一章说明的那样。

结构相互依存及其后果 在当今世界，各国公民交易大量商品与服务，并跨国交易大量金融工具，国民经济**结构相互依存**（structural interdependence）。这意味着，各国的经济体系——商品与服务市场、金融市场和支付体系——是相互联系的。

结构相互依存的一个重要后果是，对一国利益有利或有害的事件也可能影响另一国公民的利益。这意味着，一国公民为自身利益采取的集体行为可能溢出，影响其他国家居民的福利。经济学家将这种溢出效应称为**外部性**（externality）。外部性是个人或群体的行为对其他地点或市场上的其他个人或群体造成的收益或成本。

外部性可能为负，也可能为正。当一些人的市场交易伤害了另一些人时，就会产生负外部性。一种常被提到的负外部性是污染，生产有利于一群企业和消费者的商品的行为污染了空气或水，因而减少了其他企业和消费者的福利。类似地，当一国居民的行为对另一国的经济表现产生负面影响时，就可能产生负国际外部性。一国居民的集体行为也可能改善另一国的经济表现。这构成了正国际外部性。

国际政策外部性 一国的政治体制通常授权领导人、代表组织或政府机构代表该国公民执行经济政策。正如我们在之前的章节中讨论的，这种政策可以改变居民和企业的选择，因而影响一国的整体经济表现。

如果国民经济在结构上是彼此依存的，就可能导致**国际政策外部性**（international policy externality），即溢出到其他国家的政策效应收益或成本。例如，正如之前章节说明的两国模型，当一国的政策行为影响其他国家的经济表现时，会产生经济助推效应或以邻为壑效应。如果发生经济助推效应，那么政策导致的一国实际收入增加也会导致另一国的实际收入增加。因此，经济助推效应是正国际政策外部性的一个例子。相反，如果政策行为使国内实际收入上升，而使国外实际收入减少，就会产生以邻为壑效应，即负国际政策外部性。

各国政策制定者认识到，他们的政策行为可能影响其他国家。他们还认识到，国外政策制定者的决策可能影响国内经济表现。这促使政策制定者进行**战略政策制定**（strategic policymaking），即制定实现国内目标的计划，同时考虑本国与其他国家的结构联系程度以及其他国家政策制定者可能采取的行为。认识到正外部性和负外部性可能来自政策制定者采取的政策也可能促使他们进行合作，减少各自政策选择的负面后果，并提高可能产生的正溢出效应。

考虑相互依存度：国际政策合作与协调

各国进行合作以实现经济目标的方式有两种。

国际政策合作 第一种方式是**国际政策合作**（international policy cooperation）。这是指各国政策制定者正式建立制度和程序，以合作实现国家目标，提供关于具体政策措施的信息，并共享关于本国经济表现的信息和数据。

促进国际政策合作的一个制度安排例子是七国集团（G7）。正如我们在第三章中讨论的，这是由七个国家——加拿大、法国、德国、意大利、日本、英国和美国——构成的组织，它们的经济政策官员定期召开会议。在会议上，七国集团的官员将讨论宏观政策目标和计划，以及成员的具体经济问题。

国际政策协调 正如本章开始时提到的，2008 年 10 月，全球多家中央银行——欧洲中央银行、美联储、加拿大银行、英格兰银行、瑞典中央银行和瑞士国家银行——为压低全球利率而进行了合作。该行动代表了**国际政策协调**（international policy coordination）的一个典型案例，国际政策协调是指为实现多个国家的共同利益集体决定国家经济政策。

通过协调货币政策，这些中央银行希望防止它们各自为政时可能产生的国际政策外部性，这种各自为政将导致各国之间出现显著利差。借此，中央银行试图确保在一些国家希望控制日益严重的经济危机时，另一些国家的汇率不出现大幅波动，以避免产生意料外的以邻为壑效应。

国际政策协调的提倡者认为，世界各国可以从广泛的政策协调中获益良多。正如 2008 年 10 月的联合货币政策行为那样，这些观察家认为，各国不应仅是偶尔协调政策，还应让政策协调日常化。实际上，许多人都认为，各国都能从协调所有经济政策中获得可观收益，包括旨在实现广义产出和通货膨胀目标的经济政策。

基本问题 1　什么是结构相互依存？它为何会导致各国进行政策合作或政策协调？

当国民经济彼此联系时，它们在结构上就是相互依存的。结果，一国的政策行为会产生溢出效应，即国际政策外部性，这会影响其他国家的经济表现。如果国际政策外部性改善了其他国家的经济表现，它就被称为正外部性。如果国际政策外部性使其他国家的经济前景恶化，它就被称为负外部性。为了增加正政策外部性，或减少负政策外部性，各国可以选择合作，共享关于经济数据和政策目标的信息。它们也可以选择进行政策协调，确定符合共同利益的政策行为。

重新考虑资本完全流动的环境：国际政策协调是否有利？

在第十一章和第十二章中，我们考虑了在国家价格水平不受政策行为影响的假设下，政策行为对资本流动完全开放的两个国家的经济表现的影响。为了考虑国际政策协调为何可能对两国有利，我们再次假设资本是完全跨国流动的。此外，假设两国货币汇率在外汇市场上自由浮动。然而，现在，让我们更现实地考虑两国的弹性价格水平。

国家货币政策的总需求效应

正如我们在第十三章中讨论的，如果国内中央银行增加了流通中的名义国际货币量，那么如图 15—1（a）所示，在当前价格水平 P_1 上，实际货币量将从初始水平 M_1/P_1 升至 M_2/P_1。结果是国内 LM 曲线从 $LM(M_1/P_1)$ 右移至 $LM(M_2/P_1)$。这导致国内利率从点 A 上的初始均衡利率 R_1 跌至点 B 上的利率 R'，它位于 BP 曲线下方，用 BP_1 表示，对应的是初始均衡汇率。仍然假设资本完全流动，国内利率降低导致金融资源从国内流向国外。因此，对外币的国内需求增加，对本币的国外需求减少。因此，本币相对于外币贬值，均衡汇率从初始汇率 S_1 升至 S_2。

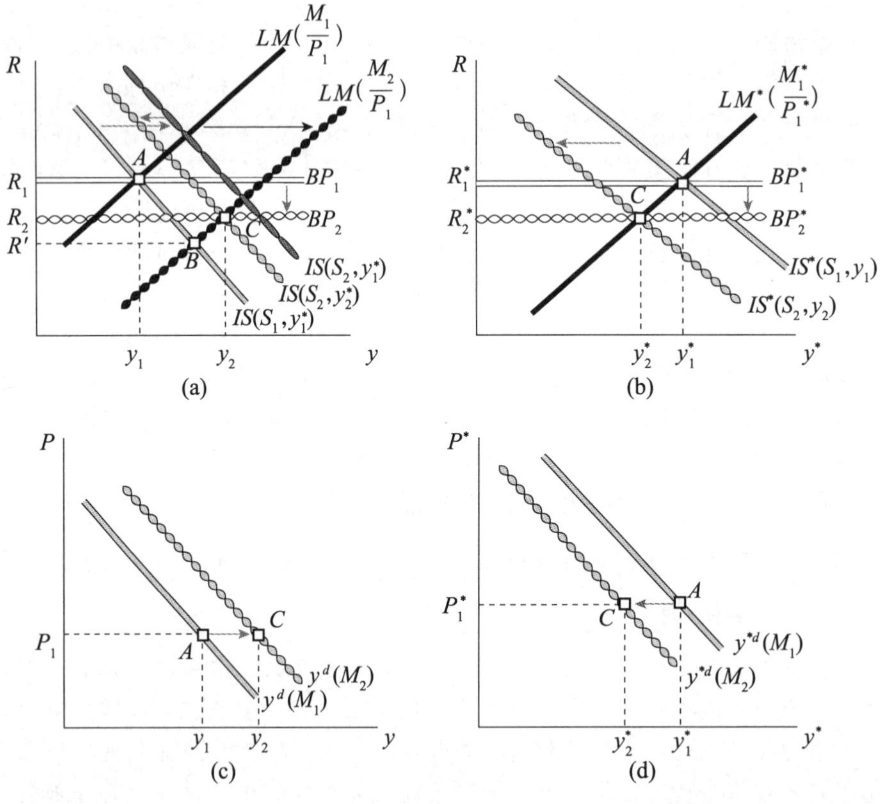

图 15—1　资本完全流动、汇率浮动的两国模型中国内货币扩张对总需求的影响

说明：国内货币量上升让 LM 曲线从（a）图中的点 A 右移至点 B。所导致的国内利率下降使资本从国内流向国外，导致均衡汇率从 S_1 升至 S_2。本币贬值导致国内 IS 曲线在（a）图中右移，假设本币贬值和国外实际收入上升对本国贸易差额的净影响为负，它将导致（b）图中的国外 IS 曲线左移。在（a）图和（b）图中，点 C 为最终均衡点，表示国内总需求上升，如（c）图所示，而国外总需求下降，如（d）图所示。

由于本币贬值减少了国内进口，增加了国内出口，因此在国外实际收入的初始水平 y_1^* 上，国内 IS 曲线在图 15—1（a）中从 $IS(S_1, y_1^*)$ 右移至 $IS(S_2, y_1^*)$。相反，在国外，外币升值增加了国外进口，减少了国外出口。假设对国外贸易差额的该直接负面影响大于国内实际收入上升导致的国外出口上升的正面影响，因此在（b）图中，净结果是国外 IS 曲线从 $IS^*(S_1, y_1)$ 左移至 $IS^*(S_2, y_2)$。国外实际收入的净下降导致国外进口支出下降，使国内 IS 曲线从 $IS(S_1, y_1^*)$ 左移回 $IS(S_2, y_2^*)$。在两张图的最终均衡点 C 上，当两国的 BP 曲线均向下移动时，国内均衡名义利率收敛于与之相等的国外均衡利率，$R_2=R_2^*$。

一方面，在（a）图的均衡点 C 上，国内均衡实际收入水平 y_2 大于初始均衡实际收入

y_1。如（c）图所示，这表明国内总需求曲线从 $y^d(M_1)$ 右移至 $y^d(M_2)$。因此，正如第十二章分析的小型开放经济例子中的那样，国内货币量增加提高了国内总需求。

另一方面，在（b）图的点 C 上，国外均衡实际收入 y_2^* 小于初始国外均衡实际收入 y_1^*。如（d）图所示，在当前国外价格水平 P_1^* 上，这是成立的。因此，正如你在第十三章中学到的，在浮动汇率制和资本完全流动下，国内货币扩张通常对国外有以邻为壑效应。如（d）图所示，流通中的国内货币量上升，使国外需求曲线从 $y^{*d}(M_1)$ 左移至 $y^{*d}(M_2)$。因此，国内货币量增加减少了国外总需求，因此对国外有负国际政策外部性。

从国内角度看，国外货币扩张也形成了负国际政策外部性。当外币贬值时，它导致国外 LM^* 曲线右移，从而导致国外 IS^* 曲线右移；当本币升值时，它导致国内 IS 曲线左移。这使两国的均衡名义利率下降，国外均衡实际收入上升，国内均衡实际收入下降。

互相冲突的货币政策与政策协调的潜在作用

之前的讨论表明，在浮动汇率制、资本完全流动的两国环境中，货币政策存在天然冲突。图 15—2 说明了这种政策冲突。在（a）图中，我们假设国内中央银行希望让均衡国内产出在短期从 y_1 升至目标产出水平 y_T。为了实现这个目标，国内中央银行必须将流通中的国内货币量从 M_1 增至 M_2。给定当前的国外货币量水平 M_1^*，该行为导致国内总需求曲线从 $y^d(M_1, M_1^*)$ 右移至 $y^d(M_2, M_1^*)$。保持其他所有因素不变，均衡国内实际产出将从点 A 上的 y_1 升至点 B 上的 y_T。

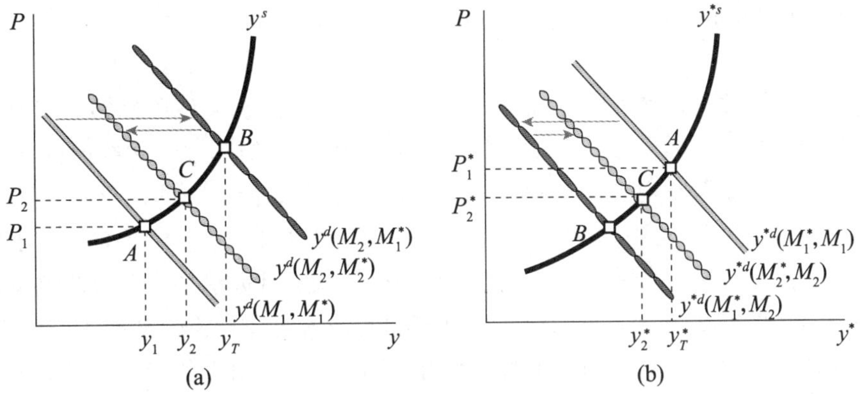

图 15—2　两国货币冲突的例子

说明：在（a）图中，国内中央银行增加了国内货币量，以将实际产出提高至点 B 上的目标水平 y_T。所导致的外币升值使国外总需求曲线左移，使产出降至国外中央银行的目标产出水平，（b）图中点 B 上的 y_T^* 下方。这导致国外中央银行增加外币存量，在（b）图的点 C 上达到最终均衡，并导致（a）图中的国内总需求曲线向左移回至点 C 上的最终均衡。因此，从净结果来看，两国的最终均衡产出水平最后可能远远低于理想水平。

然而，正如我们之前讨论的，这种国内货币政策行为导致国外总需求曲线从 $y^{*d}(M_1^*, M_1)$ 左移至 $y^{*d}(M_1^*, M_2)$。为了抵消国外实际产出的下降（与国外中央银行的初始目标实际产出水平 y_T^* 相比，假设该目标实际产出最初已实现），国外中央银行必须将国外货币量提高至 M_2^* 水平。如图 15—2（b）所示，国外中央银行的这种行为让国外总需求曲线从 $y^{*d}(M_1^*, M_2)$ 右移至 $y^{*d}(M_2^*, M_2)$。因此，我们假设，国外中央银行的反应不足以完全抵消国内货币扩张的负面效应。在这个例子中，国外均衡产出在短期内降至点

C上的y_2^*。

在国内，国外货币量上升导致（a）图中的国内总需求曲线从$y^d(M_2, M_1^*)$向左移回至$y^d(M_2, M_2^*)$。结果，净短期影响是国内实际收入仅增至点C上的y_2。

因此，如果两家中央银行独立追求其实际收入目标，仅根据本国最大利益实行货币政策，它们的目标往往会相反。一家中央银行的扩张性政策行为往往会被另一家中央银行的扩张性政策行为抵消。结果，如图15—2的（a）图和（b）图所示，两国最后的实际产出水平可能都远远低于理想水平。

政策协调的潜在收益

原则上，两家中央银行可以减少它们在前一个例子中面临的政策冲突负面结果。如果国内中央银行认识到它进行的任何货币扩张都将减少国外总需求和均衡实际产出，就可以做到这点。同时，国外中央银行应认识到国外实际产出必然降至国外产出目标水平以下，才能使国内实际产出接近目标水平。

我们在图15—3中说明了政策协调的优点。我们考虑了和图15—2相同的初始条件，此时国内初始均衡产出水平y_1低于目标水平y_T，但国外初始均衡产出水平等于目标水平y_T^*。如果两家中央银行考虑了共同利益，并进行政策协调，国内中央银行将认识到提高实际产出至目标水平y_T将使国外总需求显著下降。因此，它不会将实际收入完全提高到目标水平，而是使国内货币量提高额小于独立行动时的提高额，即从初始货币量M_1提高至M_2'。该行为最初使国内总需求曲线从$y^d(M_1, M_1^*)$升至$y^d(M_2', M_1^*)$，导致（a）图中从点A移至点B。

通过协调货币政策，国外中央银行同样考虑了其政策对另一国的影响。因此，当温和的国内货币政策扩张导致图15—3中的国外总需求从$y^{*d}(M_1^*, M_1)$降至$y^{*d}(M_1^*, M_2')$时，与图15—2中独立制定政策的例子相比，国外中央银行增加的国外货币量较少，从$y^{*d}(M_1^*, M_2')$增至$y^{*d}(M_2^{*\prime}, M_2')$。结果，均衡国外实际产出只降至稍微低于国外产出目标（点C上的$y_2^{*\prime}$）的水平。尽管国外产出因此稍低于目标水平，但协调政策后的这一均衡国外产出水平仍高于y_2^*，即图15—2中不进行政策协调时的产出水平。

在国内，国外货币量的温和增加导致图15—3的（a）图中的国内总需求从$y^d(M_2', M_1^*)$稍微降至$y^d(M_2', M_2^{*\prime})$。因此，从净结果来看，均衡国内产出仍然降至点C上的目标水平y_2'以下。然而，在进行政策协调时，它比没有进行政策协调时更接近于国内产出目标。在独立制定政策时，如图15—2所示，国内产出将处于较低的水平y_2上。

基本上，进行政策协调时，两国中央银行部分牺牲了本国利益，以追求两国的共同利益。因此，在我们的例子中，两国的结果都好于它们不愿作出这种牺牲时的结果。

国际政策协调的优点与缺点

之前的例子具体说明了各国可以从实现国家经济目标的合作中受益的事实。然而，尽管有些一般论据支持国际政策协调，也有些强有力的理由质疑国际政策协调是否总有利。

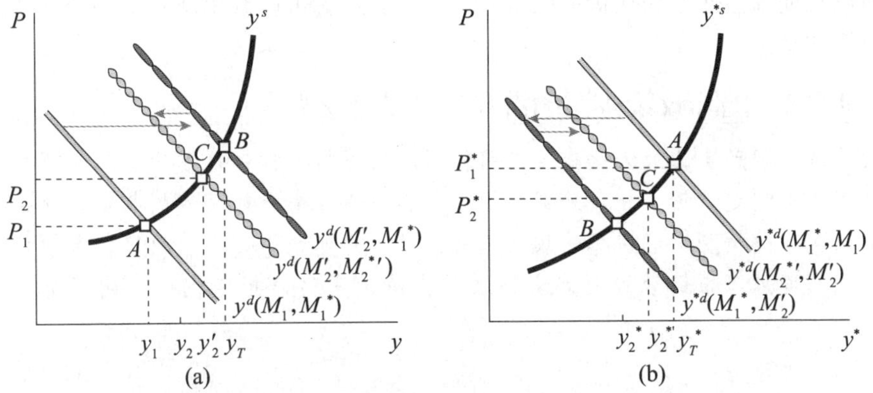

图 15—3　国际货币政策协调的优点示例

说明：如果两国的中央银行进行政策协调，国内中央银行增加的国内货币量将小于独立行动时增加的货币量，因而在（a）图中从点 A 移至点 B。当国外实际产出下降较少，在（b）图中从点 A 移至点 B 时，国外银行增加的国外货币量少于独立制定政策时增加的货币量。因此，国外实际产出只降至稍微低于（b）图中点 C 上的国外产出目标 $y_2^{*\prime}$，它高于没有政策协调时的 y_2^*（见图 15—2）。国外货币量的温和增加导致国内总需求稍微下降。因此，国内产出降至稍低于（a）图中点 C 上的目标水平 y_2'，与没有政策协调时的产出水平 y_2 相比，它更接近于国内产出目标。

国际政策协调的潜在收益

国际政策协调的提倡者通常会提出三个主要理由。图 15—2 和图 15—3 的例子说明了第一个理由，即政策协调可以考虑并最小化政策外部性。政策协调的第二个理由是，如果国家政策制定者进行合作，就能用现有政策工具实现比独自行动时更多的目标。最后，政策协调的提倡者认为，政策协调让国家政策制定者可以在迫使他们追求相互抵触因而最终有害的政策的本国政治压力面前组成“联合阵线”。

内部化国际政策外部性　多个国家协调政策以追求共同利益的行为实际上需要这些国家政策制定者像一个整体一样行动。因此，国际政策协调将各国制定国家政策时可能产生的外部性内部化。这就是为什么在图 15—2 和图 15—3 的例子中，政策协调会产生收益。将货币政策行为导致的溢出效应内部化使各国中央银行能够保持均衡产出水平尽可能接近目标水平。类似地，在银行资本监管的《巴塞尔协议》这个实际例子中，认识到国家银行体系可能产生负面竞争后果可以让十国集团避免这些负面结果。

充分利用有限的政策工具　国际政策协调也让国家政策制定者得以用有限的政策工具实现许多目标。举一个简单的例子，假设两国中央银行有相同的两个目标：增加国内均衡产出和最小化汇率波动。因此，每个国家都有动机增加货币量。但如果中央银行增加货币量的速度不同，各自货币之间的汇率必然会波动。为了防止汇率波动，同时实现提高国民产出水平的共同目标，中央银行可以协调行动。

这是一个目标简化的例子，但它说明了一个基本要点。如果国家政策制定者的政策工具很少但目标相关，那么通过合作确定适当的政策工具，它们就更有可能实现多个目标。因此，合作可能是共赢的。

从国外获得支持　国际政策协调的第三个理由是，不同国家的政策制定者与其他政策制定者合作可以获得额外力量以顶住国内政治压力。当面临内部压力，可能被迫执行有短期收益但以长期社会成本为代价的政策时，政策制定者可以搬出国际协调协议作为拒绝执行这种政策的理由。

基本问题 2　国际政策协调的潜在优点是什么?

政策协调可能产生的最大收益是内部化国际政策外部性，这意味着合作实现共同目标可以让国家政策制定者最小化负外部性的不良影响或提高正外部性的收益。政策协调也可能增加用来实现政策制定者目标的政策工具数量。此外，签订正式政策协调协议或建立正式政策协调制度可以帮助政策制定者顶住国内政治压力，拒绝执行长期可能有害的短视政策。

国际政策协调的潜在缺点

在图 15—2 和图 15—3 的例子中，两个国家无疑都从政策协调中受益。然而，我们的例子是为了说明政策协调可能有益的环境。在某些环境下，国际政策协调可能让两国的状况变好，但不一定总是各国应该采取的最佳方式。

国际政策协调有几个可能的缺点。其一，为了推行政策协调，各国必须愿意且能够牺牲至少一部分自身利益。此外，国家政策制定者必须信任他国作出此类牺牲的意愿和能力。最后，目的明确的政策协调可能产生负面结果，例如平均通货膨胀率提高。

一国应该牺牲多少自主性?　说到底，国家的本质是主权，即公民对国家疆域内资源的自主控制权。如果国际政策协调是实现国家利益，那么公民和领导人必须能接受放弃部分主权。他们必须愿意在追求纯国内目标以外追求国际目标。

例如，假设 2010 年 1 月 1 日，一些国家同意它们的相对币值必须从 2018 年 3 月 1 日起固定。然而，在当年 2 月底，一个国家认为该国货币对这些国家的货币贬值可以令其获利。然而，为了遵守政策协调协议，该国领导人必须牺牲该国通过本币贬值追求自身利益的相机抉择权。

其他国家可信吗?　最后这个例子说明了国际政策协调的一个基本问题，即签订协调协议的国家通常存在欺骗动机。为了解其中的原因，请参见图 15—4。图中每个单元格都填入了两国（用 A 和 B 表示）公民“福利单位”的假设值，代表国家进行了政策协调或没有进行政策协调。在图 15—4 左上角的单元格中，我们看到，如果 A 国和 B 国独立行动，不进行政策协调，每个国家的福利水平将为 50 单位。相反，如果各国都进行政策协调，右下角的单元格表示，它们都将获得 75 单位的福利水平。因此，政策协调对两国都有益。

然而，各国为获得收益而进行欺骗的可能会导致政策协调失败。A 国的政策制定者知道，如果 A 国不遵守与 B 国签订的协调协议，而 B 国的政策制定者继续遵守协议，A 国的福利就可以提升到 100 单位。因此，A 国政策制定者有动机对交易违约，以获得更高的国家福利。结果，正如图 15—4 右上角的单元格所示，B 国的福利下降到 25 单位。因此，A 国获利，但是 B 国为此付出了代价。同时，B 国的政策制定者面临作出相同欺骗行为并采取以邻为壑政策的动机，正如该图左下角的单元格所示。

显然，在这个例子中，如果两国的政策制定者遵守协议并进行政策协调，那么两国公民的总福利最高，为 150 单位。然而，每个国家都有动机违反协议，执行以邻为壑的政

	B国 不协调	B国 协调
A国 不协调	A国福利=50 B国福利=50 总福利=100	A国福利=100 B国福利=25 总福利=125
A国 协调	A国福利=25 B国福利=100 总福利=125	A国福利=75 B国福利=75 总福利=150

图 15—4　两国的假设福利水平

说明：如果两国的政策制定者没有进行政策协调，它们的总福利将为 100 单位。然而，如果两国合作进行政策协调，总福利将为 150 单位。这样做的困难在于，如果任何一国“欺骗”他国且不按承诺进行政策协调，就可以将本国福利提高到 100 单位，而让另一国的福利减少到 25 单位。

策，这将使总福利水平降至 125 单位。然而，如果两个国家同时欺骗，那么总福利最低，为 100 单位。但是，每个国家可能都认为这比本国遵守协议，而另一国的政策制定者违反协议要好。

本例说明了国际政策协调的一个关键问题。国际政策协调协议只有在所有参与者都彼此信任时才有效。因此，每个国家对国际政策协调协议的承诺都必须被其他参与国信任。在没有这种信任时，每个国家都会认为同意进行政策协调，并使本国公民承受其他国家欺骗导致的负面效应会令本国的状况恶化。

对其他国家的政策制定者树立信心　欺骗并不是导致与他国签订政策协调协议的国家受损的唯一因素。当一国牺牲某些主权，以期从政策协调中获益时遇到的另一个问题是，另一国的政策制定者可能缺乏实施最佳共同政策的能力。也就是说，一国要想将一部分政策制定主权让渡给另一个国家，必须对两件事有信心。该国必须相信，另一国的政策制定者将遵守协调协议。该国还必须相信，另一国的政策制定者有能力有效地完成工作。

进行协调的国家政策制定者对所有国家共同追求的适当政策的前景也可能有不同看法，即使政策制定者相信自己会遵守协议并完全执行政策行为。这种冲突可能产生于政策制定者对实际产出与通货膨胀目标的相对权重的不同偏好。或者，政策制定者难以就执行协调协议的最佳方式达成一致。

“成功”的协调也可能事与愿违吗？　最后，即使各国同意进行协调，遵守协议，并在决定政策时考虑共同福利，最后公民的情况仍可能变糟。经济学家找出了可能发生这种情况的重要环境。

相机抉择的货币政策与无协调时的通货膨胀　普林斯顿大学的肯尼思·罗格夫（Kenneth Rogoff）首次提出了这种环境，即成功的政策协调实际上可能减少福利。图 15—5 说明了罗格夫的基本论据。(a) 图显示了本章前面考察的浮动汇率制、资本完全流动的两国环境下点 A 上的初始国内总需求—总供给均衡。在点 A 上，初始国内价格水平为 P_1，假设等于长期均衡产出水平的初始实际产出水平为 y_1。如第十三章所示，假设该产出水平低于没有所得税或使实际产出低于社会意愿产出水平 y_T 的政府管制时的产出水平。(b) 图显示了国外面临的类似情况，其中初始均衡价格水平等于 P_1^*，初始均衡产出水平等于 y_1^*，它低于意愿产出水平 y_T^*。

在两张图中，国家短期总供给曲线的位置都取决于名义工资的整体基础水平，最初为

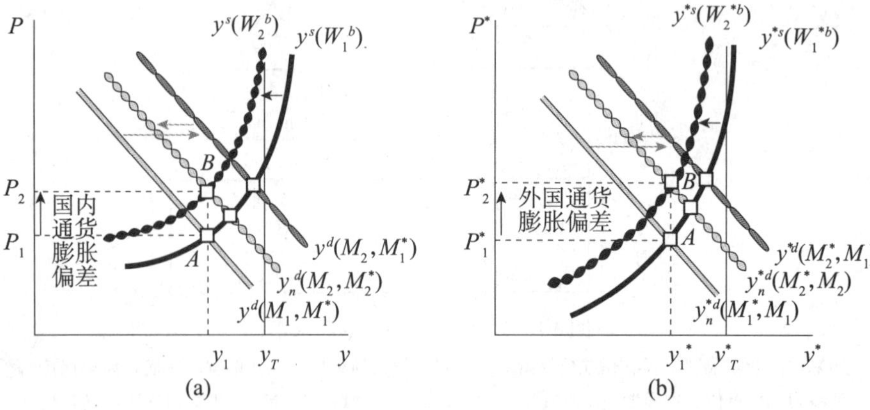

图 15—5　无货币政策协调时的相机抉择通货膨胀偏差

说明：如果两国的政策制定者希望使本国产出水平达到目标水平 y_T 和 y_T^*，但是不喜欢通货膨胀，它们就有动机增加货币量，并以一定程度的通货膨胀为代价提高总需求。然而，其他国家货币量的增加往往会抑制另一国的总需求。最后，非协调货币政策将导致总需求曲线位于（a）图中的 $y_n^d(M_2, M_2^*)$ 和（b）图中的 $y_n^{*d}(M_2^*, M_2)$。因此，非协调政策导致了政策外部性，降低了两国政策制定者能够提高本国总需求的程度，这减少了两国工人和企业通过谈判提高基本工资至 W_2^b 和 W_2^{*b} 导致的通货膨胀偏差。

W_1^b 和 W_1^{*b}。正如我们在第十三章中讨论的，两国的工人和企业根据他们对价格水平的预期确定基本工资。总需求曲线的位置取决于两国的货币量，最初为 M_1 和 M_1^*。正如本章前面提到的，在浮动汇率制和完全资本流动下，国内货币量上升通常会增加国内总需求而抑制国外总需求。类似地，国外货币量增加通常会提高国外总需求而抑制国内总需求。

如果政策制定者希望将实际产出提高至目标水平 y_T 和 y_T^*，但同时不喜欢通货膨胀，那么它们通常有动机提高总需求，以期以某种程度的通货膨胀为代价提高短期产出。因此，本国中央银行有动机提高国内货币量，以期将国内总需求曲线推动到（a）图中 $y^d(M_2, M_1^*)$ 表示的位置。同时，国外中央银行有动机增加国外货币量，使国外总需求曲线右移至（b）图中 $y^{*d}(M_2^*, M_1)$ 表示的位置。

然而，正如我们之前讨论的，国内货币量的增加导致本币贬值，使国外总需求下降。因此，国内货币扩张在某种程度上抑制了国外总需求的增加。因此，从净结果来看，国外总需求曲线的最终位置有所降低，如（b）图的 $y_n^{*d}(M_2^*, M_2)$ 所示，其中下标 n 表示货币政策未经协调。类似地，国外中央银行的扩张性货币政策行为导致外币贬值，使本国出口降低，导致国内总需求曲线的最终位置为（a）图中的 $y_n^d(M_2, M_2^*)$。因此，两国未经协调的政策导致了政策外部性，使总需求变化小于中央银行希望实现的总需求变化。

正如第十三章所示，假设两国工人根据他们的理性预期——价格水平部分由本国中央银行的货币政策行为决定——协商基本工资。如果工人认识到，中央银行有动机增加货币量，他们将协商提高基本工资至 W_2^b 和 W_2^{*b}。这导致两国的总供给曲线左移。结果，在（a）图中，国内均衡实际产出仍为最终均衡点 B 上的长期水平 y_1，但国内价格水平升至 P_2。因此，本国中央银行的相机抉择货币政策产生了国内通货膨胀偏差。类似地，在（b）图中，国外均衡实际产出仍为 y_1^*，但国外价格水平升至 P_2^* 导致了国外通货膨胀偏差。

相机抉择的货币政策与存在协调时的通货膨胀　现在，让我们考虑两国中央银行都通过合作协调相机抉择的政策以维持两国货币汇率固定时将发生什么。为了解政策协调将如何改变相机抉择的货币政策使两国产生的通货膨胀偏差，请参见图 15—6。同样，两国中央银行都有动机通过提高货币量提高本国的总需求。因此，本国中央银行希望使国内总需求曲线右移至（a）图中的 $y_n^d(M_2, M_2^*)$。同时，国外中央银行希望增加国外货币量，使国外总需求曲线右移至（b）图中的 $y_n^{*d}(M_2^*, M_2)$。

正如你在图 15—5 中看到的，没有进行货币政策协调时，汇率调整导致两国的总需求曲线向左移回至 $y_n^d(M_2, M_2^*)$ 和 $y_n^{*d}(M_2^*, M_2)$。但是，如果两国进行政策协调以保持汇率不变，它们将消除汇率调整对进出口的溢出效应。这防止了国内货币扩张导致国外总需求减少。它还防止了国外货币扩张导致国内总需求下降。因此，通过政策协调，两国的总需求曲线 $y_c^d(M_2', M_1^{*\prime})$ 和 $y_c^{*d}(M_2^{*\prime}, M_1')$ 最终达到了各国中央银行希望达到的位置。

然而，如果两国工人认为中央银行有动机增加货币量，并据此进行基本工资谈判，他们将通过谈判将基本工资提高至 W_2^b 和 W_2^{b*}。结果，两国的总供给曲线再次左移，而最终均衡点为图 15—6 中的点 B'。因此，在（a）图中，进行货币政策协调时，均衡国内价格水平升至 P_2'，而在（b）图中，均衡国外价格水平升至 $P_2^{*\prime}$。然而，如果中央银行没有进行政策协调，最终均衡点应与图 15—5 相同，即点 B 上 P_2 和 P_2^* 给出的价格水平。因此，罗格夫的结论是，相机抉择的货币政策协调往往会导致各国的通货膨胀偏差增加。

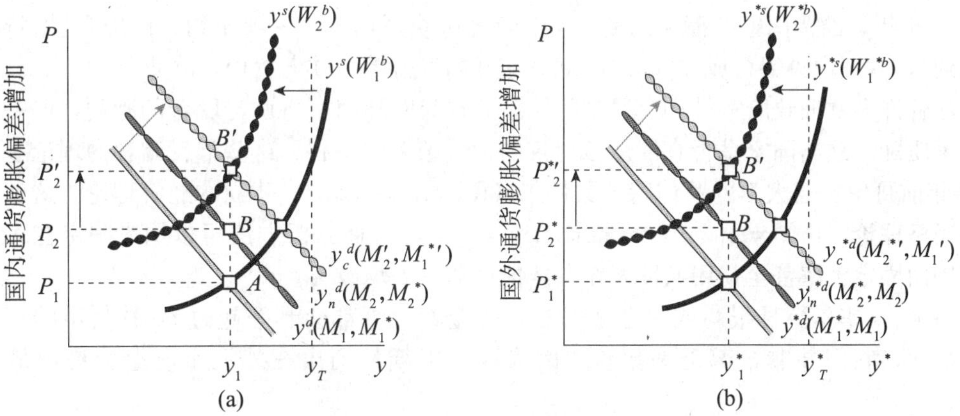

图 15—6　存在货币政策协调时的相机抉择通货膨胀偏差

说明：如果两家中央银行的动机是增加货币量以提高产出至目标水平，且通过合作保持汇率不变，那么它们可以提高本国总需求至 $y_c^d(M_2', M_1^{*\prime})$ 和 $y_c^{*d}(M_2^{*\prime}, M_1')$，这高于没有进行政策协调时的总需求 $y_n^d(M_2, M_2^*)$ 和 $y_n^{*d}(M_2^*, M_2)$。结果，进行政策协调时，两国中央银行采用相机抉择政策都导致通货膨胀偏差增加。

两国的相机抉择通货膨胀偏差增加的原因在于，政策协调钉住了汇率，消除了政策外部性，而政策外部性会限制相机抉择的货币扩张增加的总需求。因此，当中央银行增加货币量时，各国的总需求增加得更多。结果是各国的平均通货膨胀率高于中央银行不进行政策协调时的通货膨胀率。

这并不意味着政策协调必然是有害的。正如我们之前指出的，限制国际政策外部性可能减少政策冲突，因而有助于稳定彼此依存的国家的均衡实际产出水平。然而，罗格夫的观点说明，相机抉择的货币政策协调存在潜在成本：中央银行进行政策协调时，这种政策可能导致各国的平均通货膨胀率提高。

基本问题 3　国际政策协调的潜在缺点是什么？

签订政策协调协议的一个困难在于，协议签署国必须至少放弃某种程度的国家主权，才能执行这种协议。此外，它们必须信任对方会执行承诺的政策，并且有能力这样做。然而，一国通常有动机违反政策协调协议，以牺牲另一国的利益为代价追求本国利益，而一国的政策制定者也有可能无法执行另一国认为适当的政策。最后，如果政策制定者的信用水平在本国较低，国际政策协调就可能导致平均通货膨胀率升高。

货币联盟经济学

正如我们讨论过的，如果一国选择签订国际政策协调协议，就必须至少放弃某种程度的国家主权。再进一步放弃本币，与同属一个政策协调联盟的国家采用共同货币是否有好处？也就是说，一国是否应该加入正式**货币联盟**（monetary union），即同意使用单一货币的国家的组织？为了考虑这个问题，我们必须考虑最优货币区理论。

最优货币区

1991年，欧盟国家在荷兰马斯特里赫特经过谈判达成了一项条约。根据《马斯特里赫特条约》，欧洲中央银行成立，并在2002年开始发行单一欧洲货币，欧元。

尽管许多欧洲政府官员和公民都将该条约视为欧洲国家协调与联合的胜利，但一些经济学家质疑，欧洲国家是否真能从该协议的货币条款中获利。这些唱反调者的理论基础是30多年前哥伦比亚大学的罗伯特·蒙代尔（Robert Mundell）建立的经济理论。这就是**最优货币区理论**（theory of optimal currency areas），这种分析方法可以用来确定在多大地理范围内固定汇率甚至使用共同货币，才能使居民处境改善。

每天，《华尔街日报》或《金融时报》等金融报纸都会刊登超过50种货币的汇率报价。然而，它们并非全部汇率报价，因为这些报纸只列出在外汇市场上交易量最大的货币。

为什么有如此多不同的货币？为什么美国全部50个州的居民都使用同一种货币，尽管加利福尼亚州和纽约州等州的GDP高于世界上多数国家？欧洲所有国家仿效美国50个州的例子真能获益吗？最优货币区理论希望解决这些问题。

为什么独立货币和浮动汇率制的组合可能会带来收益？

为了理解最优货币区理论的基本特征，让我们考虑两个假想地区。A地区的人专门生产低胆固醇食品。B地区的人生产衣服。两个地区的工资和价格在短期都是刚性的。最初，两个地区的贸易都处于平衡。

假设一个地区的居民无法迁往另一个地区，也无法在另一个地区的行业中就业。造成这种状态的一个原因是存在语言障碍或文化障碍，它实际上阻碍了人们在另一个地区的企业中就业。另一个原因是，两个地区或其中一个地区的规定限制A地区生产低胆固醇食品的居民迁往B地区生产衣服，或者相反。

假设两个地区都不限制居民购买任何一个地区生产的商品。最后，假设每个地区都有自己的货币。这些货币在外汇市场上的汇率可能是浮动的，也可能是由地区政策制定者固定的。

相对需求的变化　现在假设两国居民都对追赶服装款式的最新潮流失去了兴趣，因而减少了对B地区生产的服装的需求。同时，假设两个地区的居民都变得更注重健康，因此对A地区的低胆固醇食品的需求增加。结果，A地区开始出现贸易盈余，产出和就业上升。相反，B地区开始出现贸易赤字，产出和就业下降。

如果各地区的货币汇率固定，那么在消费者品味变化后，假设的工资与价格短期刚性将导致B地区在一段时间内持续失业。当然，在长期，A地区生产的低胆固醇食品价格将上升，B地区生产的服装价格将下降，使两个地区之间的贸易最终重新平衡。然而，直到这种长期调整发生之前，B地区都会遇到显著的失业问题。

弹性汇率　然而，如果汇率是弹性的，A地区的贸易盈余和B地区的贸易赤字将导致B地区的货币相对于A地区的货币迅速贬值。这导致A地区居民面临的B地区服装的实际价格立即下降，B地区居民面临的A地区低胆固醇食品的实际价格迅速上升。结果，在浮动汇率制下，两国之间的贸易平衡速度将快得多，而B地区的失业问题也将短暂得多。

这个例子说明了一种情况，即两个地区都从使用相对价格在外汇市场上自由调整的独立货币中受益。固定货币汇率，或者进一步采取单一货币，都会消除地区商品相对需求变化时汇率作为短期调整机制的作用。

当然，在货币独立和汇率由市场决定的情况下，两国居民都面临着汇率变化导致的外汇风险和他们希望购买另一个地区的商品时一种货币兑换为另一种货币的成本。然而，采用独立货币和浮动汇率制可以保护这些地区的工人移民免受语言障碍、文化障碍或法律障碍导致的失业危险。

什么时候使用单一货币有利?　现在，假设情况发生了变化，导致过去对工人移民的约束消失。结果，A地区的居民可以自由迁往B地区工作，反之亦然。进一步假设在这种发展后不久，对A地区低胆固醇食品的需求再次上升，对B地区服装的需求再次下降。

直接结果仍然是A地区出现贸易盈余、产出提高、就业增加，B地区出现贸易赤字、产出下降、就业减少。结果，B地区的一些居民发现自己失业。然而，现在B地区的失业居民可以移民——甚至乘坐交通工具——到有新工作的A地区。因此，B地区的失业最差也只是暂时现象。实际上，在产品需求的这种相对变化下，两个地区的总失业率被最小化了。

在这个例子中，两个地区之间的汇率没有理由不能固定，因而使两个地区的居民避免了外汇风险。实际上，经济学家将得出结论，这两个地区共同构成了**最优货币区**（optimal currency area)，即保持汇率固定，而不会根据地区环境变化进行缓慢地区调整的地区。此外，在这种最优货币区内，不同地区将发现，如果地区贸易中兑换货币的成本高于拥有独立货币的收益，采用共同货币就是有利的。例如，即使进行地区分割没有障碍，如果A地区和B地区的居民使用独立货币仍能获得可观收益，他们可能会接受交易商品时产生的货币兑换成本。但是，如果货币兑换成本远远高于保持独立地区货币的潜在收益，那么从净结果来看，构成最优货币区的两个地区的居民就可能从采用单一共同货币中获利。（有人建议北美国家使用同一种货币，见“政策笔记本：北美国家最终会使用‘亚美罗’作为交易媒介吗?”)

政策笔记本

北美国家最终会使用“亚美罗”作为交易媒介吗?

几年前，墨西哥总统建议参与《北美自由贸易协定》的三个国家——加拿大、墨西哥和美国——最终应该采用单一货币。加拿大的私人机构，例如贺维学会（C. D. Howe Institute），甚至提出了可以作为“北美货币联盟”指南的建议。一些人士甚至为想象中的北美货币起了名字：“亚美罗”（Amero）。

北美共同货币的提倡者提出的共同理由是，加拿大、墨西哥和美国之间的国际贸易显著增加。美国与加拿大和墨西哥的贸易现在占美国国际贸易总额的30%以上。1990年以来，墨西哥与加拿大的贸易占加拿大贸易总额的比例翻了三倍多，加拿大与墨西哥的贸易占墨西哥贸易总额的比例增加了500%以上。

然而，迄今为止，跨国商品与服务流动的增加仍未转化为三个北美国家生产要素更自由的跨国流动。此外，几乎没有证据证明，美国将从这种货币联盟中获利。多数研究发现，加拿大和墨西哥可能会获益——主要是以货币兑换成本减少和贸易收益增加的形式。因此，目前美国几乎没有动机参与北美货币联盟。

批判性分析

根据最优货币区理论，反对北美货币联盟的主要理由是什么？

使用独立货币的理由

劳动力流动几乎没有或完全没有障碍的两个地区的居民获得多大收益，维持独立货币才是有利的？一个可能的答案是，任意一个地区的居民认为放弃本币是牺牲主权。如果一个地区有自己的文化历史，且该地区居民认为本国货币与这种文化历史有联系——例如，英国的英镑就能唤起人们对昔日大英帝国的记忆，德国马克也象征着德国对低通货膨胀的承诺——说服这些国家的居民放弃本币就将十分困难。

消除货币竞争 国家主义并不是阻止一国和其他国家使用单一货币的唯一因素。保持独立货币的另一个可能理由是货币竞争可以产生福利收益。这一观点最初由经济学家弗雷德里克·哈耶克（Frederick Hayek）提出。他认为，如果中央银行认识到将太多货币投入流通可能减少本币相对于其他国家货币的价值，因而导致人们愿意持有的本国货币减少，它就可能不愿意这样做。因此，担心生意被其他中央银行发行的货币夺走会导致一国中央银行控制通货膨胀型货币增长。

哈耶克认为，让许多国家的货币彼此竞争可能对所有国家的居民都有利。因此，如果各国联合起来采用共同货币，它们将可能失败。这种行动降低了货币竞争程度，因而消除了可能采用共同货币的地区对通货膨胀的重要控制。

缺少财政一体化 各国政府根据本国的财政收入和支出分配制定本国预算。与国家预算政策差异相关的冲突可能令成功维持货币联盟变得复杂。

缺少财政转移支付体系 多数国家都有多个地区，一些国家根据地区划分政治管辖结构，通常是以州或省的形式。这些财政管辖区划有时会产生摩擦，阻碍生产要素的流动，因此减缓对地区影响不均衡的经济冲击的调整。

因此，多数相对较大的使用单一货币的国家都建立了向遭受负面经济冲击地区的人民提供转移支付的机制。由于汇率无法帮助再平衡地区经济活动，政治区划产生的流动性摩擦将导致临时性失业问题。财政转移支付体系将资金转移给遭受不对称冲击最严重的地区的居民，协助他们抵抗经济影响，直至其能在长期内进行调整，例如迁往工作机会更多的地区。

铸币税 政府收入的主要来源是税收。一种税收叫**铸币税**（seigniorage），即中央银行生产市场价值超过生产成本的货币获得的利润。现代中央银行获得铸币税的方式是，收取货币利息但不交给货币持有者或必须在中央银行持有准备金的银行。铸币税只占国家税收的较少部分。然而，在一些国家，它占税收收入的比例比其他国家更高，意味着如果这些国家采用共同货币，那么失去铸币税后，它们就需要增加其他税收，这是一项艰巨的政治任务。因此，这些国家可能比其他国家更愿意拥有独立货币。

例如，在A地区和B地区的例子中，假设这两个地区共同组成一个最优货币区。因此，这两个地区原则上可以维持固定汇率，而不出现长期贸易失衡或失业。然而，如果A地区的政府更依赖铸币税作为收入来源，A地区就可能不愿采用共同货币。因此，这两个地区可能保持汇率固定，但继续使用独立货币。

财政赤字与债务差异 成功使用单一货币的另一个障碍可能来自参与国政府在不同时间的预算赤字——政府支出超过政府借款收入的部分——与公共负债的显著差异。这种差异可能产生金融压力，让维持单一货币的任务变得复杂。

例如，考虑两国采用单一货币，而一国政府持续出现高额赤字，且公共债务节节攀升的情况——债务金额非常高，以至于投资者开始质疑债务是否能得到偿还。最终，投资者可能用他们认为收益风险较低的其他国家的债务工具代替高赤字政府发行的债务工具。结果是高政府赤字国的资本可能突然大量外流，使该国出现国际收支赤字。然而，由于两国使用相同的货币，不会发生汇率调整，使国际账户重新平衡。如果存在约束生产要素跨国流动的摩擦，两国就可能面临大规模不对称冲击，导致高赤字国的生产下降、失业率提高。因此，在面临这些财政赤字和债务状况差异时，各国采用独立货币可能更好，因为这时汇率可以作为冲击吸收器。

欧洲货币联盟的试验与磨难

根据欧盟（EU）《马斯特里赫特条约》的条款，11个（后来为15个）欧盟成员在1999年采用了共同货币。这些国家组成了欧洲货币联盟（EMU），从2002年开始使用新货币——欧元——进行日常交易。在之后10年间，又有6个国家选择使用欧元，这些国家的中央银行加入了欧洲中央银行体系和一个集权机构——管理欧元流通的欧洲中央银行（ECB）。

然而，截至21世纪10—20年代初，欧元的长期前景仍然疑云重重。尽管一些观察家认为，欧洲货币联盟可能保持完整，甚至最终进一步扩展，但也有人认为，最终只有部分使用欧元的国家会继续作为欧洲货币联盟成员。然而，最悲观的观察家认为，最终欧洲货币联盟可能不复存在，成员可能重新采用它们原来的货币——尽管汇率可能与21世纪初的水平迥异。

网络资源

请查阅欧洲联盟国家最近的数据：http://epp.eurostat.ec.europa.eu。

为什么最初看似运行良好的货币联盟仅仅在运行10年后，就发现自身忽然面临如此多的不确定性呢？这个问题的答案有两部分。第一，生产要素——尤其是劳动力——在整个欧洲货币联盟成员内部的流动程度是否足以使欧洲货币联盟建立最优货币区一直存疑。第二，财政政策失灵导致欧洲货币联盟国家的经济表现存在差异，造成多个成员的失业问题日趋严重。

欧元区能构成最优货币区吗？ 从20世纪80年代对建立单一欧洲货币的可能性的热烈讨论开始，所有欧盟国是否实际上构成最优货币区就存在巨大不确定性。例如，加州大学伯克利分校的巴里·艾肯格林（Barry Eichengreen）进行的研究比较了西欧的劳动力流动性指标与使用单一货币的其他国家（例如美国和加拿大）的劳动力流动性指标。他的证据表明，西欧的劳动力流动性小得多，说明这些国家实际上从未成为最优货币区的强有力候选国。

后来的多数研究得出了类似于艾肯格林的结论。实际上，一些研究人员考察了其他国家的现有货币安排，并发现一些已经改用共同货币的地区使用独立货币可能更好。例如，一些研究认为，从生产要素流动性的角度看，整个美国或许不构成最优货币区。（一些观察家认为，东亚国家应该考虑采用共同货币，尽管它们这样做的理由可能比欧洲国家还弱；见“政策笔记本：东亚货币联盟的优点与缺点”。）

政策笔记本

东亚货币联盟的优点与缺点

近年来，一些观察家建议成立东亚货币联盟。这些观察家认为，可能希望考虑使用共同货币的国家包括东南亚国家联盟（印度尼西亚、马来西亚、菲律宾、泰国和其他几个小国）或新兴工业化经济体（韩国、中国香港、中国台湾和新加坡）。还有些人建议成立包括中国和日本在内的更广泛的货币联盟。

东亚共同货币提倡者提出的一个共同理由是，这些国家之间的国际贸易显著上升。1980年，东亚国家的地区内贸易约占东亚国家全部国际贸易的35%。现在，东亚国家的贸易中超过50%是地区内贸易，该比例几乎与欧盟的地区内贸易所占比例一样多。

然而，迄今为止，跨国商品与服务流动的增加尚未转化为东亚国家生产要素更自由的跨国流动。此外，几乎没有证据证明中国或日本将从包括所有东亚国家的货币联盟中受益。多数研究发现，可能产生的收益——主要是货币兑换成本降低和贸易收益增加——将属于较小的国家。因此，目前中国和日本几乎没有动机参与东亚货币联盟。

批判性分析

根据最优货币区理论，反对建立东亚货币联盟的主要理由是什么？

财政危机与欧元 欧元的创建者认识到，存在生产要素流动摩擦、大量跨国财政赤字差异和债务差异可能最终导致欧洲货币联盟出现问题。因此，管理欧元的《马斯特里赫特条约》要求希望加入欧洲货币联盟的国家的政府预算赤字不高于GDP的3%，且总政府债务不高于GDP的60%。

然而，《马斯特里赫特条约》并未规定加入欧洲货币联盟的国家是否必须在接下来的年份中将政府赤字和公共债务保持在这些范围内。有几年，几个欧洲货币联盟国家，包括法国和德国，都决定将赤字或债务提高到《马斯特里赫特条约》的限制以上。然后，当2008年美国金融危机后的全球经济衰退导致各国收入增长趋缓甚至下降，税收停滞而公共支出仍然增长时，多数欧洲货币联盟国家的政府开始出现高额赤字，并积累起高额公共债务。

这种财政反应在所谓的欧洲货币联盟PIIGS国家——葡萄牙、爱尔兰、意大利、希腊和西班牙——中尤为明显，它们的年度政府赤字与GDP之比升至《马斯特里赫特条约》规定的3%的两倍多，而公共债务与GDP之比显著高于《马斯特里赫特条约》规定的60%。实际上，截至21世纪10—20年代初，除了西班牙，所有PIIGS国家的公共债务与GDP之比均超过了100%，希腊的公共债务与GDP之比超过了150%。

法国和德国的公共债务比率也增至80%以上，但这些国家和其他非PIIGS国家的经济活动仍维持在足以让投资者相信它们可以继续支付利息和偿还本金的水平上。而投资者开始怀疑PIIGS国家政府偿还债务的能力。因此，他们开始用非PIIGS国家的债务工具代替PIIGS国家的政府债务工具。实际上，在2012年初，许多欧洲投资者就开始购买负利息收益率的德国政府债券，这表明他们非常迫切地希望规避持有其他许多欧洲货币联盟国家资产的风险，以至于他们愿意购买偿付金额低于最初买价的德国政府债券。

PIIGS国家向其他欧洲货币联盟国家大量转移金融资本使PIIGS国家的国际收支赤字进一步上升。劳动力和其他生产要素由北至南的流动性减弱导致欧洲货币联盟的南方国家失业问题恶化，而爱尔兰许多人的反应是迁往其他欧洲货币联盟国家寻找工作机会。因此，在葡萄牙、意大利、希腊和西班牙，失业问题攀升。在欧洲货币联盟没有财政转移支付体系时，这些南方国家的收入下降，政府税收收入进一步减少。这种收入减少造成财政赤字和债务问题进一步严重。

许多经济学家，例如彼得森国际经济研究所（Peterson Institute for International Economics）的卡门·莱因哈特（Carmen Reinhart）和哈佛大学的肯尼思·罗格夫预测肆虐多数欧洲货币联盟成员的债务问题至少还将持续十年。PIIGS国家面临着抛弃欧元采用弹性汇率制，让非均衡状态得以调整——或者非PIIGS国要求某些PIIGS国家离开欧洲货币联盟或主动放弃货币联盟——的压力，因此截至21世纪20年代初，多少欧洲货币联盟国家仍将使用欧元作为货币仍然有待观察。（1948年以来，两个或两个以上国家使用共同货币的努力中，有一半以上都失败了；见“政策笔记本：过去的货币联盟何时崩溃?”）

政策笔记本

过去的货币联盟何时崩溃?

通过研究1948年以来两个或两个以上国家利用共同货币的245次努力，柏林自由大学(Free University Berlin)的福尔克尔·尼奇（Volker Nitsch）希望找出128个试图结成的货币联盟解体的原因。尼奇发现了导致这种努力崩溃的两个主要经济因素。一个是各国的通货膨胀率差异增加。另一个是各国之间的国际贸易水平较低。当一个或多个国家进行的贸易很少时，至少两个国家使用共同货币的努力通常会导致共同货币的失败。一个或多个国家的贸易显著下降通常也会导致共同货币解体，即使这些国家一开始的贸易额相对较大。

批判性分析

你认为国家之间保持高水平国际贸易为何有助于维持共同货币的使用?

基本问题 4　各国如何从采用共同货币中获益?

如果劳动力的跨国流动性很高，这些国家就符合最优货币区条件，即工人的跨地区流动可以减少失业和国际收支不平衡，而无须进行汇率调整。在这种环境下，国家可以加入使用共同货币的货币联盟，使本国居民避免外汇风险和货币兑换成本。然而，如果出现以下情况，即使是最优货币区中的国家也可能抗拒加入货币联盟：(1) 国家担心失去货币竞争会消除对通货膨胀政策的约束；(2) 国家丧失通过其他税收途径无法获得的铸币税；(3) 国家无法提供财政转移支付机制或任由高额赤字和债务导致货币联盟内出现国际收支不均衡，而使财政政策产生重大差异。

媒介货币

正如之前的章节说明的，证券与货币市场工具可以用任何数量的货币计值。媒介货币是全世界用来对国际交易和国际金融工具计值的工具。具体而言，**媒介货币**（vehicle currency）是个人和企业最常用来进行国际交易的货币。例如，一家日本企业可能发行用美元计值的债券，它被一个欧洲家庭购买。在这种情况下，美元就是媒介货币。交易是用美元计值的，但美国家庭并不是交易的任何一方。（关于决定企业在国际贸易中使用哪种媒介货币的关键因素的近期实证，见“政策笔记本：国际贸易中计价货币的确定”。）

政策笔记本

国际贸易中计价货币的确定

媒介货币通常用于对商品与服务交易计价。美联储纽约分行的琳达·戈德堡（Linda Goldberg）和塞德里克·蒂勒（Cédric Tille）建立了一种三国理论，用于在各国之间的交易中选择最常使用的计价货币。他们的理论表明，产品需求对价格非常敏感的行业中的企业比其他行业中的企业更可能用特定国家的货币作为国际交易计价货币。原因是，如果企业出售的商品有许多近似替代品，企业就有动机限制其产品价格相对于竞争者产品价格的变化。这样做的一种方式就是与竞争者使用相同的计价货币。

戈德堡和蒂勒研究了 24 个国家的进出口数据，并证明美元是多数美国交易的计价货币，也是多数不涉及美国的交易中广泛使用的计价货币。与他们的理论一致，他们发现证据表明，多数用美元计价但不涉及美国的交易都是在高度竞争的行业中发生的。因此，许多从事并不涉及美国的国际贸易的非美国企业“争相”使用美元，显然只是因为多数其他企业都使用美元作为进出口计价货币。

批判性分析

戈德堡和蒂勒的理论表明，如果高度竞争市场上的全球大部分公司都开始在交易中用欧元而不是美元作为计价货币，将发生什么情况?

美元的主导地位

第二次世界大战结束以来，美元已经成为主要媒介货币。世界上主要银行的跨国交易中，大部分资产和负债都使用美元计价。传统上，国际货币与资本市场上发行的大部分金融工具也使用美元计价。

然而，20 世纪 80 年代初以来，国际交易逐步转向使用多种货币。结果，美元似乎在一些时期丧失了主导地位。例如，在布雷顿森林体系崩溃之前的 20 世纪 60 年代美元危机和 20 世纪 90 年代初的美元贬值中，人们开始猜疑美元能否保住主要媒介货币的地位。即使是现在，完全推出欧元之后，一些专家也质疑美元能否保住全球主导货币的地位。他们怀疑，如果美元最终被另一种主导货币代替，表 15—1 所显示的情况就将发生。

表 15—1　　　　媒介货币年表

时期	国家	货币
公元前 7 世纪及以前	巴比伦	锡克尔
公元前 7 世纪至公元前 6 世纪	波斯	达里克
公元前 5 世纪至公元前 3 世纪	希腊、马其顿	德拉克马、金银硬币
公元前 3 世纪至公元 4 世纪	罗马	苏勒德斯、迪纳里厄斯、塞斯德斯、奥里斯
公元 4 世纪至公元 13 世纪	拜占庭	苏勒德斯、银币饰
公元 7 世纪至公元 13 世纪	麦加	迪拉姆、第纳尔
公元 9 世纪至公元 13 世纪	中国	银两、钱
公元 13 世纪至公元 16 世纪	意大利	弗罗林、格罗索、塞奎恩、达克特
公元 16 世纪至公元 17 世纪	西班牙	雷亚尔、埃斯库多
公元 17 世纪至公元 18 世纪	法国	德尼厄尔、索尔、金路易
公元 18 世纪	印度	卢比、莫赫
公元 19 世纪	法国	法郎
公元 19 世纪至 20 世纪	英国	先令、英镑
公元 20 世纪至 21 世纪初	美国	美元

说明：在漫长的媒介货币年表中，美元是最晚出现的。

资料来源：Robert Mundell，“The International Impact of the Euro and Its Implications for Transition Economies，” in Mario Blejer and Marko Skreb，eds.，*Central Banking*，*Monetary Policies*，*and the Implications for Transition Economies*，Boston：Kluwer Academic Publishers，1999，pp. 403－428.

关于当今媒介货币的实证

表 15—2 提出了使用四种主要媒介货币——美元、欧元、日元和英镑——的证据。正如数据所示，在国际金融市场上，美元仍是主要媒介货币，超过 57%的银行跨国交易、超过三分之一的国际货币市场工具和近 39%的国际票据与债券都使用美元计值。

表 15—2　　　　主要媒介货币

市场份额（%）	银行的外币跨国头寸（资产）	银行的外币跨国头寸（负债）	国际货币市场工具	国际债券与票据
美元	58.0	59.1	30.1	41.1
欧元	21.7	20.1	45.4	43.2
英镑	4.4	4.5	16.5	7.6
日元	3.1	3.7	1.6	2.5
其他所有	13.2	12.6	6.4	5.6

资料来源：数据来自国际清算银行，2012 年。

外汇市场的证据表明，美元在国际贸易中的应用甚至有所增加。任何一天，全球外汇市场80%以上的货币间交易都涉及美元。因此，美元在所有货币间交易中的使用频率是第二位最常用的交易货币——欧元——的两倍以上。美元在货币间交易中的使用频率是第三位和第四位最常用的交易货币——英镑与日元——的四倍以上。

几年前，人们广泛预测欧元最终可能会取代美元成为主要媒介货币。然而，现在，大量证据证明，美元作为世界上主要媒介货币的地位仍未受到挑战。

基本问题5 什么是媒介货币?

媒介货币是个人和企业最常用来进行国际交易的货币。第二次世界大战结束以来，美元成为了世界上的主要媒介货币。欧元和日元是紧随其后的两种主要媒介货币。

折中方案：汇率目标区

在前面的章节中，你了解到浮动汇率制和固定汇率制对于开放经济各有优缺点。在这一章中，你了解到在浮动汇率制下，货币政策协调失败可能将彼此依存的经济体暴露于负政策外部性中，而这种负外部性本来至少能部分通过国际政策协调抵消。然而，以固定汇率为目标的政策协调可能提高平均通货膨胀率。

近年来，斯坦福大学的保罗·克鲁格曼（Paul Krugman）等经济学家质疑世界各国是否必须在固定汇率制和浮动汇率制之间作出艰难选择。他们提出了一种方法，这种方法意在寻找极端情况之间的中间道路。在某种意义上，这是一种“折中”方法，它限制汇率波动，同时仍然允许各国货币价值出现一定波动。

目标区

中央银行如何限制汇率变化但又允许汇率变化？图15—7给出了一种可能的答案，就是建立汇率**目标区**（target zone），即中央银行允许汇率波动的范围。

建立目标区 在图15—7中存在上限和下限，即汇率 S 的允许浮动范围。上限用 S_U 表示，下限用 S_L 表示。在目标区制度中，一国的中央银行（也可能是一群中央银行，例如同意参与欧洲货币体系的中央银行）确定了汇率范围的具体值。中央银行承诺干预外汇市场以确保本国货币价值不会升至上限以上或跌至下限以下。例如，如果汇率接近上限 S_U，那么中央银行必须卖出足够数量的外汇储备以防止本币进一步贬值。相反，如果汇率接近下限 S_L，那么中央银行必须买入足够数量的外汇储备以阻止本币进一步升值。

在上限和下限之间，中央银行不干预外汇市场。因此，汇率在目标区之内自由浮动。然而，由于汇率不会移出目标区，因此上限和下限的大小限制了汇率波动范围。一方面，如果 S_U 和 S_L 的值很小，那么目标区制度基本上等于固定汇率制度。另一方面，如果中央银行规定的 S_U 和 S_L 范围非常大，目标区制度就类似于浮动汇率制。

目标区内的汇率行为 汇率在目标区内如何变化？为了解决这个问题，请考虑图15—8。向上倾斜的虚线显示了汇率如何对浮动汇率制中汇率决定因素的变化作出反应，为简单起见，假设汇率与这些因素之间存在线性关系。正如你在第十二章中学到的，在浮动汇率制下，本国货币量和国外货币量的变化是影响一国货币价值的重要因素。

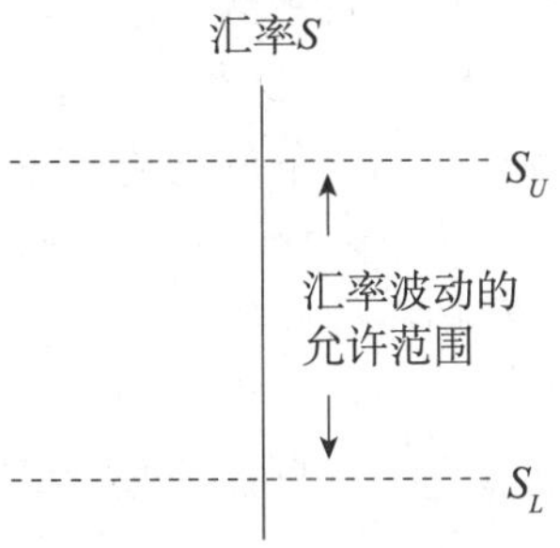

图 15—7　汇率目标区

说明：目标区是中央银行允许汇率变化的范围。如果汇率达到上限 S_U，中央银行将卖出足够数量的外汇储备以防止本币进一步贬值。相反，如果汇率接近下限 S_L，那么中央银行必须买入足够数量的外汇储备，以阻止本币进一步升值。然而，在上限和下限之间，中央银行不会干预外汇市场。

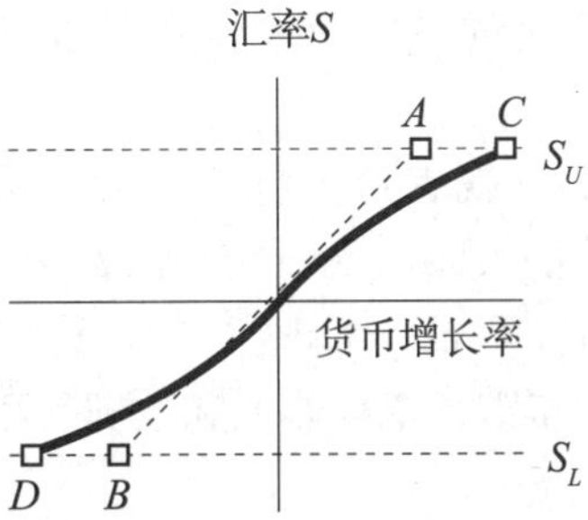

图 15—8　目标区内的货币行为

说明：点 A 和点 B 之间向上倾斜的虚线显示了汇率如何对国内货币增长率的变化作出反应。关于汇率如何在目标区内变化，一种过度简化的观点认为，它将沿着目标区内的这条虚线浮动，目标区的上限和下限有固定汇率限制。然而，如果外汇市场上的投机者预期中央银行在汇率接近目标区的上限和下限才进行干预，他们将改变对该国货币的需求。因此，当汇率接近目标区上限时，目标区内的均衡汇率实际上位于虚线以下，此时中央银行只有在点 A 以外的极限点（例如点 C）上才不得不卖出外汇储备进行干预。类似地，当汇率接近目标区的下限时，汇率应位于虚线上方，此时中央银行只有在点 B 左侧的点（例如点 D）上才进行干预。因此，均衡汇率应位于平滑的 S 形曲线上。

该图显示了目标区制度下汇率如何沿着虚线变化，一旦汇率达到目标区的上限点 A 或下限点 B，中央银行就将进行干预。根据这种观点，在目标区内，目标区制度的确等于浮动汇率制，只是在目标区的上限和下限有固定汇率“限制”。

实际上，汇率不可能沿着虚线变化。原因是，如果外汇市场中的投机者预期中央银行将在目标区上下限附近进行干预，他们就将改变对该国货币的需求。例如，如果汇率朝着图 15—8 中的上限 S_U 上升，那么外汇市场投机者预期中央银行将出售外汇储备，以防止汇率升至 S_U 以上。因此，在这种情况下，投机者预期汇率在未来更可能下降。他们对这种预期的反应是增加他们对该国货币的当前需求，以期在汇率下降、货币升值时，可以卖出货币，在未来获得利润。然而，当前该国货币需求的上升会导致货币升值。因此，外汇市场投机将抑制汇率，使其低于真正浮动汇率制下的汇率。

该推论表明，图 15—8 中的虚线不能反映目标区制度中的汇率真实价值。在目标区内，汇率并非真正自由“浮动”。相反，在汇率接近目标区上限时，目标区内的均衡汇率应位于虚线下方。只有在点 A 以外的极限点（例如点 C）上，中央银行才不得不卖出外汇储备进行干预。相反，如果汇率朝着下限 S_L 下降，投机者对该国货币的需求将减少，这往往会推高均衡汇率。因此，当汇率接近目标区下限时，均衡汇率将位于虚线上方，导致中央银行只有在点 B 左侧的点（例如点 D）上才会进行干预。

因此，保持其他因素不变，目标区制度下的均衡汇率应位于一条平滑曲线上，例如图15—8中的S形曲线。当汇率决定因素变化时，汇率应沿着这条曲线变化。由于这条曲线比汇率在上下限内真正浮动时的虚线更平缓，因此建立目标区不仅对汇率波动施加了绝对限制，目标区还会导致上下限间的汇率波动减少。如果一国的目标是减少外汇风险，防止汇率波动导致经济表现波动，那么这是采用目标区制度的一个潜在好处。

目标区模型符合现实吗?

对目标区制度下S形曲线汇率模型的推理看来是很有道理的。因此，一些经济学家在20世纪90年代初花了大量时间扩展克鲁格曼最初提出的理论。在S形曲线理论符合现实的假设下，他们确定了一些经济变量在目标区环境中如何变化，包括短期利率和长期利率、价格水平和国际收支平衡。

实证　一些经济学家也开始寻找支持这种理论的证据。在斯德哥尔摩大学（Stockholm University）的拉斯·斯文松（Lars Svensson）称为“科学大悲剧——丑陋事实对美丽假设的杀戮”的“出色例子”（T. H. Huxley）中，这些经济学家几乎一致发现，在真实世界的目标区制度例子（例如布雷顿森林体系和欧洲货币体系）中，几乎没有证据表明汇率之间存在S形曲线关系。

基本的S形曲线模型在某些方面没有通过实证相关性测试。例如，该模型的一个基本预测是S形曲线。实际上，经济学家很难找出任何国家的汇率沿着这种关系曲线变化的历史案例。实际上，几乎没有证据证明汇率和理论预测的汇率影响因素存在长期持久的确定性关系。此外，关于利率和价格水平等变量如何变化的预测也很少得到真实世界数据的支持。

拯救目标区理论　现在，多数经济学家都认为，只有在考虑两个关键因素时，才能拯救基本的目标区S形曲线模型。一个是不完全政策可信度。任何需要政策承诺来固定或限制汇率变化的制度通常都不完全可信。外汇市场交易者对中央银行是否会按公开意图捍卫汇率目标——或限制汇率变化范围的目标区——总会存疑。正如克鲁格曼提出基本S形曲线模型时指出的，如果中央银行在汇率达到汇率目标区边缘时未能干预，那么S形曲线模型必须根据这种情况进行修正。结果是汇率和汇率决定因素（例如货币增长率）存在S形关系的可能性下降。

此外，中央银行可能不只在目标区边界干预外汇市场。它们还可能进行**边际内干预**（intra-marginal interventions），即目的为使汇率移动至目标区内理想水平的外汇市场干预。结果是，如果中央银行进行边际内干预，正如许多中央银行所做并继续做的那样，那么目标区模型的基本理论仍然是正确的，但在均衡汇率及其基本决定因素之间不太可能存在固定的S形曲线关系。

这导致经济学家修正了基本的目标区框架以考虑这两个因素。例如，塔夫茨大学（Tufts University）的迈克尔·克莱因（Michael Klein）和宾夕法尼亚大学（University of Pennsylvania）的凯伦·刘易斯（Karen Lewis）建立了一个目标区模型，它允许人们根据观察到的中央银行实际干预改变对中央银行愿意且能够捍卫的真实目标区范围的看法。

克莱因和刘易斯将他们修正后的目标区模型应用到1987年2月至10月德意志联邦银行、日本银行和美联储合作干预的实际经历中。他们发现的证据表明，即使这些中央银行作出巨大努力，通过协调外汇市场干预和明示意图让其政策可信，但在这8个月内，交易商对计划目标区的看法仍会大幅变化。

这项研究和其他研究表明，只要模型考虑了不完全可信度和边际内干预，目标区模型就能解释目标区范围内的汇率变化。经济学家正在继续研究目标区在过去和未来的运行。

基本问题6　什么是汇率目标区?

汇率目标区是中央银行公布的汇率上限和下限之间的区域，汇率变化必须保持在这一区域内。在目标区可信的情况下，一国的中央银行事先承诺卖出外汇储备或买入外汇储备，以将该国汇率维持在不高于目标区上限、不低于目标区下限的范围内。目标区的这一基本汇率决定理论表明，汇率应该位于S形曲线上。然而，全球的实际经验表明，不完美的政策可信度和边际内干预要求修正这一基本目标区模型。

本章总结

1. 结构性相互依存和国际政策合作与协调：如果一国经济对影响另一国经济表现的事件有反应，就称两国的经济为结构性相互依存。在这种环境下，存在国际政策外部性，表明一国的政策行为对其他国家的经济有溢出效应。正国际政策外部性对其他国家的经济表现有利，负国际政策外部性对其他国家的经济表现有害。为了提高正外部性或减少负外部性，国家可能决定建立共享数据或合作实现国家目标的制度结构。国家也可能通过确定最符合共同利益的政策进行政策协调。

2. 国际政策协调的潜在优点：政策协调最重要的潜在收益是内部化国际政策外部性。也就是说，共同确定政策行为可以让政策制定者减少负外部性或提高正外部性。政策协调还可以增加政策制定者为实现共同目标而运用的政策工具数量。最后，通过参与正式国际政策协调安排，一国的政策制定者更容易顶住希望其实施有短期利益但可能有长期负面影响的政策的国内政治压力。

3. 国际政策协调的潜在缺点：一国进行政策协调安排的潜在损失是，政策制定者要牺牲至少部分国家主权。此外，各国必须相信彼此不会以牺牲其他国家利益为代价违反政策协调安排，以及其他国家的善意政策制定者不会追求事与愿违的政策目标。国际政策协调的另一个潜在缺点是，如果政策制定者的信用水平在本国居民中很低，那么该国很可能会采取更倾向通货膨胀的政策。

4. 国家从采用共同货币中获益的可能性：如果劳动力有充足的跨国流动性，无需进行汇率调整即可减轻失业和国际收支不平衡，那么这些国家就位于最优货币区内。如果最优货币区中的国家希望建立使用共同货币的货币联盟，它们原则上就可以消除居民面临的外汇风险和货币兑换成本。然而，如果出现下列情况，最优货币区中的国家可能选择放弃使用共同货币：(1) 国家担心货币竞争下降会消除货币政策本质上对通货膨胀偏差的约束；(2) 国家将遭受铸币税损失，且铸币税不能被其他收入来源替代；(3) 国家由于缺少财政转移支付机制而产生显著的财政政策差异，或者存在大量政府赤字或债务，从而产生破坏性国际收支不平衡。

5. 媒介货币：媒介货币是个人和企业最常用来进行国际交易的货币。传统上，美元是世界上的主要媒介货币。其他媒介货币包括英镑、日元和最近的欧元。尽管欧元削弱了美国在国际货币与资本市场上的主导地位，但银行在多数跨国交易中仍使用美元作为计价货币。外汇市场交易的实证表明，美元仍然是国际贸易中的主要媒介货币。

6. 汇率目标区：汇率目标区是汇率上限和下限之间的区域，中央银行希望将汇率变化限制在这个范围内。如果目标区政策可信，那么一国的中央银行可以事先承诺卖出外汇储备或买入外汇储备，以保持该国汇率位于目标区上限和下限之间。根据汇率决定的基本目标区理论，汇率应该位于S形曲线上。然而，实行目标区政策时期的实际证据表明，目标区模型必须考虑不完全政策可信度和边际内干预才能符合事实。

问题与习题

1. 假设两国将建立一家中央清算所用于进行跨国银行间支付。此外，两国的中央银行员工合作制定了该清算所的规则制度，并共同为一家管理清算所的公司出资并经营该公司。这能否作为政策合作或政策协调的一个例子？请解释你的理由。

2. 某国政府大幅减税以刺激国内行业，但削减税收也让外资企业有动机将办公与生产地点改设在该国。这项减税措施经过了仔细设计，以避免刺激国内居民增加进口。这项国内政策行为的这些影响是正国际政策外部性还是负国际政策外部性的例子？

3. 假设三个国际贸易量巨大且汇率浮动的小型经济体组成了一个区域，在该区域内，工人说同一种语言、共享同一种文化且完全流动。每个国家的居民每次将本币兑换为外币时要付出高额成本，他们还面临着巨大的外汇风险。这个区域可能成为货币联盟吗？请证明你的答案。

4. 正如本章所指出的，在传统意义上，并不存在所有西欧国家构成最优货币区的强有力证据。但是，欧洲货币联盟以外的几个国家仍然表示出采用欧元的兴趣。你认为这些国家的领导人支持加入欧洲货币联盟的理由是什么？请说明。

5. 假设一国居民讲世界上多数其他国家都不知道的语言。生产要素的跨国流动也存在法律障碍和自然障碍。该国中央银行保持固定汇率。最近，全球对该国主要产品的需求下降。如果该国允许汇率浮动，是否能从中受益？请解释你的理由。

6. 为什么如果所有欧洲居民都至少会说一种相同语言，欧洲采用单一货币的收益就会增加？请说明。

7. 请讨论国家货币政策协调的潜在优点。在这些优点中，你认为哪一条最重要？请说明。

8. 请讨论国际货币政策协调的潜在缺点。在这些缺点中，你认为哪条缺点最明显？请证明你的结论。

9. 根据国家货币政策协调的优点和缺点，为何中央银行只同意偶尔进行政策协调，例如发生世界能源价格飙升等意外负面事件时？请说明你的理由。

10. 最近，有人建议在中南非的几个国家之间建立货币联盟。这些国家对世界冲击的反应往往相同，而且彼此之间的贸易额也很大。这些国家的劳动力或资本几乎没有跨国流动。它们的政府依赖铸币税来为大部分公共支出融资，而其他国家并不是如此。根据你的观点，此时建立货币联盟是好主意吗？请解释你的观点。

11. 假设一国的中央银行宣布，它将干预外汇市场，捍卫该国汇率的上限和下限。然而，外汇市场交易商了解到，这家中央银行没有外汇储备用来进行这种干预。你预期汇率会位于基本目标区模型预测的S形曲线上吗？如果会，为什么？如果不会，你认为目标区的汇率曲线应该是什么形状？请说明。

在线应用

欧盟成员仍在试图制定采用单一货币的框架。本应用需要你了解欧洲货币联盟的货币政策问题。

网址：http://www.ecb.int

标题：关于欧洲中央银行

浏览：首先请访问欧洲中央银行的主页 http://www.ecb.int。点击标题为“欧洲中央银行”的按钮。在页面左侧，点击“教育”。向下滚动到“我们的视频”。

应用：欧洲中央银行和欧洲货币联盟的成员继续为采用单一货币而进行调整。请浏览下列视频，了解关于欧洲中央银行和欧洲货币联盟货币政策的不同问题，然后回答下列问题：

1. 点击并观看标题为“作用与任务”的短片。欧洲中央银行与世界上其他中央银行的主要区别是什么？欧洲中央银行的主要目标是什么？欧洲中央银行为确保欧元运行而进行的六种活动是什么？

2. 现在选择并观看标题为“货币政策”的视频。欧洲中央银行的通货膨胀目标是什么？在制定货币政策时，欧洲中央银行关注的九个关键经济指标是什么？

部分参考书目与扩展阅读

[1] Bauer, Christian, Paul DeGrauwe, and Stefan Reitz. "Exchange Rate Dynamics in a Target Zone: A Heterogeneous Expectations Approach." Deutsche Bundesbank, Discussion Paper No. 11 (2007).

[2] Bottazzi, Laura, and Paulo Manasse. "Credibility and Seigniorage in a Common Currency Area," *Journal of Money, Credit and Banking* 34 (2002): 1034 - 1046.

[3] Chinn, Menzie, and Jeffrey Frankel. "The Euro May over the Next 15 Years Surpass the Dollar as Leading International Currency." National Bureau of Economic Research, Working Paper No. 13909 (April 2008).

[4] Chriszt, Michael. "Perspectives on a Potential North American Monetary Union." Federal Reserve Bank of Atlanta, *Economic Review*, 4th Quarter (2000): 29 - 39.

[5] Daniels, Joseph, and David Van Hoose. "Currency Substitution, Seigniorage, and Currency Crises in Interdependent Economies." *Journal of Economics and Business* 55 (May/June 2003): 221 - 232.

[6] Glick, Reuven. "Does Europe's Path to Monetary Union Provide Lessons for East Asia?" Federal Reserve Bank of San Francisco, *Economic Letter* No. 2005 - 19 (August 12, 2005).

[7] Goldberger, Linda, and Cédric Tille. "Vehicle Currency Use in International Trade." Federal Reserve Bank of New York, Staff Report No. 200 (January 2005).

[8] Kenen, Peter, and Ellen Meade. *Regional Monetary Integration*. Cambridge, UK: Cambridge University Press, 2008.

[9] Kirton, John J., and Joseph P. Daniels, eds. *The G8 Role in the New Millennium*. Aldershot, UK: Ashgate Publishing Ltd. (1999).

[10] Kokotsis, Ella, and Joseph P. Daniels. "G8 Summits and Compliance." In Michael R. Hodges, John J. Kirton, and Joseph P. Daniels, eds. *The G8's Role in the New Millennium*. Aldershot, UK: Ashgate Publishing, 1999.

[11] Krugman, Paul, and Marcus Miller, eds. *Exchange Rate Targets and Currency Bands*. Cambridge, UK: Cambridge University Press, 1992.

[12] Melvin, Michael, Lukas Menishoff, and Maik Schmeling. "Automating Exchange Rate Target Zones: Intervential via an Electronic Limit Order Book." CESifo, Working Paper No. 2221 (February 2008).

[13] Mundell, Robert. "A Theory of Optimal Currency Areas." *American Economic Review* 51 (1961): 657 - 665.

[14] Murdaca, B. Gabriela. "Central Bank Interventions and Exchange Rate Board Regimes." *Journal of International Money and Finance* 20 (2001): 677 - 700.

[15] Nitsch, Volker. "Have a Break, Have a...National Currency: When Do Monetary Unions Fall Apart?" CESifo, Working Paper No. 1113 (January 2004).

[16] Portes, Richard. "The Euro and the International Financial System." In Macro Buti and Andre Sapir, eds. *EMU and Economy Policy in Europe: The Challenge of the Early Years*. London: Edward El-

gar，2003.

[17] Reinhart，Carmen，and Kenneth Rogoff. *A Decade of Debt*. Washington，D. C.：Peterson Institute for International Economics，September 2011.

[18] Rose，Andrew，and Charles Engel. "Currency Unions and International Integration." *Journal of Money，Credit，and Banking* 39 (2002)：1067-1089.

[19] Van Overtveldt，Johan. *The End of the Euro：The Uneasy Future of the European Union*. Jackson，TN：Agate Publishing，2011.

术语表

A

吸收法（absorption approach） 一种国际收支与汇率决定理论，强调一国支出（即吸收）和收入的作用。根据吸收法，如果一国的实际收入超过其吸收的商品与服务金额，该国就会出现经常账户盈余。

吸收工具（absorption instrument） 政府实行改变进出口相对价格的政策，从而改变或转换对进口和出口的支出的能力。

吸收（absorption） 一国对最终商品与服务的总支出减去出口。

逆向选择（adverse selection） 借款人进行不划算、高风险投资项目的可能。

总需求曲线（aggregate demand schedule） 保持 *IS—LM* 均衡，因此确保实际收入等于总意愿支出，且实际货币市场处于均衡的实际收入和价格水平的组合。

总支出曲线（aggregate expenditures schedule） 描绘了家庭、企业、政府和外国居民在每个实际国民收入水平上对国内商品与服务的总意愿支出的曲线。

净自发支出总额（aggregate net autonomous expenditures） 自发消费、自发投资、自发政府支出和自发出口支出之和，根据假设，它独立于国民收入水平。

总供给曲线（aggregate supply schedule） 显示每个可能价格水平上所有工人和企业生产的实际产出量的曲线。

美式期权（American option） 持有者可以在合同到期日或到期前的任何时间买卖某种证券的期权。

公告效应（announcement effect） 根据中央银行政策行为形成的市场条件近期变化预期导致的私人市场利率或汇率变化。

分派问题（assignment problem） 确定由中央银行还是财政部承担实现一国国内政策目标或国际政策目标的问题。

不对称信息（asymmetric information） 金融交易中的一方拥有而另一方无法获得的信息。

自发支出乘数（autonomous expenditures multiplier） 总自发支出变化对均衡实际收入产生的乘数效应大小，等于 $1/(MPS+MPIM)=1/(1-MPC)$。

自发消费（autonomous consumption） 家庭对国内生产的商品与服务的独立于实际收入水平的消费金额。

自发投资支出（autonomous investment spending） 独立于实际收入水平的意愿投资支出。

B

国际收支平衡表（balance-of-payments） 衡量特定时期内本国居民、企业和政府与世界上其他国家的商品、服务、收益与金融资产交易的账户体系。

国际清算银行（BIS）（Bank for International Settlements（BIS）） 一家位于瑞士巴塞尔的机构，它是各国中央银行的代理人和世界上最大工业国的经济合作中心。

基年（base year） 价格水平比较的参考年份，即名义 GDP 等于实际 GDP 的年份，此时 GDP 物价平减指数的值等于 1。

以邻为壑效应（beggar-thy-neighbor effect） 使一国经济受益，但以另一国经济受损为代价的政策行为。

买卖价差率（bid-ask margin） 卖价（即卖出货币的价格）与买价（即买入货币的价格）之间的差异，表示为占卖价的百分比。

买卖价差（bid-ask spread） 买价（即买入货币的价格）与卖价（即卖出货币的价格）之差。

债券（bonds） 长期本票。

记账式证券系统（book-entry security systems） 美联储用来保留美国国债销售记录以及利息与本金支付记录的电脑系统。

***BP* 曲线**（*BP* schedule） 实现国际收支平衡的一系列实际收入—名义利率组合，此时经常账户差额与资本账户差额之和为零。

商业周期（business cycles） 实际 GDP 在自然水平附近波动的周期。

C

看涨期权（call option） 赋予所有者以规定价格买入某种金融工具的权利的期权合同。

剑桥方程式（Cambridge equation） 剑桥大学的经济学家提出的货币需求理论。剑桥方程式假定货币需求数量是名义收入的一部分。

极限产出水平（capacity output level） 充分利用所有生产要素时能够生产出的实际 GDP 水平。

资本账户（capital account） 列出本国私人居民、外国私人居民和本国政府与外国政府之间的金融资产流动的账户；有时被称为金融账户。

资本控制（capital controls） 对一国居民持有和交易外币资产能力的法律限制。

资本利得（capital gain） 金融工具出售时的价值高于购买时的市场价值的部分。

资本亏损（capital loss） 卖出某种金融工具时其市场价值相对于购买时市场价值的下降。

资本市场自由化（capital market liberalization） 旨在允许一国股票市场与债券市场相对开放地发行与竞争的政策行为。

资本流动性（capital mobility） 金融资源可以跨国流动的程度。

资本金要求（capital requirements） 国家监管机构对银行提出的最低权益资本标准。

中央银行合同（central banker contract） 政府和负责一国通货膨胀表现的中央银行官员签订的具有法律约束力的协议。

清算所银行间支付系统（CHIPS）（Clearing House Interbank Payments System（CHIPS）） 一种私人拥有和经营的大额电子转账系统，它连接着约 50 家银行，使其可以进行主要与外汇和欧洲货币交易相关的大额转账支付。

科隆债务动议（Cologne Debt Initiative） HIPC 动议的后续计划，扩展了有资格获得债务减免的国家名单，增加了债务减免金额，并加速了时间表。

复合货币（composite currency） 一种货币单位，其价值用一篮子货币的加权平均价值表示。

限制条款（conditionality） 一国政府获得国际货币基金组织贷款所必须遵守的行为范围限制。

保守的政策制定者（conservative policymaker） 比社会上一般公民更厌恶通货膨胀，因而更不愿随意增加货币量以增加短期实际产出的中央银行官员。

消费者物价指数（CPI）（consumer price index（CPI）） 政府认为普通消费者每年会购买的商品与服务的加权价格之和。

可兑换性（convertibility） 用某种货币自由兑换储备商品或储备货币的能力。

核心资本（core capital） 巴塞尔资本标准将其定义为股东权益加上留存收益。

角点假说（corners hypothesis） 认为政策制定者应该选择完全灵活的汇率制度或严格的钉住汇率制，而不是可调整钉住汇率制、爬行钉住汇率制和一篮子钉住汇率制等中间汇率制度的观点。

国家风险（country risk） 持有其他国家的金融工具时由于该国的政治不确定性而遭受损失的可能。

已抛补敞口（covered exposure） 已被对冲工具完全消除的外汇风险。

抛补利率平价（covered interest parity） 将利率差和远期溢价或远期折价联系起来的条件。

爬行钉住汇率制（crawling peg） 一国将本币钉住另一国的货币，但允许平价定期变化的汇率安排。

贷方分录（credit entry） 国际收支平衡表中的正值分录，它记录了导致外国向本国居民付款的交易。

信用风险（credit risk） 交易一方未能遵守交易双方最初同意的交易条款时可能产生损失的风险。

交叉汇率（cross rate） 根据其他两种双边汇率计算出的双边汇率。

跨国并购（cross-border mergers and acquisitions） 不同国家的企业合并，其中一家企业吸收另一家企业的资产和负债（兼并）或购买另一家企业的资产和负债（收购）。

挤出效应（crowding-out effect） 实行扩张性财政政策后，货币需求和均衡实际收入上升导致的均衡名义利率上升引致的实际私人投资支出下降。

货币局或独立货币当局（currency board or independent currency authority） 代替中央银行的独立货币机构。货币局钉住本币价值，货币局持有的外汇储备变化决定了本国货币存量水平。

货币期货（currency futures） 在规定的未来日期向另一方交割标准化数量的特定国家货币的协议。

货币期权（currency options） 赋予持有者在特定时期以规定价格买卖规定金额某国货币的权利的合同。

货币互换（currency swap） 交换不同货币的支付流。

货币篮钉住汇率制（currency-basket peg） 一国将本币钉住货币篮（即选择的多种其他货币）的加权平均价值的汇率安排。

经常账户（current account） 衡量本国居民、企业和政府与外国居民、企业和政府之间的商品、服务、收益、转移或赠予流动的账户。

周期性失业（cyclical unemployment） 一国劳动力中由于商业周期波动而失业的劳动力所占的比例。

D

借方分录（debit entry） 国际收支平衡表中的负值分录，它记录了导致本国居民向外国付款的交易。

违约风险（default risk） 发行金融工具的个人或企业可能无法履行偿还本金或支付利息的义务的可能。

衍生证券信用风险（derivative credit risks） 衍生证券合同的一方违约或者衍生证券收益率依赖的基础工具市场价格变化导致的信用敞口意外变化所产生的风险。

衍生证券市场风险（derivative market risks） 衍生证券市场流动性意外变化或支付系统失灵导致的风险。

衍生证券操作风险（derivative operating risks） 缺乏充足的管理控制或缺乏衍生证券管理经验导致的风险。

衍生证券（derivative security） 收益率取决于其他金融工具收益率的金融工具。

贬值（devalue） 实行钉住汇率制的国家改变本币的钉住汇率（即平价），使人们需要花更多单位的本币购买一单位本币所钉住的外币的情况。

贴现现值（discounted present value） 未来某个日期收到的款项现在的价值。

美元本位汇率制（dollar-standard exchange-rate system） 一国将本币钉住美元，并可以按钉住汇率将本币自由兑换为美元的汇率制度。

国内信贷（domestic credit） 中央银行作为资产持有的国内证券与贷款之和。

动态开放经济理论（dynamic open economy theories） 旨在解释实际产出、就业、价格水平、经常账户和资本账户等变量如何相互作用和变化的经济模型。

E

早期预警系统（early-warning system） 跨国机构可以用来跟踪金融危机指标，以确定危机是否即将来临，从而迅速应对危机的机制。

经济效率（economic efficiency） 以最低成本分配稀缺资源。

经济风险（economic exposure） 汇率变化可能改变公司未来收入流现值的风险。

经济基本面（economic fundamentals） 决定一国当前汇率的基本因素，例如该国现在和未来可能的经济政策与经济表现。

规模经济（economies of scale） 将资金集中起来进行管理所节省的成本。

有效汇率（effective exchange rate） 一种货币相对于一组货币的加权平均价值指标。

弹性法（elasticities approach） 认为商品与服务的价格为一国的国际收支和货币汇率的主要决定因素的方法。

股票（equities） 可能向持有者支付股利也可能不向持有者支付股利的所有权股份。股票价值随着存款人心目中的发行企业价值起落而涨跌。

欧洲债券（Eurobonds） 用工具发行国以外的国家的货币计价的长期债务工具。

欧洲商业票据（Eurocommercial paper） 用工具发行国以外的国家的货币发行的无担保短期债务工具。

欧洲货币（Eurocurrency） 用银行存款所在国以外的国家的货币计价的银行存款。

欧洲货币市场（Eurocurrency market） 借贷欧洲货币存款的市场。

欧洲票据（Euronotes） 用工具发行国以外的国家的货币发行的中短期债务工具。

欧式期权（European option） 持有者只能在合同到期日买卖某种金融工具的期权。

事前贷款条件（*ex ante* conditionality） 国际货币基金组织在提供贷款后提出的贷款条件。

事后贷款条件（*ex post* conditionality）国际货币基金组织在提供贷款前提出的贷款条件。

汇率不稳定（exchange-rate instability） 货币贬值增加而不是减少外汇供给量与外汇需求量之差的情况。

汇率超调（exchange-rate overshooting） 总需求增加使名义汇率在短期内升至长期均衡汇率以上的情况。

汇率平价浮动区间（exchange-rate parity bands） 规定了汇率上限和下限的汇率区间，本币汇率可以在上限和下限之间波动。

汇率制度（exchange-rate system） 确定某种货币的国际价值的一系列规定。

执行价格（exercise price） 期权持有者有权买卖某种金融工具的价格；也被称为履约价格。

预期理论（expectations theory） 一种利率期限结构理论，它认为不同期限的债券是完全替代品，导致其收益率不同的原因只是因为交易者预期短期利率将上升或下降。

支出转换工具（expenditure-switching instrument） 政府通过执行改变进出口相对价格的政策改变或转换进出口支出的能力。

外部性（externality） 个人或群体的行为给其他地点或市场上的其他个人或群体造成的收益或成本。

外部性（externality） 一组个体的行为对其他本来与其交易无关者的溢出。

F

Fedwire 一种由美联储运行的大额电子转账系统，对所有必须依法在美联储保留必要现金准备的银行机构开放。

金融危机指标（financial crisis indicator） 通常在金融危机之前产生某些特定方向的相对变化，因而有助于预测危机的经济变量。

金融危机（financial crisis） 金融不稳定变得非常严重，以至于一国金融体系不能运行的情况。金融危机通常包括银行危机、货币危机和外债危机。

金融不稳定（financial instability） 一国金融部门无法将资金配置给最有生产效率的项目时的情况。

金融中介（financial intermediation） 通过金融机构服务将资金从存款人转移到最终投资者的间接金融部门。

金融部门（financial sector） 从事金融资产交易的经济部门。

金融部门的发展（financial-sector development） 一国金融机构、支付系统和监管机构的巩固与增长。

财政代理人（fiscal agent） 中央银行作为本国财政部代理人，代表政府发行、清偿并赎回债务的职责。

费雪方程式（Fisher equation） 将实际利率定义为名义利率减去预期通货膨胀率的条件。

弹性汇率制（flexible-exchange-rate system） 一国允许由市场力量决定本币国际价值的汇率制度。

外国直接投资（foreign direct investment） 购买等于或高于 10%的外国企业所有权股份的行为。

外汇市场有效性（foreign exchange market efficiency） 均衡即期汇率和远期汇率调整至反映所有可得信息的情况，在这种情况下，远期溢价大体等于预期货币贬值率加上风险溢价。这反过来表明，远期汇率大体上预测出了预期未来即期汇率。

外汇风险（foreign exchange risk） 汇率变化导致未来收入或债务价值变化的风险。

45 度线（45-degree line） 等分实际收入与总意愿支出构成的坐标轴 90 度夹角的直线，它提供了一系列实际收入等于总意愿支出的潜在均衡点。

远期外汇市场（forward exchange market） 通过合同确保在未来以规定汇率交割某种外币的市场。

远期溢价或远期折价（forward premium or discount） 远期汇率与即期汇率之差占即期汇率的百分比。

摩擦性失业（frictional unemployment） 一国劳动力中暂时失业的劳动力所占的比例。

期货合同（futures contract） 在规定未来日期向另一方交割规定金额的某种标准化商品或金融工具的协议。

期货期权（futures options） 买卖期货合同的期权。

G

GDP 物价平减指数（GDP price deflator） 整体价格水平指标；等于名义国内生产总值除以实际国内生产总值。

国内生产总值（GDP）（gross domestic product（GDP）） 给定时期内一国国内生产的所有最终商品与服务的市场价值。

五国集团（G5）（Group of Five（G5）） 法国、德国、日本、英国和美国。

七国集团（G7）（Group of Seven（G7）） 五国集团加上加拿大和意大利。

十国集团（G10）（Group of Ten（G10）） 比利时、加拿大、法国、德国、意大利、日本、荷兰、瑞典、英国和美国。

H

对冲（hedging） 抵消或消除风险敞口的行为。

赫斯塔特风险（Herstatt risk） 跨国流动性风险、信用风险和系统性风险。

HIPC 动议（HIPC Initiative） 七个主要工业国提出的高负债贫穷国家债务减免计划。该动议规定了一系列债务减免所需的条件和时间表。

I

不完全竞争（imperfect competition） 只有少量企业参与，每家企业都能通过改变产量影响市场价格的市场环境。

收入恒等式（income identity） 说明实际收入在实际家庭消费、实际家庭储蓄、实际净税收和实际进口之间分配的定理。

通货膨胀偏差（inflation bias） 时间不一致问题和缺乏政治可信度导致经济持续出现通货膨胀的趋势。

丧失清偿能力（insolvency） 银行资产价值跌至负债价值以下的情况。

银行间资金市场（interbank funds markets） 期限为一天至一周的大额银行间贷款市场。

利率远期合同（interest rate forward contract） 承诺发行人在特定日期以规定利率卖出某种金融工具的合同。

利率期货（interest rate futures） 约定在未来特定日期以规定价格买卖标准化面值的特定金融工具的合同。

利率风险（interest rate risk） 金融工具的市场价值随利率变化而波动的可能。

利率互换（interest rate swap） 用一系列利息交换另一系列利息的合同安排。

国际资本市场（international capital markets） 期限不少于一年的金融工具的跨国交易市场。

国际金融结构（international financial architecture） 规范国际货币与金融市场活动的国际机构、政府与非政府组织和政策。

国际金融分散化（international financial diversification） 持有不同国家发行的金融工具以分散投资组合风险。

国际货币基金组织（IMF）（International Monetary

Fund（IMF））拥有 180 多个成员的跨国组织，其宗旨是通过促进国际货币合作与有效汇率安排以及向出现国际收支困难的成员提供临时和长期金融援助促进全球增长。

国际货币市场（international money markets） 期限少于一年的金融工具的跨国交易市场。

国际政策合作（international policy cooperation） 各国政策制定者采用制度和程序以了解彼此的目标、政策战略与国民经济数据。

国际政策协调（international policy coordination） 一群国家为了整个群体的利益而联合决定经济政策。

国际政策外部性（international policy externality） 一国采取的政策行为给另一国经济造成的收益或成本。

边际内干预（intra-marginal interventions） 中央银行在目标区内的汇率水平上买卖外汇储备。

***IS—LM* 均衡**（*IS-LM* equilibrium） *IS* 曲线和 *LM* 曲线的唯一交点，在该点上，经济同时实现收入—支出均衡和货币市场均衡。

***IS* 曲线**（*IS* schedule） 在给定净自发支出总额水平上，保持收支均衡 $y=c+i+g+x$ 所需的一系列实际收入和名义利率的可能组合。

J

J 曲线效应（J-curve effect） 本币贬值导致一国国际收支在改善前恶化的现象。

《牙买加协议》（Jamaica Accords） 国际货币基金组织成员于 1976 年 1 月举行的一次会议，这次会议修订了国际货币基金组织章程，允许各成员决定本国的汇率安排。

L

大额电子转账系统（large-value wire transfer systems） 允许电子转账大额资金的支付系统，例如 Fedwire 和 CHIPS。

边际收益递减法则（law of diminishing marginal returns） 随着企业雇用更多劳动力，每增加一单位劳动力所增加的产出最终将下降的事实。

逆风操作（leaning against the wind） 阻止或逆转本币市场汇率当前趋势的中央银行干预。

顺风操作（leaning with the wind） 支持或加速本币市场汇率当前趋势的中央银行干预。

最后贷款人（lender of last resort） 中央银行的职责之一，它是指中央银行随时准备向任何流动性暂时不足但如果置之不理就可能丧失清偿能力的银行贷款，从而避免银行失去流动性导致公众普遍丧失信心。

流动性效应（liquidity effect） 流通中名义货币量增加导致均衡名义利率下降。

流动性风险（liquidity risk） 到期没有收到付款时可能产生损失的风险。

***LM* 曲线**（*LM* schedule） 保持货币市场均衡的一系列实际收入与名义利率组合。

经济助推效应（locomotive effect） 一国实际收入增加刺激另一国实际收入增加的效应。

伦巴德利率（Lombard rate） 欧洲中央银行和瑞士国家银行规定的高于当前市场利率的中央银行贷款利率。

伦敦俱乐部（London Club） 债务国与私人贷款者协商重新安排所欠商业银行债务偿还时间表的论坛。

多头（long position） 在特定时间以规定价格购买某种金融工具的义务。

《卢浮宫协议》（Louvre Accord） 七国集团（不包含意大利）于 1987 年 2 月举行的中央银行行长与财政部长会议。与会国宣布，美元汇率已经跌至与“经济基本面”一致的水平，中央银行只有为确保汇率稳定时才会干预外汇市场。

M

有管理的浮动或肮脏浮动（managed or dirty float） 一国允许本币的国际价值主要由市场力量决定，但可以随时干预以稳定本币汇率的汇率安排。

边际劳动产品（marginal product of labor） 企业多雇用一单位劳动力所增加的产出。

边际消费倾向（MPC）（marginal propensity to consume（MPC）） 可支配收入增加导致的消费增加；消费支出变化除以相应的可支配收入变化；消费函数的斜率。

边际进口倾向（MPIM）（marginal propensity to import（MPIM）） 可支配收入增加导致的进口支出增加；进口支出变化除以相应的可支配收入变化；进口函数的斜率。

边际储蓄倾向（MPS）（marginal propensity to save

(MPS)) 可支配收入增加导致的储蓄增加；储蓄变化除以相应的可支配收入变化；储蓄函数的斜率。

基于市场的监管（market-based regulation） 使用从金融市场上获取的信息决定恰当的银行监管标准。

马歇尔-勒纳条件（Marshall-Lerner condition） 汇率稳定的必要条件，根据该条件，进口需求弹性与出口供给弹性必须超过 1 单位。

菜单成本（menu costs） 企业改变产品价格时发生的小额但并非无关紧要的成本。

重商主义（mercantilism） 认为一国财富的主要决定因素是国际贸易导致的资金流入，因此一国可以通过实施刺激出口、限制进口的政策获益的观点。

货币法（monetary approach） 将一国的国际收支与货币汇率的变化和货币需求量与货币供给量之差联系起来的方法。

基础货币（monetary base） 中央银行持有的本国证券和贷款加上外汇储备，即通货与银行准备金之和。

货币秩序（monetary order） 建立个人执行和结算交易的框架的一系列法律法规。

货币政策自主性（monetary policy autonomy） 中央银行执行独立于其他中央银行行为的货币政策的能力。

货币联盟（monetary union） 选择使用某种共同货币的国家的联盟。

货币乘数（money multiplier） 一国货币总量相对于准备金的倍数。

道德风险（moral hazard） 借款人获得贷款人的资金后从事风险更高的行为的可能性。

乘数效应（multiplier effect） 均衡实际收入的变化与净自发支出总额的增加之比。当总支出曲线垂直移动时，均衡国民收入水平的变化是其移动距离的数倍，*IS* 曲线的移动距离与均衡国民收入水平的变化相同。

N

自然失业率（natural rate of unemployment） 摩擦性失业率和结构性失业率之和，即一国经济保持在长期增长路径上时产生的失业率。

自然实际国内生产总值（natural real gross domestic product） 位于一国长期增长路径上的实际 GDP 水平。

净债权国（net creditor） 对外国人的总索偿权超过外国人对该国的总索偿权的国家。

净债务国（net debtor） 对外国人的总索偿权小于外国人对该国的总索偿权的国家。

轧差（netting） 将企业在外币收支中面临的独立风险敞口合并为一个净风险敞口的过程。

新开放经济宏观经济学（new open economy macroeconomics） 重点关注名义工资刚性、价格调整滞后和不完全竞争如何影响政策行为传导的开放经济宏观经济学方法，通常用于预测一国居民在一段时期内所作的决策。

名义汇率（nominal exchange rate） 未根据两国价格水平变化进行调整的双边汇率。

名义国内生产总值（nominal gross domestic product） 一国在特定时期内生产的所有最终商品与服务未经价格调整的当前市场价值。

正常利润（normal profit） 刚好足以补偿银行所有者，使之持有银行股票而不是其他企业股票的利润水平。

O

表外银行业务（off-balance-sheet banking） 获得收入但不增加资产负债表中的资产和负债的银行业务。

官方结算差额（official settlements balance） 列出官方政府机构的储备资产交易的国际收支账户。

开放经济宏观经济学（open economy macroeconomics） 对影响允许跨国商品、服务与金融资产交易的国家的整体经济表现的研究。

公开市场操作（open-market operations） 买卖政府证券或私人证券的中央银行活动。

最优货币区（optimal currency area） 劳动力足够流动，因此可以对国际贸易不均衡和地区失业进行迅速调整，从而能固定汇率并采用共同货币的地理区域。

期权（option） 赋予持有者在特定时期以规定价格买卖某种基础金融工具的权利的金融合同。

被高估的货币（overvalued currency） 当前市场决定的价值高于经济理论或模型预测的价值的货币。

P

巴黎俱乐部（Paris Club） 债务国与债权国协商

重新安排官方债务偿还时间表的论坛。

传递效应（pass-through effect） 货币贬值导致进口商品与服务的国内价格升高的效应。

支付系统（payment system） 广义上指消费者、企业、政府和金融机构进行支付时使用的一套机制。

钉住汇率制（pegged-exchange-rate system） 一国将本币的国际价值钉住另一国货币的汇率制度。

惩罚利率（penalty rate） 任何高于现行市场利率的中央银行贷款利率的通称。

人均国内生产总值（per capita gross domestic product） 给定年份内一国国内生产的最终商品与服务总价值除以该国居民人数。

永续债券（perpetuity） 永远不到期的债券。

比索问题（peso problem） 人们认为存在小概率货币大幅贬值的可能而导致的贬值预期上偏。

《广场协议》（Plaza Agreement） 五国集团的中央银行和财政部长于 1985 年 9 月在纽约广场酒店举行的会议。与会国宣布美元汇率过于强势，因此这些国家将合作进行干预，以降低美元价值。

政策可信度（policy credibility） 政策制定者承诺遵守某个目标的可信度。

政策工具（policy instruments） 中央银行可以控制以实现政策目标的金融变量。

政策导致的扭曲（policy-created distortion） 一国政策导致市场产出水平不同于经济有效产出水平的情况。因此，这种政策会导致经济稀缺资源的配置达不到最优配置。

投资组合法（portfolio approach） 将一国的国际收支变化和货币汇率变化与本国货币、本国证券和外国证券的供求量联系起来的方法。

投资组合平衡效应（portfolio balance effect） 影响金融工具均衡价格的政府或中央银行持有的外币金融工具变化导致的汇率调整。

投资组合分散化（portfolio diversification） 持有不同特征的金融工具，将风险分散到整个金融工具组合中。

证券投资（portfolio investment） 购买低于 10％的外国企业所有权股份的行为。

投资组合动机（portfolio motive） 凯恩斯对持有货币的投机动机基本解释的现代称谓，根据该动机，人们既持有货币又持有债券，并根据对相关利率变化的预期调整金融财富在二者之间的分配比例。

谨慎动机（precautionary motive） 持有货币用于意外交易的动机。

期限偏好理论（preferred habitat theory） 一种利率期限结构理论，它认为债券是不完全替代品，因此长期债券的收益率必然高于短期债券的收益率，即使预期短期利率不会上升或下降。

需求价格弹性（price elasticity of demand） 需求量变化率与价格变化率之比。

供给价格弹性（price elasticity of supply） 供给量变化率与价格变化率之比。

价格刚性（price inertia） 影响总需求和整体企业生产成本的因素发生变化时，一国价格水平在短期内调整缓慢的特性。

根据市场定价（pricing to market） 在国外出售产品的不完全竞争企业用产品销售地的买方当地货币定价的情况。

本金（principal） 贷款或购买债券时提供的信贷金额。

私人资本账户（private capital account） 列出本国私人居民和外国私人居民之间的金融资产流动的账户。

生产者物价指数（PPI）（producer price index (PPI)） 政府认为普通企业在给定时期内会出售的自产商品与服务的加权平均价格。

产品恒等式（product identity） 说明实际国民产值等于实际家庭消费、实际已实现投资、实际政府支出和实际出口支出之和的定理。

生产函数（production function） 企业使用的生产要素数量和企业在当前技术下的商品与服务产出的关系。

购买力平价（PPP）（purchasing power parity (PPP)） 这种理论认为，如果国际套利无障碍，那么一国的商品或服务的价格应与另一国的相同商品或服务经汇率调整后的价格相同。

看跌期权（put option） 赋予所有者以规定价格卖出某种金融工具的权利的期权合同。

Q

认缴份额（quota subscription） 国际货币基金组织成员的存款，它组成了一个资金池，国际货币基金组织的管理者可以用它向遇到金融困境的成员贷款。

R

理性预期假说（rational expectations hypothesis） 认为人们利用过去与现在的所有可得信息及其对经济运行的理解形成预期的假说。

实际消费支出（real consumption spending） 家庭对国内生产的商品与服务的实际支出。

实际可支配收入（real disposable income） 家庭的实际税后收入。

实际汇率（real exchange rate） 已根据两国价格水平变化进行调整的双边汇率。

实际出口支出（real export spending） 国内企业生产并向其他国家出口的商品与服务的实际价值。

实际国内生产总值（real gross domestic product） 根据价格调整后的总产出指标，即名义 GDP 除以 GDP 物价平减指数。

实际进口支出（real import spending） 家庭用于购买外国企业生产的商品与服务的实际支出。

实际利率平价（real interest parity） 假设均衡时两国的类似金融工具的实际利率相等的条件。

实际利率（real interest rate） 名义利率减去金融工具期限内的预期通货膨胀率。

实际货币余额（real money balances） 根据价格水平调整后的名义货币量，即名义货币量除以价格水平。

实际净税收（real net taxes） 家庭向政府缴纳的实际税款减去转移支付。

实际已实现投资支出（real realized investment spending） 产品市场上的实际企业支出。

实际储蓄（real saving） 家庭通过金融市场储蓄的收入。

实体部门（real sector） 从事商品与服务生产和销售的经济部门。

(汇率）调整（realignment） 官方汇率目标的变化。

再投资风险（reinvestment risk） 短期金融工具可获得的收益率下降，因而持有长期金融工具更有利的可能。

储备货币（reserve currency） 通常用于结算国际债务和表示其他国家货币汇率的货币。

准备金要求（reserve requirements） 要求私人银行在中央银行持有特定比例的交易存款与定期存款作为备用现金或存款资金的中央银行规定。

升值（revalue） 实行钉住汇率制的国家改变本币的钉住汇率（即平价），使人们可以花更少单位的本币购买一单位本币所钉住的外币的情况。

风险溢价（risk premium） 高风险金融工具为补偿投资者承担的额外风险而提供的额外收益率。

利率风险结构（risk structure of interest rates） 期限相同，但违约风险、流动性和税率不同的金融工具收益率之间的关系。

风险调整资产（risk-adjusted assets） 监管机构根据资产之间的风险差异计算的加权平均银行资产。

S

分割市场理论（segmented markets theory） 一种利率期限结构理论，它将不同期限的债券视为非替代品，因此它们的收益率不同，因为它们是在不同市场上决定的。

铸币税（seigniorage） 中央银行由于本国货币量超过货币生产成本而获得的利润。

空头（short position） 在特定时间以规定价格购买某种金融工具的义务。

空间套利（spatial arbitrage） 从不同市场的汇率差中获利的行为。

特别提款权（Special Drawing Right（SDR）） 国际货币基金的一种复合货币，其价值基于五个成员货币的加权平均价值。

投机性攻击（speculative attack） 金融市场投机者的共同行为，目的是使国家放弃汇率目标，从而令自己在衍生市场上获利。

即期市场（spot market） 要求立即卖出或买入某种资产的合同的市场。

冲销（sterilization） 令国内信贷的变化与外汇储备的变化方向相反、大小相同，以防止基础货币变化的中央银行政策。

股票期权（stock options） 买卖公司股票的期权。

股票指数期货或股指期货（stock-index futures） 在未来交割以股价指数表示的股票组合的承诺。

战略政策制定（strategic policymaking） 根据各国的结构联系以及其他国家的政策制定者执

行本国政策的可能方式制定政策行为计划。

结构相互依存（structural interdependence） 不同国家的商品与服务市场、金融市场和支付体系的相互联系，它导致在一国发生的事件会影响另一国的经济。

结构性失业（structural unemployment） 一国劳动力中愿意工作，但不具备获得工作所需的技能和其他条件的劳动力所占的比例。

骤停（sudden stop） 资本立即停止流入某国。

补充资本（supplementary capital） 许多国家的银行监管机构用来计算必要资本的指标，包括某些优先股和多数次级债。

互换（swap） 交换双方支付流的合同。

系统性风险（systemic risk） 某些支付中介由于其他机构无法结算本来与之无关的交易而可能无法履行支付协议条款的风险。

T

目标区（target zone） 中央银行通过买卖外汇储备维持的汇率波动范围，汇率可以在该范围的上限与下限之间变化。

期限溢价（term premium） 预期短期债券收益率保持不变时，为使投资者持有长期债券和短期债券的意愿无差异，长期债券收益率必须超过短期债券收益率的部分。

利率期限结构（term structure of interest rates） 风险、流动性和税收特征相同，但是期限不同的金融工具的收益率之间的关系。

最优货币区理论（theory of optimal currency areas） 用来确定在两个地区的政府固定汇率或采用共同货币时，使居民福利达到最大的地理区域规模的方法。

时间不一致问题（time inconsistency problem） 政策制定者违反之前的政策立场可以更好地实现目标的情况。

总资本（total capital） 根据巴塞尔银行资本标准，它是核心资本与补充资本之和。

交易风险（transaction exposure） 汇率变化导致用本币表示的交易成本或交易收入发生变化的风险。

交易动机（transactions motive） 持有货币用于计划交易的动机。

转移支付（transfer payments） 政府管理的收入再分配。

折算风险（translation exposure） 公司外币计价资产和外币计价负债的价值折算为一种共同货币的价值时导致的外汇风险。

三角套利（triangular arbitrage） 为了从价格差中获利，在三个不同市场和（或）三种不同货币之间进行的三笔交易。

三难困境（Trilemma） 认为政策制定者可以选择以下两种政策，但无法选择全部三种政策的观点：固定汇率制、相机抉择的货币政策和自由资本市场。

U

无抛补利率平价（uncovered interest parity） 将利率差与本币即期汇率的预期变化联系起来的条件。

被低估的货币（undervalued currency） 当前市场决定的价值低于经济理论或模型预测的价值的货币。

失业率（unemployment rate） 一国的劳动力中失业人数所占的比例。

V

边际劳动产品价值（value of the marginal product of labor） 产出价格乘以边际劳动产品。

媒介货币（vehicle currency） 个人和企业最常用来进行国际交易的货币。

W

世界银行（World Bank） 国际货币基金组织的姐妹机构，职责范围更窄，主要是向约 100 个发展中国家提供贷款，以促进它们的长期发展和增长。

全球指数基金（word index fund） 全球发行的金融工具组合，其历史收益率沿相反方向变化。

Y

收益率曲线（yield curve） 只有期限不同的债券的收益率关系曲线。

Z

零息债券（zero-coupon bonds） 到期时一次性偿还的债券。

经济科学译丛						
序号	书名	作者	Author	单价	出版年份	ISBN
1	国际经济学:理论与政策(第十版)	保罗·R·克鲁格曼等	Paul R. Krugman	89.00	2016	978-7-300-22710-8
2	国际金融(第十版)	保罗·R·克鲁格曼等	Paul R. Krugman	55.00	2016	978-7-300-22089-5
3	国际贸易(第十版)	保罗·R·克鲁格曼等	Paul R. Krugman	42.00	2016	978-7-300-22088-8
4	经济学精要(第3版)	斯坦利·L·布鲁伊等	Stanley L. Brue	58.00	2016	978-7-300-22301-8
5	经济分析史(第七版)	英格里德·H·里马	Ingrid H. Rima	72.00	2016	978-7-300-22294-3
6	投资学精要(第九版)	兹维·博迪等	Zvi Bodie	108.00	2016	978-7-300-22236-3
7	环境经济学(第二版)	查尔斯·D·科尔斯塔德	Charles D. Kolstad	68.00	2016	978-7-300-22255-4
8	MWG《微观经济理论》习题解答	原千晶等	Chiaki Hara	75.00	2016	978-7-300-22306-3
9	现代战略分析(第七版)	罗伯特·M·格兰特	Robert M. Grant	68.00	2016	978-7-300-17123-4
10	横截面与面板数据的计量经济分析(第二版)	杰弗里·M·伍德里奇	Jeffrey M. Wooldridge	128.00	2016	978-7-300-21938-7
11	宏观经济学(第十二版)	罗伯特·J·戈登	Robert J. Gordon	75.00	2016	978-7-300-21978-3
12	经济学(微观部分)	达龙·阿西莫格鲁等	Daron Acemoglu	59.00	2016	978-7-300-21786-4
13	经济学(宏观部分)	达龙·阿西莫格鲁等	Daron Acemoglu	45.00	2016	978-7-300-21886-1
14	动态最优化基础	蒋中一	Alpha C. Chiang	42.00	2015	978-7-300-22068-0
15	城市经济学	布伦丹·奥弗莱厄蒂	Brendan O'Flaherty	69.80	2015	978-7-300-22067-3
16	管理经济学:理论、应用与案例(第八版)	布鲁斯·艾伦等	Bruce Allen	79.80	2015	978-7-300-21991-2
17	经济政策:理论与实践	阿格尼丝·贝纳西-奎里等	Agnès Bénassy-Quéré	79.80	2015	978-7-300-21921-9
18	微观经济分析(第三版)	哈尔·R·范里安	Hal R. Varian	68.00	2015	978-7-300-21536-5
19	财政学(第十版)	哈维·S·罗森等	Harvey S. Rosen	68.00	2015	978-7-300-21754-3
20	经济数学(第三版)	迈克尔·霍伊等	Michael Hoy	88.00	2015	978-7-300-21674-4
21	发展经济学(第九版)	A.P.瑟尔沃	A. P. Thirlwall	69.80	2015	978-7-300-21193-0
22	宏观经济学(第五版)	斯蒂芬·D·威廉森	Stephen D. Williamson	69.00	2015	978-7-300-21169-5
23	资源经济学(第三版)	约翰·C·伯格斯特罗姆等	John C. Bergstrom	58.00	2015	978-7-300-20742-1
24	应用中级宏观经济学	凯文·D·胡佛	Kevin D. Hoover	78.00	2015	978-7-300-21000-1
25	计量经济学导论:现代观点(第五版)	杰弗里·M·伍德里奇	Jeffrey M. Wooldridge	99.00	2015	978-7-300-20815-2
26	现代时间序列分析导论(第二版)	约根·沃特斯等	Jürgen Wolters	39.80	2015	978-7-300-20625-7
27	空间计量经济学——从横截面数据到空间面板	J·保罗·埃尔霍斯特	J. Paul Elhorst	32.00	2015	978-7-300-21024-7
28	国际经济学原理	肯尼思·A·赖纳特	Kenneth A. Reinert	58.00	2015	978-7-300-20830-5
29	经济写作(第二版)	迪尔德丽·N·麦克洛斯基	Deirdre N. McCloskey	39.80	2015	978-7-300-20914-2
30	计量经济学方法与应用(第五版)	巴蒂·H·巴尔塔基	Badi H. Baltagi	58.00	2015	978-7-300-20584-7
31	战略经济学(第五版)	戴维·贝赞可等	David Besanko	78.00	2015	978-7-300-20679-0
32	博弈论导论	史蒂文·泰迪里斯	Steven Tadelis	58.00	2015	978-7-300-19993-1
33	社会问题经济学(第二十版)	安塞尔·M·夏普等	Ansel M. Sharp	49.00	2015	978-7-300-20279-2
34	博弈论:矛盾冲突分析	罗杰·B·迈尔森	Roger B. Myerson	58.00	2015	978-7-300-20212-9
35	时间序列分析	詹姆斯·D·汉密尔顿	James D. Hamilton	118.00	2015	978-7-300-20213-6
36	经济问题与政策(第五版)	杰奎琳·默里·布鲁克斯	Jacqueline Murray Brux	58.00	2014	978-7-300-17799-1
37	微观经济理论	安德鲁·马斯-克莱尔等	Andreu Mas-Collel	148.00	2014	978-7-300-19986-3
38	产业组织:理论与实践(第四版)	唐·E·瓦尔德曼等	Don E. Waldman	75.00	2014	978-7-300-19722-7
39	公司金融理论	让·梯若尔	Jean Tirole	128.00	2014	978-7-300-20178-8
40	经济学精要(第三版)	R·格伦·哈伯德等	R. Glenn Hubbard	85.00	2014	978-7-300-19362-5
41	公共部门经济学	理查德·W·特里西	Richard W. Tresch	49.00	2014	978-7-300-18442-5
42	计量经济学原理(第六版)	彼得·肯尼迪	Peter Kennedy	69.80	2014	978-7-300-19342-7
43	统计学:在经济中的应用	玛格丽特·刘易斯	Margaret Lewis	45.00	2014	978-7-300-19082-2
44	产业组织:现代理论与实践(第四版)	林恩·佩波尔等	Lynne Pepall	88.00	2014	978-7-300-19166-9
45	计量经济学导论(第三版)	詹姆斯·H·斯托克等	James H. Stock	69.00	2014	978-7-300-18467-8
46	发展经济学导论(第四版)	秋山裕	秋山裕	39.80	2014	978-7-300-19127-0
47	中级微观经济学(第六版)	杰弗里·M·佩罗夫	Jeffrey M. Perloff	89.00	2014	978-7-300-18441-8
48	平狄克《微观经济学》(第八版)学习指导	乔纳森·汉密尔顿等	Jonathan Hamilton	32.00	2014	978-7-300-18970-3
49	微观银行经济学(第二版)	哈维尔·弗雷克斯等	Xavier Freixas	48.00	2014	978-7-300-18940-6

经济科学译丛

序号	书名	作者	Author	单价	出版年份	ISBN
50	施米托夫论出口贸易——国际贸易法律与实务(第11版)	克利夫·M·施米托夫等	Clive M. Schmitthoff	168.00	2014	978-7-300-18425-8
51	曼昆版《宏观经济学》习题集	南希·A·加纳科波罗斯等	Nancy A. Jianakoplos	32.00	2013	978-7-300-18245-2
52	微观经济学思维	玛莎·L·奥尔尼	Martha L. Olney	29.80	2013	978-7-300-17280-4
53	宏观经济学思维	玛莎·L·奥尔尼	Martha L. Olney	39.80	2013	978-7-300-17279-8
54	计量经济学原理与实践	达摩达尔·N·古扎拉蒂	Damodar N. Gujarati	49.80	2013	978-7-300-18169-1
55	现代战略分析案例集	罗伯特·M·格兰特	Robert M. Grant	48.00	2013	978-7-300-16038-2
56	高级国际贸易:理论与实证	罗伯特·C·芬斯特拉	Robert C. Feenstra	59.00	2013	978-7-300-17157-9
57	经济学简史——处理沉闷科学的巧妙方法(第二版)	E·雷·坎特伯里	E. Ray Canterbery	58.00	2013	978-7-300-17571-3
58	微观经济学(第八版)	罗伯特·S·平狄克等	Robert S. Pindyck	79.00	2013	978-7-300-17133-3
59	克鲁格曼《微观经济学(第二版)》学习手册	伊丽莎白·索耶·凯利	Elizabeth Sawyer Kelly	58.00	2013	978-7-300-17002-2
60	克鲁格曼《宏观经济学(第二版)》学习手册	伊丽莎白·索耶·凯利	Elizabeth Sawyer Kelly	36.00	2013	978-7-300-17024-4
61	管理经济学(第四版)	方博亮等	Ivan Png	80.00	2013	978-7-300-17000-8
62	微观经济学原理(第五版)	巴德、帕金	Bade, Parkin	65.00	2013	978-7-300-16930-9
63	宏观经济学原理(第五版)	巴德、帕金	Bade, Parkin	63.00	2013	978-7-300-16929-3
64	环境经济学	彼得·伯克等	Peter Berck	55.00	2013	978-7-300-16538-7
65	高级微观经济理论	杰弗里·杰里	Geoffrey A. Jehle	69.00	2012	978-7-300-16613-1
66	多恩布什《宏观经济学(第十版)》学习指导	鲁迪格·多恩布什等	Rudiger Dornbusch	29.00	2012	978-7-300-16030-6
67	高级宏观经济学导论:增长与经济周期(第二版)	彼得·伯奇·索伦森等	Peter Birch Sørensen	95.00	2012	978-7-300-15871-6
68	宏观经济学:政策与实践	弗雷德里克·S·米什金	Frederic S. Mishkin	69.00	2012	978-7-300-16443-4
69	宏观经济学(第二版)	保罗·克鲁格曼	Paul Krugman	45.00	2012	978-7-300-15029-1
70	微观经济学(第二版)	保罗·克鲁格曼	Paul Krugman	69.80	2012	978-7-300-14835-9
71	微观经济学(第十一版)	埃德温·曼斯费尔德	Edwin Mansfield	88.00	2012	978-7-300-15050-5
72	《计量经济学基础》(第五版)学生习题解答手册	达摩达尔·N·古扎拉蒂等	Damodar N. Gujarati	23.00	2012	978-7-300-15091-8
73	国际宏观经济学	罗伯特·C·芬斯特拉等	Feenstra, Taylor	64.00	2011	978-7-300-14795-6
74	卫生经济学(第六版)	舍曼·富兰德等	Sherman Folland	79.00	2011	978-7-300-14645-4
75	宏观经济学(第七版)	安德鲁·B·亚伯等	Andrew B. Abel	78.00	2011	978-7-300-14223-4
76	现代劳动经济学:理论与公共政策(第十版)	罗纳德·G·伊兰伯格等	Ronald G. Ehrenberg	69.00	2011	978-7-300-14482-5
77	宏观经济学(第七版)	N·格里高利·曼昆	N. Gregory Mankiw	65.00	2011	978-7-300-14018-6
78	环境与自然资源经济学(第八版)	汤姆·蒂坦伯格等	Tom Tietenberg	69.00	2011	978-7-300-14810-0
79	宏观经济学:理论与政策(第九版)	理查德·T·弗罗恩	Richard T. Froyen	55.00	2011	978-7-300-14108-4
80	经济学原理(第四版)	威廉·博伊斯等	William Boyes	59.00	2011	978-7-300-13518-2
81	计量经济学基础(第五版)(上下册)	达摩达尔·N·古扎拉蒂	Damodar N. Gujarati	99.00	2011	978-7-300-13693-6
82	计量经济分析(第六版)(上下册)	威廉·H·格林	William H. Greene	128.00	2011	978-7-300-12779-8
83	国际贸易	罗伯特·C·芬斯特拉等	Robert C. Feenstra	49.00	2011	978-7-300-13704-9
84	经济增长(第二版)	戴维·N·韦尔	David N. Weil	63.00	2011	978-7-300-12778-1
85	投资科学	戴维·G·卢恩伯格	David G. Luenberger	58.00	2011	978-7-300-14747-5
86	宏观经济学(第十版)	鲁迪格·多恩布什等	Rudiger Dornbusch	60.00	2010	978-7-300-11528-3
87	计量经济学导论(第四版)	杰弗里·M·伍德里奇	Jeffrey M. Wooldridge	95.00	2010	978-7-300-12319-6
88	货币金融学(第九版)	弗雷德里克·S·米什金等	Frederic S. Mishkin	79.00	2010	978-7-300-12926-6
89	金融学(第二版)	兹维·博迪等	Zvi Bodie	59.00	2010	978-7-300-11134-6
90	博弈论	朱·弗登博格等	Drew Fudenberg	68.00	2010	978-7-300-11785-0

经济科学译库

序号	书名	作者	Author	单价	出版年份	ISBN
1	克鲁格曼经济学原理(第二版)	保罗·克鲁格曼等	Paul Krugman	65.00	2013	978-7-300-17409-9
2	国际经济学(第13版)	罗伯特·J·凯伯等	Robert J. Carbaugh	68.00	2013	978-7-300-16931-6

经济科学译丛

序号	书名	作者	Author	单价	出版年份	ISBN
3	货币政策:目标、机构、策略和工具	彼得·博芬格	Peter Bofinger	55.00	2013	978-7-300-17166-1
4	MBA微观经济学(第二版)	理查德·B·麦肯齐等	Richard B. McKenzie	55.00	2013	978-7-300-17003-9
5	激励理论:动机与信息经济学	唐纳德·E·坎贝尔	Donald E. Campbell	69.80	2013	978-7-300-17025-1
6	微观经济学:价格理论观点(第八版)	斯蒂文·E·兰德斯博格	Steven E. Landsburg	78.00	2013	978-7-300-15885-3
7	经济数学与金融数学	迈克尔·哈里森等	Michael Harrison	65.00	2012	978-7-300-16689-6
8	策略博弈(第三版)	阿维纳什·迪克西特等	Avinash Dixit	72.00	2012	978-7-300-16033-7
9	高级宏观经济学基础	本·J·海德拉等	Ben J. Heijdra	78.00	2012	978-7-300-14836-6
10	行为经济学	尼克·威尔金森	Nick Wilkinson	58.00	2012	978-7-300-16150-1
11	金融风险管理师考试手册(第六版)	菲利普·乔瑞	Philippe Jorion	168.00	2012	978-7-300-14837-3
12	服务经济学	简·欧文·詹森	Jan Owen Jansson	42.00	2012	978-7-300-15886-0
13	统计学:在经济和管理中的应用(第八版)	杰拉德·凯勒	Gerald Keller	98.00	2012	978-7-300-16609-4
14	面板数据分析(第二版)	萧政	Cheng Hsiao	45.00	2012	978-7-300-16708-4
15	中级微观经济学:理论与应用(第10版)	沃尔特·尼科尔森等	Walter Nicholson	85.00	2012	978-7-300-16400-7
16	经济学中的数学	卡尔·P·西蒙等	Carl P. Simon	65.00	2012	978-7-300-16449-6
17	社会网络分析:方法与应用	斯坦利·沃瑟曼等	Stanley Wasserman	78.00	2012	978-7-300-15030-7
18	用Stata学计量经济学	克里斯托弗·F·鲍姆	Christopher F. Baum	65.00	2012	978-7-300-16293-5
19	美国经济史(第10版)	加里·沃尔顿等	Gary M. Walton	78.00	2011	978-7-300-14529-7
20	增长经济学	菲利普·阿格因	Philippe Aghion	58.00	2011	978-7-300-14208-1
21	经济地理学:区域和国家一体化	皮埃尔-菲利普·库姆斯等	Pierre-Philippe Combes	42.00	2011	978-7-300-13702-5
22	社会与经济网络	马修·O·杰克逊	Matthew O. Jackson	58.00	2011	978-7-300-13707-0
23	空间经济学——城市、区域与国际贸易	保罗·克鲁格曼等	Paul Krugman	42.00	2011	978-7-300-13037-8
24	国际贸易理论:对偶和一般均衡方法	阿维纳什·迪克西特等	Avinash Dixit	45.00	2011	978-7-300-13098-9
25	契约经济学:理论和应用	埃里克·布鲁索等	Eric Brousseau	68.00	2011	978-7-300-13223-5
26	反垄断与管制经济学(第四版)	W·基普·维斯库斯等	W. Kip Viscusi	89.00	2010	978-7-300-12615-9
27	拍卖理论	维佳·克里斯纳等	Vijay Krishna	42.00	2010	978-7-300-12664-7
28	管理者宏观经济学	迈克尔·K·伊万斯等	Michael K. Evans	68.00	2010	978-7-300-12262-5
29	利息与价格——货币政策理论基础	迈克尔·伍德福德	Michael Woodford	68.00	2010	978-7-300-11661-7
30	理解资本主义:竞争、统制与变革(第三版)	塞缪尔·鲍尔斯等	Samuel Bowles	66.00	2010	978-7-300-11596-2
31	递归宏观经济理论(第二版)	萨金特等	Thomas J. Sargent	79.00	2010	978-7-300-11595-5

金融学译丛

序号	书名	作者	Author	单价	出版年份	ISBN
1	国际金融学	约瑟夫·P·丹尼尔斯等	Joseph P. Daniels	65.00	2016	978-7-300-21576-1
2	国际金融	阿德里安·巴克利	Adrian Buckley	88.00	2016	978-7-300-22668-2
3	个人理财(第六版)	阿瑟·J·基翁	Arthur J. Keown	85.00	2016	978-7-300-22711-5
4	投资学基础(第三版)	戈登·J·亚历山大等	Gordon J. Alexander	79.00	2015	978-7-300-20274-7
5	金融风险管理(第二版)	彼德·F·克里斯托弗森	Peter F. Christoffersen	46.00	2015	978-7-300-21210-4
6	风险管理与保险管理(第十二版)	乔治·E·瑞达等	George E. Rejda	95.00	2015	978-7-300-21486-3
7	个人理财(第五版)	杰夫·马杜拉	Jeff Madura	69.00	2015	978-7-300-20583-0
8	企业价值评估	罗伯特·A·G·蒙克斯等	Robert A. G. Monks	58.00	2015	978-7-300-20582-3
9	基于Excel的金融学原理(第二版)	西蒙·本尼卡	Simon Benninga	79.00	2014	978-7-300-18899-7
10	金融工程学原理(第二版)	萨利赫·N·内夫特奇	Salih N. Neftci	88.00	2014	978-7-300-19348-9
11	投资学导论(第十版)	赫伯特·B·梅奥	Herbert B. Mayo	69.00	2014	978-7-300-18971-0
12	国际金融市场导论(第六版)	斯蒂芬·瓦尔德斯等	Stephen Valdez	59.80	2014	978-7-300-18896-6
13	金融数学:金融工程引论(第二版)	马雷克·凯宾斯基等	Marek Capinski	42.00	2014	978-7-300-17650-5
14	财务管理(第二版)	雷蒙德·布鲁克斯	Raymond Brooks	69.00	2014	978-7-300-19085-3
15	期货与期权市场导论(第七版)	约翰·C·赫尔	John C. Hull	69.00	2014	978-7-300-18994-2
16	固定收益证券手册(第七版)	弗兰克·J·法博齐	Frank J. Fabozzi	188.00	2014	978-7-300-17001-5

金融学译丛

序号	书名	作者	Author	单价	出版年份	ISBN
17	国际金融:理论与实务	皮特·塞尔居	Piet Sercu	88.00	2014	978-7-300-18413-5
18	金融市场与金融机构(第7版)	弗雷德里克·S·米什金 斯坦利·G·埃金斯	Frederic S. Mishkin Stanley G. Eakins	79.00	2013	978-7-300-18129-5
19	货币、银行和金融体系	R·格伦·哈伯德等	R. Glenn Hubbard	75.00	2013	978-7-300-17856-1
20	并购创造价值(第二版)	萨德·苏达斯纳	Sudi Sudarsanam	89.00	2013	978-7-300-17473-0
21	个人理财——理财技能培养方法(第三版)	杰克·R·卡普尔等	Jack R. Kapoor	66.00	2013	978-7-300-16687-2
22	国际财务管理	吉尔特·贝克特	Geert Bekaert	95.00	2012	978-7-300-16031-3
23	金融理论与公司政策(第四版)	托马斯·科普兰等	Thomas Copeland	69.00	2012	978-7-300-15822-8
24	应用公司财务(第三版)	阿斯沃思·达摩达兰	Aswath Damodaran	88.00	2012	978-7-300-16034-4
25	资本市场:机构与工具(第四版)	弗兰克·J·法博齐	Frank J. Fabozzi	85.00	2011	978-7-300-13828-2
26	衍生品市场(第二版)	罗伯特·L·麦克唐纳	Robert L. McDonald	98.00	2011	978-7-300-13130-6
27	债券市场:分析与策略(第七版)	弗兰克·J·法博齐	Frank J. Fabozzi	89.00	2011	978-7-300-13081-1
28	跨国金融原理(第三版)	迈克尔·H·莫菲特等	Michael H. Moffett	78.00	2011	978-7-300-12781-1
29	风险管理与保险原理(第十版)	乔治·E·瑞达	George E. Rejda	95.00	2010	978-7-300-12739-2
30	兼并、收购和公司重组(第四版)	帕特里克·A·高根	Patrick A. Gaughan	69.00	2010	978-7-300-12465-0
31	统计与金融	戴维·鲁珀特	David Ruppert	48.00	2010	978-7-300-11547-4
32	国际投资(第六版)	布鲁诺·索尔尼克等	Bruno Solnik	62.00	2010	978-7-300-11289-3
33	财务报表分析(第三版)	马丁·弗里德森	Martin Fridson	35.00	2010	978-7-300-11290-9

图书在版编目（CIP）数据

国际金融学/丹尼尔斯，范胡斯著；路蒙佳译．—北京：中国人民大学出版社，2016.6
（金融学译丛）
ISBN 978-7-300-21576-1

Ⅰ.①国… Ⅱ.①丹… ②范… ③路… Ⅲ.①国际金融学 Ⅳ.①F831

中国版本图书馆 CIP 数据核字（2015）第 152696 号

金融学译丛
国际金融学
约瑟夫·P·丹尼尔斯　戴维·D·范胡斯　著
路蒙佳　译
Guoji Jinrongxue

出版发行	中国人民大学出版社		
社　　址	北京中关村大街 31 号	邮政编码	100080
电　　话	010－62511242（总编室）		010－62511770（质管部）
	010－82501766（邮购部）		010－62514148（门市部）
	010－62515195（发行公司）		010－62515275（盗版举报）
网　　址	http://www.crup.com.cn		
	http://www.ttrnet.com(人大教研网)		
经　　销	新华书店		
印　　刷	涿州市星河印刷有限公司		
规　　格	185 mm×260 mm　16 开本	版　　次	2016 年 6 月第 1 版
印　　张	25.75 插页 1	印　　次	2016 年 6 月第 1 次印刷
字　　数	613 000	定　　价	65.00 元

Pearson

尊敬的老师：

您好！

为了确保您及时有效地申请培生整体教学资源，请您务必完整填写如下表格，加盖学院的公章后传真给我们，我们将会在2～3个工作日内为您处理。

请填写所需教辅的开课信息：

采用教材			□ 中文版 □ 英文版 □ 双语版
作　者		出版社	
版　次		ISBN	
课程时间	始于　　年　月　日	学生人数	
	止于　　年　月　日	学生年级	□ 专科　□ 本科 1/2 年级 □ 研究生　□ 本科 3/4 年级

请填写您的个人信息：

学　校			
院系/专业			
姓　名		职　称	□ 助教 □ 讲师 □ 副教授 □ 教授
通信地址/邮编			
手　机		电　话	
传　真			
official email（必填） （eg：×××@ruc. edu. cn）		email （eg：×××@163. com）	
是否愿意接受我们定期的新书讯息通知：　□ 是　□ 否			

系/院主任：________________（签字）

（系 / 院办公室章）

____年____月____日

资源介绍：

——教材、常规教辅（PPT、教师手册、题库等）资源：请访问 www. pearsonhighered. com/educator。　（免费）

——MyLabs/Mastering 系列在线平台：适合老师和学生共同使用；访问需要 Access Code。　（付费）

100013　北京市东城区北三环东路 36 号环球贸易中心 D 座 1208 室

电话：(8610) 57355003　　传真：(8610) 58257961

Please send this form to：